2023

CHINA LABOUR STATISTICAL YEARBOOK

中国劳动统计年鉴

Compiled by

Department of Population and Employment Statistics

National Bureau of Statistics

Department of Planning and Finance,

Ministry of Human Resources and Social Security

国家统计局人口和就业统计司
人力资源和社会保障部规划财务司 编

中国统计出版社
China Statistics Press

图书在版编目（CIP）数据

中国劳动统计年鉴. 2023 = China Labour Statistical Yearbook 2023 : 汉英对照 / 国家统计局人口和就业统计司, 人力资源和社会保障部规划财务司编. -- 北京 : 中国统计出版社, 2023.12（2024.1 重印）
ISBN 978-7-5230-0276-6

Ⅰ. ①中… Ⅱ. ①国… ②人… Ⅲ. ①劳动经济－统计资料－中国－2023－年鉴－汉、英 Ⅳ. ①F249.2-54

中国国家版本馆 CIP 数据核字(2023)第 192409 号

中国劳动统计年鉴 2023

作　　者 / 国家统计局人口和就业统计司，人力资源和社会保障部规划财务司编
责任编辑 / 李　冲
装帧设计 / 李雪燕
出版发行 / 中国统计出版社有限公司
通信地址 / 北京市丰台区西三环南路甲 6 号　邮政编码/100073
发行电话 / 邮购（010）63376909　书店（010）68783171
网　　址 / http://www.zgtjcbs.com/
印　　刷 / 北京厚诚则铭印刷科技有限公司
经　　销 / 新华书店
开　　本 / 880×1230 毫米　1/16
字　　数 / 800 千字
印　　张 / 29.5
版　　别 / 2023 年 12 月第 1 版
版　　次 / 2024 年 1 月第 2 次印刷
定　　价 / 260.00 元

《中国劳动统计年鉴2023》
编委会和编辑部工作人员

CHINA LABOUR STATISTICAL YEARBOOK 2023

Editorial Board and Staff

编辑说明

《中国劳动统计年鉴2023》是一部全面反映中华人民共和国劳动经济情况的资料性年刊。本刊收集了2022年全国和各省、自治区、直辖市的有关劳动统计数据。主要指标还编有历年统计数据。

全书共分为13个部分：1.综合；2.就业与失业；3.城镇非私营单位就业人员和工资总额；4.国有单位就业人员和工资总额；5.城镇集体单位就业人员和工资总额；6.其他单位就业人员和工资总额；7.职业培训与技能鉴定；8.劳动关系；9.社会保障；10.工会工作；11.香港资料；12.澳门资料；13.台湾资料。书末还附有国外有关资料和主要统计指标解释。

本书涉及的全国性统计数据，均未包括香港、澳门特别行政区和台湾地区数据。

参与本书编辑或提供资料的单位除国家统计局、人力资源和社会保障部外，还有全国总工会、国家医疗保障局。

本书资料的取得形式主要有国家和部门的报表统计、行政记录和抽样调查。有的资料分项相加不等于总计。望读者使用时予以注意。

恳请广大读者对本书提出宝贵意见。

《中国劳动统计年鉴》编辑部

二〇二三年十一月

PREFACE

China Labour Statistical Yearbook 2023 is an annual statistics publication, which is comprehensively reported the labour economic situation for 2022 and some main indicators series for historically years at nation and provinces, autonomous regions and municipalities levels and parts of cities.

The book is organized into 13 parts, which are:1.General Survey; 2.Employment and Unemployment; 3.Employment and Total Wages in Urban Non-Private Units; 4.Employment and Total Wages in State-owned Units; 5.Employment and Total Wages in Urban Collective-owned Units; 6.Employment and Total Wages in Other Ownership Units; 7. Vocational Training and Skill Appraisal; 8.Labour Relation; 9.Social Security; 10.Trade Union Works; 11.Main Indicators of Hong Kong; 12.Main Indicators of Macao; 13.Main Indicators of Taiwan. In addition, Main Indicators of Other Countries and Explanatory Notes on Main Statistical Indicators are provided in the end of the book.

The national data in the yearbook do not include that of Hong Kong Special Administrative Region, Macao Special Administrative Region and Taiwan Region.

Besides National Bureau of Statistical and Ministry of Human Resources and Social Security, All-China Federation of Trade Unions, National Healthcare Security Administration also participate in the compiling work of this book.

Data resources of this book mainly come from state and departments reporting system, administration records and sampling surveys. Some data are not equal to the add-results of all sub-items.

We welcome comments and suggestions from users with regard to deficiencies and mistakes in data editing and compilation.

China Labour Statistical Yearbook—Editorial Staff

November 2023

图1　就业人员产业构成

COMPOSITION OF EMPLOYMENT BY INDUSTRY

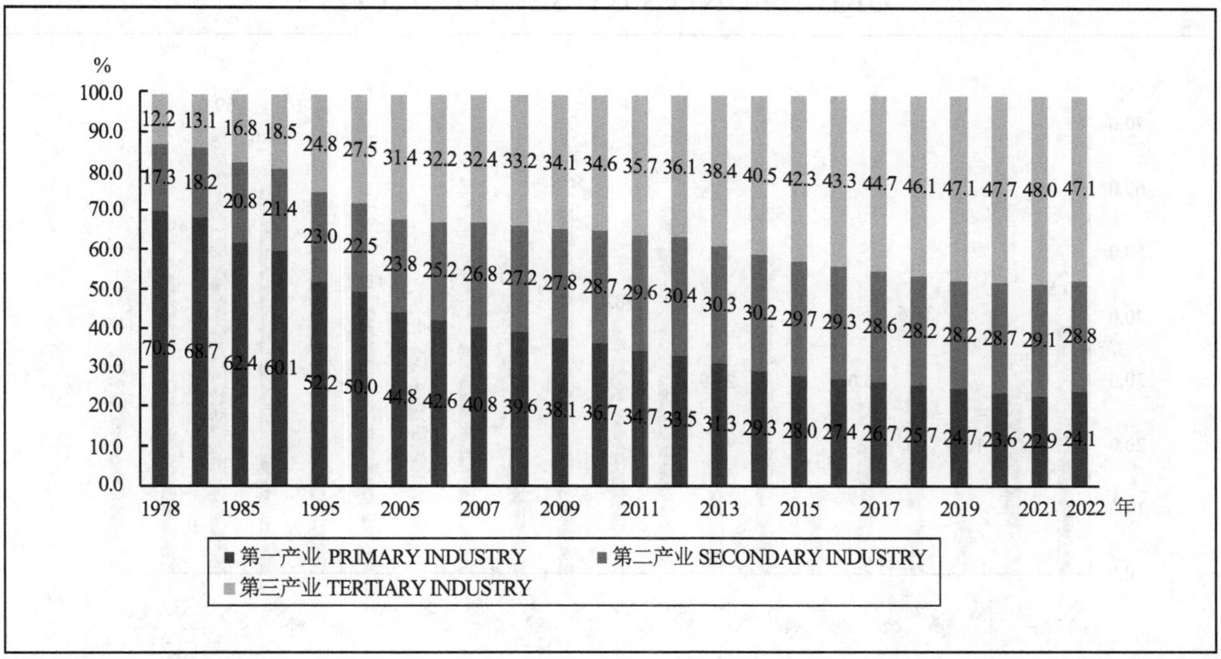

图2　2022年城镇非私营单位就业人员行业构成

COMPOSITION OF EMPLOYMENT IN URBAN UNITS(2022)

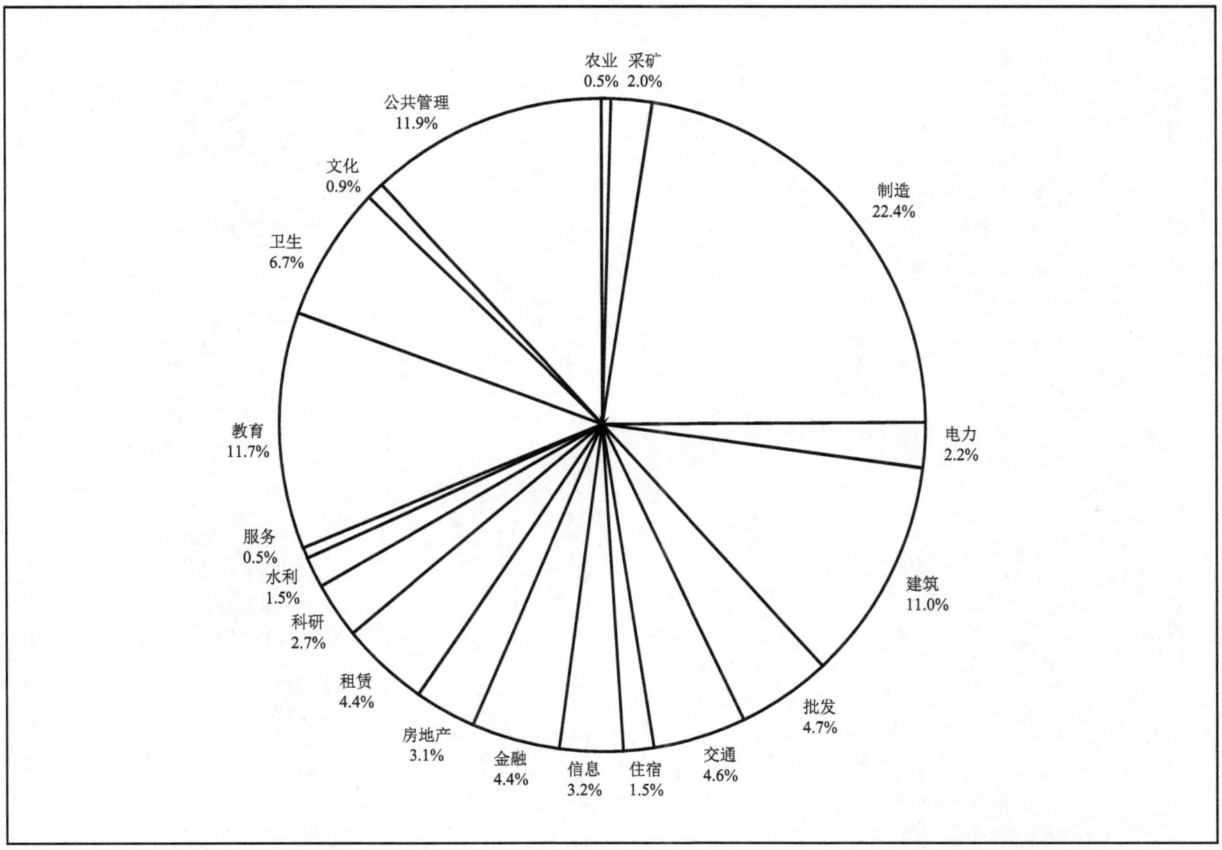

图3　2022年城镇非私营单位女性就业人员占就业人员比重
PROPORTION OF FEMALE EMPLOYMENT IN URBAN UNITS BY SECTOR (2022)

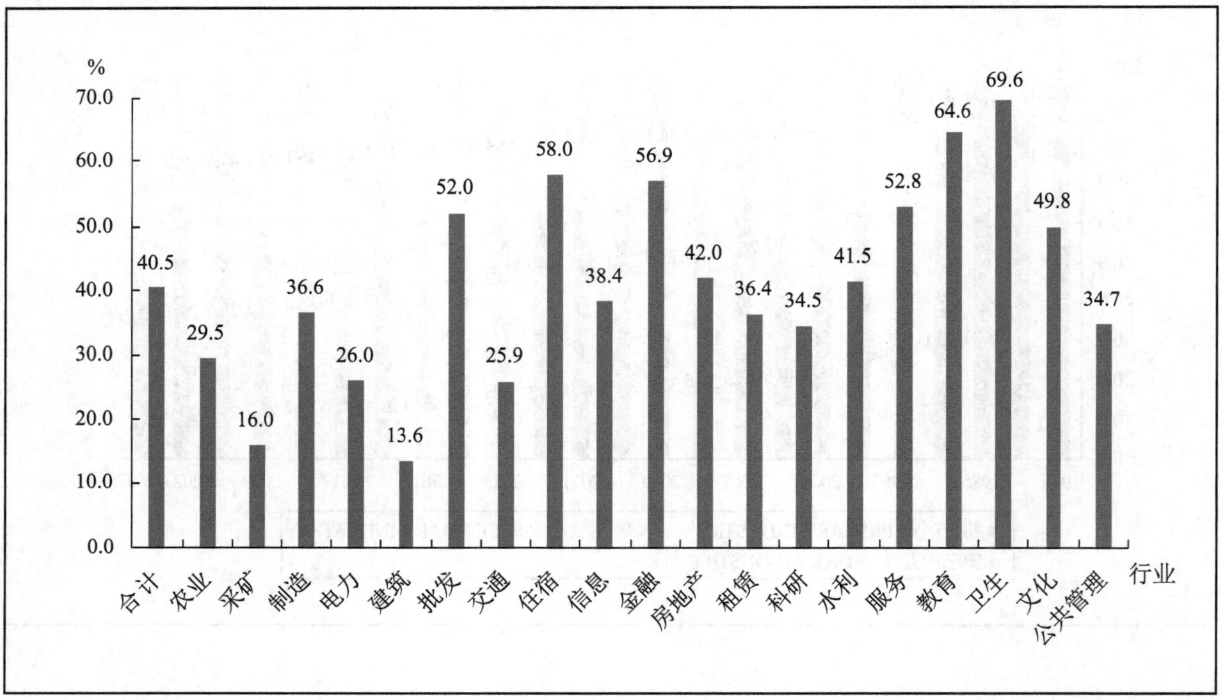

目 录

CONTENTS

一、综 合

GENERAL SURVEY

二、就业与失业
EMPLOYMENT AND UNEMPLOYMENT

三、城镇非私营单位就业人员和工资总额
EMPLOYMENT AND TOTAL WAGES IN URBAN NON-PRIVATE UNITS

四、国有单位就业人员和工资总额
EMPLOYMENT AND TOTAL WAGES IN STATE-OWNED UNITS

五、城镇集体单位就业人员和工资总额
EMPLOYMENT AND TOTAL WAGES IN URBAN COLLECTIVE-OWNED UNITS

六、其他单位就业人员和工资总额
EMPLOYMENT AND TOTAL WAGES IN OTHER OWNERSHIP UNITS

七、职业培训与技能鉴定
VOCATIONAL TRAINING AND SKILL APPRAISAL

八、劳动关系
LABOUR RELATION

九、社会保障
SOCIAL SECURITY

十、工会工作
TRADE UNION WORKS

十一、香港资料
MAIN INDICATORS OF HONG KONG

十二、澳门资料
MAIN INDICATORS OF MACAO

十三、台湾资料
MAIN INDICATORS OF TAIWAN

附录一、国外有关资料
MAIN INDICATORS OF OTHER COUNTRIES

一、综　合

GENERAL SURVEY

1-1 全国劳动统计主要指标
MAIN INDICATORS OF NATIONAL LABOUR STATISTICS

指 标	Item	2021	2022	2022年比上年增长 % Increase Rate (2021=100)
总人口(万人)	**Total Population (10 000 persons)**	**141260**	**141175**	**-0.1**
16岁以上人口数(万人)	**Population Above 16(10 000 persons)**	**114958**	**115560**	**0.5**
劳动力(万人)	**Labour Force(10 000 persons)**	**78024**	**76863**	**-1.5**
全国就业人员年末人数(万人)	**Employment (end of year, 10 000 persons)**	**74652**	**73351**	**-1.7**
城镇就业人员	Urban Employment	46773	45931	-1.8
乡村就业人员	Rural Employment	27879	27420	-1.6
按登记注册类型分城镇单位就业人员(万人)	**Number of Employed Person in Urban Units by Status of Registration(10 000 presons)**	**17014.5**	**16700.7**	**-1.8**
#国有单位	State-owned Units	5633.1	5612.2	-0.4
城镇集体单位	Urban Collective-owned Units	261.7	235.1	-10.1
其他单位	Other Ownership Units	11119.8	10853.4	-2.4
城镇单位就业人员工资总额(亿元)	**Total Wages of the Urban Units Employment (100 million yuan)**	**180817.5**	**190820.2**	**5.5**
#国有单位	State-owned Units	64547.9	69000.2	6.9
城镇集体单位	Urban Collective-owned Units	1920.0	1809.3	-5.8
其他单位	Other Ownership Units	114349.7	120010.8	5.0
城镇单位就业人员平均工资(元)	**Average Wage of the Urban Units Employment (yuan)**	**106837**	**114029**	**6.7**
#国有单位	State-owned Units	115583	123623	7.0
城镇集体单位	Urban Collective-owned Units	74491	77868	4.5
其他单位	Other Ownership Units	103182	109895	6.5
在岗职工平均工资(元)	**Average Wage of Staff and Workers**	**110221**	**117177**	**6.3**
#国有单位	State-owned Units	119139	127175	6.7
城镇集体单位	Urban Collective-owned Units	76440	79964	4.6
其他单位	Other Ownership Units	106401	112760	6.0
城镇登记失业人员年末人数(万人)	**Urban Registered Unemployment (10 000 persons)**	**1040**	**1203**	**15.7**
非劳动力(万人)	**Outside the Labour Force (10 000 persons)**	**36934**	**38697**	**4.8**
城镇调查失业率(%)	**The Surveyed Unemployment Rate In Urban Areas**	**5.1**	**5.5**	

注：1)自2009年始，“城镇单位就业人员工资总额”和“城镇单位就业人员平均工资”即为2008年及以前的“城镇单位就业人员劳动报酬”和“城镇单位就业人员平均劳动报酬”。往年本年鉴及相关资料中1994—2008年城镇单位就业人员劳动报酬和平均劳动报酬指标与此指标统计口径相同。

2) 2013年部分经济类型单位、部分行业就业人员数、工资总额变动较大，系将原属于乡镇企业的规模以上法人单位纳入劳动工资统计范围所致(以下相关表同)。

3)城镇调查失业率为每年12月份的数据。

Notes: a)Since 2009, “Total wages of the urban units employment” and “Average wage of the urban units employment” refer to “Earnings of the urban units employment” and “Average earning of the urban units employment” before 2008. Statistical coverage of “Earnings of the urban units employment” and “Average earning of the urban units employment” in this previous yearbook and relevant books from 1994 to 2008 are the same with the indicators above.

b)In 2013, some units by status of registration, some employment by industry, total wages bill changed greatly, because legal persons above designated size originally belonged to township enterprises were taken into statistics of labour wages. The same applies to the relevant tables following.

c)The surveyed unemployment rate in urban areas is the data in December every year.

1-2 人口数及构成(年末数)
POPULATION AND COMPOSITION (END OF YEAR)

单位：万人 (10 000 persons)

年 份 Year	总人口 Total Population	按性别分 Grouped by Sex				按城乡分 Grouped by Residence			
		男 Male		女 Female		城镇 Urban		乡村 Rural	
		人口数 Population	比重(%) Proportion	人口数 Population	比重(%) Proportion	人口数 Population	比重(%) Proportion	人口数 Population	比重(%) Proportion
1949	54167	28145	51.96	26022	48.04	5765	10.64	48402	89.36
1950	55196	28669	51.94	26527	48.06	6169	11.18	49027	88.82
1951	56300	29231	51.92	27069	48.08	6632	11.78	49668	88.22
1955	61465	31809	51.75	29656	48.25	8285	13.48	53180	86.52
1960	66207	34283	51.78	31924	48.22	13073	19.75	53134	80.25
1965	72538	37128	51.18	35410	48.82	13045	17.98	59493	82.02
1970	82992	42686	51.43	40306	48.57	14424	17.38	68568	82.62
1971	85229	43819	51.41	41410	48.59	14711	17.26	70518	82.74
1972	87177	44813	51.40	42364	48.60	14935	17.13	72242	82.87
1973	89211	45876	51.42	43335	48.58	15345	17.20	73866	82.80
1974	90859	46727	51.43	44132	48.57	15595	17.16	75264	82.84
1975	92420	47564	51.47	44856	48.53	16030	17.34	76390	82.66
1976	93717	48257	51.49	45460	48.51	16341	17.44	77376	82.56
1977	94974	48908	51.50	46066	48.50	16669	17.55	78305	82.45
1978	96259	49567	51.49	46692	48.51	17245	17.92	79014	82.08
1979	97542	50192	51.46	47350	48.54	18495	18.96	79047	81.04
1980	98705	50785	51.45	47920	48.55	19140	19.39	79565	80.61
1981	100072	51519	51.48	48553	48.52	20171	20.16	79901	79.84
1982	101654	52352	51.50	49302	48.50	21480	21.13	80174	78.87
1983	103008	53152	51.60	49856	48.40	22274	21.62	80734	78.38
1984	104357	53848	51.60	50509	48.40	24017	23.01	80340	76.99
1985	105851	54725	51.70	51126	48.30	25094	23.71	80757	76.29
1986	107507	55581	51.70	51926	48.30	26366	24.52	81141	75.48
1987	109300	56290	51.50	53010	48.50	27674	25.32	81626	74.68
1988	111026	57201	51.52	53825	48.48	28661	25.81	82365	74.19
1989	112704	58099	51.55	54605	48.45	29540	26.21	83164	73.79
1990	114333	58904	51.52	55429	48.48	30195	26.41	84138	73.59
1991	115823	59466	51.34	56357	48.66	31203	26.94	84620	73.06
1992	117171	59811	51.05	57360	48.95	32175	27.46	84996	72.54
1993	118517	60472	51.02	58045	48.98	33173	27.99	85344	72.01
1994	119850	61246	51.10	58604	48.90	34169	28.51	85681	71.49
1995	121121	61808	51.03	59313	48.97	35174	29.04	85947	70.96
1996	122389	62200	50.82	60189	49.18	37304	30.48	85085	69.52
1997	123626	63131	51.07	60495	48.93	39449	31.91	84177	68.09
1998	124761	63940	51.25	60821	48.75	41608	33.35	83153	66.65
1999	125786	64692	51.43	61094	48.57	43748	34.78	82038	65.22
2000	126743	65437	51.63	61306	48.37	45906	36.22	80837	63.78
2001	127627	65672	51.46	61955	48.54	48064	37.66	79563	62.34
2002	128453	66115	51.47	62338	48.53	50212	39.09	78241	60.91
2003	129227	66556	51.50	62671	48.50	52376	40.53	76851	59.47
2004	129988	66976	51.52	63012	48.48	54283	41.76	75705	58.24
2005	130756	67375	51.53	63381	48.47	56212	42.99	74544	57.01
2006	131448	67728	51.52	63720	48.48	58288	44.34	73160	55.66
2007	132129	68048	51.50	64081	48.50	60633	45.89	71496	54.11
2008	132802	68357	51.47	64445	48.53	62403	46.99	70399	53.01
2009	133450	68647	51.44	64803	48.56	64512	48.34	68938	51.66
2010	134091	68748	51.27	65343	48.73	66978	49.95	67113	50.05
2011	134916	69161	51.26	65755	48.74	69927	51.83	64989	48.17
2012	135922	69660	51.25	66262	48.75	72175	53.10	63747	46.90
2013	136726	70063	51.24	66663	48.76	74502	54.49	62224	45.51
2014	137646	70522	51.23	67124	48.77	76738	55.75	60908	44.25
2015	138326	70857	51.22	67469	48.78	79302	57.33	59024	42.67
2016	139232	71307	51.21	67925	48.79	81924	58.84	57308	41.16
2017	140011	71650	51.17	68361	48.83	84343	60.24	55668	39.76
2018	140541	71864	51.13	68677	48.87	86433	61.50	54108	38.50
2019	141008	72039	51.09	68969	48.91	88426	62.71	52582	37.29
2020	141212	72357	51.24	68855	48.76	90220	63.89	50992	36.11
2021	141260	72311	51.19	68949	48.81	91425	64.72	49835	35.28
2022	141175	72206	51.15	68969	48.85	92071	65.22	49104	34.78

注：1.1981年及以前数据为户籍统计数；1982、1990、2000、2010、2020年数据为当年人口普查数据推算数；其余年份数据为年度人口抽样调查推算数据(下相关表同)。

2.总人口和按性别分人口中包括现役军人，按城乡分人口中现役军人计入城镇人口。

Notes: a)Figures 1981 (includive) are from household registrations; for the year 1982,1990,2000,2010 and 2020 are the census year estimate; the rest of the data covered in those tables have been estimated on the basis of the annual nationall sample surveys of population.The same applies to the relevant tables following.

b)Total population and population by sex include the military personnel of the Chinese People's Liberation Army, the military personnel are classified as urban population in the item of population by residence.

1-3 国内生产总值及构成
GROSS DOMESTIC PRODUCT AND COMPOSITION

年 份 Year	国内生产总值 Gross Domestic Product	第一产业 Primary Industry	第二产业 Secondary Industry	第三产业 Tertiary Industry
一、绝对数(亿元) Value (100 million yuan)				
1978	3678.7	1018.5	1755.2	905.1
1980	4587.6	1359.5	2204.7	1023.4
1985	9098.9	2541.7	3886.5	2670.7
1990	18872.9	5017.2	7744.1	6111.6
1991	22005.6	5288.8	9129.6	7587.2
1992	27194.5	5800.3	11725.0	9669.2
1993	35673.2	6887.6	16472.7	12313.0
1994	48637.5	9471.8	22452.5	16713.1
1995	61339.9	12020.5	28676.7	20642.7
1996	71813.6	13878.3	33827.3	24108.0
1997	79715.0	14265.2	37545.0	27904.8
1998	85195.5	14618.7	39017.5	31559.3
1999	90564.4	14549.0	41079.9	34935.5
2000	100280.1	14717.4	45663.7	39899.1
2001	110863.1	15502.5	49659.4	45701.2
2002	121717.4	16190.2	54104.1	51423.1
2003	137422.0	16970.2	62695.8	57756.0
2004	161840.2	20904.3	74285.0	66650.9
2005	187318.9	21806.7	88082.2	77430.0
2006	219438.5	23317.0	104359.2	91762.2
2007	270092.3	27674.1	126630.5	115787.7
2008	319244.6	32464.1	149952.9	136827.5
2009	348517.7	33583.8	160168.8	154765.1
2010	412119.3	38430.8	191626.5	182061.9
2011	487940.2	44781.5	227035.1	216123.6
2012	538580.0	49084.6	244639.1	244856.2
2013	592963.2	53028.1	261951.6	277983.5
2014	643563.1	55626.3	277282.8	310654.0
2015	688858.2	57774.6	281338.9	349744.7
2016	746395.1	60139.2	295427.8	390828.1
2017	832035.9	62099.5	331580.5	438355.9
2018	919281.1	64745.2	364835.2	489700.8
2019	986515.2	70473.6	380670.6	535371.0
2020	1013567.0	78030.9	383562.4	551973.7
2021	1149237.0	83216.5	451544.1	614476.4
2022	1210207.2	88345.1	483164.5	638697.6

1-3 续表 continued

年 份 Year	国内生产总值 Gross Domestic Product	第一产业 Primary Industry	第二产业 Secondary Industry	第三产业 Tertiary Industry
二、构成(%) Composition (%)				
1978	100.0	27.7	47.7	24.6
1980	100.0	29.6	48.1	22.3
1985	100.0	27.9	42.7	29.4
1990	100.0	26.6	41.0	32.4
1991	100.0	24.0	41.5	34.5
1992	100.0	21.3	43.1	35.6
1993	100.0	19.3	46.2	34.5
1994	100.0	19.5	46.2	34.4
1995	100.0	19.6	46.8	33.7
1996	100.0	19.3	47.1	33.6
1997	100.0	17.9	47.1	35.0
1998	100.0	17.2	45.8	37.0
1999	100.0	16.1	45.4	38.6
2000	100.0	14.7	45.5	39.8
2001	100.0	14.0	44.8	41.2
2002	100.0	13.3	44.5	42.2
2003	100.0	12.3	45.6	42.0
2004	100.0	12.9	45.9	41.2
2005	100.0	11.6	47.0	41.3
2006	100.0	10.6	47.6	41.8
2007	100.0	10.2	46.9	42.9
2008	100.0	10.2	47.0	42.9
2009	100.0	9.6	46.0	44.4
2010	100.0	9.3	46.5	44.2
2011	100.0	9.2	46.5	44.3
2012	100.0	9.1	45.4	45.5
2013	100.0	8.9	44.2	46.9
2014	100.0	8.6	43.1	48.3
2015	100.0	8.4	40.8	50.8
2016	100.0	8.1	39.6	52.4
2017	100.0	7.5	39.9	52.7
2018	100.0	7.0	39.7	53.3
2019	100.0	7.1	38.6	54.3
2020	100.0	7.7	37.8	54.5
2021	100.0	7.2	39.3	53.5
2022	100.0	7.3	39.9	52.8

注：本表按当年价格计算。
Note: Data in this table are calculated at current prices.

1-4 国内生产总值指数、城镇单位就业人员平均工资和城镇居民消费价格指数

INDICES OF GROSS DOMESTIC PRODUCT, AVERAGE WAGE IN URBAN UNITS AND URBAN CONSUMER PRICE INDEX

(上年=100) (preceding year=100)

年 份 Year	国内生产总值指数 Indices of Gross Domestic Product	城镇单位就业人员平均工资指数 Index of Average Wage of the Urban Units Employment		城市居民消费价格指数 Urban Consumer Price Index
		名义工资 Nominal Wage	实际工资 Real Wage	
1979	107.6	108.6	106.7	101.9
1980	107.8	114.1	106.1	107.5
1981	105.1	101.3	98.9	102.5
1982	109.0	103.4	101.5	102.0
1983	110.8	103.5	101.4	102.0
1984	115.2	117.9	114.7	102.7
1985	113.4	117.9	105.3	111.9
1986	108.9	115.8	108.3	107.0
1987	111.7	109.8	101.0	108.8
1988	111.2	119.7	99.2	120.7
1989	104.2	110.8	95.2	116.3
1990	103.9	110.6	109.2	101.3
1991	109.3	109.3	104.0	105.1
1992	114.2	115.9	106.7	108.6
1993	113.9	124.3	107.1	116.1
1994	113.0	134.6	107.7	125.0
1995	111.0	118.9	101.8	116.8
1996	109.9	111.8	102.8	108.8
1997	109.2	107.8	104.5	103.1
1998	107.8	115.5	116.2	99.4
1999	107.7	111.7	113.2	98.7
2000	108.5	112.2	111.3	100.8
2001	108.3	116.1	115.3	100.7
2002	109.1	114.2	115.4	99.0
2003	110.0	112.9	111.9	100.9
2004	110.1	114.0	109.7	103.3
2005	111.4	114.3	112.5	101.6
2006	112.7	114.6	112.9	101.5
2007	114.2	118.5	113.4	104.5
2008	109.7	116.9	110.7	105.6
2009	109.4	111.6	112.6	99.1
2010	110.6	113.3	109.8	103.2
2011	109.6	114.4	108.6	105.3
2012	107.9	111.9	109.0	102.7
2013	107.8	110.1	107.3	102.6
2014	107.4	109.5	107.2	102.1
2015	107.0	110.1	108.5	101.5
2016	106.8	108.9	106.7	102.1
2017	106.9	110.0	108.2	101.7
2018	106.7	110.9	108.6	102.1
2019	106.0	109.8	106.8	102.8
2020	102.2	107.6	105.2	102.3
2021	108.4	109.7	108.6	101.0
2022	103.0	106.7	104.6	102.0

1-5 全国就业人员年末人数
NUMBER OF EMPLOYMENT AT THE YEAR-END

单位：万人 (10 000 persons)

年 份 Year	就业人员 Employment 合 计 Total	就业人员 Employment 占人口比重(%) Percentage of Total Population	城 镇 就业人员 Urban Employment	乡 村 就业人员 Rural Employment	按三次产业分 Group by Industry 第一产业 Primary Industry	按三次产业分 Group by Industry 第二产业 Secondary Industry	按三次产业分 Group by Industry 第三产业 Tertiary Industry	构成(以合计为100) Percentage(Total=100) 第一产业 Primary Industry	构成(以合计为100) Percentage(Total=100) 第二产业 Secondary Industry	构成(以合计为100) Percentage(Total=100) 第三产业 Tertiary Industry
1952	20729	36.1	2486	18243	17317	1531	1881	83.5	7.4	9.1
1953	21364	36.3	2754	18610	17747	1715	1902	83.1	8.0	8.9
1954	21832	36.2	2744	19088	18151	1882	1799	83.1	8.6	8.3
1955	22328	36.3	2802	19526	18592	1913	1823	83.3	8.6	8.1
1956	23018	36.6	2993	20025	18544	2468	2006	80.6	10.7	8.7
1957	23771	36.8	3205	20566	19309	2142	2320	81.2	9.0	9.8
1958	26600	40.3	5300	21300	15490	7076	4034	58.2	26.6	15.2
1959	26173	38.9	5389	20784	16271	5402	4500	62.2	20.6	17.2
1960	25880	39.1	6119	19761	17016	4112	4752	65.7	15.9	18.4
1961	25590	38.9	5336	20254	19747	2856	2987	77.2	11.2	11.6
1962	25910	38.5	4537	21373	21276	2059	2575	82.1	8.0	9.9
1963	26640	38.5	4603	22037	21966	2038	2636	82.5	7.6	9.9
1964	27736	39.3	4828	22908	22801	2183	2752	82.2	7.9	9.9
1965	28670	39.5	5136	23534	23396	2408	2866	81.6	8.4	10.0
1966	29805	40.0	5354	24451	24297	2600	2908	81.5	8.7	9.8
1967	30814	40.3	5446	25368	25165	2661	2988	81.7	8.6	9.7
1968	31915	40.6	5630	26285	26063	2743	3109	81.7	8.6	9.7
1969	33225	41.2	5825	27400	27117	3030	3078	81.6	9.1	9.3
1970	34432	41.5	6312	28120	27811	3518	3103	80.8	10.2	9.0
1971	35620	41.8	6868	28752	28397	3990	3233	79.7	11.2	9.1
1972	35854	41.1	7200	28654	28283	4276	3295	78.9	11.9	9.2
1973	36652	41.1	7388	29264	28857	4492	3303	78.7	12.3	9.0
1974	37369	41.1	7687	29682	29218	4712	3439	78.2	12.6	9.2
1975	38168	41.3	8222	29946	29456	5152	3560	77.2	13.5	9.3
1976	38834	41.4	8692	30142	29443	5611	3780	75.8	14.5	9.7
1977	39377	41.5	9127	30250	29340	5831	4206	74.5	14.8	10.7
1978	40152	41.7	9514	30638	28318	6945	4890	70.5	17.3	12.2
1979	41024	42.1	9999	31025	28634	7214	5177	69.8	17.6	12.6
1980	42361	42.9	10525	31836	29122	7707	5532	68.7	18.2	13.1
1981	43725	43.7	11053	32672	29777	8003	5945	68.1	18.3	13.6
1982	45295	44.6	11428	33867	30859	8346	6090	68.1	18.4	13.5
1983	46436	45.1	11746	34690	31151	8679	6606	67.1	18.7	14.2
1984	48197	46.2	12229	35968	30868	9590	7739	64.0	19.9	16.1
1985	49873	47.1	12808	37065	31130	10384	8359	62.4	20.8	16.8
1986	51282	47.7	13292	37990	31254	11216	8811	60.9	21.9	17.2

注：1990年及以后的劳动力、就业人员数据根据劳动力调查、全国人口普查推算；其中2011—2019年数据是根据第七次全国人口普查修订数(下表同)。

Note: From 1990, the total number of labour force and employed persons were estimated according to Labour Force Survey and Population Census. The data from 2011 to 2019 were revised according to the Seventh National Population Census.The same applies to the following tables.

1-5 续表 continued

单位：万人 (10 000 persons)

年 份 Year	就业人员 Employment 合 计 Total	就业人员 Employment 占人口比重(%) Percentage of Total Population	城镇就业人员 Urban Employment	乡村就业人员 Rural Employment	按三次产业分 Group by Industry 第一产业 Primary Industry	按三次产业分 Group by Industry 第二产业 Secondary Industry	按三次产业分 Group by Industry 第三产业 Tertiary Industry	构成(以合计为100) Percentage(Total=100) 第一产业 Primary Industry	构成(以合计为100) Percentage(Total=100) 第二产业 Secondary Industry	构成(以合计为100) Percentage(Total=100) 第三产业 Tertiary Industry
1987	52783	48.3	13783	39000	31663	11726	9395	60.0	22.2	17.8
1988	54334	48.9	14267	40067	32249	12152	9933	59.3	22.4	18.3
1989	55329	49.1	14390	40939	33225	11976	10129	60.1	21.6	18.3
1990	64749	56.6	17041	47708	38914	13856	11979	60.1	21.4	18.5
1991	65491	56.5	17465	48026	39098	14015	12378	59.7	21.4	18.9
1992	66152	56.5	17861	48291	38699	14355	13098	58.5	21.7	19.8
1993	66808	56.4	18262	48546	37680	14965	14163	56.4	22.4	21.2
1994	67455	56.3	18653	48802	36628	15312	15515	54.3	22.7	23.0
1995	68065	56.2	19040	49025	35530	15655	16880	52.2	23.0	24.8
1996	68950	56.3	19922	49028	34820	16203	17927	50.5	23.5	26.0
1997	69820	56.5	20781	49039	34840	16547	18432	49.9	23.7	26.4
1998	70637	56.6	21616	49021	35177	16600	18860	49.8	23.5	26.7
1999	71394	56.8	22412	48982	35768	16421	19205	50.1	23.0	26.9
2000	72085	56.9	23151	48934	36043	16219	19823	50.0	22.5	27.5
2001	72797	57.0	24123	48674	36399	16234	20165	50.0	22.3	27.7
2002	73280	57.0	25159	48121	36640	15682	20958	50.0	21.4	28.6
2003	73736	57.1	26230	47506	36204	15927	21605	49.1	21.6	29.3
2004	74264	57.1	27293	46971	34830	16709	22725	46.9	22.5	30.6
2005	74647	57.1	28389	46258	33442	17766	23439	44.8	23.8	31.4
2006	74978	57.0	29630	45348	31941	18894	24143	42.6	25.2	32.2
2007	75321	57.0	30953	44368	30731	20186	24404	40.8	26.8	32.4
2008	75564	56.9	32103	43461	29923	20553	25087	39.6	27.2	33.2
2009	75828	56.8	33322	42506	28890	21080	25857	38.1	27.8	34.1
2010	76105	56.8	34687	41418	27931	21842	26332	36.7	28.7	34.6
2011	76196	56.5	36003	40193	26472	22539	27185	34.7	29.6	35.7
2012	76254	56.1	37287	38967	25535	23226	27493	33.5	30.4	36.1
2013	76301	55.8	38527	37774	23838	23142	29321	31.3	30.3	38.4
2014	76349	55.5	39703	36646	22372	23057	30920	29.3	30.2	40.5
2015	76320	55.2	40916	35404	21418	22644	32258	28.0	29.7	42.3
2016	76245	54.8	42051	34194	20908	22295	33042	27.4	29.3	43.3
2017	76058	54.3	43208	32850	20295	21762	34001	26.7	28.6	44.7
2018	75782	53.9	44292	31490	19515	21356	34911	25.7	28.2	46.1
2019	75447	53.5	45249	30198	18652	21234	35561	24.7	28.2	47.1
2020	75064	53.2	46271	28793	17715	21543	35806	23.6	28.7	47.7
2021	74652	52.8	46773	27879	17072	21712	35868	22.9	29.1	48.0
2022	73351	52.0	45931	27420	17663	21105	34583	24.1	28.8	47.1

1-6 分地区就业人员数(2022年底数)
NUMBER OF EMPLOYED PERSONS BY REGION(END OF 2022)

单位：万人 (10 000 persons)

地 区	Region	就业人员 Employed Persons	按城乡分 By Urban and Rural Areas		按三次产业分 Group by Industry		
			城镇 Urban	乡村 Rural	第一产业 Primary Industry	第二产业 Secondary Industry	第三产业 Tertiary Industry
全 国	**National Total**	**73351**	**45931**	**27420**	**17663**	**21105**	**34583**
北 京	Beijing	1132	991	141	25	186	921
天 津	Tianjin	621	518	103	33	214	374
河 北	Hebei	3580	2103	1477	820	1121	1639
山 西	Shanxi	1672	987	685	414	431	827
内蒙古	Inner Mongolia	1190	739	451	439	206	545
辽 宁	Liaoning	2122	1425	697	634	464	1024
吉 林	Jilin	1185	681	504	479	171	535
黑龙江	Heilongjiang	1351	844	507	518	204	629
上 海	Shanghai	1347	1179	168	21	439	887
江 苏	Jiangsu	4805	3509	1296	626	1951	2228
浙 江	Zhejiang	3885	2819	1066	203	1726	1956
安 徽	Anhui	3176	1790	1386	790	1020	1366
福 建	Fujian	2174	1507	667	299	721	1154
江 西	Jiangxi	2193	1309	884	403	761	1029
山 东	Shandong	5338	3297	2041	1284	1804	2250
河 南	Henan	4782	2573	2209	1320	1356	2106
湖 北	Hubei	3243	1897	1346	928	846	1469
湖 南	Hunan	3219	1881	1338	785	875	1559
广 东	Guangdong	6904	5389	1515	722	2524	3658
广 西	Guangxi	2508	1331	1177	857	635	1016
海 南	Hainan	531	316	215	173	58	300
重 庆	Chongqing	1644	1087	557	389	414	841
四 川	Sichuan	4706	2508	2198	1602	1074	2030
贵 州	Guizhou	1878	981	897	693	444	741
云 南	Yunnan	2735	1281	1454	1225	478	1032
西 藏	Tibet	192	75	117	71	29	92
陕 西	Shaanxi	2066	1236	830	649	431	986
甘 肃	Gansu	1307	618	689	614	227	466
青 海	Qinghai	256	157	99	72	55	129
宁 夏	Ningxia	336	211	125	94	79	163
新 疆	Xinjiang	1273	692	581	481	161	631

1-7 2022年全国城镇调查失业率主要数据
MAIN DATA OF THE URBAN SURVEYED UNEMPLOYMENT RATE IN 2022

单位：% (%)

月 份	Month	全国城镇 Urban	本地户籍 Local Household Registration	外来户籍 Non-local Household Registration	16-24岁 Aged 16-24	25-59岁 Aged 25-59	31个大城市 31 Major Cities
1月	January	5.3	5.4	5.1	15.3	4.6	5.4
2月	February	5.5	5.5	5.6	15.3	4.8	5.4
3月	March	5.8	5.6	6.3	16.0	5.2	6.0
4月	April	6.1	5.7	6.9	18.2	5.3	6.7
5月	May	5.9	5.5	6.6	18.4	5.1	6.9
6月	June	5.5	5.3	5.8	19.3	4.5	5.8
7月	July	5.4	5.3	5.5	19.9	4.3	5.6
8月	August	5.3	5.3	5.3	18.7	4.3	5.4
9月	September	5.5	5.4	5.6	17.9	4.7	5.8
10月	October	5.5	5.4	5.7	17.9	4.7	6.0
11月	November	5.7	5.5	6.2	17.1	5.0	6.7
12月	December	5.5	5.4	5.7	16.7	4.8	6.1

1-8 各地区分登记注册类型城镇单位就业人员年末人数及构成(2022年) URBAN EMPLOYMENT AND COMPOSITION AT THE YEAR-END BY REGISTRATION STATUS AND REGION (2022)

单位：万人 (10 000 persons)

地区	Region	合计 Total	国有单位 State-owned Units	城镇集体单位 Urban Collective-owned Units	其他单位 Other Ownership Units	构成（以合计为100） Composition(Total=100) 国有单位 State-owned Units	城镇集体单位 Urban Collective-owned Units	其他单位 Other Ownership Units
全国总计	**National**	**16700.7**	**5612.2**	**235.1**	**10853.4**	**33.6**	**1.4**	**65.0**
北京	Beijing	747.1	150.3	9.0	587.8	20.1	1.2	78.7
天津	Tianjin	243.3	63.7	1.8	177.8	26.2	0.8	73.1
河北	Hebei	561.1	257.7	9.4	294.1	45.9	1.7	52.4
山西	Shanxi	438.3	160.2	4.3	273.7	36.6	1.0	62.5
内蒙古	Inner Mongolia	265.5	126.8	1.7	137.0	47.8	0.7	51.6
辽宁	Liaoning	443.7	179.5	5.9	258.3	40.5	1.3	58.2
吉林	Jilin	242.3	114.9	0.8	126.6	47.4	0.3	52.3
黑龙江	Heilongjiang	297.9	155.4	1.9	140.5	52.2	0.6	47.2
上海	Shanghai	672.3	95.9	7.4	569.0	14.3	1.1	84.6
江苏	Jiangsu	1283.0	293.5	30.2	959.3	22.9	2.4	74.8
浙江	Zhejiang	1041.4	229.7	7.3	804.3	22.1	0.7	77.2
安徽	Anhui	576.8	178.4	6.5	392.0	30.9	1.1	68.0
福建	Fujian	559.2	147.3	6.9	405.0	26.3	1.2	72.4
江西	Jiangxi	436.9	173.7	7.5	255.7	39.8	1.7	58.5
山东	Shandong	1081.5	379.4	14.8	687.3	35.1	1.4	63.6
河南	Henan	873.9	345.2	16.5	512.2	39.5	1.9	58.6
湖北	Hubei	639.8	230.8	6.5	402.4	36.1	1.0	62.9
湖南	Hunan	589.9	245.6	11.8	332.4	41.6	2.0	56.4
广东	Guangdong	2066.6	438.3	33.1	1595.3	21.2	1.6	77.2
广西	Guangxi	395.8	189.3	4.9	201.6	47.8	1.2	50.9
海南	Hainan	109.2	41.6	1.0	66.6	38.1	0.9	60.9
重庆	Chongqing	345.2	115.2	3.9	226.2	33.4	1.1	65.5
四川	Sichuan	881.4	324.9	13.9	542.6	36.9	1.6	61.6
贵州	Guizhou	327.3	171.3	2.5	153.6	52.3	0.8	46.9
云南	Yunnan	355.3	194.9	10.2	150.2	54.8	2.9	42.3
西藏	Tibet	42.6	26.5	0.3	15.8	62.2	0.7	37.1
陕西	Shaanxi	471.6	187.7	8.0	275.8	39.8	1.7	58.5
甘肃	Gansu	257.5	140.0	4.6	112.9	54.4	1.8	43.9
青海	Qinghai	65.8	35.7	0.7	29.4	54.3	1.1	44.6
宁夏	Ningxia	71.2	35.7	0.4	35.1	50.1	0.6	49.3
新疆	Xinjiang	317.1	183.2	1.4	132.5	57.8	0.4	41.8

1-9 分登记注册类型城镇非私营单位就业人员年末人数及构成

EMPLOYMENT AND COMPOSITION IN URBAN NON-PRIVATE UNITS BY REGISTRATION STATUS (END OF YEAR)

单位：万人 (10 000 persons)

年 份 Year	合 计 Total	国有单位 State-owned Units	城镇集体单位 Urban Collective-owned Units	其他单位 Other Owner-ship Units	构成(以合计为100) Composition(Total=100)		
					国有单位 State-owned Units	城镇集体单位 Urban Collective-owned Units	其他单位 Other Owner-ship Units
1971	6787	5318	1469		78.4	21.6	
1975	8198	6426	1772		78.4	21.6	
1980	10444	8019	2425		76.8	23.2	
1981	10940	8372	2568		76.5	23.5	
1985	12358	8990	3324	44	72.7	26.9	0.4
1990	14059	10346	3549	164	73.6	25.2	1.2
1991	14508	10664	3628	216	73.5	25.0	1.5
1992	14792	10889	3621	282	73.6	24.5	1.9
1993	14849	10920	3393	536	73.5	22.9	3.6
1994	14849	10890	3211	747	73.3	21.6	5.0
1995	15301	11261	3147	894	73.6	20.6	5.8
1996	15221	11244	3016	962	73.9	19.8	6.3
1997	15036	11044	2883	1109	73.5	19.2	7.4
1998	12696	9058	1963	1675	71.3	15.5	13.2
1999	12130	8572	1712	1846	70.7	14.1	15.2
2000	11612	8102	1499	2011	69.8	12.9	17.3
2001	11166	7640	1291	2235	68.4	11.6	20.0
2002	10985	7163	1122	2700	65.2	10.2	24.6
2003	10970	6876	1000	3094	62.7	9.1	28.2
2004	11099	6710	897	3492	60.5	8.1	31.5
2005	11404	6488	810	4106	56.9	7.1	36.0
2006	11713	6430	764	4519	54.9	6.5	38.6
2007	12024	6424	718	4882	53.4	6.0	40.6
2008	12193	6447	662	5084	52.9	5.4	41.7
2009	12573	6420	618	5535	51.1	4.9	44.0
2010	13052	6516	597	5938	49.9	4.6	45.5
2011	14413	6704	603	7106	46.5	4.2	49.3
2012	15236	6839	590	7808	44.9	3.9	51.2
2013	18108	6365	566	11177	35.1	3.1	61.7
2014	18278	6312	537	11429	34.5	2.9	62.5
2015	18062	6208	481	11373	34.4	2.7	63.0
2016	17888	6170	453	11265	34.5	2.5	63.0
2017	17644	6064	406	11174	34.4	2.3	63.3
2018	17258	5740	347	11171	33.3	2.0	64.7
2019	17162	5473	296	11393	31.9	1.7	66.4
2020	17039	5563	271	11205	32.6	1.6	65.8
2021	17015	5633	262	11120	33.1	1.5	65.4
2022	16701	5612	235	10853	33.6	1.4	65.0

注：1994年及以前为职工数(以下各表同)。

Note: Data before 1994 are staff and workers figures(Same as the following tables).

1－10 分行业城镇非私营单位就业人员年末人数（1995－2002年）
URBAN NON-PRIVATE UNITS EMPLOYMENT BY SECTOR (1995-2002)

单位：万人 (10 000 persons)

登记注册类型 Registration Status / 年 份 Year	合 计 Total	农、林、牧、渔业 Farming, Forestry, Animal Husbandry and Fishery	采掘业 Mining and Quarrying	制造业 Manufacturing	电力、煤气及水的生产和供应业 Production and Supply of Electricity, Gas and Water	建筑业 Construction	地质勘查业、水利管理业 Geological Prospecting and Water Conservancy	交通运输、仓储及邮电通信业 Transport, Storage, Post and Telecommunications	批发和零售贸易、餐饮业 Wholesale and Retail Trade & Catering Services
全 国 National									
1995	15300.8	669.4	921.4	5493.1	257.9	1090.1	134.6	848.5	1855.9
1996	15221.1	631.3	891.8	5344.0	272.8	1069.7	128.9	853.2	1830.0
1997	15036.2	629.2	856.8	5129.9	283.3	1037.4	129.0	850.5	1796.1
1998	12695.7	562.5	707.3	3826.1	282.9	878.1	116.2	721.5	1286.6
1999	12130.2	536.5	655.2	3554.3	285.0	814.8	111.4	704.2	1141.5
2000	11612.5	516.4	585.2	3300.7	283.8	780.1	110.2	680.4	1009.5
2001	11165.8	483.2	548.2	3070.1	287.8	774.0	104.9	651.6	874.2
2002	10985.2	455.2	542.7	2980.7	289.6	803.2	97.7	639.5	774.5
国有单位 State-owned Units									
1995	11260.5	642.6	839.0	3347.9	238.3	627.9	132.5	699.1	1072.2
1996	11243.6	605.5	813.6	3238.6	251.2	616.1	126.7	705.6	1064.7
1997	11044.2	605.1	776.8	3028.2	258.0	598.0	125.9	706.1	1045.7
1998	9058.1	541.1	600.7	1900.7	243.2	462.8	114.0	601.5	706.0
1999	8572.1	517.2	529.0	1665.2	240.1	419.0	109.2	585.8	620.3
2000	8101.9	496.2	451.3	1432.1	234.1	391.7	108.0	566.5	544.0
2001	7639.9	464.5	404.6	1210.0	231.9	357.6	102.8	536.2	460.6
2002	7162.9	433.4	350.4	994.9	223.5	320.6	95.6	518.2	380.4
城镇集体单位 Urban Collective-owned Units									
1995	3146.7	23.7	78.3	1438.3	9.2	440.3	2.0	139.5	707.3
1996	3015.8	21.8	73.8	1364.8	10.8	424.0	2.1	135.7	678.5
1997	2882.7	19.9	73.1	1261.3	11.3	404.1	3.0	127.0	647.6
1998	1963.2	16.2	49.3	758.4	10.8	321.4	2.1	81.3	424.5
1999	1711.8	14.6	42.5	636.8	9.7	291.2	2.0	69.1	355.0
2000	1499.3	13.9	35.1	531.7	9.4	272.5	1.9	58.4	292.5
2001	1291.0	11.8	30.9	437.1	8.4	255.2	1.6	49.1	223.2
2002	1122.0	10.9	30.7	357.1	7.1	231.3	1.4	41.4	174.7
其他单位 Other Ownership Units									
1995	893.6	3.2	4.0	706.8	10.3	22.0		9.8	76.3
1996	961.7	4.0	4.4	740.5	10.8	29.5		12.0	86.8
1997	1109.4	4.2	6.9	840.4	14.1	35.3		17.4	102.8
1998	1674.5	5.2	57.3	1167.1	28.9	93.8	0.1	38.7	156.1
1999	1846.3	4.8	83.7	1252.2	35.2	104.6	0.2	49.2	166.3
2000	2011.3	6.4	98.8	1336.9	40.4	115.9	0.3	55.6	173.0
2001	2234.9	6.9	112.7	1423.0	47.5	161.2	0.5	66.2	190.4
2002	2700.3	10.9	161.6	1628.7	58.9	251.3	0.7	79.8	219.4

1-10 续表 continued

单位：万人 (10 000 persons)

登记注册类型 Registration Status 年 份 Year	金融、保险业 Finance and Insurance	房地产业 Real Estate Trade	社 会 服务业 Social Services	卫生、体育和社会福利业 Health Care, Sporting and Social Welfare	教育、文化艺术和广播电影电视业 Education, Culture and Arts, Radio, Film and Television	科学研究和综合技术服务业 Scientific Research and Polytechnical Services	国家机关政党机关和社会团体 Government Agencies, Party Agencies and Social Organizations	其 他 Others
全 国 National								
1995	276.3	79.6	461.4	444.3	1476.1	181.9	1041.7	68.8
1996	291.9	84.3	472.1	457.5	1512.6	182.7	1092.6	105.8
1997	308.2	86.9	494.3	471.1	1556.7	185.8	1093.1	127.8
1998	313.5	93.7	470.4	477.7	1573.3	177.5	1096.5	111.9
1999	328.5	96.6	476.0	482.0	1567.8	173.6	1102.1	100.9
2000	326.8	100.4	483.5	488.1	1565.8	174.5	1103.8	103.1
2001	335.9	107.5	491.4	493.0	1567.9	165.0	1100.9	110.1
2002	339.8	118.4	521.0	493.2	1565.1	162.7	1074.7	127.0
国有单位 State-owned Units								
1995	204.8	62.9	321	383.2	1443	170	1033.1	43.1
1996	210.7	64.6	335.4	394.8	1486.2	168.7	1084.3	76.9
1997	217.6	65.3	352.6	407.6	1502.7	170.2	1087.2	97.2
1998	217.5	65.1	331.7	417.0	1519.7	159.5	1091.1	86.4
1999	226.5	64.0	330.7	422.6	1512.9	157.0	1097.2	75.4
2000	223.4	63.3	326.7	427.3	1508.4	151.2	1098.9	78.7
2001	221.7	63.4	322.6	433.4	1507.7	141.9	1097.0	83.9
2002	216.2	61.3	327.4	437.8	1497.2	139.1	1071.0	96.0
城镇集体单位 Urban Collective-owned Units								
1995	67.5	6.7	99.3	60.7	32.1	8.7	8.7	24.3
1996	73.2	7.7	90.3	62.1	25.0	10.4	8.4	27.5
1997	77.4	7.9	90.4	62.8	52.6	10.5	5.9	27.8
1998	72.1	7.2	72.4	59.6	51.7	9.7	5.3	21.2
1999	71.8	7.5	68.9	58.2	52.2	8.3	4.8	19.2
2000	70.4	6.8	64.2	59.4	53.3	7.9	4.9	17.0
2001	69.1	6.9	59.1	57.7	55.2	5.3	3.9	16.6
2002	66.9	8.0	52.9	52.5	58.3	4.8	3.4	20.5
其他单位 Other Ownership Units								
1995	3.9	9.9	41.2	0.4	0.9	3.1		1.4
1996	8.0	12.0	46.4	0.5	1.4	3.6		1.5
1997	13.3	13.7	51.3	0.6	1.5	5.1		2.7
1998	23.9	21.3	66.3	1.1	1.9	8.3		4.4
1999	30.2	25.1	76.4	1.2	2.7	8.3		6.3
2000	33.0	30.3	92.6	1.4	4.1	15.3		7.4
2001	45.1	37.2	109.7	1.9	5.0	17.8		9.7
2002	56.8	49.0	140.7	3.0	9.6	18.8		11.0

1-11　分行业城镇非私营单位就业人员年末人数(2003-2011年)
URBAN NON-PRIVATE UNITS EMPLOYMENT BY SECTOR(2003-2011)

单位：万人　　　　(10 000 persons)

登记注册类型 Registration Status 年 份 Year	合 计 Total	农、林、牧、渔业 Agriculture, Forestry, Farming of Animals and Fishery	采矿业 Mining	制造业 Manufacturing	电力、燃气及水的生产和供应业 Production and Distribution of Electricity, Gas and Water	建筑业 Construction	交通运输、仓储和邮政业 Traffic, Transport, Storage and post
全 国 National							
2003	10969.7	484.5	488.3	2980.5	297.6	833.7	636.5
2004	11098.9	466.1	500.7	3050.8	300.6	841.0	631.8
2005	11404.0	446.3	509.2	3210.9	299.9	926.6	613.9
2006	11713.2	435.2	529.7	3351.6	302.5	988.7	612.7
2007	12024.4	426.3	535.0	3465.4	303.4	1050.8	623.1
2008	12192.5	410.1	540.4	3434.3	306.5	1072.6	627.3
2009	12573.0	373.7	553.7	3491.9	307.7	1177.5	634.4
2010	13051.5	375.7	562.0	3637.2	310.5	1267.5	631.1
2011	14413.3	359.5	611.6	4088.3	334.7	1724.8	662.8
国有单位 State-owned Units							
2003	6875.6	457.7	264.3	870.7	224.1	299.3	492.8
2004	6709.9	439.4	268.8	746.3	219.3	281.2	473.4
2005	6488.2	423.5	241.3	614.0	209.5	272.5	443.3
2006	6430.5	414.2	241.7	554.0	208.8	262.8	433.0
2007	6423.5	406.3	232.8	518.1	202.4	271.3	432.0
2008	6447.0	392.1	242.9	485.5	203.1	267.7	424.5
2009	6420.2	356.1	243.7	437.8	198.6	262.7	413.9
2010	6516.4	357.4	234.1	416.5	203.9	278.7	403.3
2011	6704.2	340.9	250.3	397.8	215.0	333.2	415.9
城镇集体单位 Urban Collective-owned Units							
2003	999.9	14.1	27.7	296.6	7.0	217.3	38.7
2004	897.2	12.5	27.1	259.6	6.6	198.1	34.1
2005	809.9	9.1	24.8	221.9	6.1	186.9	30.6
2006	763.6	7.1	25.1	203.9	6.0	184.9	27.2
2007	718.4	6.0	23.2	182.1	5.6	181.5	24.6
2008	661.8	4.9	22.2	165.2	5.1	169.2	22.2
2009	618.1	4.9	17.6	148.5	5.1	163.7	20.6
2010	597.5	4.4	18.8	134.4	5.2	161.7	19.8
2011	603.1	4.0	20.4	124.1	5.5	187.4	17.5
其他单位 Other Ownership Units							
2003	3094.3	12.7	196.3	1813.2	66.5	317.1	105.0
2004	3491.8	14.1	204.8	2044.9	74.7	361.7	124.4
2005	4105.9	13.7	243.1	2374.9	84.4	467.2	140.0
2006	4519.1	13.9	262.9	2593.7	87.8	540.9	152.6
2007	4882.4	14.1	279.0	2765.2	95.4	598.0	166.4
2008	5083.7	13.1	275.3	2783.6	98.4	635.6	180.6
2009	5534.7	12.6	292.4	2905.6	103.9	751.2	199.9
2010	5937.6	14.0	309.1	3086.2	101.4	827.1	208.0
2011	7106.0	14.6	340.9	3566.4	114.2	1204.2	229.4

1-11 续表 1 continued

单位：万人 (10 000 persons)

登记注册类型 Registration Status 年 份 Year	信息传输、计算机服务和软件业 Information Transfer, Computer and Software	批发和零售业 Wholesale and Retail Trade	住宿和餐饮业 Accommodation and Restaurants	金融业 Finance	房地产业 Real Estate	租赁和商务服务业 Tenancy and Business Services	科学研究、技术服务和地质勘查业 Scientific Research, Technical Service and Geologic Perambulation
全 国 National							
2003	116.8	628.1	172.1	353.3	120.2	183.5	221.9
2004	123.7	586.7	177.1	356.0	133.4	194.4	222.1
2005	130.1	544.0	181.2	359.3	146.5	218.5	227.7
2006	138.2	515.7	183.9	367.4	153.9	236.7	235.5
2007	150.2	506.9	185.8	389.7	166.5	247.2	243.4
2008	159.5	514.4	193.2	417.6	172.7	274.7	257.0
2009	173.8	520.8	202.1	449.0	190.9	290.5	272.6
2010	185.8	535.1	209.2	470.1	211.6	310.1	292.3
2011	212.8	647.5	242.7	505.3	248.6	286.6	298.5
国有单位 State-owned Units							
2003	72.0	301.0	73.4	208.1	52.2	106.0	185.1
2004	74.1	259.6	70.5	196.4	50.9	107.9	188.6
2005	65.8	214.7	67.5	177.5	47.5	114.6	188.5
2006	65.6	186.7	63.8	165.1	45.0	121.0	193.0
2007	62.5	174.1	58.6	161.4	45.2	120.5	197.5
2008	63.0	160.7	56.6	155.4	43.5	125.9	201.6
2009	64.6	144.2	55.2	146.0	43.5	125.4	209.4
2010	62.5	137.3	54.6	144.3	45.4	131.5	219.6
2011	67.0	145.7	56.3	146.3	47.6	127.9	218.2
城镇集体单位 Urban Collective-owned Units							
2003	1.8	128.6	16.2	67.0	7.4	30.2	4.8
2004	1.3	108.9	15.0	66.6	7.8	30.7	4.5
2005	1.4	89.9	13.7	63.8	8.2	35.2	3.8
2006	1.1	77.4	12.7	62.1	8.0	34.1	3.5
2007	0.9	69.0	11.6	61.3	7.7	34.4	3.4
2008	0.8	58.6	11.0	60.1	7.4	33.1	3.4
2009	1.1	52.5	10.4	53.1	8.7	36.7	4.2
2010	1.0	48.0	9.6	52.1	9.2	37.6	4.2
2011	1.3	46.8	10.0	50.2	8.6	31.8	3.7
其他单位 Other Ownership Units							
2003	43.0	198.6	82.5	78.3	60.6	47.3	32.0
2004	48.3	218.3	91.6	93.1	74.7	55.8	29.0
2005	62.8	239.4	100.1	117.9	90.9	68.7	35.5
2006	71.5	251.6	107.3	140.2	101.0	81.6	38.9
2007	86.8	263.8	115.7	167.0	113.6	92.3	42.5
2008	95.7	295.0	125.6	202.0	121.8	115.7	52.0
2009	108.1	324.2	136.5	249.9	138.7	128.4	59.0
2010	122.3	349.9	145.1	273.7	157.1	140.9	68.6
2011	144.5	455.0	176.5	308.9	192.4	126.9	76.5

1-11 续表 2 continued

单位：万人 (10 000 persons)

登记注册类型 Registration Status 年 份 Year	水利、环境和公共设施管理业 Management of Water Conservancy, Environment and Public Establishment	居民服务和其他服务业 Resident Services and Other Services	教 育 Education	卫生、社会保障和社会福利业 Sanitation, Social Security and Social Welfare	文化体育和娱乐业 Culture, Sports and Entertainment	公共管理和社会组织 Public Management and Social Organization
全 国 National						
2003	172.5	52.8	1442.8	485.8	127.8	1171.0
2004	176.1	54.2	1466.8	494.7	123.4	1199.0
2005	180.4	53.9	1483.2	508.9	122.5	1240.8
2006	187.0	56.6	1504.4	525.4	122.4	1265.6
2007	193.5	57.4	1520.9	542.8	125.0	1291.2
2008	197.3	56.5	1534.0	563.6	126.0	1335.0
2009	205.7	58.8	1550.4	595.8	129.5	1394.3
2010	218.9	60.2	1581.8	632.5	131.4	1428.5
2011	230.3	59.9	1617.8	679.1	135.0	1467.6
国有单位 State-owned Units						
2003	155.3	22.1	1378.3	430.9	117.0	1165.1
2004	158.0	24.2	1409.7	437.9	111.9	1191.8
2005	161.0	24.9	1424.9	452.4	110.5	1234.3
2006	165.4	27.7	1448.0	466.8	110.1	1257.5
2007	169.8	28.7	1462.9	483.2	111.3	1285.0
2008	172.8	28.8	1481.9	501.2	110.9	1328.8
2009	178.3	28.3	1490.6	529.9	111.9	1380.0
2010	189.9	28.9	1517.4	562.6	113.1	1415.6
2011	198.0	30.7	1540.9	606.0	113.8	1452.7
城镇集体单位 Urban Collective-owned Units						
2003	10.7	15.2	57.1	51.2	3.2	5.0
2004	10.2	13.5	43.1	50.0	2.8	4.8
2005	9.6	10.3	40.2	48.3	2.5	3.5
2006	10.0	9.8	36.0	48.8	2.3	3.6
2007	10.2	8.9	34.3	48.7	2.3	2.9
2008	10.8	8.8	24.6	49.8	2.3	2.4
2009	10.5	8.2	17.4	49.9	2.2	2.7
2010	10.5	7.8	17.5	51.4	2.2	2.2
2011	10.8	6.0	19.1	51.5	2.0	2.4
其他单位 Other Ownership Units						
2003	6.5	15.6	7.4	3.6	7.5	0.8
2004	7.9	16.5	14.0	6.8	8.7	2.5
2005	9.8	18.7	18.1	8.2	9.6	3.0
2006	11.6	19.0	20.4	9.8	10.0	4.4
2007	13.5	19.8	23.7	11.0	11.5	3.3
2008	13.7	19.0	27.5	12.6	12.7	3.8
2009	16.8	22.3	42.3	16.0	15.4	11.6
2010	18.5	23.5	46.8	18.6	16.2	10.7
2011	21.5	23.1	57.7	21.6	19.2	12.5

1-12 分行业城镇非私营单位就业人员年末人数(2012-2022年)
URBAN NON-PRIVATE UNITS EMPLOYMENT BY SECTOR(2012-2022)

单位：万人 (10 000 persons)

登记注册类型 Registration Status 年 份 Year	合 计 Total	农、林、牧、渔业 Agriculture, Forestry, Animal Husbandry and Fishery	采矿业 Mining	制造业 Manufacturing	电力、热力、燃气及水生产和供应业 Production and Supply of Electricity,Heat, Gas and Water	建筑业 Construction	批发和零售业 Wholesale and Retail Trades
全 国 National							
2012	15236.4	338.9	631.0	4262.2	344.6	2010.3	711.8
2013	18108.4	294.8	636.5	5257.9	404.5	2921.9	890.8
2014	18277.8	284.6	596.5	5243.1	403.7	2921.2	888.6
2015	18062.5	270.0	545.8	5068.7	396.0	2796.0	883.3
2016	17888.1	263.2	490.9	4893.8	387.6	2724.7	875.0
2017	17643.8	255.4	455.4	4635.5	377.0	2643.2	842.8
2018	17258.2	192.6	414.4	4178.3	369.2	2710.9	823.3
2019	17161.8	134.1	367.7	3832.0	373.1	2270.5	830.0
2020	17039.1	85.7	352.1	3805.5	379.7	2153.3	786.9
2021	17014.5	86.8	344.8	3828.0	382.0	1971.9	797.5
2022	16700.7	78.9	340.9	3738.4	375.3	1835.2	785.3
国有单位 State-owned Units							
2012	6839.0	320.5	256.2	369.5	218.3	345.8	148.5
2013	6365.1	280.3	97.2	232.6	199.0	267.5	110.1
2014	6312.3	262.9	71.6	207.8	192.9	237.1	99.9
2015	6208.3	248.4	54.8	180.8	178.8	192.9	90.8
2016	6169.8	242.3	44.6	158.8	176.3	184.6	82.0
2017	6063.8	236.1	34.0	124.0	159.9	154.2	72.0
2018	5739.7	172.7	17.3	73.3	134.1	113.1	60.6
2019	5472.7	99.9	14.7	38.5	113.8	80.4	42.9
2020	5563.0	58.0	18.0	46.4	102.4	89.1	47.8
2021	5633.1	54.9	16.7	51.6	98.5	89.5	47.9
2022	5612.2	48.5	15.5	52.1	94.9	86.7	46.0
城镇集体单位 Urban Collective-owned Units							
2012	589.7	5.0	20.6	113.7	5.1	185.0	40.9
2013	566.2	2.5	15.8	97.4	4.2	181.6	38.3
2014	536.7	2.6	13.3	87.9	4.0	173.7	35.0
2015	481.4	2.1	10.7	74.4	3.8	154.7	31.7
2016	453.3	1.9	9.4	66.5	3.5	149.1	28.0
2017	406.0	1.8	7.7	52.8	3.2	133.0	21.2
2018	347.4	1.6	4.1	38.4	2.9	116.8	17.8
2019	295.6	3.2	3.2	31.5	3.3	94.7	12.9
2020	271.2	1.8	2.7	21.9	3.4	83.2	9.2
2021	261.7	2.8	2.2	18.8	3.2	74.5	8.3
2022	235.1	1.8	2.1	14.4	2.5	67.4	7.5
其他单位 Other Ownership Units							
2012	7807.7	13.4	354.2	3779.0	121.1	1479.4	522.4
2013	11177.2	12.1	523.4	4927.9	201.4	2472.8	742.4
2014	11428.8	19.1	511.7	4947.4	206.8	2510.3	753.6
2015	11372.8	19.4	480.3	4813.6	213.4	2448.4	760.9
2016	11264.9	19.0	436.9	4668.5	207.8	2391.1	765.1
2017	11174.0	17.5	413.6	4458.7	213.9	2356.1	749.6
2018	11171.1	18.4	393.0	4066.5	232.2	2481.0	744.9
2019	11393.5	31.0	349.9	3762.0	256.1	2095.4	774.3
2020	11204.9	25.8	331.4	3737.2	273.9	1980.9	730.0
2021	11119.8	29.1	326.0	3757.5	280.2	1807.9	741.3
2022	10853.4	28.6	323.3	3671.9	277.9	1681.1	731.8

1-12 续表 1 continued

单位：万人 (10 000 persons)

登记注册类型 Registration Status / 年 份 Year	交通运输、仓储和邮政业 Transport, Storage and Post	住宿和餐饮业 Hotels and Catering Services	信息传输、软件和信息技术服务业 Information Software and Information Technology	金融业 Financial Inter-mediation	房地产业 Real Estate	租赁和商务服务业 Leasing and Business Services	科学研究和技术服务业 Scientific Research, and Technical Services
全 国 National							
2012	667.5	265.1	222.8	527.8	273.7	292.3	330.7
2013	846.2	304.4	327.3	537.9	373.7	421.9	387.8
2014	861.4	289.3	336.3	566.3	402.2	449.4	408.0
2015	854.4	276.1	349.9	606.8	417.3	474.0	410.6
2016	849.5	269.7	364.1	665.2	431.7	488.4	419.6
2017	843.9	265.9	395.4	688.8	444.8	522.6	420.4
2018	819.0	269.8	424.3	699.3	466.0	529.5	411.5
2019	815.5	265.2	455.3	826.1	510.3	660.4	434.3
2020	812.2	256.6	487.1	859.0	525.4	643.6	431.2
2021	798.1	265.3	519.2	818.5	529.3	680.3	450.1
2022	776.2	255.0	529.2	739.6	511.5	738.3	455.8
国有单位 State-owned Units							
2012	419.5	57.6	65.8	151.9	46.7	116.7	232.5
2013	410.3	45.7	49.5	147.9	37.1	123.6	223.7
2014	395.2	41.8	37.5	146.1	36.5	126.0	224.8
2015	373.4	37.4	35.5	146.6	33.1	120.6	213.2
2016	366.0	35.2	33.5	148.7	32.1	118.1	215.1
2017	353.0	31.7	26.9	143.1	26.3	116.8	206.2
2018	264.1	26.0	24.9	125.8	19.6	104.2	182.7
2019	131.8	20.9	19.9	89.3	15.7	98.5	150.3
2020	108.5	20.6	25.6	68.6	22.1	96.2	152.2
2021	104.5	18.7	27.6	65.7	21.5	94.8	150.9
2022	94.3	15.8	27.0	61.4	24.7	92.3	145.6
城镇集体单位 Urban Collective-owned Units							
2012	17.7	9.3	1.3	50.1	8.7	33.7	5.4
2013	19.0	10.0	0.9	48.7	8.3	38.1	5.5
2014	17.4	6.7	0.8	47.0	8.9	36.0	5.4
2015	14.8	5.4	0.7	46.5	8.0	31.8	4.8
2016	13.7	4.9	0.6	44.9	8.0	29.1	4.6
2017	12.2	4.2	0.8	42.0	7.4	27.7	4.2
2018	9.3	3.9	0.6	33.1	7.2	23.3	3.9
2019	8.5	3.1	0.7	9.5	9.9	26.2	4.3
2020	7.8	2.6	0.6	7.0	9.2	19.5	4.7
2021	5.8	2.4	0.4	6.5	8.7	18.6	4.2
2022	4.7	1.9	0.5	6.0	8.3	17.2	3.9
其他单位 Other Ownership Units							
2012	230.3	198.1	155.7	325.7	218.3	141.8	92.8
2013	417.0	248.7	276.9	341.3	328.3	260.2	158.5
2014	448.9	240.8	298.0	373.3	356.8	287.4	177.8
2015	466.2	233.3	313.6	413.7	376.2	321.7	192.6
2016	469.8	229.6	330.0	471.5	391.6	341.2	199.9
2017	478.7	230.0	367.7	503.7	411.0	378.1	210.0
2018	545.6	240.0	398.8	540.4	439.2	402.1	224.9
2019	675.2	241.3	434.6	727.3	484.7	535.6	279.7
2020	695.9	233.4	460.9	783.4	494.0	527.9	274.3
2021	687.8	244.1	491.1	746.3	499.1	567.0	295.0
2022	677.2	237.3	501.7	672.1	478.5	628.8	306.3

1-12 续表 2 continued

单位：万人 (10 000 persons)

登记注册类型 Registration Status 年 份 Year	水利、环境和公共设施管理业 Management of Water Conservancy, Environment and Public Facilities	居民服务、修理和其他服务业 Service to Households, Repair and Other Services	教 育 Education	卫生和社会工作 Health and Social Service	文化、体育和娱乐业 Culture, Sports and Entertainment	公共管理、社会保障和社会组织 Public Management, Social Security and social Organization
全 国 National						
2012	243.8	62.1	1653.4	719.3	137.7	1541.5
2013	259.2	72.3	1687.2	770.0	147.0	1567.0
2014	269.1	75.4	1727.3	810.4	145.5	1599.3
2015	273.3	75.2	1736.5	841.6	149.1	1637.8
2016	269.6	75.4	1729.2	867.0	150.8	1672.6
2017	268.5	78.2	1730.4	897.9	152.2	1725.6
2018	260.6	77.4	1735.6	912.4	146.6	1817.5
2019	244.5	86.3	1909.3	1006.2	151.2	1989.8
2020	245.6	82.8	1958.9	1051.9	149.5	1972.2
2021	252.6	85.9	1971.9	1094.7	151.7	1985.8
2022	253.6	90.1	1950.6	1114.5	146.5	1985.8
国有单位 State-owned Units						
2012	208.9	30.4	1567.2	639.5	115.0	1528.6
2013	207.7	22.9	1573.8	672.7	109.9	1553.6
2014	211.9	22.5	1602.7	703.9	106.3	1585.1
2015	210.7	22.0	1607.3	733.1	104.4	1624.4
2016	203.9	21.4	1593.9	752.5	102.6	1658.1
2017	195.9	18.5	1582.4	773.8	98.8	1710.3
2018	167.6	19.3	1564.8	786.2	91.5	1791.8
2019	129.9	12.3	1540.0	835.1	82.1	1956.7
2020	122.1	11.8	1637.0	894.5	85.5	1956.6
2021	121.2	13.3	1662.8	934.4	85.6	1973.0
2022	116.0	13.2	1664.6	956.0	82.8	1974.6
城镇集体单位 Urban Collective-owned Units						
2012	10.6	6.1	19.0	52.6	2.5	2.3
2013	10.7	5.4	21.8	54.0	2.0	2.1
2014	11.2	5.7	22.2	54.9	1.9	2.1
2015	10.9	4.9	20.9	51.5	1.8	2.0
2016	10.6	4.2	19.0	51.2	1.8	2.3
2017	10.0	3.8	18.9	51.0	1.7	2.4
2018	8.0	3.3	22.9	46.2	1.3	3.0
2019	5.0	3.2	37.7	33.2	1.5	4.1
2020	4.9	3.8	46.7	35.2	1.7	5.4
2021	5.2	3.5	53.0	36.2	1.7	5.3
2022	4.8	3.3	47.9	33.6	1.6	5.5
其他单位 Other Ownership Units						
2012	24.3	25.7	67.2	27.3	20.2	10.6
2013	40.8	44.1	91.6	43.3	35.0	11.3
2014	46.1	47.3	102.4	51.6	37.3	12.1
2015	51.7	48.3	108.3	57.0	42.8	11.4
2016	55.0	49.8	116.4	63.3	46.3	12.2
2017	62.6	56.0	129.1	73.2	51.7	12.9
2018	85.0	54.8	147.9	80.0	53.7	22.6
2019	109.6	70.8	331.6	137.9	67.5	29.1
2020	118.5	67.2	275.2	122.2	62.4	10.2
2021	126.2	69.0	256.1	124.1	64.4	7.5
2022	132.7	73.7	238.1	124.9	62.0	5.6

1-13 各地区分登记注册类型城镇非私营单位女性就业人员年末人数
FEMALE EMPLOYMENT IN URBAN NON-PRIVATE UNITS BY REGISTRATION STATUS AND REGION (END OF YEAR)

单位：万人　　(10 000 persons)

年 份 Year	地 区 Region	合 计 Total	国有单位 State-owned Units	城镇集体单位 Urban Collective-owned Units	其他单位 Other Ownership Units
	2011	5227.7	2522.4	195.9	2509.4
	2012	5458.9	2590.1	188.4	2680.4
	2013	6338.3	2472.3	179.1	3686.9
	2014	6546.2	2509.0	173.1	3864.1
	2015	6527.0	2531.9	156.5	3838.7
	2016	6517.6	2562.1	147.6	3807.8
	2017	6545.3	2583.1	137.9	3824.3
	2018	6427.6	2537.3	121.6	3768.7
	2019	6684.2	2532.9	108.4	4043.0
	2020	6779.4	2650.3	108.5	4020.6
	2021	6852.0	2714.0	109.5	4028.5
	2022	6766.4	2744.7	99.5	3922.3
北 京	Beijing	317.3	77.6	3.7	236.0
天 津	Tianjin	98.8	31.4	0.7	66.6
河 北	Hebei	237.5	133.6	4.8	99.0
山 西	Shanxi	163.9	83.9	1.6	78.4
内蒙古	Inner Mongolia	107.8	63.6	0.9	43.4
辽 宁	Liaoning	181.9	89.3	2.3	90.2
吉 林	Jilin	100.8	56.4	0.4	44.1
黑龙江	Heilongjiang	117.0	70.6	0.6	45.8
上 海	Shanghai	301.0	53.1	3.7	244.2
江 苏	Jiangsu	472.8	139.5	17.2	316.0
浙 江	Zhejiang	402.1	122.6	2.7	276.9
安 徽	Anhui	214.2	79.0	2.9	132.4
福 建	Fujian	227.2	76.0	3.5	147.8
江 西	Jiangxi	177.9	81.0	2.3	94.5
山 东	Shandong	425.4	179.0	6.2	240.2
河 南	Henan	353.1	169.7	7.4	175.9
湖 北	Hubei	250.9	106.3	3.0	141.6
湖 南	Hunan	232.9	112.2	3.6	117.1
广 东	Guangdong	870.4	207.1	12.7	650.6
广 西	Guangxi	179.1	103.9	1.2	74.0
海 南	Hainan	48.7	19.4	0.4	28.9
重 庆	Chongqing	137.8	58.1	1.4	78.3
四 川	Sichuan	363.2	161.6	4.1	197.6
贵 州	Guizhou	132.8	81.8	1.0	50.0
云 南	Yunnan	154.6	96.5	5.2	52.8
西 藏	Tibet	17.6	11.8	0.1	5.7
陕 西	Shaanxi	187.3	90.3	3.2	93.7
甘 肃	Gansu	101.0	62.7	1.4	36.9
青 海	Qinghai	27.3	17.3	0.3	9.7
宁 夏	Ningxia	30.3	18.8	0.2	11.3
新 疆	Xinjiang	133.7	90.4	0.7	42.7

1-14 各地区分行业城镇非私营单位女性就业人员年末人数(2022年) FEMALE EMPLOYMENT IN URBAN NON-PRIVATE UNITS BY SECTOR AND REGION(2022)

单位：万人 (10 000 persons)

地 区	Region	合 计 Total	农、林、牧、渔业 Agriculture, Forestry, Animal Husbandry and Fishery	采矿业 Mining	制造业 Manufacturing	电力、热力、燃气及水生产和供应业 Production and Supply of Electricity, Heat,Gas and Water	建筑业 Construction	批发和零售业 Wholesale and Retail Trades
全 国	**National**	**6766.4**	**23.2**	**54.5**	**1368.8**	**97.6**	**248.9**	**408.5**
北 京	Beijing	317.3	0.5	0.4	20.2	2.7	9.1	23.9
天 津	Tianjin	98.8	0.1	1.1	20.1	1.2	3.3	8.9
河 北	Hebei	237.5	0.6	2.1	28.3	5.1	5.9	11.6
山 西	Shanxi	163.9	0.4	11.6	16.3	4.7	5.0	6.2
内蒙古	Inner Mongolia	107.8	1.4	1.4	9.0	3.8	1.5	4.0
辽 宁	Liaoning	181.9	2.5	3.3	26.8	3.6	4.7	8.9
吉 林	Jilin	100.8	1.0	1.2	11.7	2.0	2.1	4.2
黑龙江	Heilongjiang	117.0	4.6	4.5	7.4	3.1	2.5	5.0
上 海	Shanghai	301.0	0.3	0.0	43.3	0.9	4.3	49.6
江 苏	Jiangsu	472.8	1.0	0.9	169.9	3.8	12.9	28.0
浙 江	Zhejiang	402.1	0.2	0.1	120.8	3.0	15.9	21.9
安 徽	Anhui	214.2	0.7	1.1	50.7	2.3	12.5	12.8
福 建	Fujian	227.2	0.3	0.2	66.9	2.8	17.8	12.3
江 西	Jiangxi	177.9	0.4	0.4	43.0	2.7	10.4	8.6
山 东	Shandong	425.4	0.3	5.1	93.8	6.7	15.6	23.9
河 南	Henan	353.1	0.5	4.2	71.1	6.1	16.4	16.1
湖 北	Hubei	250.9	0.6	0.8	47.7	3.9	13.6	18.1
湖 南	Hunan	232.9	0.5	0.5	37.4	4.2	11.3	12.4
广 东	Guangdong	870.4	0.6	0.3	313.5	6.0	18.5	54.5
广 西	Guangxi	179.1	0.9	0.2	21.5	2.9	5.8	7.8
海 南	Hainan	48.7	1.2	0.1	3.1	0.5	0.7	4.0
重 庆	Chongqing	137.8	0.2	0.2	23.0	1.9	8.8	8.7
四 川	Sichuan	363.2	0.8	2.0	52.9	6.4	22.2	19.7
贵 州	Guizhou	132.8	0.4	1.5	11.3	2.4	5.5	5.5
云 南	Yunnan	154.6	0.9	1.0	12.0	3.0	5.5	7.6
西 藏	Tibet	17.6	0.1	0.1	0.5	0.4	0.5	1.1
陕 西	Shaanxi	187.3	0.5	4.2	23.6	4.2	7.4	11.5
甘 肃	Gansu	101.0	0.6	1.3	7.5	3.0	4.3	5.1
青 海	Qinghai	27.3	0.2	0.7	2.8	0.6	0.7	1.1
宁 夏	Ningxia	30.3	0.1	1.1	2.7	1.1	0.5	1.5
新 疆	Xinjiang	133.7	0.9	2.7	9.9	2.6	3.6	4.1

1-14 续表 1 continued

单位：万人 (10 000 persons)

地　区 Region	交通运输、仓储和邮政业 Transport, Storage and Post	住宿和餐饮业 Hotels and Catering Services	信息传输、软件和信息技术服务业 Information Transmission, Software and Information Technology	金融业 Finance Intermedi-ation	房地产业 Real Estate	租赁和商务服务业 Leasing and Business Services	科学研究和技术服务业 Scientific Research and Technical Services
全　国 National	**201.2**	**147.8**	**203.2**	**421.1**	**215.0**	**268.7**	**157.4**
北　京 Beijing	13.7	15.1	37.5	33.0	17.5	27.4	24.6
天　津 Tianjin	3.9	2.7	2.9	8.3	4.0	4.0	3.5
河　北 Hebei	7.5	2.4	5.0	18.8	4.5	4.3	4.5
山　西 Shanxi	5.8	2.3	2.3	13.6	2.7	3.3	2.6
内蒙古 Inner Mongolia	4.6	1.3	2.1	9.7	2.7	1.4	2.1
辽　宁 Liaoning	6.6	2.6	6.7	14.0	4.8	4.0	3.6
吉　林 Jilin	3.2	1.0	1.9	10.1	2.0	1.4	2.2
黑龙江 Heilongjiang	4.4	0.9	2.5	9.8	2.0	4.4	2.0
上　海 Shanghai	14.1	14.5	20.0	18.8	11.4	38.7	15.3
江　苏 Jiangsu	10.2	12.0	13.2	22.9	12.3	16.6	9.5
浙　江 Zhejiang	8.3	8.0	12.7	26.1	13.1	22.7	7.7
安　徽 Anhui	7.4	3.9	4.7	10.3	6.5	8.9	3.4
福　建 Fujian	5.3	5.4	3.8	11.8	6.4	5.7	2.5
江　西 Jiangxi	4.6	2.8	2.3	8.8	3.7	2.9	2.1
山　东 Shandong	11.2	6.8	8.1	33.9	12.4	8.1	7.5
河　南 Henan	9.9	4.2	7.0	12.7	10.1	7.6	6.2
湖　北 Hubei	6.7	5.3	6.2	12.2	8.7	10.0	5.2
湖　南 Hunan	5.7	3.9	3.4	15.7	5.9	5.2	4.0
广　东 Guangdong	21.4	22.2	31.5	43.4	35.5	49.5	18.4
广　西 Guangxi	4.0	2.9	2.3	8.8	3.8	6.4	3.2
海　南 Hainan	1.7	2.2	0.9	3.0	3.8	1.4	1.2
重　庆 Chongqing	5.6	2.2	2.3	11.9	6.6	5.1	2.6
四　川 Sichuan	10.1	9.5	10.3	21.9	13.4	12.5	8.1
贵　州 Guizhou	3.5	2.0	1.8	6.5	3.5	2.9	1.6
云　南 Yunnan	4.8	2.7	2.0	6.8	3.9	3.6	3.2
西　藏 Tibet	0.7	0.4	0.5	0.9	0.3	0.6	0.4
陕　西 Shaanxi	6.8	5.1	5.2	11.5	5.5	3.6	4.4
甘　肃 Gansu	3.1	1.7	1.4	6.4	3.2	1.5	2.4
青　海 Qinghai	1.2	0.2	0.4	1.5	0.7	0.4	0.6
宁　夏 Ningxia	1.2	0.2	0.4	2.1	0.8	0.4	0.5
新　疆 Xinjiang	4.0	1.5	1.7	6.2	3.0	4.1	2.3

1-14　续表 2　continued

单位：万人　　(10 000 persons)

地　区　Region	水利、环境和公共设施管理业 Management of Water Conservancy, Environment and Public Establishment	居民服务、修理和其他服务业 Services to Household, Repair and Other Services	教　育 Education	卫生和社会工作 Health and Social Service	文化、体育和娱乐业 Culture, Sports and Entertainment	公共管理、社会保障和社会组织 Public Management, Social Security and Social Organization
全　国　National	**105.3**	**47.6**	**1260.0**	**775.7**	**72.9**	**689.1**
北　京　Beijing	3.4	3.1	31.9	25.3	9.9	18.1
天　津　Tianjin	0.9	3.4	14.5	8.7	0.7	6.5
河　北　Hebei	4.5	0.9	60.1	34.1	2.5	34.9
山　西　Shanxi	2.9	0.4	37.9	19.6	2.1	24.3
内蒙古　Inner Mongolia	1.9	0.3	24.5	14.1	1.5	20.6
辽　宁　Liaoning	2.9	0.6	37.1	24.8	1.9	22.4
吉　林　Jilin	2.1	0.9	23.2	15.2	1.5	13.9
黑龙江　Heilongjiang	2.0	0.5	24.5	18.0	1.1	17.9
上　海　Shanghai	4.9	5.2	26.4	22.7	3.1	7.3
江　苏　Jiangsu	5.7	2.6	72.9	43.5	4.4	30.5
浙　江　Zhejiang	4.6	2.5	61.9	41.1	3.6	27.9
安　徽　Anhui	3.7	1.2	39.1	24.5	1.7	18.6
福　建　Fujian	2.9	2.5	41.3	19.2	1.9	18.1
江　西　Jiangxi	3.4	0.7	39.7	20.2	1.5	19.7
山　东　Shandong	6.6	1.8	81.4	53.3	3.7	45.3
河　南　Henan	7.0	3.7	79.3	47.8	3.2	40.1
湖　北　Hubei	3.7	1.5	45.5	32.8	2.9	25.5
湖　南　Hunan	3.6	1.1	56.4	33.3	2.9	25.7
广　东　Guangdong	9.0	7.1	114.0	67.1	6.1	51.8
广　西　Guangxi	3.6	0.8	52.6	27.5	1.7	22.2
海　南　Hainan	3.1	0.3	10.5	5.6	0.8	4.5
重　庆　Chongqing	1.7	0.5	25.9	15.8	1.3	13.4
四　川　Sichuan	5.6	2.3	72.8	47.7	3.6	41.5
贵　州　Guizhou	2.9	1.1	34.3	20.2	1.1	25.1
云　南　Yunnan	3.1	0.9	38.9	26.8	1.8	26.3
西　藏　Tibet	0.3	0.1	3.1	1.4	0.3	5.7
陕　西　Shaanxi	3.8	1.0	40.5	24.9	2.7	21.0
甘　肃　Gansu	2.2	0.3	22.7	15.0	1.4	18.1
青　海　Qinghai	0.3	0.1	5.3	4.0	0.4	6.0
宁　夏　Ningxia	0.9	0.0	7.0	4.2	0.5	5.1
新　疆　Xinjiang	2.4	0.3	34.8	17.3	1.3	31.0

1-15 分登记注册类型城镇非私营单位就业人员工资总额及指数 TOTAL WAGES AND INDEX OF EMPLOYED PERSONS IN URBAN NON-PRIVATE UNITS BY REGISTRATION STATUS

年 份 Year	工资总额(亿元) Total Wages (100 million yuan)				指数(以上年为100) Index (preceding year=100)			
	合 计 Total	国有单位 State-owned Units	城镇集体单位 Urban Collective-owned Units	其他单位 Other Owner-ship Units	合 计 Total	国有单位 State-owned Units	城镇集体单位 Urban Collective-owned Units	其他单位 Other Owner-ship Units
1965	282.3	235.3	47.0		107.1	105.0	118.4	
1970	334.3	277.5	56.8		103.6	105.5	95.3	
1975	463.5	386.1	77.4		104.9	104.1	109.0	
1980	772.4	627.9	144.5		119.4	118.6	123.3	
1981	820.0	660.4	159.6		106.2	105.2	110.4	
1982	882.0	708.9	173.1		107.6	107.3	108.5	
1983	934.6	748.1	186.5		106.0	105.5	107.7	
1984	1133.4	875.8	254.0	3.6	121.3	117.1	136.2	
1985	1383.0	1064.8	312.3	5.9	122.0	121.6	123.0	163.9
1986	1659.7	1288.5	362.8	8.4	120.0	121.0	116.2	142.4
1987	1881.1	1459.3	409.1	12.7	113.3	113.3	112.8	151.2
1988	2316.2	1807.1	487.6	21.5	123.1	123.8	119.2	169.3
1989	2618.5	2050.2	534.4	33.9	113.1	113.5	109.6	157.7
1990	2951.1	2324.1	581.0	46.0	112.7	113.4	108.7	135.7
1991	3323.9	2594.9	658.6	70.4	112.6	111.7	113.4	153.0
1992	3939.2	3090.4	743.2	105.6	118.5	119.1	112.8	150.0
1993	4916.2	3812.7	849.9	253.6	124.8	123.4	114.4	240.2
1994	6656.4	5177.4	1023.3	455.6	135.4	135.8	120.4	179.7
1995	8055.8	6172.6	1210.6	672.6	119.0	117.4	115.6	142.2
1996	8964.4	6893.3	1269.4	801.7	111.3	111.7	104.9	119.2
1997	9602.4	7323.9	1283.9	994.5	107.1	106.2	101.1	124.0
1998	9540.2	6934.6	1054.9	1550.7	99.4	94.7	82.2	155.9
1999	10155.9	7289.9	995.8	1870.1	106.5	105.1	94.4	120.6
2000	10954.7	7744.9	950.7	2259.1	107.9	106.2	95.5	120.8
2001	12205.4	8515.2	898.5	2791.7	111.4	109.9	94.5	123.6
2002	13638.1	9138.0	863.9	3636.2	111.7	107.3	96.1	130.3
2003	15329.6	9911.9	867.1	4550.6	112.4	108.5	100.4	125.1
2004	17615.0	11038.2	876.2	5700.6	114.9	111.4	101.0	125.3
2005	20627.1	12291.7	906.4	7429.0	117.1	111.4	103.4	130.3
2006	24262.3	13920.6	983.8	9357.9	117.6	113.3	108.5	126.0
2007	29471.5	16689.1	1108.1	11674.3	121.5	119.9	112.6	124.8
2008	35289.5	19487.9	1203.2	14598.4	119.7	116.8	108.6	125.0
2009	40288.2	21862.7	1273.3	17152.1	114.2	112.2	105.8	117.5
2010	47269.9	24886.4	1433.7	20949.7	117.3	113.8	112.6	122.1
2011	59954.7	28954.8	1737.4	29262.4	126.8	116.3	121.2	139.7
2012	70914.2	32950.0	1990.4	35973.8	118.3	113.8	114.6	122.9
2013	93064.3	33359.6	2195.8	57508.9	131.2	101.2	110.3	159.9
2014	102817.2	36106.6	2302.7	64408.0	110.5	108.2	104.9	112.0
2015	112007.8	40387.9	2239.4	69380.5	108.9	111.9	97.3	107.7
2016	120074.8	44462.9	2268.6	73343.3	107.2	110.1	101.3	105.7
2017	129889.1	48884.1	2215.6	78789.3	108.2	109.9	97.7	107.4
2018	141480.0	51126.6	2082.3	88271.1	108.9	104.6	94.0	112.0
2019	154296.1	53743.7	1841.5	98710.9	109.1	105.1	88.4	111.8
2020	164126.9	59628.1	1841.8	102657.0	106.4	110.9	100.0	104.0
2021	180817.5	64547.9	1920.0	114349.7	110.2	108.3	104.2	111.4
2022	190820.2	69000.2	1809.3	120010.8	105.5	106.9	94.2	105.0

1-16 分行业城镇非私营单位就业人员工资总额(1995-2002年)
TOTAL WAGES OF EMPLOYED PERSONS IN URBAN NON-PRIVATE UNITS BY SECTOR (1995-2002)

单位：亿元 (100 million yuan)

登记注册类型 Registration Status 年 份 Year	合 计 Total	农、林、牧、渔业 Farming, Forestry, Animal Husbandry and Fishery	采掘业 Mining and Quarrying	制造业 Manufacturing	电力、煤气及水的生产和供应业 Production and Supply of Electricity, Gas and Water	建筑业 Construction	地质勘查业、水利管理业 Geological Prospecting and Water Conservancy	交通运输、仓储及邮电通信业 Transport, Storage, Post and Telecommunications	批发和零售贸易、餐饮业 Wholesale and Retail Trade & Catering Services
全 国 National									
1995	8055.8	234.1	519.0	2804.2	197.5	629.2	80.2	577.7	771.9
1996	8964.4	251.3	568.8	2984.0	235.6	668.3	84.4	659.8	835.9
1997	9602.4	269.7	577.9	3044.6	269.8	696.9	92.0	719.1	864.0
1998	9540.2	257.8	517.6	2792.1	294.8	659.6	92.7	708.5	768.0
1999	10155.9	260.4	498.6	2836.4	325.6	662.2	98.0	768.5	745.6
2000	10954.7	268.9	498.4	2966.7	363.3	699.1	108.4	837.7	742.8
2001	12205.4	278.5	531.1	3088.5	416.7	750.9	115.4	918.9	732.5
2002	13638.1	289.9	597.6	3343.9	470.8	838.0	118.6	1016.7	745.5
国有单位 State-owned Units									
1995	6172.6	225.2	489.6	1764.3	180.0	412.0	79.3	518.4	477.8
1996	6893.3	240.4	538.2	1855.7	214.1	436.0	83.4	593.4	514.2
1997	7323.9	258.9	544.5	1813.7	243.0	451.5	90.1	644.3	530.3
1998	6934.6	247.9	457.1	1368.3	249.6	388.4	91.1	619.8	438.9
1999	7289.9	250.1	415.6	1293.4	267.5	377.5	96.4	659.0	417.5
2000	7744.9	255.7	382.5	1260.0	291.0	389.0	106.6	711.9	410.0
2001	8515.2	265.7	387.7	1190.5	325.2	378.9	113.6	762.7	384.4
2002	9138.0	272.7	372.5	1098.9	349.0	365.1	115.9	821.9	365.8
城镇集体单位 Urban Collective-owned Units									
1995	1210.6	6.8	27.4	523.7	6.7	202.5	0.8	49.0	239.6
1996	1269.4	8.0	28.3	534.1	8.9	212.1	1.0	52.1	254.8
1997	1283.9	7.7	29.8	513.5	9.9	218.8	1.9	51.0	249.9
1998	1054.9	7.0	22.3	389.3	10.1	188.7	1.5	42.0	196.0
1999	995.8	7.0	19.3	343.6	9.5	183.9	1.5	39.6	174.8
2000	950.7	7.7	17.5	309.3	9.9	188.7	1.4	34.5	154.6
2001	898.5	6.8	17.5	270.6	10.5	188.0	1.2	31.4	125.5
2002	863.9	7.0	18.6	244.8	9.1	179.0	1.4	28.8	107.9
其他单位 Other Ownership Units									
1995	672.6	2.2	2.0	516.1	10.7	14.7		10.3	54.5
1996	801.7	2.8	2.3	594.3	12.6	20.2		14.3	67.0
1997	994.5	3.0	3.7	717.4	16.9	26.6		23.8	83.8
1998	1550.7	3.0	38.2	1034.5	35.0	82.5		46.7	133.1
1999	1870.1	3.4	63.7	1199.5	48.5	100.9	0.2	69.9	153.3
2000	2259.1	5.5	98.4	1397.3	62.4	121.4	0.4	91.3	178.3
2001	2791.7	6.1	125.8	1627.4	81.0	184.0	0.6	124.8	222.6
2002	3636.2	10.2	206.6	2000.2	112.7	293.9	1.4	166.1	271.8

1−16 续表 continued

单位：亿元　　(100 million yuan)

登记注册类型 Registration Status 年 份 Year	金融、保险业 Finance and Insurance	房地产业 Real Estate Trade	社 会 服务业 Social Services	卫生、体育和社会福利业 Health Care, Sporting and Social Welfare	教育、文化艺术和广播电影电视业 Education, Culture and Arts, Radio, Film and Television	科学研究和综合技术服务业 Scientific Research and Polytechnical Services	国家机关政党机关和社会团体 Government Agencies, Party Agencies and Social Organizations	其 他 Others
全 国 National								
1995	199.6	56.8	274.2	256.0	727.1	123.4	563.1	41.5
1996	243.4	69.2	317.3	306.1	849.0	145.3	676.8	69.3
1997	295.3	78.7	372.0	351.6	970.0	165.6	748.6	86.7
1998	332.4	95.5	399.6	400.3	1106.7	179.1	840.8	94.8
1999	388.5	110.4	446.6	460.6	1275.0	200.6	977.5	101.5
2000	434.3	124.7	502.5	525.4	1435.9	233.7	1097.5	115.3
2001	524.7	149.0	587.9	629.3	1746.1	267.7	1325.6	142.4
2002	612.4	180.5	701.0	718.7	2033.7	304.5	1485.9	180.4
国有单位 State-owned Units								
1995	152.3	42.1	188	226.3	714.2	115.5	558.6	28.9
1996	181.5	49.7	220.7	271.2	836.2	134.0	672.7	52.2
1997	213.9	54.8	258.0	311.9	946.4	152.1	745.0	65.4
1998	235.3	60.4	269.8	358.0	1080.8	161.7	837.1	70.3
1999	267.0	65.5	296.6	413.4	1244.3	181.0	973.6	71.8
2000	300.4	72.1	319.0	473.6	1401.5	199.5	1093.1	78.9
2001	350.2	80.9	358.4	571.2	1699.0	229.6	1322.0	95.3
2002	398.1	86.2	392.6	658.0	1970.7	261.0	1482.1	127.7
城镇集体单位 Urban Collective-owned Units								
1995	42.6	4.3	45.2	29.3	12.0	4.9	4.5	11.1
1996	49.4	5.0	44.1	34.3	11.6	6.6	4.1	15.0
1997	58.1	5.9	50.1	38.9	22.1	6.6	3.6	16.3
1998	58.4	6.3	44.6	40.4	23.6	6.2	3.7	15.0
1999	64.2	7.9	46.3	45.0	27.3	6.4	3.8	15.7
2000	67.4	7.1	46.6	49.4	29.6	7.0	4.3	15.5
2001	74.3	7.2	47.3	54.6	39.2	4.6	3.7	16.2
2002	81.9	9.0	46.5	56.0	46.3	4.6	3.4	19.6
其他单位 Other Ownership Units								
1995	4.7	10.4	41.0	0.4	0.8	3.0		1.5
1996	12.5	14.5	52.5	0.6	1.3	4.7		2.1
1997	23.3	17.9	63.9	0.8	1.5	6.8		5.0
1998	38.7	28.8	85.2	1.9	2.3	11.3		9.5
1999	57.2	37.1	103.7	2.2	3.4	13.1		13.9
2000	66.5	45.5	136.8	2.4	4.8	27.2		21.0
2001	100.3	60.8	182.2	3.6	7.9	33.6		31.0
2002	132.4	85.3	261.9	4.7	16.7	38.8		33.5

1-17 分行业城镇非私营单位就业人员工资总额(2003-2011年)
TOTAL WAGES OF EMPLOYED PERSONS IN URBAN NON-PRIVATE UNITS BY SECTOR (2003-2011)

单位：亿元 (100 million yuan)

登记注册类型 Registration Status / 年份 Year	合计 Total	农、林、牧、渔业 Agriculture, Forestry, Farming of Animals and Fishery	采矿业 Mining	制造业 Manufacturing	电力、燃气及水的生产和供应业 Production & Distribution of Electricity Gas & Water	建筑业 Construction	交通运输、仓储和邮政业 Traffic, Transport, Storage and Post
全 国 National							
2003	15329.6	335.8	662.9	3772.7	552.0	965.9	1008.0
2004	17615.0	351.2	831.8	4316.4	646.8	1081.3	1144.7
2005	20627.1	368.7	1031.2	5056.6	741.8	1324.7	1279.5
2006	24262.3	403.3	1259.6	6035.8	858.0	1612.1	1471.5
2007	29471.5	464.6	1500.5	7241.2	1012.7	1946.2	1727.9
2008	35289.5	516.4	1847.3	8498.9	1180.4	2313.6	2006.3
2009	40288.2	537.4	2089.1	9302.2	1283.5	2837.9	2234.9
2010	47269.9	627.1	2458.8	11140.8	1468.3	3471.5	2541.9
2011	59954.7	697.7	3174.2	15031.4	1755.7	5596.4	3074.1
国有单位 State-owned Units							
2003	9911.9	314.4	368.5	1111.8	403.8	384.3	793.0
2004	11038.2	327.6	463.2	1082.7	459.1	404.6	853.6
2005	12291.7	346.5	500.3	1048.1	505.4	442.4	918.3
2006	13920.6	378.8	588.6	1126.3	586.1	488.3	1024.3
2007	16689.1	437.1	675.5	1231.2	673.6	571.1	1185.9
2008	19487.9	486.8	854.8	1353.5	781.8	643.8	1329.6
2009	21862.7	505.1	932.2	1391.9	836.7	731.9	1446.8
2010	24886.4	590.0	1041.5	1525.7	974.9	892.2	1612.6
2011	28954.8	654.1	1333.5	1720.5	1141.3	1218.4	1939.6
城镇集体单位 Urban Collective-owned Units							
2003	867.1	8.6	19.9	227.8	10.2	180.2	31.6
2004	876.2	8.6	23.4	224.9	11.1	181.2	30.1
2005	906.4	7.2	27.9	215.6	11.1	188.9	30.3
2006	983.8	6.8	34.6	225.5	11.8	210.8	30.3
2007	1108.1	7.0	40.1	237.9	13.0	246.5	32.4
2008	1203.2	6.6	44.4	259.6	13.9	265.6	33.8
2009	1273.3	7.6	35.4	265.4	15.1	284.9	36.4
2010	1433.7	8.0	44.5	281.1	17.7	327.7	39.6
2011	1737.4	8.8	61.1	313.4	19.8	471.8	43.7
其他单位 Other Ownership Units							
2003	4550.6	12.8	274.5	2433.0	138.0	401.4	183.4
2004	5700.6	15.0	345.3	3008.8	176.6	495.5	261.0
2005	7429.0	15.0	503.1	3792.9	225.4	693.3	330.9
2006	9357.9	17.7	636.3	4683.9	260.2	913.0	416.9
2007	11674.3	20.5	784.9	5772.0	326.1	1128.6	509.6
2008	14598.4	23.0	948.0	6885.9	384.7	1404.2	643.0
2009	17152.1	24.7	1121.5	7644.9	431.6	1821.1	751.7
2010	20949.7	29.1	1372.8	9334.0	475.7	2251.6	889.8
2011	29262.4	34.7	1779.6	12997.5	594.7	3906.2	1090.7

1-17 续表 1 continued

单位：亿元 (100 million yuan)

登记注册类型 Registration Status / 年 份 Year	信息传输、计算机服务和软件业 Information Transfer, Computer and Software	批发和零售业 Wholesale and Retail Trade	住宿和餐饮业 Accommo-dation and Restaurants	金融业 Finance	房地产业 Real Estate	租赁和商务服务业 Tenancy and Business Services	科学研究、技术服务和地质勘查业 Scientific Research, Technical Service & Geologic Perambulation
全 国 National							
2003	356.0	696.3	190.9	734.4	202.7	305.2	454.4
2004	404.3	770.5	221.2	866.7	243.3	351.4	514.6
2005	491.8	832.0	249.8	1047.7	293.0	449.8	614.0
2006	587.4	920.0	280.0	1292.9	338.4	565.6	736.9
2007	699.1	1061.8	314.6	1670.3	426.2	668.9	923.9
2008	862.8	1323.9	371.2	2202.9	520.8	893.7	1154.6
2009	996.2	1509.2	418.9	2658.8	607.8	1021.4	1350.6
2010	1171.7	1783.0	484.6	3219.0	745.6	1198.5	1619.3
2011	1475.6	2594.8	655.2	4007.0	1052.5	1325.3	1879.6
国有单位 State-owned Units							
2003	179.0	338.0	76.6	447.4	82.2	157.7	368.5
2004	200.6	336.7	85.5	497.2	87.3	174.9	426.6
2005	193.8	338.2	90.2	542.1	92.2	213.0	488.3
2006	212.6	349.9	95.5	573.8	96.0	246.3	575.5
2007	223.9	376.0	96.6	697.9	112.0	281.2	713.0
2008	242.5	423.6	108.8	805.6	121.6	344.3	850.4
2009	273.2	451.6	117.4	822.5	132.6	380.2	980.1
2010	289.8	499.6	130.8	940.3	152.9	435.3	1151.7
2011	336.9	607.8	161.8	1077.7	205.1	498.8	1294.2
城镇集体单位 Urban Collective-owned Units							
2003	2.3	87.0	13.8	93.9	8.8	32.5	6.2
2004	2.3	80.8	14.1	107.8	9.9	35.2	6.1
2005	3.4	74.6	13.8	118.6	11.0	45.3	6.8
2006	2.9	71.8	14.6	134.8	12.4	47.9	8.2
2007	2.6	74.0	14.8	157.7	14.0	54.6	8.4
2008	2.2	76.4	16.8	187.1	15.3	57.1	10.4
2009	3.5	78.3	17.4	197.1	19.5	69.3	14.1
2010	3.8	80.9	18.1	228.3	22.7	77.8	15.5
2011	5.3	93.1	23.4	263.5	25.2	77.7	17.7
其他单位 Other Ownership Units							
2003	174.7	271.3	100.5	193.2	111.7	115.1	79.7
2004	201.4	353.1	121.6	261.7	146.0	141.2	82.0
2005	294.5	419.2	145.8	386.9	189.8	191.5	118.8
2006	372.0	498.3	170.0	584.3	230.0	271.3	153.2
2007	472.6	611.8	203.1	814.8	300.2	333.1	202.6
2008	618.2	823.9	245.7	1210.3	383.9	492.3	293.9
2009	719.5	979.3	284.0	1639.2	455.7	571.9	356.4
2010	878.1	1202.5	335.7	2050.4	570.0	685.4	452.1
2011	1133.4	1893.8	470.0	2665.8	822.3	748.8	567.7

1-17 续表 2 continued

单位：亿元 (100 million yuan)

登记注册类型 Registration Status 年 份 Year	水利、环境和公共设施管理业 Management of Water Conservancy, Environment & Public Establishment	居民服务和其他服务业 Resident Services and Other Services	教 育 Education	卫生、社会保障和社会福利业 Sanitation, Social Security and Social Welfare	文化体育和娱乐业 Culture, Sports and Entertainment	公共管理和社会组织 Public Management and Social Organization
全 国 National						
2003	202.6	66.4	2035.9	782.1	217.9	1787.6
2004	226.1	71.8	2346.2	902.3	251.5	2072.7
2005	257.3	85.1	2690.8	1047.8	275.8	2489.6
2006	289.8	102.5	3127.8	1226.1	314.9	2839.7
2007	352.2	115.8	3917.2	1496.6	378.1	3553.8
2008	413.8	132.1	4556.1	1789.3	429.3	4276.0
2009	474.3	146.8	5338.6	2095.3	488.5	4896.8
2010	555.9	168.4	6136.5	2506.4	543.7	5428.8
2011	659.8	197.9	6938.8	3078.6	642.1	6118.1
国有单位 State-owned Units						
2003	182.5	32.6	1970.1	717.2	202.5	1781.7
2004	202.3	37.4	2274.2	827.5	233.2	2064.1
2005	229.0	43.3	2604.2	962.0	253.6	2480.9
2006	254.4	57.4	3027.3	1121.2	288.9	2829.5
2007	308.0	62.5	3782.4	1371.4	345.6	3544.3
2008	360.7	75.8	4416.4	1637.6	386.9	4263.5
2009	411.9	81.7	5154.6	1910.9	432.3	4869.2
2010	481.2	92.6	5919.7	2277.1	478.5	5400.2
2011	566.0	113.8	6651.3	2803.9	550.1	6079.9
城镇集体单位 Urban Collective-owned Units						
2003	10.6	13.1	53.0	59.4	3.0	5.2
2004	10.5	12.1	45.2	64.3	3.1	5.5
2005	10.4	11.3	50.8	71.3	3.4	4.6
2006	11.8	12.2	55.1	83.9	3.2	5.1
2007	13.4	12.8	71.6	98.6	4.0	5.0
2008	16.5	14.2	55.6	118.6	4.6	4.7
2009	17.8	15.2	48.0	136.2	5.0	7.1
2010	19.4	16.4	54.7	166.3	5.4	5.9
2011	22.5	14.9	68.2	192.9	6.1	8.4
其他单位 Other Ownership Units						
2003	9.5	20.7	12.8	5.4	12.3	0.7
2004	13.3	22.4	26.8	10.4	15.3	3.1
2005	17.9	30.5	35.8	14.5	18.8	4.1
2006	23.6	33.0	45.4	21.0	22.7	5.1
2007	30.8	40.6	63.2	26.6	28.6	4.5
2008	36.6	42.1	84.1	33.1	37.9	7.8
2009	44.6	50.0	136.1	48.1	51.1	20.6
2010	55.3	59.5	162.1	63.0	59.9	22.7
2011	71.3	69.2	219.3	81.8	85.9	29.8

1-18 分行业城镇非私营单位就业人员工资总额(2012-2022年)
TOTAL WAGES OF EMPLOYED PERSONS IN URBAN NON-PRIVATE UNITS BY SECTOR (2012-2022)

单位：亿元 (100 million yuan)

登记注册类型 Registration Status / 年 份 Year	合 计 Total	农、林、牧、渔业 Agriculture, Forestry, Animal Husbandry and Fishery	采矿业 Mining	制造业 Manufacturing	电力、热力、燃气及水生产和供应业 Production and Supply of Electricity,Heat, Gas and Water	建筑业 Construction	批发和零售业 Wholesale and Retail Trades
全 国 National							
2012	70914.2	760.8	3600.7	17668.1	1999.6	7392.7	3271.3
2013	93064.3	758.0	3833.2	24566.6	2715.3	12315.1	4451.9
2014	102817.2	808.9	3728.2	27011.4	2965.8	13389.4	4931.4
2015	112007.8	862.6	3318.2	28341.6	3137.4	13619.3	5324.6
2016	120074.8	882.1	3038.1	29088.9	3235.7	13969.2	5681.2
2017	129889.1	949.9	3208.6	29740.5	3406.6	14283.9	5980.1
2018	141480.0	716.1	3413.4	30385.0	3704.0	15949.5	6628.5
2019	154296.1	535.1	3388.2	30197.5	4030.1	14431.7	7402.2
2020	164126.9	410.6	3428.8	31352.9	4420.0	14376.2	7623.4
2021	180817.5	471.4	3742.3	35232.8	4784.4	14515.0	8560.6
2022	190820.2	463.7	4162.8	36978.4	4994.9	14015.9	9184.1
国有单位 State-owned Units							
2012	32950.0	713.5	1513.3	1765.0	1278.7	1422.7	708.9
2013	33359.6	709.9	550.2	1288.9	1361.9	1166.2	622.7
2014	36106.6	730.5	433.6	1313.8	1454.0	1133.0	643.0
2015	40387.9	776.4	332.0	1207.7	1442.2	951.5	631.1
2016	44462.9	797.4	285.8	1148.4	1479.2	946.3	608.7
2017	48884.1	862.4	243.9	983.6	1466.3	832.0	591.5
2018	51126.6	615.9	143.3	587.1	1306.6	630.9	558.4
2019	53743.7	378.2	133.2	345.0	1197.7	441.2	479.4
2020	59628.1	265.1	173.9	432.6	1126.4	572.2	579.1
2021	64547.9	281.4	182.2	579.9	1180.9	653.2	656.8
2022	69000.2	276.0	192.1	617.6	1203.1	660.9	659.6
城镇集体单位 Urban Collective-owned Units							
2012	1990.4	10.8	73.6	339.3	20.3	550.6	94.4
2013	2195.8	6.6	60.6	342.2	18.9	610.8	99.9
2014	2302.7	7.9	55.5	342.1	19.7	648.0	101.7
2015	2239.4	8.4	45.4	316.9	20.6	605.8	100.0
2016	2268.6	8.2	39.8	298.9	20.2	601.6	93.7
2017	2215.6	8.1	34.3	258.2	19.2	547.3	74.4
2018	2082.3	7.2	22.5	197.3	18.6	518.1	69.0
2019	1841.5	8.1	20.2	177.1	16.8	444.1	55.4
2020	1841.8	7.7	19.1	118.5	17.6	412.0	42.7
2021	1920.0	11.9	16.3	110.2	17.6	379.5	41.6
2022	1809.3	9.0	17.7	86.9	13.9	351.5	38.0
其他单位 Other Ownership Units							
2012	35973.8	36.5	2013.8	15563.7	700.7	5419.4	2467.9
2013	57508.9	41.4	3222.4	22935.5	1334.5	10538.1	3729.3
2014	64408.0	70.4	3239.0	25355.6	1492.1	11608.4	4186.8
2015	69380.5	77.8	2940.8	26817.0	1674.6	12062.0	4593.5
2016	73343.3	76.5	2712.5	27641.6	1736.4	12421.2	4978.8
2017	78789.3	79.4	2930.4	28498.8	1921.1	12904.6	5314.2
2018	88271.1	93.0	3247.5	29600.6	2378.8	14800.5	6001.1
2019	98710.9	148.9	3234.8	29675.4	2815.7	13546.5	6867.3
2020	102657.0	137.7	3235.9	30801.8	3276.0	13392.0	7001.5
2021	114349.7	178.1	3543.7	34542.7	3586.0	13482.3	7862.2
2022	120010.8	178.7	3952.9	36273.9	3777.8	13003.5	8486.4

1-18 续表 1 continued

单位：亿元 (100 million yuan)

登记注册类型 Registration Status 年 份 Year	交通运输、仓储和邮政业 Transport, Storage and Post	住宿和餐饮业 Hotels and Catering Services	信息传输、软件和信息技术服务业 Information Software and Information Technology	金融业 Financial Inter-mediation	房地产业 Real Estate	租赁和商务服务业 Leasing and Business Services	科学研究和技术服务业 Scientific Research, and Technical Services
全 国 National							
2012	3531.5	824.4	1769.4	4669.0	1271.3	1531.2	2259.4
2013	4834.6	1038.3	2957.7	5269.0	1882.3	2629.4	2940.3
2014	5435.4	1079.1	3375.8	6017.4	2220.5	2985.9	3339.7
2015	5898.0	1130.0	3912.7	6730.1	2493.0	3399.9	3665.8
2016	6238.7	1167.9	4431.8	7557.3	2802.1	3704.3	4037.3
2017	6754.1	1211.9	5198.4	8295.0	3059.3	4176.0	4491.5
2018	7273.3	1293.0	6204.1	8907.3	3507.8	4453.3	5045.1
2019	7913.9	1330.5	7281.1	10711.3	4057.4	5727.2	5740.5
2020	8171.8	1228.0	8444.5	11619.0	4401.7	5890.2	5960.0
2021	8793.4	1414.1	10289.0	13063.7	4852.7	6923.3	6770.6
2022	9014.6	1408.0	11769.5	13260.2	4713.6	7817.5	7424.2
国有单位 State-owned Units							
2012	2258.7	192.5	372.4	1237.8	204.3	517.8	1477.6
2013	2388.4	168.0	298.3	1288.8	168.3	580.9	1546.2
2014	2585.2	169.7	239.0	1374.5	183.7	617.3	1664.7
2015	2671.5	164.5	252.9	1453.6	184.9	662.7	1717.5
2016	2769.9	166.3	258.7	1499.0	199.7	686.4	1915.3
2017	2951.7	161.5	222.4	1547.2	178.4	725.2	2040.2
2018	2346.2	142.4	237.3	1483.6	144.0	685.9	2059.3
2019	1112.8	117.3	211.9	1226.5	119.9	676.3	1906.3
2020	946.8	111.8	304.2	1101.8	180.5	730.0	1965.5
2021	979.4	112.0	362.7	1162.3	198.1	789.5	2091.3
2022	941.3	96.6	390.9	1141.3	238.0	811.2	2203.8
城镇集体单位 Urban Collective-owned Units							
2012	50.4	25.8	4.8	305.6	30.0	98.2	24.9
2013	60.4	40.3	3.5	339.3	31.2	127.2	28.6
2014	60.9	23.7	3.5	359.9	36.1	132.5	30.9
2015	55.9	20.4	3.7	383.3	35.4	128.5	28.3
2016	56.3	20.6	3.2	401.4	37.7	131.6	30.7
2017	52.3	19.0	6.3	416.4	36.7	133.6	31.6
2018	43.9	16.0	4.4	362.2	39.5	116.9	33.2
2019	41.2	15.1	5.1	110.7	54.2	126.0	38.1
2020	39.4	12.4	5.5	87.9	54.6	106.0	39.9
2021	31.3	13.1	4.0	90.6	56.5	113.1	39.5
2022	25.8	10.2	4.4	84.4	55.7	110.2	38.9
其他单位 Other Ownership Units							
2012	1222.3	606.2	1392.2	3125.6	1037.0	915.2	756.8
2013	2385.8	830.1	2655.9	3640.9	1682.8	1921.3	1365.5
2014	2789.2	885.8	3133.3	4283.0	2000.7	2236.0	1644.1
2015	3170.6	945.1	3656.1	4893.2	2272.8	2608.7	1920.0
2016	3412.5	981.0	4169.8	5656.9	2564.7	2886.2	2091.2
2017	3750.1	1031.4	4969.6	6331.5	2844.1	3317.3	2419.8
2018	4883.2	1134.6	5962.4	7061.5	3324.3	3650.5	2952.6
2019	6759.9	1198.1	7064.1	9374.1	3883.3	4924.9	3796.1
2020	7185.7	1103.8	8134.8	10429.3	4166.6	5054.1	3954.6
2021	7782.8	1289.0	9922.3	11810.8	4598.1	6020.7	4639.7
2022	8047.4	1301.2	11374.2	12034.5	4419.9	6896.2	5181.5

1−18 续表 2 continued

单位：亿元 (100 million yuan)

登记注册类型 Registration Status 年份 Year	水利、环境和公共设施管理业 Management of Water Conservancy, Environment and Public Facilities	居民服务、修理和其他服务业 Service to Households, Repair and Other Services	教育 Education	卫生和社会工作 Health and Social Service	文化、体育和娱乐业 Culture, Sports and Entertainment	公共管理、社会保障和社会组织 Public Management, Social Security and Social Organization
全国 National						
2012	784.6	217.1	7851.0	3718.5	735.4	7058.3
2013	933.7	277.2	8721.1	4397.8	867.8	7675.0
2014	1049.9	312.9	9722.5	5057.8	936.8	8448.6
2015	1177.7	336.1	11492.1	5941.3	1086.0	10141.4
2016	1278.2	357.8	12787.1	6825.6	1204.4	11787.2
2017	1394.3	390.2	14324.4	7930.8	1339.9	13753.5
2018	1456.5	423.8	15928.1	8857.8	1450.7	15882.8
2019	1491.2	520.1	18445.3	10812.9	1628.7	18651.1
2020	1576.1	498.7	20565.8	11966.8	1670.0	20522.3
2021	1668.8	555.3	21754.3	13673.0	1778.1	21974.8
2022	1747.4	590.3	23320.2	14903.7	1797.6	23253.8
国有单位 State-owned Units						
2012	669.0	113.9	7486.8	3373.4	624.6	7019.0
2013	728.4	96.4	8193.9	3924.3	651.4	7626.4
2014	803.2	102.8	9093.1	4490.5	683.3	8391.6
2015	894.5	108.9	10780.4	5309.9	767.4	10078.4
2016	955.9	117.3	11992.4	6109.5	814.6	11712.0
2017	1008.7	113.8	13342.1	7075.9	869.2	13668.2
2018	955.9	130.0	14593.5	7873.2	894.7	15738.3
2019	833.5	94.1	15756.1	9411.0	910.9	18392.3
2020	866.1	96.3	18184.3	10636.1	986.2	20369.4
2021	897.6	110.2	19215.0	12214.0	1038.6	21842.9
2022	918.7	118.0	20945.7	13380.7	1065.9	23138.6
城镇集体单位 Urban Collective-owned Units						
2012	25.7	16.6	77.3	224.3	8.2	9.5
2013	29.5	16.5	102.7	260.4	7.7	9.6
2014	34.9	21.3	112.6	293.1	8.1	10.4
2015	35.6	20.8	115.7	294.6	9.1	11.0
2016	38.8	17.9	120.6	322.9	10.4	14.1
2017	41.3	17.2	139.5	354.7	9.5	16.0
2018	36.1	16.3	186.9	360.2	8.9	25.1
2019	27.8	17.2	340.5	298.2	10.2	35.6
2020	28.9	24.7	428.1	333.7	12.6	50.4
2021	31.9	24.2	511.8	359.6	14.2	53.2
2022	30.8	22.8	482.3	354.3	14.1	58.2
其他单位 Other Ownership Units						
2012	89.9	86.6	286.8	120.7	102.6	29.9
2013	175.7	164.3	424.6	213.1	208.7	39.0
2014	211.8	188.7	516.8	274.2	245.4	46.6
2015	247.6	206.4	596.0	336.8	309.4	52.1
2016	283.5	222.6	674.1	393.2	379.5	61.1
2017	344.3	259.2	842.7	500.2	461.2	69.3
2018	464.4	277.5	1147.8	624.4	547.1	119.4
2019	629.9	408.8	2348.6	1103.8	707.6	223.2
2020	681.1	377.8	1953.5	997.0	671.2	102.5
2021	739.4	420.9	2027.5	1099.4	725.3	78.7
2022	797.9	449.4	1892.1	1168.6	717.6	57.0

1-19 分行业城镇非私营单位就业人员平均工资(1995-2002年)
AVERAGE WAGE OF EMPLOYED PERSONS IN URBAN NON-PRIVATE UNITS BY SECTOR (1995-2002)

单位：元 (yuan)

登记注册类型 Registration Status 年 份 Year	合 计 Total	农、林、牧、渔业 Farming, Forestry, Animal Husbandry and Fishery	采掘业 Mining and Quarrying	制造业 Manufacturing	电力、煤气及水的生产和供应业 Production and Supply of Electricity, Gas and Water	建筑业 Construction	地质勘查业、水利管理业 Geological Prospecting and Water Conservancy	交通运输、仓储及邮电通信业 Transport, Storage, Post and Telecommunications	批发和零售贸易、餐饮业 Wholesale and Retail Trade & Catering Services
全 国 National									
1995	5348	3516	5743	5199	7829	5755	5953	6910	4260
1996	5980	4045	6477	5673	8803	6242	6571	7833	4674
1997	6444	4306	6825	5979	9641	6652	7147	8527	4872
1998	7446	4532	7228	7118	10457	7434	7916	9714	5884
1999	8319	4808	7507	7874	11487	7945	8793	10825	6436
2000	9333	5142	8317	8836	12801	8668	9590	12170	7188
2001	10834	5676	9541	9891	14471	9415	10904	13987	8207
2002	12373	6314	10992	11152	16296	10212	12226	15818	9439
国有单位 State-owned Units									
1995	5553	3520	5933	5347	7720	6453	5977	7511	4567
1996	6207	4031	6709	5792	8686	6961	6601	8482	4941
1997	6679	4297	7086	6006	9527	7363	7166	9189	5141
1998	7579	4525	7485	6950	10298	8129	7934	10180	6132
1999	8443	4787	7718	7578	11210	8686	8815	11141	6647
2000	9441	5087	8258	8513	12419	9431	9617	12418	7364
2001	11045	5633	9426	9550	14001	10189	10952	14099	8162
2002	12701	6234	10580	10825	15636	11139	12219	15758	9371
城镇集体单位 Urban Collective-owned Units									
1995	3934	2926	3675	3730	7438	4673	4283	3593	3461
1996	4312	3805	3956	4018	8315	5103	4780	3977	3838
1997	4516	3939	4160	4134	9045	5476	6343	4067	3901
1998	5314	4359	4577	5004	9434	5940	6966	5130	4530
1999	5758	4863	4556	5326	9795	6279	7555	5682	4820
2000	6241	5529	4867	5726	10680	6822	7464	5807	5110
2001	6851	5626	5515	6101	12233	7225	7622	6311	5450
2002	7636	6434	6036	6757	12912	7698	9579	6895	6017
其他单位 Other Ownership Units									
1995	7728	7264	5221	7483	10740	6862	5503	10825	7403
1996	8521	7514	5238	8175	12036	7044	5870	12240	7976
1997	9092	7192	5385	8640	12204	7617	5961	14095	8264
1998	9241	5817	6745	8797	12179	8988	7070	12077	8492
1999	10142	6877	7646	9592	13843	9508	8953	14366	9137
2000	11238	8600	9827	10450	15513	10330	13483	16399	10235
2001	12437	8649	11087	11361	17192	11120	11583	18826	11634
2002	13486	9392	12846	12338	19212	11291	18115	20900	12349

1−19 续表 continued

单位：元 (yuan)

登记注册类型 Registration Status 年 份 Year	金融、保险业 Finance and Insurance	房地产业 Real Estate Trade	社 会 服务业 Social Services	卫生、体育和社会福利业 Health Care, Sporting and Social Welfare	教育、文化艺术和广播电影电视业 Education, Culture and Arts, Radio, Film and Television	科学研究和综合技术服务业 Scientific Research and Polytechnical Services	国家机关政党机关和社会团体 Government Agencies, Party Agencies and Social Organizations	其 他 Others
全 国 National								
1995	7357	7351	6037	5831	4999	6818	5484	6250
1996	8402	8405	6839	6758	5699	7981	6286	7143
1997	9665	9269	7642	7566	6332	8953	6939	6862
1998	10595	10402	8523	8445	7101	10112	7721	8497
1999	11901	11579	9393	9625	8188	11501	8920	10153
2000	13178	12551	10386	10832	9224	13374	9978	11205
2001	15628	14074	11996	12821	11210	16220	12061	12862
2002	18023	15384	13582	14652	13073	18792	13844	14212
国有单位 State-owned Units								
1995	7558	6861	5932	5980	5026	6807	5486	6827
1996	8638	7861	6676	6932	5714	7941	6296	7563
1997	9904	8554	7406	7757	6402	8921	6943	6854
1998	10801	9368	8142	8651	7182	10061	7725	8178
1999	11865	10374	8975	9856	8278	11440	8925	9635
2000	13215	11462	9709	11156	9341	13059	9983	10049
2001	15678	12897	11130	13243	11339	16048	12071	11293
2002	18313	14144	12067	15121	13237	18792	13858	13258
城镇集体单位 Urban Collective-owned Units								
1995	6432	6643	4659	4869	3722	5871	5213	4848
1996	6858	6740	4979	5602	4609	6738	5009	5667
1997	7570	7654	5676	6264	4226	6805	6166	5761
1998	8074	9056	6195	6846	4556	7000	6952	7049
1999	8941	10391	6640	7775	5310	7921	7922	8124
2000	9571	10270	7221	8347	5642	9198	8811	9007
2001	10707	10516	7902	9474	7192	9522	9304	9638
2002	12283	11315	8849	10680	8042	10228	10199	9642
其他单位 Other Ownership Units								
1995	13035	10996	10189	9518	9149	10080		11629
1996	16495	12426	11708	12182	9592	13372		14185
1997	18194	13726	12747	13914	10386	14659		18939
1998	16419	14142	13012	16691	12367	14773		22038
1999	19375	15021	13777	18281	13477	16240		22977
2000	20904	15402	15086	18158	12413	18916		28972
2001	23300	16791	16839	18482	16449	19523		32267
2002	23772	17613	18947	16114	17854	20879		31279

1-20 分行业城镇非私营单位就业人员平均工资(2003-2011年)
AVERAGE WAGE OF EMPLOYED PERSONS IN URBAN NON-PRIVATE UNITS BY SECTOR (2003-2011)

单位：元 (yuan)

登记注册类型 Registration Status / 年 份 Year	合 计 Total	农、林、牧、渔业 Agriculture, Forestry, Farming of Animals and Fishery	采矿业 Mining	制造业 Manufacturing	电力、燃气及水的生产和供应业 Production & Distribution of Electricity, Gas & Water	建筑业 Construction	交通运输、仓储和邮政业 Traffic, Transport, Storage and Post
全 国 National							
2003	13969	6884	13627	12671	18574	11328	15753
2004	15920	7497	16774	14251	21543	12578	18071
2005	18200	8207	20449	15934	24750	14112	20911
2006	20856	9269	24125	18225	28424	16164	24111
2007	24721	10847	28185	21144	33470	18482	27903
2008	28898	12560	34233	24404	38515	21223	32041
2009	32244	14356	38038	26810	41869	24161	35315
2010	36539	16717	44196	30916	47309	27529	40466
2011	41799	19469	52230	36665	52723	32103	47078
国有单位 State-owned Units							
2003	14358	6819	13819	12520	18030	12495	15973
2004	16445	7417	17198	14374	20933	14076	17938
2005	18978	8122	20843	16831	24105	16032	20716
2006	21706	9145	24827	20117	28145	18166	23723
2007	26100	10706	29177	23671	33355	20963	27606
2008	30287	12384	35564	27471	38567	23394	31259
2009	34130	14160	38626	31142	42160	27750	34976
2010	38359	16522	44904	36386	47724	31777	40097
2011	43483	19253	53387	43031	53333	36071	47318
城镇集体单位 Urban Collective-owned Units							
2003	8627	6127	7194	7594	14774	8311	8100
2004	9723	7027	8628	8581	16898	9111	8777
2005	11176	8042	11067	9671	18323	10071	9920
2006	12866	9789	13626	10978	19880	11428	11062
2007	15444	11490	17131	12985	23237	13611	13102
2008	18103	13546	19813	15455	27603	15641	15062
2009	20607	15392	20075	17620	29369	17565	17538
2010	24010	18156	23791	20841	33851	20210	19882
2011	28791	21887	30114	25031	36122	25027	24927
其他单位 Other Ownership Units							
2003	14843	10077	14285	13596	20805	12227	17573
2004	16519	10332	17308	14944	23757	13271	21165
2005	18362	10952	21044	16294	26822	14593	23968
2006	21004	12677	24513	18394	29663	16780	27578
2007	24271	14686	28291	21210	34314	18825	30892
2008	28552	17400	34246	24401	38968	21767	36041
2009	31350	19456	38640	26617	41931	24325	37883
2010	35801	21359	44907	30609	47164	27522	43176
2011	41323	23851	52703	36360	52377	32097	48362

1-20 续表 1 continued

单位：元 (yuan)

登记注册类型 Registration Status / 年份 Year	信息传输、计算机服务和软件业 Information Transfer, Computer and Software	批发和零售业 Wholesale and Retail Trade	住宿和餐饮业 Accommodation and Restaurants	金融业 Finance	房地产业 Real Estate	租赁和商务服务业 Tenancy and Business Services	科学研究、技术服务和地质勘查业 Scientific Research, Technical Service & Geologic Perambulation
全国 National							
2003	30897	10894	11198	20780	17085	17020	20442
2004	33449	13012	12618	24299	18467	18723	23351
2005	38799	15256	13876	29229	20253	21233	27155
2006	43435	17796	15236	35495	22238	24510	31644
2007	47700	21074	17046	44011	26085	27807	38432
2008	54906	25818	19321	53897	30118	32915	45512
2009	58154	29139	20860	60398	32242	35494	50143
2010	64436	33635	23382	70146	35870	39566	56376
2011	70918	40654	27486	81109	42837	46976	64252
国有单位 State-owned Units							
2003	24969	10937	10482	21267	15749	15042	19775
2004	27389	12724	12137	25063	17215	16470	22711
2005	29935	15492	13428	30396	19449	19076	25989
2006	32747	18444	14851	34727	21324	20804	30023
2007	36277	21450	16432	43465	25073	23800	36456
2008	38947	25983	19091	52309	27683	27418	42643
2009	42379	30908	21177	56719	30800	30431	47277
2010	46402	35814	23864	66014	33967	33680	53235
2011	50401	41337	28756	74650	43814	39447	60316
城镇集体单位 Urban Collective-owned Units							
2003	12486	6610	8356	14023	12002	10896	12962
2004	17633	7312	9311	16209	12793	11639	13441
2005	24524	8261	10145	18560	13259	13230	18053
2006	24058	9256	11453	21694	15625	14204	23058
2007	24875	10686	12897	25881	18557	16329	24823
2008	27892	12906	15149	31358	20856	17547	29988
2009	30904	14777	16569	37453	22516	19276	33025
2010	37576	16816	18808	44154	24617	20981	37538
2011	40344	19982	23327	52984	29661	24499	47764
其他单位 Other Ownership Units							
2003	41911	13665	12425	25374	18898	25742	25591
2004	43474	16265	13553	28513	19933	27581	29233
2005	48602	17709	14692	33307	21331	29040	34523
2006	53807	19959	15922	42687	23181	34514	40707
2007	56392	23594	17780	51553	27004	37443	48861
2008	65686	28358	19800	62044	31556	43406	57827
2009	68067	30717	21064	67574	33311	45078	61697
2010	74178	35109	23505	77445	37102	50179	67716
2011	81005	42596	27313	88882	43183	60406	76446

1-20 续表 2 continued

单位：元 (yuan)

登记注册类型 Registration Status / 年 份 Year	水利、环境和公共设施管理业 Management of Water Conservancy, Environment and Public Establishment	居民服务和其他服务业 Resident Services and Other Services	教 育 Education	卫生、社会保障和社会福利业 Sanitation, Social Security and Social Welfare	文化体育和娱乐业 Culture, Sports and Entertainment	公共管理和社会组织 Public Management and Social Organization
全 国 National						
2003	11774	12665	14189	16185	17098	15355
2004	12884	13680	16085	18386	20522	17372
2005	14322	15747	18259	20808	22670	20234
2006	15630	18030	20918	23590	25847	22546
2007	18383	20370	25908	27892	30430	27731
2008	21103	22858	29831	32185	34158	32296
2009	23159	25172	34543	35662	37755	35326
2010	25544	28206	38968	40232	41428	38242
2011	28868	33169	43194	46206	47878	42062
国有单位 State-owned Units						
2003	11782	14419	14371	16741	17340	15382
2004	12850	16366	16217	19061	20955	17406
2005	14254	17323	18388	21500	23110	20270
2006	15517	20548	21027	24298	26374	22608
2007	18293	21744	25997	28719	31210	27790
2008	21000	26443	29925	33075	34993	32350
2009	23161	28874	34678	36575	38749	35491
2010	25478	32417	39166	41112	42367	38387
2011	28812	36923	43436	47185	48690	42230
城镇集体单位 Urban Collective-owned Units						
2003	10030	8683	9330	11610	9424	10293
2004	10433	8910	10559	12869	10953	11454
2005	11051	10690	12670	14826	13635	12906
2006	11948	12170	15338	17325	14169	14129
2007	13312	14476	21010	20442	17414	17002
2008	15413	16412	22645	24028	19686	18941
2009	16891	18509	27515	27618	22177	26039
2010	18551	20818	31486	32645	24796	26957
2011	20987	24834	36355	37853	30051	35277
其他单位 Other Ownership Units						
2003	14392	14038	17986	15110	16565	8763
2004	16645	13893	19964	15789	18002	12617
2005	18681	16502	20664	18084	19926	14036
2006	20388	17410	23099	21225	22712	11765
2007	23390	21014	27494	24600	25384	13994
2008	26869	20566	31211	28831	29567	21586
2009	27154	22877	32663	30579	32898	17849
2010	30217	25536	35282	34672	37107	21392
2011	33331	30287	38912	38803	44958	23891

1-21 分行业城镇非私营单位就业人员平均工资(2012-2022年)
AVERAGE WAGE OF EMPLOYED PERSONS IN URBAN NON-PRIVATE UNITS BY SECTOR (2012-2022)

单位：元 (yuan)

登记注册类型 Registration Status 年 份 Year	合 计 Total	农、林、牧、渔业 Agriculture, Forestry, Animal Husbandry and Fishery	采矿业 Mining	制造业 Manufacturing	电力、热力、燃气及水生产和供应业 Production and Supply of Electricity,Heat, Gas and Water	建筑业 Construction	批发和零售业 Wholesale and Retail Trades
全 国 National							
2012	46769	22687	56946	41650	58202	36483	46340
2013	51483	25820	60138	46431	67085	42072	50308
2014	56360	28356	61677	51369	73339	45804	55838
2015	62029	31947	59404	55324	78886	48886	60328
2016	67569	33612	60544	59470	83863	52082	65061
2017	74318	36504	69500	64452	90348	55568	71201
2018	82413	36466	81429	72088	100162	60501	80551
2019	90501	39340	91068	78147	107733	65580	89047
2020	97379	48540	96674	82783	116728	69986	96521
2021	106837	53819	108467	92459	125332	75762	107735
2022	114029	58976	121522	97528	132964	78295	115408
国有单位 State-owned Units							
2012	48357	22484	58534	47367	58589	40116	47377
2013	52657	25444	56317	54094	68146	43849	55980
2014	57296	27782	59765	61600	74914	46409	64186
2015	65296	31374	59673	64931	80066	49544	69300
2016	72538	33069	61638	71130	83931	52551	74088
2017	81114	35886	71402	77649	91375	55623	81907
2018	89474	35037	81234	78142	97148	57324	92297
2019	98899	36915	89567	88864	103998	56617	111296
2020	108132	46047	95817	94634	110109	66779	121262
2021	115583	51328	108643	112291	119479	75155	137785
2022	123623	56816	122264	118127	126188	78497	142839
城镇集体单位 Urban Collective-owned Units							
2012	33784	22592	35953	29538	39587	29607	23096
2013	38905	26754	39007	34689	45082	33893	26200
2014	42742	30809	41092	38350	49023	36932	29069
2015	46607	39049	42900	42026	54395	39276	31804
2016	50527	41121	42768	44753	57804	41141	33629
2017	55243	44392	44930	48202	60259	42608	35094
2018	60664	46395	55637	50643	64236	45846	38885
2019	62612	25458	65177	54677	51051	47659	43064
2020	68590	42436	70952	53607	52219	50651	46641
2021	74491	43980	76569	58414	54836	52758	50424
2022	77868	51122	83790	59135	55387	53922	50957
其他单位 Other Ownership Units							
2012	46360	27612	57001	41453	58293	36476	47882
2013	51453	34310	61475	46297	66489	42476	50700
2014	56485	35689	62481	51163	72330	46367	55971
2015	60906	38153	59729	55162	78327	49442	60433
2016	65531	39606	60802	59278	84245	52725	65237
2017	71304	43907	69792	64271	90026	56291	71190
2018	79453	48844	81701	72181	102353	61332	80589
2019	87195	48960	91358	78238	110144	66747	88574
2020	92721	54682	96927	82811	120005	70965	95533
2021	103182	59246	108666	92357	128207	76733	106435
2022	109895	63174	121732	97391	135992	79253	114349

1-21 续表 1 continued

单位：元 (yuan)

登记注册类型 Registration Status 年 份 Year	交通运输、仓储和邮政业 Transport, Storage and Post	住宿和餐饮业 Hotels and Catering Services	信息传输、软件和信息技术服务业 Information Software and Information Technology	金融业 Financial Inter-mediation	房地产业 Real Estate	租赁和商务服务业 Leasing and Business Services	科学研究和技术服务业 Scientific Research, and Technical Services
全 国 National							
2012	53391	31267	80510	89743	46764	53162	69254
2013	57993	34044	90915	99653	51048	62538	76602
2014	63416	37264	100845	108273	55568	67131	82259
2015	68822	40806	112042	114777	60244	72489	89410
2016	73650	43382	122478	117418	65497	76782	96638
2017	80225	45751	133150	122851	69277	81393	107815
2018	88508	48260	147678	129837	75281	85147	123343
2019	97050	50346	161352	131405	80157	88190	133459
2020	100642	48833	177544	133390	83807	92924	139851
2021	109851	53631	201506	150843	91143	102537	151776
2022	115345	53995	220418	174341	90346	106500	163486
国有单位 State-owned Units							
2012	54342	33376	57056	82040	43464	44875	64206
2013	59516	36298	60182	87732	45435	46542	69501
2014	65417	40103	63629	94943	50597	49286	73844
2015	70908	43621	69858	100672	55922	55016	80409
2016	75878	46953	77402	102117	62560	58828	89093
2017	83848	50816	82762	109128	67632	62843	99164
2018	88833	54437	95683	118497	72646	65981	112775
2019	84757	55594	106432	137810	75984	69085	127665
2020	87142	53890	119323	161584	83237	76452	129707
2021	94422	59699	132292	176429	92962	83460	139441
2022	99890	60575	145800	185022	94998	88109	151816
城镇集体单位 Urban Collective-owned Units							
2012	28474	27535	38770	61756	34365	29583	46890
2013	31772	39491	40268	70249	37155	33296	52204
2014	35018	34925	42253	77236	40429	36833	56711
2015	37461	37197	50901	82944	44062	40731	58849
2016	40771	41873	53981	89811	47305	45810	66959
2017	42549	44613	83191	99635	49486	48536	75188
2018	46818	43388	75603	109373	54359	50652	85103
2019	47869	49222	74246	116739	54683	48448	88454
2020	49736	46511	95646	126555	59383	54318	85734
2021	53365	53967	91676	139096	64590	61404	93624
2022	53449	53388	95026	139341	65949	64345	98817
其他单位 Other Ownership Units							
2012	53592	30827	90839	97706	47983	65637	83362
2013	57720	33400	96618	109161	52052	74632	87590
2014	62749	36830	105724	117537	56459	78859	93884
2015	68138	40436	117076	123640	60976	82287	100210
2016	72883	42862	127198	125115	66112	85638	105510
2017	78523	45068	136988	128781	69743	89619	117092
2018	89064	47656	151050	133812	75747	92189	132685
2019	100067	49899	164030	130804	80820	93715	137290
2020	103331	48400	180950	131035	84286	97408	146478
2021	112647	53158	205536	148816	91528	107094	158956
2022	117917	53568	224479	173697	90529	110365	169873

1-21 续表 2 continued

单位：元　　(yuan)

登记注册类型 Registration Status 年份 Year	水利、环境和公共设施管理业 Management of Water Conservancy, Environment and Public Facilities	居民服务、修理和其他服务业 Service to Households, Repair and Other Services	教育 Education	卫生和社会工作 Health and Social Service	文化、体育和娱乐业 Culture, Sports and Entertainment	公共管理、社会保障和社会组织 Public Management, Social Security and Social Organization
全国 National						
2012	32343	35135	47734	52564	53558	46074
2013	36123	38429	51950	57979	59336	49259
2014	39198	41882	56580	63267	64375	53110
2015	43528	44802	66592	71624	72764	62323
2016	47750	47577	74498	80026	79875	70959
2017	52229	50552	83412	89648	87803	80372
2018	56670	55343	92383	98118	98621	87932
2019	61158	60232	97681	108903	107708	94369
2020	63914	60722	106474	115449	112081	104487
2021	65802	65193	111392	126828	117329	111361
2022	68256	65478	120422	135222	121151	117440
国有单位 State-owned Units						
2012	32152	37642	47995	53653	54398	46207
2013	35155	41416	52283	59200	59437	49371
2014	38008	45242	56974	64631	64245	53230
2015	42705	49144	67442	73490	73447	62452
2016	47154	54178	75710	82522	79538	71122
2017	51735	61592	84860	92796	87850	80589
2018	56971	66916	93780	101168	97613	88387
2019	64191	76690	103270	114177	110916	94640
2020	70758	82009	112554	120663	115151	104535
2021	73087	83879	116874	132727	121486	111417
2022	78383	90412	126847	141652	128306	117513
城镇集体单位 Urban Collective-owned Units						
2012	24432	27415	41061	43265	33433	41285
2013	27855	31005	47610	48990	37715	45859
2014	31291	37642	51166	54122	41647	48465
2015	33262	41566	55810	57917	49577	55179
2016	36706	43106	64833	63920	56222	60861
2017	41348	45646	74102	70485	56948	67206
2018	45363	50593	82160	78734	66732	82918
2019	55515	53167	91164	90742	66103	87631
2020	58272	65197	93031	95883	75951	94506
2021	59924	68678	97791	100319	82997	100067
2022	63096	70529	101781	106486	86393	107092
其他单位 Other Ownership Units						
2012	37466	33992	43473	45020	51217	28113
2013	43213	37738	47194	50173	60288	34486
2014	46682	40752	51494	54309	65926	38391
2015	49130	43131	55937	60027	72093	45462
2016	52119	45060	59216	63362	81552	50677
2017	55535	47177	66762	69649	88709	54082
2018	57156	51456	79022	79240	101118	52761
2019	57804	57702	72214	81282	104755	77153
2020	57123	56716	72375	82897	108792	100549
2021	58921	61431	79034	90123	112720	104725
2022	59581	60850	79539	94041	112709	101620

1-22 分行业城镇非私营单位就业人员平均名义工资指数(1995-2002年)
INDICES OF NOMINAL AVERAGE EARNING OF EMPLOYED PERSONS IN URBAN NON-PRIVATE UNITS BY SECTOR (1995-2002)

上年=100 (preceding year=100)

登记注册类型 Registration Status 年份 Year	合计 Total	农、林、牧、渔业 Farming, Forestry, Animal Husbandry and Fishery	采掘业 Mining and Quarrying	制造业 Manufacturing	电力、煤气及水的生产和供应业 Production and Supply of Electricity, Gas and Water	建筑业 Construction	地质勘查业、水利管理业 Geological Prospecting and Water Conservancy	交通运输、仓储及邮电通信业 Transport, Storage, Post and Telecommunications	批发和零售贸易、餐饮业 Wholesale and Retail Trade & Catering Services
全 国 National									
1995	118.9	124.5	123.2	121.2	127.3	118.1	109.5	121.9	120.3
1996	111.8	115.0	112.8	109.1	112.4	108.5	110.4	113.4	109.7
1997	107.8	106.5	105.4	105.4	109.5	106.6	108.8	108.9	104.2
1998	115.5	105.2	105.9	119.1	108.5	111.8	110.8	113.9	120.8
1999	111.7	106.1	103.9	110.6	109.8	106.9	111.1	111.4	109.4
2000	112.2	106.9	110.8	112.2	111.4	109.1	109.1	112.4	111.7
2001	116.1	110.4	114.7	111.9	113.0	108.6	113.7	114.9	114.2
2002	114.2	111.2	115.2	112.7	112.6	108.5	112.1	113.1	115.0
国有单位 State-owned Units									
1995	117.3	124.6	122.4	118.8	126.3	118.3	109.4	121.6	118.5
1996	111.8	114.5	113.1	108.3	112.5	107.9	110.4	112.9	108.2
1997	107.6	106.6	105.6	103.7	109.7	105.8	108.6	108.3	104.0
1998	113.5	105.3	105.6	115.7	108.1	110.4	110.7	110.8	119.3
1999	111.4	105.8	103.1	109.0	108.9	106.9	111.1	109.4	108.4
2000	111.8	106.3	107.0	112.3	110.8	108.6	109.1	111.5	110.8
2001	117.0	110.7	114.1	112.2	112.7	108.0	113.9	113.5	110.8
2002	115.0	110.7	112.2	113.4	111.7	109.3	111.6	111.8	114.8
城镇集体单位 Urban Collective-owned Units									
1995	121.1	116.2	131.5	121.1	129.9	118.7	115.9	115.5	122.2
1996	109.6	130.0	107.6	107.7	111.8	109.2	111.6	110.7	110.9
1997	104.7	103.5	105.2	102.9	108.8	107.3	132.7	102.3	101.6
1998	117.7	110.7	110.0	121.0	104.3	108.5	109.8	126.1	116.1
1999	108.4	111.6	99.5	106.4	103.8	105.7	108.5	110.8	106.4
2000	108.4	113.7	106.8	107.5	109.0	108.6	98.8	102.2	106.0
2001	109.8	101.8	113.3	106.5	114.5	105.9	102.1	108.7	106.7
2002	111.5	114.4	109.4	110.8	105.6	106.5	125.7	109.3	110.4
其他单位 Other Ownership Units									
1995	119.9	129.2	123.1	120.8	131.6	116.0	126.2	120.3	112.2
1996	110.3	103.4	100.3	109.2	112.1	102.7	106.7	113.1	107.7
1997	106.7	95.7	102.8	105.7	101.4	108.1	101.6	115.2	103.6
1998	101.6	80.9	125.3	101.8	99.8	118.0	118.6	85.7	102.8
1999	109.8	118.2	113.4	109.0	113.7	105.8	126.6	119.0	107.6
2000	110.8	125.1	128.5	108.9	112.1	108.6	150.6	114.2	112.0
2001	110.7	100.6	112.8	108.7	110.8	107.6	85.9	114.8	113.7
2002	108.4	108.6	115.9	108.6	111.7	101.5	156.4	111.0	106.1

1－22 续表 continued

上年=100 (preceding year=100)

登记注册类型 Registration Status / 年份 Year	金融、保险业 Finance and Insurance	房地产业 Real Estate Trade	社会服务业 Social Services	卫生、体育和社会福利业 Health Care, Sporting and Social Welfare	教育、文化艺术和广播电影电视业 Education, Culture and Arts, Radio, Film and Television	科学研究和综合技术服务业 Scientific Research and Polytechnical Services	国家机关政党机关和社会团体 Government Agencies, Party Agencies and Social Organizations	其他 Others
全国 National								
1995	109.9	117.1	119.3	114.4	111.2	111.3	111.5	120.5
1996	114.2	114.3	113.3	115.9	114.0	117.1	114.6	114.3
1997	115.0	110.3	111.7	112.0	111.1	112.2	110.4	96.1
1998	109.6	112.2	111.5	111.6	112.1	112.9	111.3	123.8
1999	112.3	111.3	110.2	114.0	115.3	113.7	115.5	119.5
2000	110.7	108.4	110.6	112.5	112.7	116.3	111.9	110.4
2001	118.6	112.1	115.5	118.4	121.5	121.3	120.9	114.8
2002	115.3	109.3	113.2	114.3	116.6	115.9	114.8	110.5
国有单位 State-owned Units								
1995	108.3	115.0	116.7	114.1	111.4	110.1	111.4	119.3
1996	114.3	114.6	112.5	115.9	113.7	116.7	114.8	110.8
1997	114.7	108.8	110.9	111.9	112.0	112.3	110.3	90.6
1998	109.1	109.5	109.9	111.5	112.2	112.8	111.3	119.3
1999	109.9	110.7	110.2	113.9	115.3	113.7	115.5	117.8
2000	111.4	110.5	108.2	113.2	112.8	114.2	111.9	104.3
2001	118.6	112.5	114.6	118.7	121.4	122.9	120.9	112.4
2002	116.8	109.7	108.4	114.2	116.7	117.1	114.8	117.4
城镇集体单位 Urban Collective-owned Units								
1995	114.0	126.8	125.7	115.6	109.1	125.5	120.8	120.1
1996	106.6	101.5	106.9	115.1	123.8	114.8	96.1	116.9
1997	110.4	113.6	114.0	111.8	91.7	101.0	123.1	101.7
1998	106.7	118.3	109.1	109.3	107.8	102.9	112.7	122.4
1999	110.7	114.7	107.2	113.6	116.5	113.2	114.0	115.3
2000	107.0	98.8	108.8	107.4	106.3	116.1	111.2	110.9
2001	111.9	102.4	109.4	113.5	127.5	103.5	105.6	107.0
2002	114.7	107.6	112.0	112.7	111.8	107.4	109.6	100.0
其他单位 Other Ownership Units								
1995	120.7	113.3	115.7	130.8	111.0	125.3		117.6
1996	126.5	113.0	114.9	128.0	104.8	132.7		122.0
1997	110.3	110.5	108.9	114.2	108.3	109.6		133.5
1998	90.2	103.0	102.1	120.0	119.1	100.8		116.4
1999	118.0	106.2	105.9	109.5	109.0	109.9		104.3
2000	107.9	102.5	109.5	99.3	92.1	116.5		126.1
2001	111.5	109.0	111.6	101.8	132.5	103.2		111.4
2002	102.0	104.9	112.5	87.2	108.5	106.9		96.9

1-23 分行业城镇非私营单位就业人员平均名义工资指数(2004-2011年)
INDICES OF NOMINAL AVERAGE EARNING OF EMPLOYED PERSONS IN URBAN NON-PRIVATE UNITS BY SECTOR (2004-2011)

上年=100 (preceding year=100)

登记注册类型 Registration Status / 年 份 Year	合 计 Total	农、林、牧、渔业 Agriculture, Forestry, Farming of Animals and Fishery	采矿业 Mining	制造业 Manufacturing	电力、燃气及水的生产和供应业 Production & Distribution of Electricity, Gas & Water	建筑业 Construction	交通运输、仓储和邮政业 Traffic, Transport, Storage and Post
全 国 National							
2004	114.0	108.9	123.1	112.5	116.0	111.0	114.7
2005	114.3	109.5	121.9	111.8	114.9	112.2	115.7
2006	114.6	112.9	118.0	114.4	114.8	114.5	115.3
2007	118.5	117.0	116.8	116.0	117.8	114.3	115.7
2008	116.9	115.8	121.5	115.4	115.1	114.8	114.8
2009	111.6	114.3	111.1	109.9	108.7	113.8	110.2
2010	113.3	116.4	116.2	115.3	113.0	113.9	114.6
2011	114.4	116.5	118.2	118.6	111.4	116.6	116.3
国有单位 State-owned Units							
2004	114.5	108.8	124.5	114.8	116.1	112.7	112.3
2005	115.4	109.5	121.2	117.1	115.2	113.9	115.5
2006	114.4	112.6	119.1	119.5	116.8	113.3	114.5
2007	120.2	117.1	117.5	117.7	118.5	115.4	116.4
2008	116.0	115.7	121.9	116.1	115.6	111.6	113.2
2009	112.7	114.3	108.6	113.4	109.3	118.6	111.9
2010	112.4	116.7	116.3	116.8	113.2	114.5	114.6
2011	113.4	116.5	118.9	118.3	111.8	113.5	118.0
城镇集体单位 Urban Collective-owned Units							
2004	112.7	114.7	119.9	113.0	114.4	109.6	108.4
2005	114.9	114.4	128.3	112.7	108.4	110.5	113.0
2006	115.1	121.7	123.1	113.5	108.5	113.5	111.5
2007	120.0	117.4	125.7	118.3	116.9	119.1	118.4
2008	117.2	117.9	115.7	119.0	118.8	114.9	115.0
2009	113.8	113.8	113.8	113.8	113.8	113.8	113.8
2010	116.5	118.0	118.5	118.3	115.3	115.1	113.4
2011	119.9	120.5	126.6	120.1	106.7	123.8	125.4
其他单位 Other Ownership Units							
2004	111.3	102.5	121.2	109.9	114.2	108.5	120.4
2005	111.2	106.0	121.6	109.0	112.9	110.0	113.2
2006	114.4	115.8	116.5	112.9	110.6	115.0	115.1
2007	115.6	115.8	115.4	115.3	115.7	112.2	112.0
2008	117.6	118.5	121.0	115.0	113.6	115.6	116.7
2009	109.8	111.8	112.8	109.1	107.6	111.8	105.1
2010	114.2	109.8	116.2	115.0	112.5	113.1	114.0
2011	115.4	115.4	115.4	115.4	115.4	115.4	115.4

1−23 续表 1 continued

上年=100 (preceding year=100)

登记注册类型 Registration Status / 年 份 Year	信息传输、计算机服务和软件业 Information Transfer, Computer and Software	批发和零售业 Wholesale and Retail Trade	住宿和餐饮业 Accommodation and Restaurants	金融业 Finance	房地产业 Real Estate	租赁和商务服务业 Tenancy and Business Services	科学研究、技术服务和地质勘查业 Scientific Research, Technical Service & Geologic Perambulation
全 国 National							
2004	108.3	119.4	112.7	116.9	108.1	110.0	114.2
2005	116.0	117.2	110.0	120.3	109.7	113.4	116.3
2006	111.9	116.6	109.8	121.4	109.8	115.4	116.5
2007	109.8	118.4	111.9	124.0	117.3	113.5	121.5
2008	115.1	122.5	113.3	122.5	115.5	118.4	118.4
2009	105.9	112.9	108.0	112.1	107.1	107.8	110.2
2010	110.8	115.4	112.1	116.1	111.3	111.5	112.4
2011	110.1	120.9	117.6	115.6	119.4	118.7	114.0
国有单位 State-owned Units							
2004	109.7	116.3	115.8	117.8	109.3	109.5	114.8
2005	109.3	121.8	110.6	121.3	113.0	115.8	114.4
2006	109.4	119.1	110.6	114.2	109.6	109.1	115.5
2007	110.8	116.3	110.6	125.2	117.6	114.4	121.4
2008	107.4	121.1	116.2	120.3	110.4	115.2	117.0
2009	108.8	119.0	110.9	108.4	111.3	111.0	110.9
2010	109.5	115.9	112.7	116.4	110.3	110.7	112.6
2011	108.6	115.4	120.5	113.1	129.0	117.1	113.3
城镇集体单位 Urban Collective-owned Units							
2004	141.2	110.6	111.4	115.6	106.6	106.8	103.7
2005	139.1	113.0	109.0	114.5	103.6	113.7	134.3
2006	98.1	112.0	112.9	116.9	117.8	107.4	127.7
2007	103.4	115.4	112.6	119.3	118.8	115.0	107.7
2008	112.1	120.8	117.5	121.2	112.4	107.5	120.8
2009	110.8	114.5	109.4	119.4	108.0	109.9	110.1
2010	121.6	113.8	113.5	117.9	109.3	108.8	113.7
2011	107.4	118.8	124.0	120.0	120.5	116.8	127.2
其他单位 Other Ownership Units							
2004	103.7	119.0	109.1	112.4	105.5	107.1	114.2
2005	111.8	108.9	108.4	116.8	107.0	105.3	118.1
2006	110.7	112.7	108.4	128.2	108.7	118.8	117.9
2007	104.8	118.2	111.7	120.8	116.5	108.5	120.0
2008	116.5	120.2	111.4	120.3	116.9	115.9	118.4
2009	103.6	108.3	106.4	108.9	105.6	103.9	106.7
2010	109.0	114.3	111.6	114.6	111.4	111.3	109.8
2011	109.2	121.3	116.2	114.8	116.4	120.4	112.9

1−23 续表 2 continued

上年=100 (preceding year=100)

登记注册类型 Registration Status / 年 份 Year	水利、环境和公共设施管理业 Management of Water Conservancy, Environment and Public Establishment	居民服务和其他服务业 Resident Services and Other Services	教 育 Education	卫生、社会保障和社会福利业 Sanitation, Social Security and Social Welfare	文化体育和娱乐业 Culture, Sports and Entertainment	公共管理和社会组织 Public Management and Social Organization
全 国 National						
2004	109.4	108.0	113.4	113.6	120.0	113.1
2005	111.2	115.1	113.5	113.2	110.5	116.5
2006	109.1	114.5	114.6	113.4	114.0	111.4
2007	117.6	113.0	123.9	118.2	117.7	123.0
2008	114.8	112.2	115.1	115.4	112.3	116.5
2009	109.7	110.1	115.8	110.8	110.5	109.4
2010	110.3	112.1	112.8	112.8	109.7	108.3
2011	113.0	117.6	110.8	114.8	115.6	110.0
国有单位 State-owned Units						
2004	109.1	113.5	112.8	113.9	120.8	113.2
2005	110.9	105.8	113.4	112.8	110.3	116.5
2006	108.9	118.6	114.4	113.0	114.1	111.5
2007	117.9	105.8	123.6	118.2	118.3	122.9
2008	114.8	121.6	115.1	115.2	112.1	116.4
2009	110.3	109.2	115.9	110.6	110.7	109.7
2010	110.0	112.3	112.9	112.4	109.3	108.2
2011	113.1	113.9	110.9	114.8	114.9	110.0
城镇集体单位 Urban Collective-owned Units						
2004	104.0	102.6	113.2	110.8	116.2	111.3
2005	105.9	120.0	120.0	115.2	124.5	112.7
2006	108.1	113.8	121.1	116.9	103.9	109.5
2007	111.4	118.9	137.0	118.0	122.9	120.3
2008	115.8	113.4	107.8	117.5	113.0	111.4
2009	109.6	112.8	121.5	114.9	112.7	137.5
2010	109.8	112.5	114.4	118.2	111.8	103.5
2011	113.1	119.3	115.5	116.0	121.2	130.9
其他单位 Other Ownership Units						
2004	115.7	99.0	111.0	104.5	108.7	144.0
2005	112.2	118.8	103.5	114.5	110.7	111.2
2006	109.1	105.5	111.8	117.4	114.0	83.8
2007	114.7	120.7	119.0	115.9	111.8	118.9
2008	114.9	97.9	113.5	117.2	116.5	154.3
2009	101.1	111.2	104.7	106.1	111.3	82.7
2010	111.3	111.6	108.0	113.4	112.8	119.8
2011	110.3	118.6	110.3	111.9	121.2	111.7

1-24 分行业城镇非私营单位就业人员平均名义工资指数(2013-2022年)
INDICES OF NOMINAL AVERAGE EARNING OF EMPLOYED PERSONS IN URBAN NON-PRIVATE UNITS BY SECTOR (2013-2022)

上年=100 (preceding year=100)

登记注册类型 Registration Status / 年份 Year	合计 Total	农、林、牧、渔业 Agriculture, Forestry, Animal Husbandry and Fishery	采矿业 Mining	制造业 Manufacturing	电力、热力、燃气及水生产和供应业 Production and Supply of Electricity,Heat, Gas and Water	建筑业 Construction	批发和零售业 Wholesale and Retail Trades
全国 National							
2013	110.1	113.8	105.6	111.5	115.3	115.3	108.6
2014	109.5	109.8	102.6	110.6	109.3	108.9	111.0
2015	110.1	112.7	96.3	107.7	107.6	106.7	108.0
2016	108.9	105.2	101.9	107.5	106.3	106.5	107.8
2017	110.0	108.6	114.8	108.4	107.7	106.7	109.4
2018	110.9	99.9	117.2	111.8	110.9	108.9	113.1
2019	109.8	107.9	111.8	108.4	107.6	108.4	110.5
2020	107.6	123.4	106.2	105.9	108.3	106.7	108.4
2021	109.7	110.9	112.2	111.7	107.4	108.3	111.6
2022	106.7	109.6	112.0	105.5	106.1	103.3	107.1
国有单位 State-owned Units							
2013	108.9	113.2	96.2	114.2	116.3	109.3	118.2
2014	108.8	109.2	106.1	113.9	109.9	105.8	114.7
2015	114.0	112.9	99.8	105.4	106.9	106.8	108.0
2016	111.1	105.4	103.3	109.5	104.8	106.1	106.9
2017	111.8	108.5	115.8	109.2	108.9	105.8	110.6
2018	110.3	97.6	113.8	100.6	106.3	103.1	112.7
2019	110.5	105.4	110.3	113.7	107.1	98.8	120.6
2020	109.3	124.7	107.0	106.5	105.9	117.9	109.0
2021	106.9	111.5	113.4	118.7	108.5	112.5	113.6
2022	107.0	110.7	112.5	105.2	105.6	104.4	103.7
城镇集体单位 Urban Collective-owned Units							
2013	115.2	118.4	108.5	117.4	113.9	114.5	113.4
2014	109.9	115.2	105.3	110.6	108.7	109.0	111.0
2015	109.0	126.7	104.4	109.6	111.0	106.3	109.4
2016	108.4	105.3	99.7	106.5	106.3	104.7	105.7
2017	109.3	108.0	105.1	107.7	104.2	103.6	104.4
2018	109.8	104.5	123.8	105.1	106.6	107.6	110.8
2019	103.2	54.9	117.1	108.0	79.5	104.0	110.7
2020	109.5	166.7	108.9	98.0	102.3	106.3	108.3
2021	108.6	103.6	107.9	109.0	105.0	104.2	108.1
2022	104.5	116.2	109.4	101.2	101.0	102.2	101.1
其他单位 Other Ownership Units							
2013	111.0	124.3	107.8	111.7	114.1	116.4	105.9
2014	109.7	104.0	101.6	110.5	108.8	109.2	110.4
2015	107.8	106.9	95.6	107.8	108.3	106.6	108.0
2016	107.6	103.8	101.8	107.5	107.6	106.6	107.9
2017	108.8	110.9	114.8	108.4	106.9	106.8	109.1
2018	111.4	111.2	117.1	112.3	113.7	109.0	113.2
2019	109.7	100.2	111.8	108.4	107.6	108.8	109.9
2020	106.3	111.7	106.1	105.8	109.0	106.3	107.9
2021	111.3	108.3	112.1	111.5	106.8	108.1	111.4
2022	106.5	106.6	112.0	105.5	106.1	103.3	107.4

1−24 续表 1 continued

上年=100 (preceding year=100)

登记注册类型 Registration Status 年 份 Year	交通运输、仓储和邮政业 Transport, Storage and Post	住宿和餐饮业 Hotels and Catering Services	信息传输、软件和信息技术服务业 Information Software and Information Technology	金融业 Financial Inter-mediation	房地产业 Real Estate	租赁和商务服务业 Leasing and Business Services	科学研究和技术服务业 Scientific Research, and Technical Services
全 国 National							
2013	108.6	108.9	112.9	111.0	109.2	117.6	110.6
2014	109.4	109.5	110.9	108.7	108.9	107.3	107.4
2015	108.5	109.5	111.1	106.0	108.4	108.0	108.7
2016	107.0	106.3	109.3	102.3	108.7	105.9	108.1
2017	108.9	105.5	108.7	104.6	105.8	106.0	111.6
2018	110.3	105.5	110.9	105.7	108.7	104.6	114.4
2019	109.7	104.3	109.3	101.2	106.5	103.6	108.2
2020	103.7	97.0	110.0	101.5	104.6	105.4	104.8
2021	109.2	109.8	113.5	113.1	108.8	110.3	108.5
2022	105.0	100.7	109.4	115.6	99.1	103.9	107.7
国有单位 State-owned Units							
2013	109.5	108.8	105.5	106.9	104.5	103.7	108.2
2014	109.9	110.5	105.7	108.2	111.4	105.9	106.2
2015	108.4	108.8	109.8	106.0	110.5	111.6	108.9
2016	107.0	107.6	110.8	101.4	111.9	106.9	110.8
2017	110.5	108.2	106.9	106.9	108.1	106.8	111.3
2018	105.9	107.1	115.6	108.6	107.4	105.0	113.7
2019	95.4	102.1	111.2	116.3	104.6	104.7	113.2
2020	102.8	96.9	112.1	117.3	109.5	110.7	101.6
2021	108.4	110.8	110.9	109.2	111.7	109.2	107.5
2022	105.8	101.5	110.2	104.9	102.2	105.6	108.9
城镇集体单位 Urban Collective-owned Units							
2013	111.6	143.4	103.9	113.8	108.1	112.6	111.3
2014	110.2	88.4	104.9	109.9	108.8	110.6	108.6
2015	107.0	106.5	120.5	107.4	109.0	110.6	103.8
2016	108.8	112.6	106.1	108.3	107.4	112.5	113.8
2017	104.4	106.5	154.1	110.9	104.6	106.0	116.4
2018	110.0	97.3	90.9	109.8	109.8	104.4	113.2
2019	102.2	113.4	98.2	106.7	100.6	95.6	103.9
2020	103.9	94.5	128.8	108.4	108.6	112.1	96.9
2021	107.3	116.0	95.8	109.9	108.8	113.0	109.2
2022	100.2	98.9	103.7	100.2	102.1	104.8	105.5
其他单位 Other Ownership Units							
2013	107.7	108.3	106.4	111.7	108.5	113.7	105.1
2014	108.7	110.3	109.4	107.7	108.5	105.7	107.2
2015	108.6	109.8	110.7	105.2	108.0	104.3	106.7
2016	107.0	106.0	108.6	101.2	108.4	104.1	105.3
2017	107.7	105.1	107.7	102.9	105.5	104.6	111.0
2018	113.4	105.7	110.3	103.9	108.6	102.9	113.3
2019	112.4	104.7	108.6	97.8	106.7	101.7	103.5
2020	103.3	97.0	110.3	100.2	104.3	103.9	106.7
2021	109.0	109.8	113.6	113.6	108.6	109.9	108.5
2022	104.7	100.8	109.2	116.7	98.9	103.1	106.9

1-24 续表 2 continued

上年=100 (preceding year=100)

登记注册类型 Registration Status 年 份 Year	水利、环境和公共设施管理业 Management of Water Conservancy, Environment and Public Facilities	居民服务、修理和其他服务业 Service to Households, Repair and Other Services	教 育 Education	卫生和社会工作 Health and Social Service	文化、体育和娱乐业 Culture, Sports and Entertainment	公共管理、社会保障和社会组织 Public Management, Social Security and Social Organization
全 国 National						
2013	111.7	109.4	108.8	110.3	110.8	106.9
2014	108.5	109.0	108.9	109.1	108.5	107.8
2015	111.0	107.0	117.7	113.2	113.0	117.3
2016	109.7	106.2	111.9	111.7	109.8	113.9
2017	109.4	106.3	112.0	112.0	109.9	113.3
2018	108.5	109.5	110.8	109.4	112.3	109.4
2019	107.9	108.8	105.7	111.0	109.2	107.3
2020	104.5	100.8	109.0	106.0	104.1	110.7
2021	103.0	107.4	104.6	109.9	104.7	106.6
2022	103.7	100.4	108.1	106.6	103.3	105.5
国有单位 State-owned Units						
2013	109.3	110.0	108.9	110.3	109.3	106.8
2014	108.1	109.2	109.0	109.2	108.1	107.8
2015	112.4	108.6	118.4	113.7	114.3	117.3
2016	110.4	110.2	112.3	112.3	108.3	113.9
2017	109.7	113.7	112.1	112.5	110.5	113.3
2018	110.1	108.6	110.5	109.0	111.1	109.7
2019	112.7	114.6	110.1	112.9	113.6	107.1
2020	110.2	106.9	109.0	105.7	103.8	110.5
2021	103.3	102.3	103.8	110.0	105.5	106.6
2022	107.2	107.8	108.5	106.7	105.6	105.5
城镇集体单位 Urban Collective-owned Units						
2013	114.0	113.1	115.9	113.2	112.8	111.1
2014	112.3	121.4	107.5	110.5	110.4	105.7
2015	106.3	110.4	109.1	107.0	119.0	113.9
2016	110.4	103.7	116.2	110.4	113.4	110.3
2017	121.4	107.7	116.9	113.7	103.9	114.3
2018	109.7	110.8	110.9	111.7	117.2	123.4
2019	122.4	105.1	111.0	115.3	99.1	105.7
2020	105.0	122.6	102.0	105.7	114.9	107.8
2021	102.8	105.3	105.1	104.6	109.3	105.9
2022	105.3	102.7	104.1	106.1	104.1	107.0
其他单位 Other Ownership Units						
2013	115.3	111.0	108.6	111.4	117.7	122.7
2014	108.0	108.0	109.1	108.2	109.4	111.3
2015	105.2	105.8	108.6	110.5	109.4	118.4
2016	106.1	104.5	105.9	105.6	113.1	111.5
2017	106.6	104.7	112.7	109.9	108.8	106.7
2018	102.9	109.1	118.4	113.8	114.0	97.6
2019	101.1	112.1	91.4	102.6	103.6	146.2
2020	98.8	98.3	100.2	102.0	103.9	130.3
2021	103.1	108.3	109.2	108.7	103.6	104.2
2022	101.1	99.1	100.6	104.3	100.0	97.0

1-25 分行业城镇非私营单位就业人员平均实际工资指数(1995-2002年)
INDICES OF REAL AVERAGE WAGE OF EMPLOYED PERSONS IN URBAN NON-PRIVATE UNITS BY SECTOR (1995-2002)

上年=100 (preceding year=100)

登记注册类型 Registration Status 年 份 Year	合 计 Total	农、林、牧、渔业 Farming, Forestry, Animal Husbandry and Fishery	采掘业 Mining and Quarrying	制造业 Manufacturing	电力、煤气及水的生产和供应业 Production and Supply of Electricity, Gas and Water	建筑业 Construction	地质勘查业、水利管理业 Geological Prospecting and Water Conservancy	交通运输、仓储及邮电通信业 Transport, Storage, Post and Telecommu-nications	批发和零售贸易、餐饮业 Wholesale and Retail Trade & Catering Services
全 国 National									
1995	101.8	106.6	105.5	103.8	109.0	101.1	93.8	104.3	103.0
1996	102.8	105.7	103.7	100.3	103.3	99.7	101.5	104.2	100.8
1997	104.5	103.3	102.2	102.2	106.2	103.4	105.5	105.6	101.1
1998	116.2	105.9	106.5	119.8	109.1	112.4	111.4	114.6	121.5
1999	113.2	107.5	105.2	112.1	111.3	108.3	112.5	112.9	110.8
2000	111.3	106.1	109.9	111.3	110.6	108.2	108.2	111.5	110.8
2001	115.3	109.6	113.9	111.2	112.3	107.9	112.9	114.1	113.4
2002	115.4	112.4	116.4	113.9	113.7	109.6	113.3	114.2	116.2
国有单位 State-owned Units									
1995	100.4	106.7	104.8	101.7	108.1	101.2	93.7	104.1	101.5
1996	102.7	105.3	103.9	99.6	103.4	99.1	101.5	103.8	99.4
1997	104.4	103.4	102.4	100.6	106.4	102.6	105.3	105.1	100.9
1998	114.2	105.9	106.3	116.4	108.7	111.1	111.4	111.5	120.0
1999	112.9	107.2	104.5	110.5	110.3	108.3	112.6	110.9	109.8
2000	110.9	105.4	106.1	111.4	109.9	107.7	108.2	110.6	109.9
2001	116.2	110.0	113.4	111.4	112.0	107.3	113.1	112.7	110.1
2002	116.2	111.8	113.4	114.5	112.8	110.4	112.7	112.9	116.0
城镇集体单位 Urban Collective-owned Units									
1995	103.7	99.5	112.6	103.7	111.3	101.6	99.2	98.8	104.6
1996	100.7	119.5	98.9	99.0	102.7	100.4	102.6	101.7	101.9
1997	101.6	100.4	102.0	99.8	105.5	104.1	128.7	99.2	98.6
1998	118.4	111.3	110.7	121.8	104.9	109.1	110.5	126.9	116.8
1999	109.8	113.0	100.9	107.8	105.2	107.1	109.9	112.2	107.8
2000	107.5	112.8	106.0	106.7	108.2	107.8	98.0	101.4	105.2
2001	109.0	101.0	112.5	105.8	113.7	105.2	101.4	107.9	105.9
2002	112.6	115.5	110.6	111.9	106.6	107.6	126.9	110.4	111.5
其他单位 Other Ownership Units									
1995	102.6	110.6	105.4	103.4	112.7	99.3	108.1	103.0	96.0
1996	101.3	95.1	92.2	100.4	103.0	94.3	98.0	103.9	99.0
1997	103.5	92.8	99.7	102.5	98.3	104.9	98.5	111.7	100.5
1998	102.3	81.4	126.0	102.4	100.4	118.7	119.3	86.2	103.4
1999	111.2	119.8	114.9	110.5	115.2	107.2	128.3	120.5	109.0
2000	109.9	124.1	127.5	108.1	111.2	107.8	149.4	113.2	111.1
2001	109.9	99.9	112.0	108.0	110.1	106.9	85.3	114.0	112.9
2002	109.5	109.7	117.0	109.7	112.9	102.6	158.0	112.1	107.2

1-25 续表 continued

上年=100 (preceding year=100)

登记注册类型 Registration Status 年 份 Year	金融、保险业 Finance and Insurance	房地产业 Real Estate Trade	社 会 服务业 Social Services	卫生、体育和社会福利业 Health Care, Sporting and Social Welfare	教育、文化艺术和广播电影电视业 Education, Culture and Arts, Radio, Film and Television	科学研究和综合技术服务业 Scientific Research and Polytechnical Services	国家机关政党机关和社会团体 Government Agencies, Party Agencies and Social Organizations	其 他 Others
全 国 National								
1995	94.1	100.3	102.1	97.9	95.2	95.3	95.4	103.1
1996	105.0	105.1	104.1	106.5	104.8	107.6	105.4	105.0
1997	111.6	107.0	108.4	108.6	107.8	108.8	107.1	93.2
1998	110.3	112.9	112.2	112.3	112.8	113.6	111.9	124.6
1999	113.8	112.8	111.7	115.5	116.8	115.2	117.1	121.1
2000	109.9	107.5	109.7	111.6	111.8	115.4	111.0	109.5
2001	117.8	111.4	114.7	117.5	120.7	120.4	120.0	114.0
2002	116.5	110.4	114.4	115.4	117.8	117.0	115.9	111.6
国有单位 State-owned Units								
1995	92.7	98.4	100.0	97.7	95.4	94.3	95.3	102.1
1996	105.0	105.3	103.4	106.5	104.5	107.2	105.5	101.8
1997	111.2	105.5	107.6	108.5	108.7	109.0	107.0	87.9
1998	109.7	110.2	110.6	112.2	112.9	113.5	111.9	120.0
1999	111.3	112.2	111.7	115.4	116.8	115.2	117.1	119.4
2000	110.5	109.6	107.3	112.3	111.9	113.2	111.0	103.5
2001	117.8	111.7	113.8	117.9	120.5	122.0	120.1	111.6
2002	118.0	110.8	109.5	115.3	117.9	118.3	116.0	118.6
城镇集体单位 Urban Collective-owned Units								
1995	97.6	108.6	107.6	99.0	93.4	107.5	103.4	102.8
1996	98.0	93.3	98.2	105.7	113.8	105.5	88.3	107.4
1997	107.1	110.1	110.6	108.5	88.9	98.0	119.4	98.6
1998	107.3	119.0	109.8	110.0	108.5	103.5	113.4	123.1
1999	112.2	116.3	108.6	115.1	118.1	114.6	115.5	116.8
2000	106.2	98.1	107.9	106.5	105.4	115.2	110.3	110.0
2001	111.1	101.7	108.7	112.7	126.6	102.8	104.9	106.3
2002	115.9	108.7	113.1	113.9	112.9	108.5	110.7	101.1
其他单位 Other Ownership Units								
1995	103.4	97.0	99.0	112.0	95.0	107.3		100.7
1996	116.3	103.9	105.6	117.6	96.4	121.9		112.1
1997	107.0	107.1	105.6	110.8	105.0	106.3		129.5
1998	90.8	103.7	102.7	120.7	119.8	101.4		117.1
1999	119.6	107.6	107.3	111.0	110.4	111.4		105.6
2000	107.0	101.7	108.6	98.5	91.4	115.6		125.1
2001	110.7	108.3	110.8	101.1	131.6	102.5		110.6
2002	103.1	106.0	113.7	88.1	109.6	108.0		97.9

1-26 分行业城镇非私营单位就业人员平均实际工资指数(2004-2011年)
INDICES OF REAL AVERAGE EARNING OF EMPLOYED PERSONS IN URBAN NON-PRIVATE UNITS BY SECTOR (2004-2011)

上年=100 (preceding year=100)

登记注册类型 Registration Status 年 份 Year	合 计 Total	农、林、牧、渔业 Agriculture, Forestry, Farming of Animals and Fishery	采矿业 Mining	制造业 Manufacturing	电力、燃气及水的生产和供应业 Production & Distribution of Electricity, Gas & Water	建筑业 Construction	交通运输、仓储和邮政业 Traffic, Transport, Storage and Post
全 国 National							
2004	110.3	105.4	119.2	108.9	112.3	107.5	111.1
2005	112.5	107.7	120.0	110.0	113.1	110.4	113.9
2006	112.9	111.3	116.3	112.7	113.2	112.9	113.6
2007	113.4	112.0	111.8	111.0	112.7	109.4	110.8
2008	110.7	109.7	115.0	109.3	109.0	108.7	108.7
2009	112.6	115.3	112.1	110.8	109.6	114.8	111.2
2010	109.8	112.8	112.6	111.7	109.5	110.4	111.0
2011	108.6	110.6	112.2	112.6	105.8	110.7	110.5
国有单位 State-owned Units							
2004	110.9	105.3	120.5	111.1	112.4	109.1	108.7
2005	113.6	107.8	119.3	115.2	113.3	112.1	113.7
2006	112.7	111.0	117.4	117.8	115.1	111.7	112.9
2007	115.1	112.0	112.5	112.6	113.4	110.4	111.4
2008	109.8	109.5	115.4	109.9	109.5	105.7	107.2
2009	113.7	115.3	109.5	114.3	110.3	119.6	112.9
2010	108.9	113.1	112.6	113.2	109.7	111.0	111.1
2011	107.7	110.7	112.9	112.3	106.1	107.8	112.1
城镇集体单位 Urban Collective-owned Units							
2004	109.1	111.0	116.1	109.4	110.7	106.1	104.9
2005	113.1	112.6	126.2	110.9	106.7	108.8	111.2
2006	113.4	120.0	121.3	111.9	106.9	111.8	109.9
2007	114.8	112.3	120.3	113.2	111.9	114.0	113.4
2008	111.0	111.6	109.5	112.7	112.5	108.8	108.9
2009	114.8	114.8	114.8	114.8	114.8	114.8	114.8
2010	112.9	114.3	114.8	114.6	111.7	111.5	109.9
2011	113.9	114.5	120.2	114.1	101.3	117.6	119.1
其他单位 Other Ownership Units							
2004	107.7	99.3	117.3	106.4	110.5	105.1	116.6
2005	109.4	104.3	119.7	107.3	111.1	108.2	111.5
2006	112.7	114.1	114.8	111.2	109.0	113.3	113.4
2007	110.6	110.9	110.5	110.4	110.7	107.4	107.2
2008	111.4	112.2	114.6	108.9	107.5	109.5	110.5
2009	110.8	112.8	113.8	110.0	108.5	112.7	106.0
2010	110.7	106.4	112.6	111.4	109.0	109.6	110.4
2011	109.6	109.6	109.6	109.6	109.6	109.6	109.6

1-26 续表 1 continued

上年=100 (preceding year=100)

登记注册类型 Registration Status / 年份 Year	信息传输、计算机服务和软件业 Information Transfer, Computer and Software	批发和零售业 Wholesale and Retail Trade	住宿和餐饮业 Accommodation and Restaurants	金融业 Finance	房地产业 Real Estate	租赁和商务服务业 Tenancy and Business Services	科学研究、技术服务和地质勘查业 Scientific Research, Technical Service & Geologic Perambulation
全　国 National							
2004	104.8	115.6	109.1	113.2	104.6	106.5	110.6
2005	114.2	115.4	108.2	118.4	107.9	111.6	114.5
2006	110.3	115.0	108.2	119.7	108.2	113.8	114.8
2007	105.1	113.3	107.1	118.7	112.3	108.6	116.2
2008	109.0	116.0	107.3	116.0	109.3	112.1	112.1
2009	106.8	113.8	108.9	113.0	108.0	108.8	111.1
2010	107.4	111.9	108.6	112.5	107.8	108.0	108.9
2011	104.5	114.8	111.6	109.8	113.4	112.8	108.2
国有单位 State-owned Units							
2004	106.2	112.6	112.1	114.1	105.8	106.0	111.2
2005	107.6	119.8	108.9	119.4	111.2	114.0	112.6
2006	107.8	117.3	109.0	112.6	108.0	107.5	113.8
2007	106.0	111.3	105.9	119.8	112.5	109.5	116.2
2008	101.7	114.7	110.0	114.0	104.6	109.1	110.8
2009	109.7	120.0	111.9	109.4	112.2	111.9	111.8
2010	106.1	112.3	109.2	112.8	106.9	107.2	109.1
2011	103.2	109.6	114.4	107.4	122.5	111.2	107.6
城镇集体单位 Urban Collective-owned Units							
2004	136.7	107.1	107.9	111.9	103.2	103.4	100.4
2005	136.9	111.2	107.2	112.7	102.0	111.9	132.2
2006	96.7	110.4	111.2	115.2	116.1	105.8	125.8
2007	98.9	110.5	107.8	114.2	113.7	110.0	103.0
2008	106.2	114.4	111.2	114.7	106.4	101.8	114.4
2009	111.8	115.5	110.4	120.5	108.9	110.9	111.1
2010	117.8	110.3	110.0	114.2	105.9	105.5	110.1
2011	102.0	112.8	117.8	114.0	114.4	110.9	120.8
其他单位 Other Ownership Units							
2004	100.4	115.2	105.6	108.8	102.1	103.7	110.6
2005	110.0	107.2	106.7	115.0	105.3	103.6	116.2
2006	109.1	111.1	106.8	126.3	107.1	117.1	116.2
2007	100.3	113.1	106.9	115.6	111.5	103.8	114.9
2008	110.3	113.8	105.5	114.0	110.7	109.8	112.1
2009	104.5	109.3	107.3	109.9	106.5	104.7	107.6
2010	105.6	110.8	108.1	111.1	107.9	107.9	106.4
2011	103.7	115.2	110.4	109.0	110.5	114.3	107.2

1-26 续表 2 continued

上年=100 (preceding year=100)

登记注册类型 Registration Status / 年 份 Year	水利、环境和公共设施管理业 Management of Water Conservancy, Environment and Public Establishment	居民服务和其他服务业 Resident Services and Other Services	教 育 Education	卫生、社会保障和社会福利业 Sanitation, Social Security and Social Welfare	文化体育和娱乐业 Culture, Sports and Entertainment	公共管理和社会组织 Public Management and Social Organization
全 国 National						
2004	105.9	104.6	109.7	110.0	116.2	109.5
2005	109.4	113.3	111.7	111.4	108.7	114.6
2006	107.5	112.8	112.9	111.7	112.4	109.8
2007	112.6	108.1	118.5	113.2	112.7	117.7
2008	108.7	106.3	109.0	109.3	106.3	110.3
2009	110.7	111.1	116.8	111.8	111.5	110.3
2010	106.9	108.6	109.3	109.3	106.3	104.9
2011	107.3	111.7	105.3	109.1	109.8	104.5
国有单位 State-owned Units						
2004	105.6	109.9	109.2	110.2	117.0	109.5
2005	109.2	104.2	111.6	111.0	108.5	114.6
2006	107.3	116.9	112.7	111.4	112.5	109.9
2007	112.8	101.3	118.3	113.1	113.3	117.6
2008	108.7	115.2	109.0	109.1	106.2	110.2
2009	110.7	111.1	116.8	111.8	111.5	110.3
2010	106.6	108.8	109.4	108.9	105.9	104.8
2011	107.4	108.2	105.3	109.0	109.1	104.5
城镇集体单位 Urban Collective-owned Units						
2004	100.7	99.3	109.6	107.3	112.5	107.7
2005	104.3	118.1	118.1	113.4	122.5	110.9
2006	106.5	112.2	119.3	115.1	102.4	107.9
2007	106.6	113.8	131.1	112.9	117.6	115.2
2008	109.6	107.4	102.1	111.3	107.1	105.5
2009	110.6	113.8	122.6	116.0	113.7	138.7
2010	106.4	109.0	110.9	114.5	108.3	100.3
2011	107.4	113.3	109.7	110.1	115.1	124.3
其他单位 Other Ownership Units						
2004	112.0	95.8	107.5	101.2	105.2	139.4
2005	110.5	116.9	101.9	112.7	108.9	109.5
2006	107.6	104.0	110.2	115.7	112.3	82.6
2007	109.8	115.5	113.9	110.9	107.0	113.8
2008	108.8	92.7	107.5	111.0	110.3	146.1
2009	102.0	112.2	105.6	107.0	112.3	83.4
2010	107.8	108.2	104.7	109.9	109.3	116.1
2011	104.8	112.6	104.7	106.3	115.1	106.1

1-27 分行业城镇非私营单位就业人员平均实际工资指数(2013-2022年)
INDICES OF REAL AVERAGE EARNING OF EMPLOYED PERSONS IN URBAN NON-PRIVATE UNITS BY SECTOR (2013-2022)

上年=100 (preceding year=100)

登记注册类型 Registration Status 年 份 Year	合 计 Total	农、林、牧、渔业 Agriculture, Forestry, Animal Husbandry and Fishery	采矿业 Mining	制造业 Manufacturing	电力、热力、燃气及水生产和供应业 Production and Supply of Electricity,Heat, Gas and Water	建筑业 Construction	批发和零售业 Wholesale and Retail Trades
全 国 National							
2013	107.3	110.9	102.9	108.7	112.3	112.4	105.8
2014	107.2	107.6	100.4	108.4	107.1	106.6	108.7
2015	108.5	111.0	94.9	106.1	106.0	105.2	106.4
2016	106.7	103.0	99.8	105.3	104.1	104.3	105.6
2017	108.1	106.8	112.9	106.6	105.9	104.9	107.6
2018	108.6	97.8	114.8	109.5	108.6	106.6	110.8
2019	106.8	104.9	108.8	105.5	104.6	105.4	107.5
2020	105.2	120.6	103.8	103.6	105.9	104.3	106.0
2021	108.6	109.8	111.1	110.6	106.3	107.2	110.5
2022	104.6	107.4	109.8	103.4	104.0	101.3	105.0
国有单位 State-owned Units							
2013	106.1	110.3	93.8	111.3	113.4	106.5	115.2
2014	106.6	106.9	103.9	111.5	107.7	103.7	112.3
2015	112.3	111.3	98.4	103.8	105.3	105.2	106.4
2016	108.8	103.2	101.2	107.3	102.7	103.9	104.7
2017	110.0	106.7	113.9	107.3	107.0	104.1	108.7
2018	108.0	95.6	111.4	98.6	104.1	100.9	110.4
2019	107.5	102.5	107.3	110.6	104.1	96.1	117.3
2020	106.9	121.9	104.6	104.1	103.5	115.3	106.5
2021	105.8	110.4	112.3	117.5	107.4	111.4	112.5
2022	104.9	108.5	110.3	103.1	103.5	102.4	101.6
城镇集体单位 Urban Collective-owned Units							
2013	112.2	115.4	105.7	114.5	111.0	111.6	110.6
2014	107.6	112.8	103.2	108.3	106.5	106.7	108.7
2015	107.4	124.9	102.9	108.0	109.3	104.8	107.8
2016	106.2	103.1	97.6	104.3	104.1	102.6	103.6
2017	107.5	106.2	103.3	105.9	102.5	101.8	102.6
2018	107.6	102.4	121.3	102.9	104.4	105.4	108.5
2019	100.4	53.4	114.0	105.0	77.3	101.1	107.7
2020	107.1	162.9	106.4	95.8	100.0	103.9	105.9
2021	107.5	102.6	106.8	107.9	104.0	103.1	107.0
2022	102.5	114.0	107.3	99.2	99.0	100.2	99.1
其他单位 Other Ownership Units							
2013	108.2	121.1	105.1	108.9	111.2	113.5	103.2
2014	107.4	101.9	99.5	108.2	106.5	106.9	108.1
2015	106.2	105.3	94.2	106.2	106.7	105.1	106.4
2016	105.4	101.7	99.7	105.3	105.3	104.4	105.7
2017	107.0	109.0	112.9	106.6	105.1	105.0	107.3
2018	109.1	109.0	114.7	110.0	111.4	106.7	110.9
2019	106.8	97.5	108.8	105.4	104.7	105.9	106.9
2020	103.9	109.2	103.7	103.5	106.5	103.9	105.4
2021	110.2	107.3	111.0	110.4	105.8	107.1	110.3
2022	104.4	104.5	109.8	103.4	104.0	101.3	105.3

1-27 续表 1 continued

上年=100　　(preceding year=100)

登记注册类型 Registration Status 年 份 Year	交通运输、仓储和邮政业 Transport, Storage and Post	住宿和餐饮业 Hotels and Catering Services	信息传输、软件和信息技术服务业 Information Software and Information Technology	金融业 Financial Inter-mediation	房地产业 Real Estate	租赁和商务服务业 Leasing and Business Services	科学研究和技术服务业 Scientific Research, and Technical Services
全 国 National							
2013	105.9	106.1	110.1	108.2	106.4	114.7	107.8
2014	107.1	107.2	108.6	106.4	106.6	105.1	105.2
2015	106.9	107.9	109.5	104.4	106.8	106.4	107.1
2016	104.8	104.1	107.1	100.2	106.5	103.7	105.9
2017	107.1	103.7	106.9	102.9	104.0	104.2	109.7
2018	108.1	103.3	108.6	103.5	106.4	102.5	112.0
2019	106.7	101.5	106.3	98.5	103.6	100.8	105.3
2020	101.4	94.8	107.6	99.2	102.2	103.0	102.4
2021	108.1	108.7	112.4	112.0	107.7	109.3	107.5
2022	102.9	98.7	107.2	113.3	97.2	101.8	105.6
国有单位 State-owned Units							
2013	106.7	106.0	102.8	104.2	101.9	101.1	105.5
2014	107.7	108.2	103.6	106.0	109.1	103.7	104.1
2015	106.8	107.2	108.2	104.5	108.9	110.0	107.3
2016	104.8	105.4	108.5	99.3	109.6	104.7	108.5
2017	108.7	106.4	105.1	105.1	106.3	105.0	109.4
2018	103.8	104.9	113.2	106.4	105.2	102.8	111.4
2019	92.8	99.3	108.2	113.1	101.7	101.9	110.1
2020	100.5	94.8	109.6	114.6	107.1	108.2	99.3
2021	107.3	109.7	109.8	108.1	110.6	108.1	106.4
2022	103.7	99.5	108.0	102.8	100.2	103.5	106.7
城镇集体单位 Urban Collective-owned Units							
2013	108.8	139.8	101.2	110.9	105.4	109.7	108.5
2014	107.9	86.6	102.8	107.7	106.6	108.3	106.4
2015	105.4	104.9	118.7	105.8	107.4	108.9	102.2
2016	106.6	110.3	103.9	106.1	105.2	110.2	111.4
2017	102.6	104.8	151.5	109.1	102.9	104.2	114.5
2018	107.8	95.3	89.0	107.5	107.6	102.2	110.9
2019	99.5	110.4	95.5	103.8	97.9	93.0	101.1
2020	101.6	92.4	125.9	106.0	106.2	109.6	94.7
2021	106.2	114.9	94.9	108.8	107.7	111.9	108.1
2022	98.2	97.0	101.6	98.2	100.1	102.7	103.5
其他单位 Other Ownership Units							
2013	105.0	105.6	103.7	108.9	105.7	110.8	102.4
2014	106.5	108.0	107.2	105.5	106.2	103.5	105.0
2015	107.0	108.2	109.1	103.6	106.4	102.8	105.2
2016	104.8	103.8	106.4	99.1	106.2	101.9	103.1
2017	105.9	103.4	105.9	101.2	103.7	102.9	109.1
2018	111.1	103.6	108.0	101.8	106.4	100.8	111.0
2019	109.3	101.9	105.6	95.1	103.8	98.9	100.7
2020	100.9	94.8	107.8	97.9	101.9	101.6	104.3
2021	107.9	108.7	112.5	112.4	107.5	108.9	107.4
2022	102.6	98.8	107.1	114.4	97.0	101.0	104.8

1-27 续表 2 continued

上年=100 (preceding year=100)

登记注册类型 Registration Status 年 份 Year	水利、环境和公共设施管理业 Management of Water Conservancy, Environment and Public Facilities	居民服务、修理和其他服务业 Service to Households, Repair and Other Services	教 育 Education	卫生和社会工作 Health and Social Service	文化、体育和娱乐业 Culture, Sports and Enter-tainment	公共管理、社会保障和社会组织 Public Management, Social Security and Social Organization
全 国 National						
2013	108.9	106.6	106.1	107.5	108.0	104.2
2014	106.3	106.7	106.7	106.9	106.3	105.6
2015	109.4	105.4	116.0	111.5	111.4	115.6
2016	107.4	104.0	109.6	109.4	107.5	111.5
2017	107.6	104.5	110.1	110.2	108.1	111.4
2018	106.3	107.2	108.5	107.2	110.0	107.2
2019	105.0	105.9	102.9	108.0	106.2	104.4
2020	102.2	98.5	106.6	103.6	101.7	108.2
2021	101.9	106.3	103.6	108.8	103.6	105.5
2022	101.7	98.5	106.0	104.5	101.2	103.4
国有单位 State-owned Units						
2013	106.6	107.2	106.2	107.5	106.5	104.1
2014	105.9	107.0	106.7	106.9	105.9	105.6
2015	110.7	107.0	116.6	112.0	112.6	115.6
2016	108.1	108.0	110.0	110.0	106.1	111.5
2017	107.9	111.8	110.2	110.6	108.6	111.4
2018	107.9	106.4	108.2	106.8	108.8	107.4
2019	109.6	111.5	107.1	109.8	110.5	104.2
2020	107.8	104.5	106.5	103.3	101.5	108.0
2021	102.3	101.3	102.8	108.9	104.5	105.5
2022	105.1	105.7	106.4	104.6	103.5	103.4
城镇集体单位 Urban Collective-owned Units						
2013	111.1	110.2	113.0	110.4	109.9	108.3
2014	110.0	118.9	105.3	108.2	108.2	103.5
2015	104.7	108.8	107.5	105.4	117.3	112.2
2016	108.1	101.6	113.8	108.1	111.1	108.0
2017	119.4	105.9	114.9	111.8	102.2	112.4
2018	107.5	108.6	108.6	109.4	114.8	120.8
2019	119.0	102.2	107.9	112.1	96.4	102.8
2020	102.6	119.9	99.8	103.3	112.3	105.4
2021	101.8	104.3	104.1	103.6	108.2	104.8
2022	103.2	100.7	102.0	104.1	102.1	104.9
其他单位 Other Ownership Units						
2013	112.4	108.2	105.8	108.6	114.7	119.6
2014	105.8	105.8	106.9	106.0	107.1	109.0
2015	103.7	104.3	107.0	108.9	107.7	116.7
2016	103.9	102.3	103.7	103.4	110.8	109.2
2017	104.8	102.9	110.9	108.1	107.0	104.9
2018	100.8	106.8	115.9	111.4	111.6	95.6
2019	98.4	109.1	88.9	99.8	100.8	142.2
2020	96.6	96.1	98.0	99.7	101.5	127.4
2021	102.1	107.2	108.1	107.6	102.6	103.1
2022	99.1	97.1	98.7	102.3	98.0	95.1

1-28 全国分地区就业人员受教育程度构成
EDUCATIONAL ATTAINMENT OF EMPLOYED PERSONS BY REGION

单位：% (%)

地区	Region	就业人员 Employed Persons	男 Male	女 Female	未上过学 No Schooling	小学 Primary School	初中 Junior Secondary School	高中 Senior Secondary School	大学专科 College	大学本科 University	研究生 Graduate and Higher Level
全 国	**National Total**	**100.0**	**56.8**	**43.2**	**2.4**	**18.4**	**39.2**	**15.9**	**11.7**	**11.1**	**1.3**
北 京	Beijing	100.0	57.5	42.5	0.2	3.1	16.9	14.4	18.4	35.3	11.6
天 津	Tianjin	100.0	59.8	40.2	0.3	6.2	28.9	16.4	17.5	26.6	4.1
河 北	Hebei	100.0	56.0	44.0	1.3	13.8	48.0	15.4	11.9	8.9	0.6
山 西	Shanxi	100.0	61.1	38.9	0.6	12.1	42.8	18.3	13.7	11.6	1.0
内蒙古	Inner Mongolia	100.0	58.8	41.2	2.2	17.8	37.2	13.8	14.1	13.7	1.2
辽 宁	Liaoning	100.0	55.5	44.5	0.5	13.6	44.4	13.8	12.2	14.0	1.5
吉 林	Jilin	100.0	56.5	43.5	0.6	18.5	42.1	14.1	10.8	12.9	1.1
黑龙江	Heilongjiang	100.0	58.3	41.7	0.8	16.0	44.6	14.7	11.3	11.7	1.0
上 海	Shanghai	100.0	58.2	41.8	0.5	5.4	25.5	14.9	17.6	28.7	7.4
江 苏	Jiangsu	100.0	56.8	43.2	2.1	15.0	36.7	17.9	13.7	13.2	1.4
浙 江	Zhejiang	100.0	57.9	42.1	2.1	17.9	36.5	16.2	13.4	12.6	1.2
安 徽	Anhui	100.0	57.9	42.1	5.2	21.6	40.1	13.2	10.0	8.8	0.9
福 建	Fujian	100.0	58.3	41.7	2.1	19.6	37.9	16.1	11.3	12.1	1.0
江 西	Jiangxi	100.0	56.8	43.2	1.9	21.6	41.2	16.8	9.7	8.2	0.6
山 东	Shandong	100.0	56.3	43.7	2.7	15.8	42.7	16.7	10.9	10.1	1.2
河 南	Henan	100.0	54.1	45.9	3.4	17.2	46.4	15.9	9.7	6.6	0.7
湖 北	Hubei	100.0	56.9	43.1	2.5	20.3	37.3	17.9	11.2	9.5	1.2
湖 南	Hunan	100.0	57.7	42.3	0.8	16.1	39.6	21.4	11.6	9.4	1.1
广 东	Guangdong	100.0	58.2	41.8	0.7	12.2	39.0	20.7	14.2	12.1	1.2
广 西	Guangxi	100.0	56.0	44.0	1.3	19.1	47.9	13.6	9.4	8.4	0.4
海 南	Hainan	100.0	57.6	42.4	1.1	11.7	46.4	17.8	11.2	11.1	0.8
重 庆	Chongqing	100.0	55.9	44.1	1.5	24.8	32.2	16.8	12.6	11.0	1.1
四 川	Sichuan	100.0	55.2	44.8	4.4	28.4	35.4	13.6	9.8	7.6	0.8
贵 州	Guizhou	100.0	55.2	44.8	7.0	30.7	36.9	9.4	7.4	8.2	0.4
云 南	Yunnan	100.0	54.7	45.3	4.4	36.0	33.4	10.2	7.8	7.7	0.5
西 藏	Tibet	100.0	55.7	44.3	22.4	41.6	14.6	4.3	7.3	9.8	0.2
陕 西	Shaanxi	100.0	57.4	42.6	2.4	15.4	41.7	16.0	12.4	10.8	1.2
甘 肃	Gansu	100.0	55.8	44.2	7.6	28.9	31.4	12.4	9.3	9.7	0.7
青 海	Qinghai	100.0	56.9	43.1	7.1	26.3	28.7	11.1	11.5	14.4	0.9
宁 夏	Ningxia	100.0	58.0	42.0	6.8	21.0	31.9	13.4	13.0	13.0	0.9
新 疆	Xinjiang	100.0	56.1	43.9	0.9	21.9	39.6	14.1	12.3	10.6	0.6

注：为与教育部学历分类保持一致，对受教育程度分类进行了合并调整，其中高中包括中等职业教育，大学专科包括高等职业教育。
资料来源：2022年劳动力调查资料(下表同)。
Note: In order to be consistent with the education classification of the Ministry of Education, the classification of educational attainment has been merged and adjusted. Senior secondary school include medium vocational education and college include high vocational education.
Data Source: 2022 Labor Force Survey. The same applies to the tables following.

1−29　全国分地区男性就业人员受教育程度构成
EDUCATIONAL ATTAINMENT OF MALE EMPLOYED PERSONS BY REGION

单位：%　　　　(%)

地　区	Region	男　性 就业人员 Male Employed Persons	未上过学 No Schooling	小　学 Primary School	初　中 Junior Secondary School	高　中 Senior Secondary School	大学专科 College	大学本科 University	研究生 Graduate and Higher Level
全　国	**National Total**	**100.0**	**1.1**	**15.8**	**42.1**	**17.9**	**11.6**	**10.2**	**1.2**
北　京	Beijing	100.0	0.2	3.1	19.6	15.8	18.7	32.0	10.5
天　津	Tianjin	100.0	0.2	6.2	31.1	18.1	17.1	23.8	3.4
河　北	Hebei	100.0	0.6	12.4	50.8	16.8	11.6	7.4	0.5
山　西	Shanxi	100.0	0.3	10.5	45.0	20.1	13.4	9.9	0.7
内蒙古	Inner Mongolia	100.0	1.0	15.2	40.2	15.7	14.9	11.9	1.0
辽　宁	Liaoning	100.0	0.3	12.2	46.3	15.2	12.1	12.5	1.3
吉　林	Jilin	100.0	0.3	16.4	44.4	15.3	10.9	11.7	0.9
黑龙江	Heilongjiang	100.0	0.6	14.7	47.0	15.2	11.1	10.6	0.8
上　海	Shanghai	100.0	0.3	4.9	28.4	17.0	17.2	25.2	7.0
江　苏	Jiangsu	100.0	0.8	12.2	38.4	20.7	13.9	12.6	1.4
浙　江	Zhejiang	100.0	1.0	16.1	39.0	18.1	13.3	11.3	1.2
安　徽	Anhui	100.0	2.4	18.6	44.0	15.7	10.0	8.6	0.9
福　建	Fujian	100.0	0.8	15.9	41.9	18.4	10.7	11.4	0.9
江　西	Jiangxi	100.0	0.8	17.3	44.4	19.0	9.8	8.1	0.7
山　东	Shandong	100.0	1.2	12.4	45.6	19.1	11.2	9.4	1.1
河　南	Henan	100.0	1.6	14.1	49.7	18.0	9.8	6.1	0.7
湖　北	Hubei	100.0	0.9	16.8	40.1	20.4	11.7	9.0	1.1
湖　南	Hunan	100.0	0.3	14.6	41.5	22.9	11.0	8.7	1.0
广　东	Guangdong	100.0	0.2	9.4	41.0	23.0	13.6	11.5	1.2
广　西	Guangxi	100.0	0.4	15.9	51.8	15.0	9.1	7.4	0.4
海　南	Hainan	100.0	0.4	8.7	47.4	20.4	11.7	10.6	0.7
重　庆	Chongqing	100.0	0.6	22.1	35.0	18.8	12.2	10.2	1.0
四　川	Sichuan	100.0	2.2	25.6	39.3	15.3	9.5	7.3	0.8
贵　州	Guizhou	100.0	2.3	27.7	43.2	10.9	7.8	7.6	0.3
云　南	Yunnan	100.0	2.0	33.0	38.5	11.2	7.6	7.1	0.5
西　藏	Tibet	100.0	17.9	41.7	18.5	5.0	7.3	9.4	0.1
陕　西	Shaanxi	100.0	1.1	12.8	45.0	17.9	12.4	9.7	1.2
甘　肃	Gansu	100.0	4.2	25.1	35.9	14.6	10.0	9.4	0.7
青　海	Qinghai	100.0	4.5	25.7	34.1	11.8	11.3	11.9	0.8
宁　夏	Ningxia	100.0	3.8	19.6	36.3	15.3	13.0	11.3	0.7
新　疆	Xinjiang	100.0	0.7	20.8	40.6	16.0	11.9	9.5	0.6

1−30 全国分地区女性就业人员受教育程度构成
EDUCATIONAL ATTAINMENT OF FEMALE EMPLOYED PERSONS BY REGION

单位：% (%)

地 区	Region	女性就业人员 Female Employed Persons	未上过学 No Schooling	小学 Primary School	初中 Junior Secondary School	高中 Senior Secondary School	大学专科 College	大学本科 University	研究生 Graduate and Higher Level
全 国	**National Total**	**100.0**	**4.2**	**21.9**	**35.3**	**13.3**	**11.7**	**12.2**	**1.4**
北 京	Beijing	100.0	0.3	3.2	13.2	12.5	18.0	39.8	13.0
天 津	Tianjin	100.0	0.6	6.1	25.6	13.9	17.9	30.8	5.1
河 北	Hebei	100.0	2.2	15.7	44.4	13.5	12.4	10.9	0.9
山 西	Shanxi	100.0	1.0	14.6	39.4	15.3	14.2	14.2	1.4
内蒙古	Inner Mongolia	100.0	3.9	21.5	32.9	11.0	13.0	16.2	1.5
辽 宁	Liaoning	100.0	0.8	15.3	42.0	12.0	12.3	15.8	1.7
吉 林	Jilin	100.0	1.0	21.1	39.1	12.5	10.5	14.5	1.2
黑龙江	Heilongjiang	100.0	1.0	17.7	41.1	14.1	11.5	13.3	1.4
上 海	Shanghai	100.0	0.8	6.0	21.5	12.0	18.3	33.5	7.9
江 苏	Jiangsu	100.0	3.8	18.8	34.4	14.2	13.5	14.0	1.5
浙 江	Zhejiang	100.0	3.7	20.4	33.0	13.5	13.5	14.5	1.3
安 徽	Anhui	100.0	9.2	25.9	34.8	9.9	10.1	9.1	1.0
福 建	Fujian	100.0	3.9	24.8	32.2	12.9	12.0	13.1	1.1
江 西	Jiangxi	100.0	3.4	27.3	37.0	13.8	9.5	8.5	0.6
山 东	Shandong	100.0	4.6	20.1	38.9	13.6	10.4	11.0	1.4
河 南	Henan	100.0	5.5	20.9	42.6	13.4	9.5	7.3	0.8
湖 北	Hubei	100.0	4.8	24.9	33.7	14.7	10.6	10.2	1.2
湖 南	Hunan	100.0	1.5	18.2	37.1	19.3	12.3	10.3	1.1
广 东	Guangdong	100.0	1.4	16.0	36.2	17.4	15.0	12.9	1.3
广 西	Guangxi	100.0	2.3	23.2	42.9	11.8	9.7	9.7	0.5
海 南	Hainan	100.0	1.9	15.8	45.1	14.1	10.6	11.7	0.8
重 庆	Chongqing	100.0	2.5	28.3	28.7	14.3	13.0	12.0	1.1
四 川	Sichuan	100.0	7.0	31.9	30.7	11.5	10.1	7.9	0.9
贵 州	Guizhou	100.0	12.8	34.4	29.1	7.4	7.0	8.9	0.4
云 南	Yunnan	100.0	7.2	39.7	27.3	8.9	7.9	8.4	0.5
西 藏	Tibet	100.0	28.0	41.4	9.7	3.3	7.2	10.2	0.2
陕 西	Shaanxi	100.0	4.2	19.0	37.3	13.5	12.5	12.3	1.3
甘 肃	Gansu	100.0	11.9	33.6	25.7	9.6	8.5	10.1	0.7
青 海	Qinghai	100.0	10.5	27.1	21.6	10.3	11.8	17.6	1.1
宁 夏	Ningxia	100.0	10.9	22.9	25.9	10.7	13.1	15.3	1.2
新 疆	Xinjiang	100.0	1.2	23.3	38.3	11.8	12.9	11.9	0.6

1-31 全国按年龄、性别分的就业人员受教育程度构成
EDUCATIONAL ATTAINMENT OF EMPLOYED PERSONS BY AGE AND SEX

单位：% (%)

年 龄 Age	就业人员 Employed Persons	未上过学 No Schooling	小学 Primary School	初中 Junior Secondary School	高中 Senior Secondary School	大学专科 College	大学本科 University	研究生 Graduate and Higher Level
总计 Total	**100.0**	**2.4**	**18.4**	**39.2**	**15.9**	**11.7**	**11.1**	**1.3**
16-19	100.0	0.3	2.6	51.2	38.0	6.4	1.5	0.0
20-24	100.0	0.1	1.8	24.2	25.3	29.2	18.7	0.6
25-29	100.0	0.1	2.4	27.2	21.7	21.9	23.9	2.7
30-34	100.0	0.2	3.8	34.7	20.7	19.0	19.3	2.3
35-39	100.0	0.4	6.2	40.9	17.8	15.6	16.7	2.4
40-44	100.0	0.8	10.3	44.8	18.0	11.9	12.3	1.8
45-49	100.0	1.4	18.3	47.7	15.0	9.1	7.6	0.8
50-54	100.0	2.2	26.9	47.4	12.1	6.0	5.0	0.5
55-59	100.0	3.1	32.2	46.3	10.7	4.1	3.2	0.4
60-64	100.0	6.0	40.0	39.3	12.9	1.2	0.6	0.1
65+	100.0	14.3	57.9	22.8	4.4	0.4	0.1	0.0
男 Male	**100.0**	**1.1**	**15.8**	**42.1**	**17.9**	**11.6**	**10.2**	**1.2**
16-19	100.0	0.2	2.5	54.1	36.9	5.0	1.2	
20-24	100.0	0.1	2.0	29.1	28.5	25.5	14.4	0.5
25-29	100.0	0.1	2.4	31.2	24.1	20.9	19.3	2.1
30-34	100.0	0.2	3.7	36.7	22.4	18.2	17.0	1.9
35-39	100.0	0.3	5.6	41.8	18.8	15.5	15.9	2.2
40-44	100.0	0.5	8.7	45.6	19.0	12.1	12.2	1.9
45-49	100.0	0.8	15.0	49.3	16.2	9.6	8.1	1.0
50-54	100.0	1.0	21.3	50.0	14.6	6.9	5.5	0.6
55-59	100.0	1.2	24.9	49.5	13.8	5.7	4.4	0.5
60-64	100.0	2.2	32.3	46.0	16.9	1.7	0.8	0.1
65+	100.0	6.5	55.3	30.7	6.7	0.6	0.1	0.0
女 Female	**100.0**	**4.2**	**21.9**	**35.3**	**13.3**	**11.7**	**12.2**	**1.4**
16-19	100.0	0.3	2.9	46.3	39.8	8.6	2.1	0.0
20-24	100.0	0.1	1.6	17.6	21.1	34.2	24.5	0.8
25-29	100.0	0.2	2.4	22.0	18.5	23.4	30.1	3.5
30-34	100.0	0.3	3.9	32.0	18.6	20.1	22.3	2.8
35-39	100.0	0.6	7.1	39.8	16.4	15.7	17.8	2.5
40-44	100.0	1.2	12.3	43.9	16.7	11.7	12.4	1.8
45-49	100.0	2.2	22.2	45.9	13.5	8.6	6.9	0.7
50-54	100.0	3.9	34.4	43.8	8.6	4.7	4.2	0.4
55-59	100.0	6.2	43.8	41.2	5.7	1.5	1.4	0.1
60-64	100.0	11.2	50.6	30.1	7.5	0.4	0.2	0.0
65+	100.0	24.2	61.1	12.9	1.6	0.2	0.1	0.0

1-32 全国按受教育程度、性别分的就业人员年龄构成
AGE COMPOSITION OF EMPLOYED PERSONS BY EDUCATIONAL ATTAINMENT AND SEX

单位：% (%)

年 龄 Age	就业人员 Employed Persons	未上过学 No Schooling	小 学 Primary School	初 中 Junior Secondary School	高 中 Senior Secondary School	大学专科 College	大学本科 University	研究生 Graduate and Higher Level
总计 Total	**100.0**	**100.0**	**100.0**	**100.0**	**100.0**	**100.0**	**100.0**	**100.0**
16-19	0.7	0.1	0.1	0.9	1.7	0.4	0.1	0.0
20-24	4.8	0.3	0.5	3.0	7.6	12.0	8.1	2.3
25-29	9.3	0.5	1.2	6.5	12.7	17.5	20.1	19.4
30-34	13.2	1.2	2.7	11.7	17.1	21.4	22.9	23.0
35-39	12.6	2.1	4.3	13.1	14.0	16.7	19.0	23.0
40-44	11.4	3.8	6.4	13.0	12.8	11.6	12.6	16.2
45-49	11.9	6.9	11.8	14.5	11.2	9.3	8.1	7.8
50-54	13.2	12.0	19.2	15.9	10.0	6.7	5.9	5.0
55-59	10.3	13.1	18.0	12.1	6.9	3.6	3.0	2.9
60-64	4.5	11.0	9.8	4.5	3.7	0.5	0.2	0.3
65+	8.3	49.0	26.2	4.8	2.3	0.3	0.1	0.1
男 Male	**100.0**	**100.0**	**100.0**	**100.0**	**100.0**	**100.0**	**100.0**	**100.0**
16-19	0.8	0.2	0.1	1.0	1.6	0.3	0.1	
20-24	4.8	0.6	0.6	3.3	7.7	10.6	6.8	1.8
25-29	9.4	0.9	1.4	6.9	12.6	16.8	17.6	16.3
30-34	13.2	2.1	3.1	11.5	16.5	20.7	22.0	20.5
35-39	12.3	2.9	4.4	12.2	12.9	16.4	19.1	22.8
40-44	11.0	5.0	6.0	11.9	11.6	11.4	13.0	17.3
45-49	11.3	7.7	10.8	13.3	10.3	9.3	9.0	9.3
50-54	13.4	12.0	18.1	15.9	10.9	8.0	7.2	6.7
55-59	11.1	11.7	17.6	13.1	8.6	5.4	4.8	4.6
60-64	4.6	9.0	9.4	5.0	4.3	0.7	0.3	0.5
65+	8.2	47.9	28.6	5.9	3.1	0.4	0.1	0.2
女 Female	**100.0**	**100.0**	**100.0**	**100.0**	**100.0**	**100.0**	**100.0**	**100.0**
16-19	0.6	0.0	0.1	0.8	1.8	0.4	0.1	0.0
20-24	4.7	0.2	0.3	2.4	7.5	13.8	9.5	2.8
25-29	9.2	0.4	1.0	5.8	12.8	18.4	22.8	22.8
30-34	13.1	0.9	2.3	11.9	18.3	22.4	23.9	25.8
35-39	12.9	1.9	4.2	14.5	15.9	17.2	18.8	23.3
40-44	11.9	3.4	6.7	14.9	15.0	11.9	12.1	14.9
45-49	12.6	6.6	12.8	16.4	12.8	9.3	7.1	6.1
50-54	12.9	12.0	20.2	16.0	8.4	5.1	4.5	3.2
55-59	9.2	13.6	18.3	10.7	4.0	1.2	1.0	0.9
60-64	4.4	11.7	10.2	3.7	2.5	0.2	0.1	0.1
65+	8.5	49.3	23.8	3.1	1.0	0.1	0.0	0.1

1—33 全国按行业、性别分的就业人员受教育程度构成
EDUCATIONAL ATTAINMENT OF EMPLOYED PERSONS BY SECTOR AND SEX

单位：% (%)

受教育程度	Educational Attainment	就业人员 Employed Persons	农、林、牧、渔业 Agriculture, Forestry, Animal Husbandry and Fishery	采矿业 Mining	制造业 Manu-facturing	电力、热力、燃气及水生产和供应业 Production and Supply of Electricity Power, Heat Power, Gas and Water	建筑业 Construction	批发和零售业 Wholesale and Retail Trades
总　计	**Total**	**100.0**	**100.0**	**100.0**	**100.0**	**100.0**	**100.0**	**100.0**
未上过学	No Schooling	2.4	7.6	0.3	1.1	0.3	0.9	0.7
小　学	Primary School	18.4	42.7	8.7	13.4	5.4	19.0	10.0
初　中	Junior Secondary School	39.2	42.8	37.2	47.3	24.0	53.8	41.4
高　中	Senior Secondary School	15.9	5.7	24.2	19.6	20.7	13.4	25.1
大学专科	College	11.7	0.9	16.0	11.0	23.1	7.3	14.9
大学本科	University	11.1	0.3	12.6	6.9	23.9	5.3	7.5
研究生	Graduate and Higher Level	1.3	0.0	1.1	0.7	2.6	0.2	0.4
男	**Male**	**100.0**	**100.0**	**100.0**	**100.0**	**100.0**	**100.0**	**100.0**
未上过学	No Schooling	1.1	3.7	0.2	0.4	0.2	0.7	0.3
小　学	Primary School	15.8	38.5	9.0	9.7	5.4	18.2	9.2
初　中	Junior Secondary School	42.1	48.6	38.9	45.6	26.3	56.3	40.6
高　中	Senior Secondary School	17.9	7.7	24.5	23.1	21.9	14.0	25.7
大学专科	College	11.6	1.1	15.5	12.6	22.1	6.3	15.5
大学本科	University	10.2	0.4	11.1	7.7	21.8	4.3	8.3
研究生	Graduate and Higher Level	1.2	0.0	0.9	0.9	2.3	0.2	0.4
女	**Female**	**100.0**	**100.0**	**100.0**	**100.0**	**100.0**	**100.0**	**100.0**
未上过学	No Schooling	4.2	11.6	1.0	2.0	0.6	2.6	1.0
小　学	Primary School	21.9	46.9	6.9	18.6	5.3	24.8	10.7
初　中	Junior Secondary School	35.3	37.0	26.7	49.5	16.8	36.5	42.1
高　中	Senior Secondary School	13.3	3.7	22.4	14.7	16.9	9.7	24.7
大学专科	College	11.7	0.6	19.3	8.9	26.3	13.8	14.3
大学本科	University	12.2	0.2	21.6	5.7	30.4	12.1	6.9
研究生	Graduate and Higher Level	1.4	0.0	2.1	0.5	3.8	0.6	0.3

1-33 续表 1 continued

单位：% (%)

受教育程度	Educational Attainment	交通运输、仓储和邮政业 Transport, Storage and Post	住宿和餐饮业 Hotels and Catering Services	信息传输、软件和信息技术服务业 Information Transmission, Software and Information Technical Services	金融业 Financial Intermediation	房地产业 Real Estate	租赁和商务服务业 Leasing and Business Services	科学研究和技术服务业 Scientific Research and Technical Services
总 计	**Total**	**100.0**	**100.0**	**100.0**	**100.0**	**100.0**	**100.0**	**100.0**
未上过学	No Schooling	0.3	1.0	0.0	0.1	0.8	0.4	0.5
小 学	Primary School	8.1	13.8	1.1	1.0	9.8	4.8	1.6
初 中	Junior Secondary School	47.4	51.6	9.7	7.8	29.2	23.6	9.5
高 中	Senior Secondary School	23.3	22.2	14.0	11.7	23.8	19.2	12.3
大学专科	College	13.2	8.5	27.6	25.3	20.8	24.2	26.2
大学本科	University	7.4	2.9	41.2	46.8	14.6	25.0	39.3
研究生	Graduate and Higher Level	0.3	0.1	6.4	7.2	0.9	2.8	10.6
男	**Male**	**100.0**	**100.0**	**100.0**	**100.0**	**100.0**	**100.0**	**100.0**
未上过学	No Schooling	0.2	0.2	0.0	0.0	0.3	0.3	0.4
小 学	Primary School	8.2	8.2	1.1	0.8	8.9	5.6	1.4
初 中	Junior Secondary School	50.0	52.1	9.8	7.0	31.2	29.3	10.7
高 中	Senior Secondary School	23.9	27.0	14.2	10.9	24.9	20.7	13.6
大学专科	College	11.7	9.4	27.3	25.7	19.9	21.2	25.9
大学本科	University	5.7	3.0	40.9	47.9	13.8	20.7	37.9
研究生	Graduate and Higher Level	0.2	0.1	6.6	7.8	0.9	2.3	10.1
女	**Female**	**100.0**	**100.0**	**100.0**	**100.0**	**100.0**	**100.0**	**100.0**
未上过学	No Schooling	0.6	1.7	0.0	0.1	1.5	0.6	0.7
小 学	Primary School	7.5	18.8	1.0	1.3	11.0	3.6	2.1
初 中	Junior Secondary School	33.4	51.3	9.5	8.6	26.4	15.2	7.2
高 中	Senior Secondary School	20.5	17.9	13.6	12.5	22.4	17.1	9.8
大学专科	College	20.8	7.6	28.1	25.0	21.9	28.6	26.9
大学本科	University	16.3	2.7	41.7	45.8	15.7	31.2	41.7
研究生	Graduate and Higher Level	0.9	0.0	6.1	6.7	1.0	3.7	11.5

1－33 续表 2 continued

单位：% (%)

受教育程度	Educational Attainment	水利、环境和公共设施管理业 Management of Water Conservancy, Environment and Public Facilities	居民服务、修理和其他服务业 Services to Households, Repair and Other Services	教育 Education	卫生和社会工作 Health and Society	文化、体育和娱乐业 Culture, Sports and Entertainment	公共管理、社会保障和社会组织 Public Management Social Security and Social Organizations
总 计	**Total**	**100.0**	**100.0**	**100.0**	**100.0**	**100.0**	**100.0**
未上过学	No Schooling	3.5	1.2	0.2	0.4	0.3	0.8
小 学	Primary School	23.7	14.9	2.3	2.9	5.5	4.7
初 中	Junior Secondary School	35.5	47.8	10.0	9.1	24.4	12.4
高 中	Senior Secondary School	14.0	22.7	10.7	15.6	19.9	15.8
大学专科	College	11.6	9.7	22.8	30.9	21.7	26.5
大学本科	University	10.6	3.5	46.5	36.0	25.6	36.5
研究生	Graduate and Higher Level	1.1	0.1	7.5	5.0	2.6	3.3
男	**Male**	**100.0**	**100.0**	**100.0**	**100.0**	**100.0**	**100.0**
未上过学	No Schooling	2.0	0.5	0.1	0.4	0.1	0.6
小 学	Primary School	19.9	12.1	1.8	3.1	4.2	4.5
初 中	Junior Secondary School	37.6	48.8	10.3	11.5	22.9	13.5
高 中	Senior Secondary School	16.3	25.0	10.3	17.9	21.7	17.6
大学专科	College	12.9	10.0	21.2	25.7	24.2	27.0
大学本科	University	10.5	3.4	47.2	35.0	24.7	34.1
研究生	Graduate and Higher Level	0.9	0.1	9.1	6.5	2.2	2.8
女	**Female**	**100.0**	**100.0**	**100.0**	**100.0**	**100.0**	**100.0**
未上过学	No Schooling	6.0	2.0	0.2	0.3	0.4	1.3
小 学	Primary School	29.9	17.9	2.5	2.9	6.9	5.2
初 中	Junior Secondary School	32.1	46.7	9.8	7.9	26.1	10.4
高 中	Senior Secondary School	10.3	20.3	10.9	14.5	18.0	12.7
大学专科	College	9.4	9.3	23.6	33.5	18.9	25.7
大学本科	University	10.8	3.6	46.2	36.6	26.7	40.6
研究生	Graduate and Higher Level	1.4	0.1	6.7	4.3	3.0	4.2

1-34 全国按职业、性别分的就业人员受教育程度构成
EDUCATIONAL ATTAINMENT OF EMPLOYED PERSONS BY OCCUPATION AND SEX

单位：% (%)

受教育程度	Educational Attainment	就业人员 Employed Persons	单位负责人 Unit Heads	专业技术人员 Technical Personnel	办事人员和有关人员 Clerk and Related Workers	商业、服务业人员 Business Service Personnel	农林牧渔水利业生产人员 Producers of Agriculture, Forestry, Animal Husbandry, Fishery and Water Conservancy	生产运输设备操作人员及有关人员 Production, Transport Equipment Operators and Related Workers	其他 Others
总 计	**Total**	**100.0**	**100.0**	**100.0**	**100.0**	**100.0**	**100.0**	**100.0**	**100.0**
未上过学	No Schooling	2.4	0.1	0.1	0.2	0.9	7.7	1.2	3.3
小 学	Primary School	18.4	3.9	1.0	3.5	11.6	43.0	17.9	18.9
初 中	Junior Secondary School	39.2	25.9	7.3	17.4	42.8	42.8	55.9	50.2
高 中	Senior Secondary School	15.9	23.4	12.5	19.0	22.8	5.5	16.7	14.6
大学专科	College	11.7	22.5	27.8	26.9	13.1	0.7	6.0	8.0
大学本科	University	11.1	21.7	44.1	30.2	8.1	0.2	2.3	4.4
研究生	Graduate and Higher Level	1.3	2.5	7.3	2.8	0.6	0.0	0.1	0.6
男	**Male**	**100.0**	**100.0**	**100.0**	**100.0**	**100.0**	**100.0**	**100.0**	**100.0**
未上过学	No Schooling	1.1	0.1	0.0	0.2	0.4	3.7	0.6	3.3
小 学	Primary School	15.8	3.4	1.3	4.4	9.3	38.9	15.3	18.1
初 中	Junior Secondary School	42.1	25.8	9.1	19.9	43.0	48.6	55.8	50.2
高 中	Senior Secondary School	17.9	23.9	12.9	19.9	24.1	7.5	18.7	15.0
大学专科	College	11.6	22.5	25.2	25.4	13.9	1.0	6.9	8.2
大学本科	University	10.2	21.8	43.0	27.8	8.6	0.3	2.6	4.6
研究生	Graduate and Higher Level	1.2	2.6	8.3	2.4	0.7	0.0	0.1	0.6
女	**Female**	**100.0**	**100.0**	**100.0**	**100.0**	**100.0**	**100.0**	**100.0**	**100.0**
未上过学	No Schooling	4.2	0.2	0.1	0.2	1.6	11.6	2.7	3.4
小 学	Primary School	21.9	5.4	0.7	2.2	14.5	47.1	23.6	20.2
初 中	Junior Secondary School	35.3	26.2	5.9	13.7	42.6	37.0	55.9	50.2
高 中	Senior Secondary School	13.3	21.7	12.2	17.7	21.0	3.6	12.0	14.1
大学专科	College	11.7	22.7	29.8	29.1	12.2	0.5	4.0	7.8
大学本科	University	12.2	21.4	44.9	33.7	7.6	0.2	1.6	4.0
研究生	Graduate and Higher Level	1.4	2.4	6.5	3.3	0.6	0.0	0.1	0.4

1−35 全国按受教育程度、性别分的就业人员职业构成
OCCUPATION OF EMPLOYED PERSONS BY EDUCATIONAL ATTAINMENT AND SEX

单位：% (%)

受教育程度	Educational Attainment	就业人员 Employed Persons	单位负责人 Unit Heads	专业技术人员 Technical Personnel	办事人员和有关人员 Clerk and Related Workers	商业、服务业人员 Business Service Personnel	农林牧渔水利业生产人员 Producers of Agriculture, Forestry, Animal Husbandry, Fishery and Water Conservancy	生产运输设备操作人员及有关人员 Production, Transport Equipment Operators and Related	其他 Others
总　计	**Total**	**100.0**	**1.7**	**9.8**	**10.7**	**31.9**	**23.8**	**22.0**	**0.1**
未上过学	No Schooling	100.0	0.1	0.2	0.9	12.2	75.3	11.2	0.1
小　学	Primary School	100.0	0.4	0.5	2.0	20.0	55.6	21.4	0.1
初　中	Junior Secondary School	100.0	1.1	1.8	4.8	34.8	26.0	31.4	0.1
高　中	Senior Secondary School	100.0	2.4	7.8	12.8	45.6	8.3	23.1	0.1
大学专科	College	100.0	3.2	23.5	24.7	35.8	1.5	11.3	0.0
大学本科	University	100.0	3.3	39.2	29.2	23.4	0.5	4.5	0.0
研究生	Graduate and Higher Level	100.0	3.3	55.4	23.1	15.8	0.1	2.3	0.0
男	**Male**	**100.0**	**2.2**	**7.4**	**11.3**	**31.5**	**20.8**	**26.8**	**0.1**
未上过学	No Schooling	100.0	0.1	0.3	2.1	12.3	70.5	14.5	0.2
小　学	Primary School	100.0	0.5	0.6	3.1	18.6	51.3	25.9	0.1
初　中	Junior Secondary School	100.0	1.4	1.6	5.3	32.2	24.0	35.5	0.1
高　中	Senior Secondary School	100.0	3.0	5.4	12.5	42.4	8.7	28.0	0.1
大学专科	College	100.0	4.3	16.1	24.5	37.5	1.7	15.8	0.0
大学本科	University	100.0	4.7	31.1	30.5	26.4	0.5	6.7	0.0
研究生	Graduate and Higher Level	100.0	4.8	51.3	22.8	18.1	0.1	2.9	0.0
女	**Female**	**100.0**	**0.9**	**13.0**	**10.0**	**32.3**	**27.8**	**15.8**	**0.1**
未上过学	No Schooling	100.0	0.0	0.2	0.6	12.2	77.0	10.0	0.0
小　学	Primary School	100.0	0.2	0.4	1.0	21.4	59.7	17.1	0.1
初　中	Junior Secondary School	100.0	0.7	2.2	3.9	39.0	29.1	25.1	0.1
高　中	Senior Secondary School	100.0	1.5	12.0	13.4	51.1	7.5	14.3	0.1
大学专科	College	100.0	1.8	33.1	24.9	33.6	1.1	5.4	0.0
大学本科	University	100.0	1.6	48.0	27.8	20.1	0.4	2.1	0.0
研究生	Graduate and Higher Level	100.0	1.6	60.0	23.4	13.3	0.0	1.6	0.0

1-36 全国按年龄、性别分的就业人员就业身份构成
EMPLOYMENT STATUS OF EMPLOYED PERSONS BY AGE AND SEX

单位：% (%)

年 龄 Age	就业人员 Employed Persons	雇 员 Employee	雇 主 Employer	自营劳动者 Self-Employed	家庭帮工 Unpaid Familial Worker
总计 Total	**100.0**	**62.4**	**3.6**	**32.6**	**1.3**
16-19	100.0	76.5	0.7	20.0	2.7
20-24	100.0	87.0	1.2	10.6	1.1
25-29	100.0	83.0	2.3	13.9	0.8
30-34	100.0	76.5	4.2	18.3	0.9
35-39	100.0	72.6	5.2	21.3	1.0
40-44	100.0	68.2	5.4	25.4	1.0
45-49	100.0	63.8	4.7	30.3	1.1
50-54	100.0	56.5	3.8	38.2	1.5
55-59	100.0	48.3	2.8	47.1	1.8
60-64	100.0	34.1	2.1	61.6	2.2
65+	100.0	18.0	1.2	78.0	2.8
男 Male	**100.0**	**63.5**	**4.5**	**31.3**	**0.8**
16-19	100.0	74.8	0.8	21.4	3.0
20-24	100.0	85.1	1.6	12.2	1.1
25-29	100.0	81.8	2.9	14.8	0.6
30-34	100.0	75.3	5.1	19.1	0.5
35-39	100.0	71.5	6.4	21.8	0.3
40-44	100.0	66.9	6.6	26.0	0.4
45-49	100.0	63.6	6.0	30.0	0.5
50-54	100.0	60.5	4.6	34.3	0.6
55-59	100.0	55.9	3.4	39.8	0.9
60-64	100.0	40.1	2.5	56.1	1.3
65+	100.0	21.0	1.4	75.3	2.2
女 Female	**100.0**	**60.9**	**2.6**	**34.4**	**2.1**
16-19	100.0	79.4	0.6	17.7	2.3
20-24	100.0	89.6	0.7	8.6	1.1
25-29	100.0	84.7	1.5	12.7	1.1
30-34	100.0	78.2	3.0	17.4	1.5
35-39	100.0	74.1	3.6	20.6	1.7
40-44	100.0	69.7	3.8	24.8	1.7
45-49	100.0	64.1	3.3	30.8	1.8
50-54	100.0	51.1	2.6	43.6	2.7
55-59	100.0	36.1	2.0	58.8	3.1
60-64	100.0	25.9	1.5	69.2	3.4
65+	100.0	14.1	0.9	81.3	3.6

1-37 全国按就业身份、性别分的就业人员年龄构成
AGE COMPOSITION OF EMPLOYED PERSONS BY EMPLOYMENT STATUS AND SEX

单位：%　　(%)

年 龄 Age	就业人员 Employed Persons	雇 员 Employee	雇 主 Employer	自营劳动者 Self-Employed	家庭帮工 Unpaid Familial Worker
总计 Total	**100.0**	**100.0**	**100.0**	**100.0**	**100.0**
16–19	0.7	0.9	0.1	0.4	1.4
20–24	4.8	6.7	1.6	1.6	4.0
25–29	9.3	12.4	5.9	4.0	5.5
30–34	13.2	16.1	15.2	7.4	8.8
35–39	12.6	14.6	17.8	8.2	8.9
40–44	11.4	12.4	16.8	8.9	8.5
45–49	11.9	12.2	15.4	11.0	10.0
50–54	13.2	11.9	13.7	15.4	14.6
55–59	10.3	7.9	8.0	14.8	13.5
60–64	4.5	2.5	2.6	8.5	7.2
65+	8.3	2.4	2.8	19.9	17.6
男 Male	**100.0**	**100.0**	**100.0**	**100.0**	**100.0**
16–19	0.8	0.9	0.1	0.5	3.0
20–24	4.8	6.5	1.8	1.9	7.1
25–29	9.4	12.1	6.1	4.4	7.0
30–34	13.2	15.7	15.3	8.1	8.0
35–39	12.3	13.9	17.7	8.6	5.5
40–44	11.0	11.6	16.3	9.1	6.3
45–49	11.3	11.3	15.2	10.8	7.9
50–54	13.4	12.7	13.9	14.6	10.8
55–59	11.1	9.8	8.4	14.1	13.3
60–64	4.6	2.9	2.6	8.2	7.6
65+	8.2	2.7	2.6	19.6	23.5
女 Female	**100.0**	**100.0**	**100.0**	**100.0**	**100.0**
16–19	0.6	0.8	0.1	0.3	0.7
20–24	4.7	7.0	1.3	1.2	2.5
25–29	9.2	12.9	5.4	3.4	4.8
30–34	13.1	16.8	15.2	6.6	9.2
35–39	12.9	15.6	18.0	7.7	10.6
40–44	11.9	13.7	17.9	8.6	9.5
45–49	12.6	13.2	16.0	11.3	11.0
50–54	12.9	10.8	13.3	16.3	16.4
55–59	9.2	5.4	7.2	15.6	13.7
60–64	4.4	1.9	2.6	8.8	7.0
65+	8.5	2.0	3.1	20.2	14.8

1-38 全国按受教育程度、性别分的就业人员就业身份构成
EMPLOYMENT STATUS OF EMPLOYED PERSONS BY EDUCATIONAL ATTAINMENT AND SEX

单位：% (%)

受教育程度	Educational Attainment	就业人员 Employed Persons	雇 员 Employee	雇 主 Employer	自营劳动者 Self-Employed	家庭帮工 Unpaid Familial Worker
总 计	**Total**	**100.0**	**62.4**	**3.6**	**32.6**	**1.3**
未上过学	No Schooling	100.0	21.4	0.9	74.1	3.6
小 学	Primary School	100.0	35.1	1.9	60.5	2.4
初 中	Junior Secondary School	100.0	56.1	3.9	38.6	1.5
高 中	Senior Secondary School	100.0	72.7	5.4	20.8	1.0
大学专科	College	100.0	87.3	4.5	7.7	0.5
大学本科	University	100.0	93.7	3.0	3.1	0.2
研究生	Graduate and Higher Level	100.0	96.9	1.9	1.1	0.1
男	**Male**	**100.0**	**63.5**	**4.5**	**31.3**	**0.8**
未上过学	No Schooling	100.0	25.3	1.4	70.3	3.1
小 学	Primary School	100.0	37.9	2.3	58.3	1.5
初 中	Junior Secondary School	100.0	56.8	4.4	38.0	0.8
高 中	Senior Secondary School	100.0	71.5	6.1	21.8	0.5
大学专科	College	100.0	85.4	5.6	8.8	0.3
大学本科	University	100.0	92.0	4.1	3.7	0.2
研究生	Graduate and Higher Level	100.0	95.8	2.9	1.3	0.1
女	**Female**	**100.0**	**60.9**	**2.6**	**34.4**	**2.1**
未上过学	No Schooling	100.0	20.0	0.8	75.5	3.7
小 学	Primary School	100.0	32.6	1.6	62.7	3.2
初 中	Junior Secondary School	100.0	55.0	2.9	39.5	2.5
高 中	Senior Secondary School	100.0	74.9	4.2	19.1	1.8
大学专科	College	100.0	89.9	3.2	6.2	0.7
大学本科	University	100.0	95.5	1.8	2.5	0.2
研究生	Graduate and Higher Level	100.0	98.1	0.9	1.0	0.0

1−39 全国按就业身份、性别分的就业人员受教育程度构成
EDUCATIONAL ATTAINMENT OF EMPLOYED PERSONS BY EMPLOYMENT STATUS AND SEX

单位：% (%)

受教育程度	Educational Attainment	就业人员 Employed Persons	雇员 Employee	雇主 Employer	自营劳动者 Self-Employed	家庭帮工 Unpaid Familial Worker
总　计	**Total**	**100.0**	**100.0**	**100.0**	**100.0**	**100.0**
未上过学	No Schooling	2.4	0.8	0.6	5.5	6.5
小　学	Primary School	18.4	10.4	9.6	34.2	33.0
初　中	Junior Secondary School	39.2	35.2	41.5	46.3	42.9
高　中	Senior Secondary School	15.9	18.6	23.8	10.2	11.8
大学专科	College	11.7	16.4	14.5	2.7	4.0
大学本科	University	11.1	16.6	9.3	1.1	1.8
研究生	Graduate and Higher Level	1.3	2.0	0.7	0.0	0.1
男	**Male**	**100.0**	**100.0**	**100.0**	**100.0**	**100.0**
未上过学	No Schooling	1.1	0.4	0.3	2.5	4.4
小　学	Primary School	15.8	9.4	8.0	29.4	31.8
初　中	Junior Secondary School	42.1	37.7	42.1	51.1	43.8
高　中	Senior Secondary School	17.9	20.2	24.6	12.5	12.8
大学专科	College	11.6	15.6	14.6	3.3	4.6
大学本科	University	10.2	14.9	9.5	1.2	2.4
研究生	Graduate and Higher Level	1.2	1.8	0.8	0.0	0.1
女	**Female**	**100.0**	**100.0**	**100.0**	**100.0**	**100.0**
未上过学	No Schooling	4.2	1.4	1.3	9.2	7.5
小　学	Primary School	21.9	11.7	13.3	39.8	33.5
初　中	Junior Secondary School	35.3	31.9	40.1	40.6	42.5
高　中	Senior Secondary School	13.3	16.3	21.8	7.4	11.3
大学专科	College	11.7	17.3	14.4	2.1	3.8
大学本科	University	12.2	19.1	8.6	0.9	1.4
研究生	Graduate and Higher Level	1.4	2.3	0.5	0.0	0.0

1-40 城镇按年龄、性别分的就业人员就业身份构成
EMPLOYMENT STATUS OF URBAN EMPLOYED PERSONS BY AGE AND SEX

单位：% (%)

年 龄 Age	城 镇 就业人员 Urban Employed Persons	雇 员 Employee	雇 主 Employer	自营劳动者 Self-Employed	家庭帮工 Unpaid Familial Worker
总计 Total	**100.0**	**74.9**	**4.6**	**19.5**	**1.1**
16-19	100.0	86.6	0.7	10.6	2.1
20-24	100.0	91.5	1.2	6.3	0.9
25-29	100.0	87.6	2.6	9.2	0.7
30-34	100.0	81.5	4.7	13.0	0.8
35-39	100.0	78.2	5.9	15.1	0.8
40-44	100.0	75.5	6.2	17.5	0.8
45-49	100.0	73.4	5.7	20.0	1.0
50-54	100.0	69.8	4.8	24.2	1.2
55-59	100.0	64.9	3.9	29.6	1.7
60-64	100.0	52.1	3.2	42.5	2.1
65+	100.0	33.2	2.1	61.5	3.3
男 Male	**100.0**	**74.1**	**5.6**	**19.8**	**0.5**
16-19	100.0	85.1	0.8	11.8	2.3
20-24	100.0	89.9	1.7	7.5	0.9
25-29	100.0	85.7	3.4	10.5	0.4
30-34	100.0	79.2	5.9	14.5	0.3
35-39	100.0	76.2	7.3	16.2	0.2
40-44	100.0	73.3	7.7	18.7	0.3
45-49	100.0	71.5	7.1	21.1	0.4
50-54	100.0	71.4	5.6	22.6	0.4
55-59	100.0	70.2	4.3	24.8	0.7
60-64	100.0	57.2	3.7	38.0	1.2
65+	100.0	37.3	2.5	57.8	2.4
女 Female	**100.0**	**75.8**	**3.3**	**19.1**	**1.8**
16-19	100.0	89.0	0.5	8.7	1.8
20-24	100.0	93.6	0.7	4.8	0.9
25-29	100.0	90.0	1.6	7.5	0.9
30-34	100.0	84.3	3.3	11.1	1.3
35-39	100.0	80.5	4.2	13.7	1.5
40-44	100.0	78.2	4.5	16.0	1.4
45-49	100.0	75.6	4.0	18.7	1.7
50-54	100.0	67.4	3.5	26.7	2.4
55-59	100.0	54.0	3.0	39.3	3.7
60-64	100.0	43.8	2.5	49.9	3.8
65+	100.0	27.2	1.5	66.8	4.6

1-41 城镇按就业身份、性别分的就业人员年龄构成
AGE COMPOSITION OF URBAN EMPLOYED PERSONS BY EMPLOYMENT STATUS AND SEX

单位：% (%)

年 龄 Age	城 镇 就业人员 Urban Employed Persons	雇 员 Employee	雇 主 Employer	自营劳动者 Self-Employed	家庭帮工 Unpaid Familial Worker
总计 Total	**100.0**	**100.0**	**100.0**	**100.0**	**100.0**
16–19	0.6	0.7	0.1	0.4	1.3
20–24	5.3	6.5	1.4	1.7	4.6
25–29	10.6	12.4	6.0	5.0	6.5
30–34	15.2	16.6	15.8	10.2	11.1
35–39	14.7	15.3	19.0	11.4	11.0
40–44	13.0	13.1	17.7	11.6	9.5
45–49	12.7	12.5	15.8	13.0	11.3
50–54	12.6	11.7	13.1	15.7	14.2
55–59	8.5	7.4	7.2	12.9	13.3
60–64	2.9	2.0	2.0	6.3	5.7
65+	3.8	1.7	1.7	11.9	11.5
男 Male	**100.0**	**100.0**	**100.0**	**100.0**	**100.0**
16–19	0.7	0.8	0.1	0.4	3.1
20–24	5.2	6.3	1.6	2.0	9.2
25–29	10.4	12.0	6.3	5.5	8.6
30–34	14.9	16.0	15.9	11.0	9.7
35–39	14.2	14.6	18.7	11.6	6.0
40–44	12.3	12.2	17.1	11.7	6.9
45–49	12.1	11.6	15.4	12.8	8.0
50–54	13.2	12.7	13.4	15.1	10.8
55–59	10.0	9.5	7.7	12.5	13.3
60–64	3.1	2.4	2.1	6.0	6.9
65+	3.9	2.0	1.7	11.4	17.7
女 Female	**100.0**	**100.0**	**100.0**	**100.0**	**100.0**
16–19	0.6	0.7	0.1	0.3	0.6
20–24	5.6	6.9	1.2	1.4	2.8
25–29	10.9	13.0	5.3	4.3	5.6
30–34	15.6	17.4	15.6	9.0	11.6
35–39	15.4	16.3	19.8	11.0	13.0
40–44	13.9	14.3	19.1	11.6	10.5
45–49	13.6	13.6	16.7	13.3	12.6
50–54	11.7	10.4	12.7	16.4	15.5
55–59	6.6	4.7	6.1	13.5	13.4
60–64	2.5	1.5	1.9	6.6	5.3
65+	3.6	1.3	1.6	12.6	9.1

1-42 城镇按受教育程度、性别分的就业人员就业身份构成
EMPLOYMENT STATUS OF URBAN EMPLOYED PERSONS BY EDUCATIONAL ATTAINMENT AND SEX

单位：% (%)

受教育程度	Educational Attainment	城镇就业人员 Urban Employed Persons	雇员 Employee	雇主 Employer	自营劳动者 Self-Employed	家庭帮工 Unpaid Familial Worker
总计	**Total**	**100.0**	**74.9**	**4.6**	**19.5**	**1.1**
未上过学	No Schooling	100.0	39.7	1.4	54.8	4.1
小学	Primary School	100.0	53.4	2.9	41.3	2.5
初中	Junior Secondary School	100.0	65.6	5.0	28.0	1.4
高中	Senior Secondary School	100.0	76.1	6.2	16.8	0.9
大学专科	College	100.0	87.7	4.9	7.1	0.4
大学本科	University	100.0	93.8	3.1	2.8	0.2
研究生	Graduate and Higher Level	100.0	96.9	2.0	1.1	0.1
男	**Male**	**100.0**	**74.1**	**5.6**	**19.8**	**0.5**
未上过学	No Schooling	100.0	44.3	2.2	50.9	2.6
小学	Primary School	100.0	54.7	3.3	40.7	1.2
初中	Junior Secondary School	100.0	65.3	5.8	28.3	0.6
高中	Senior Secondary School	100.0	75.0	7.0	17.5	0.5
大学专科	College	100.0	85.7	6.0	8.0	0.3
大学本科	University	100.0	92.2	4.3	3.4	0.1
研究生	Graduate and Higher Level	100.0	95.8	2.9	1.2	0.1
女	**Female**	**100.0**	**75.8**	**3.3**	**19.1**	**1.8**
未上过学	No Schooling	100.0	38.0	1.1	56.3	4.6
小学	Primary School	100.0	52.1	2.4	41.9	3.6
初中	Junior Secondary School	100.0	66.0	3.8	27.6	2.6
高中	Senior Secondary School	100.0	78.0	4.8	15.6	1.7
大学专科	College	100.0	90.2	3.4	5.8	0.6
大学本科	University	100.0	95.7	1.9	2.2	0.2
研究生	Graduate and Higher Level	100.0	98.1	0.9	0.9	0.0

1-43 城镇按就业身份、性别分的就业人员受教育程度构成
EDUCATIONAL ATTAINMENT OF URBAN EMPLOYED PERSONS BY EMPLOYMENT STATUS AND SEX

单位：% (%)

受教育程度	Educational Attainment	城镇就业人员 Urban Employed Persons	雇员 Employee	雇主 Employer	自营劳动者 Self-Employed	家庭帮工 Unpaid Familial Worker
总计	**Total**	**100.0**	**100.0**	**100.0**	**100.0**	**100.0**
未上过学	No Schooling	1.0	0.5	0.3	2.9	3.9
小学	Primary School	11.0	7.8	6.9	23.3	25.1
初中	Junior Secondary School	33.9	29.7	37.2	48.7	45.2
高中	Senior Secondary School	19.4	19.7	26.2	16.7	16.7
大学专科	College	16.3	19.0	17.2	5.9	6.2
大学本科	University	16.4	20.6	11.3	2.4	2.7
研究生	Graduate and Higher Level	2.0	2.6	0.9	0.1	0.1
男	**Male**	**100.0**	**100.0**	**100.0**	**100.0**	**100.0**
未上过学	No Schooling	0.5	0.3	0.2	1.3	2.5
小学	Primary School	9.5	7.0	5.7	19.5	22.6
初中	Junior Secondary School	35.8	31.5	37.4	51.1	44.2
高中	Senior Secondary School	21.3	21.5	26.8	18.9	19.1
大学专科	College	16.0	18.5	17.3	6.5	7.7
大学本科	University	15.1	18.8	11.6	2.6	3.7
研究生	Graduate and Higher Level	1.9	2.4	1.0	0.1	0.2
女	**Female**	**100.0**	**100.0**	**100.0**	**100.0**	**100.0**
未上过学	No Schooling	1.8	0.9	0.6	5.2	4.5
小学	Primary School	13.0	8.9	9.5	28.5	26.1
初中	Junior Secondary School	31.4	27.4	36.7	45.3	45.6
高中	Senior Secondary School	16.9	17.4	24.9	13.7	15.8
大学专科	College	16.6	19.7	17.2	5.0	5.6
大学本科	University	18.1	22.9	10.5	2.1	2.3
研究生	Graduate and Higher Level	2.2	2.8	0.6	0.1	0.0

1-44 城镇按年龄、性别分的就业人员行业构成
URBAN EMPLOYED PERSONS BY AGE, SEX AND SECTOR

单位：% (%)

年龄 Age	城镇就业人员 Urban Employed Persons	农、林、牧、渔业 Agriculture, Forestry, Animal Husbandry and Fishery	采矿业 Mining	制造业 Manu-facturing	电力、热力、燃气及水生产和供应业 Production and Supply of Electricity Power, Heat Power, Gas and Water	建筑业 Construction	批发和零售业 Wholesale and Retail Trades
总计 Total	**100.0**	**8.3**	**0.9**	**20.5**	**1.3**	**8.6**	**15.8**
16–19	100.0	7.5	0.1	27.8	0.4	4.2	13.5
20–24	100.0	2.1	0.3	20.5	0.9	5.2	15.1
25–29	100.0	2.0	0.5	19.4	1.2	6.3	15.3
30–34	100.0	2.5	0.9	22.1	1.4	7.8	17.1
35–39	100.0	3.1	1.0	23.0	1.3	7.9	17.8
40–44	100.0	4.3	1.1	22.3	1.3	8.4	17.8
45–49	100.0	6.4	1.3	22.0	1.6	9.8	16.7
50–54	100.0	10.4	1.4	20.2	1.6	11.4	14.3
55–59	100.0	17.1	0.9	16.6	1.4	11.7	12.9
60–64	100.0	31.1	0.4	14.3	0.7	10.3	11.9
65+	100.0	54.3	0.1	10.0	0.2	4.6	9.5
男 Male	**100.0**	**7.3**	**1.4**	**21.3**	**1.7**	**12.9**	**12.8**
16–19	100.0	8.0	0.1	31.2	0.5	6.0	10.7
20–24	100.0	2.4	0.4	25.5	1.3	7.8	13.2
25–29	100.0	2.0	0.8	22.6	1.5	9.3	13.1
30–34	100.0	2.4	1.3	24.1	1.7	11.8	14.0
35–39	100.0	3.0	1.5	23.8	1.6	12.1	14.1
40–44	100.0	3.9	1.7	22.2	1.7	13.0	13.8
45–49	100.0	5.8	2.0	21.3	2.0	15.1	13.1
50–54	100.0	8.2	2.1	19.8	2.2	16.5	11.6
55–59	100.0	12.3	1.2	16.6	2.0	16.1	10.9
60–64	100.0	24.6	0.5	15.3	0.9	15.7	11.0
65+	100.0	48.8	0.2	10.2	0.3	7.4	9.7
女 Female	**100.0**	**9.6**	**0.3**	**19.5**	**0.8**	**2.8**	**19.7**
16–19	100.0	6.7		22.6	0.1	1.4	17.8
20–24	100.0	1.7	0.1	14.4	0.4	2.2	17.5
25–29	100.0	1.9	0.2	15.2	0.9	2.5	18.1
30–34	100.0	2.7	0.3	19.5	0.9	2.7	21.0
35–39	100.0	3.3	0.4	22.1	0.9	2.7	22.4
40–44	100.0	4.6	0.4	22.5	0.9	2.9	22.5
45–49	100.0	7.1	0.6	22.9	1.2	3.6	20.9
50–54	100.0	13.8	0.3	20.7	0.7	3.6	18.4
55–59	100.0	27.0	0.2	16.6	0.2	2.9	17.0
60–64	100.0	41.8	0.0	12.8	0.2	1.3	13.6
65+	100.0	62.3	0.0	9.9	0.1	0.5	9.2

1-44 续表 1 continued

单位：% (%)

年龄 Age	交通运输、仓储和邮政业 Transport, Storage and Post	住宿和餐饮业 Hotels and Catering Services	信息传输、软件和信息技术服务业 Information Transmission, Software and Information Technical Services	金融业 Financial Intermediation	房地产业 Real Estate	租赁和商务服务业 Leasing and Business Services	科学研究和技术服务业 Scientific Research and Technical Services
总计 Total	**5.7**	**5.5**	**2.4**	**2.0**	**2.3**	**3.1**	**1.6**
16-19	3.7	17.0	1.8	0.5	0.5	2.3	0.6
20-24	4.6	7.2	5.2	2.2	1.8	4.6	2.6
25-29	5.5	5.5	5.3	2.9	2.4	4.5	2.6
30-34	5.8	5.3	3.7	2.9	2.3	3.8	2.1
35-39	6.3	5.4	2.8	2.6	2.2	3.4	2.1
40-44	6.6	5.8	2.0	1.7	2.1	3.0	1.6
45-49	6.6	5.8	1.2	1.5	2.0	2.5	1.0
50-54	6.2	5.9	0.7	1.6	2.3	2.2	0.9
55-59	5.2	4.9	0.5	1.2	3.1	2.2	0.9
60-64	2.8	4.6	0.2	0.4	4.3	1.9	0.4
65+	1.2	2.3	0.1	0.2	3.0	0.9	0.3
男 Male	**8.3**	**4.5**	**2.6**	**1.7**	**2.3**	**3.1**	**1.8**
16-19	4.9	17.0	1.6	0.1	0.7	2.4	0.5
20-24	6.1	8.0	5.8	1.8	1.9	4.1	2.6
25-29	7.7	6.0	6.1	2.6	2.4	4.1	2.9
30-34	8.1	5.1	4.1	2.5	2.2	3.6	2.4
35-39	9.4	4.7	3.2	2.1	2.0	3.4	2.4
40-44	10.1	4.6	2.3	1.4	1.9	3.2	1.9
45-49	10.0	3.9	1.4	1.2	1.7	2.7	1.3
50-54	9.1	3.5	0.9	1.5	2.2	2.7	1.1
55-59	7.3	2.9	0.6	1.5	3.2	2.8	1.1
60-64	4.0	3.0	0.2	0.4	4.9	2.5	0.5
65+	1.8	1.8	0.1	0.2	3.8	1.3	0.4
女 Female	**2.3**	**6.9**	**2.0**	**2.4**	**2.4**	**3.0**	**1.3**
16-19	2.0	16.9	2.1	1.1	0.2	2.3	0.6
20-24	2.6	6.1	4.5	2.7	1.7	5.2	2.4
25-29	2.8	4.8	4.3	3.3	2.4	5.0	2.4
30-34	2.8	5.6	3.1	3.5	2.5	4.0	1.7
35-39	2.5	6.2	2.3	3.2	2.4	3.3	1.8
40-44	2.4	7.1	1.6	2.2	2.3	2.8	1.2
45-49	2.5	8.0	0.9	1.9	2.3	2.2	0.8
50-54	1.7	9.4	0.3	1.8	2.4	1.5	0.7
55-59	1.0	9.1	0.2	0.8	2.8	1.1	0.4
60-64	0.8	7.2	0.1	0.5	3.2	0.9	0.2
65+	0.4	3.0	0.0	0.2	1.9	0.5	0.2

1-44 续表 2 continued

单位：% (%)

年 龄 Age	水利、环境和公共设施管理业 Management of Water Conservancy, Environment and Public Facilities	居民服务、修理和其他服务业 Services to Households, Repair and Other Services	教 育 Education	卫生和社会工作 Health and Society	文化、体育和娱乐业 Culture, Sports and Entertainment	公共管理、社会保障和社会组织 Public Management Social Security and Social Organizations
总计 Total	**1.0**	**4.8**	**5.7**	**3.2**	**1.1**	**6.0**
16–19	0.1	11.2	4.4	1.1	2.5	1.0
20–24	0.4	5.5	8.6	5.3	2.5	5.3
25–29	0.6	4.5	7.8	5.0	1.9	6.7
30–34	0.6	4.5	6.0	3.9	1.3	6.1
35–39	0.7	4.4	5.5	3.3	1.1	6.0
40–44	0.8	4.6	6.5	3.0	1.0	6.2
45–49	1.1	4.8	5.7	2.6	0.8	6.6
50–54	1.3	5.0	5.1	2.4	0.8	6.3
55–59	1.7	5.2	4.6	2.1	0.8	7.0
60–64	2.4	6.0	2.3	2.0	0.7	3.6
65+	2.9	5.2	0.7	1.7	0.5	2.3
男 Male	**1.1**	**4.2**	**3.3**	**1.8**	**1.0**	**6.6**
16–19	0.1	11.1	1.4	0.2	2.2	1.3
20–24	0.5	6.0	3.2	2.0	2.3	5.1
25–29	0.7	4.7	3.2	2.0	1.8	6.6
30–34	0.7	4.4	2.5	1.8	1.2	6.0
35–39	0.8	3.9	2.8	1.9	1.1	6.4
40–44	0.9	3.8	4.2	1.8	0.9	6.7
45–49	1.1	3.6	4.0	1.8	0.6	7.3
50–54	1.4	3.5	3.9	1.7	0.6	7.5
55–59	1.7	3.9	4.5	1.9	0.8	8.9
60–64	2.1	5.0	2.4	1.9	0.6	4.4
65+	3.0	5.1	0.8	1.8	0.5	2.9
女 Female	**0.9**	**5.7**	**8.9**	**5.1**	**1.3**	**5.3**
16–19	0.1	11.4	9.0	2.3	2.8	0.6
20–24	0.4	5.0	15.4	9.3	2.8	5.6
25–29	0.4	4.3	13.7	8.8	2.1	7.0
30–34	0.5	4.7	10.4	6.6	1.3	6.3
35–39	0.5	5.1	8.9	5.0	1.2	5.6
40–44	0.7	5.6	9.2	4.4	1.1	5.6
45–49	1.1	6.2	7.6	3.6	0.9	5.7
50–54	1.1	7.4	7.0	3.5	1.0	4.5
55–59	1.8	7.7	4.7	2.6	0.9	3.0
60–64	2.8	7.6	2.0	2.1	0.7	2.3
65+	2.6	5.4	0.5	1.6	0.5	1.5

1-45 城镇按行业、性别分的就业人员年龄构成
AGE COMPOSITION OF URBAN EMPLOYED PERSONS BY SECTOR AND SEX

单位：% (%)

年 龄 Age	城 镇 就业人员 Urban Employed Persons	农、林、牧、渔业 Agriculture, Forestry, Animal Husbandry and Fishery	采矿业 Mining	制造业 Manu-facturing	电力、热力、燃气及水生产和供应业 Production and Supply of Electricity Power, Heat Power, Gas and Water	建筑业 Construction	批发和零售业 Wholesale and Retail Trades
总计 Total	**100.0**	**100.0**	**100.0**	**100.0**	**100.0**	**100.0**	**100.0**
16–19	0.6	0.6	0.0	0.9	0.2	0.3	0.6
20–24	5.3	1.3	1.5	5.3	3.8	3.3	5.1
25–29	10.6	2.5	6.0	10.0	9.8	7.8	10.3
30–34	15.2	4.6	14.6	16.4	15.8	13.9	16.5
35–39	14.7	5.5	15.8	16.4	14.8	13.5	16.6
40–44	13.0	6.7	15.7	14.2	13.1	12.7	14.7
45–49	12.7	9.8	18.1	13.6	15.9	14.6	13.4
50–54	12.6	15.8	18.6	12.4	15.4	16.7	11.4
55–59	8.5	17.6	8.1	6.9	9.1	11.7	7.0
60–64	2.9	10.7	1.1	2.0	1.5	3.4	2.2
65+	3.8	24.7	0.4	1.8	0.6	2.0	2.3
男 Male	**100.0**	**100.0**	**100.0**	**100.0**	**100.0**	**100.0**	**100.0**
16–19	0.7	0.8	0.0	1.0	0.2	0.3	0.6
20–24	5.2	1.7	1.5	6.2	4.1	3.1	5.3
25–29	10.4	2.9	5.8	11.0	9.2	7.5	10.6
30–34	14.9	4.9	14.5	16.9	15.2	13.7	16.3
35–39	14.2	5.7	14.9	15.8	13.6	13.3	15.6
40–44	12.3	6.6	15.3	12.9	12.4	12.5	13.3
45–49	12.1	9.6	17.2	12.0	14.2	14.1	12.3
50–54	13.2	14.7	20.2	12.3	17.2	16.9	12.0
55–59	10.0	16.8	8.9	7.8	11.6	12.5	8.5
60–64	3.1	10.5	1.2	2.2	1.8	3.8	2.7
65+	3.9	25.9	0.5	1.9	0.7	2.2	2.9
女 Female	**100.0**	**100.0**	**100.0**	**100.0**	**100.0**	**100.0**	**100.0**
16–19	0.6	0.4		0.7	0.1	0.3	0.5
20–24	5.6	1.0	1.8	4.1	3.1	4.3	5.0
25–29	10.9	2.2	7.5	8.6	11.7	9.9	10.1
30–34	15.6	4.3	15.1	15.6	17.3	14.8	16.7
35–39	15.4	5.4	20.4	17.4	18.1	14.9	17.5
40–44	13.9	6.7	18.4	16.0	15.3	14.4	15.8
45–49	13.6	10.0	23.3	16.0	20.8	17.4	14.4
50–54	11.7	16.9	10.0	12.5	10.4	15.3	11.0
55–59	6.6	18.5	3.1	5.6	2.0	6.8	5.7
60–64	2.5	11.0	0.3	1.7	0.7	1.2	1.7
65+	3.6	23.5	0.2	1.8	0.4	0.6	1.7

1-45 续表 1 continued

单位：%　　(%)

年 龄 Age	交通运输、仓储和邮政业 Transport, Storage and Post	住宿和餐饮业 Hotels and Catering Services	信息传输、软件和信息技术服务业 Information Transmission, Software and Information Technical Services	金融业 Financial Intermediation	房地产业 Real Estate	租赁和商务服务业 Leasing and Business Services	科学研究和技术服务业 Scientific Research and Technical Services
总计 Total	**100.0**	**100.0**	**100.0**	**100.0**	**100.0**	**100.0**	**100.0**
16-19	0.4	2.0	0.5	0.2	0.1	0.5	0.2
20-24	4.3	6.9	11.9	5.9	4.2	8.0	8.5
25-29	10.3	10.5	23.9	15.5	10.9	15.5	17.4
30-34	15.4	14.5	23.8	22.4	15.2	18.7	20.1
35-39	16.2	14.2	17.5	19.0	13.7	16.1	19.5
40-44	15.0	13.6	10.8	11.3	11.5	12.8	12.7
45-49	14.7	13.3	6.2	9.5	10.9	10.3	8.2
50-54	13.6	13.4	3.5	10.1	12.3	9.1	7.3
55-59	7.8	7.6	1.6	5.3	11.2	6.1	4.5
60-64	1.4	2.4	0.2	0.6	5.2	1.7	0.6
65+	0.8	1.6	0.1	0.3	4.8	1.1	0.8
男 Male	**100.0**	**100.0**	**100.0**	**100.0**	**100.0**	**100.0**	**100.0**
16-19	0.4	2.6	0.4	0.0	0.2	0.5	0.2
20-24	3.8	9.1	11.4	5.5	4.2	6.7	7.5
25-29	9.6	13.7	24.0	16.0	10.8	13.5	16.4
30-34	14.7	16.7	23.2	21.7	14.3	17.2	20.0
35-39	16.0	14.7	17.1	17.4	12.4	15.2	19.0
40-44	15.0	12.5	10.6	10.0	9.9	12.5	12.7
45-49	14.6	10.5	6.4	8.3	9.0	10.3	8.5
50-54	14.6	10.3	4.4	11.4	12.6	11.3	8.2
55-59	8.8	6.3	2.2	8.6	13.7	8.8	5.9
60-64	1.5	2.1	0.3	0.7	6.6	2.5	0.8
65+	0.9	1.6	0.1	0.4	6.3	1.6	0.9
女 Female	**100.0**	**100.0**	**100.0**	**100.0**	**100.0**	**100.0**	**100.0**
16-19	0.5	1.5	0.6	0.3	0.0	0.5	0.3
20-24	6.6	5.0	12.7	6.2	4.1	9.8	10.2
25-29	13.5	7.6	23.9	15.1	11.0	18.4	19.3
30-34	19.2	12.6	24.9	22.9	16.5	20.9	20.4
35-39	17.3	13.9	18.0	20.5	15.5	17.4	20.6
40-44	14.6	14.5	11.2	12.5	13.5	13.2	12.7
45-49	15.3	15.9	5.9	10.6	13.4	10.3	7.9
50-54	8.8	16.1	2.0	9.0	11.8	6.0	5.8
55-59	2.8	8.7	0.6	2.2	7.8	2.4	2.1
60-64	0.9	2.7	0.1	0.5	3.4	0.7	0.3
65+	0.6	1.6	0.1	0.2	2.8	0.6	0.5

1-45 续表 2 continued

单位：% (%)

年 龄 Age	水利、环境和公共设施管理业 Management of Water Conservancy, Environment and Public Facilities	居民服务、修理和其他服务业 Services to Households, Repair and Other Services	教 育 Education	卫生和社会工作 Health and Society	文化、体育和娱乐业 Culture, Sports and Entertainment	公共管理、社会保障和社会组织 Public Management Social Security and Social Organizations
总计 Total	**100.0**	**100.0**	**100.0**	**100.0**	**100.0**	**100.0**
16–19	0.1	1.5	0.5	0.2	1.4	0.1
20–24	2.2	6.1	8.1	8.7	11.9	4.7
25–29	5.9	9.9	14.5	16.4	17.7	11.8
30–34	9.1	14.3	15.8	18.4	17.0	15.4
35–39	9.7	13.3	14.1	15.0	14.6	14.6
40–44	10.6	12.4	14.7	12.1	11.1	13.3
45–49	13.6	12.7	12.5	10.4	8.5	13.8
50–54	16.2	13.1	11.3	9.4	8.3	13.1
55–59	14.9	9.1	6.9	5.6	6.2	9.9
60–64	6.8	3.5	1.1	1.7	1.7	1.7
65+	10.9	4.1	0.5	2.0	1.7	1.4
男 Male	**100.0**	**100.0**	**100.0**	**100.0**	**100.0**	**100.0**
16–19	0.1	1.8	0.3	0.1	1.5	0.1
20–24	2.2	7.4	4.9	5.6	11.4	4.0
25–29	6.3	11.6	9.8	11.2	17.7	10.3
30–34	9.7	15.8	11.1	14.5	17.8	13.5
35–39	10.1	13.0	11.8	14.8	14.5	13.6
40–44	10.2	11.1	15.5	12.5	10.6	12.6
45–49	11.8	10.5	14.4	11.9	7.5	13.4
50–54	16.9	11.0	15.4	12.2	7.6	15.1
55–59	15.7	9.3	13.6	10.3	7.5	13.6
60–64	6.1	3.7	2.2	3.2	1.9	2.1
65+	10.9	4.7	1.0	3.8	1.9	1.7
女 Female	**100.0**	**100.0**	**100.0**	**100.0**	**100.0**	**100.0**
16–19	0.1	1.2	0.6	0.3	1.3	0.1
20–24	2.3	4.9	9.6	10.2	12.4	5.9
25–29	5.4	8.3	16.8	18.8	17.7	14.4
30–34	8.1	12.9	18.2	20.3	16.1	18.4
35–39	9.1	13.6	15.3	15.2	14.6	16.3
40–44	11.3	13.6	14.3	11.9	11.7	14.6
45–49	16.4	14.7	11.6	9.7	9.6	14.6
50–54	15.2	15.2	9.3	8.1	9.1	9.9
55–59	13.6	8.8	3.5	3.4	4.8	3.7
60–64	7.9	3.3	0.6	1.1	1.4	1.1
65+	10.7	3.4	0.2	1.1	1.4	1.0

1-46 城镇按受教育程度、性别分的就业人员行业构成
URBAN EMPLOYED PERSONS BY SEX, EDUCATIONAL ATTAINMENT AND SECTOR

单位：% (%)

受教育程度	Educational Attainment	城镇就业人员 Urban Employed Persons	农、林、牧、渔业 Agriculture, Forestry, Animal Husbandry and Fishery	采矿业 Mining	制造业 Manu-facturing	电力、热力、燃气及水生产和供应业 Production and Supply of Electricity Power, Heat Power, Gas and Water	建筑业 Construction	批发和零售业 Wholesale and Retail Trades
总　计	**Total**	**100.0**	**8.3**	**0.9**	**20.5**	**1.3**	**8.6**	**15.8**
未上过学	No Schooling	100.0	49.3	0.2	15.4	0.2	6.1	8.4
小　学	Primary School	100.0	28.6	0.5	20.9	0.4	12.5	12.5
初　中	Junior Secondary School	100.0	11.1	0.8	25.5	0.7	12.1	17.7
高　中	Senior Secondary School	100.0	3.4	1.3	23.2	1.4	7.2	21.8
大学专科	College	100.0	0.9	1.1	17.5	2.1	5.5	16.3
大学本科	University	100.0	0.4	0.9	11.3	2.2	4.3	8.4
研究生	Graduate and Higher Level	100.0	0.2	0.7	10.5	2.1	1.7	3.6
男	**Male**	**100.0**	**7.3**	**1.4**	**21.3**	**1.7**	**12.9**	**12.8**
未上过学	No Schooling	100.0	44.4	0.5	12.6	0.4	14.8	7.3
小　学	Primary School	100.0	25.7	0.9	17.9	0.6	21.1	10.7
初　中	Junior Secondary School	100.0	10.3	1.2	23.9	1.0	18.3	13.2
高　中	Senior Secondary School	100.0	3.6	1.8	25.2	1.8	10.3	16.4
大学专科	College	100.0	1.1	1.6	20.4	2.7	7.3	14.1
大学本科	University	100.0	0.4	1.3	14.0	2.8	5.7	8.3
研究生	Graduate and Higher Level	100.0	0.2	0.9	13.6	2.5	2.1	3.5
女	**Female**	**100.0**	**9.6**	**0.3**	**19.5**	**0.8**	**2.8**	**19.7**
未上过学	No Schooling	100.0	51.1	0.0	16.5	0.2	2.8	8.8
小　学	Primary School	100.0	31.4	0.1	23.7	0.2	4.0	14.2
初　中	Junior Secondary School	100.0	12.5	0.2	28.0	0.4	2.8	24.4
高　中	Senior Secondary School	100.0	3.1	0.5	19.9	0.8	1.9	30.8
大学专科	College	100.0	0.7	0.4	13.6	1.4	3.1	19.1
大学本科	University	100.0	0.3	0.5	8.3	1.5	2.6	8.5
研究生	Graduate and Higher Level	100.0	0.1	0.4	6.9	1.6	1.2	3.7

1-46 续表 1 continued

单位：% (%)

受教育程度 Educational Attainment		交通运输、仓储和邮政业 Transport, Storage and Post	住宿和餐饮业 Hotels and Catering Services	信息传输、软件和信息技术服务业 Information Transmission, Software and Information Technical Services	金融业 Financial Intermediation	房地产业 Real Estate	租赁和商务服务业 Leasing and Business Services	科学研究和技术服务业 Scientific Research and Technical Services
总 计	**Total**	**5.7**	**5.5**	**2.4**	**2.0**	**2.3**	**3.1**	**1.6**
未上过学	No Schooling	1.3	4.8	0.1	0.1	2.1	0.8	0.1
小 学	Primary School	3.6	6.4	0.2	0.2	2.0	1.1	0.2
初 中	Junior Secondary School	7.1	7.9	0.6	0.4	1.9	1.9	0.4
高 中	Senior Secondary School	7.5	6.9	1.6	1.1	2.9	3.0	1.0
大学专科	College	5.5	3.4	4.0	3.1	3.1	4.8	2.6
大学本科	University	3.2	1.2	6.2	6.0	2.2	5.1	4.1
研究生	Graduate and Higher Level	1.3	0.2	8.3	7.8	1.2	4.9	9.3
男	**Male**	**8.3**	**4.5**	**2.6**	**1.7**	**2.3**	**3.1**	**1.8**
未上过学	No Schooling	3.4	1.8	0.3	0.1	1.7	1.5	0.1
小 学	Primary School	6.2	3.6	0.2	0.1	2.1	1.5	0.2
初 中	Junior Secondary School	10.4	6.2	0.6	0.3	1.9	2.3	0.5
高 中	Senior Secondary School	10.2	6.2	1.7	0.8	2.8	3.1	1.1
大学专科	College	7.3	3.1	4.6	2.7	3.0	4.5	2.9
大学本科	University	3.9	1.1	7.6	5.6	2.3	4.8	4.9
研究生	Graduate and Higher Level	1.4	0.3	10.5	7.6	1.2	4.4	10.8
女	**Female**	**2.3**	**6.9**	**2.0**	**2.4**	**2.4**	**3.0**	**1.3**
未上过学	No Schooling	0.5	6.0	0.0	0.1	2.2	0.5	0.1
小 学	Primary School	1.0	9.2	0.1	0.2	1.9	0.7	0.2
初 中	Junior Secondary School	2.1	10.6	0.5	0.5	1.9	1.3	0.3
高 中	Senior Secondary School	2.9	8.1	1.5	1.7	3.2	2.9	0.7
大学专科	College	3.2	3.8	3.3	3.6	3.2	5.3	2.2
大学本科	University	2.3	1.3	4.7	6.4	2.2	5.4	3.2
研究生	Graduate and Higher Level	1.1	0.1	5.8	7.9	1.2	5.4	7.6

1-46 续表 2 continued

单位：% (%)

受教育程度 Educational Attainment		水利、环境和公共设施管理业 Management of Water Conservancy, Environment and Public Facilities	居民服务、修理和其他服务业 Services to Households, Repair and Other Services	教 育 Education	卫生和社会工作 Health and Society	文化、体育和娱乐业 Culture, Sports and Entertainment	公共管理、社会保障和社会组织 Public Management Social Security and Social Organizations
总 计	**Total**	**1.0**	**4.8**	**5.7**	**3.2**	**1.1**	**6.0**
未上过学	No Schooling	2.8	4.7	0.6	0.7	0.2	2.2
小 学	Primary School	1.8	5.8	0.9	0.7	0.5	1.5
初 中	Junior Secondary School	1.0	6.5	1.4	0.7	0.7	1.6
高 中	Senior Secondary School	0.8	6.1	2.8	2.3	1.2	4.5
大学专科	College	0.9	3.4	7.8	6.1	1.6	10.4
大学本科	University	0.8	1.3	17.4	7.8	2.0	15.4
研究生	Graduate and Higher Level	0.7	0.4	24.6	9.2	1.7	12.0
男	**Male**	**1.1**	**4.2**	**3.3**	**1.8**	**1.0**	**6.6**
未上过学	No Schooling	3.2	3.6	0.6	0.5	0.2	3.0
小 学	Primary School	1.7	4.3	0.5	0.5	0.4	1.7
初 中	Junior Secondary School	1.0	5.4	0.8	0.5	0.6	1.8
高 中	Senior Secondary School	0.9	5.3	1.5	1.3	1.1	5.0
大学专科	College	1.1	3.1	4.2	2.9	1.6	11.8
大学本科	University	1.0	1.2	11.0	4.8	1.9	17.4
研究生	Graduate and Higher Level	0.7	0.3	18.8	7.5	1.4	12.1
女	**Female**	**0.9**	**5.7**	**8.9**	**5.1**	**1.3**	**5.3**
未上过学	No Schooling	2.6	5.1	0.7	0.8	0.2	1.9
小 学	Primary School	1.8	7.2	1.4	0.9	0.6	1.2
初 中	Junior Secondary School	0.8	8.2	2.3	1.1	1.0	1.3
高 中	Senior Secondary School	0.6	7.4	5.1	4.0	1.4	3.7
大学专科	College	0.6	3.8	12.4	10.3	1.5	8.5
大学本科	University	0.7	1.3	24.4	11.1	2.0	13.3
研究生	Graduate and Higher Level	0.7	0.4	31.1	11.1	2.0	11.8

1-47 城镇按行业、性别分的就业人员受教育程度构成 EDUCATIONAL ATTAINMENT OF URBAN EMPLOYED PERSONS BY SECTOR AND SEX

单位：% (%)

受教育程度	Educational Attainment	城镇就业人员 Urban Employed Persons	农、林、牧、渔业 Agriculture, Forestry, Animal Husbandry and Fishery	采矿业 Mining	制造业 Manu-facturing	电力、热力、燃气及水生产和供应业 Production and Supply of Electricity Power, Heat Power, Gas and Water	建筑业 Construction	批发和零售业 Wholesale and Retail Trades
总　计	**Total**	**100.0**	**100.0**	**100.0**	**100.0**	**100.0**	**100.0**	**100.0**
未上过学	No Schooling	1.0	6.1	0.2	0.8	0.2	0.7	0.6
小　学	Primary School	11.0	37.9	5.5	11.2	3.4	16.0	8.7
初　中	Junior Secondary School	33.9	45.5	30.2	42.2	18.7	48.1	38.0
高　中	Senior Secondary School	19.4	7.9	27.4	22.0	21.2	16.2	26.8
大学专科	College	16.3	1.8	19.1	13.8	26.0	10.4	16.8
大学本科	University	16.4	0.7	16.1	9.0	27.3	8.2	8.7
研究生	Graduate and Higher Level	2.0	0.0	1.5	1.0	3.1	0.4	0.5
男	**Male**	**100.0**	**100.0**	**100.0**	**100.0**	**100.0**	**100.0**	**100.0**
未上过学	No Schooling	0.5	3.0	0.2	0.3	0.1	0.6	0.3
小　学	Primary School	9.5	33.3	5.9	8.0	3.4	15.6	7.9
初　中	Junior Secondary School	35.8	50.0	32.0	40.1	20.5	50.8	36.9
高　中	Senior Secondary School	21.3	10.3	27.9	25.2	22.7	17.0	27.2
大学专科	College	16.0	2.5	18.6	15.4	25.2	9.1	17.6
大学本科	University	15.1	0.9	14.3	9.9	25.3	6.7	9.7
研究生	Graduate and Higher Level	1.9	0.1	1.2	1.2	2.7	0.3	0.5
女	**Female**	**100.0**	**100.0**	**100.0**	**100.0**	**100.0**	**100.0**	**100.0**
未上过学	No Schooling	1.8	9.4	0.2	1.5	0.4	1.8	0.8
小　学	Primary School	13.0	42.7	3.6	15.9	3.3	18.9	9.4
初　中	Junior Secondary School	31.4	40.9	20.1	45.3	13.9	31.4	39.0
高　中	Senior Secondary School	16.9	5.4	24.8	17.2	16.9	11.7	26.4
大学专科	College	16.6	1.2	22.3	11.6	28.3	18.2	16.1
大学本科	University	18.1	0.5	26.4	7.8	32.9	17.2	7.9
研究生	Graduate and Higher Level	2.2	0.0	2.7	0.8	4.3	0.9	0.4

1-47 续表 1 continued

单位：% (%)

受教育程度	Educational Attainment	交通运输、仓储和邮政业 Transport, Storage and Post	住宿和餐饮业 Hotels and Catering Services	信息传输、软件和信息技术服务业 Information Transmission, Software and Information Technical Services	金融业 Financial Intermediation	房地产业 Real Estate	租赁和商务服务业 Leasing and Business Services	科学研究和技术服务业 Scientific Research and Technical Services
总 计	**Total**	**100.0**	**100.0**	**100.0**	**100.0**	**100.0**	**100.0**	**100.0**
未上过学	No Schooling	0.2	0.9	0.0	0.1	0.9	0.3	0.1
小 学	Primary School	7.0	12.8	0.8	0.9	9.2	4.0	1.1
初 中	Junior Secondary School	42.2	48.6	8.0	6.3	27.8	20.6	8.0
高 中	Senior Secondary School	25.4	24.1	13.1	11.0	24.1	19.1	11.5
大学专科	College	15.6	10.0	27.9	25.2	21.4	25.6	26.0
大学本科	University	9.1	3.5	43.2	48.8	15.6	27.3	41.8
研究生	Graduate and Higher Level	0.4	0.1	7.0	7.7	1.0	3.2	11.6
男	**Male**	**100.0**	**100.0**	**100.0**	**100.0**	**100.0**	**100.0**	**100.0**
未上过学	No Schooling	0.2	0.2	0.1	0.0	0.4	0.2	0.0
小 学	Primary School	7.1	7.5	0.7	0.7	8.4	4.6	0.9
初 中	Junior Secondary School	44.9	48.6	7.9	5.7	29.7	25.7	8.9
高 中	Senior Secondary School	26.2	28.9	13.3	10.2	25.2	21.1	12.7
大学专科	College	14.1	11.1	27.7	25.5	20.6	22.7	25.6
大学本科	University	7.1	3.6	43.1	49.7	14.9	23.0	40.9
研究生	Graduate and Higher Level	0.3	0.1	7.3	8.3	0.9	2.6	11.1
女	**Female**	**100.0**	**100.0**	**100.0**	**100.0**	**100.0**	**100.0**	**100.0**
未上过学	No Schooling	0.4	1.5	0.0	0.1	1.6	0.3	0.1
小 学	Primary School	6.1	17.5	0.9	1.1	10.4	3.0	1.5
初 中	Junior Secondary School	29.1	48.6	8.2	6.9	25.3	13.4	6.3
高 中	Senior Secondary School	21.4	19.9	12.8	11.8	22.6	16.3	9.3
大学专科	College	23.2	9.1	28.2	24.9	22.5	29.6	26.7
大学本科	University	18.9	3.3	43.4	48.0	16.6	33.4	43.6
研究生	Graduate and Higher Level	1.1	0.0	6.4	7.2	1.1	4.0	12.5

1-47 续表 2 continued

单位：% (%)

受教育程度	Educational Attainment	水利、环境和公共设施管理业 Management of Water Conservancy, Environment and Public Facilities	居民服务、修理和其他服务业 Services to Households, Repair and Other Services	教育 Education	卫生和社会工作 Health and Society	文化、体育和娱乐业 Culture, Sports and Entertainment	公共管理、社会保障和社会组织 Public Management Social Security and Social Organizations
总计	**Total**	**100.0**	**100.0**	**100.0**	**100.0**	**100.0**	**100.0**
未上过学	No Schooling	2.9	1.0	0.1	0.2	0.2	0.4
小学	Primary School	19.5	13.1	1.8	2.3	4.6	2.7
初中	Junior Secondary School	32.6	45.6	8.1	7.5	21.7	8.9
高中	Senior Secondary School	15.5	24.5	9.6	13.9	20.1	14.4
大学专科	College	14.2	11.4	22.1	30.9	22.3	27.9
大学本科	University	13.9	4.3	49.6	39.5	28.2	41.8
研究生	Graduate and Higher Level	1.4	0.2	8.6	5.7	2.9	4.0
男	**Male**	**100.0**	**100.0**	**100.0**	**100.0**	**100.0**	**100.0**
未上过学	No Schooling	1.5	0.4	0.1	0.1	0.1	0.2
小学	Primary School	15.3	9.9	1.4	2.5	3.5	2.4
初中	Junior Secondary School	34.4	46.4	8.5	9.4	19.6	9.6
高中	Senior Secondary School	18.2	27.1	9.4	15.4	21.8	16.0
大学专科	College	15.6	11.8	20.3	25.5	25.0	28.7
大学本科	University	13.7	4.3	49.9	39.4	27.5	39.7
研究生	Graduate and Higher Level	1.2	0.1	10.4	7.6	2.5	3.4
女	**Female**	**100.0**	**100.0**	**100.0**	**100.0**	**100.0**	**100.0**
未上过学	No Schooling	5.1	1.6	0.1	0.3	0.3	0.6
小学	Primary School	26.3	16.3	2.0	2.2	5.8	3.0
初中	Junior Secondary School	29.5	44.8	7.9	6.6	23.9	7.7
高中	Senior Secondary School	11.3	22.0	9.7	13.2	18.2	11.8
大学专科	College	11.8	11.0	23.0	33.4	19.4	26.6
大学本科	University	14.2	4.3	49.5	39.5	28.9	45.4
研究生	Graduate and Higher Level	1.8	0.2	7.6	4.8	3.4	4.9

1-48 城镇按年龄、性别分的就业人员职业构成
OCCUPATION OF URBAN EMPLOYED PERSONS BY AGE AND SEX

单位：% (%)

年 龄 Age	城 镇 就业人员 Urban Employed Persons	单 位 负责人 Unit Heads	专业技术 人 员 Technical Personnel	办事人员 和有关 人 员 Clerk and Related Workers	商业、 服务业 人 员 Business Service Personnel	农林牧渔 水利业 生产人员 Producers of Agriculture, Forestry, Animal Husbandry, Fishery and Water Conservancy	生产运输设 备操作人员 及有关人员 Production, Transport Equipment Operators and Related Workers	其 他 Others
总计 Total	**100.0**	**2.3**	**13.6**	**14.8**	**39.5**	**8.0**	**21.5**	**0.1**
16-19	100.0	0.1	6.7	6.2	51.3	7.5	28.2	0.0
20-24	100.0	0.5	21.7	16.0	42.2	2.0	17.5	0.1
25-29	100.0	1.2	22.0	17.6	40.6	1.8	16.8	0.0
30-34	100.0	2.2	17.5	16.9	40.9	2.3	20.1	0.0
35-39	100.0	3.1	15.4	16.5	40.8	2.9	21.3	0.0
40-44	100.0	3.3	14.4	15.2	40.6	4.0	22.4	0.1
45-49	100.0	3.0	11.1	14.2	40.2	6.2	25.3	0.1
50-54	100.0	2.6	8.9	13.1	38.8	10.1	26.4	0.1
55-59	100.0	2.1	7.1	13.8	36.6	16.7	23.6	0.1
60-64	100.0	1.4	3.4	9.1	35.8	30.7	19.6	0.1
65+	100.0	0.7	1.9	5.3	26.6	54.0	11.5	0.1
男 Male	**100.0**	**3.1**	**10.2**	**15.3**	**38.3**	**7.0**	**26.1**	**0.1**
16-19	100.0	0.1	3.3	5.1	49.7	8.0	33.8	0.0
20-24	100.0	0.7	13.2	13.7	45.6	2.3	24.5	0.1
25-29	100.0	1.5	14.3	15.5	44.0	1.9	22.7	0.0
30-34	100.0	2.9	12.1	15.2	41.9	2.2	25.7	0.0
35-39	100.0	4.0	11.6	15.6	40.5	2.7	25.5	0.0
40-44	100.0	4.5	11.3	15.5	39.1	3.6	26.0	0.1
45-49	100.0	4.1	9.2	15.5	36.7	5.6	28.9	0.1
50-54	100.0	3.4	7.7	15.9	34.5	7.7	30.6	0.1
55-59	100.0	2.7	7.8	18.3	31.9	11.9	27.4	0.1
60-64	100.0	1.9	4.1	12.9	32.1	24.2	24.7	0.1
65+	100.0	1.0	2.4	8.0	26.9	48.3	13.4	0.1
女 Female	**100.0**	**1.4**	**18.3**	**14.3**	**41.2**	**9.4**	**15.5**	**0.1**
16-19	100.0	0.0	12.1	8.0	53.7	6.7	19.5	
20-24	100.0	0.4	32.2	18.8	38.0	1.7	8.9	0.0
25-29	100.0	0.7	31.6	20.3	36.3	1.7	9.3	0.1
30-34	100.0	1.3	24.4	19.0	39.7	2.5	13.1	0.0
35-39	100.0	1.9	20.1	17.6	41.2	3.2	16.1	0.0
40-44	100.0	2.0	18.1	14.9	42.4	4.5	18.1	0.1
45-49	100.0	1.7	13.4	12.7	44.3	7.0	21.0	0.1
50-54	100.0	1.4	10.7	9.0	45.3	13.6	19.9	0.1
55-59	100.0	1.0	5.7	4.7	46.0	26.6	15.9	0.1
60-64	100.0	0.6	2.2	2.8	41.8	41.4	11.1	0.1
65+	100.0	0.4	1.2	1.4	26.1	62.1	8.8	0.0

1–49 城镇按职业、性别分的就业人员年龄构成
AGE COMPOSITION OF URBAN EMPLOYED PERSONS BY OCCUPATION AND SEX

单位：% (%)

年龄 Age	城镇就业人员 Urban Employed Persons	单位负责人 Unit Heads	专业技术人员 Technical Personnel	办事人员和有关人员 Clerk and Related Workers	商业、服务业人员 Business Service Personnel	农林牧渔水利业生产人员 Producers of Agriculture, Forestry, Animal Husbandry, Fishery and Water Conservancy	生产运输设备操作人员及有关人员 Production, Transport Equipment Operators and Related Workers	其他 Others
总计 Total	**100.0**	**100.0**	**100.0**	**100.0**	**100.0**	**100.0**	**100.0**	**100.0**
16–19	0.6	0.0	0.3	0.3	0.8	0.6	0.8	0.2
20–24	5.3	1.3	8.5	5.8	5.7	1.3	4.3	5.8
25–29	10.6	5.4	17.1	12.6	10.9	2.4	8.3	8.7
30–34	15.2	14.4	19.5	17.3	15.8	4.4	14.2	10.2
35–39	14.7	19.3	16.5	16.3	15.1	5.3	14.5	11.1
40–44	13.0	18.6	13.7	13.3	13.3	6.5	13.5	11.0
45–49	12.7	16.2	10.3	12.2	12.9	9.8	14.9	13.5
50–54	12.6	14.2	8.2	11.2	12.4	15.8	15.4	18.9
55–59	8.5	7.7	4.5	8.0	7.9	17.7	9.3	12.0
60–64	2.9	1.8	0.7	1.8	2.6	10.9	2.6	4.9
65+	3.8	1.2	0.5	1.3	2.5	25.3	2.0	3.6
男 Male	**100.0**	**100.0**	**100.0**	**100.0**	**100.0**	**100.0**	**100.0**	**100.0**
16–19	0.7	0.0	0.2	0.2	0.9	0.8	0.9	0.4
20–24	5.2	1.2	6.7	4.6	6.1	1.7	4.8	6.9
25–29	10.4	5.2	14.6	10.6	11.9	2.7	9.0	6.6
30–34	14.9	14.1	17.9	14.9	16.3	4.6	14.7	9.1
35–39	14.2	18.6	16.1	14.5	14.9	5.5	13.8	10.3
40–44	12.3	18.1	13.7	12.6	12.6	6.3	12.3	9.5
45–49	12.1	16.1	10.9	12.2	11.6	9.5	13.4	13.6
50–54	13.2	14.8	10.0	13.8	11.9	14.6	15.6	20.5
55–59	10.0	8.7	7.7	12.0	8.3	16.9	10.5	13.4
60–64	3.1	2.0	1.3	2.6	2.6	10.7	3.0	5.6
65+	3.9	1.2	0.9	2.0	2.7	26.7	2.0	4.0
女 Female	**100.0**	**100.0**	**100.0**	**100.0**	**100.0**	**100.0**	**100.0**	**100.0**
16–19	0.6	0.0	0.4	0.3	0.8	0.4	0.7	
20–24	5.6	1.5	9.8	7.4	5.2	1.0	3.2	3.9
25–29	10.9	5.7	18.9	15.6	9.7	2.0	6.5	12.3
30–34	15.6	15.3	20.8	20.8	15.0	4.1	13.2	12.0
35–39	15.4	21.2	16.8	18.9	15.4	5.2	16.0	12.4
40–44	13.9	20.3	13.7	14.5	14.3	6.6	16.2	13.6
45–49	13.6	16.7	9.9	12.1	14.6	10.1	18.4	13.4
50–54	11.7	12.4	6.9	7.4	12.9	16.9	15.1	16.1
55–59	6.6	4.7	2.1	2.2	7.3	18.6	6.8	9.7
60–64	2.5	1.1	0.3	0.5	2.6	11.1	1.8	3.7
65+	3.6	1.0	0.2	0.3	2.3	23.9	2.0	2.9

1-50 城镇按受教育程度、性别分的就业人员职业构成
OCCUPATION OF URBAN EMPLOYED PERSONS BY EDUCATIONAL ATTAINMENT AND SEX

单位：% (%)

受教育程度	Educational Attainment	城镇就业人员 Urban Employed Persons	单位负责人 Unit Heads	专业技术人员 Technical Personnel	办事人员和有关人员 Clerk and Related Workers	商业、服务业人员 Business Service Personnel	农林牧渔水利业生产人员 Producers in the Sectors of Agriculture, Forestry, Animal Husbandry, Fishery and Water Conservancy	生产运输设备操作人员及有关人员 Production, Transport Equipment Operators and Related Workers	其他 Others
总 计	**Total**	**100.0**	**2.3**	**13.6**	**14.8**	**39.5**	**8.0**	**21.5**	**0.1**
未上过学	No Schooling	100.0	0.2	0.5	1.8	28.8	49.0	19.7	0.1
小 学	Primary School	100.0	0.8	0.8	3.6	35.9	28.4	30.5	0.1
初 中	Junior Secondary School	100.0	1.6	2.3	6.4	45.7	10.9	33.1	0.1
高 中	Senior Secondary School	100.0	2.8	7.9	14.1	49.8	3.1	22.2	0.1
大学专科	College	100.0	3.3	23.1	25.6	36.6	0.6	10.7	0.0
大学本科	University	100.0	3.4	39.0	29.9	23.4	0.2	4.2	0.0
研究生	Graduate and Higher Level	100.0	3.3	55.5	23.4	15.6	0.0	2.1	0.0
男	**Male**	**100.0**	**3.1**	**10.2**	**15.3**	**38.3**	**7.0**	**26.1**	**0.1**
未上过学	No Schooling	100.0	0.3	0.7	3.8	26.4	43.8	25.0	0.2
小 学	Primary School	100.0	1.0	0.9	5.3	31.3	25.4	36.0	0.1
初 中	Junior Secondary School	100.0	2.0	2.0	7.2	41.5	9.9	37.3	0.1
高 中	Senior Secondary School	100.0	3.4	5.5	13.9	46.6	3.2	27.3	0.1
大学专科	College	100.0	4.5	15.9	25.5	38.3	0.8	15.0	0.0
大学本科	University	100.0	4.8	31.1	31.3	26.3	0.2	6.2	0.0
研究生	Graduate and Higher Level	100.0	4.8	51.6	23.0	17.8	0.1	2.6	0.0
女	**Female**	**100.0**	**1.4**	**18.3**	**14.3**	**41.2**	**9.4**	**15.5**	**0.1**
未上过学	No Schooling	100.0	0.1	0.4	1.1	29.8	51.0	17.7	0.0
小 学	Primary School	100.0	0.5	0.6	1.9	40.5	31.2	25.2	0.1
初 中	Junior Secondary School	100.0	1.1	2.7	5.2	52.1	12.3	26.6	0.1
高 中	Senior Secondary School	100.0	1.8	12.0	14.4	55.3	2.9	13.6	0.1
大学专科	College	100.0	1.9	32.3	25.8	34.4	0.4	5.1	0.0
大学本科	University	100.0	1.7	47.7	28.3	20.1	0.2	2.0	0.0
研究生	Graduate and Higher Level	100.0	1.6	59.9	23.7	13.2	0.0	1.5	0.0

1-51 城镇按职业、性别分的就业人员受教育程度构成
EDUCATIONAL ATTAINMENT OF URBAN EMPLOYED PERSONS BY OCCUPATION AND SEX

单位：% (%)

受教育程度	Educational Attainment	城镇就业人员 Urban Employed Persons	单位负责人 Unit Heads	专业技术人员 Technical Personnel	办事人员和有关人员 Clerk and Related Workers	商业、服务业人员 Business Service Personnel	农林牧渔水利业生产人员 Producers in the Sectors of Agriculture, Forestry, Animal Husbandry, Fishery and Water Conservancy	生产运输设备操作人员及有关人员 Production, Transport Equipment Operators and Related Workers	其他 Others
总计	**Total**	**100.0**	**100.0**	**100.0**	**100.0**	**100.0**	**100.0**	**100.0**	**100.0**
未上过学	No Schooling	1.0	0.1	0.0	0.1	0.8	6.3	0.9	1.2
小学	Primary School	11.0	3.6	0.6	2.6	10.0	38.8	15.6	17.8
初中	Junior Secondary School	33.9	23.6	5.7	14.6	39.2	45.8	52.0	43.7
高中	Senior Secondary School	19.4	23.1	11.3	18.4	24.4	7.5	20.0	18.5
大学专科	College	16.3	23.2	27.5	28.0	15.1	1.3	8.1	10.8
大学本科	University	16.4	23.6	46.8	33.0	9.7	0.4	3.2	7.2
研究生	Graduate and Higher Level	2.0	2.9	8.1	3.1	0.8	0.0	0.2	0.9
男	**Male**	**100.0**	**100.0**	**100.0**	**100.0**	**100.0**	**100.0**	**100.0**	**100.0**
未上过学	No Schooling	0.5	0.1	0.0	0.1	0.3	3.1	0.5	1.4
小学	Primary School	9.5	3.0	0.8	3.3	7.7	34.3	13.1	16.0
初中	Junior Secondary School	35.8	23.2	7.0	16.8	38.8	50.6	51.2	43.7
高中	Senior Secondary School	21.3	23.5	11.5	19.4	25.8	9.8	22.3	19.3
大学专科	College	16.0	23.4	25.0	26.7	16.0	1.8	9.2	10.9
大学本科	University	15.1	23.9	46.2	30.9	10.4	0.5	3.6	7.7
研究生	Graduate and Higher Level	1.9	2.9	9.4	2.8	0.9	0.0	0.2	1.0
女	**Female**	**100.0**	**100.0**	**100.0**	**100.0**	**100.0**	**100.0**	**100.0**	**100.0**
未上过学	No Schooling	1.8	0.1	0.0	0.1	1.3	9.5	2.0	0.9
小学	Primary School	13.0	5.2	0.5	1.7	12.8	43.2	21.2	20.8
初中	Junior Secondary School	31.4	24.8	4.7	11.4	39.8	41.0	54.0	43.8
高中	Senior Secondary School	16.9	21.9	11.1	17.1	22.7	5.2	14.8	17.1
大学专科	College	16.6	22.7	29.3	29.9	13.9	0.7	5.5	10.5
大学本科	University	18.1	22.7	47.3	36.1	8.9	0.3	2.3	6.2
研究生	Graduate and Higher Level	2.2	2.6	7.2	3.6	0.7	0.0	0.2	0.8

1-52 城镇就业人员调查周平均工作时间
WEEKLY WORKING HOURS OF URBAN EMPLOYED PERSONS

单位：小时／周 (hours/per week)

分 组	Group	2017	2018	2019	2020	2021	2022
全 部	**Total**	**46.2**	**46.5**	**46.8**	**47.0**	**47.6**	**48.0**
一、按年龄分组	**By Age**						
	16-19	48.6	48.3	48.1	48.6	48.3	48.9
	20-24	46.5	46.8	46.3	47.0	47.2	48.2
	25-29	46.5	46.6	46.9	47.2	47.6	50.0
	30-34	46.5	46.8	47.5	47.9	48.3	51.7
	35-39	46.6	46.9	47.2	47.7	48.2	46.9
	40-44	46.7	47.0	47.5	47.8	48.4	46.6
	45-49	46.4	46.8	47.6	47.7	48.4	51.4
	50-54	45.9	46.4	46.9	47.0	47.9	46.9
	55-59	44.8	45.2	45.7	45.7	46.4	47.4
	60-64	43.3	44.1	43.9	43.4	44.6	40.3
	65+	38.9	39.1	39.0	37.8	38.4	36.8
二、按职业分组	**By Occupation**						
单位负责人	Unit Head	47.5	47.8	48.3	48.6	48.9	49.5
专业技术人员	Technical Personnel	43.0	43.2	43.5	43.7	43.9	44.8
办事人员和有关人员	Clerk and Related Workers	43.5	43.6	44.2	44.7	45.2	46.0
商业、服务业人员	Business Service Personnel	48.3	48.5	49.1	49.6	49.7	50.3
农林牧渔水利业生产人员	Producers in the Sectors of Agriculture, Forestry, Animal Husbandry, Fishery and Water Conservancy	39.2	39.4	38.7	36.7	37.5	36.6
生产、运输设备操作人员及有关人员	Production, Transport Equipment Operators and Related Workers	48.9	49.2	49.8	50.3	51.2	51.4
其 他	Others	44.6	44.9	47.6	50.2	47.3	47.0
三、按受教育程度分组	**By Educational Attainment**						
未上过学	No Schooling	41.8	42.0	41.5	39.5	41.6	39.9
小 学	Primary School	46.2	46.5	46.4	45.6	46.9	46.3
初 中	Junior Secondary School	48.9	49.2	49.5	49.6	50.4	50.7
高 中	Senior Secondary School	46.9	47.3	47.9	48.5	48.9	49.8
大学专科	College	44.0	44.3	44.7	45.2	45.5	46.6
大学本科	University	42.1	42.3	42.7	42.8	43.1	44.2
研究生	Graduate and Higher Level	41.5	41.5	42.0	42.0	42.4	43.3

注：高中包括中等职业教育，大学专科包括高等职业教育，2017—2018年的数据依据此分类重新计算(下表同)。

Note: Senior secondary school include medium vocational education, and college include high vocational education. The data from 2017 to 2018 are recalculated according to this classification. The same applies to the tables following.

1－53 城镇男性就业人员调查周平均工作时间
WEEKLY WORKING HOURS OF URBAN MALE EMPLOYED PERSONS

单位：小时／周 (hours/per week)

分　组	Group	2017	2018	2019	2020	2021	2022
全　部	**Total**	**47.0**	**47.3**	**47.8**	**48.1**	**48.7**	**49.1**
一、按年龄分组	**By Age**						
	16-19	49.2	49.2	48.9	49.4	49.6	50.3
	20-24	47.4	47.6	47.5	48.1	48.6	49.6
	25-29	47.3	47.5	48.2	48.5	49.1	51.5
	30-34	47.3	47.8	48.7	49.2	49.7	53.1
	35-39	47.5	47.8	48.2	48.8	49.4	48.1
	40-44	47.3	47.6	48.4	48.7	49.4	47.6
	45-49	47.1	47.5	48.4	48.5	49.2	52.3
	50-54	46.4	46.9	47.6	47.9	48.5	47.4
	55-59	45.4	45.8	46.4	46.6	47.2	48.3
	60-64	45.2	45.7	45.6	45.4	46.3	41.7
	65+	40.6	40.8	40.7	39.8	40.4	38.9
二、按职业分组	**By Occupation**						
单位负责人	Unit Head	47.7	48.0	48.4	48.7	48.9	49.5
专业技术人员	Technical Personnel	43.6	43.9	44.3	44.7	45.0	45.4
办事人员和有关人员	Clerk and Related Workers	44.1	44.2	45.0	45.6	46.2	47.2
商业、服务业人员	Business Service Personnel	48.8	49.1	49.7	50.2	50.5	51.1
农林牧渔水利业生产人员	Producers in the Sectors of Agriculture, Forestry, Animal Husbandry, Fishery and Water Conservancy	41.2	41.4	40.8	39.2	39.7	39.0
生产、运输设备操作人员及有关人员	Production, Transport Equipment Operators and Related Workers	49.0	49.3	50.0	50.4	51.2	51.5
其　他	Others	45.3	45.9	49.1	50.6	48.7	47.9
三、按受教育程度分组	**By Educational Attainment**						
未上过学	No Schooling	44.2	43.6	43.4	41.5	43.3	41.5
小　学	Primary School	47.4	47.6	48.0	47.1	48.0	47.3
初　中	Junior Secondary School	49.6	50.0	50.3	50.5	51.3	51.6
高　中	Senior Secondary School	47.5	47.9	48.7	49.2	49.8	50.6
大学专科	College	44.5	44.9	45.5	46.0	46.4	47.5
大学本科	University	42.4	42.7	43.2	43.4	43.8	44.8
研究生	Graduate and Higher Level	41.7	41.8	42.4	42.4	42.9	43.8

1-54 城镇女性就业人员调查周平均工作时间
WEEKLY WORKING HOURS OF URBAN FEMALE EMPLOYED PERSONS

单位：小时／周　　　　(hours/per week)

分　　组	Group	2017	2018	2019	2020	2021	2022
全　部	**Total**	**45.2**	**45.5**	**45.5**	**45.6**	**46.2**	**46.6**
一、按年龄分组	**By Age**						
	16-19	47.6	46.8	46.8	47.6	46.3	46.8
	20-24	45.4	45.7	44.6	45.6	45.5	46.4
	25-29	45.4	45.4	45.3	45.6	45.8	48.1
	30-34	45.6	45.7	46.1	46.3	46.6	49.9
	35-39	45.6	45.8	46.0	46.4	46.8	45.4
	40-44	45.8	46.1	46.5	46.6	47.3	45.4
	45-49	45.6	46.0	46.7	46.8	47.5	50.2
	50-54	44.8	45.4	45.7	45.6	46.8	46.1
	55-59	43.3	43.9	44.1	43.7	44.8	45.5
	60-64	40.3	41.6	40.7	39.9	41.4	38.0
	65+	36.1	36.3	36.2	34.6	35.2	33.8
二、按职业分组	**By Occupation**						
单位负责人	Unit Head	46.9	47.5	47.7	48.4	48.7	49.7
专业技术人员	Technical Personnel	42.4	42.6	42.8	43.0	43.1	44.3
办事人员和有关人员	Clerk and Related Workers	42.6	42.8	43.0	43.4	43.7	44.4
商业、服务业人员	Business Service Personnel	47.7	47.8	48.4	48.8	48.8	49.3
农林牧渔水利业生产人员	Producers in the Sectors of Agriculture, Forestry, Animal Husbandry, Fishery and Water Conservancy	37.4	37.6	36.7	34.4	35.2	34.3
生产、运输设备操作人员及有关人员	Production, Transport Equipment Operators and Related Workers	48.7	49	49.4	49.9	51.2	51.3
其　他	Others	43.5	43.5	44.8	49.3	44.4	45.3
三、按受教育程度分组	**By Educational Attainment**						
未上过学	No Schooling	40.7	41.3	40.8	38.7	40.8	39.2
小　学	Primary School	44.9	45.3	44.9	44.1	45.7	45.2
初　中	Junior Secondary School	47.8	48.0	48.2	48.1	49.1	49.3
高　中	Senior Secondary School	46.0	46.5	46.7	47.3	47.4	48.4
大学专科	College	43.3	43.6	43.7	44.2	44.3	45.3
大学本科	University	41.7	41.9	42.1	42.2	42.3	43.5
研究生	Graduate and Higher Level	41.2	41.2	41.5	41.5	41.7	42.8

1−55 城镇按行业、性别分的就业人员调查周平均工作时间
WEEKLY WORKING HOURS IN URBAN AREA BY SECTOR AND SEX

单位：小时／周 (hours/per week)

行　业	Sector	2022	男 Male	女 Female
总　计	**National Total**	**48.0**	**49.1**	**46.6**
农、林、牧、渔业	Farming, Forestry, Animal Husbandry and Fishery	37.0	39.4	34.5
采矿业	Mining	48.2	48.9	44.2
制造业	Manufacturing	50.8	51.3	50.1
电力、热力、燃气及水生产和供应业	Production and Supply of Electricity, Heat, Gas and Water	44.9	45.6	42.9
建筑业	Construction	49.3	49.8	46
批发和零售业	Wholesale and Retail Trades	51.1	52.0	50.2
交通运输、仓储和邮政业	Transport, Storage and Post	50.5	51.1	47.3
住宿和餐饮业	Hotels and Catering Services	53.5	55.3	51.9
信息传输、软件和信息技术服务业	Information Transmission, Software and Information Technology	44.9	45.6	43.7
金融业	Financial Intermediation	42.6	43.5	41.9
房地产业	Real Estate	47.8	49.4	45.7
租赁和商务服务业	Leasing and Business Services	46.0	47.5	43.8
科学研究和技术服务业	Scientific Research and Technical Service	44.1	44.8	42.6
水利、环境和公共设施管理业	Management of Water Conservancy, Environment and Public Establishment	46.2	46.5	45.7
居民服务、修理和其他服务业	Services to Household, Repair and Other Services	51.1	52.5	49.7
教育	Education	43.5	44.3	43.1
卫生和社会工作	Health and Social Service	48.1	48.9	47.7
文化体育和娱乐业	Culture, Sports and Entertainment	46.1	46.8	45.3
公共管理、社会保障和社会组织	Public Management, Social Security and Social Organization	45.3	45.9	44.2

1–56 城镇按年龄、性别分的就业人员工作时间构成
WORKING HOURS OF URBAN EMPLOYED PERSONS BY AGE AND SEX

单位：% (%)

年龄 Age	城镇就业人员 Urban Employed Persons	1–8小时 1-8 Hours	9–19小时 9-19 Hours	20–39小时 20-39 Hours	40小时 40 Hours	41–48小时 41-48 Hours	48小时以上 48 Hours Above
总计 Total	**100.0**	**0.7**	**2.0**	**11.5**	**20.8**	**20.4**	**44.6**
16–19	100.0	1.9	4.1	11.4	10.4	17.8	54.4
20–24	100.0	0.7	1.6	8.3	23.3	24.4	41.8
25–29	100.0	0.4	1.1	8.2	25.1	23.7	41.5
30–34	100.0	0.5	1.2	8.2	23.3	22.6	44.2
35–39	100.0	0.4	1.3	8.6	23.0	21.4	45.2
40–44	100.0	0.5	1.4	9.1	22.4	20.4	46.2
45–49	100.0	0.5	1.7	10.5	20.0	19.7	47.6
50–54	100.0	0.7	2.2	12.7	18.4	18.4	47.7
55–59	100.0	1.0	3.0	16.4	17.5	17.6	44.6
60–64	100.0	1.7	5.2	23.7	11.0	15.4	43.0
65+	100.0	2.8	10.3	36.3	8.1	11.8	30.7
男 Male	**100.0**	**0.6**	**1.7**	**10.1**	**19.5**	**19.8**	**48.4**
16–19	100.0	0.9	3.9	10.2	9.0	17.9	58.0
20–24	100.0	0.5	1.3	7.7	19.7	23.2	47.6
25–29	100.0	0.3	0.9	7.3	21.2	22.9	47.5
30–34	100.0	0.4	1.0	7.0	20.2	21.5	49.9
35–39	100.0	0.4	1.1	7.2	21.1	20.7	49.6
40–44	100.0	0.4	1.1	7.9	21.1	19.6	49.8
45–49	100.0	0.4	1.4	9.4	19.4	19.0	50.3
50–54	100.0	0.6	1.7	10.8	19.3	18.6	49.0
55–59	100.0	0.7	2.2	13.3	20.0	18.2	45.5
60–64	100.0	1.4	4.0	20.2	11.8	16.0	46.7
65+	100.0	2.3	8.4	32.9	8.4	12.5	35.5
女 Female	**100.0**	**0.9**	**2.5**	**13.3**	**22.6**	**21.1**	**39.6**
16–19	100.0	3.3	4.4	13.3	12.7	17.5	48.8
20–24	100.0	0.9	2.0	8.9	27.7	25.8	34.7
25–29	100.0	0.5	1.3	9.4	30.2	24.8	33.8
30–34	100.0	0.5	1.4	9.7	27.4	24.1	37.0
35–39	100.0	0.5	1.6	10.3	25.5	22.3	39.8
40–44	100.0	0.7	1.6	10.6	23.9	21.3	42.0
45–49	100.0	0.7	2.0	11.9	20.7	20.4	44.3
50–54	100.0	0.8	2.9	15.5	17.1	18.1	45.6
55–59	100.0	1.4	4.6	22.6	12.4	16.4	42.6
60–64	100.0	2.2	7.3	29.6	9.6	14.4	36.9
65+	100.0	3.6	12.9	41.2	7.7	10.9	23.8

1-57 城镇按受教育程度、性别分的就业人员工作时间构成
WORKING HOURS OF URBAN EMPLOYED PERSONS BY EDUCATIONAL ATTAINMENT AND SEX

单位：% (%)

受教育程度	Educational Attainment	城镇就业人员 Urban Employed Persons	1-8小时 1-8 Hours	9-19小时 9-19 Hours	20-39小时 20-39 Hours	40小时 40 Hours	41-48小时 41-48 Hours	48小时以上 48 Hours Above
总　计	**Total**	**100.0**	**0.7**	**2.0**	**11.5**	**20.8**	**20.4**	**44.6**
未上过学	No Schooling	100.0	2.5	9.7	33.3	6.2	12.3	36.0
小　学	Primary School	100.0	1.3	4.7	21.8	8.2	14.6	49.4
初　中	Junior Secondary School	100.0	0.7	2.3	12.3	10.1	17.1	57.5
高　中	Senior Secondary School	100.0	0.6	1.5	8.7	17.2	22.1	49.9
大学专科	College	100.0	0.5	1.1	7.9	31.0	25.8	33.7
大学本科	University	100.0	0.5	1.0	8.5	43.0	23.9	23.1
研究生	Graduate and Higher Level	100.0	0.4	0.8	8.5	47.7	22.1	20.4
男	**Male**	**100.0**	**0.6**	**1.7**	**10.1**	**19.5**	**19.8**	**48.4**
未上过学	No Schooling	100.0	1.8	8.8	30.7	6.1	12.0	40.6
小　学	Primary School	100.0	1.1	4.0	19.8	8.1	14.3	52.6
初　中	Junior Secondary School	100.0	0.6	2.0	11.1	9.7	16.3	60.4
高　中	Senior Secondary School	100.0	0.5	1.3	7.9	16.4	20.9	53.0
大学专科	College	100.0	0.4	0.9	7.0	29.0	25.2	37.6
大学本科	University	100.0	0.4	0.8	7.7	40.9	24.3	25.9
研究生	Graduate and Higher Level	100.0	0.4	0.7	7.6	46.0	22.4	23.0
女	**Female**	**100.0**	**0.9**	**2.5**	**13.3**	**22.6**	**21.1**	**39.6**
未上过学	No Schooling	100.0	2.7	10.1	34.3	6.2	12.4	34.3
小　学	Primary School	100.0	1.5	5.4	23.8	8.2	14.9	46.2
初　中	Junior Secondary School	100.0	0.9	2.9	14.2	10.7	18.3	53.1
高　中	Senior Secondary School	100.0	0.7	1.9	10.1	18.5	24.1	44.7
大学专科	College	100.0	0.6	1.3	9.2	33.6	26.6	28.7
大学本科	University	100.0	0.6	1.1	9.5	45.4	23.5	19.9
研究生	Graduate and Higher Level	100.0	0.5	1.0	9.6	49.6	21.8	17.6

1-58 城镇按行业、性别分的就业人员工作时间构成
WORKING HOURS OF URBAN EMPLOYED PERSONS BY SECTOR AND SEX

单位：%　　　　　　　　　　　　　　　　　　　　　　　　　　　　　　　　　　　　(%)

项　目	Item	城镇就业人员 Urban Employed Persons	1-8小时 1-8 Hours	9-19小时 9-19 Hours	20-39小时 20-39 Hours	40小时 40 Hours	41-48小时 41-48 Hours	48小时以上 48 Hours Above
总　计	**National Total**	**100.0**	**0.7**	**2.0**	**11.5**	**20.8**	**20.4**	**44.6**
农、林、牧、渔业	Agriculture, Forestry, Animal Husbandry and Fishery	100.0	2.9	10.1	39.0	8.3	12.4	27.2
采矿业	Mining	100.0	0.5	1.0	6.1	26.5	18.5	47.4
制造业	Manufacturing	100.0	0.4	1.0	6.9	16.1	22.7	53.0
电力、热力、燃气及水生产和供应业	Production and Supply of Electricity Power, Heat Power, Gas and Water	100.0	0.4	0.7	9.6	37.2	22.8	29.4
建筑业	Construction	100.0	0.5	1.8	11.2	14.8	18.3	53.5
批发和零售业	Wholesale and Retail Trades	100.0	0.5	1.4	9.3	14.2	20.4	54.3
交通运输、仓储和邮政业	Transport, Storage and Post	100.0	0.6	1.5	9.9	17.5	18.2	52.3
住宿和餐饮业	Hotels and Catering Services	100.0	0.5	1.7	8.7	9.7	17.1	62.2
信息传输、软件和信息技术服务业	Information Transmission, Software and Information Technical Services	100.0	0.3	0.9	7.6	38.5	25.8	26.8
金融业	Financial Intermediation	100.0	0.5	1.4	9.7	43.8	23.8	20.7
房地产业	Real Estate	100.0	0.4	0.8	6.8	22.6	29.5	39.9
租赁和商务服务业	Leasing and Business Services	100.0	0.4	1.4	10.1	31.4	24.1	32.6
科学研究和技术服务业	Scientific Research and Technical Services	100.0	0.3	0.8	8.4	41.8	25.2	23.5
水利、环境和公共设施管理业	Management of Water Conservancy, Environment and Public Facilities	100.0	0.7	1.7	11.0	24.4	22.3	40.0
居民服务、修理和其他服务业	Services to Households, Repair and Other Services	100.0	0.6	2.3	11.2	11.9	17.6	56.4
教育	Education	100.0	0.9	1.8	10.3	42.8	20.5	23.6
卫生和社会工作	Health and Society	100.0	0.3	0.6	6.8	28.9	25.3	38.2
文化体育和娱乐业	Culture, Sports and Entertainment	100.0	1.1	2.1	13.0	26.2	20.6	37.0
公共管理、社会保障和社会组织	Public Management, Social Security and Social	100.0	0.4	0.8	9.4	42.2	20.2	27.0
男	**Male**	**100.0**	**0.6**	**1.7**	**10.1**	**19.5**	**19.8**	**48.4**
农、林、牧、渔业	Agriculture, Forestry, Animal Husbandry and Fishery	100.0	2.3	8.2	35.2	8.6	13.3	32.5
采矿业	Mining	100.0	0.5	0.9	5.4	24.4	18.5	50.3
制造业	Manufacturing	100.0	0.3	0.8	5.5	15.9	22.7	54.7
电力、热力、燃气及水生产和供应业	Production and Supply of Electricity Power, Heat Power, Gas and Water	100.0	0.5	0.6	8.8	35.2	22.2	32.7
建筑业	Construction	100.0	0.5	1.7	10.9	13.3	17.6	56.0
批发和零售业	Wholesale and Retail Trades	100.0	0.4	1.2	8.4	14.2	18.8	57.0
交通运输、仓储和邮政业	Transport, Storage and Post	100.0	0.6	1.5	9.7	15.5	17.3	55.3
住宿和餐饮业	Hotels and Catering Services	100.0	0.4	1.4	6.9	9.0	15.6	66.7
信息传输、软件和信息技术服务业	Information Transmission, Software and Information Technical Services	100.0	0.3	0.8	6.9	36.9	25.2	30.0

1-58 续表 continued

单位：% (%)

项 目	Item	城镇就业人员 Urban Employed Persons	1-8小时 1-8 Hours	9-19小时 9-19 Hours	20-39小时 20-39 Hours	40小时 40 Hours	41-48小时 41-48 Hours	48小时以上 48 Hours Above
金融业	Financial Intermediation	100.0	0.4	1.0	8.0	43.5	24.5	22.5
房地产业	Real Estate	100.0	0.4	0.7	5.5	20.4	27.3	45.6
租赁和商务服务业	Leasing and Business Services	100.0	0.4	1.2	9.0	27.3	23.2	38.9
科学研究和技术服务业	Scientific Research and Technical Services	100.0	0.3	0.8	7.6	38.5	26.0	26.9
水利、环境和公共设施管理业	Management of Water Conservancy, Environment and Public Facilities	100.0	0.6	1.6	10.3	24.8	22.3	40.5
居民服务、修理和其他服务业	Services to Households, Repair and Other Services	100.0	0.6	1.9	9.4	11.1	16.3	60.6
教育	Education	100.0	0.7	1.7	9.7	40.1	20.3	27.5
卫生和社会工作	Health and Society	100.0	0.3	0.7	6.3	27.5	23.5	41.7
文化体育和娱乐业	Culture, Sports and Entertainment	100.0	0.7	2.1	11.5	25.5	20.1	40.1
公共管理、社会保障和社会组织	Public Management, Social Security and Social Organizations	100.0	0.3	0.7	8.2	40.5	20.7	29.6
女	**Female**	**100.0**	**0.9**	**2.5**	**13.3**	**22.6**	**21.1**	**39.6**
农、林、牧、渔业	Agriculture, Forestry, Animal Husbandry and Fishery	100.0	3.6	12.2	43.0	8.0	11.6	21.7
采矿业	Mining	100.0	0.5	1.4	10.2	38.5	18.4	31.0
制造业	Manufacturing	100.0	0.4	1.2	8.8	16.4	22.7	50.5
电力、热力、燃气及水生产和供应业	Production and Supply of Electricity Power, Heat Power, Gas and Water	100.0	0.3	1.0	11.7	42.7	24.4	20.1
建筑业	Construction	100.0	0.6	1.9	12.7	24.2	22.4	38.2
批发和零售业	Wholesale and Retail Trades	100.0	0.5	1.5	10.0	14.2	21.8	51.9
交通运输、仓储和邮政业	Transport, Storage and Post	100.0	0.5	1.5	11.0	27.2	22.2	37.7
住宿和餐饮业	Hotels and Catering Services	100.0	0.6	1.9	10.4	10.4	18.5	58.2
信息传输、软件和信息技术服务业	Information Transmission, Software and Information Technical Services	100.0	0.5	1.1	8.9	41.4	26.9	21.1
金融业	Financial Intermediation	100.0	0.6	1.9	11.4	44.1	23.2	18.9
房地产业	Real Estate	100.0	0.4	1.0	8.4	25.5	32.4	32.3
租赁和商务服务业	Leasing and Business Services	100.0	0.5	1.7	11.6	37.4	25.4	23.5
科学研究和技术服务业	Scientific Research and Technical Services	100.0	0.4	0.9	10.0	47.7	23.7	17.3
水利、环境和公共设施管理业	Management of Water Conservancy, Environment and Public Facilities	100.0	0.7	1.8	12.2	23.9	22.3	39.0
居民服务、修理和其他服务业	Services to Households, Repair and Other Services	100.0	0.7	2.7	12.9	12.7	18.8	52.2
教育	Education	100.0	1.0	1.9	10.6	44.2	20.6	21.7
卫生和社会工作	Health and Society	100.0	0.3	0.6	7.0	29.5	26.2	36.5
文化体育和娱乐业	Culture, Sports and Entertainment	100.0	1.5	2.1	14.7	26.9	21.1	33.7
公共管理、社会保障和社会组织	Public Management, Social Security and Social Organizations	100.0	0.5	1.0	11.3	45.0	19.4	22.8

1−59 城镇按职业、性别分的就业人员工作时间构成
WORKING HOURS OF URBAN EMPLOYED PERSONS BY OCCUPATION AND SEX

单位：% (%)

职 业	Occupation	城镇就业人员 Urban Employed Persons	1−8小时 1-8 Hours	9−19小时 9-19 Hours	20−39小时 20-39 Hours	40小时 40 Hours	41−48小时 41-48 Hours	48小时以上 48 Hours Above
合 计	**Total**	**100.0**	**0.7**	**2.0**	**11.5**	**20.8**	**20.4**	**44.6**
单位负责人	Unit Head	100.0	0.5	0.9	7.5	24.5	18.7	47.8
专业技术人员	Technical Personnel	100.0	0.5	1.2	8.8	38.7	23.8	27.0
办事人员和有关人员	Clerk and Related Workers	100.0	0.4	0.9	7.9	36.1	23.8	30.9
商业、服务业人员	Business Service Personnel	100.0	0.5	1.5	9.6	16.2	20.4	51.9
农林牧渔水利业生产人员	Producers in the Sectors of Agriculture, Forestry, Animal Husbandry, Fishery and Water Conservancy	100.0	3.0	10.5	39.8	7.9	12.2	26.6
生产运输设备操作人员及有关人员	Production, Transport Equipment Operators and Related Workers	100.0	0.4	1.4	8.8	11.8	19.1	58.5
其 他	Others	100.0	1.6	1.5	17.9	16.3	16.4	46.2
男	**Male**	**100.0**	**0.6**	**1.7**	**10.1**	**19.5**	**19.8**	**48.4**
单位负责人	Unit Head	100.0	0.4	0.8	6.7	24.7	19.4	48.0
专业技术人员	Technical Personnel	100.0	0.4	1.0	8.0	35.9	24.1	30.6
办事人员和有关人员	Clerk and Related Workers	100.0	0.3	0.7	7.0	33.4	22.9	35.6
商业、服务业人员	Business Service Personnel	100.0	0.5	1.3	8.5	16.3	19.3	54.0
农林牧渔水利业生产人员	Producers in the Sectors of Agriculture, Forestry, Animal Husbandry, Fishery and Water Conservancy	100.0	2.4	8.5	36.2	8.1	13.1	31.8
生产运输设备操作人员及有关人员	Production, Transport Equipment Operators and Related Workers	100.0	0.4	1.3	8.2	11.9	19.0	59.1
其 他	Others	100.0	1.2	1.9	14.4	16.8	15.5	50.2
女	**Female**	**100.0**	**0.9**	**2.5**	**13.3**	**22.6**	**21.1**	**39.6**
单位负责人	Unit Head	100.0	0.8	1.3	9.9	23.8	16.8	47.4
专业技术人员	Technical Personnel	100.0	0.6	1.3	9.4	40.8	23.7	24.2
办事人员和有关人员	Clerk and Related Workers	100.0	0.5	1.1	9.1	40.1	25.2	24.1
商业、服务业人员	Business Service Personnel	100.0	0.6	1.8	10.9	15.9	21.7	49.1
农林牧渔水利业生产人员	Producers in the Sectors of Agriculture, Forestry, Animal Husbandry, Fishery and Water Conservancy	100.0	3.6	12.4	43.4	7.7	11.3	21.4
生产运输设备操作人员及有关人员	Production, Transport Equipment Operators and Related Workers	100.0	0.4	1.4	10.1	11.4	19.3	57.3
其 他	Others	100.0	2.3	0.9	23.9	15.4	18.0	39.5

1-60 城镇按年龄、性别分的失业人员结束上一份工作原因构成
REASON FOR ENDING PREVIOUS JOB OF URBAN UNEMPLOYED PERSONS BY AGE AND SEX

单位：%　(%)

年龄 Age	城镇失业人员 Urban Unemployed Persons	从没工作过 Never worked	退休 Retired	健康或身体原因 Health or Physical Reasons	照顾家庭 To take care of family	参加学习培训 Participated in learning and training	对上份工作不满意 Dissatisfied with last job
总计 Total	**100.0**	**16.9**	**2.5**	**5.2**	**15.0**	**3.6**	**15.8**
16–19	100.0	49.8		0.4	1.2	13.8	18.3
20–24	100.0	57.3		1.5	2.2	8.8	14.9
25–29	100.0	18.6		3.1	12.4	7.6	25.2
30–34	100.0	5.1	0.0	3.9	26.7	2.3	21.1
35–39	100.0	4.3	0.0	4.4	26.6	1.2	17.2
40–44	100.0	3.7	0.0	5.9	24.8	0.8	15.1
45–49	100.0	3.1	0.2	7.9	16.5	0.4	13.3
50–54	100.0	2.7	11.0	8.6	12.1	0.1	9.7
55–59	100.0	3.1	9.0	10.4	11.7	0.0	7.8
60–64	100.0	3.3	20.1	9.8	10.8		4.3
65+	100.0	5.5	13.6	16.1	7.9		3.6
男 Male	**100.0**	**15.6**	**1.3**	**4.8**	**4.0**	**3.7**	**18.1**
16–19	100.0	47.6		0.1	0.3	15.0	19.3
20–24	100.0	54.2		1.3	0.7	9.0	16.1
25–29	100.0	17.2		2.1	3.7	6.3	28.7
30–34	100.0	3.1	0.0	3.1	4.8	2.1	27.9
35–39	100.0	1.5	0.0	4.1	4.7	1.6	21.8
40–44	100.0	1.1	0.1	5.9	7.0	0.9	17.7
45–49	100.0	1.1	0.1	6.6	4.7	0.5	14.6
50–54	100.0	1.0	0.5	7.9	5.2	0.2	11.5
55–59	100.0	1.4	3.8	10.5	4.9	0.0	8.9
60–64	100.0	1.5	22.4	9.6	7.2		4.5
65+	100.0	3.5	15.3	15.9	4.6		3.3
女 Female	**100.0**	**18.3**	**3.7**	**5.6**	**26.0**	**3.5**	**13.4**
16–19	100.0	53.2		0.8	2.7	11.9	16.6
20–24	100.0	60.6		1.6	3.7	8.6	13.7
25–29	100.0	20.1		4.3	22.2	9.1	21.4
30–34	100.0	6.7		4.5	44.2	2.4	15.7
35–39	100.0	6.5		4.6	43.8	0.8	13.6
40–44	100.0	5.6		6.0	38.7	0.8	13.0
45–49	100.0	4.8	0.2	9.1	26.8	0.3	12.2
50–54	100.0	4.5	21.2	9.4	18.8	0.0	7.9
55–59	100.0	5.6	16.8	10.2	22.3	0.1	6.0
60–64	100.0	6.6	15.9	10.1	17.1		4.0
65+	100.0	9.0	10.7	16.3	13.3		4.1

注：根据劳动力调查制度调整，原失业人员未工作原因调整为结束上一份工作原因数据表(下表同)。

Note:According to the adjustment of the Labor Force Survey, the table of the reason for unemployment of urban unemployed persons is adjusted to the table of the reason for ending previous job of urban unemployed persons. The same applies to the tables following.

1-60 续表 continued

单位：% (%)

年龄 Age	上一份工作任务完成(包括打零工) Last Job Task Completed (Including Part-time Job)	被解聘 Fired	季节性歇业 Seasonal Shut down	单位/个体经营户倒闭停产 Unit/Self-employed Individuals Closed down or Stopped Production	承包土地被征用或流转 Land Expropriated or Transferred	其他 Others
总计 Total	**15.4**	**3.0**	**2.4**	**7.0**	**0.2**	**12.8**
16–19	8.6	1.4	1.0	1.5		4.0
20–24	6.6	1.2	0.4	2.4		4.8
25–29	12.6	2.5	1.2	5.5	0.0	11.3
30–34	13.7	3.1	2.1	7.1	0.2	14.7
35–39	14.7	3.1	2.2	7.8	0.2	18.4
40–44	16.8	2.9	2.9	9.1	0.3	17.6
45–49	21.0	4.6	3.7	11.9	0.3	17.3
50–54	20.5	4.8	3.8	10.2	0.3	16.2
55–59	25.8	4.1	4.8	9.3	1.1	13.0
60–64	29.1	2.8	6.8	4.3	0.3	8.4
65+	29.2	5.4	5.8	3.9	1.1	7.9
男 Male	**21.1**	**3.5**	**3.0**	**8.5**	**0.2**	**16.2**
16–19	9.7	1.0	1.3	1.4		4.3
20–24	8.1	1.2	0.6	2.8		6.0
25–29	17.0	2.8	1.7	6.7	0.0	13.8
30–34	22.5	3.7	3.0	9.3	0.2	20.2
35–39	23.0	4.3	2.9	10.4	0.4	25.3
40–44	25.6	2.8	3.9	11.0	0.3	23.6
45–49	28.4	4.6	4.2	12.5	0.2	22.5
50–54	27.6	5.7	4.7	14.5	0.4	21.0
55–59	31.0	5.3	5.3	12.5	0.6	15.7
60–64	31.1	3.5	6.2	4.0	0.3	9.8
65+	31.1	7.0	5.7	3.7	1.2	8.7
女 Female	**9.8**	**2.6**	**1.8**	**5.5**	**0.3**	**9.5**
16–19	6.9	2.1	0.4	1.8		3.6
20–24	5.0	1.1	0.2	2.0		3.4
25–29	7.7	2.1	0.7	4.2		8.4
30–34	6.7	2.6	1.4	5.4	0.2	10.2
35–39	8.2	2.2	1.6	5.7	0.1	13.0
40–44	9.9	3.0	2.1	7.7	0.3	13.0
45–49	14.5	4.6	3.2	11.4	0.3	12.7
50–54	13.6	3.8	3.0	6.1	0.3	11.5
55–59	17.7	2.2	3.9	4.4	1.9	8.8
60–64	25.5	1.6	8.0	4.7	0.3	6.1
65+	26.0	2.8	5.9	4.3	1.0	6.6

1-61 城镇按结束上一份工作原因、性别分的失业人员年龄构成
AGE COMPOSITION OF URBAN UNEMPLOYED PERSONS BY REASON AND SEX

单位：% (%)

年龄 Age	城镇失业人员 Urban Unemployed Persons	从没工作过 Never worked	退休 Retired	健康或身体原因 Health or Physical Reasons	照顾家庭 To take care of family	参加学习培训 Participated in learning and training	对上份工作不满意 Dissatisfied with last job
总计 Total	**100.0**	**100.0**	**100.0**	**100.0**	**100.0**	**100.0**	**100.0**
16–19	3.1	9.0		0.2	0.3	11.7	3.5
20–24	18.4	62.1		5.1	2.6	45.1	17.4
25–29	13.1	14.4		7.9	10.9	27.9	21.0
30–34	12.5	3.8	0.1	9.3	22.3	8.0	16.8
35–39	11.2	2.9	0.0	9.5	19.9	3.7	12.2
40–44	9.8	2.1	0.1	11.2	16.2	2.3	9.4
45–49	9.9	1.8	0.8	15.1	10.9	1.0	8.4
50–54	10.8	1.7	47.0	17.9	8.7	0.3	6.6
55–59	7.6	1.4	26.8	15.1	5.9	0.1	3.7
60–64	2.2	0.4	17.1	4.1	1.6		0.6
65+	1.5	0.5	8.0	4.6	0.8		0.3
男 Male	**100.0**	**100.0**	**100.0**	**100.0**	**100.0**	**100.0**	**100.0**
16–19	3.7	11.4		0.1	0.3	15.1	4.0
20–24	19.2	66.8		5.2	3.4	46.6	17.0
25–29	13.8	15.3		6.1	12.8	23.6	21.9
30–34	11.1	2.2	0.3	7.3	13.4	6.4	17.1
35–39	9.9	0.9	0.2	8.5	11.6	4.4	11.8
40–44	8.6	0.6	0.5	10.6	15.2	2.2	8.4
45–49	9.3	0.6	0.9	12.7	11.0	1.2	7.5
50–54	10.6	0.7	4.0	17.5	13.9	0.4	6.7
55–59	9.2	0.8	26.3	20.2	11.2	0.1	4.5
60–64	2.8	0.3	46.4	5.6	5.0		0.7
65+	1.9	0.4	21.4	6.2	2.2		0.3
女 Female	**100.0**	**100.0**	**100.0**	**100.0**	**100.0**	**100.0**	**100.0**
16–19	2.4	6.9		0.3	0.2	8.1	3.0
20–24	17.5	58.1		5.0	2.5	43.4	17.9
25–29	12.4	13.6		9.4	10.6	32.3	19.8
30–34	13.9	5.1		11.0	23.6	9.7	16.3
35–39	12.6	4.5		10.3	21.1	3.0	12.7
40–44	11.0	3.4		11.7	16.4	2.4	10.7
45–49	10.6	2.8	0.7	17.1	10.9	0.8	9.6
50–54	10.9	2.7	62.4	18.2	7.9	0.1	6.4
55–59	6.0	1.8	27.0	10.9	5.1	0.1	2.7
60–64	1.6	0.6	6.7	2.8	1.0		0.5
65+	1.1	0.6	3.2	3.3	0.6		0.3

1-61 续表 continued

单位：% (%)

年 龄 Age	上一份工作任务完成(包括打零工) Last Job Task Completed (Including Part-time Job)	被解聘 Fired	季节性歇业 Seasonal Shut down	单位/个体经营户倒闭停产 Unit/Self-employed Individuals Closed down or Stopped Production	承包土地被征用或流转 Land Expropriated or Transferred	其 他 Others
总计 Total	**100.0**	**100.0**	**100.0**	**100.0**	**100.0**	**100.0**
16–19	1.7	1.4	1.2	0.7		1.0
20–24	7.9	7.0	3.1	6.4		6.8
25–29	10.7	10.7	6.4	10.2	1.1	11.5
30–34	11.1	12.7	10.8	12.7	9.1	14.3
35–39	10.7	11.5	10.2	12.4	9.7	16.1
40–44	10.7	9.4	11.8	12.8	10.9	13.5
45–49	13.5	15.1	15.0	16.8	11.1	13.3
50–54	14.3	17.0	17.0	15.7	15.1	13.6
55–59	12.7	10.3	14.9	10.1	33.2	7.7
60–64	4.1	2.0	6.1	1.3	2.9	1.4
65+	2.8	2.7	3.6	0.8	6.9	0.9
男 Male	**100.0**	**100.0**	**100.0**	**100.0**	**100.0**	**100.0**
16–19	1.7	1.1	1.6	0.6		1.0
20–24	7.4	6.6	3.7	6.3		7.1
25–29	11.2	11.3	7.7	10.8	2.3	11.8
30–34	11.9	11.7	11.0	12.1	10.2	13.9
35–39	10.8	12.1	9.6	12.0	16.4	15.4
40–44	10.4	7.0	11.3	11.1	10.6	12.5
45–49	12.5	12.2	13.0	13.5	8.4	12.9
50–54	13.9	17.5	16.5	18.0	16.9	13.8
55–59	13.5	14.1	16.4	13.5	21.6	8.9
60–64	4.1	2.8	5.7	1.3	3.7	1.7
65+	2.8	3.8	3.6	0.8	9.8	1.0
女 Female	**100.0**	**100.0**	**100.0**	**100.0**	**100.0**	**100.0**
16–19	1.7	2.0	0.6	0.8		0.9
20–24	8.9	7.7	2.1	6.5		6.2
25–29	9.7	10.0	4.4	9.4		11.0
30–34	9.5	14.1	10.5	13.7	8.1	15.0
35–39	10.5	10.6	11.0	13.1	3.7	17.2
40–44	11.2	12.8	12.7	15.5	11.1	15.1
45–49	15.6	19.1	18.1	21.9	13.5	14.1
50–54	15.2	16.3	17.8	12.1	13.5	13.2
55–59	10.8	5.2	12.6	4.8	43.7	5.6
60–64	4.0	1.0	6.7	1.3	2.1	1.0
65+	3.0	1.2	3.6	0.9	4.3	0.8

1-62 城镇按受教育程度、性别分的失业人员结束上一份工作原因构成
REASON FOR ENDING PREVIOUS JOB OF URBAN UNEMPLOYED PERSONS BY EDUCATIONAL ATTAINMENT AND SEX

单位：%　　　　(%)

受教育程度	Educational Attainment	城镇失业人员 Urban Unemployed Persons	从没工作过 Never Worked	退休 Retired	健康或身体原因 Health or Physical Reasons	照顾家庭 To Take Care of Family	参加学习培训 Participated in Learning and Training	对上份工作不满意 Dissatisfied with Last Job
总　计	**Total**	**100.0**	**16.9**	**2.5**	**5.2**	**15.0**	**3.6**	**15.8**
未上过学	No Schooling	100.0	14.1	1.3	11.1	16.1		6.2
小　学	Primary School	100.0	3.8	2.5	10.4	15.5	0.1	8.6
初　中	Junior Secondary School	100.0	5.0	2.6	6.7	17.7	0.5	14.5
高　中	Senior Secondary School	100.0	9.0	4.7	4.9	17.5	1.8	19.3
大学专科	College	100.0	23.5	1.8	3.0	14.6	6.2	21.2
大学本科	University	100.0	47.5	0.7	1.8	7.7	10.7	14.0
研究生	Graduate and Higher Level	100.0	69.7	0.4	0.8	2.8	13.7	5.8
男	**Male**	**100.0**	**15.6**	**1.3**	**4.8**	**4.0**	**3.7**	**18.1**
未上过学	No Schooling	100.0	12.8	0.8	13.4	2.5		6.2
小　学	Primary School	100.0	1.5	2.4	10.8	3.1	0.1	9.1
初　中	Junior Secondary School	100.0	3.0	1.2	6.1	4.7	0.7	16.2
高　中	Senior Secondary School	100.0	8.7	2.1	4.5	5.0	2.4	22.8
大学专科	College	100.0	25.1	0.9	2.0	3.4	7.0	24.8
大学本科	University	100.0	48.2	0.4	1.6	2.3	10.4	15.3
研究生	Graduate and Higher Level	100.0	65.7	0.4	0.5	1.4	12.3	7.5
女	**Female**	**100.0**	**18.3**	**3.7**	**5.6**	**26.0**	**3.5**	**13.4**
未上过学	No Schooling	100.0	14.6	1.6	10.1	21.8		6.2
小　学	Primary School	100.0	6.0	2.6	10.0	27.1		8.2
初　中	Junior Secondary School	100.0	7.2	4.1	7.4	31.6	0.4	12.6
高　中	Senior Secondary School	100.0	9.3	7.5	5.3	31.3	1.2	15.4
大学专科	College	100.0	21.9	2.7	4.0	25.2	5.4	17.7
大学本科	University	100.0	46.8	0.9	2.0	12.4	11.0	12.8
研究生	Graduate and Higher Level	100.0	72.4	0.4	1.0	3.8	14.7	4.7

1−62 续表 continued

单位：% (%)

受教育程度	Educational Attainment	上一份工作任务完成(包括打零工) Last Job Task Completed (Including Part-time Job)	被解聘 Fired	季节性歇业 Seasonal Shut down	单位/个体经营户倒闭停产 Unit/Self-employed Individuals Closed down or Stopped Production	承包土地被征用或流转 Land Expropriated or Transferred	其 他 Others
总 计	**Total**	**15.4**	**3.0**	**2.4**	**7.0**	**0.2**	**12.8**
未上过学	No Schooling	26.4	4.9	5.1	3.4	1.4	10.1
小 学	Primary School	27.8	3.5	5.4	5.2	0.9	16.3
初 中	Junior Secondary School	21.0	2.9	3.8	7.8	0.3	17.2
高 中	Senior Secondary School	14.5	3.3	1.7	9.4	0.2	13.6
大学专科	College	8.8	3.2	0.9	7.1	0.1	9.7
大学本科	University	5.4	2.4	0.4	4.1	0.0	5.3
研究生	Graduate and Higher Level	3.1	1.4	0.3	0.8		1.2
男	**Male**	**21.1**	**3.5**	**3.0**	**8.5**	**0.2**	**16.2**
未上过学	No Schooling	31.6	8.6	5.6	5.8	2.7	10.1
小 学	Primary School	36.9	3.8	6.1	5.9	0.7	19.6
初 中	Junior Secondary School	28.8	3.4	4.7	9.4	0.2	21.6
高 中	Senior Secondary School	20.0	3.9	2.3	10.8	0.3	17.0
大学专科	College	11.8	3.5	1.1	8.6	0.1	11.6
大学本科	University	6.5	2.7	0.3	5.5	0.0	6.7
研究生	Graduate and Higher Level	5.3	2.8	0.6	1.7		1.8
女	**Female**	**9.8**	**2.6**	**1.8**	**5.5**	**0.3**	**9.5**
未上过学	No Schooling	24.2	3.4	4.9	2.3	0.9	10.0
小 学	Primary School	19.4	3.1	4.7	4.6	1.0	13.3
初 中	Junior Secondary School	12.7	2.5	2.7	6.1	0.4	12.5
高 中	Senior Secondary School	8.4	2.6	1.1	7.8	0.1	9.9
大学专科	College	5.9	3.0	0.7	5.6	0.0	7.7
大学本科	University	4.5	2.2	0.5	3.0		4.0
研究生	Graduate and Higher Level	1.6	0.5	0.2	0.1		0.7

1−63 城镇按结束上一份工作原因、性别分的失业人员受教育程度构成
EDUCATIONAL ATTAINMENT OF URBAN UNEMPLOYED PERSONS BY REASON AND SEX

单位：% (%)

受教育程度	Educational Attainment	城镇失业人员 Urban Unemployed Persons	从没工作过 Never Worked	退休 Retired	健康或身体原因 Health or Physical Reasons	照顾家庭 To Take Care of Family	参加学习培训 Participated in Learning and Training	对上份工作不满意 Dissatisfied with Last Job
总计	**Total**	**100.0**	**100.0**	**100.0**	**100.0**	**100.0**	**100.0**	**100.0**
未上过学	No Schooling	0.8	0.6	0.4	1.6	0.8		0.3
小学	Primary School	9.5	2.1	9.5	18.9	9.8	0.2	5.2
初中	Junior Secondary School	34.1	10.2	34.7	44.0	40.1	5.1	31.3
高中	Senior Secondary School	20.8	11.1	38.5	19.7	24.3	10.7	25.5
大学专科	College	17.2	23.9	12.5	10.0	16.7	29.7	23.1
大学本科	University	15.5	43.3	4.1	5.4	7.9	46.1	13.7
研究生	Graduate and Higher Level	2.2	8.9	0.3	0.3	0.4	8.2	0.8
男	**Male**	**100.0**	**100.0**	**100.0**	**100.0**	**100.0**	**100.0**	**100.0**
未上过学	No Schooling	0.5	0.4	0.3	1.3	0.3		0.2
小学	Primary School	9.2	0.9	16.7	20.8	7.2	0.3	4.6
初中	Junior Secondary School	35.4	6.9	31.8	45.1	41.7	6.4	31.6
高中	Senior Secondary School	21.9	12.3	34.9	20.7	27.2	14.4	27.5
大学专科	College	16.9	27.3	11.8	7.1	14.6	32.0	23.1
大学本科	University	14.5	44.9	4.0	4.9	8.4	41.0	12.3
研究生	Graduate and Higher Level	1.8	7.4	0.6	0.2	0.6	5.8	0.7
女	**Female**	**100.0**	**100.0**	**100.0**	**100.0**	**100.0**	**100.0**	**100.0**
未上过学	No Schooling	1.1	0.9	0.5	2.0	0.9		0.5
小学	Primary School	9.8	3.2	6.9	17.4	10.2		6.0
初中	Junior Secondary School	32.8	12.9	35.8	43.0	39.9	3.8	30.9
高中	Senior Secondary School	19.8	10.0	39.8	18.8	23.8	6.8	22.8
大学专科	College	17.5	21.0	12.7	12.5	17.0	27.3	23.2
大学本科	University	16.4	42.0	4.1	5.9	7.8	51.5	15.7
研究生	Graduate and Higher Level	2.6	10.1	0.3	0.5	0.4	10.7	0.9

1-63 续表 continued

单位：% (%)

受教育程度	Educational Attainment	上一份工作任务完成(包括打零工) Last Job Task Completed (Including Part-time Job)	被解聘 Fired	季节性歇业 Seasonal Shut down	单位/个体经营户倒闭停产 Unit/Self-employed Individuals Closed down or Stopped Production	承包土地被征用或流转 Land Expropriated or Transferred	其 他 Others
总 计	**Total**	**100.0**	**100.0**	**100.0**	**100.0**	**100.0**	**100.0**
未上过学	No Schooling	1.3	1.2	1.6	0.4	4.4	0.6
小 学	Primary School	17.1	10.9	21.1	7.0	33.2	12.0
初 中	Junior Secondary School	46.4	33.1	53.1	37.8	39.6	45.7
高 中	Senior Secondary School	19.6	22.9	15.0	28.0	17.3	22.1
大学专科	College	9.8	18.5	6.4	17.4	4.1	12.9
大学本科	University	5.4	12.4	2.4	9.1	1.4	6.4
研究生	Graduate and Higher Level	0.4	1.0	0.3	0.2		0.2
男	**Male**	**100.0**	**100.0**	**100.0**	**100.0**	**100.0**	**100.0**
未上过学	No Schooling	0.7	1.1	0.8	0.3	5.2	0.3
小 学	Primary School	16.0	10.0	18.6	6.3	28.7	11.1
初 中	Junior Secondary School	48.3	34.3	55.7	38.9	32.4	47.3
高 中	Senior Secondary School	20.8	24.7	17.0	27.7	25.3	23.0
大学专科	College	9.4	17.1	6.1	17.1	5.5	12.1
大学本科	University	4.4	11.3	1.4	9.3	3.0	6.0
研究生	Graduate and Higher Level	0.4	1.4	0.3	0.4		0.2
女	**Female**	**100.0**	**100.0**	**100.0**	**100.0**	**100.0**	**100.0**
未上过学	No Schooling	2.7	1.4	2.9	0.5	3.7	1.1
小 学	Primary School	19.4	12.0	25.1	8.2	37.2	13.7
初 中	Junior Secondary School	42.4	31.4	48.9	36.2	46.2	43.1
高 中	Senior Secondary School	17.0	20.4	11.8	28.3	10.0	20.6
大学专科	College	10.6	20.3	7.0	17.9	2.9	14.3
大学本科	University	7.5	13.9	4.0	8.8		7.0
研究生	Graduate and Higher Level	0.4	0.5	0.2	0.0		0.2

1-64 城镇按年龄、性别分的失业人员受教育程度构成
EDUCATIONAL ATTAINMENT OF URBAN UNEMPLOYED PERSONS BY AGE AND SEX

单位：% (%)

年龄 Age	城镇失业人员 Urban Unemployed Persons	未上过学 No Schooling	小学 Primary School	初中 Junior Secondary School	高中 Senior Secondary School	大学专科 College	大学本科 University	研究生 Graduate and Higher Level
总计 Total	**100.0**	**0.8**	**9.5**	**34.1**	**20.8**	**17.2**	**15.5**	**2.2**
16−19	100.0		0.9	31.2	35.7	19.9	12.3	
20−24	100.0	0.1	0.5	9.8	13.2	29.5	42.6	4.3
25−29	100.0	0.1	1.8	22.9	20.7	23.6	23.3	7.7
30−34	100.0	0.1	3.5	34.5	24.8	22.1	13.8	1.1
35−39	100.0	0.4	6.1	40.8	23.6	18.0	10.1	1.0
40−44	100.0	0.3	9.3	45.1	24.0	13.9	6.7	0.6
45−49	100.0	0.9	15.1	49.0	22.4	9.2	3.1	0.2
50−54	100.0	1.8	21.8	47.0	20.8	6.3	2.3	0.1
55−59	100.0	2.0	23.8	50.6	18.8	3.3	1.3	0.2
60−64	100.0	3.3	31.5	40.7	21.4	2.4	0.8	
65+	100.0	9.6	50.7	25.4	10.6	3.1	0.6	
男 Male	**100.0**	**0.5**	**9.2**	**35.4**	**21.9**	**16.9**	**14.5**	**1.8**
16−19	100.0		0.6	33.5	35.7	17.8	12.4	
20−24	100.0	0.1	0.7	11.5	15.9	30.2	38.7	2.9
25−29	100.0	0.0	2.3	24.9	22.4	23.8	20.6	5.9
30−34	100.0	0.1	3.8	35.3	26.5	21.1	11.7	1.5
35−39	100.0	0.2	6.1	43.4	22.7	16.8	9.8	0.9
40−44	100.0	0.1	9.4	46.6	23.0	12.4	7.8	0.7
45−49	100.0	1.0	13.8	48.4	23.7	8.9	3.7	0.5
50−54	100.0	0.8	20.0	47.0	21.3	7.5	3.3	0.1
55−59	100.0	1.0	19.7	54.5	20.4	3.2	1.1	0.1
60−64	100.0	1.1	27.6	42.6	24.1	3.5	1.2	
65+	100.0	4.6	46.7	31.6	12.3	3.8	0.9	
女 Female	**100.0**	**1.1**	**9.8**	**32.8**	**19.8**	**17.5**	**16.4**	**2.6**
16−19	100.0		1.3	27.8	35.7	23.2	12.0	
20−24	100.0	0.1	0.4	7.8	10.2	28.8	46.9	5.9
25−29	100.0	0.1	1.2	20.6	18.8	23.3	26.3	9.6
30−34	100.0	0.1	3.2	33.9	23.4	23.0	15.6	0.8
35−39	100.0	0.5	6.1	38.8	24.2	18.9	10.3	1.1
40−44	100.0	0.5	9.2	44.0	24.8	15.1	5.9	0.6
45−49	100.0	0.9	16.3	49.5	21.3	9.4	2.6	
50−54	100.0	2.8	23.5	46.9	20.3	5.2	1.3	
55−59	100.0	3.4	30.2	44.7	16.5	3.5	1.6	0.2
60−64	100.0	7.2	38.4	37.4	16.7	0.4		
65+	100.0	17.9	57.3	15.1	7.8	1.9		

1–65 城镇按受教育程度、性别分的失业人员年龄构成
AGE COMPOSITION OF URBAN UNEMPLOYED PERSONS BY EDUCATIONAL ATTAINMENT AND SEX

单位：% (%)

年 龄 Age	城 镇 失业人员 Urban Unemployed Persons	未 上 过 学 No Schooling	小 学 Primary School	初 中 Junior Secondary School	高 中 Senior Secondary School	大 学 专 科 College	大 学 本 科 University	研究生 Graduate and Higher Level
总计 Total	**100.0**	**100.0**	**100.0**	**100.0**	**100.0**	**100.0**	**100.0**	**100.0**
16–19	3.1		0.3	2.8	5.2	3.5	2.4	
20–24	18.4	2.4	1.0	5.3	11.6	31.5	50.6	36.8
25–29	13.1	1.1	2.5	8.8	13.0	17.9	19.8	46.7
30–34	12.5	2.2	4.6	12.7	14.9	16.1	11.2	6.7
35–39	11.2	5.9	7.2	13.4	12.7	11.7	7.3	5.3
40–44	9.8	4.4	9.6	13.0	11.3	8.0	4.3	2.8
45–49	9.9	12.0	15.8	14.3	10.7	5.3	2.0	1.0
50–54	10.8	24.9	24.7	14.8	10.8	4.0	1.6	0.3
55–59	7.6	19.2	19.0	11.3	6.9	1.5	0.7	0.5
60–64	2.2	9.2	7.2	2.6	2.2	0.3	0.1	
65+	1.5	18.7	8.0	1.1	0.8	0.3	0.1	
男 Male	**100.0**	**100.0**	**100.0**	**100.0**	**100.0**	**100.0**	**100.0**	**100.0**
16–19	3.7		0.2	3.5	6.1	3.9	3.2	
20–24	19.2	5.4	1.4	6.3	13.9	34.3	51.2	31.3
25–29	13.8	0.3	3.5	9.7	14.2	19.5	19.6	46.7
30–34	11.1	3.1	4.6	11.1	13.5	13.9	8.9	9.7
35–39	9.9	5.2	6.6	12.1	10.3	9.8	6.6	5.2
40–44	8.6	2.7	8.8	11.3	9.0	6.3	4.6	3.2
45–49	9.3	19.9	14.0	12.7	10.1	4.9	2.3	2.4
50–54	10.6	17.9	23.2	14.1	10.4	4.7	2.4	0.8
55–59	9.2	19.9	19.8	14.2	8.6	1.7	0.7	0.8
60–64	2.8	6.5	8.3	3.3	3.0	0.6	0.2	
65+	1.9	19.1	9.6	1.7	1.1	0.4	0.1	
女 Female	**100.0**	**100.0**	**100.0**	**100.0**	**100.0**	**100.0**	**100.0**	**100.0**
16–19	2.4		0.3	2.0	4.3	3.2	1.7	
20–24	17.5	1.2	0.7	4.2	9.0	28.8	50.1	40.6
25–29	12.4	1.5	1.5	7.8	11.7	16.5	19.9	46.7
30–34	13.9	1.8	4.5	14.3	16.5	18.2	13.2	4.6
35–39	12.6	6.2	7.9	14.9	15.4	13.5	7.9	5.3
40–44	11.0	5.1	10.4	14.8	13.8	9.5	3.9	2.4
45–49	10.6	8.7	17.6	16.0	11.4	5.7	1.7	
50–54	10.9	27.8	26.2	15.6	11.2	3.3	0.9	
55–59	6.0	19.0	18.4	8.1	5.0	1.2	0.6	0.4
60–64	1.6	10.3	6.1	1.8	1.3	0.0		
65+	1.1	18.6	6.6	0.5	0.4	0.1		

1–66 城镇按年龄、性别分的失业人员寻找工作方式构成
METHODS OF JOB-SEEKING OF URBAN UNEMPLOYED PERSONS BY AGE AND SEX

单位：% (%)

年 龄 Age	城 镇 失业人员 Urban Unemployed Persons	为自己经营做准备 Prepare for Own Business	为找到工作参加培训、实习、招考 Participate in Training, Internships, and Exams to Find a Job	委托亲戚朋友介绍 Ask Friends Relatives about Job	查询招聘网站或广告 Check Recruitment Website or Advertisement	直接联系雇主或单位 Contact Directly with Employers	联系就业服务机构 Contact with Employment Agency Office	参加招聘会 Take Part in Employment Advertise Meeting	其 他 Others
总计 Total	**100.0**	**8.9**	**12.0**	**41.9**	**26.1**	**7.8**	**0.9**	**2.2**	**0.2**
16–19	100.0	6.9	22.4	32.0	26.1	9.5	1.3	1.6	0.2
20–24	100.0	4.6	33.7	15.3	36.1	4.3	0.6	5.2	0.1
25–29	100.0	8.7	20.2	24.4	37.4	5.6	0.9	2.7	0.1
30–34	100.0	10.7	7.2	39.8	32.0	7.5	0.8	1.7	0.3
35–39	100.0	10.9	3.6	43.0	30.9	8.6	1.2	1.7	0.2
40–44	100.0	12.0	3.0	49.8	24.8	8.2	1.0	1.1	0.2
45–49	100.0	11.4	1.7	57.3	17.1	10.0	1.1	1.3	0.3
50–54	100.0	9.3	1.6	65.1	11.2	10.4	1.3	0.8	0.3
55–59	100.0	8.1	1.2	70.1	7.9	10.7	1.2	0.6	0.2
60–64	100.0	6.8	1.2	74.6	4.0	12.0	0.5	0.7	0.1
65+	100.0	7.8	0.5	78.9	2.7	9.3	0.2	0.1	0.5
男 Male	**100.0**	**10.2**	**11.3**	**41.0**	**25.0**	**9.1**	**0.8**	**2.4**	**0.2**
16–19	100.0	6.3	20.7	34.8	24.9	9.6	1.7	1.8	0.3
20–24	100.0	5.3	29.5	17.7	36.5	4.7	0.6	5.6	0.1
25–29	100.0	10.6	19.4	25.4	33.4	6.7	1.0	3.6	0.0
30–34	100.0	12.5	6.1	37.1	31.7	9.9	0.6	1.4	0.7
35–39	100.0	13.1	3.3	41.1	29.3	10.2	1.4	1.3	0.2
40–44	100.0	14.9	2.4	47.5	22.2	10.8	0.7	1.1	0.3
45–49	100.0	13.3	2.0	54.2	17.3	11.4	0.7	0.9	0.2
50–54	100.0	10.9	1.5	61.3	11.9	12.2	1.0	1.0	0.3
55–59	100.0	9.1	1.1	67.5	8.8	11.6	0.9	0.7	0.2
60–64	100.0	7.8	1.0	71.4	4.6	13.7	0.6	0.8	0.1
65+	100.0	9.0	0.3	76.7	3.4	9.8	0.4	0.1	0.4
女 Female	**100.0**	**7.6**	**12.7**	**42.8**	**27.1**	**6.5**	**1.0**	**2.0**	**0.2**
16–19	100.0	7.8	25.2	27.4	28.0	9.4	0.8	1.4	0.0
20–24	100.0	3.9	38.3	12.7	35.6	4.0	0.6	4.8	0.2
25–29	100.0	6.7	21.0	23.4	41.6	4.4	0.7	1.8	0.2
30–34	100.0	9.2	8.0	41.9	32.2	5.7	0.9	1.9	0.1
35–39	100.0	9.3	3.8	44.4	32.0	7.4	1.1	1.9	0.1
40–44	100.0	9.8	3.4	51.5	26.6	6.3	1.2	1.0	0.1
45–49	100.0	9.7	1.4	59.9	16.9	8.7	1.4	1.6	0.3
50–54	100.0	7.8	1.7	68.7	10.6	8.7	1.6	0.7	0.2
55–59	100.0	6.6	1.3	73.9	6.5	9.3	1.6	0.5	0.3
60–64	100.0	5.1	1.6	80.5	3.0	9.0	0.3	0.5	
65+	100.0	5.9	0.8	82.6	1.6	8.4	0.1		0.7

注：失业人员寻找工作方式分类根据劳动力调查制度进行了调整(下表同)。

Note:The classification of the Job-seeking methods of Urban Unemployed Persons has been adjusted according to the Labor Force Survey. The same applies to the tables following.

1-67 城镇按受教育程度、性别分的失业人员寻找工作方式构成
METHODS OF JOB-SEEKING OF URBAN UNEMPLOYED PERSONS BY EDUCATIONAL ATTAINMENT AND SEX

单位：% (%)

受教育程度	Educational Attainment	城镇失业人员 Urban Unemployed Persons	为自己经营做准备 Prepare for Own Business	为找到工作参加培训、实习、招考 Participate in Training, Internships, and Exams to Find a Job	委托亲戚朋友介绍 Ask Friends Relatives about Job	查询招聘网站或广告 Check Recruitment Website or Advertisement
总　计	**Total**	**100.0**	**8.9**	**12.0**	**41.9**	**26.1**
未上过学	No Schooling	100.0	6.4	0.5	74.0	3.6
小　学	Primary School	100.0	8.3	1.3	68.4	6.6
初　中	Junior Secondary School	100.0	10.7	2.4	58.5	15.7
高　中	Senior Secondary School	100.0	11.0	6.1	46.0	26.5
大学专科	College	100.0	7.4	17.9	25.0	40.4
大学本科	University	100.0	5.3	36.8	11.0	38.7
研究生	Graduate and Higher Level	100.0	2.6	26.9	3.9	54.5
男	**Male**	**100.0**	**10.2**	**11.3**	**41.0**	**25.0**
未上过学	No Schooling	100.0	6.6	0.3	74.5	1.8
小　学	Primary School	100.0	9.2	1.4	65.6	6.2
初　中	Junior Secondary School	100.0	12.3	2.5	57.2	13.6
高　中	Senior Secondary School	100.0	11.9	6.7	44.1	25.8
大学专科	College	100.0	8.5	17.6	23.5	40.4
大学本科	University	100.0	6.3	34.3	11.3	39.2
研究生	Graduate and Higher Level	100.0	3.9	21.1	4.1	51.0
女	**Female**	**100.0**	**7.6**	**12.7**	**42.8**	**27.1**
未上过学	No Schooling	100.0	6.4	0.5	73.8	4.3
小　学	Primary School	100.0	7.5	1.2	70.9	6.9
初　中	Junior Secondary School	100.0	9.1	2.4	59.8	17.9
高　中	Senior Secondary School	100.0	10.0	5.4	48.0	27.3
大学专科	College	100.0	6.4	18.2	26.5	40.4
大学本科	University	100.0	4.5	39.0	10.7	38.2
研究生	Graduate and Higher Level	100.0	1.7	30.8	3.8	56.9

1-67 续表 continued

单位：% (%)

受教育程度 Educational Attainment	直接联系雇主或单位 Contact Directly with Employers	联系就业服务机构 Contact with Employment Agency Office	参加招聘会 Take Part in Employment Advertise Meeting	其 他 Others
总 计 Total	**7.8**	**0.9**	**2.2**	**0.2**
未上过学 No Schooling	14.0	0.7	0.0	0.8
小 学 Primary School	13.6	0.9	0.7	0.1
初 中 Junior Secondary School	10.2	1.2	1.0	0.3
高 中 Senior Secondary School	7.9	1.0	1.4	0.2
大学专科 College	5.1	0.7	3.2	0.2
大学本科 University	2.9	0.7	4.6	0.1
研究生 Graduate and Higher Level	2.8	0.5	8.8	
男 Male	**9.1**	**0.8**	**2.4**	**0.2**
未上过学 No Schooling	15.9			0.8
小 学 Primary School	16.1	0.6	0.7	0.2
初 中 Junior Secondary School	12.2	1.0	0.8	0.4
高 中 Senior Secondary School	9.1	0.8	1.4	0.1
大学专科 College	5.2	0.9	3.8	0.2
大学本科 University	3.3	0.7	5.0	
研究生 Graduate and Higher Level	4.9	0.2	14.9	
女 Female	**6.5**	**1.0**	**2.0**	**0.2**
未上过学 No Schooling	13.2	1.0	0.1	0.7
小 学 Primary School	11.4	1.2	0.8	0.1
初 中 Junior Secondary School	8.2	1.3	1.2	0.2
高 中 Senior Secondary School	6.6	1.2	1.3	0.2
大学专科 College	5.1	0.6	2.7	0.1
大学本科 University	2.5	0.7	4.2	0.2
研究生 Graduate and Higher Level	1.4	0.7	4.7	

1-68 城镇按年龄、性别分的失业人员失业前的行业构成
SECTOR OF URBAN UNEMPLOYED PERSONS (PRIOR TO UNEMPLOYMENT) BY AGE AND SEX

单位：% (%)

年 龄 Age	城 镇 失业人员 Urban Unemployed Persons	农、林、牧、渔业 Agriculture, Forestry, Animal Husbandry and Fishery	采矿业 Mining	制造业 Manufacturing	电力、热力、燃气及水生产和供应业 Production and Supply of Electricity Power, Heat Power, Gas and Water	建筑业 Construction	批发和零售业 Wholesale and Retail Trades
总计 Total	**100.0**	**3.4**	**0.6**	**20.6**	**0.7**	**12.9**	**19.1**
16-19	100.0	1.3		27.6	0.4	4.2	10.9
20-24	100.0	0.7	0.3	18.8	0.7	6.1	16.1
25-29	100.0	1.1	0.3	17.8	0.4	8.7	20.2
30-34	100.0	1.5	0.5	21.1	0.9	9.7	21.4
35-39	100.0	1.8	0.3	22.2	0.4	11.4	22.7
40-44	100.0	3.0	0.5	20.5	0.6	11.9	23.5
45-49	100.0	3.2	0.8	21.4	0.7	15.7	22.0
50-54	100.0	5.3	1.0	22.2	0.6	17.4	17.4
55-59	100.0	7.1	1.0	21.0	0.9	23.0	12.2
60-64	100.0	11.9	0.9	17.1	1.2	21.7	9.1
65+	100.0	21.0	0.5	17.2	1.5	19.6	6.4
男 Male	**100.0**	**2.8**	**0.8**	**19.6**	**1.0**	**21.5**	**12.7**
16-19	100.0	2.0		31.0	0.6	5.9	8.2
20-24	100.0	0.8	0.3	23.5	1.2	8.5	11.9
25-29	100.0	1.2	0.5	17.4	0.7	14.0	15.2
30-34	100.0	1.2	1.0	20.4	1.2	18.4	12.8
35-39	100.0	1.8	0.4	20.1	0.7	21.1	14.0
40-44	100.0	2.6	1.0	18.8	1.0	21.6	13.7
45-49	100.0	2.4	1.1	18.9	1.2	26.7	14.4
50-54	100.0	4.7	1.2	19.2	0.7	28.5	12.7
55-59	100.0	4.5	1.2	19.0	1.2	33.4	9.9
60-64	100.0	8.6	1.3	15.0	1.5	31.1	7.6
65+	100.0	15.2	0.5	15.8	2.1	27.8	5.7
女 Female	**100.0**	**3.9**	**0.3**	**21.7**	**0.3**	**4.1**	**25.8**
16-19	100.0			21.7		1.3	15.6
20-24	100.0	0.6	0.3	12.9	0.1	3.1	21.3
25-29	100.0	1.1	0.0	18.2	0.1	2.5	26.0
30-34	100.0	1.8	0.2	21.7	0.6	2.4	28.5
35-39	100.0	1.8	0.3	23.9	0.2	3.4	29.9
40-44	100.0	3.4	0.0	21.8	0.3	4.1	31.4
45-49	100.0	3.9	0.5	23.7	0.3	5.8	28.9
50-54	100.0	5.9	0.7	25.2	0.6	6.2	22.2
55-59	100.0	11.3	0.6	24.1	0.3	6.2	15.8
60-64	100.0	18.2	0.1	21.0	0.7	4.1	11.9
65+	100.0	31.3	0.4	19.7	0.5	5.3	7.5

1－68 续表 1 continued

单位：% (%)

年 龄 Age	交通运输、仓储和邮政业 Transport, Storage and Post	住宿和餐饮业 Hotels and Catering Services	信息传输、软件和信息技术服务业 Information Transmission, Software and Information Technical Services	金融业 Financial Intermediation	房地产业 Real Estate	租赁和商务服务业 Leasing and Business Services	科学研究和技术服务业 Scientific Research and Technical Services
总计 Total	**6.3**	**9.5**	**2.4**	**1.6**	**2.6**	**3.7**	**0.9**
16－19	4.0	28.3	3.9		0.9	3.1	0.1
20－24	4.2	11.9	5.5	1.8	2.0	4.5	1.7
25－29	4.6	8.4	5.7	2.0	2.5	6.1	1.6
30－34	6.1	8.6	3.4	2.4	3.1	4.3	1.2
35－39	7.1	8.6	2.2	1.7	3.0	4.1	1.1
40－44	8.0	10.1	1.5	1.7	2.7	3.9	0.6
45－49	8.2	9.8	0.7	1.3	2.2	2.4	0.5
50－54	6.5	9.2	0.5	1.1	2.3	2.6	0.5
55－59	6.9	8.4	0.3	0.8	2.6	2.1	0.3
60－64	4.7	6.6		1.4	4.3	2.2	0.9
65+	2.7	4.7	0.3	0.6	4.8	2.1	0.2
男 Male	**10.1**	**8.1**	**2.6**	**1.2**	**2.7**	**3.9**	**1.0**
16－19	5.1	26.7	3.9		0.5	2.7	0.2
20－24	5.8	13.9	5.5	1.3	2.0	3.1	2.1
25－29	6.4	9.9	6.5	2.0	2.9	5.9	1.6
30－34	10.3	7.6	3.8	2.0	2.8	4.5	1.5
35－39	12.7	7.8	2.2	1.4	2.8	4.2	1.4
40－44	14.3	8.1	2.1	1.0	2.7	4.5	0.7
45－49	15.0	5.7	0.5	0.9	2.1	2.7	0.4
50－54	10.3	5.7	0.4	0.7	2.6	3.8	0.6
55－59	10.4	4.8	0.4	0.7	3.2	2.4	0.3
60－64	6.9	2.6		1.9	4.3	2.8	1.0
65+	4.0	3.4	0.2	0.4	5.0	2.5	0.3
女 Female	**2.4**	**11.0**	**2.2**	**1.9**	**2.6**	**3.6**	**0.8**
16－19	2.2	31.1	3.9		1.5	3.7	0.1
20－24	2.3	9.4	5.5	2.5	2.0	6.3	1.2
25－29	2.5	6.7	4.7	1.9	2.0	6.3	1.6
30－34	2.6	9.5	3.1	2.7	3.4	4.1	1.0
35－39	2.6	9.3	2.3	2.0	3.2	4.1	0.9
40－44	2.9	11.8	1.0	2.3	2.8	3.4	0.5
45－49	2.0	13.4	0.9	1.6	2.2	2.1	0.5
50－54	2.6	12.6	0.5	1.4	2.1	1.4	0.3
55－59	1.5	14.3	0.0	0.9	1.6	1.8	0.4
60－64	0.8	14.1			4.2	1.2	0.6
65+	0.4	6.9	0.4	1.0	4.4	1.4	

1-68 续表 2 continued

单位：% (%)

年 龄 Age	水利、环境和公共设施管理业 Management of Water Conservancy, Environment and Public Facilities	居民服务、修理和其他服务业 Services to Households, Repair and Other Services	教 育 Education	卫生和社会工作 Health and Society	文化、体育和娱乐业 Culture, Sports and Entertainment	公共管理、社会保障和社会组织 Public Management Social Security and Social Organizations
总计 Total	**0.6**	**5.6**	**4.2**	**1.4**	**1.8**	**2.0**
16–19	0.1	5.9	3.3	0.8	4.7	0.5
20–24	0.2	5.6	9.7	3.1	4.1	2.9
25–29	0.3	4.4	7.5	2.3	2.9	3.3
30–34	0.4	5.4	5.2	1.5	1.9	1.4
35–39	0.4	5.2	3.3	1.1	1.5	1.6
40–44	0.5	5.0	2.7	0.9	0.9	1.5
45–49	0.7	5.9	1.6	1.1	0.7	1.2
50–54	0.9	6.3	2.4	0.7	1.1	2.2
55–59	1.2	6.5	2.4	0.9	0.7	1.8
60–64	2.7	8.5	2.2	0.5	1.2	2.9
65+	3.2	6.4	3.4	1.8	1.5	2.3
男 Male	**0.8**	**4.2**	**2.1**	**0.8**	**1.8**	**2.1**
16–19	0.2	5.5	1.0	0.4	5.3	0.8
20–24	0.2	6.0	4.7	1.8	4.8	2.5
25–29	0.5	4.0	3.3	1.4	2.4	4.4
30–34	0.7	4.8	2.1	0.7	2.7	1.7
35–39	0.6	3.5	1.3	0.8	1.4	1.8
40–44	0.7	3.4	1.1	0.3	0.8	1.6
45–49	0.7	3.9	1.0	0.7	0.5	1.3
50–54	0.9	3.6	1.3	0.4	1.0	1.5
55–59	1.0	3.9	1.3	0.4	0.4	1.6
60–64	2.8	5.6	1.8	0.4	1.1	3.6
65+	3.7	4.8	4.0	1.6	0.9	2.3
女 Female	**0.5**	**7.0**	**6.5**	**2.0**	**1.7**	**1.8**
16–19		6.6	7.2	1.5	3.7	
20–24	0.2	5.1	16.0	4.7	3.3	3.4
25–29	0.1	4.8	12.3	3.5	3.5	2.1
30–34	0.1	6.0	7.8	2.1	1.3	1.3
35–39	0.3	6.6	5.0	1.4	1.5	1.4
40–44	0.3	6.3	3.9	1.3	1.0	1.5
45–49	0.7	7.7	2.1	1.5	0.9	1.2
50–54	0.9	8.9	3.4	1.1	1.2	2.9
55–59	1.3	10.6	4.2	1.6	1.2	2.0
60–64	2.5	13.9	2.7	0.5	1.3	1.5
65+	2.3	9.2	2.5	2.1	2.5	2.3

1−69 城镇按受教育程度、性别分的失业人员失业前的行业构成
SECTOR OF URBAN UNEMPLOYED PERSONS (PRIOR TO UNEMPLOYMENT) BY EDUCATIONAL ATTAINMENT AND SEX

单位：%　　(%)

受教育程度	Educational Attainment	城镇失业人员 Urban Unemployed Persons	农、林、牧、渔业 Agriculture, Forestry, Animal Husbandry and Fishery	采矿业 Mining	制造业 Manufacturing	电力、热力、燃气及水生产和供应业 Production and Supply of Electricity Power, Heat Power, Gas and Water	建筑业 Construction	批发和零售业 Wholesale and Retail Trades
总　计	**Total**	**100.0**	**3.4**	**0.6**	**20.6**	**0.7**	**12.9**	**19.1**
未上过学	No Schooling	100.0	15.2	0.8	24.1	0.1	18.6	7.5
小　学	Primary School	100.0	10.0	0.5	21.5	0.5	23.3	11.2
初　中	Junior Secondary School	100.0	4.1	0.6	25.5	0.6	16.7	18.2
高　中	Senior Secondary School	100.0	1.5	0.7	21.3	0.7	9.7	23.3
大学专科	College	100.0	0.7	0.4	13.4	0.9	6.0	22.9
大学本科	University	100.0	0.6	0.3	10.9	0.7	5.2	17.7
研究生	Graduate and Higher Level	100.0		1.7	9.9		2.4	9.3
男	**Male**	**100.0**	**2.8**	**0.8**	**19.6**	**1.0**	**21.5**	**12.7**
未上过学	No Schooling	100.0	17.7	2.0	7.6	0.2	39.3	6.4
小　学	Primary School	100.0	6.8	1.0	17.3	1.0	38.5	7.6
初　中	Junior Secondary School	100.0	3.6	0.9	22.3	1.0	28.0	10.3
高　中	Senior Secondary School	100.0	1.5	0.7	22.1	1.0	16.1	14.2
大学专科	College	100.0	1.0	0.7	14.8	1.2	8.9	18.1
大学本科	University	100.0	0.9	0.4	12.8	0.8	7.5	16.8
研究生	Graduate and Higher Level	100.0		3.7	12.4		2.8	9.2
女	**Female**	**100.0**	**3.9**	**0.3**	**21.7**	**0.3**	**4.1**	**25.8**
未上过学	No Schooling	100.0	14.1	0.3	31.2		9.7	8.0
小　学	Primary School	100.0	13.2	0.1	25.6	0.0	8.6	14.7
初　中	Junior Secondary School	100.0	4.7	0.3	29.2	0.2	4.0	26.9
高　中	Senior Secondary School	100.0	1.6	0.6	20.4	0.4	2.6	33.3
大学专科	College	100.0	0.4	0.2	12.0	0.7	3.3	27.4
大学本科	University	100.0	0.4	0.1	9.2	0.6	3.3	18.5
研究生	Graduate and Higher Level	100.0			7.9		2.0	9.5

1-69 续表 1 continued

单位：% (%)

受教育程度	Educational Attainment	交通运输、仓储和邮政业 Transport, Storage and Post	住宿和餐饮业 Hotels and Catering Services	信息传输、软件和信息技术服务业 Information Transmission, Software and Information Technical Services	金融业 Financial Intermediation	房地产业 Real Estate	租赁和商务服务业 Leasing and Business Services	科学研究和技术服务业 Scientific Research and Technical Services
总　计	**Total**	**6.3**	**9.5**	**2.4**	**1.6**	**2.6**	**3.7**	**0.9**
未上过学	No Schooling	2.6	10.1		0.4	2.3	2.2	
小　学	Primary School	6.1	11.3	0.2	0.3	1.7	1.5	0.3
初　中	Junior Secondary School	7.4	10.7	0.7	0.6	1.8	1.9	0.2
高　中	Senior Secondary School	7.2	10.6	1.8	1.1	2.8	3.5	0.7
大学专科	College	5.1	6.8	5.1	3.6	4.2	7.2	1.9
大学本科	University	2.9	5.2	8.6	4.5	4.0	8.1	2.7
研究生	Graduate and Higher Level	0.5	0.4	9.3	6.4	3.7	11.2	9.7
男	**Male**	**10.1**	**8.1**	**2.6**	**1.2**	**2.7**	**3.9**	**1.0**
未上过学	No Schooling	4.9	5.4			2.9	3.0	
小　学	Primary School	10.8	5.5	0.2	0.2	1.7	1.7	0.4
初　中	Junior Secondary School	11.8	8.5	0.6	0.3	1.8	2.4	0.3
高　中	Senior Secondary School	11.3	10.2	1.9	0.9	2.8	4.0	0.6
大学专科	College	7.5	6.7	6.1	3.6	4.6	7.3	2.5
大学本科	University	4.1	7.0	10.3	3.6	4.4	6.9	2.8
研究生	Graduate and Higher Level	0.5		13.7	6.9	5.5	4.6	13.9
女	**Female**	**2.4**	**11.0**	**2.2**	**1.9**	**2.6**	**3.6**	**0.8**
未上过学	No Schooling	1.5	12.1		0.5	2.0	1.8	
小　学	Primary School	1.6	16.9	0.1	0.4	1.7	1.2	0.2
初　中	Junior Secondary School	2.4	13.3	0.8	0.9	1.8	1.3	0.2
高　中	Senior Secondary School	2.7	11.0	1.7	1.5	2.8	2.9	0.8
大学专科	College	2.9	6.9	4.2	3.5	3.8	7.2	1.3
大学本科	University	1.9	3.7	7.2	5.3	3.6	9.2	2.6
研究生	Graduate and Higher Level	0.5	0.7	5.6	5.9	2.2	16.7	6.2

1-69 续表 2 continued

单位：% (%)

受教育程度	Educational Attainment	水利、环境和公共设施管理业 Management of Water Conservancy, Environment and Public Facilities	居民服务、修理和其他服务业 Services to Households, Repair and Other Services	教育 Education	卫生和社会工作 Health and Society	文化、体育和娱乐业 Culture, Sports and Entertainment	公共管理、社会保障和社会组织 Public Management Social Security and Social Organizations
总计	**Total**	**0.6**	**5.6**	**4.2**	**1.4**	**1.8**	**2.0**
未上过学	No Schooling	2.2	10.3	1.0	0.8	0.4	1.6
小学	Primary School	1.2	6.9	1.1	0.6	1.0	0.7
初中	Junior Secondary School	0.6	5.8	1.7	0.7	1.2	0.9
高中	Senior Secondary School	0.5	6.3	2.8	1.3	1.8	2.3
大学专科	College	0.5	4.9	7.5	3.1	2.6	3.2
大学本科	University	0.3	2.8	14.6	2.8	3.3	4.8
研究生	Graduate and Higher Level	0.9	1.3	24.1	1.2	3.4	4.7
男	**Male**	**0.8**	**4.2**	**2.1**	**0.8**	**1.8**	**2.1**
未上过学	No Schooling	3.1	5.4	0.2		0.2	1.8
小学	Primary School	1.2	3.3	0.4	0.5	0.9	0.9
初中	Junior Secondary School	0.8	4.3	0.7	0.4	1.1	0.8
高中	Senior Secondary School	0.6	5.3	1.1	1.0	1.9	2.6
大学专科	College	0.7	4.4	3.4	1.5	3.4	3.7
大学本科	University	0.5	2.3	8.9	1.4	3.3	5.3
研究生	Graduate and Higher Level	1.9	0.7	19.9	0.3		4.2
女	**Female**	**0.5**	**7.0**	**6.5**	**2.0**	**1.7**	**1.8**
未上过学	No Schooling	1.8	12.3	1.4	1.1	0.5	1.5
小学	Primary School	1.3	10.3	1.8	0.7	1.1	0.5
初中	Junior Secondary School	0.4	7.6	2.7	1.0	1.3	1.0
高中	Senior Secondary School	0.4	7.3	4.7	1.6	1.8	2.0
大学专科	College	0.3	5.4	11.2	4.5	1.8	2.8
大学本科	University	0.2	3.2	19.5	4.0	3.3	4.3
研究生	Graduate and Higher Level		1.8	27.8	1.9	6.3	5.0

1-70 城镇按年龄、性别分的失业人员失业前的职业构成
OCCUPATION OF URBAN UNEMPLOYED PERSONS (PRIOR TO UNEMPLOYMENT) BY AGE AND SEX

单位：% (%)

年 龄 Age	城 镇 失业人员 Urban Unemployed Persons	单 位 负责人 Unit Heads	专业技术 人 员 Technical Personnel	办事人员 和有关 人 员 Clerk and Related Workers	商业、 服务业 人 员 Business Service Personnel	农林牧渔 水利业 生产人员 Producers in the Sectors of Agriculture, Forestry, Animal Husbandry, Fishery and Water Conservancy	生产运输设 备操作人员 及有关人员 Production, Transport Equipment Operators and Related Workers	其 他 Others
总计 Total	**100.0**	**1.0**	**8.6**	**10.6**	**48.9**	**3.2**	**27.5**	**0.1**
16-19	100.0	0.2	5.9	7.4	58.7	1.2	26.4	0.2
20-24	100.0	0.2	17.5	13.5	48.4	0.7	19.2	0.4
25-29	100.0	0.4	16.7	14.1	47.1	1.0	20.4	0.3
30-34	100.0	1.2	10.3	12.3	50.5	1.4	24.2	0.0
35-39	100.0	1.3	8.1	12.1	50.3	1.6	26.5	0.1
40-44	100.0	1.1	6.7	8.9	53.3	2.9	26.9	0.1
45-49	100.0	1.1	3.8	8.2	52.0	2.9	31.9	0.1
50-54	100.0	1.2	4.2	8.5	47.3	5.2	33.5	0.1
55-59	100.0	1.2	3.3	7.8	43.0	6.6	37.9	0.1
60-64	100.0	1.0	3.9	8.8	40.6	11.7	33.9	0.1
65+	100.0	0.3	3.5	7.9	35.4	20.8	32.1	0.1
男 Male	**100.0**	**1.3**	**6.2**	**10.0**	**44.1**	**2.7**	**35.5**	**0.2**
16-19	100.0	0.3	3.4	6.6	56.7	1.9	30.7	0.4
20-24	100.0	0.3	11.5	9.9	49.9	0.9	26.9	0.6
25-29	100.0	0.6	10.9	12.3	48.2	1.2	26.3	0.4
30-34	100.0	1.6	6.8	10.2	47.7	1.0	32.5	0.0
35-39	100.0	1.5	5.6	10.8	44.8	1.4	35.9	0.1
40-44	100.0	1.9	5.1	8.5	46.0	2.5	36.0	
45-49	100.0	1.9	3.7	8.9	44.5	2.2	38.6	0.1
50-54	100.0	2.0	4.1	8.9	38.8	4.6	41.5	0.1
55-59	100.0	1.4	2.6	9.4	36.0	4.2	46.3	0.2
60-64	100.0	1.4	3.5	12.4	32.2	8.6	41.9	
65+	100.0	0.2	3.5	10.9	30.7	14.9	39.7	0.1
女 Female	**100.0**	**0.6**	**11.2**	**11.3**	**53.8**	**3.7**	**19.3**	**0.1**
16-19	100.0		10.1	8.9	61.9		19.0	
20-24	100.0	0.1	25.1	18.1	46.5	0.5	9.5	0.2
25-29	100.0	0.2	23.4	16.1	45.8	0.9	13.6	0.0
30-34	100.0	0.8	13.3	14.0	52.8	1.8	17.4	0.0
35-39	100.0	1.2	10.2	13.1	54.8	1.7	18.8	0.1
40-44	100.0	0.5	7.9	9.4	59.2	3.3	19.5	0.1
45-49	100.0	0.4	3.9	7.5	58.9	3.6	25.7	0.1
50-54	100.0	0.4	4.3	8.1	55.9	5.8	25.4	0.1
55-59	100.0	1.0	4.6	5.3	54.2	10.5	24.3	0.1
60-64	100.0	0.4	4.7	1.9	56.3	17.5	18.8	0.3
65+	100.0	0.4	3.4	2.8	43.5	31.1	18.8	

1−71 城镇按受教育程度、性别分的失业人员失业前的职业构成
OCCUPATION OF URBAN UNEMPLOYED PERSONS (PRIOR TO UNEMPLOYMENT) BY EDUCATIONAL ATTAINMENT AND SEX

单位：% (%)

受教育程度	Educational Attainment	城镇失业人员 Urban Unemployed Persons	单位负责人 Unit Heads	专业技术人员 Technical Personnel	办事人员和有关人员 Clerk and Related Workers	商业、服务业人员 Business Service Personnel	农林牧渔水利业生产人员 Producers in the Sectors of Agriculture, Forestry, Animal Husbandry, Fishery and Water Conservancy	生产运输设备操作人员及有关人员 Production, Transport Equipment Operators and Related Workers	其他 Others
总计	**Total**	**100.0**	**1.0**	**8.6**	**10.6**	**48.9**	**3.2**	**27.5**	**0.1**
未上过学	No Schooling	100.0	0.4	0.8	3.9	42.0	14.3	38.4	0.2
小学	Primary School	100.0	0.6	1.0	2.9	43.0	9.9	42.4	0.1
初中	Junior Secondary School	100.0	0.7	2.6	5.5	49.2	3.9	37.9	0.1
高中	Senior Secondary School	100.0	1.0	6.1	10.9	56.1	1.5	24.3	0.2
大学专科	College	100.0	1.5	17.6	19.6	50.2	0.7	10.2	0.2
大学本科	University	100.0	1.5	29.3	24.1	38.5	0.3	6.2	0.1
研究生	Graduate and Higher Level	100.0	1.4	55.2	21.1	19.4		2.7	0.2
男	**Male**	**100.0**	**1.3**	**6.2**	**10.0**	**44.1**	**2.7**	**35.5**	**0.2**
未上过学	No Schooling	100.0		0.2	10.8	26.6	17.8	44.0	0.6
小学	Primary School	100.0	0.6	1.0	4.2	33.4	6.6	53.9	0.1
初中	Junior Secondary School	100.0	1.0	2.2	6.0	41.7	3.3	45.7	0.1
高中	Senior Secondary School	100.0	1.3	4.3	10.2	50.0	1.5	32.4	0.3
大学专科	College	100.0	2.2	12.4	17.4	51.1	1.2	15.5	0.2
大学本科	University	100.0	2.3	21.6	21.0	43.6	0.4	11.0	0.1
研究生	Graduate and Higher Level	100.0	3.1	49.2	22.4	21.5		3.9	
女	**Female**	**100.0**	**0.6**	**11.2**	**11.3**	**53.8**	**3.7**	**19.3**	**0.1**
未上过学	No Schooling	100.0	0.6	1.1	0.9	48.6	12.7	36.1	
小学	Primary School	100.0	0.6	0.9	1.7	52.4	13.1	31.1	0.2
初中	Junior Secondary School	100.0	0.3	3.1	5.0	57.7	4.5	29.3	0.1
高中	Senior Secondary School	100.0	0.7	8.1	11.7	62.7	1.5	15.3	0.0
大学专科	College	100.0	0.8	22.5	21.6	49.4	0.2	5.4	0.1
大学本科	University	100.0	0.8	35.9	26.9	34.0	0.3	2.1	0.1
研究生	Graduate and Higher Level	100.0		60.3	20.1	17.7		1.6	0.3

1-72 城镇按受教育程度、性别分的失业人员失业时间构成
UNEMPLOYMENT DURATION OF URBAN UNEMPLOYED PERSONS BY EDUCATIONAL ATTAINMENT AND SEX

单位：% (%)

受教育程度	Educational Attainment	城镇失业人员 Urban Unemployed Persons	1个月 1 Month	2-3个月 2-3 Months	4-6个月 4-6 Months	7-12个月 7-12 Months	13-24个月 13-24 Months	25个月以上 25+ Months+
总　计	**Total**	**100.0**	**29.7**	**37.7**	**17.0**	**9.5**	**4.1**	**2.0**
未上过学	No Schooling	100.0	40.8	35.7	11.1	8.4	2.5	1.5
小　学	Primary School	100.0	37.1	36.1	14.0	8.5	2.5	1.8
初　中	Junior Secondary School	100.0	34.1	36.9	14.7	9.3	3.3	1.6
高　中	Senior Secondary School	100.0	28.0	37.9	17.3	10.1	4.5	2.2
大学专科	College	100.0	25.1	37.9	19.3	10.4	5.0	2.2
大学本科	University	100.0	22.9	38.6	21.2	9.3	5.6	2.5
研究生	Graduate and Higher Level	100.0	22.9	47.7	18.6	6.5	3.6	0.7
男	**Male**	**100.0**	**31.3**	**36.6**	**16.6**	**9.5**	**4.0**	**1.9**
未上过学	No Schooling	100.0	40.5	36.1	10.6	7.2	3.1	2.5
小　学	Primary School	100.0	40.5	34.5	13.3	7.7	2.4	1.6
初　中	Junior Secondary School	100.0	36.3	35.6	13.8	9.4	3.4	1.6
高　中	Senior Secondary School	100.0	29.4	36.5	17.1	10.6	4.4	2.0
大学专科	College	100.0	25.4	37.7	19.2	10.7	4.7	2.3
大学本科	University	100.0	24.2	37.9	21.5	8.6	5.0	2.7
研究生	Graduate and Higher Level	100.0	21.3	49.9	18.1	5.7	4.7	0.3
女	**Female**	**100.0**	**28.0**	**38.8**	**17.5**	**9.5**	**4.3**	**2.0**
未上过学	No Schooling	100.0	41.0	35.5	11.3	8.9	2.3	1.1
小　学	Primary School	100.0	33.9	37.6	14.7	9.3	2.7	1.9
初　中	Junior Secondary School	100.0	31.8	38.4	15.7	9.2	3.3	1.7
高　中	Senior Secondary School	100.0	26.5	39.5	17.4	9.6	4.6	2.4
大学专科	College	100.0	24.9	38.2	19.5	10.1	5.4	2.0
大学本科	University	100.0	21.8	39.2	20.9	9.8	6.0	2.3
研究生	Graduate and Higher Level	100.0	24.0	46.2	18.9	7.1	2.8	1.0

1−73 城镇按年龄、性别分的失业人员失业时间构成
UNEMPLOYMENT DURATION OF URBAN UNEMPLOYED PERSONS BY AGE AND SEX

单位：% (%)

年 龄 Age	城 镇 失业人员 Urban Unemployed Persons	1个月 1 Months	2−3个月 2-3 Months	4−6个月 4-6 Months	7−12个月 7-12 Months	13−24个月 13-24 Months	25个月以上 25+ Months+
总计 Total	**100.0**	**29.7**	**37.7**	**17.0**	**9.5**	**4.1**	**2.0**
16−19	100.0	33.7	46.4	15.5	3.4	0.9	0.1
20−24	100.0	27.1	42.3	20.4	6.2	3.3	0.7
25−29	100.0	27.3	38.1	17.2	10.2	4.6	2.6
30−34	100.0	30.7	38.6	16.2	9.2	3.7	1.6
35−39	100.0	29.7	35.9	16.9	11.0	4.6	1.9
40−44	100.0	28.7	35.5	17.1	11.7	4.6	2.4
45−49	100.0	30.3	35.0	15.7	10.9	5.0	3.0
50−54	100.0	31.0	34.5	15.9	11.6	4.8	2.2
55−59	100.0	30.7	36.1	15.9	10.0	4.7	2.6
60−64	100.0	37.3	35.8	13.5	8.3	2.2	3.0
65+	100.0	40.8	33.3	12.9	7.2	2.4	3.4
男 Male	**100.0**	**31.3**	**36.6**	**16.6**	**9.5**	**4.0**	**1.9**
16−19	100.0	30.9	47.4	16.1	4.5	1.0	0.1
20−24	100.0	29.7	40.7	19.4	6.8	2.8	0.6
25−29	100.0	27.6	37.9	17.3	9.6	4.8	2.7
30−34	100.0	34.3	36.2	15.6	9.5	3.1	1.3
35−39	100.0	32.0	33.9	17.3	11.0	4.2	1.6
40−44	100.0	31.5	34.5	16.1	11.8	3.8	2.2
45−49	100.0	32.1	33.4	15.0	11.4	5.1	3.1
50−54	100.0	32.3	33.7	14.4	11.6	5.2	2.8
55−59	100.0	30.2	35.4	15.8	10.1	5.7	2.6
60−64	100.0	37.3	34.2	14.6	9.0	2.1	2.7
65+	100.0	41.6	32.4	13.5	6.9	2.4	3.2
女 Female	**100.0**	**28.0**	**38.8**	**17.5**	**9.5**	**4.3**	**2.0**
16−19	100.0	38.2	44.8	14.5	1.7	0.8	
20−24	100.0	24.3	43.9	21.5	5.7	3.9	0.7
25−29	100.0	27.0	38.3	17.1	10.9	4.4	2.4
30−34	100.0	27.7	40.5	16.7	8.9	4.2	1.8
35−39	100.0	27.8	37.4	16.5	11.1	4.9	2.2
40−44	100.0	26.5	36.2	17.8	11.7	5.2	2.5
45−49	100.0	28.8	36.4	16.3	10.5	5.0	3.0
50−54	100.0	29.8	35.3	17.3	11.6	4.3	1.7
55−59	100.0	31.3	37.2	16.0	9.7	3.2	2.6
60−64	100.0	37.2	38.7	11.6	6.9	2.2	3.5
65+	100.0	39.5	34.9	11.8	7.7	2.3	3.7

1-74 各地区居民消费价格指数和商品零售价格指数
CONSUMER PRICE INDICES AND RETAIL PRICE INDICES BY REGION

(上年=100) (preceding year=100)

年 份 Year / 地 区 Region	居民消费价格 Consumer Price Index 总指数 General	城 市 Urban	农 村 Rural	商品零售价格 Retail Price Index 总指数 General	城 市 Urban	农 村 Rural
1995	117.1	116.8	117.5	114.8	113.5	116.4
2000	100.4	100.8	99.9	98.5	98.5	98.5
2005	101.8	101.6	102.2	100.8	100.5	101.4
2010	103.3	103.2	103.6	103.1	102.8	103.6
2011	105.4	105.3	105.8	104.9	104.7	105.5
2012	102.6	102.7	102.5	102.0	101.9	102.2
2013	102.6	102.6	102.8	101.4	101.3	101.8
2014	102.0	102.1	101.8	101.0	101.0	101.0
2015	101.4	101.5	101.3	100.1	100.0	100.3
2016	102.0	102.1	101.9	100.7	100.7	100.9
2017	101.6	101.7	101.3	101.1	101.1	101.3
2018	102.1	102.1	102.1	101.9	101.9	102.1
2019	102.9	102.8	103.2	102.0	101.9	102.5
2020	102.5	102.3	103.0	101.4	101.3	102.1
2021	100.9	101.0	100.7	101.6	101.7	101.5
2022	102.0	102.0	102.0	102.7	102.7	103.0
北 京 Beijing	101.8	101.8		101.8	101.8	
天 津 Tianjin	101.9	101.9		102.0	102.0	
河 北 Hebei	101.8	101.7	102.0	102.5	102.5	102.7
山 西 Shanxi	102.1	102.0	102.4	103.7	103.7	103.8
内蒙古 Inner Mongolia	101.8	101.7	102.0	103.8	103.8	104.3
辽 宁 Liaoning	102.0	101.9	102.1	102.6	102.5	103.7
吉 林 Jilin	102.1	102.0	102.3	103.1	103.0	103.6
黑龙江 Heilongjiang	101.9	101.9	101.9	102.5	102.3	103.3
上 海 Shanghai	102.5	102.5		101.7	101.7	
江 苏 Jiangsu	102.2	102.1	102.3	102.9	102.9	102.9
浙 江 Zhejiang	102.2	102.2	102.2	103.2	103.2	103.5
安 徽 Anhui	102.0	102.1	101.8	102.7	102.6	103.0
福 建 Fujian	101.9	101.9	101.8	102.7	102.7	102.5
江 西 Jiangxi	102.0	102.0	102.0	102.6	102.6	102.9
山 东 Shandong	101.7	101.5	102.1	102.3	102.3	102.6
河 南 Henan	101.5	101.4	101.7	102.7	102.6	103.0
湖 北 Hubei	102.1	102.1	101.9	102.8	102.9	102.4
湖 南 Hunan	101.8	101.7	101.9	103.2	103.2	103.1
广 东 Guangdong	102.2	102.2	102.3	102.5	102.5	102.8
广 西 Guangxi	101.9	101.8	102.2	102.2	102.1	102.4
海 南 Hainan	101.6	101.5	102.0	102.1	102.0	103.0
重 庆 Chongqing	102.1	102.1		102.5	102.5	
四 川 Sichuan	102.0	102.1	101.8	102.9	102.9	102.9
贵 州 Guizhou	101.6	101.6	101.5	103.0	103.0	103.3
云 南 Yunnan	101.6	101.6	101.7	103.1	103.0	103.5
西 藏 Tibet	101.5	101.5	101.6	102.7	102.5	103.6
陕 西 Shaanxi	102.1	102.1	102.0	103.1	103.2	102.5
甘 肃 Gansu	101.9	101.9	101.8	103.7	103.9	102.9
青 海 Qinghai	102.4	102.4	102.3	103.2	103.2	103.2
宁 夏 Ningxia	102.3	102.1	102.9	102.4	102.1	103.7
新 疆 Xinjiang	101.8	101.9	101.5	102.8	102.9	102.6

1－75 商品零售价格分类指数(2022年)
RETAIL PRICE INDICES BY CATEGORY (2022)

(上年=100) (preceding year=100)

项目名称	Item	全 国 National Indices	城 市 Urban Indices	农 村 Rural Indices
商品零售价格指数	**Retail Price Index**	**102.7**	**102.7**	**103.0**
食品	**Food**	**102.6**	**102.7**	**102.3**
粮食	Grain	102.9	102.8	103.1
食用油	Edible Oil and Fats	105.9	105.9	105.8
菜及食用菌	Vegetables and Edible Mushrooms	102.9	102.8	103.3
畜肉类	Meat of Livestock	95.9	96.0	95.4
禽肉类	Meat of Poultry	104.0	103.9	104.6
水产品	Aquatic Products	101.9	101.8	102.1
蛋类	Eggs	107.2	107.2	107.2
奶类	Milk and Other Dairy Products	101.0	101.0	100.5
干鲜瓜果类	Fruits and Nuts	111.0	111.0	110.6
糖果糕点类	Candy and Cake	103.3	103.5	102.2
调味品	Flavoring	104.1	104.3	103.4
其他食品类	Other Foods	103.3	103.4	102.8
餐饮业零售	Food and Beverage Retail	102.0	102.1	101.0
饮料烟酒	**Beverages, Tobacco and Alcohol**	**101.8**	**101.8**	**101.5**
茶及饮料	Tea and Beverages	102.7	102.8	101.8
酒类	Alcohol	101.6	101.6	101.6
服装鞋帽	**Garments, Shoes and Hats**	**100.5**	**100.6**	**100.2**
服装	Garments	100.6	100.7	100.1
鞋帽袜	Footgear and Hat	100.2	100.2	100.5
纺织品	**Textiles**	**100.3**	**100.2**	**100.9**
服装材料	Clothing	102.5	102.6	102.2
床上用品	Bedding	99.6	99.5	100.5
家用电器及音像器材	**Household Appliances, Music and Video Equipment**	**100.6**	**100.6**	**101.0**
文化办公用品	**Cultural and Office Appliances**	**100.9**	**100.9**	**101.2**
日用品	**Articles for Daily Use**	**101.1**	**101.1**	**101.2**
日用百货	General Merchandise for Daily Use	101.9	101.9	101.7
体育娱乐用品	**Sports and Recreation Articles**	**101.5**	**101.5**	**101.4**
交通通信用品	**Transportation and Communication Appliances**	**99.2**	**99.2**	**99.4**
家具	**Furniture**	**101.3**	**101.2**	**101.6**
化妆品	**Cosmetics**	**102.1**	**102.1**	**102.5**
金银饰品	**Gold and Silver Ornaments**	**101.8**	**101.6**	**102.6**
中西药品及医疗保健用品	**Traditional Chinese and Western Medicines and Health Care Articles**	**100.1**	**100.0**	**100.2**
医疗卫生器具	Medical Instrument	98.4	98.5	97.6
中药	Traditional Chinese Medicines	102.4	102.5	101.9
西药	Western Medicines	99.3	99.2	99.7
书报杂志及电子出版物	**Books, Newspapers, Magazines and Electronic Publications**	**101.9**	**102.0**	**101.3**
燃料	**Fuels**	**117.6**	**117.4**	**119.2**
建筑材料及五金电料	**Building Materials and Hardware**	**101.9**	**101.9**	**102.1**
建筑装璜材料	Building Decoration Materials	102.4	102.4	102.7
五金水暖	Hardware	100.8	100.8	100.8

1−76 各地区商品零售价格分类指数(2022年)
RETAIL PRICE INDICES BY CATEGORY OF COMMODITIES AND BY REGION (2022)

(上年=100) (preceding year=100)

地区	Region	总指数 General Index	食品 Food	#粮食 Grain	#菜及食用菌 Vegetables and Edible Mushrooms	#畜肉类 Meat of Livestock	#禽肉类 Meat of Poultry
全国	**National Average**	**102.7**	**102.6**	**102.9**	**102.9**	**95.9**	**104.0**
北京	Beijing	101.8	103.1	101.1	101.4	97.7	103.9
天津	Tianjin	102.0	102.0	102.9	99.2	97.4	101.3
河北	Hebei	102.5	102.6	104.0	99.8	96.5	101.1
山西	Shanxi	103.7	103.9	105.5	103.4	96.5	101.3
内蒙古	Inner Mongolia	103.8	102.1	103.5	101.0	96.4	101.9
辽宁	Liaoning	102.6	103.1	101.2	105.5	96.6	102.1
吉林	Jilin	103.1	102.9	103.0	107.4	96.2	100.7
黑龙江	Heilongjiang	102.5	102.3	101.4	101.1	97.3	100.9
上海	Shanghai	101.7	104.7	103.4	111.6	98.3	109.2
江苏	Jiangsu	102.9	102.7	102.8	103.6	97.4	103.6
浙江	Zhejiang	103.2	102.6	101.4	103.3	95.9	103.9
安徽	Anhui	102.7	103.1	101.5	102.7	97.4	105.8
福建	Fujian	102.7	103.0	100.1	104.3	94.9	106.6
江西	Jiangxi	102.6	102.5	100.8	104.4	95.8	105.7
山东	Shandong	102.3	102.4	105.2	101.2	95.3	103.8
河南	Henan	102.7	102.4	105.9	98.6	95.7	102.4
湖北	Hubei	102.8	102.4	101.3	103.8	95.8	102.1
湖南	Hunan	103.2	101.5	102.0	101.8	95.6	105.8
广东	Guangdong	102.5	102.9	101.8	104.9	93.4	103.1
广西	Guangxi	102.2	102.1	100.3	101.2	93.7	105.5
海南	Hainan	102.1	102.8	100.3	102.4	95.9	104.1
重庆	Chongqing	102.5	104.3	101.7	107.3	99.8	110.5
四川	Sichuan	102.9	102.3	103.7	101.9	96.1	103.3
贵州	Guizhou	103.0	101.2	101.4	102.5	94.4	102.9
云南	Yunnan	103.1	101.1	101.5	100.7	93.6	101.8
西藏	Tibet	102.7	100.3	100.9	103.1	97.9	101.4
陕西	Shaanxi	103.1	103.0	104.4	100.7	96.6	101.2
甘肃	Gansu	103.7	102.9	104.3	101.9	93.5	102.8
青海	Qinghai	103.2	103.5	104.5	103.6	97.8	104.1
宁夏	Ningxia	102.4	102.5	104.3	101.7	97.0	102.3
新疆	Xinjiang	102.8	102.1	102.2	107.2	95.3	100.9

1−76 续表 1 continued

(上年=100) (preceding year=100)

地 区	Region	#水产品 Aquatic Products	#蛋类 Eggs	#干鲜瓜果类 Fruits and Nuts	饮料烟酒 Beverages, Tobacco and Alcohol	服装鞋帽 Garments, Shoes and Hats	纺织品 Textiles
全 国	**National Average**	**101.9**	**107.2**	**111.0**	**101.8**	**100.5**	**100.3**
北 京	Beijing	103.5	106.1	113.8	103.0	100.6	100.3
天 津	Tianjin	98.4	107.4	110.7	102.4	101.3	101.0
河 北	Hebei	100.2	107.2	111.4	101.5	100.1	100.1
山 西	Shanxi	101.0	106.2	114.0	102.2	101.5	101.3
内蒙古	Inner Mongolia	97.3	106.1	110.9	101.9	100.0	100.1
辽 宁	Liaoning	101.3	107.5	111.3	101.9	99.2	99.9
吉 林	Jilin	97.8	107.1	109.5	100.6	99.6	100.3
黑龙江	Heilongjiang	101.9	107.8	109.7	101.6	101.2	98.2
上 海	Shanghai	106.8	116.0	111.2	101.8	98.8	98.8
江 苏	Jiangsu	99.7	107.0	110.5	102.2	101.3	100.5
浙 江	Zhejiang	102.6	104.8	110.1	102.5	100.3	100.0
安 徽	Anhui	96.7	108.2	114.1	101.7	101.2	101.1
福 建	Fujian	105.3	108.4	113.6	100.9	99.8	102.1
江 西	Jiangxi	100.4	109.1	114.3	101.0	100.7	98.7
山 东	Shandong	103.0	107.2	110.6	102.0	100.3	99.1
河 南	Henan	95.3	106.9	109.9	100.3	100.4	100.3
湖 北	Hubei	96.9	106.5	109.2	101.5	101.1	101.9
湖 南	Hunan	97.7	107.8	109.7	101.3	101.4	100.7
广 东	Guangdong	106.0	106.3	111.0	102.8	100.8	100.3
广 西	Guangxi	104.4	106.9	111.6	100.9	100.5	99.9
海 南	Hainan	107.2	106.2	110.7	101.7	99.8	101.8
重 庆	Chongqing	101.8	108.9	114.4	100.8	100.0	99.9
四 川	Sichuan	100.9	105.5	110.1	101.7	101.3	100.1
贵 州	Guizhou	99.3	107.0	107.6	101.6	100.5	99.1
云 南	Yunnan	100.3	106.0	105.8	101.3	100.3	99.7
西 藏	Tibet	102.0	117.9	101.0	99.8	100.6	99.3
陕 西	Shaanxi	97.4	109.2	113.1	102.4	101.0	100.4
甘 肃	Gansu	98.6	108.7	110.2	102.2	100.5	100.7
青 海	Qinghai	100.2	108.2	112.3	101.3	101.4	99.9
宁 夏	Ningxia	100.7	106.0	105.8	102.5	99.0	100.4
新 疆	Xinjiang	104.0	106.8	109.8	101.6	99.1	101.2

1-76 续表 2 continued

(上年=100) (preceding year=100)

地 区	Region	家用电器及音像器材 Household Appliances, Music and Video Equipment	文化办公用品 Cultural and Office Appliances	日用品 Articles for Daily Use	体育娱乐用品 Sports and Recreation Articles	交通通信用品 Transportation and Communication Appliances	家具 Furniture
全 国	**National Average**	**100.6**	**100.9**	**101.1**	**101.5**	**99.2**	**101.3**
北 京	Beijing	100.5	100.5	101.5	102.3	97.9	101.7
天 津	Tianjin	100.1	100.8	101.7	103.2	98.5	99.9
河 北	Hebei	100.9	101.8	100.2	101.2	99.6	99.9
山 西	Shanxi	100.2	100.6	100.8	101.4	99.1	100.4
内蒙古	Inner Mongolia	100.2	99.6	100.2	100.5	98.5	101.3
辽 宁	Liaoning	100.0	100.0	100.9	101.4	99.3	100.0
吉 林	Jilin	100.6	100.4	102.1	100.8	99.5	102.0
黑龙江	Heilongjiang	99.9	100.7	101.2	100.5	98.1	101.2
上 海	Shanghai	100.6	100.9	101.4	102.2	98.6	103.3
江 苏	Jiangsu	100.8	101.9	101.4	101.1	100.1	102.2
浙 江	Zhejiang	101.9	101.7	101.6	101.7	100.6	100.7
安 徽	Anhui	100.0	100.4	100.4	101.2	100.9	101.2
福 建	Fujian	100.5	100.7	101.7	101.1	98.5	100.6
江 西	Jiangxi	99.4	100.0	100.8	101.0	99.7	101.0
山 东	Shandong	100.9	100.5	101.0	101.3	98.3	99.7
河 南	Henan	99.5	101.5	100.0	103.4	99.6	102.6
湖 北	Hubei	101.2	100.8	102.2	102.2	98.5	100.7
湖 南	Hunan	101.3	100.8	101.8	101.4	100.9	100.8
广 东	Guangdong	100.6	100.8	101.2	100.0	98.7	102.1
广 西	Guangxi	97.9	100.0	100.3	102.5	98.5	101.2
海 南	Hainan	100.8	100.4	98.9	100.1	98.7	101.3
重 庆	Chongqing	100.5	99.7	101.1	100.1	98.2	100.7
四 川	Sichuan	100.7	100.8	101.0	100.5	98.4	103.6
贵 州	Guizhou	99.6	100.7	101.1	101.3	99.8	101.7
云 南	Yunnan	100.0	100.4	100.6	102.3	99.7	100.5
西 藏	Tibet	99.4	100.7	100.7	100.2	100.8	100.1
陕 西	Shaanxi	101.9	101.3	100.9	103.4	99.6	100.9
甘 肃	Gansu	102.2	101.1	101.2	100.6	100.2	98.6
青 海	Qinghai	101.4	102.3	100.1	102.0	100.7	101.5
宁 夏	Ningxia	99.5	101.6	101.9	101.8	99.5	100.7
新 疆	Xinjiang	99.8	102.6	100.4	101.9	101.7	101.1

1-76 续表 3 continued

(上年=100) (preceding year=100)

地 区	Region	化妆品 Cosmetics	金银饰品 Gold and Silver Ornaments	中西药品及医疗保健用品 Traditional Chinese and Western Medicines and Health Care Articles	书报杂志及电子出版物 Books, Newspapers, Magazines and Electronic Publications	燃料 Fuels	建筑材料及五金电料 Building Materials and Hardware
全 国	**National Average**	**102.1**	**101.8**	**100.1**	**101.9**	**117.6**	**101.9**
北 京	Beijing	101.1	102.9	100.9	106.8	117.3	102.6
天 津	Tianjin	102.1	100.7	100.5	102.9	116.0	101.8
河 北	Hebei	102.3	101.4	100.9	100.5	118.6	101.8
山 西	Shanxi	101.9	100.3	100.2	101.8	118.9	102.8
内蒙古	Inner Mongolia	103.1	102.5	100.4	101.8	119.4	100.7
辽 宁	Liaoning	101.8	102.8	99.0	101.4	118.9	101.8
吉 林	Jilin	101.7	102.7	101.1	102.4	117.3	102.4
黑龙江	Heilongjiang	101.9	101.4	100.2	100.9	120.5	101.4
上 海	Shanghai	101.4	102.0	97.3	98.0	115.9	101.6
江 苏	Jiangsu	102.7	101.0	97.3	101.8	118.5	102.5
浙 江	Zhejiang	102.6	102.2	100.0	101.2	118.7	103.0
安 徽	Anhui	101.4	102.7	99.9	100.7	114.9	101.4
福 建	Fujian	101.9	101.9	101.0	102.1	118.3	102.9
江 西	Jiangxi	102.3	102.1	100.4	102.3	119.7	100.8
山 东	Shandong	103.7	102.2	100.7	101.9	120.0	101.1
河 南	Henan	102.3	102.5	101.3	101.8	117.8	101.8
湖 北	Hubei	103.0	100.4	100.7	100.7	118.4	102.4
湖 南	Hunan	102.1	103.1	101.7	100.2	119.1	101.4
广 东	Guangdong	100.9	100.8	100.8	102.8	115.5	101.0
广 西	Guangxi	101.6	100.6	98.9	101.4	118.8	100.3
海 南	Hainan	98.6	101.7	99.0	101.6	115.6	102.4
重 庆	Chongqing	102.9	102.2	99.2	109.2	114.0	103.9
四 川	Sichuan	102.0	100.5	99.9	101.6	115.5	102.7
贵 州	Guizhou	100.5	101.9	100.4	101.5	118.7	101.3
云 南	Yunnan	102.1	103.4	101.3	100.8	117.6	102.4
西 藏	Tibet	102.7	101.9	100.5	101.4	112.2	103.2
陕 西	Shaanxi	102.9	101.6	100.4	101.9	116.5	100.5
甘 肃	Gansu	102.7	100.8	100.9	101.4	118.7	101.9
青 海	Qinghai	101.9	102.2	99.3	105.8	114.4	104.6
宁 夏	Ningxia	102.3	101.7	99.8	101.3	115.4	104.3
新 疆	Xinjiang	103.3	102.8	99.7	101.6	117.0	102.1

1－77 居民消费价格分类指数(2022年)
CONSUMER PRICE INDICES BY CATEGORY (2022)

(上年=100) (preceding year=100)

项目名称	Item	全国 National Indices	城市 Urban Indices	农村 Rural Indices
居民消费价格总指数	**Consumer Price Index**	**102.0**	**102.0**	**102.0**
食品烟酒	**Food, Tobacco and Alcohol**	**102.4**	**102.6**	**102.1**
食品	Food	102.8	102.9	102.4
粮食	Grain	102.8	102.8	102.9
薯类	Tubers	109.4	108.4	111.7
豆类	Beans	104.6	104.5	105.0
食用油	Edible Oil and Fats	105.8	106.0	105.4
菜及食用菌	Vegetables and Edible Mushrooms	103.0	102.9	103.6
#鲜菜	Fresh Vegetables	102.8	102.6	103.4
畜肉类	Meat of Livestock	95.7	95.9	95.2
禽肉类	Meat of Poultry	104.0	103.9	104.5
水产品	Aquatic Products	101.9	102.1	101.3
蛋类	Eggs	107.2	107.2	107.3
奶类	Milk and Other Dairy Products	100.8	101.0	100.3
干鲜瓜果类	Fruits and Nuts	110.8	111.0	110.2
#鲜果	Fresh Fruits	112.9	113.0	112.5
糖果糕点类	Candy and Cake	103.1	103.4	102.1
调味品	Flavoring	103.9	104.1	103.3
其他食品类	Other Foods	103.1	103.1	102.9
茶及饮料	Tea and Beverages	102.4	102.6	101.7
烟酒	Tobacco and Alcohol	101.5	101.6	101.4
在外餐饮	Dining Out	101.9	102.0	101.1
衣着	**Clothing**	**100.5**	**100.6**	**100.3**
服装	Garments	100.6	100.7	100.3
鞋类	Footwear	100.3	100.2	100.5
居住	**Residence**	**100.7**	**100.5**	**101.3**
租赁房房租	Rent of Rental Housing	99.7	99.7	99.8
住房保养维修及管理	Housing Maintenance and Management	102.5	102.6	102.3
水电燃料	Water, Electricity and Fuels	102.9	102.4	104.5
生活用品及服务	**Articles for Daily Use and Services**	**101.2**	**101.2**	**101.0**
家具及室内装饰品	Furniture and Interior Decorations	100.9	100.9	100.9
家用器具	Home Appliances	101.4	101.4	101.3
家用纺织品	Home Textiles	99.8	99.6	100.6
家庭日用杂品	Daily Use Household Articles	100.3	100.4	100.1
个人护理用品	Personal-care Supplies	102.1	102.0	102.3
家庭服务	Household Services	102.7	102.8	102.2
交通通信	**Transport and Communications**	**105.2**	**105.2**	**105.0**
交通	Transport	107.2	107.2	107.2
交通工具	Transport Facility	99.6	99.6	99.9
交通工具用燃料	Fuels for Transport Facility	120.9	120.9	120.9
交通工具使用和维修	Use and Maintenance of Transport Facility	101.5	101.4	101.7
交通费	Traffic Fee	103.1	103.4	102.0
通信	Communications	99.1	99.1	99.1
教育文化娱乐	**Education, Culture and Recreation**	**101.8**	**101.9**	**101.7**
教育	Education	102.1	102.1	102.0
教育用品	Education Articles	102.0	102.1	101.8
教育服务	Education Services	102.1	102.1	102.0
文化娱乐	Culture and Recreation	101.3	101.4	100.8
文娱耐用消费品	Durable Consumer Goods for Culture and Recreation	99.8	99.7	100.4
其他文娱用品	Other Articles	101.1	101.2	100.8
文化娱乐服务	Services for Culture and Recreation	100.3	100.3	100.3
旅游	Touring	103.2	103.3	102.2
医疗保健	**Health Care**	**100.6**	**100.6**	**100.8**
药品及医疗器具	Medicine and Medical Instruments	100.2	100.1	100.5
医疗服务	Medical Services	100.8	100.8	100.9
其他用品及服务	**Other Articles and Services**	**101.6**	**101.5**	**102.0**
其他用品	Other Articles	102.0	101.9	102.5
其他服务	Other Services	101.2	101.2	101.5

1−78 各地区居民消费价格分类指数(2022年)
CONSUMER PRICE INDICES BY CATEGORY AND BY REGION(2022)

(上年=100)

地 区	Region	总指数 General Index	食品烟酒 Food, Tobacco and Alcohol	食品 Food	粮食 Grain	薯类 Tubers	豆类 Beans	食用油 Edible Oil and Fats	菜及食用菌 Vegetables and Edible Mushrooms	#鲜菜 Fresh Vegetables
全 国	**National Average**	**102.0**	**102.4**	**102.8**	**102.8**	**109.4**	**104.6**	**105.8**	**103.0**	**102.8**
北 京	Beijing	101.8	103.1	103.9	101.2	107.2	102.6	104.1	101.4	101.2
天 津	Tianjin	101.9	102.2	102.4	102.9	103.8	106.3	104.7	99.2	98.8
河 北	Hebei	101.8	102.7	103.1	104.3	108.0	106.1	107.1	100.4	99.8
山 西	Shanxi	102.1	103.7	104.4	105.7	120.3	102.5	107.5	103.3	103.1
内蒙古	Inner Mongolia	101.8	102.0	102.1	102.7	113.7	103.4	103.4	101.0	100.8
辽 宁	Liaoning	102.0	102.9	103.4	101.2	111.5	109.4	104.2	105.5	105.2
吉 林	Jilin	102.1	102.5	103.1	102.6	109.3	108.5	105.6	106.7	106.8
黑龙江	Heilongjiang	101.9	102.2	102.9	102.1	107.2	106.4	107.2	100.5	99.8
上 海	Shanghai	102.5	104.5	105.8	103.4	106.0	103.1	110.7	111.6	112.3
江 苏	Jiangsu	102.2	102.6	102.7	102.8	103.6	105.5	105.9	103.5	103.0
浙 江	Zhejiang	102.2	102.6	102.7	101.4	107.9	103.5	107.2	103.1	102.8
安 徽	Anhui	102.0	102.7	102.8	102.0	111.7	104.0	104.6	102.9	102.3
福 建	Fujian	101.9	102.4	103.2	100.4	110.8	103.3	106.0	103.4	103.1
江 西	Jiangxi	102.0	102.2	102.9	101.0	108.7	103.6	106.5	104.3	104.5
山 东	Shandong	101.7	102.3	102.8	105.5	109.2	106.1	104.2	101.1	100.7
河 南	Henan	101.5	102.1	102.3	106.0	110.9	103.7	106.9	98.2	97.5
湖 北	Hubei	102.1	102.2	102.2	101.1	110.0	101.7	109.4	103.9	103.6
湖 南	Hunan	101.8	101.4	101.8	102.3	106.7	103.1	103.3	102.4	102.4
广 东	Guangdong	102.2	102.9	102.9	101.6	105.6	104.3	106.3	105.9	106.2
广 西	Guangxi	101.9	101.9	102.3	100.4	105.3	105.0	104.8	101.7	101.3
海 南	Hainan	101.6	102.5	103.0	100.5	104.3	103.8	104.8	102.0	101.8
重 庆	Chongqing	102.1	103.9	105.3	101.7	109.7	106.3	106.1	107.3	106.8
四 川	Sichuan	102.0	101.9	102.0	103.8	109.7	104.1	103.7	102.1	101.8
贵 州	Guizhou	101.6	101.0	100.9	100.6	108.8	103.6	101.0	102.4	101.9
云 南	Yunnan	101.6	101.1	100.7	101.5	106.0	109.0	102.8	101.2	101.0
西 藏	Tibet	101.5	100.8	100.6	100.5	109.9	102.6	99.0	102.2	102.2
陕 西	Shaanxi	102.1	102.6	103.2	104.6	113.6	105.1	106.3	100.7	100.1
甘 肃	Gansu	101.9	102.8	102.7	105.1	112.2	102.2	107.9	102.6	102.3
青 海	Qinghai	102.4	102.8	103.6	103.8	113.7	104.9	110.4	103.9	103.8
宁 夏	Ningxia	102.3	102.2	102.5	104.6	117.5	102.3	108.9	101.2	100.5
新 疆	Xinjiang	101.8	101.4	101.7	101.9	113.6	103.8	107.9	106.8	107.1

1-78 续表 1 continued

(上年=100)

地 区	Region	畜肉类 Meat of Livestock	禽肉类 Meat of Poultry	水产品 Aquatic Products	蛋类 Eggs	奶类 Milk and Other Dairy Products	干鲜瓜果类 Fruits and Nuts	#鲜果 Fresh Fruits	糖果糕点类 Candy and Cake	调味品 Flavoring
全 国	**National Average**	**95.7**	**104.0**	**101.9**	**107.2**	**100.8**	**110.8**	**112.9**	**103.1**	**103.9**
北 京	Beijing	97.7	103.9	103.5	106.1	101.8	113.7	115.4	102.3	106.1
天 津	Tianjin	97.4	101.3	98.6	107.4	101.4	110.8	113.0	103.9	103.4
河 北	Hebei	96.4	100.8	100.6	106.4	100.0	112.1	115.2	102.9	102.8
山 西	Shanxi	96.4	101.3	100.5	105.8	100.8	114.2	118.3	102.4	102.6
内蒙古	Inner Mongolia	96.2	101.4	97.3	105.8	104.2	111.0	113.2	101.3	104.3
辽 宁	Liaoning	96.5	102.1	101.7	107.5	101.4	111.2	113.4	102.3	102.2
吉 林	Jilin	95.9	101.5	97.9	107.4	101.5	109.5	111.3	104.6	103.7
黑龙江	Heilongjiang	96.9	101.2	101.4	108.5	101.1	109.8	111.6	104.8	105.2
上 海	Shanghai	98.3	109.2	106.8	116.0	98.1	111.2	112.0	103.3	105.8
江 苏	Jiangsu	97.4	103.8	99.7	106.8	101.7	110.5	112.3	104.2	105.8
浙 江	Zhejiang	96.0	103.9	102.5	104.8	100.5	110.0	112.1	103.8	104.8
安 徽	Anhui	97.3	105.4	96.6	108.3	101.7	113.4	116.0	103.3	105.0
福 建	Fujian	94.6	106.6	105.5	107.9	101.0	112.3	114.5	103.4	103.7
江 西	Jiangxi	95.3	105.8	100.7	109.0	101.1	114.6	117.5	101.1	102.8
山 东	Shandong	95.2	103.5	102.3	107.3	100.9	110.7	112.8	102.1	102.4
河 南	Henan	95.7	102.9	96.2	107.2	100.3	110.3	112.6	102.4	104.0
湖 北	Hubei	95.7	102.4	97.0	106.7	102.9	109.2	110.9	104.5	104.9
湖 南	Hunan	95.5	105.8	97.4	107.8	100.8	110.2	112.3	101.5	104.0
广 东	Guangdong	93.5	103.5	105.8	106.4	100.4	110.9	112.7	102.7	104.3
广 西	Guangxi	93.2	105.6	104.0	106.8	98.1	111.6	113.5	103.6	103.2
海 南	Hainan	95.9	103.8	107.1	106.1	101.8	110.3	111.2	102.7	105.9
重 庆	Chongqing	99.8	110.5	101.8	108.9	101.4	114.4	117.4	102.9	107.1
四 川	Sichuan	96.2	103.7	100.7	105.8	100.4	109.0	110.6	102.4	103.0
贵 州	Guizhou	93.4	102.7	99.5	107.4	99.3	107.5	109.1	103.3	103.8
云 南	Yunnan	94.0	101.8	99.4	107.0	101.2	104.9	106.7	102.3	103.3
西 藏	Tibet	99.1	101.7	102.0	114.1	100.4	101.9	102.9	100.3	102.2
陕 西	Shaanxi	96.6	101.9	98.0	109.2	100.2	111.7	112.5	104.3	102.8
甘 肃	Gansu	93.5	103.4	98.8	108.3	101.1	110.1	112.5	103.2	103.1
青 海	Qinghai	97.7	104.7	101.1	108.8	101.0	112.0	114.2	106.6	104.0
宁 夏	Ningxia	96.6	102.5	99.8	105.9	102.0	105.8	106.4	106.2	103.9
新 疆	Xinjiang	94.3	100.9	103.2	106.8	99.1	109.5	113.2	102.5	100.5

1-78 续表 2 continued

(上年=100)

地 区	Region	其他食品类 Other Foods	茶及饮料 Tea and Beverages	烟酒 Tobacco and Alcohol	在外餐饮 Dining Out	衣着 Clothing	服装 Garments	鞋类 Footwear	居住 Housing
全 国	**National Average**	**103.1**	**102.4**	**101.5**	**101.9**	**100.5**	**100.6**	**100.3**	**100.7**
北 京	Beijing	104.5	104.7	102.2	101.5	100.6	100.6	100.7	100.6
天 津	Tianjin	102.7	101.5	102.7	101.6	101.4	101.0	102.4	100.3
河 北	Hebei	102.7	102.1	101.1	102.1	99.7	99.8	99.3	100.7
山 西	Shanxi	103.4	101.7	102.5	101.9	101.6	101.2	103.1	100.4
内蒙古	Inner Mongolia	101.1	101.0	101.8	101.6	100.3	100.3	100.3	100.5
辽 宁	Liaoning	102.2	100.8	101.8	101.6	99.2	99.4	98.4	100.5
吉 林	Jilin	102.2	102.4	100.4	101.1	99.7	99.9	98.8	101.9
黑龙江	Heilongjiang	102.2	102.4	101.2	100.5	101.0	101.1	100.5	101.3
上 海	Shanghai	105.5	101.7	101.8	102.4	99.0	99.1	98.4	101.0
江 苏	Jiangsu	105.2	102.0	102.2	102.5	101.2	101.2	101.1	100.9
浙 江	Zhejiang	103.4	101.8	102.7	102.1	100.4	100.6	99.8	100.7
安 徽	Anhui	103.5	105.9	101.4	103.0	101.3	101.3	101.2	99.8
福 建	Fujian	103.9	101.7	100.6	100.9	100.0	99.5	102.2	100.9
江 西	Jiangxi	100.7	101.0	100.6	101.2	100.5	100.6	100.2	100.9
山 东	Shandong	104.0	102.8	101.7	100.9	100.3	100.5	99.5	100.5
河 南	Henan	102.9	101.8	100.2	102.0	100.4	100.5	100.2	100.1
湖 北	Hubei	105.0	103.6	100.6	102.7	101.0	100.7	102.7	101.4
湖 南	Hunan	101.9	101.3	101.0	100.6	101.3	101.1	102.6	100.7
广 东	Guangdong	102.5	103.1	102.7	102.8	100.6	101.0	98.6	100.6
广 西	Guangxi	100.7	101.2	100.5	101.6	100.7	100.7	100.6	100.4
海 南	Hainan	104.0	101.1	102.5	101.3	100.0	100.2	98.9	99.3
重 庆	Chongqing	103.3	103.0	100.3	101.8	100.0	100.0	100.0	99.9
四 川	Sichuan	102.5	104.0	101.3	101.6	101.4	101.9	99.3	101.0
贵 州	Guizhou	103.2	100.9	101.8	101.1	100.6	100.4	101.7	100.5
云 南	Yunnan	102.7	100.6	101.4	102.3	100.4	100.4	100.5	100.2
西 藏	Tibet	100.7	100.1	99.9	102.7	100.8	100.5	101.4	100.5
陕 西	Shaanxi	103.3	101.8	102.0	101.3	100.5	100.4	101.2	101.1
甘 肃	Gansu	103.8	100.5	102.8	103.0	100.4	100.8	98.8	100.8
青 海	Qinghai	103.9	102.1	100.7	101.7	101.5	101.8	100.4	101.1
宁 夏	Ningxia	103.9	102.2	102.8	101.1	99.2	99.3	98.7	100.9
新 疆	Xinjiang	100.5	102.7	100.6	100.7	99.8	99.9	99.5	101.4

1-78 续表 3 continued

(上年=100)

地 区	Region	租赁房房租 Rent of Rental Housing	住房保养维修及管理 Housing Maintenance and Management	水电燃料 Water, Electricity and Fuels	生活用品及服务 Articles for Daily Use and Services	家具及室内装饰品 Furniture and Interior Decorations	家用器具 Home Appliances	家用纺织品 Home Textiles	家庭日用杂品 Household Articles for Daily Use
全 国	**National Average**	**99.7**	**102.5**	**102.9**	**101.2**	**100.9**	**101.4**	**99.8**	**100.3**
北 京	Beijing	100.6	102.3	100.1	101.6	101.4	101.9	100.5	101.7
天 津	Tianjin	101.0	103.4	98.8	101.6	100.0	101.6	101.4	101.9
河 北	Hebei	99.8	102.0	102.2	100.6	99.8	100.8	99.7	99.3
山 西	Shanxi	99.4	103.7	100.8	100.8	100.4	100.7	100.8	100.0
内蒙古	Inner Mongolia	100.1	101.6	103.5	101.1	101.2	100.8	100.0	100.0
辽 宁	Liaoning	99.2	102.1	103.4	100.9	99.8	100.4	99.5	100.4
吉 林	Jilin	98.9	101.7	106.1	101.4	101.8	101.0	100.5	101.4
黑龙江	Heilongjiang	99.4	101.3	105.1	100.6	100.5	100.4	98.7	99.8
上 海	Shanghai	100.6	102.3	102.8	102.0	103.0	102.6	98.7	100.5
江 苏	Jiangsu	100.3	102.7	102.5	102.0	102.2	102.0	100.6	101.1
浙 江	Zhejiang	99.5	104.6	102.8	101.8	100.2	103.2	99.4	101.0
安 徽	Anhui	98.8	101.7	102.3	101.0	100.6	101.3	100.4	99.6
福 建	Fujian	99.9	102.8	103.4	101.3	100.5	101.3	99.9	100.6
江 西	Jiangxi	99.7	101.8	104.0	100.8	100.5	100.6	99.7	100.3
山 东	Shandong	99.3	102.3	103.6	101.1	99.8	101.6	99.3	100.0
河 南	Henan	99.1	102.0	102.3	101.1	101.5	100.8	99.5	100.1
湖 北	Hubei	100.9	103.1	102.1	101.4	100.6	101.3	100.7	100.8
湖 南	Hunan	100.9	101.6	102.4	101.2	100.8	101.7	100.4	100.4
广 东	Guangdong	99.6	102.3	103.4	101.2	101.7	101.5	97.9	100.1
广 西	Guangxi	98.8	101.3	103.8	100.5	100.9	99.8	100.2	99.9
海 南	Hainan	97.5	103.2	102.6	100.6	100.4	101.4	102.2	98.6
重 庆	Chongqing	99.2	103.1	101.4	101.4	100.4	101.4	100.4	101.2
四 川	Sichuan	100.0	103.3	102.0	101.3	102.1	101.4	99.8	100.5
贵 州	Guizhou	98.8	102.0	103.4	100.8	100.7	101.3	99.3	100.4
云 南	Yunnan	99.2	102.7	102.4	100.8	100.3	100.5	99.7	100.4
西 藏	Tibet	100.0	102.1	100.2	100.5	99.8	99.5	98.9	100.4
陕 西	Shaanxi	100.2	101.0	104.5	101.0	100.4	101.6	100.7	100.1
甘 肃	Gansu	98.5	102.2	104.3	100.9	99.3	102.1	100.6	100.3
青 海	Qinghai	100.0	103.1	101.9	101.2	101.1	101.4	101.9	100.4
宁 夏	Ningxia	99.1	103.1	103.2	101.4	100.7	100.5	100.8	101.7
新 疆	Xinjiang	98.5	104.1	104.8	101.0	100.4	100.6	102.2	99.9

1-78 续表 4 continued

(上年=100)

地 区	Region	个人护理用品 Personal-care Supplies	家庭服务 Household Services	交通通信 Transport and Communications	交通 Transport	交通工具 Transport Facility	交通工具用燃料 Fuels for Transport Facility	交通工具使用和维修 Use and Maintenance of Transport Facility	交通费 Traffic Fee
全 国	**National Average**	**102.1**	**102.7**	**105.2**	**107.2**	**99.6**	**120.9**	**101.5**	**103.1**
北 京	Beijing	101.0	102.9	105.0	106.7	98.1	121.2	101.5	103.0
天 津	Tianjin	102.1	102.4	105.9	107.4	99.6	121.4	97.2	100.9
河 北	Hebei	102.6	101.9	104.5	107.0	100.0	120.8	100.5	100.9
山 西	Shanxi	101.9	101.8	104.6	106.8	99.0	121.0	100.8	102.1
内蒙古	Inner Mongolia	102.9	100.6	105.8	107.6	99.5	121.1	101.0	102.0
辽 宁	Liaoning	101.7	104.0	105.9	108.1	99.9	121.4	100.9	101.9
吉 林	Jilin	101.9	101.5	104.9	106.7	99.4	121.3	101.1	101.3
黑龙江	Heilongjiang	102.1	102.0	105.5	108.3	97.7	121.5	100.4	106.2
上 海	Shanghai	101.3	105.1	104.4	106.2	100.0	121.1	101.6	101.3
江 苏	Jiangsu	102.7	103.9	104.9	106.5	99.6	120.7	100.9	103.2
浙 江	Zhejiang	102.3	102.7	105.1	106.8	100.7	120.8	102.7	99.9
安 徽	Anhui	101.8	104.0	105.3	107.6	100.9	121.0	101.9	103.1
福 建	Fujian	101.6	104.8	104.9	106.8	97.9	121.1	100.4	104.7
江 西	Jiangxi	102.1	102.1	105.6	107.9	100.2	121.4	100.8	102.5
山 东	Shandong	103.2	102.0	104.8	106.6	98.3	121.5	100.5	104.8
河 南	Henan	102.7	101.8	104.4	106.3	99.5	121.1	101.5	102.2
湖 北	Hubei	103.0	102.5	104.7	106.2	98.8	121.2	101.3	102.7
湖 南	Hunan	102.1	101.4	106.3	108.2	101.8	121.3	100.2	101.0
广 东	Guangdong	101.1	103.2	105.8	108.0	98.6	120.4	102.0	105.4
广 西	Guangxi	101.2	103.3	104.5	106.9	99.9	120.7	104.2	102.5
海 南	Hainan	98.7	106.9	105.0	107.0	99.1	118.4	100.4	106.8
重 庆	Chongqing	102.6	102.2	105.5	108.3	99.1	120.7	109.4	102.6
四 川	Sichuan	101.5	102.8	105.4	108.0	99.8	120.4	100.9	104.2
贵 州	Guizhou	100.9	102.5	105.4	107.7	99.9	120.2	100.0	103.4
云 南	Yunnan	102.0	101.4	105.4	107.4	100.5	120.6	104.6	102.2
西 藏	Tibet	102.6	100.1	106.1	109.0	100.4	117.5	99.7	108.4
陕 西	Shaanxi	102.4	100.7	103.8	105.5	101.0	120.6	100.4	102.0
甘 肃	Gansu	102.5	101.1	105.0	107.0	101.1	121.3	100.3	101.9
青 海	Qinghai	101.6	102.4	104.7	106.2	100.1	119.2	101.6	99.3
宁 夏	Ningxia	102.5	101.4	106.8	109.4	100.5	121.4	100.4	104.9
新 疆	Xinjiang	102.6	100.9	106.1	108.1	100.7	119.8	100.2	109.7

1-78 续表 5 continued

(上年=100)

地 区	Region	通信 Communications	教育文化娱乐 Education, Culture and Recreation	教育 Education	教育用品 Education Articles	教育服务 Education Services	文化娱乐 Cultural and Recreational Articles	文娱耐用消费品 Durable Consumer Goods for Culture and Recreation	其他文娱用品 Other Articles
全 国	**National Average**	**99.1**	**101.8**	**102.1**	**102.0**	**102.1**	**101.3**	**99.8**	**101.1**
北 京	Beijing	99.2	100.6	100.9	100.6	100.9	100.3	99.8	102.9
天 津	Tianjin	100.4	101.8	102.2	103.2	102.1	101.4	99.4	103.0
河 北	Hebei	98.6	101.4	101.7	100.7	101.8	100.9	100.8	100.5
山 西	Shanxi	98.9	101.3	101.5	104.2	101.3	100.9	100.1	100.7
内蒙古	Inner Mongolia	100.6	101.2	100.5	101.7	100.4	102.4	99.6	100.8
辽 宁	Liaoning	99.3	101.8	101.9	100.9	102.0	101.6	99.8	101.4
吉 林	Jilin	99.5	101.2	100.9	102.7	100.8	101.8	99.7	100.9
黑龙江	Heilongjiang	98.9	100.9	100.6	101.4	100.6	101.5	100.1	100.3
上 海	Shanghai	98.0	103.5	104.3	95.5	104.8	102.6	99.2	102.3
江 苏	Jiangsu	99.4	101.6	101.3	104.0	101.2	101.9	100.3	101.4
浙 江	Zhejiang	99.2	103.1	103.8	102.0	103.9	101.8	100.4	101.2
安 徽	Anhui	99.0	102.8	103.7	101.6	103.8	100.6	98.7	101.1
福 建	Fujian	99.6	101.4	101.7	103.3	101.6	100.8	99.5	101.5
江 西	Jiangxi	99.2	102.1	102.7	104.4	102.6	100.8	98.1	100.8
山 东	Shandong	98.9	100.4	100.5	101.2	100.5	100.3	100.1	101.4
河 南	Henan	99.3	101.3	101.8	102.0	101.7	100.3	99.7	100.6
湖 北	Hubei	99.3	102.3	101.8	100.9	101.8	103.5	100.5	101.9
湖 南	Hunan	99.6	100.9	101.3	100.3	101.4	100.0	100.8	100.8
广 东	Guangdong	99.3	102.2	102.5	102.6	102.5	101.7	100.1	100.6
广 西	Guangxi	98.2	104.0	105.2	101.7	105.5	101.3	97.7	101.5
海 南	Hainan	99.8	102.1	101.7	102.9	101.7	103.1	100.1	99.6
重 庆	Chongqing	98.1	101.6	101.9	114.7	101.0	101.2	98.6	100.1
四 川	Sichuan	98.2	102.0	102.8	102.6	102.8	101.0	98.4	100.5
贵 州	Guizhou	98.8	101.5	101.5	102.0	101.4	101.6	99.0	100.7
云 南	Yunnan	99.1	101.6	101.5	100.6	101.6	101.6	102.4	100.5
西 藏	Tibet	100.6	100.3	100.1	101.0	100.0	100.6	100.1	100.2
陕 西	Shaanxi	99.5	103.4	104.1	102.3	104.3	101.7	101.0	101.1
甘 肃	Gansu	99.8	100.9	100.8	102.8	100.6	101.2	102.0	100.5
青 海	Qinghai	99.7	103.6	103.8	102.8	103.8	103.3	101.5	102.4
宁 夏	Ningxia	99.0	101.5	101.8	101.6	101.8	100.9	98.4	100.7
新 疆	Xinjiang	99.3	100.7	100.7	101.7	100.7	100.7	99.8	100.8

1-78 续表 6 continued

(上年=100)

地 区	Region	文化娱乐服务 Cultural and Recreational Services	旅游 Touring	医疗保健 Health Care	药品及医疗器具 Medicine and Medical Instruments	医疗服务 Medical Services	其他用品及服务 Other Articles and Services	其他用品 Other Articles	其他服务 Other Services
全 国	**National Average**	**100.3**	**103.2**	**100.6**	**100.2**	**100.8**	**101.6**	**102.0**	**101.2**
北 京	Beijing	96.7	101.2	100.7	101.5	100.3	101.6	102.2	101.1
天 津	Tianjin	100.8	101.9	100.2	100.5	100.1	100.3	100.6	100.0
河 北	Hebei	101.0	101.4	100.5	101.1	100.3	101.8	102.1	101.6
山 西	Shanxi	99.5	103.0	100.3	100.1	100.4	101.4	100.8	102.2
内蒙古	Inner Mongolia	100.0	108.1	100.3	100.7	100.1	101.8	102.5	101.1
辽 宁	Liaoning	101.2	102.8	100.1	99.2	100.5	101.8	102.2	101.5
吉 林	Jilin	99.8	104.6	100.7	101.1	100.4	101.7	102.2	101.2
黑龙江	Heilongjiang	100.1	104.9	100.5	100.1	100.7	101.3	101.9	100.6
上 海	Shanghai	100.3	106.6	102.1	97.5	105.0	100.6	101.4	99.7
江 苏	Jiangsu	101.4	103.5	101.9	97.1	103.5	101.8	101.8	101.7
浙 江	Zhejiang	100.1	104.1	100.3	99.8	100.5	101.8	102.5	101.1
安 徽	Anhui	100.2	101.5	100.9	100.2	101.2	102.0	102.6	101.2
福 建	Fujian	100.1	101.8	100.3	101.2	99.9	101.5	102.3	100.7
江 西	Jiangxi	100.7	103.0	100.2	100.4	100.1	101.6	101.5	101.8
山 东	Shandong	99.8	100.1	100.4	100.6	100.2	101.8	102.1	101.5
河 南	Henan	100.6	100.5	100.7	100.8	100.7	101.4	101.9	100.8
湖 北	Hubei	100.7	109.5	100.3	100.7	100.1	102.4	102.4	102.3
湖 南	Hunan	100.3	99.0	101.0	101.9	100.7	101.6	103.1	100.2
广 东	Guangdong	100.2	104.4	100.4	100.8	100.3	101.6	101.5	101.7
广 西	Guangxi	99.8	106.3	100.9	99.1	101.9	101.0	101.1	101.0
海 南	Hainan	99.6	111.3	100.0	99.0	100.6	100.5	100.3	100.6
重 庆	Chongqing	98.5	105.2	99.7	99.2	100.0	100.6	101.8	99.9
四 川	Sichuan	101.4	102.1	100.6	100.4	100.6	101.7	101.3	102.0
贵 州	Guizhou	101.0	104.7	100.3	100.4	100.3	101.4	102.1	100.8
云 南	Yunnan	100.4	102.8	100.8	101.0	100.8	102.2	103.1	101.3
西 藏	Tibet	99.4	106.6	99.9	99.7	99.9	102.0	101.8	102.1
陕 西	Shaanxi	100.1	103.8	100.8	100.7	100.8	101.9	102.1	101.7
甘 肃	Gansu	100.1	102.6	100.5	100.9	100.3	101.2	101.8	100.6
青 海	Qinghai	100.7	108.5	100.4	99.7	100.7	100.9	101.1	100.7
宁 夏	Ningxia	100.9	103.2	102.3	100.1	103.4	101.1	101.3	100.9
新 疆	Xinjiang	99.0	102.8	100.0	99.2	100.4	102.3	102.4	102.2

1－79　城镇居民人均收支情况
PER CAPITA INCOME AND CONSUMPTION EXPENDITURE OF URBAN HOUSEHOLDS

单位：元　　(yuan)

指　标	Item	2018	2019	2020	2021	2022
城镇居民人均收入	**Per Capita Income of Urban Households**					
可支配收入	Disposable Income	39250.8	42358.8	43833.8	47411.9	49282.9
1.工资性收入	1.Income of Wages and Salaries	23792.2	25564.8	26380.7	28480.8	29577.9
2.经营净收入	2.Net Business Income	4442.6	4840.4	4710.8	5381.9	5584.5
3.财产净收入	3.Net Income from Property	4027.7	4390.6	4626.5	5052.0	5238.2
4.转移净收入	4.Net Income from Transfer	6988.3	7563.0	8115.8	8497.3	8882.4
现金可支配收入	Disposable Income in Cash	36316.2	39147.6	40377.8	43596.4	45354.2
1.工资性收入	1.Income of Wages and Salaries	23670.9	25439.1	26240.5	28299.3	29392.8
2.经营净收入	2.Net Business Income	4808.0	5180.9	4987.5	5630.6	5784.2
3.财产净收入	3.Net Income from Property	1311.6	1494.7	1569.3	1835.8	1945.1
4.转移净收入	4.Net Income from Transfer	6525.7	7032.9	7580.6	7830.7	8232.2
城镇居民人均支出	**Per Capita Expenditure of Urban Households**					
消费支出	Consumption Expenditure	26112.3	28063.4	27007.4	30307.2	30390.8
#服务性消费	Consumption Expenditure on Services	12130.4	13517.7	12012.8	14058.5	13722.8
1.食品烟酒	1.Food, Tobacco and Liquor	7239.0	7732.6	7880.5	8678.1	8958.3
2.衣着	2.Clothing and Footwear	1808.2	1831.9	1644.8	1842.8	1735.2
3.居住	3.Housing	6255.0	6780.2	6957.7	7405.3	7643.5
4.生活用品及服务	4.Household Equipments, Furnishings and Services	1629.4	1689.3	1640.0	1819.6	1800.5
5.交通通信	5.Transport and Communications	3473.5	3671.3	3474.3	3932.0	3908.8
6.教育文化娱乐	6.Education, Cultural and Recreation	2974.1	3328.0	2591.7	3322.0	3050.2
7.医疗保健	7.Health Care and Medical Services	2045.7	2282.7	2172.2	2521.3	2480.7
8.其他用品及服务	8.Miscellaneous Goods and Services	687.4	747.2	646.2	786.1	813.7
现金消费支出	Consumption Expenditure in Cash	21287.1	22798.0	21555.6	24380.4	24375.3
1.食品烟酒	1.Food, Tobacco and Liquor	7099.2	7583.9	7709.6	8443.8	8715.9
2.衣着	2.Clothing and Footwear	1807.5	1831.3	1644.2	1841.8	1734.4
3.居住	3.Housing	2045.2	2223.5	2222.2	2392.5	2503.1
4.生活用品及服务	4.Household Equipments, Furnishings and Services	1617.5	1676.2	1627.1	1807.3	1789.3
5.交通通信	5.Transport and Communications	3466.0	3665.0	3468.9	3925.1	3903.0
6.教育文化娱乐	6.Education, Cultural and Recreation	2972.1	3326.0	2590.7	3320.4	3049.3
7.医疗保健	7.Health Care and Medical Services	1604.0	1754.6	1658.4	1880.6	1895.4
8.其他用品及服务	8.Miscellaneous Goods and Services	675.5	737.6	634.6	768.9	784.8

1-80 各地区城镇居民人均可支配收入来源(2022年)
PER CAPITA DISPOSABLE INCOME OF URBAN HOUSEHOLDS BY SOURCES AND REGION (2022)

单位：元 (yuan)

地区	Region	可支配收入 Disposable Income	工资性收入 Income from Wages and Salaries	经营净收入 Net Business Income	财产净收入 Net Income from Properties	转移净收入 Net Income from Transfers
全 国	**National Average**	**49282.9**	**29577.9**	**5584.5**	**5238.2**	**8882.4**
北 京	Beijing	84023.1	51294.5	755.9	13791.4	18181.3
天 津	Tianjin	53003.2	34001.8	2385.2	4921.2	11695.0
河 北	Hebei	41277.7	25389.8	3784.2	4180.3	7923.5
山 西	Shanxi	39532.0	22358.6	3863.3	3036.5	10273.7
内蒙古	Inner Mongolia	46295.4	28090.5	8911.5	2606.7	6686.8
辽 宁	Liaoning	44002.6	25432.8	4145.8	2233.2	12190.9
吉 林	Jilin	35470.9	21931.8	3514.4	1817.0	8207.8
黑龙江	Heilongjiang	35042.1	19895.0	2913.9	1408.1	10825.1
上 海	Shanghai	84034.0	51637.3	1448.6	11780.9	19167.2
江 苏	Jiangsu	60178.1	34951.9	5971.3	7464.4	11790.5
浙 江	Zhejiang	71267.9	39718.1	10233.4	10397.4	10919.0
安 徽	Anhui	45133.2	26773.3	6986.6	4077.7	7295.5
福 建	Fujian	53817.1	33490.6	7136.2	7322.7	5867.6
江 西	Jiangxi	43696.5	26190.9	4122.2	4527.3	8856.2
山 东	Shandong	49049.7	29139.1	8342.0	4070.5	7498.0
河 南	Henan	38483.7	21899.8	5549.9	3381.3	7652.8
湖 北	Hubei	42625.8	23940.1	5531.7	3908.6	9245.4
湖 南	Hunan	47301.2	25401.6	7214.7	4687.9	9997.0
广 东	Guangdong	56905.3	40017.6	6069.1	8304.6	2514.0
广 西	Guangxi	39703.0	21320.9	7221.8	4206.1	6954.1
海 南	Hainan	40117.5	24344.6	4986.1	4207.3	6579.5
重 庆	Chongqing	45508.9	26555.6	5097.6	3264.9	10590.8
四 川	Sichuan	43233.3	25052.5	4999.0	3380.9	9800.8
贵 州	Guizhou	41085.7	23448.5	7231.8	3308.8	7096.6
云 南	Yunnan	42167.9	24993.3	4490.1	5415.5	7268.9
西 藏	Tibet	48752.9	36769.6	1631.5	3843.2	6508.6
陕 西	Shaanxi	42431.3	24219.2	3206.6	3348.5	11657.1
甘 肃	Gansu	37572.4	25222.7	2738.6	2950.4	6660.7
青 海	Qinghai	38735.8	25046.5	2735.8	1556.4	9397.2
宁 夏	Ningxia	40193.7	27144.0	3999.2	1337.1	7713.3
新 疆	Xinjiang	38410.2	23508.9	3774.4	1788.3	9338.6

1-81 农村居民人均收支情况
PER CAPITA INCOME AND CONSUMPTION EXPENDITURE OF RURAL HOUSEHOLDS

单位：元 (yuan)

指　　标	Item	2018	2019	2020	2021	2022
农村居民人均收入	**Per Capita Income of Rural Households**					
可支配收入	Disposable Income	14617.0	16020.7	17131.5	18930.9	20132.8
1.工资性收入	1.Income of Wages and Salaries	5996.1	6583.5	6973.9	7958.1	8449.2
2.经营净收入	2.Net Business Income	5358.4	5762.2	6077.4	6566.2	6971.5
3.财产净收入	3.Net Income from Property	342.1	377.3	418.8	469.4	509.0
4.转移净收入	4.Net Income from Transfer	2920.5	3297.8	3661.3	3937.2	4203.1
现金可支配收入	Disposable Income in Cash	13912.8	15279.8	16394.5	17596.4	19084.3
1.工资性收入	1.Income of Wages and Salaries	5961.3	6540.2	6926.6	7881.7	8367.8
2.经营净收入	2.Net Business Income	4969.5	5382.2	5720.3	5709.1	6397.0
3.财产净收入	3.Net Income from Property	342.1	377.3	418.8	469.4	509.0
4.转移净收入	4.Net Income from Transfer	2639.9	2980.2	3328.9	3536.2	3810.5
农村居民人均支出	**Per Capita Expenditure of Rural Households**					
消费支出	Consumption Expenditure	12124.3	13327.7	13713.4	15915.6	16632.1
#服务性消费	Consumption Expenditure on Services	4644.7	5290.2	5189.9	6142.9	6357.9
1.食品烟酒	1.Food, Tobacco and Liquor	3645.6	3998.2	4479.4	5200.2	5485.4
2.衣着	2.Clothing and Footwear	647.7	713.3	712.8	859.5	864.0
3.居住	3.Housing	2660.6	2871.3	2962.4	3314.7	3502.5
4.生活用品及服务	4.Household Equipments, Furnishings and Services	720.5	763.9	767.5	900.5	933.8
5.交通通信	5.Transport and Communications	1690.0	1836.8	1840.6	2131.8	2230.3
6.教育文化娱乐	6.Education, Cultural and Recreation	1301.6	1481.8	1308.7	1645.5	1683.1
7.医疗保健	7.Health Care and Medical Services	1240.1	1420.8	1417.5	1579.6	1632.5
8.其他用品及服务	8.Miscellaneous Goods and Services	218.3	241.5	224.4	283.8	300.5
现金消费支出	Consumption Expenditure in Cash	9862.0	10854.5	11097.2	12857.6	13580.6
1.食品烟酒	1.Food, Tobacco and Liquor	3226.3	3538.2	3945.5	4594.1	4911.7
2.衣着	2.Clothing and Footwear	647.2	712.9	712.5	859.0	863.7
3.居住	3.Housing	1084.0	1163.8	1195.3	1250.0	1400.5
4.生活用品及服务	4.Household Equipments, Furnishings and Services	709.0	748.9	752.9	887.3	923.6
5.交通通信	5.Transport and Communications	1685.0	1835.5	1839.3	2129.0	2228.8
6.教育文化娱乐	6.Education, Cultural and Recreation	1300.5	1481.3	1308.4	1645.0	1682.7
7.医疗保健	7.Health Care and Medical Services	997.4	1137.9	1125.4	1223.7	1284.1
8.其他用品及服务	8.Miscellaneous Goods and Services	212.7	236.0	217.9	269.6	285.5

1-82 农村居民分地区人均可支配收入来源(2022年)
PER CAPITA DISPOSABLE INCOME OF RURAL HOUSEHOLDS BY SOURCES AND REGION (2022)

单位：元 (yuan)

地 区	Region	可支配收入 Disposable Income	工资性收入 Income from Wages and Salaries	经营净收入 Net Business Income	财产净收入 Net Income from Properties	转移净收入 Net Income from Transfers
全 国	**National Average**	**20132.8**	**8449.2**	**6971.5**	**509.0**	**4203.1**
北 京	Beijing	34753.8	24928.1	1849.6	3555.8	4420.3
天 津	Tianjin	29017.8	16278.3	6679.4	1146.1	4914.0
河 北	Hebei	19364.2	10107.8	6402.7	416.5	2437.1
山 西	Shanxi	16322.7	7272.4	4267.5	231.6	4551.2
内蒙古	Inner Mongolia	19640.9	3794.6	10718.3	500.5	4627.6
辽 宁	Liaoning	19908.0	7441.8	8830.8	423.4	3211.9
吉 林	Jilin	18134.5	3984.6	11058.2	459.8	2631.9
黑龙江	Heilongjiang	18577.4	3416.8	9698.4	1310.1	4152.0
上 海	Shanghai	39729.4	24644.2	2211.9	1372.1	11501.2
江 苏	Jiangsu	28486.5	13977.0	7353.2	974.4	6182.0
浙 江	Zhejiang	37565.0	22687.3	9148.5	1176.9	4552.3
安 徽	Anhui	19574.9	6861.2	7227.7	427.9	5058.1
福 建	Fujian	24986.6	11360.9	9128.2	518.9	3978.7
江 西	Jiangxi	19936.0	8884.2	6322.2	377.0	4352.6
山 东	Shandong	22109.9	11045.9	7505.2	532.0	3026.8
河 南	Henan	18697.3	7025.4	6033.1	262.0	5376.8
湖 北	Hubei	19709.5	6417.6	8130.0	282.3	4879.6
湖 南	Hunan	19546.3	7631.3	6961.3	283.4	4670.3
广 东	Guangdong	23597.8	13560.2	5759.3	868.8	3409.5
广 西	Guangxi	17432.7	5921.9	6982.3	429.7	4098.8
海 南	Hainan	19117.4	7764.8	7722.4	328.8	3301.4
重 庆	Chongqing	19312.7	6921.0	6234.7	476.3	5680.7
四 川	Sichuan	18672.4	5843.9	7044.7	627.7	5156.1
贵 州	Guizhou	13706.7	5584.7	4218.7	116.6	3786.7
云 南	Yunnan	15146.9	4928.4	7379.1	229.5	2609.9
西 藏	Tibet	18209.5	6366.0	7730.2	797.7	3315.6
陕 西	Shaanxi	15704.3	6497.3	4702.2	258.8	4246.0
甘 肃	Gansu	12165.2	3498.1	5435.4	160.9	3070.8
青 海	Qinghai	14456.2	4751.4	5585.9	380.2	3738.8
宁 夏	Ningxia	16430.3	6079.3	6656.3	369.4	3325.3
新 疆	Xinjiang	16549.9	5398.9	7116.9	526.3	3507.9

二、就业与失业

EMPLOYMENT AND UNEMPLOYMENT

2-1 年末城镇登记失业人数及登记失业率
URBAN REGISTERED UNEMPLOYMENT AND UNEMPLOYMENT RATE AT THE YEAR-END

单位：万人 (10 000 persons)

年 份 Year	登记失业人数 Urban Registered Unemployment		比上年增长(%) Increase over Preceeding year		登记失业率(%) Registered Unemployment Rate
	合 计 Total	#失业青年 Youth	合 计 Total	#失业青年 Youth	
1981	440	343	-18.8	-10.3	3.8
1982	379	294	-13.7	-14.3	3.2
1983	271	222	-28.5	-24.4	2.3
1984	236	196	-13.2	-11.8	1.9
1985	239	197	1.2	0.5	1.8
1986	264	209	10.9	6.3	2.0
1987	277	235	4.6	12.3	2.0
1988	296	245	7.1	4.3	2.0
1989	378	309	27.6	26.0	2.6
1990	383	313	1.4	1.2	2.5
1991	352	288	-8.1	-7.8	2.3
1992	364	300	3.3	4.0	2.3
1993	420	332	15.4	10.7	2.6
1994	476	301	13.4	-9.3	2.8
1995	520	310	9.1	3.1	2.9
1996	553		6.3		3.0
1997	577		4.3		3.1
1998	571		-1.0		3.1
1999	575		0.7		3.1
2000	595		3.5		3.1
2001	681		14.4		3.6
2002	770		13.1		4.0
2003	800		3.9		4.3
2004	827		3.4		4.2
2005	839		1.5		4.2
2006	847		1.0		4.1
2007	830		-2.0		4.0
2008	886		6.7		4.2
2009	921		4.0		4.3
2010	908		-1.4		4.1
2011	922		1.5		4.1
2012	917		-0.5		4.1
2013	926		1.0		4.05
2014	952		2.8		4.09
2015	966		1.5		4.05
2016	982		1.7		4.02
2017	972		-1.0		3.90
2018	974		0.2		3.80
2019	945		-3.0		3.62
2020	1160		22.8		4.24
2021	1040		-10.4		3.96
2022	1203		15.6		

注：2022年起人力资源和社会保障部不再发布城镇登记失业率数据。

Note：Since 2022,the Ministry of Human Resources and Social Security has no longer released the registered unemployment rate in urban areas.

2-2 各地区年末城镇登记失业人员及失业率

REGISTERED UNEMPLOYED PERSONS AND UNEMPLOYMENT RATE IN URBAN AREA AT THE YEAR-END BY REGION

单位：万人 (10 000 persons)

地区	Region	失业人员 Unemployed Persons						
		1990	2005	2010	2015	2020	2021	2022
北京	Beijing	1.7	10.6	7.7	7.8	29.0	37.2	36.4
天津	Tianjin	8.1	11.7	16.1	25.1	27.0	27.5	25.4
河北	Hebei	7.7	27.8	35.1	39.4	38.5	40.2	20.5
山西	Shanxi	5.5	14.3	20.4	25.6	27.7	20.0	19.9
内蒙古	Inner Mongolia	15.2	17.7	20.8	25.9	30.0	30.5	29.0
辽宁	Liaoning	23.7	60.4	38.9	46.2	50.7	47.7	48.5
吉林	Jilin	10.5	27.6	22.7	23.9	20.6	19.1	19.6
黑龙江	Heilongjiang	20.4	31.3	36.2	41.0	31.0	28.5	20.2
上海	Shanghai	7.7	27.5	27.6	24.8	19.7	66.9	14.6
江苏	Jiangsu	22.5	41.6	40.6	36.0	36.7	49.1	62.9
浙江	Zhejiang	11.2	29.0	31.1	33.7	42.1	45.3	37.2
安徽	Anhui	15.2	27.8	26.9	30.9	30.0	25.4	17.9
福建	Fujian	9.0	14.9	14.5	15.4	35.7	38.0	28.3
江西	Jiangxi	10.3	22.8	26.3	29.9	29.9	29.9	28.5
山东	Shandong	26.2	42.9	44.5	43.7	46.7	62.4	20.4
河南	Henan	25.1	33.0	38.2	42.5	62.2	65.3	54.6
湖北	Hubei	12.7	52.6	55.7	33.4	55.3	51.3	51.2
湖南	Hunan	15.9	41.9	43.2	45.1	31.4	27.7	25.3
广东	Guangdong	19.2	34.5	39.3	37.0	73.9	82.5	53.9
广西	Guangxi	13.9	18.5	19.1	18.1	22.9	22.7	22.8
海南	Hainan	3.5	5.1	4.8	4.8	7.9	10.1	10.9
重庆	Chongqing		16.9	13.0	14.3	29.6	18.9	21.9
四川	Sichuan	38.0	34.3	34.6	54.6	54.4	66.4	51.6
贵州	Guizhou	10.7	12.1	12.2	14.5	19.5	32.0	32.9
云南	Yunnan	7.8	13.0	15.7	19.5	31.9	30.0	32.5
西藏	Tibet			2.1	1.8	2.1	1.8	1.8
陕西	Shaanxi	11.2	21.5	21.4	22.3	24.5	27.7	23.8
甘肃	Gansu	12.5	9.3	10.7	9.5	12.2	13.1	13.4
青海	Qinghai	4.2	3.6	4.2	4.4	3.1	2.8	2.1
宁夏	Ningxia	4.0	4.4	4.8	4.9	5.6	7.0	10.9
新疆	Xinjiang	9.6	11.1	11.0	10.3	9.4	8.9	8.8

注：1.新疆数据不包括新疆生产建设兵团。
2.2020年起，登记失业统计口径有所调整，与历史数据不可比。
3.2022年起，人力资源和社会保障部不再发布城镇登记失业率数据。

a)The data of Xinjiang does not include Xinjiang Production and Construction Corps.
b)Since 2020, the statistical caliber of registered unemployment has been adjusted, which is not comparable with historical data.
c)Since 2022, the Ministry of Human Resources and Social Security has no longer released the registered urban unemployment rate.

2-2 续表 continued

单位：% (%)

地 区	Region	失业率 Unemployment Rate					
		1990	2005	2010	2015	2020	2021
北 京	Beijing	0.4	2.1	1.4	1.4	2.6	3.2
天 津	Tianjin	2.7	3.7	3.6	3.5	3.6	3.7
河 北	Hebei	1.1	3.9	3.9	3.6	3.5	3.1
山 西	Shanxi	1.2	3.0	3.6	3.5	3.1	2.3
内蒙古	Inner Mongolia	3.8	4.3	3.9	3.7	3.8	3.8
辽 宁	Liaoning	2.2	5.6	3.6	3.4	4.6	4.3
吉 林	Jilin	1.9	4.2	3.8	3.5	3.4	3.3
黑龙江	Heilongjiang	2.2	4.4	4.3	4.5	3.4	3.2
上 海	Shanghai	1.5		4.4	4.0	3.7	2.7
江 苏	Jiangsu	2.4	3.6	3.2	3.0	3.2	2.5
浙 江	Zhejiang	2.2	3.7	3.2	2.9	2.8	2.6
安 徽	Anhui	2.8	4.4	3.7	3.1	2.8	2.5
福 建	Fujian	2.6	4.0	3.8	3.7	3.8	3.3
江 西	Jiangxi	2.4	3.5	3.3	3.4	3.2	2.8
山 东	Shandong	3.2	3.3	3.4	3.4	3.1	2.9
河 南	Henan	3.3	3.5	3.4	3.0	3.2	3.4
湖 北	Hubei	1.7	4.3	4.2	2.6	3.4	3.0
湖 南	Hunan	2.7	4.3	4.2	4.1	2.7	2.3
广 东	Guangdong	2.2	2.6	2.5	2.5	2.5	2.5
广 西	Guangxi	3.9	4.2	3.7	2.9	2.8	2.5
海 南	Hainan	3.0	3.6	3.0	2.3	2.8	3.1
重 庆	Chongqing		4.1	3.9	3.6	4.5	2.9
四 川	Sichuan	3.7	4.6	4.1	4.1	3.6	3.6
贵 州	Guizhou	4.1	4.2	3.6	3.3	3.8	4.5
云 南	Yunnan	2.5	4.2	4.2	4.0	3.9	3.8
西 藏	Tibet			4.0	2.5	2.9	2.6
陕 西	Shaanxi	2.8	4.2	3.9	3.4	3.6	3.5
甘 肃	Gansu	4.9	3.3	3.2	2.1	3.3	3.4
青 海	Qinghai	5.6	3.9	3.8	3.2	2.1	1.8
宁 夏	Ningxia	5.4	4.5	4.4	4.0	3.9	4.1
新 疆	Xinjiang	3.0	3.9	3.2	2.9	2.4	2.0

2-3 公共就业服务工作情况(2022年)
SITUATIONS OF PUBLIC EMPLOYMENT SERVICES (2022)

单位：人 (person)

项 目	Item	本期单位登记招聘人数 Total Registered Job Vacancies This Year	本期登记求职人数 Total Registered Job-seekers This Year	#女性 Female	#应届高校毕业生 College Graduates	本期接受职业指导人次 Person-times of Vocational Guidance This Year	#女性 Female	本期接受创业服务人次 Person-times of Vocational Guidance
总 计	**Total**	**60863001**	**36483579**	**14746187**	**7976228**	**28073992**	**10413592**	**5872027**
市(地、州)及以上公共就业人才服务机构	Public Employment (Talent) Services Institution of City (Prefecture) and Above	21614927	12834971	4923873	4424239	6836052	1932181	1865693
区(县)公共就业人才服务机构	Public Employment (Talent) Services Institution of District (County)	31061304	18837857	7821428	2967218	16413961	6605109	3107792
街道(乡镇)公共就业和人才服务平台	Public Employment and Talent Service Platform of Street (Township)	6242912	3661755	1536587	455254	3441299	1346171	708481
社区(行政村)公共就业服务窗口	Public Employment Service Window of Community (Administrative Village)	1943858	1148996	464299	129517	1382680	530131	190061

2-4 各地区公共就业服务工作情况(2022年)
SITUATIONS OF PUBLIC EMPLOYMENT SERVICES BY REGION (2022)

单位：人 (person)

地 区	Region	本期单位登记招聘人数 Total Registered Job Vacancies This Year	本期登记求职人数 Total Registered Job-seekers This Year	#女性 Female	#应届高校毕业生 College Graduates	#农村劳动者 Rural Labours	本期接受职业指导人次 Person-times of Vocational Guidance This Year	#女性 Female	本期接受创业服务人数 Person-times of Vocational Guidance
总 计	**National Total**	**60863001**	**36483579**	**14746187**	**7976228**	**10032928**	**28073992**	**10413592**	**5872027**
北 京	Beijing	630018	245330	99076.00	5121	54659	1003468	52511	152988
天 津	Tianjin	1196902	1875512	969258	1231640	164119	253569	122513	82719
河 北	Hebei	2561032	1583356	393746	376424	508858	1249710	526027	134411
山 西	Shanxi	1410104	2015738	984460	836774	207138	591225	177313	32065
内蒙古	Inner Mongolia	1164969	665739	169533	178492	120296	172585	49460	19650
辽 宁	Liaoning	1678753	997399	410925	60913	116360	263927	115509	98630
吉 林	Jilin	827307	341073	141975	71170	39394	150161	62289	28876
黑龙江	Heilongjiang	1492170	1290706	600192	148634	424848	3635703	1609207	125871
上 海	Shanghai	771195	803222	270229	191247		24465	9985	89940
江 苏	Jiangsu	5069742	3849643	1649044	638884	1055658	2999006	689032	1076483
浙 江	Zhejiang	4708454	1627324	693372	226745	481397	599605	262254	225250
安 徽	Anhui	3320912	1967863	841451	171650	679314	959426	284770	221358
福 建	Fujian	1219068	932732	334088	58971	295294	284027	106556	15269
江 西	Jiangxi	1481507	946819	440092	138123	499300	669416	285129	197328
山 东	Shandong	3952815	2970782	1215418	491509	904679	5061147	2053534	830822
河 南	Henan	3052634	1881648	653781	442377	545929	896305	355957	437251
湖 北	Hubei	2039477	1075583	447650	108830	456381	912352	383829	306443
湖 南	Hunan	3443519	1896509	826828	246105	646353	1500578	606602	410970
广 东	Guangdong	5001628	2450514	1126938	643233	447011	1021225	419626	271204
广 西	Guangxi	2317388	802575	127119	420167	80480	681885	286912	164006
海 南	Hainan	428933	269171	57854	15926	82751	66628	16166	10471
重 庆	Chongqing	1269493	530989	183395	29751	140339	909338	328772	2729
四 川	Sichuan	2750343	1118412	466268	119630	480000	765369	316744	237366
贵 州	Guizhou	2378378	1111729	464114	264899	314317	855735	339366	194959
云 南	Yunnan	2016872	656542	254397	93987	352308	1148797	441903	165495
西 藏	Tibet	46199	41430	13610	15410	5165	21770	10695	921
陕 西	Shaanxi	2423620	1149478	362652	520226	266046	369478	107391	63733
甘 肃	Gansu	782404	498893	162909	109168	173804	251504	73667	82092
青 海	Qinghai	210802	218980	76181	14833	150525	172748	69614	8453
宁 夏	Ningxia	299318	64100	28094	15759	23955	58722	26036	79066
新 疆	Xinjiang	858942	502885	230110	80773	282388	498937	210725	103765
兵 团	Xinjiang Production and Construction Corps	58103	100903	51428	8857	33862	25181	13498	1443

三、城镇非私营单位就业人员和工资总额

EMPLOYMENT AND TOTAL WAGES IN URBAN NON-PRIVATE UNITS

3-1 分行业城镇非私营单位就业人员和工资总额(2022年) EMPLOYMENT AND TOTAL WAGES IN URBAN NON-PRIVATE UNITS BY SECTOR(2022)

项目	Item	年末人数(千人) Year-end Figures (1000 persons)	#女性 Female	工资总额(亿元) Total Wages (100 million yuan)	平均工资(元) Average Wage (yuan)
全国总计	**National Total**	**167007**	**67664**	**190820.2**	**114029**
农、林、牧、渔业	**Agriculture, Forestry, Animal Husbandry and Fishery**	**789**	**232**	**463.7**	**58976**
农业	Farming	218	81	96.8	44410
林业	Forestry	284	63	177.9	62965
畜牧业	Animal Husbandry	94	29	64.9	70331
渔业	Fishery	20	4	14.6	70466
农、林、牧、渔专业及辅助性活动	Professional and Support Activities for Agriculture, Forestry, Animal Husbandry and Fishery	173	56	109.4	63382
采矿业	**Mining**	**3409**	**545**	**4162.8**	**121522**
煤炭开采和洗选业	Mining and Washing of Coal	2281	288	2603.6	114332
石油和天然气开采业	Extraction of Petroleum and Natural Gas	521	144	888.5	167331
黑色金属矿采选业	Mining and Processing of Ferrous Metal Ores	136	19	136.4	99129
有色金属矿采选业	Mining and Processing of Non-Ferrous Metal Ores	130	24	123.7	95063
非金属矿采选业	Mining and Processing of Non-metal Ores	112	23	89.6	79555
开采专业及辅助性活动	Professional and Support Activities for Mining	228	46	319.4	135778
其他采矿业	Mining of Other Ores	2		1.6	90610
制造业	**Manufacturing**	**37384**	**13688**	**36978.4**	**97528**
农副食品加工业	Processing of Food from Agricultural Products	1104	474	775.0	70693
食品制造业	Manufacture of Foods	971	483	821.0	84806
酒、饮料和精制茶制造业	Manufacture of Liquor, Beverages and Refined Tea	770	270	731.0	96278
烟草制品业	Manufacture of Tobacco	145	40	368.2	252541
纺织业	Manufacture of Textile	996	561	703.9	69346
纺织服装、服饰业	Manufacture of Textile, Wearing Apparel and Accessories	1107	791	748.6	66231
皮革、毛皮、羽毛及其制品和制鞋业	Manufacture of Leather, Fur, Feather and Related Products and Footwear	734	459	449.7	61155
木材加工和木、竹、藤、棕、草制品业	Processing of Timber, Manufacture of Wood, Bamboo, Rattan, Palm and Straw Products	169	63	109.4	63658
家具制造业	Manufacture of Furniture	380	139	316.4	79795
造纸及纸制品业	Manufacture of Paper and Paper Products	434	151	364.3	82990
印刷和记录媒介复制业	Printing and Reproduction of Recording Media	419	176	362.0	83929
文教、工美、体育和娱乐用品制造业	Manufacture of Articles for Culture, Education, Arts and Crafts, Sport and Entertainment Activities	784	447	561.3	66622
石油、煤炭及其他燃料加工业	Processing of Petroleum, Coal and Other Fuels	547	120	727.5	132102
化学原料和化学制品制造业	Manufacture of Raw Chemical Materials and Chemical Products	1925	535	2134.4	111307
医药制造业	Manufacture of Medicines	1543	740	1707.0	111538
化学纤维制造业	Manufacture of Chemical Fibres	248	85	216.4	86224
橡胶和塑料制品业	Manufacture of Rubber and Plastics Products	1361	543	1142.5	81748
非金属矿物制品业	Manufacture of Non-metallic Mineral Products	1692	467	1386.1	81245
黑色金属冶炼和压延加工业	Smelting and Pressing of Ferrous Metals	1105	173	1134.7	101189
有色金属冶炼和压延加工业	Smelting and Pressing of Non-ferrous Metals	890	182	832.9	93598
金属制品业	Manufacture of Metal Products	1522	464	1283.7	82692
通用设备制造业	Manufacture of General Purpose Machinery	2198	597	2304.9	103660

3-1 续表 1 continued

项　目	Item	年末人数（千人）Year-end Figures (1000 persons)	#女性 Female	工资总额（亿元）Total Wages (100 million yuan)	平均工资（元）Average Wage (yuan)
专用设备制造业	Manufacture of Special Purpose Machinery	1902	555	2110.6	110659
汽车制造业	Manufacture of Automobiles	3026	810	3387.0	113804
铁路、船舶、航空航天和其他运输设备制造业	Manufacture of Railway, Ship, Aerospace and Other Transport Equipments	690	174	770.0	111486
电气机械和器材制造业	Manufacture of Electrical Machinery and Apparatus	3127	1199	2992.7	95149
计算机、通信和其他电子设备制造业	Manufacture of Computers, Communication and Other Electronic Equipment	6575	2643	7423.4	107620
仪器仪表制造业	Manufacture of Measuring Instruments and Machinery	577	217	673.6	116620
其他制造业	Other Manufacture	155	71	124.4	78186
废弃资源综合利用业	Utilization of Waste Resources	106	27	87.0	81542
金属制品、机械和设备修理业	Repair Service of Metal Products, Machinery and Equipment	186	32	229.2	124774
电力、热力、燃气及水生产和供应业	**Production and Supply of Electricity, Heat, Gas and Water**	**3753**	**976**	**4994.9**	**132964**
电力、热力生产和供应业	Production and Supply of Electric Power and Heat Power	2721	629	4005.0	146899
燃气生产和供应业	Production and Supply of Gas	333	106	354.0	106382
水的生产和供应业	Production and Supply of Water	698	240	635.3	91186
建筑业	**Construction**	**18352**	**2489**	**14015.9**	**78295**
房屋建筑业	Construction of Buildings	11853	1459	8268.4	71833
土木工程建筑业	Civil Engineering	4399	706	4061.4	93592
建筑安装业	Building Installation	1138	162	972.6	89336
建筑装饰、装修和其他建筑业	Building Decoration and Other Constructions	962	162	713.5	74120
批发和零售业	**Wholesale and Retail Trades**	**7853**	**4085**	**9184.1**	**115408**
批发业	Wholesale Trade	4013	1753	6202.6	153117
零售业	Retail Trade	3840	2332	2981.4	76310
交通运输、仓储和邮政业	**Transport, Storage and Post**	**7762**	**2012**	**9014.6**	**115345**
铁路运输业	Railway Transport	1866	268	2665.0	142941
道路运输业	Road Transport	3302	866	2870.2	85991
水上运输业	Water Transport	271	48	445.6	163824
航空运输业	Air Transport	602	221	1018.2	168844
管道运输业	Transport Via Pipelines	38	8	78.5	206581
多式联运和运输代理业	Intermodality and Forwarding Agency	345	157	520.6	150028
装卸搬运和仓储业	Loading, Unloading and Storage	469	117	446.7	95109
邮政业	Post	869	328	969.9	109780
住宿和餐饮业	**Hotels and Catering Services**	**2550**	**1478**	**1408.0**	**53995**
住宿业	Hotels	986	546	614.4	61090
餐饮业	Catering Services	1564	932	793.6	49541
信息传输、软件和信息技术服务业	**Information Transmission, Software and Information Technology**	**5292**	**2032**	**11769.5**	**220418**
电信、广播电视和卫星传输服务	Telecommunication, Radio and Television and Satellite Transmission Service	1438	598	2203.0	152549
互联网和相关服务	Internet and Related Service	762	327	2174.3	276662
软件和信息技术服务业	Software and Information Technology	3091	1107	7392.1	237722

3-1 续表 2 continued

项 目	Item	年末人数(千人) Year-end Figures (1000 persons)	#女性 Female	工资总额(亿元) Total Wages (100 million yuan)	平均工资(元) Average Wage (yuan)
金融业	**Financial Intermediation**	**7396**	**4211**	**13260.2**	**174341**
货币金融服务	Monetary and Financial Service	3714	1888	7990.9	216069
资本市场服务	Capital Market Service	378	173	1677.3	451629
保险业	Insurance	3188	2098	3099.9	90645
其他金融业	Other Financial Activities	116	51	492.1	422973
房地产业	**Real Estate**	**5115**	**2150**	**4713.6**	**90346**
租赁和商务服务业	**Leasing and Business Services**	**7383**	**2687**	**7817.5**	**106500**
租赁业	Leasing	136	35	141.8	101394
商务服务业	Business Services	7247	2652	7675.8	106600
科学研究和技术服务业	**Scientific Research and Technical Services**	**4558**	**1574**	**7424.2**	**163486**
研究和试验发展	Research and Experimental Development	768	329	1617.6	214522
专业技术服务业	Professional Technical Services	3134	987	4789.9	153013
科技推广和应用服务业	Science and Technology Popularization and Application Services	657	258	1016.7	154804
水利、环境和公共设施管理业	**Management of Water Conservancy, Environment and Public Facilities**	**2536**	**1053**	**1747.4**	**68256**
水利管理业	Management of Water Conservancy	273	75	295.8	107879
生态保护和环境治理业	Ecological Protection and Environmental Treatment	193	54	191.9	99775
公共设施管理业	Management of Public Facilities	2000	893	1175.7	58122
土地管理业	Management of Land	70	31	84.0	118728
居民服务、修理和其他服务业	**Service to Households, Repair and Other Services**	**901**	**476**	**590.3**	**65478**
居民服务业	Service to Households	357	186	272.0	75845
机动车、电子产品和日用产品修理业	Repair of Motor Vehicle, Electronics and Household Products	105	28	86.3	80430
其他服务业	Other Services	439	262	232.0	53257
教育	**Education**	**19506**	**12600**	**23320.2**	**120422**
卫生和社会工作	**Health and Social Service**	**11145**	**7757**	**14903.7**	**135222**
卫生	Health	10677	7439	14579.9	138168
社会工作	Social Service	468	318	323.8	68999
文化、体育和娱乐业	**Culture, Sports and Entertainment**	**1465**	**729**	**1797.6**	**121151**
新闻和出版业	Journalism and Publishing Activities	284	147	458.2	160691
广播、电视、电影和录音制作业	Radio, Television, Motion Picture and Audio-visual Programme Production Services	368	172	504.6	134837
文化艺术业	Cultural and Art Activities	480	254	494.5	102629
体育	Sports Activities	144	63	158.2	110190
娱乐业	Entertainment	189	92	182.0	91507
公共管理、社会保障和社会组织	**Public Management, Social Security and Social Organization**	**19858**	**6891**	**23253.8**	**117440**
#中国共产党机关	Organs of Communist Party of China	933	319	1179.1	127409
国家机构	Government Agencies	18471	6350	21558.7	117014
人民政协、民主党派	People's Political Consultative Conference and Democratic Parties	114	36	170.6	149906
社会保障	Social Security	164	91	156.5	95822
群众团体、社会团体和其他成员组织	Non-Governmental Organizations, Social Organizations and Membership Organizations	172	94	187.4	109401

3-2 各地区分行业城镇非私营单位就业人员和工资总额(2022年)
URBAN NON-PRIVATE UNITS EMPLOYMENT AND TOTAL WAGES BY SECTOR AND REGION(2022)

地 区	Region	总 计 Total				农、林、牧、渔业 Agriculture, Forestry, Animal Husbandry and Fishery			
		年末人数(人) Year-end Figures (person)	#女 性 Female	工资总额(千元) Total Wages (1000 yuan)	平均工资(元) Average Wage (yuan)	年末人数(人) Year-end Figures (person)	#女 性 Female	工资总额(千元) Total Wages (1000 yuan)	平均工资(元) Average Wage (yuan)
全 国	**National**	**167006559**	**67664104**	**19082022094**	**114029**	**789137**	**232407**	**46369384**	**58976**
北 京	Beijing	7470567	3172899	1585219684	208977	14506	4784	1149176	78248
天 津	Tianjin	2433406	987888	321243695	129522	2610	812	208658	77218
河 北	Hebei	5611456	2375004	512196689	90745	18631	5557	1189007	63528
山 西	Shanxi	4382600	1639268	399647502	90495	13579	3612	740833	55643
内蒙古	Inner Mongolia	2655241	1078492	270016791	100990	69711	13686	5495074	78029
辽 宁	Liaoning	4437018	1818562	414821184	92573	66836	24810	1713270	25848
吉 林	Jilin	2423294	1008423	213816667	87222	52202	10459	3050989	57994
黑龙江	Heilongjiang	2978733	1170247	265442175	88235	174875	45980	8589130	49226
上 海	Shanghai	6722650	3009511	1434435519	212476	8425	2802	826974	95435
江 苏	Jiangsu	12830330	4728024	1555720332	121724	23685	9846	1365710	56987
浙 江	Zhejiang	10413681	4021429	1335006765	128825	6725	2003	590425	89038
安 徽	Anhui	5768444	2142376	564615608	98649	23234	7474	1428792	61363
福 建	Fujian	5591578	2272305	576857726	103803	10839	3170	844728	77840
江 西	Jiangxi	4369465	1778643	380028714	87972	15718	4171	834747	53255
山 东	Shandong	10814717	4253781	1104630691	102247	10983	3040	807854	71784
河 南	Henan	8738960	3530711	674751929	77627	15437	4663	843512	55429
湖 北	Hubei	6397739	2509166	643696505	101388	18381	6039	1079734	58619
湖 南	Hunan	5898629	2329306	537278123	91413	17732	4909	1046313	59293
广 东	Guangdong	20666488	8703573	2620088964	124916	19104	5837	1454354	76074
广 西	Guangxi	3958105	1791430	361551741	92066	30506	9491	2227004	73860
海 南	Hainan	1092117	487084	115034796	104802	36069	11882	1920241	57670
重 庆	Chongqing	3452173	1378340	372194934	107008	4540	1878	330236	78421
四 川	Sichuan	8814305	3632095	893323373	101800	22769	7679	1811628	79016
贵 州	Guizhou	3273493	1327742	310854903	95410	12865	4443	757039	58137
云 南	Yunnan	3552879	1545879	365813950	103128	23903	9452	1375653	58381
西 藏	Tibet	425877	176175	65781129	154929	2419	1004	166436	70489
陕 西	Shaanxi	4715651	1872559	462499201	98843	16605	4980	1143389	69034
甘 肃	Gansu	2575464	1009550	234263379	90870	19521	5772	1312451	66538
青 海	Qinghai	657986	273399	76350853	115949	7841	2415	383507	48730
宁 夏	Ningxia	712200	302804	81435087	114631	5188	1063	355458	60853
新 疆	Xinjiang	3171313	1337439	333403485	101764	23701	8695	1327063	58296

注：空项表示无数字或数字很小，因此可能存在合计与分项相加不等的情况。下表同。

Note:Empty cells in tables indicate that no data are available or the value is negligible, which may result statistical discrepancies on totals and relative figures. The same applies to the relevant tables following.

3-2 续表 1 continued

地 区	Region	农业 Farming 年末人数(人) Year-end Figures (person)	#女 性 Female	工资总额(千元) Total Wages (1000 yuan)	平均工资(元) Average Wage (yuan)	林业 Forestry 年末人数(人) Year-end Figures (person)	#女 性 Female	工资总额(千元) Total Wages (1000 yuan)	平均工资(元) Average Wage (yuan)
全 国	**National**	**217881**	**80826**	**9678981**	**44410**	**284096**	**62745**	**17794737**	**62965**
北 京	Beijing	3049	1261	207215	65082	5836	1690	346392	60750
天 津	Tianjin	843	265	74744	83452	260	82	28072	84474
河 北	Hebei	3775	1389	176152	47528	3243	800	188997	56800
山 西	Shanxi	2426	848	112150	44715	2941	709	189387	65846
内蒙古	Inner Mongolia	12966	2094	973947	73264	37454	6567	2986123	78700
辽 宁	Liaoning	50864	20695	889729	17844	4681	1103	249968	52904
吉 林	Jilin	2396	502	93030	38405	45115	8857	2655161	58224
黑龙江	Heilongjiang	40296	13984	1937797	47285	101370	22381	4822155	49230
上 海	Shanghai	3302	1316	298692	87817	1655	721	101205	59660
江 苏	Jiangsu	5240	1501	393334	73396	2854	492	188603	64141
浙 江	Zhejiang	1747	748	109616	63777	995	230	125041	117322
安 徽	Anhui	6892	1950	444235	62935	2751	965	218102	79369
福 建	Fujian	3480	1711	162999	49326	6095	1105	578181	92402
江 西	Jiangxi	3934	1442	198683	50011	6106	1168	323863	53326
山 东	Shandong	1696	645	90127	53907	1611	425	126884	77887
河 南	Henan	4996	1781	239670	48317	2238	546	129914	59508
湖 北	Hubei	8829	3683	422133	47407	1849	470	129802	70730
湖 南	Hunan	3806	1535	165561	44230	4671	954	264783	56833
广 东	Guangdong	7037	2484	389481	53748	2997	677	277664	91987
广 西	Guangxi	5971	2198	326218	56550	12698	3044	1073544	84576
海 南	Hainan	6855	2273	282702	42324	2640	759	201115	75528
重 庆	Chongqing	1260	702	46738	51775	937	229	88591	94246
四 川	Sichuan	3963	1879	184396	48503	8635	2439	738079	83916
贵 州	Guizhou	4253	1718	182819	40038	2263	632	160746	71854
云 南	Yunnan	7793	4775	288396	38096	8900	2336	523515	58632
西 藏	Tibet	909	412	63989	74899	285	120	22343	74726
陕 西	Shaanxi	2281	943	96731	43494	5017	1259	392931	77675
甘 肃	Gansu	5894	1933	308495	50662	5629	1386	448637	76904
青 海	Qinghai	2704	917	103245	35228	236	63	30474	129289
宁 夏	Ningxia	2148	312	128601	54944	1001	197	93377	85705
新 疆	Xinjiang	6274	2929	287355	47704	1134	340	91090	71678

3-2 续表 2 continued

地区	Region	畜牧业 Animal Husbandry 年末人数(人) Year-end Figures (person)	#女性 Female	工资总额(千元) Total Wages (1000 yuan)	平均工资(元) Average Wage (yuan)	渔业 Fishery 年末人数(人) Year-end Figures (person)	#女性 Female	工资总额(千元) Total Wages (1000 yuan)	平均工资(元) Average Wage (yuan)
全国	**National**	**93753**	**28603**	**6492970**	**70331**	**20040**	**4234**	**1459707**	**70466**
北京	Beijing	5079	1670	511820	97535	213	47	53974	236728
天津	Tianjin	961	281	64679	68151	189	64	12538	62948
河北	Hebei	9758	2898	694934	71005	235	87	11030	46705
山西	Shanxi	6689	1664	349371	54814	40	9	1624	41641
内蒙古	Inner Mongolia	9670	2522	773800	81783	111	19	6123	54670
辽宁	Liaoning	764	221	37842	49896	3462	671	236092	63182
吉林	Jilin	529	91	36495	78535	320	30	11199	37963
黑龙江	Heilongjiang	3270	777	190694	57388	573	77	30054	51987
上海	Shanghai	569	179	67662	119320	1666	140	197295	113479
江苏	Jiangsu	2008	620	144662	70670	1487	360	101478	69397
浙江	Zhejiang	1534	508	115490	86219	1145	139	99435	80184
安徽	Anhui	786	327	48560	65649	351	84	14603	43290
福建	Fujian	157	45	10073	71612	372	97	29022	70138
江西	Jiangxi	861	260	53681	62520	793	178	37287	46907
山东	Shandong	2828	726	214231	75181	2795	681	228287	73460
河南	Henan	1178	348	58707	50194	139	30	5550	39754
湖北	Hubei	1679	420	121983	73595	1553	295	83259	53551
湖南	Hunan	3415	908	202969	59907	623	170	34887	56610
广东	Guangdong	3161	898	361441	118400	1664	446	119861	71275
广西	Guangxi	8644	3255	599428	70486	267	80	18785	73226
海南	Hainan	2558	960	190506	74322	644	158	38463	63601
重庆	Chongqing	967	414	73221	73618	86	35	4523	53212
四川	Sichuan	2565	817	206063	75458	339	81	28301	88617
贵州	Guizhou	4028	1364	254226	64899	590	166	33752	61005
云南	Yunnan	2800	873	187250	70026	109	34	6221	57755
西藏	Tibet	838	316	44271	54024	7		508	56444
陕西	Shaanxi	2307	687	120198	52853	60	11	4174	66254
甘肃	Gansu	3438	909	184054	59851	81	23	3943	50422
青海	Qinghai	425	96	15577	36844				
宁夏	Ningxia	1410	434	85246	63450	28	10	1458	52071
新疆	Xinjiang	8878	3114	473835	53690	97	14	5983	60434

3-2 续表 3 continued

地 区 Region	农、林、牧、渔服务业 Service in Support of Agriculture				采矿业 Mining			
	年末人数（人）Year-end Figures (person)	#女 性 Female	工资总额（千元）Total Wages (1000 yuan)	平均工资（元）Average Wage (yuan)	年末人数（人）Year-end Figures (person)	#女 性 Female	工资总额（千元）Total Wages (1000 yuan)	平均工资（元）Average Wage (yuan)
全 国 National	**173368**	**55999**	**10942989**	**63382**	**3408981**	**545046**	**416276084**	**121522**
北 京 Beijing	328	116	29775	91615	25875	4225	4416011	166806
天 津 Tianjin	357	120	28625	87807	53280	11373	9973936	182649
河 北 Hebei	1620	383	117894	71054	148639	21174	15661991	104497
山 西 Shanxi	1482	383	88302	58207	863816	116182	98253485	114368
内蒙古 Inner Mongolia	9510	2485	755081	78547	109724	14488	17422107	160200
辽 宁 Liaoning	7065	2119	299640	41611	171593	32525	17842663	99018
吉 林 Jilin	3842	979	255105	66712	53613	12236	5239268	95777
黑龙江 Heilongjiang	29366	8761	1608430	50819	221048	45233	24393075	109888
上 海 Shanghai	1233	446	162121	128463	1755	422	563014	328480
江 苏 Jiangsu	12096	6873	537634	44226	52952	8956	7322932	135650
浙 江 Zhejiang	1304	379	140843	111162	4473	822	488564	108725
安 徽 Anhui	12455	4148	703292	56715	119001	11172	16987235	139477
福 建 Fujian	734	213	64453	87583	13700	2206	1151424	83510
江 西 Jiangxi	4025	1123	221233	55655	26388	4281	2114139	78859
山 东 Shandong	2053	563	148324	74318	250545	50730	32392322	129358
河 南 Henan	6886	1959	409672	60557	256225	41873	25082665	96445
湖 北 Hubei	4471	1170	322556	72196	33501	7567	4091789	120546
湖 南 Hunan	5218	1342	378112	72158	41125	5227	2997994	71628
广 东 Guangdong	4245	1332	305908	74279	14629	2526	3300204	228763
广 西 Guangxi	2926	913	209028	71364	8014	1884	615633	78017
海 南 Hainan	23371	7732	1207455	58087	5139	949	826180	156307
重 庆 Chongqing	1291	498	117163	90913	7438	2036	740007	98536
四 川 Sichuan	7266	2464	654788	89943	112348	20397	15163274	133764
贵 州 Guizhou	1732	563	125496	71805	167052	14867	14692673	89635
云 南 Yunnan	4301	1434	370269	86458	55009	9893	5241767	94648
西 藏 Tibet	379	155	35325	93118	7507	1450	1018668	137056
陕 西 Shaanxi	6940	2080	529355	76245	284711	42495	39544734	138459
甘 肃 Gansu	4478	1521	367324	79022	75993	12874	9453458	126398
青 海 Qinghai	4477	1339	234212	54713	26167	6913	4512778	167733
宁 夏 Ningxia	601	110	46776	44994	59961	10738	11248097	186842
新 疆 Xinjiang	7318	2299	468800	71625	137761	27330	23523998	170137

3-2 续表 4 continued

地区	Region	煤炭开采和洗选业 Mining and Washing of Coal 年末人数(人) Year-end Figures (person)	#女性 Female	工资总额(千元) Total Wages (1000 yuan)	平均工资(元) Average Wage (yuan)	石油和天然气开采业 Extraction of Petroleum and Natural Gas 年末人数(人) Year-end Figures (person)	#女性 Female	工资总额(千元) Total Wages (1000 yuan)	平均工资(元) Average Wage (yuan)
全 国	**National**	**2281191**	**288414**	**260360878**	**114332**	**520785**	**144473**	**88847169**	**167331**
北 京	Beijing					886	234	303631	322668
天 津	Tianjin	82	13	8229	100354	19641	5224	4616666	233968
河 北	Hebei	102388	11620	10454943	101440	21225	5835	3146001	144266
山 西	Shanxi	849488	113771	96785776	114580	5654	1360	748860	131911
内蒙古	Inner Mongolia	88881	9845	14829375	168485	4564	1068	802853	175987
辽 宁	Liaoning	57871	6883	4995256	84223	34399	10264	5120884	136561
吉 林	Jilin	9086	924	523351	56554	24734	6298	3092802	122264
黑龙江	Heilongjiang	114711	9656	9178728	80502	90464	30685	13542311	147460
上 海	Shanghai					1755	422	563014	328480
江 苏	Jiangsu	41158	6364	5786330	138105	5373	1522	921345	165145
浙 江	Zhejiang								
安 徽	Anhui	100221	7673	14838601	144679	321	68	43974	131659
福 建	Fujian	8218	989	774365	92894				
江 西	Jiangxi	10619	987	717744	66519				
山 东	Shandong	141784	27754	15843255	113320	62964	16405	10775991	166995
河 南	Henan	205092	32016	18555067	89029	30757	6728	4696625	150828
湖 北	Hubei	164	10	12479	76091	9673	2288	1637277	168098
湖 南	Hunan	19062	1386	1274430	64736				
广 东	Guangdong	7	2	681	85125	5571	719	2077546	396100
广 西	Guangxi	276	22	18554	70013	85	4	42043	494624
海 南	Hainan					1140	207	428619	363545
重 庆	Chongqing	1104	118	66667	54025	1945	802	287687	148906
四 川	Sichuan	35822	4233	2994174	83032	34001	9676	6638833	192185
贵 州	Guizhou	159351	13717	14010960	89664	369	61	41073	115699
云 南	Yunnan	30131	5164	2759123	92762				
西 藏	Tibet	208	30	22095	99527				
陕 西	Shaanxi	159081	14862	24638909	154941	74041	17176	9406755	126147
甘 肃	Gansu	53028	7584	6196161	119932	12532	3752	2409117	190882
青 海	Qinghai	3914	513	380780	95481	15762	5255	3501481	215277
宁 夏	Ningxia	47302	7019	8929887	188553	12323	3672	2283133	184005
新 疆	Xinjiang	42142	5258	5764959	139609	50606	14748	11718648	228100

3-2 续表 5 continued

地区 Region	黑色金属矿采选业 Mining and Processing of Ferrous Metal Ores 年末人数(人) Year-end Figures (person)	#女性 Female	工资总额(千元) Total Wages (1000 yuan)	平均工资(元) Average Wage (yuan)	有色金属矿采选业 Mining and Processing of Non-ferrous Metal Ores 年末人数(人) Year-end Figures (person)	#女性 Female	工资总额(千元) Total Wages (1000 yuan)	平均工资(元) Average Wage (yuan)
全 国 National	**135631**	**18591**	**13639877**	**99129**	**130030**	**23600**	**12371754**	**95063**
北 京 Beijing	10059	1959	1641714	159081				
天 津 Tianjin	510	25	40208	80577				
河 北 Hebei	14886	1815	1217299	81677	366	116	19899	56212
山 西 Shanxi	2506	256	265709	97365	3947	428	305118	79947
内蒙古 Inner Mongolia	8037	2028	1031397	128832	5922	1106	565979	96638
辽 宁 Liaoning	33898	2959	3359933	100087	3755	507	289251	78627
吉 林 Jilin	2361	260	176113	73046	4663	597	331133	71089
黑龙江 Heilongjiang	599	127	40242	62878	1830	411	256649	151059
上 海 Shanghai								
江 苏 Jiangsu	2037	264	174265	85634	646	139	82936	132698
浙 江 Zhejiang	5	2	186	62000	297	47	17868	59362
安 徽 Anhui	9605	1597	1190961	119972	3048	607	257354	82942
福 建 Fujian	954	62	56193	60293	821	95	50271	61834
江 西 Jiangxi	185	16	25953	113829	10412	2136	987009	93198
山 东 Shandong	10931	1445	1019383	91205	13422	2283	1602023	122003
河 南 Henan	1337	130	125010	88035	5954	1129	441783	73474
湖 北 Hubei	7505	1149	674154	87013	1576	419	182751	114488
湖 南 Hunan	949	60	56829	63638	14000	2491	1187962	84226
广 东 Guangdong	622	101	38490	61584	2613	493	301307	114565
广 西 Guangxi	163	30	9242	57763	3678	1081	253481	70327
海 南 Hainan	2624	353	301272	109196	286	101	22814	83568
重 庆 Chongqing					49	5	2781	57938
四 川 Sichuan	5908	960	515683	84907	4903	952	461787	93078
贵 州 Guizhou	1362	162	95864	65037	1466	222	125404	89446
云 南 Yunnan	2631	374	290206	106658	17043	3140	1654598	94322
西 藏 Tibet	605	144	80919	136227	5553	1072	836318	152864
陕 西 Shaanxi	7425	1127	391379	51859	8216	1519	524742	64473
甘 肃 Gansu	2826	320	255533	91392	4527	673	387386	84288
青 海 Qinghai	1396	246	147052	103050	3029	461	334699	107138
宁 夏 Ningxia	94	14	12972	68635				
新 疆 Xinjiang	3612	607	405716	107048	8009	1373	888453	110894

3-2 续表 6 continued

地 区	Region	非金属矿采选业 Mining and Processing of Non-metal Ores				开采辅助活动 Support Activities for Mining			
		年末人数（人）Year-end Figures (person)	#女 性 Female	工资总额（千元）Total Wages (1000 yuan)	平均工资（元）Average Wage (yuan)	年末人数（人）Year-end Figures (person)	#女 性 Female	工资总额（千元）Total Wages (1000 yuan)	平均工资（元）Average Wage (yuan)
全 国	**National**	**111530**	**23354**	**8955922**	**79555**	**228042**	**46254**	**31936956**	**135778**
北 京	Beijing					14902	2027	2465852	162430
天 津	Tianjin	4305	726	465513	105798	28742	5385	4843320	162016
河 北	Hebei	7982	1522	743629	92605	1791	266	80220	46667
山 西	Shanxi	1026	169	47016	47828	1195	198	101006	84312
内蒙古	Inner Mongolia	1870	394	138321	74912	449	48	54159	116722
辽 宁	Liaoning	5924	1085	353847	54714	35747	10827	3723492	93858
吉 林	Jilin	374	98	26783	72779	12395	4059	1089086	85647
黑龙江	Heilongjiang	1835	498	90010	49374	11303	3784	1270180	108972
上 海	Shanghai								
江 苏	Jiangsu	3738	667	358056	93074				
浙 江	Zhejiang	4133	759	466748	112426				
安 徽	Anhui	5281	1093	603726	113461	516	132	52139	97274
福 建	Fujian	3703	1058	270561	73029				
江 西	Jiangxi	5091	1117	379941	74225	25		643	25720
山 东	Shandong	3265	635	282373	79651	18112	2184	2859317	157575
河 南	Henan	4370	991	235236	54571	8659	867	1026587	117768
湖 北	Hubei	7318	1767	483082	66478	6734	1854	1033291	150079
湖 南	Hunan	7022	1278	470614	66517				
广 东	Guangdong	4164	1020	399706	94486	1620	185	480561	290370
广 西	Guangxi	3780	735	289835	77399				
海 南	Hainan	1068	281	70267	66690				
重 庆	Chongqing	4340	1111	382872	89123				
四 川	Sichuan	9945	2242	666256	67827	21710	2313	3880913	178007
贵 州	Guizhou	4436	682	415213	95297	33	18	2023	63219
云 南	Yunnan	5098	1189	527330	100145	76	17	5814	73595
西 藏	Tibet	801	182	62559	77957	152	2	1285	8454
陕 西	Shaanxi	4930	921	286232	57933	31013	6887	4296506	136904
甘 肃	Gansu	2637	471	177517	67574	373	62	23434	58555
青 海	Qinghai	1236	305	94562	77734	830	134	54204	61317
宁 夏	Ningxia	219	27	18638	84335				
新 疆	Xinjiang	1642	329	149481	85973	31666	5004	4592925	143444

3-2 续表 7 continued

地区	Region	其他采矿业 Mining of Other Ores 年末人数(人) Year-end Figures (person)	#女性 Female	工资总额(千元) Total Wages (1000 yuan)	平均工资(元) Average Wage (yuan)	制造业 Manufacturing 年末人数(人) Year-end Figures (person)	#女性 Female	工资总额(千元) Total Wages (1000 yuan)	平均工资(元) Average Wage (yuan)
全　国	**National**	**1771**	**360**	**163529**	**90610**	**37384469**	**13687728**	**3697838697**	**97528**
北　京	Beijing	28	5	4814	150438	573580	201953	105200490	182324
天　津	Tianjin					631576	201107	73063704	113398
河　北	Hebei					969547	282778	81461863	83288
山　西	Shanxi					572548	162569	47235321	77450
内蒙古	Inner Mongolia					375176	89522	38378528	103402
辽　宁	Liaoning					929747	268201	83728862	88903
吉　林	Jilin					412332	117349	39792895	96129
黑龙江	Heilongjiang	306	72	14955	48555	259400	73715	22772350	86870
上　海	Shanghai					1274705	433468	212452194	164495
江　苏	Jiangsu					4449333	1699364	498352295	109342
浙　江	Zhejiang	38	14	3762	99000	3206604	1208291	332568857	102153
安　徽	Anhui	10	2	480	48000	1414370	507336	123962489	88420
福　建	Fujian	4	2	34	17000	1505205	669158	139295794	90788
江　西	Jiangxi	57	24	2850	50000	1002275	429508	73384697	74719
山　东	Shandong	67	24	9980	140563	2735675	938012	238005586	86610
河　南	Henan	57	12	2357	41351	1791250	711316	121915803	67584
湖　北	Hubei	531	80	68756	126390	1330949	476791	115827466	87489
湖　南	Hunan	93	13	8160	84779	1024627	374251	88277376	86572
广　东	Guangdong	33	6	1914	58000	7821584	3135451	794957305	98026
广　西	Guangxi	32	12	2478	77438	556512	215022	41511388	76265
海　南	Hainan	21	7	3208	152762	85288	31305	8124772	95106
重　庆	Chongqing					652243	229572	63683858	95981
四　川	Sichuan	59	21	5628	59872	1487192	529483	138133820	92572
贵　州	Guizhou	35	5	2137	61057	326407	112631	31754279	99608
云　南	Yunnan	30	10	4695	156500	377062	119829	35103544	92432
西　藏	Tibet	188	20	15492	81110	16122	5469	1447912	90240
陕　西	Shaanxi	5	2	211	42200	790934	235582	72256773	93189
甘　肃	Gansu	70	13	4310	49251	283305	74979	25144518	88697
青　海	Qinghai					101776	27914	9646243	96242
宁　夏	Ningxia	23	6	3467	150739	109980	26518	10337673	96497
新　疆	Xinjiang	84	11	3817	103162	317168	99284	30060041	93219

3-2 续表 8 continued

地 区	Region	农副食品加工业 Processing of Food from Agricultural Products				食品制造业 Manufacture of Foods			
		年末人数（人） Year-end Figures (person)	#女 性 Female	工资总额（千元） Total Wages (1000 yuan)	平均工资（元） Average Wage (yuan)	年末人数（人） Year-end Figures (person)	#女 性 Female	工资总额（千元） Total Wages (1000 yuan)	平均工资（元） Average Wage (yuan)
全 国	**National**	**1104230**	**474138**	**77503942**	**70693**	**970790**	**483188**	**82096556**	**84806**
北 京	Beijing	15362	5542	1743608	108558	30852	15576	3880386	121856
天 津	Tianjin	10070	3284	1115563	109301	19505	8321	1889825	95651
河 北	Hebei	37885	17756	2487978	65571	36561	18700	2895584	80059
山 西	Shanxi	14302	5447	825108	54745	9927	5135	528884	50915
内蒙古	Inner Mongolia	14645	4796	1051443	71231	65239	19589	8117161	126758
辽 宁	Liaoning	40050	18645	2559794	64883	17714	8002	1330786	73867
吉 林	Jilin	18535	8297	1056387	57302	10585	4928	639881	60728
黑龙江	Heilongjiang	26847	9329	1783946	65783	15916	6925	1313933	82134
上 海	Shanghai	11550	5077	1287329	112303	44677	22600	6311695	137678
江 苏	Jiangsu	38309	16757	3639528	93526	52979	24495	5275553	98229
浙 江	Zhejiang	34387	14954	2764908	80489	45354	23232	4160100	95129
安 徽	Anhui	47293	21993	3095815	65750	26368	14670	1748427	67203
福 建	Fujian	49307	26486	3525720	71636	38001	22107	2717493	71896
江 西	Jiangxi	21514	7823	1446069	68490	18028	9927	1035760	59623
山 东	Shandong	207055	101724	14304481	68930	79759	38939	6084893	74670
河 南	Henan	122911	55682	7484342	61287	104567	59363	5623610	55042
湖 北	Hubei	44204	17734	2969923	67305	38931	20046	2477956	66770
湖 南	Hunan	48610	18162	3001699	62886	30777	19330	1697040	57635
广 东	Guangdong	80497	29059	6532544	82828	125971	62141	13308523	104754
广 西	Guangxi	54536	19112	3560872	70527	16772	9168	1022517	64391
海 南	Hainan	13912	6158	884670	64618	4600	2498	263767	56055
重 庆	Chongqing	14316	6365	1065903	76853	10161	5234	845971	84022
四 川	Sichuan	45515	18975	3577019	78220	45139	24369	3252643	72585
贵 州	Guizhou	9173	3914	540001	59004	5386	2850	326525	60722
云 南	Yunnan	27690	11136	1633969	58836	15265	6314	1039622	68776
西 藏	Tibet	1297	535	78546	59317	762	336	54293	72508
陕 西	Shaanxi	21028	8124	1236653	60002	26215	13603	1589768	58973
甘 肃	Gansu	10929	3927	715966	66930	6273	3229	389014	62581
青 海	Qinghai	931	393	52131	56633	1795	1029	107346	59736
宁 夏	Ningxia	2682	1152	212219	77822	7301	2973	609877	84917
新 疆	Xinjiang	18890	5802	1269807	71331	19412	7560	1557725	75211

3-2 续表 9 continued

地 区	Region	酒、饮料和精制茶制造业 Manufacture of Liquor, Beverages and Refined Tea 年末人数(人) Year-end Figures (person)	#女 性 Female	工资总额(千元) Total Wages (1000 yuan)	平均工资(元) Average Wage (yuan)	烟草制品业 Manufacture of Tobacco 年末人数(人) Year-end Figures (person)	#女 性 Female	工资总额(千元) Total Wages (1000 yuan)	平均工资(元) Average Wage (yuan)
全 国	**National**	**769615**	**269895**	**73102875**	**96278**	**144641**	**39693**	**36815764**	**252541**
北 京	Beijing	18105	5591	2047609	111754	807	228	262199	324504
天 津	Tianjin	6765	2365	647157	93777	757	174	242270	320887
河 北	Hebei	15037	5295	1044165	70429	4514	780	931154	202645
山 西	Shanxi	23114	7422	2285423	98114	875	247	233518	262380
内蒙古	Inner Mongolia	8384	2769	486363	57033	2254	566	542567	235285
辽 宁	Liaoning	10993	3247	894242	80686	1664	386	411006	247147
吉 林	Jilin	10575	3193	748831	69296	3640	807	870562	233583
黑龙江	Heilongjiang	7734	2826	515464	65536	4502	851	772175	164468
上 海	Shanghai	8189	2604	1060818	126303	3528	823	1748241	498643
江 苏	Jiangsu	38476	12875	3549262	92610	4648	1345	1388652	297994
浙 江	Zhejiang	24075	8407	2513599	103558	3421	938	1076572	312503
安 徽	Anhui	28534	10498	1985819	69977	6760	1889	1770206	258878
福 建	Fujian	30838	13033	2683010	84302	4089	1001	890200	200903
江 西	Jiangxi	13012	5547	810152	62802	4574	1363	674914	144459
山 东	Shandong	44117	13940	3700318	83587	8051	2297	1666006	219240
河 南	Henan	41389	16355	2372468	57699	13069	4161	2798646	212163
湖 北	Hubei	34466	13183	2571016	74453	7115	1751	1762452	245433
湖 南	Hunan	20934	8817	1374690	68591	10640	3277	2838857	274047
广 东	Guangdong	60239	20188	6572688	108979	8370	2652	2369233	279645
广 西	Guangxi	15382	5961	1063554	69445	3283	1046	869843	276668
海 南	Hainan	7331	3112	490248	68152	539	128	130816	240471
重 庆	Chongqing	7703	3185	711795	93011	3516	1115	608519	153395
四 川	Sichuan	156737	49543	17450741	116671	4814	1242	1394392	290317
贵 州	Guizhou	69537	23645	10640843	164098	7630	1670	1901812	248246
云 南	Yunnan	18755	8825	1162337	60881	21135	5969	6537633	306586
西 藏	Tibet	1642	611	178947	110195				
陕 西	Shaanxi	23903	8490	1637487	68161	6854	1863	1450847	209781
甘 肃	Gansu	10993	3923	889798	80733	2505	831	423305	166984
青 海	Qinghai	2344	895	178915	73697				
宁 夏	Ningxia	1182	388	112193	84881	373	101	82940	220000
新 疆	Xinjiang	9133	3161	722926	78544	714	192	166227	231837

3-2 续表 10 continued

地 区 Region	纺织业 Manufacture of Textile				纺织服装、服饰业 Manufacture of Textile, Wearing Apparel and Accessories			
	年末人数(人) Year-end Figures (person)	#女 性 Female	工资总额(千元) Total Wages (1000 yuan)	平均工资(元) Average Wage (yuan)	年末人数(人) Year-end Figures (person)	#女 性 Female	工资总额(千元) Total Wages (1000 yuan)	平均工资(元) Average Wage (yuan)
全 国 National	**995695**	**560623**	**70393708**	**69346**	**1106752**	**791445**	**74855061**	**66231**
北 京 Beijing	1235	603	105760	89703	13078	10910	1166856	84118
天 津 Tianjin	3939	2007	378612	83505	2448	1931	124832	50597
河 北 Hebei	11791	6450	645835	54965	10839	7195	534367	48928
山 西 Shanxi	1931	1072	73704	37337	4803	2699	322709	68082
内蒙古 Inner Mongolia	1953	1569	95201	49378	5604	3504	346031	60002
辽 宁 Liaoning	5740	3702	272144	46169	31509	23244	1568957	49685
吉 林 Jilin	2157	1460	92174	43335	12631	10522	499731	39770
黑龙江 Heilongjiang	3342	1963	165558	48465	1114	701	61951	55166
上 海 Shanghai	11545	6445	1113310	94162	16388	11792	1280336	72974
江 苏 Jiangsu	166698	99365	13938169	80926	157668	120056	11475540	71271
浙 江 Zhejiang	180180	81319	15744752	84404	162617	113843	13855683	81469
安 徽 Anhui	33812	20950	2087547	61106	55095	41298	3335535	60495
福 建 Fujian	66815	33454	5140462	77827	107138	73118	7728953	72466
江 西 Jiangxi	23628	14405	1325208	55924	50851	36564	3007921	59085
山 东 Shandong	146996	85613	9133627	60715	72996	57501	4027283	54406
河 南 Henan	53802	37564	2561731	47837	60599	42280	2981318	48409
湖 北 Hubei	53178	36857	2996035	57387	36084	27961	1929290	54546
湖 南 Hunan	10459	6767	537276	52290	9258	7061	520957	57434
广 东 Guangdong	112458	54753	8706661	75146	245689	164509	17364185	68438
广 西 Guangxi	14364	10494	657089	45680	7325	5068	361135	49561
海 南 Hainan	312	127	19405	59525	111	47	10050	90541
重 庆 Chongqing	4127	2500	290219	70561	3197	2479	320362	85911
四 川 Sichuan	20354	12111	1215435	59878	12746	8652	794752	63937
贵 州 Guizhou	3286	2137	181255	56492	5332	3868	259888	47888
云 南 Yunnan	2901	2180	125697	42653	3135	1948	145371	47244
西 藏 Tibet	407	177	25827	63573	332	173	14851	46834
陕 西 Shaanxi	13962	9272	630599	44103	4041	3130	172885	43265
甘 肃 Gansu	1948	1211	104310	53077	2288	1045	129097	52703
青 海 Qinghai	39	15	1077	23413	1265	517	165486	123255
宁 夏 Ningxia	1484	1179	72946	44807	1100	963	51557	40789
新 疆 Xinjiang	40851	22904	1956083	46749	9476	6866	297195	27918

3-2 续表 11 continued

地 区	Region	皮革、毛皮、羽毛及其制品和制鞋业 Manufacture of Leather, Fur, Feather and Related Products and Footwear				木材加工和木、竹、藤、棕、草制品业 Processing of Timbers, Manufacture of Wood, Bamboo, Rattan, Palm, and Straw Products			
		年末人数（人） Year-end Figures (person)	#女 性 Female	工资总额（千元） Total Wages (1000 yuan)	平均工资（元） Average Wage (yuan)	年末人数（人） Year-end Figures (person)	#女 性 Female	工资总额（千元） Total Wages (1000 yuan)	平均工资（元） Average Wage (yuan)
全 国	**National**	**733776**	**459455**	**44973373**	**61155**	**168942**	**63202**	**10943774**	**63658**
北 京	Beijing	111	40	7708	66448	326	106	28201	82219
天 津	Tianjin	2227	1342	132493	58341	630	214	42546	63382
河 北	Hebei	6229	3878	315655	53975	2361	720	156710	63749
山 西	Shanxi					375	136	35768	92543
内蒙古	Inner Mongolia					1090	277	51878	47034
辽 宁	Liaoning	4806	3065	328383	66461	5840	2757	378812	63306
吉 林	Jilin	636	304	53951	86460	5307	2454	252076	46248
黑龙江	Heilongjiang	30	28	1251	41700	3315	1177	274432	78360
上 海	Shanghai	7078	3907	515335	71847	2593	800	320085	100018
江 苏	Jiangsu	22408	15808	1462731	63859	12401	5307	941155	75251
浙 江	Zhejiang	50376	24532	3371071	67268	13488	5332	1220684	83978
安 徽	Anhui	17434	11889	1013048	57119	6843	2810	423980	61963
福 建	Fujian	218987	129337	15364466	71489	9422	4070	599904	60326
江 西	Jiangxi	47594	37791	2105038	43970	6847	2619	382571	55045
山 东	Shandong	23803	17245	1245878	51388	11476	4380	811297	67510
河 南	Henan	41747	28018	2033883	49395	11022	4345	595703	54714
湖 北	Hubei	11310	9138	533019	49692	11140	3831	694950	66764
湖 南	Hunan	48163	34813	2384078	48142	8136	3006	421322	53479
广 东	Guangdong	200663	117940	12729195	62079	24377	6867	1435307	57455
广 西	Guangxi	9685	7160	458808	48531	11217	4643	652094	59940
海 南	Hainan	26	7	960	36923	1141	325	61834	54752
重 庆	Chongqing	1834	1167	78803	41475	2380	854	181966	74668
四 川	Sichuan	12219	8107	592954	48857	7922	2518	528295	66403
贵 州	Guizhou	1467	846	69739	43155	3824	1899	171227	44049
云 南	Yunnan	628	476	33044	50603	2934	1026	146152	50151
西 藏	Tibet	35	6	685	24464	89	13	1620	30566
陕 西	Shaanxi	2202	1518	86178	39513	1518	346	78057	54310
甘 肃	Gansu	772	517	25934	32953	217	75	9637	44411
青 海	Qinghai					163	80	7923	60477
宁 夏	Ningxia	69	39	3213	45900	40	12	980	24500
新 疆	Xinjiang	1232	536	25780	20235	510	203	36609	46756

3-2 续表 12 continued

地 区 Region	家具制造业 Manufacture of Furniture 年末人数(人) Year-end Figures (person)	#女 性 Female	工资总额(千元) Total Wages (1000 yuan)	平均工资(元) Average Wage (yuan)	造纸和纸制品业 Manufacture of Paper and Paper Products 年末人数(人) Year-end Figures (person)	#女 性 Female	工资总额(千元) Total Wages (1000 yuan)	平均工资(元) Average Wage (yuan)
全 国 National	**380271**	**139093**	**31641491**	**79795**	**434036**	**151129**	**36427923**	**82990**
北 京 Beijing	2615	858	312222	114872	3137	1076	389508	119573
天 津 Tianjin	12593	4008	1019763	75990	7823	2403	742647	93912
河 北 Hebei	6507	2680	449151	65572	7257	2067	775694	106500
山 西 Shanxi	91	16	3831	42099	1046	376	47196	48159
内蒙古 Inner Mongolia	20	11	387	19350	3084	796	256766	81695
辽 宁 Liaoning	4331	1898	263227	57663	4753	1510	280009	60977
吉 林 Jilin	328	115	10828	32478	2020	610	106653	52128
黑龙江 Heilongjiang	2383	893	120509	50443	3139	724	229025	72738
上 海 Shanghai	14063	4398	1936877	132392	10614	4317	1238788	111383
江 苏 Jiangsu	21548	7932	1850715	82644	35036	10818	4778108	132124
浙 江 Zhejiang	76328	30229	7158912	87537	40426	12432	3588766	87540
安 徽 Anhui	13380	4567	1058323	79605	10494	3716	786455	74761
福 建 Fujian	19054	7796	1591331	81075	28604	11512	2254704	77463
江 西 Jiangxi	5983	2087	355757	62724	10686	3527	674676	66539
山 东 Shandong	13134	5437	870950	63491	56376	16688	4363391	77610
河 南 Henan	15314	6728	775911	50834	17819	7530	1043381	59107
湖 北 Hubei	7349	2483	520596	70472	15518	5990	1194109	78620
湖 南 Hunan	3084	1224	183218	61446	10361	3613	772170	75557
广 东 Guangdong	139944	48318	11760265	79953	104106	36387	8472447	78874
广 西 Guangxi	1331	622	71641	51876	12763	5285	815550	63743
海 南 Hainan	73	27	3243	44425	4167	914	470473	108479
重 庆 Chongqing	1820	706	120860	68945	9793	3857	877895	90542
四 川 Sichuan	15908	5182	1010873	63807	17270	7820	1195628	69079
贵 州 Guizhou	399	125	46458	85299	4037	1781	235548	57764
云 南 Yunnan	537	177	31299	58069	5396	1910	367806	68107
西 藏 Tibet	231	31	9872	41981	63	21	2593	60302
陕 西 Shaanxi	1718	489	96019	55354	4345	2065	206546	48219
甘 肃 Gansu	99	30	4457	44124	440	186	19936	44630
青 海 Qinghai	9	2	341	28375				
宁 夏 Ningxia					1645	662	115576	67234
新 疆 Xinjiang	97	25	3655	38474	1818	536	125880	72721

3-2 续表 13 continued

地 区	Region	印刷和记录媒介复制业 Printing and Reproduction of Recording Media 年末人数(人) Year-end Figures (person)	#女 性 Female	工资总额(千元) Total Wages (1000 yuan)	平均工资(元) Average Wage (yuan)	文教、工美、体育和娱乐用品制造业 Manufacture of Articles for Culture, Education, Arts and Crafts, Sport and Entertainment Activities 年末人数(人) Year-end Figures (person)	#女 性 Female	工资总额(千元) Total Wages (1000 yuan)	平均工资(元) Average Wage (yuan)
全 国	**National**	**419266**	**176177**	**36203623**	**83929**	**783625**	**447325**	**56127690**	**66622**
北 京	Beijing	13685	4575	1885777	134282	2431	1132	250794	101062
天 津	Tianjin	6950	2351	635477	85702	6945	3593	466429	65664
河 北	Hebei	8029	2945	699312	86053	6116	3575	296279	48446
山 西	Shanxi	4250	1741	244453	58200	755	363	32113	41329
内蒙古	Inner Mongolia	1089	505	67552	61080	151	32	5426	35697
辽 宁	Liaoning	5857	2297	355596	59211	3218	1801	196327	60227
吉 林	Jilin	2490	956	148406	59166	392	281	20566	48164
黑龙江	Heilongjiang	1879	563	109799	58201	694	425	26364	37132
上 海	Shanghai	15251	6019	1980299	126259	15529	7961	1769574	107213
江 苏	Jiangsu	37547	16682	3845415	93870	73387	45900	5883742	73751
浙 江	Zhejiang	31595	12669	2704080	84019	73580	39067	6260956	78284
安 徽	Anhui	16337	6839	1255395	76226	14419	9490	761635	52392
福 建	Fujian	17783	7199	1543932	86233	76635	36875	5782459	73482
江 西	Jiangxi	11289	5991	795830	70232	26056	16799	1460667	53241
山 东	Shandong	21593	9263	1673391	76027	38941	23210	2456433	60899
河 南	Henan	11621	4485	827193	70719	28539	20177	1451435	49857
湖 北	Hubei	20986	9344	1566288	74953	14152	8145	835706	59653
湖 南	Hunan	9978	4332	772382	79456	14949	9755	810129	52594
广 东	Guangdong	121296	51912	10236450	80905	346584	191191	25313547	65732
广 西	Guangxi	3692	1551	267131	71218	13612	10032	655400	44794
海 南	Hainan	1004	366	97702	95391	532	363	35934	71346
重 庆	Chongqing	6956	2962	554555	80008	4305	3060	260066	58429
四 川	Sichuan	19119	8488	1700552	86982	5351	3294	324261	63574
贵 州	Guizhou	5047	2466	360686	72641	3916	3130	148015	43462
云 南	Yunnan	9008	3490	672378	73051	7130	4500	413804	57297
西 藏	Tibet	406	157	33644	82867	881	281	34060	40354
陕 西	Shaanxi	8676	3601	808263	91242	2719	1972	106266	39296
甘 肃	Gansu	2222	970	110571	47667	484	304	17499	37280
青 海	Qinghai	409	161	22824	55941	631	354	33107	52523
宁 夏	Ningxia	1710	792	116057	66866	33	21	1722	50647
新 疆	Xinjiang	1514	506	112233	73619	559	242	16977	30101

3-2 续表 14 continued

地区	Region	石油加工、炼焦和核燃料加工业 Processing of Petroleum, Coking and Processing of Nucleus Fuel				化学原料和化学制品制造业 Manufacture of Raw Chemical Material and Chemical Products			
		年末人数（人）Year-end Figures (person)	#女性 Female	工资总额（千元）Total Wages (1000 yuan)	平均工资（元）Average Wage (yuan)	年末人数（人）Year-end Figures (person)	#女性 Female	工资总额（千元）Total Wages (1000 yuan)	平均工资（元）Average Wage (yuan)
全国	**National**	**547014**	**119924**	**72751021**	**132102**	**1925327**	**535439**	**213438848**	**111307**
北京	Beijing	9565	2580	1985298	209680	13740	6697	2168418	152233
天津	Tianjin	11229	3319	2010357	181228	32014	7813	4251234	131197
河北	Hebei	20107	4054	2264094	110628	64129	17214	5434452	85100
山西	Shanxi	55535	12758	3876138	69815	58170	16049	4289992	73349
内蒙古	Inner Mongolia	23907	4834	2887532	121910	63982	15492	6921011	109172
辽宁	Liaoning	65605	13192	9305400	138981	52138	11676	4439893	83739
吉林	Jilin	24289	4093	2588602	100415	17609	4407	1615155	93639
黑龙江	Heilongjiang	30638	7357	4099880	130536	17045	4776	1468661	84311
上海	Shanghai	12077	2390	3116513	257308	76331	27175	15636407	204600
江苏	Jiangsu	11271	2259	2149555	187472	193619	48765	26868979	139430
浙江	Zhejiang	11294	2080	2701634	245581	139365	36084	18734908	136741
安徽	Anhui	7591	1173	1134363	146553	73795	19495	7044738	96812
福建	Fujian	1225	291	181331	107106	28818	10266	2961552	103485
江西	Jiangxi	6393	1411	712442	112249	41798	11749	3421187	83254
山东	Shandong	62712	12072	7789183	124995	217275	55992	23144292	108142
河南	Henan	17236	4608	1289936	74830	96843	28071	6891695	71924
湖北	Hubei	6628	1262	792390	118942	102454	26786	8653072	84208
湖南	Hunan	11909	3873	1725219	145933	44292	14295	3563368	82241
广东	Guangdong	19186	3734	4374303	224166	183846	66979	22261702	119276
广西	Guangxi	3329	708	483783	151206	25218	7582	1844570	76190
海南	Hainan	3238	488	756616	231169	4027	940	745313	187458
重庆	Chongqing	697	176	116240	167734	30184	7913	3402688	113049
四川	Sichuan	6995	1292	1066181	149629	67088	18198	6639622	99798
贵州	Guizhou	2786	765	282367	96404	34651	8835	3550252	103417
云南	Yunnan	9781	2525	906710	92939	39017	11132	3426076	88450
西藏	Tibet	63	12	1383	34136	1416	482	122208	86961
陕西	Shaanxi	49654	11166	5208959	106418	59314	14485	6961901	117459
甘肃	Gansu	27472	6436	3738861	135951	23557	6221	2084135	87757
青海	Qinghai	237	62	22431	93463	25262	7815	3009110	119270
宁夏	Ningxia	5998	1662	709182	116911	34943	5873	4001642	113912
新疆	Xinjiang	28369	7296	4474141	156112	63388	16184	7880617	123812

3-2 续表 15 continued

地区 Region	医药制造业 Manufacture of Medicines				化学纤维制造业 Manufacture of Chemical Fibres			
	年末人数（人） Year-end Figures (person)	#女性 Female	工资总额（千元） Total Wages (1000 yuan)	平均工资（元） Average Wage (yuan)	年末人数（人） Year-end Figures (person)	#女性 Female	工资总额（千元） Total Wages (1000 yuan)	平均工资（元） Average Wage (yuan)
全 国 National	**1542757**	**739729**	**170703872**	**111538**	**247554**	**84775**	**21638651**	**86224**
北 京 Beijing	86791	44459	19168629	222460	887	370	85875	108019
天 津 Tianjin	37945	17281	6485756	168344	272	56	30392	115121
河 北 Hebei	74087	34372	6495470	87985	7439	2274	619862	82505
山 西 Shanxi	23693	11692	1476359	62424	1277	236	89114	63099
内蒙古 Inner Mongolia	12387	4791	914143	69809	635	112	25260	69972
辽 宁 Liaoning	22241	10529	2140870	96598	1048	329	51915	45539
吉 林 Jilin	41873	20962	2986507	71993	8814	2211	692983	68626
黑龙江 Heilongjiang	19163	9473	1268161	65332	8	2	220	27500
上 海 Shanghai	52581	24807	11130803	213153	669	234	70400	103377
江 苏 Jiangsu	148046	70319	21851429	146984	63688	21732	5924780	94944
浙 江 Zhejiang	130341	57109	15649114	121936	67337	23896	6694317	94478
安 徽 Anhui	50512	26257	3647434	72439	3883	1396	307037	76575
福 建 Fujian	19922	10427	2203210	107358	16331	5794	1371433	82248
江 西 Jiangxi	36867	17291	2898083	79224	4122	1311	441940	105149
山 东 Shandong	194046	84207	17352330	90571	10146	3442	788304	76126
河 南 Henan	85476	45881	5503327	66462	14804	5071	994561	67616
湖 北 Hubei	77874	39965	6083840	79799	2639	1168	155688	58332
湖 南 Hunan	34269	15742	2601315	78219	2380	1060	138926	57982
广 东 Guangdong	136406	64794	16822934	124177	9245	3103	867050	92653
广 西 Guangxi	21498	11608	1387302	65665	37	6	1493	45242
海 南 Hainan	16832	9123	1512956	89134				
重 庆 Chongqing	26214	13070	2657995	103195	223	54	24781	111126
四 川 Sichuan	82374	41405	8397929	103172	17648	6696	1114694	65065
贵 州 Guizhou	23902	12118	1654138	69908	86	36	3724	43302
云 南 Yunnan	24912	12281	2385153	95865	402	56	66095	155518
西 藏 Tibet	2032	1049	242776	118370				
陕 西 Shaanxi	34515	17264	3491424	101054	396	51	54570	137456
甘 肃 Gansu	11419	5292	1120042	99236	440	92	36450	67625
青 海 Qinghai	2389	1220	178408	73936	1971	826	100776	57521
宁 夏 Ningxia	2738	1095	208000	73369	1964	552	136715	76849
新 疆 Xinjiang	9415	3848	788036	86115	8760	2610	749204	86254

3-2 续表 16 continued

地区	Region	橡胶和塑料制品业 Manufacture of Rubber and Plastics Products 年末人数（人） Year-end Figures (person)	#女性 Female	工资总额（千元） Total Wages (1000 yuan)	平均工资（元） Average Wage (yuan)	非金属矿物制品业 Manufacture of Non-metallic Mineral Products 年末人数（人） Year-end Figures (person)	#女性 Female	工资总额（千元） Total Wages (1000 yuan)	平均工资（元） Average Wage (yuan)
全　国	**National**	**1360653**	**542533**	**114253046**	**81748**	**1691931**	**466923**	**138610003**	**81245**
北　京	Beijing	4380	1593	476907	105474	23760	5042	2981008	123114
天　津	Tianjin	22848	8610	2202243	92153	16904	3787	1694472	98212
河　北	Hebei	23262	9157	1598171	65724	49884	12411	3624769	71883
山　西	Shanxi	7791	3211	399950	52055	38513	9183	2418713	61842
内蒙古	Inner Mongolia	854	361	64040	61499	38409	6398	3658814	97776
辽　宁	Liaoning	33185	10174	2514459	75488	37403	8341	2500996	65483
吉　林	Jilin	5347	1871	300627	57467	10604	2043	690704	63850
黑龙江	Heilongjiang	3989	1257	229672	56093	12567	2904	785466	63084
上　海	Shanghai	50926	21601	6948528	133169	24794	7082	3485871	141082
江　苏	Jiangsu	171186	70218	17437456	99114	100914	30407	10147610	99485
浙　江	Zhejiang	137566	54933	11885119	84685	90695	22831	9066549	99039
安　徽	Anhui	75749	28905	6265048	82665	79727	20012	6467114	82461
福　建	Fujian	72794	30197	6372869	82903	75831	25302	6691647	87175
江　西	Jiangxi	19051	7894	1128840	59096	80305	26583	5620959	70195
山　东	Shandong	126140	38181	9681918	76010	125426	32804	10037921	78825
河　南	Henan	31138	12170	1677389	54714	125755	39382	7985728	63158
湖　北	Hubei	22993	9136	1559593	67932	72293	19424	5659337	79381
湖　南	Hunan	14168	5027	1048097	74381	82127	25782	5828496	71368
广　东	Guangdong	440589	191857	35719012	77529	225963	69749	19226476	82460
广　西	Guangxi	10593	5102	636646	59372	44814	12390	3339289	72441
海　南	Hainan	2663	1093	198431	74758	12105	2607	1001602	83760
重　庆	Chongqing	9664	3681	740641	75676	32169	8849	2754023	85172
四　川	Sichuan	37391	15348	2540977	68229	95034	27665	7552969	80564
贵　州	Guizhou	9800	2457	846723	84576	32249	8940	2260778	68981
云　南	Yunnan	4938	1672	247824	48736	31259	7386	2407665	73567
西　藏	Tibet	157	40	12756	80734	5417	1298	567082	104797
陕　西	Shaanxi	11694	3797	801810	68326	47912	11313	3329714	69596
甘　肃	Gansu	3547	1285	262887	73037	30242	6400	2218956	73779
青　海	Qinghai	43	17	2045	41735	6449	1631	522950	78468
宁　夏	Ningxia	533	128	34037	63266	7165	1402	579900	94521
新　疆	Xinjiang	5675	1560	418329	70556	35245	7576	3502425	94703

3-2 续表 17 continued

地区 Region	黑色金属冶炼和压延加工业 Smelting and Pressing of Ferrous Metals				有色金属冶炼和压延加工业 Smelting and Pressing of Non-ferrous Metals			
	年末人数（人） Year-end Figures (person)	#女性 Female	工资总额（千元） Total Wages (1000 yuan)	平均工资（元） Average Wage (yuan)	年末人数（人） Year-end Figures (person)	#女性 Female	工资总额（千元） Total Wages (1000 yuan)	平均工资（元） Average Wage (yuan)
全国 National	**1104891**	**172506**	**113466378**	**101189**	**890035**	**182476**	**83294281**	**93598**
北京 Beijing	975	133	127188	126808	1829	455	266427	158399
天津 Tianjin	32979	3960	3156566	93362	4501	1367	450880	102464
河北 Hebei	168267	23160	14258057	86594	9952	1757	833349	81942
山西 Shanxi	70177	10538	6911822	96689	30970	5130	2451460	78477
内蒙古 Inner Mongolia	58394	10180	5748443	97238	33949	4182	3917902	113388
辽宁 Liaoning	98367	8433	9737761	93276	20413	3487	1337748	65310
吉林 Jilin	9840	1421	767891	75177	5006	967	353576	70224
黑龙江 Heilongjiang	15971	2528	1302638	80167	3192	475	308504	96498
上海 Shanghai	16587	1531	4839925	285834	6730	1831	980695	145396
江苏 Jiangsu	75053	15407	8739843	115550	37625	10389	3918306	104273
浙江 Zhejiang	19878	3258	2254768	111041	26153	6258	2602218	100279
安徽 Anhui	36473	4802	4174016	111806	27607	6491	2312926	85149
福建 Fujian	33574	5665	3766175	110254	24294	5613	3316930	136809
江西 Jiangxi	33141	6680	4504174	134473	44627	8890	4444186	99842
山东 Shandong	83560	11091	8787897	104948	83483	16293	6862864	81947
河南 Henan	58400	9405	4037970	68780	104502	18848	8580633	81235
湖北 Hubei	33509	5385	4053301	116512	24680	5257	1993135	81939
湖南 Hunan	29860	4430	4012275	133987	39432	8388	3018217	78344
广东 Guangdong	29816	5474	3150458	104030	60186	15749	5473070	90652
广西 Guangxi	30288	6341	2935597	93183	27644	6569	2675201	95696
海南 Hainan	39	10	2521	63025	609	108	124122	207562
重庆 Chongqing	9420	1655	1268480	134687	15279	3468	1598579	106607
四川 Sichuan	58757	11894	6173513	103730	22960	5478	1849673	79874
贵州 Guizhou	11026	2406	806496	71252	16340	2430	1624325	100474
云南 Yunnan	20094	4814	1528334	71655	61454	12513	6263895	102177
西藏 Tibet	27	3	1266	46889	5		202	40400
陕西 Shaanxi	26237	4794	2206091	82699	52727	12095	5252077	100180
甘肃 Gansu	21488	2180	2223333	101750	53120	9857	5403288	101290
青海 Qinghai	5992	1412	453521	73492	18376	3171	2023462	110644
宁夏 Ningxia	2641	623	186830	68062	8074	1215	784591	97768
新疆 Xinjiang	14064	2895	1349227	93185	24316	3746	2271840	94278

3-2 续表 18 continued

地 区	Region	金属制品业 Manufacture of Metal Products				通用设备制造业 Manufacture of General Purpose Machinery			
		年末人数（人） Year-end Figures (person)	#女 性 Female	工资总额（千元） Total Wages (1000 yuan)	平均工资（元） Average Wage (yuan)	年末人数（人） Year-end Figures (person)	#女 性 Female	工资总额（千元） Total Wages (1000 yuan)	平均工资（元） Average Wage (yuan)
全 国	**National**	**1521615**	**463720**	**128368019**	**82692**	**2198021**	**597413**	**230493440**	**103660**
北 京	Beijing	10141	2641	1332927	125845	35189	8788	6004126	170434
天 津	Tianjin	29667	6481	2791403	89812	43383	9825	5188752	119842
河 北	Hebei	53245	12098	3855786	71205	33615	8228	2614094	76753
山 西	Shanxi	20710	4855	1497678	72611	16243	4414	1028806	63986
内蒙古	Inner Mongolia	2917	674	241716	81371	2837	586	192033	66390
辽 宁	Liaoning	47213	10294	3544252	71916	102748	24342	9104770	87668
吉 林	Jilin	4276	812	276956	63760	9090	2251	612063	66837
黑龙江	Heilongjiang	5776	1688	364764	62700	17875	3231	1696158	92916
上 海	Shanghai	49021	15692	6479465	128290	146489	36580	24671679	166177
江 苏	Jiangsu	176089	52053	18557808	103776	402532	116288	46894964	115452
浙 江	Zhejiang	144558	47522	12893574	86534	344471	102911	35353079	101173
安 徽	Anhui	56280	15039	4442640	80668	93955	23577	8724274	91998
福 建	Fujian	45830	14334	4230136	85727	63702	22261	6017618	91932
江 西	Jiangxi	29945	9523	2035249	69077	33155	11610	2251716	67305
山 东	Shandong	109693	27204	8813827	79104	174009	42383	16071068	91393
河 南	Henan	60079	19224	3610053	60226	78529	19732	5605001	71854
湖 北	Hubei	44820	10738	3616539	79540	47273	12406	3826888	81585
湖 南	Hunan	29134	7050	2136923	74971	54088	10724	5433461	98148
广 东	Guangdong	470014	172486	37096222	76710	322202	95107	33479359	101171
广 西	Guangxi	7991	2410	537266	67346	14474	2763	1435005	95884
海 南	Hainan	2091	647	145418	67685	108	31	5800	54717
重 庆	Chongqing	13548	3928	1126063	83397	33003	9295	3008624	94923
四 川	Sichuan	56134	14728	4606876	82454	66616	15702	6119291	92549
贵 州	Guizhou	8876	1829	665873	74803	6032	1523	453458	77565
云 南	Yunnan	7949	1885	592437	74589	4463	766	414348	87739
西 藏	Tibet	285	106	14373	50894	28	4	1844	51222
陕 西	Shaanxi	17960	3875	1457500	80365	37104	8485	3121164	84200
甘 肃	Gansu	7889	2100	607593	77787	8634	2388	570961	66025
青 海	Qinghai	853	218	66919	77125	2031	440	205192	97969
宁 夏	Ningxia	3441	554	300793	86559	3819	706	371877	87398
新 疆	Xinjiang	5191	1029	428993	78874	325	66	15968	51260

3-2 续表 19 continued

地区	Region	专用设备制造业 Manufacture of Special Purpose Machinery 年末人数（人） Year-end Figures (person)	#女性 Female	工资总额（千元） Total Wages (1000 yuan)	平均工资（元） Average Wage (yuan)	汽车制造业 Manufacture of Automobiles 年末人数（人） Year-end Figures (person)	#女性 Female	工资总额（千元） Total Wages (1000 yuan)	平均工资（元） Average Wage (yuan)
全国	**National**	**1902384**	**555387**	**211059129**	**110659**	**3025924**	**809540**	**338703915**	**113804**
北京	Beijing	54164	18366	10292076	192261	66467	12780	11519236	172179
天津	Tianjin	41399	10799	5381715	129999	92719	27842	10583318	113633
河北	Hebei	57025	13836	4746781	82708	114858	28857	12316486	105652
山西	Shanxi	39546	10363	3422554	86885	15978	3561	1112518	71432
内蒙古	Inner Mongolia	3208	663	334574	102988	3965	848	351664	81178
辽宁	Liaoning	52554	12753	4818035	93007	101929	25584	10271257	101006
吉林	Jilin	9532	2598	854931	87978	157860	30102	19537307	124448
黑龙江	Heilongjiang	15164	2583	1344038	88459	8110	1587	829872	101607
上海	Shanghai	87885	27626	15759461	181492	176783	41743	34187463	196133
江苏	Jiangsu	296516	91460	36986732	124973	320631	102762	37916468	119406
浙江	Zhejiang	156645	49356	17143256	108762	244453	76964	25544393	105136
安徽	Anhui	62933	17122	5772557	92215	151268	41899	14436379	99005
福建	Fujian	42962	15613	3854289	89042	62455	16083	6031590	101465
江西	Jiangxi	38169	14891	2560584	69596	62377	15183	5242549	95305
山东	Shandong	171099	38916	16928656	97004	197898	47016	17684811	87186
河南	Henan	93209	24519	7498210	80818	80629	20297	7151945	86503
湖北	Hubei	54063	14574	5217954	96073	220571	56178	23303279	104762
湖南	Hunan	53261	12585	5946376	117439	111499	31620	9381445	92111
广东	Guangdong	400094	132585	45168110	110852	375179	109160	46654530	126387
广西	Guangxi	17548	4995	1642572	91829	72019	20242	7015657	96957
海南	Hainan	1100	450	210980	189673	2334	480	177771	80622
重庆	Chongqing	15760	5159	1600417	101591	157215	40668	18067811	117766
四川	Sichuan	63942	17477	6182197	97488	78202	18592	7205983	93165
贵州	Guizhou	5896	1605	473785	82058	11677	4148	1073416	93152
云南	Yunnan	4272	1177	434821	101052	5350	837	284525	50699
西藏	Tibet	112	30	8462	84343	6		360	60000
陕西	Shaanxi	42216	8965	4378284	103202	131655	34097	10676061	93306
甘肃	Gansu	13568	2687	1262679	93113	870	218	59068	67123
青海	Qinghai	115	35	11240	92893	13	3	479	36846
宁夏	Ningxia	5600	915	561264	101623				
新疆	Xinjiang	2827	684	261537	91556	952	190	86274	83761

3-2 续表 20 continued

地区	Region	铁路、船舶、航空航天和其他运输设备制造业 Manufacture of Railway, Ship, Aerospace and Other Transport Equipments 年末人数(人) Year-end Figures (person)	#女性 Female	工资总额(千元) Total Wages (1000 yuan)	平均工资(元) Average Wage (yuan)	电气机械和器材制造业 Manufacture of Electrical Machinery and Apparatus 年末人数(人) Year-end Figures (person)	#女性 Female	工资总额(千元) Total Wages (1000 yuan)	平均工资(元) Average Wage (yuan)
全　国	**National**	**689701**	**173594**	**76999087**	**111486**	**3127152**	**1199213**	**299266899**	**95149**
北　京	Beijing	10755	2385	2241694	204889	25884	8181	5096552	192981
天　津	Tianjin	21973	7032	2314490	98579	46025	14648	5266400	114929
河　北	Hebei	23034	4411	2183560	93030	44258	13977	3346923	75758
山　西	Shanxi	12333	2204	1268070	101082	15610	4379	1257502	81524
内蒙古	Inner Mongolia	451	109	30682	67433	5484	1314	380611	87441
辽　宁	Liaoning	32500	5747	3771515	116556	47992	18275	3937410	81081
吉　林	Jilin	14964	2112	1823294	123295	5417	1491	428161	78607
黑龙江	Heilongjiang	13016	2174	1270797	99227	15835	4590	1467934	94490
上　海	Shanghai	21045	4802	3855952	181981	89920	36350	13560654	150256
江　苏	Jiangsu	130401	31928	14431936	110076	429719	160224	49914491	115625
浙　江	Zhejiang	38220	11892	3717652	95765	388493	155900	37787934	96028
安　徽	Anhui	13012	3039	1425299	107456	194739	72441	16514687	88288
福　建	Fujian	12111	3634	1242295	101853	110765	43771	12893018	109025
江　西	Jiangxi	4005	1137	312310	79877	79609	34377	5804783	76737
山　东	Shandong	62496	11787	7460418	118821	120140	36024	10788014	91169
河　南	Henan	16749	4392	1170933	69216	94169	32541	7261148	76757
湖　北	Hubei	43901	16639	4180768	95682	96355	32242	7897623	86026
湖　南	Hunan	44751	10475	6371202	144667	57497	20040	4418550	80151
广　东	Guangdong	71734	18948	7905009	108571	995384	424583	89920016	86412
广　西	Guangxi	2818	1148	215936	81712	29620	10023	1052056	56960
海　南	Hainan	402	202	31401	68862	2252	554	285864	113124
重　庆	Chongqing	27016	9379	2109259	79220	27999	10350	2496392	87384
四　川	Sichuan	37281	9817	3887727	111347	84187	29829	7470670	92423
贵　州	Guizhou	6447	2021	671576	105735	17513	6388	1108106	70815
云　南	Yunnan	3240	658	406315	124943	6245	1553	438755	68719
西　藏	Tibet					81	21	5272	65086
陕　西	Shaanxi	24337	5354	2636420	109116	52302	14068	5066070	101096
甘　肃	Gansu	249	49	11016	44241	14466	3716	898482	64528
青　海	Qinghai	54	19	3196	59185	14637	4382	1286108	86685
宁　夏	Ningxia	89	17	11184	128552	6268	1500	272664	82177
新　疆	Xinjiang	313	81	37033	131323	8288	1482	944049	119029

3-2 续表 21 continued

地区 Region	计算机、通信和其他电子设备制造业 Manufacture of Computers, Communication and Other Electronic Equipment				仪器仪表制造业 Manufacture of Measuring Instrument and Machinery			
	年末人数（人） Year-end Figures (person)	#女性 Female	工资总额（千元） Total Wages (1000 yuan)	平均工资（元） Average Wage (yuan)	年末人数（人） Year-end Figures (person)	#女性 Female	工资总额（千元） Total Wages (1000 yuan)	平均工资（元） Average Wage (yuan)
全 国 National	**6574534**	**2643042**	**742342465**	**107620**	**576932**	**216814**	**67362832**	**116620**
北 京 Beijing	93740	32870	23119447	249369	17577	5794	3402472	194417
天 津 Tianjin	77260	36866	9527332	117850	8413	3416	1083240	123924
河 北 Hebei	45187	16586	3683053	70871	9877	3356	934364	94666
山 西 Shanxi	81836	33335	9224158	79100	2520	602	234875	96656
内蒙古 Inner Mongolia	15733	3869	1286722	97653	33	12	4058	122970
辽 宁 Liaoning	52882	26249	5095629	97250	13943	5374	1261710	91123
吉 林 Jilin	12179	4769	1287163	110541	2467	620	231232	94748
黑龙江 Heilongjiang	1613	595	152607	92883	4885	1299	488424	99699
上 海 Shanghai	236829	90158	36050707	146514	27638	10351	5147246	186222
江 苏 Jiangsu	1114629	457836	123515866	103862	95720	32351	13208637	137310
浙 江 Zhejiang	386384	138784	49902266	126535	107761	38691	12725308	121553
安 徽 Anhui	179166	66282	18549699	101864	11083	3432	1375957	122984
福 建 Fujian	196189	79591	25021637	120116	10637	5446	1018297	91262
江 西 Jiangxi	227900	109245	16277330	73350	7134	2981	571177	81990
山 东 Shandong	236805	93159	22000206	95042	22316	7263	2224077	100167
河 南 Henan	274486	126800	19362556	66645	21726	8676	1773319	81040
湖 北 Hubei	144441	55059	15101275	102836	17038	6975	1615184	98523
湖 南 Hunan	173550	78218	15905398	83877	6275	1754	627636	97865
广 东 Guangdong	2290554	883392	280597499	116814	145345	62342	14695336	98651
广 西 Guangxi	76695	40552	5164795	66072	2366	1109	131019	64990
海 南 Hainan	702	226	101563	143248				
重 庆 Chongqing	167314	73091	14872764	80969	13131	4597	1649856	125534
四 川 Sichuan	324802	136929	31830179	91529	15042	5353	1602801	107858
贵 州 Guizhou	16213	7364	1083942	70008	1175	293	121002	104673
云 南 Yunnan	34103	11123	2615570	79083	1691	673	166993	95588
西 藏 Tibet	81	25	7761	93506	23	10	2508	109043
陕 西 Shaanxi	67176	26030	7788015	110073	8813	3323	858951	96257
甘 肃 Gansu	22888	8979	1442667	62567	614	188	45675	75496
青 海 Qinghai	13036	2598	904746	82268	409	188	33147	80650
宁 夏 Ningxia	6884	1462	589359	85613	1179	308	120483	101417
新 疆 Xinjiang	3280	1002	280556	78468	98	37	7543	77763

3-2 续表 22 continued

地 区	Region	其他制造业 Other Manufacture				废弃资源综合利用业 Utilization of Waste Resources			
		年末人数（人）Year-end Figures (person)	#女 性 Female	工资总额（千元）Total Wages (1000 yuan)	平均工资（元）Average Wage (yuan)	年末人数（人）Year-end Figures (person)	#女 性 Female	工资总额（千元）Total Wages (1000 yuan)	平均工资（元）Average Wage (yuan)
全 国	**National**	**154863**	**70732**	**12440254**	**78186**	**106448**	**26598**	**8696946**	**81542**
北 京	Beijing	475	116	59117	125514	798	217	106616	130497
天 津	Tianjin	22453	4937	2341641	101601	1237	292	142572	112350
河 北	Hebei	1906	1300	105236	54150	8714	2379	536738	60565
山 西	Shanxi	436	172	29521	67918	9161	2068	744440	83429
内蒙古	Inner Mongolia	234	81	28109	118603	1181	238	120281	94190
辽 宁	Liaoning	2588	1599	169925	66008	3283	482	258875	76108
吉 林	Jilin	214	51	13665	62019	773	140	57768	65945
黑龙江	Heilongjiang	365	118	11997	31948	544	111	27933	47666
上 海	Shanghai	6052	3298	710152	113752	1417	351	219994	158042
江 苏	Jiangsu	9236	5189	724559	76551	8932	2064	888498	96893
浙 江	Zhejiang	20105	9486	1527245	72730	7496	1916	783051	103818
安 徽	Anhui	4460	1617	446138	100733	8635	2327	652232	79273
福 建	Fujian	10087	6554	691128	68059	946	254	74440	77461
江 西	Jiangxi	3378	1835	184546	54757	7810	2028	621199	80581
山 东	Shandong	4919	2314	355568	67591	3786	800	279565	73534
河 南	Henan	3080	1924	139666	45614	6256	1823	331208	53174
湖 北	Hubei	2317	1236	134069	56128	6487	1537	529822	79852
湖 南	Hunan	2997	1385	165197	55099	4719	1235	377252	81365
广 东	Guangdong	54339	25256	4231338	74825	6765	1697	652361	93367
广 西	Guangxi	817	381	47069	59884	1597	455	131969	85075
海 南	Hainan	108	27	8481	80009	128	19	9250	82589
重 庆	Chongqing	244	146	7484	49893	1214	363	80653	65465
四 川	Sichuan	652	210	54533	83425	5298	1787	372922	70078
贵 州	Guizhou	1195	787	45785	40978	933	237	100888	106390
云 南	Yunnan	535	193	28671	67461	1713	423	100293	60297
西 藏	Tibet	83	12	5234	67974	25	7	1850	74000
陕 西	Shaanxi	1019	381	81781	80624	3727	790	260254	70347
甘 肃	Gansu	296	68	24207	81232	1404	238	107792	79504
青 海	Qinghai	29	5	1706	58828	21	7	2015	91591
宁 夏	Ningxia					830	174	65892	78818
新 疆	Xinjiang	244	55	66485	286573	618	139	58324	99529

3-2 续表 23 continued

地 区	Region	金属制品、机械和设备修理业 Repair Service of Metal Products, Machinery and Equipment				电力、热力、燃气及水生产和供应业 Production and Supply of Electricity, Heat, Gas and Water			
		年末人数(人) Year-end Figures (person)	#女 性 Female	工资总额(千元) Total Wages (1000 yuan)	平均工资(元) Average Wage (yuan)	年末人数(人) Year-end Figures (person)	#女 性 Female	工资总额(千元) Total Wages (1000 yuan)	平均工资(元) Average Wage (yuan)
全 国	**National**	**185884**	**32120**	**22921766**	**124774**	**3752831**	**975554**	**499490488**	**132964**
北 京	Beijing	14721	2252	2685851	182067	93358	26543	19117755	206786
天 津	Tianjin	7705	783	723326	101335	41751	11790	7674751	184397
河 北	Hebei	7572	1311	778734	103929	185478	51192	22795546	123033
山 西	Shanxi	10577	3165	868891	83130	161937	46605	17250141	106644
内蒙古	Inner Mongolia	3895	482	308059	91088	143411	37645	18465959	129448
辽 宁	Liaoning	5243	786	627157	117533	148139	36274	14443501	97696
吉 林	Jilin	2883	502	174265	61530	95642	20066	10441775	108695
黑龙江	Heilongjiang	2748	565	280217	102194	146555	31113	14591224	98731
上 海	Shanghai	29927	3122	5037592	169262	33894	9128	8679700	256124
江 苏	Jiangsu	2422	375	245807	101825	150873	37727	25878223	171424
浙 江	Zhejiang	9563	1467	1182387	127463	132203	30302	22902229	174442
安 徽	Anhui	6735	1420	947768	139406	97216	23436	13263984	135961
福 建	Fujian	10059	2076	1533565	153290	110165	28352	15662205	141910
江 西	Jiangxi	2429	447	276881	113590	95613	27499	9520298	98952
山 东	Shandong	5433	829	616721	119525	278650	66656	36457124	131243
河 南	Henan	5785	1266	500905	86844	212965	60613	23613282	109950
湖 北	Hubei	16180	4361	1402371	86737	136676	39030	19564782	141894
湖 南	Hunan	3071	410	264204	93360	158075	41734	17957618	113391
广 东	Guangdong	14544	2536	1861476	127462	267704	60493	46764762	174716
广 西	Guangxi	3185	498	378534	116904	107714	29385	13467933	123837
海 南	Hainan	2798	229	337183	120259	23225	5464	3091293	136127
重 庆	Chongqing	1843	249	184196	99190	63710	19404	7587853	118261
四 川	Sichuan	3698	779	427538	115721	227067	63505	29301767	127833
贵 州	Guizhou	576	118	45648	76334	88888	23512	11860761	131613
云 南	Yunnan	1131	212	79953	69645	107619	29650	14176841	129652
西 藏	Tibet	130	25	17489	88328	13527	4483	1869126	144033
陕 西	Shaanxi	4995	776	526157	109177	144520	41664	18640696	128922
甘 肃	Gansu	1973	338	186902	96974	107855	29605	11074638	103777
青 海	Qinghai	2275	420	249646	110414	24064	6302	3170782	132850
宁 夏	Ningxia	196	51	23980	112582	41339	10723	6042248	147504
新 疆	Xinjiang	1594	272	148365	92844	112998	25660	14161693	127622

3-2 续表 24 continued

地区	Region	电力、热力生产和供应业 Production and Supply of Electric Power and Heat Power 年末人数(人) Year-end Figures (person)	#女性 Female	工资总额(千元) Total Wages (1000 yuan)	平均工资(元) Average Wage (yuan)	燃气生产和供应业 Production and Supply of Gas 年末人数(人) Year-end Figures (person)	#女性 Female	工资总额(千元) Total Wages (1000 yuan)	平均工资(元) Average Wage (yuan)
全国	**National**	**2721176**	**629025**	**400501940**	**146899**	**333109**	**105927**	**35398709**	**106382**
北京	Beijing	68403	19175	15215436	226252	10108	2995	1828303	181203
天津	Tianjin	26645	6846	5636820	212550	7061	2176	936597	134202
河北	Hebei	127247	30882	18357072	144765	22959	7181	1878937	81669
山西	Shanxi	112634	29127	13864745	123476	24237	7773	1848573	76071
内蒙古	Inner Mongolia	117299	28572	16450257	141436	7390	2360	649917	87802
辽宁	Liaoning	105626	22889	11339822	107917	12975	3931	1035068	78883
吉林	Jilin	72543	13202	8915150	122514	5521	1521	428646	77331
黑龙江	Heilongjiang	118545	22222	12880807	107783	5700	1976	439916	76384
上海	Shanghai	18307	4111	5713386	312299	5795	1730	1163349	199957
江苏	Jiangsu	90424	17876	18925554	208861	18172	5445	2245135	124057
浙江	Zhejiang	84145	16547	17300740	206144	11887	3208	1531511	128569
安徽	Anhui	63788	12616	10318735	160481	12793	3977	1130210	88416
福建	Fujian	84262	19906	13193276	156078	5831	1639	627874	107364
江西	Jiangxi	66905	16431	6977598	103254	7772	2805	775416	99947
山东	Shandong	215800	45426	30405876	141612	22200	7393	2209397	100446
河南	Henan	146035	33771	18401667	123934	23878	8607	1775517	75859
湖北	Hubei	99952	25033	16263953	160968	9733	3601	928615	95428
湖南	Hunan	120000	28282	14714126	122258	7017	2218	620038	88630
广东	Guangdong	176182	34795	35269417	197853	21592	5811	3426468	159912
广西	Guangxi	85134	21690	11740165	135895	5522	1770	389502	70849
海南	Hainan	14569	2916	2363100	168553	1840	406	209637	115122
重庆	Chongqing	40125	10743	4774679	118540	8090	2967	1182155	143972
四川	Sichuan	159843	39525	22336625	137923	29296	10089	3391747	115671
贵州	Guizhou	65990	15956	9759173	146271	4465	1419	424589	94259
云南	Yunnan	89242	23313	12480610	137485	4724	1356	575956	117494
西藏	Tibet	12081	3873	1732518	150268	248	81	16960	68387
陕西	Shaanxi	106626	28171	15358123	143743	16880	5370	1669837	99173
甘肃	Gansu	92627	24080	9980480	109119	3480	1117	347664	100306
青海	Qinghai	20493	5104	2835037	139445	800	295	93182	116623
宁夏	Ningxia	35150	8519	5447167	156382	1816	639	157102	87134
新疆	Xinjiang	84552	17427	11549828	139784	13331	4070	1460889	109301

3-2 续表 25 continued

地 区	Region	水的生产和供应业 Production and Supply of Water 年末人数(人) Year-end Figures (person)	#女 性 Female	工资总额(千元) Total Wages (1000 yuan)	平均工资(元) Average Wage (yuan)	建筑业 Construction 年末人数(人) Year-end Figures (person)	#女 性 Female	工资总额(千元) Total Wages (1000 yuan)	平均工资(元) Average Wage (yuan)
全 国	**National**	**697751**	**240487**	**63531903**	**91186**	**18351983**	**2488953**	**1401587188**	**78295**
北 京	Beijing	14847	4373	2074016	137241	449029	91131	69495142	152746
天 津	Tianjin	8045	2768	1101334	135601	183345	32982	22212555	119076
河 北	Hebei	35272	13129	2559536	72166	363058	58882	26919911	73940
山 西	Shanxi	25065	9705	1536822	61066	252242	49606	20036531	77856
内蒙古	Inner Mongolia	17927	6597	1307849	71768	82934	15288	6366580	69584
辽 宁	Liaoning	29538	9454	2068611	69788	246631	46555	18501110	73407
吉 林	Jilin	17578	5343	1097979	61845	119264	20952	8172403	64846
黑龙江	Heilongjiang	22310	6915	1270501	56412	115244	25309	8298040	66312
上 海	Shanghai	9792	3287	1802965	184427	270639	43332	38933716	148462
江 苏	Jiangsu	42277	14406	4707534	111421	2275331	129437	170751160	80995
浙 江	Zhejiang	36172	10547	4069978	114804	1590692	159344	115883113	76526
安 徽	Anhui	20636	6842	1815039	88642	938636	125220	67187745	73907
福 建	Fujian	20071	6807	1841055	92101	1100725	178278	75823310	73178
江 西	Jiangxi	20936	8263	1767284	84660	693208	103950	44485060	65477
山 东	Shandong	40651	13838	3841851	93532	1287699	156447	102438718	80825
河 南	Henan	43052	18235	3436097	80137	1193582	163579	71365823	61816
湖 北	Hubei	26990	10396	2372214	87492	1000942	135860	76654210	79481
湖 南	Hunan	31059	11234	2623454	84574	935897	112902	57212506	62797
广 东	Guangdong	69931	19886	8068877	118704	1195785	185028	102429451	87892
广 西	Guangxi	17058	5925	1338266	79345	442476	58397	33007276	74226
海 南	Hainan	6817	2143	518556	75503	40389	7074	2885968	69275
重 庆	Chongqing	15494	5694	1631018	104072	588705	88116	39957533	69105
四 川	Sichuan	37928	13891	3573395	94169	1322831	221745	89693750	69493
贵 州	Guizhou	18433	6136	1677000	88757	340368	54582	23797157	71926
云 南	Yunnan	13654	4980	1120276	81980	284978	54998	20086590	73164
西 藏	Tibet	1198	529	119648	99745	27737	5013	2013056	71338
陕 西	Shaanxi	21014	8122	1612737	77141	474182	74143	37524881	83258
甘 肃	Gansu	11749	4408	746495	63338	279011	42749	18922793	66281
青 海	Qinghai	2771	903	242563	88606	32584	7041	3477593	104870
宁 夏	Ningxia	4372	1565	437978	101204	23258	5141	2233046	88439
新 疆	Xinjiang	15114	4163	1150976	76863	200579	35871	24820462	86160

3-2 续表 26 continued

地 区	Region	房屋建筑业 Construction of Buildings				土木工程建筑业 Civil Engineering			
		年末人数（人） Year-end Figures (person)	#女 性 Female	工资总额（千元） Total Wages (1000 yuan)	平均工资（元） Average Wage (yuan)	年末人数（人） Year-end Figures (person)	#女 性 Female	工资总额（千元） Total Wages (1000 yuan)	平均工资（元） Average Wage (yuan)
全 国	**National**	**11853123**	**1459129**	**826839627**	**71833**	**4399350**	**706014**	**406143311**	**93592**
北 京	Beijing	183890	40129	30107307	164050	157451	29901	25978997	164027
天 津	Tianjin	45424	8025	5409744	107664	83676	15095	11783660	142638
河 北	Hebei	151188	22838	8552072	55165	144382	25469	13052619	90719
山 西	Shanxi	99519	20124	6891521	73016	112699	22436	10093048	85087
内蒙古	Inner Mongolia	39918	7022	3030132	63534	36129	7006	2716778	73396
辽 宁	Liaoning	88193	15337	5856814	65172	105343	21624	9051368	83823
吉 林	Jilin	47245	7680	3112779	58792	46601	8808	3291327	69248
黑龙江	Heilongjiang	36050	8484	1843740	46296	67474	13874	5716883	78421
上 海	Shanghai	133767	18037	17899385	143683	75868	12671	12274483	159131
江 苏	Jiangsu	1732704	72963	130232676	80566	276207	32332	21456477	81982
浙 江	Zhejiang	1174473	109487	82836244	73908	290494	34872	21532811	80722
安 徽	Anhui	575008	78796	36804900	67379	243772	31642	21234072	88185
福 建	Fujian	805866	136500	55398754	71888	231142	28307	15761477	77517
江 西	Jiangxi	488147	71460	30503683	63464	162458	25042	11072694	70080
山 东	Shandong	771515	88158	56690362	73610	312892	50831	32132437	103041
河 南	Henan	705631	82720	39246322	57897	346407	57609	23090332	68214
湖 北	Hubei	682069	78865	45817583	70676	228696	41994	23388959	103430
湖 南	Hunan	673530	76612	37606880	57828	208418	27657	16044089	77263
广 东	Guangdong	702093	103055	52451536	78026	257160	40204	29088341	115845
广 西	Guangxi	343902	37207	23715429	68440	79748	17288	7905034	98774
海 南	Hainan	26338	3623	1812893	66795	5269	1467	436234	80248
重 庆	Chongqing	408465	64298	25273282	62938	132894	17297	10936744	85647
四 川	Sichuan	922185	148888	54669154	60935	297355	53405	27398297	93155
贵 州	Guizhou	230754	34430	15282493	68523	73103	12616	6663846	93349
云 南	Yunnan	185633	34857	10784562	61201	73727	14219	7214515	98751
西 藏	Tibet	18441	3002	1172319	63181	6586	1459	627992	91070
陕 西	Shaanxi	258287	37117	15932888	66929	182698	30656	18579397	103265
甘 肃	Gansu	186304	25190	11813228	61132	59480	10358	4958653	82246
青 海	Qinghai	8156	1766	526860	64706	19524	4140	2565591	126947
宁 夏	Ningxia	13418	3182	1145281	74948	9418	1833	1054621	111172
新 疆	Xinjiang	115010	19278	14418804	82873	72279	13903	9041537	91223

3-2 续表 27 continued

地区	Region	建筑安装业 Building Installation				建筑装饰、装修和其他建筑业 Building Decoration and Other Constructions			
		年末人数(人) Year-end Figures (person)	#女性 Female	工资总额(千元) Total Wages (1000 yuan)	平均工资(元) Average Wage (yuan)	年末人数(人) Year-end Figures (person)	#女性 Female	工资总额(千元) Total Wages (1000 yuan)	平均工资(元) Average Wage (yuan)
全国	**National**	**1137845**	**162291**	**97257807**	**89336**	**961665**	**161518**	**71346443**	**74120**
北京	Beijing	50844	10423	7452019	141428	56844	10678	5956819	98668
天津	Tianjin	28901	7156	3295206	114915	25343	2706	1723945	68938
河北	Hebei	33950	5500	3300907	95768	33538	5075	2014314	65602
山西	Shanxi	23094	4771	1579373	68308	16931	2275	1472589	69372
内蒙古	Inner Mongolia	3574	731	321246	91070	3314	529	298423	91576
辽宁	Liaoning	35651	6601	2565741	69889	17443	2992	1027188	58775
吉林	Jilin	17295	3094	1289345	75022	8125	1369	478951	57243
黑龙江	Heilongjiang	7958	1831	489190	58495	3762	1121	248227	61306
上海	Shanghai	32263	6154	5239061	161903	28740	6470	3520787	124946
江苏	Jiangsu	156298	11409	11391635	89853	110121	12733	7670372	74332
浙江	Zhejiang	57273	6387	6033913	107399	68453	8599	5480145	77671
安徽	Anhui	53513	7924	4191315	76477	66344	6858	4957458	73703
福建	Fujian	25893	4271	2236942	87422	37824	9200	2426137	66283
江西	Jiangxi	20681	2559	1727091	87263	21922	4889	1181593	56378
山东	Shandong	168419	9834	11113740	74083	34873	7624	2502179	70666
河南	Henan	71621	12266	4947561	70626	69923	10985	4081608	59955
湖北	Hubei	49156	8201	4197545	86082	41020	6799	3250124	78777
湖南	Hunan	38505	6136	2497920	66594	15445	2497	1063616	68210
广东	Guangdong	81341	14160	8313463	100053	155192	27609	12576110	79102
广西	Guangxi	10315	1927	772511	75478	8512	1975	614302	77664
海南	Hainan	4162	852	328442	75602	4619	1132	308400	65087
重庆	Chongqing	28240	3099	2347592	79990	19107	3423	1399916	71368
四川	Sichuan	51630	8570	4215423	85279	51662	10881	3410877	68249
贵州	Guizhou	9762	2001	931629	96593	26749	5534	919190	34299
云南	Yunnan	16176	3669	1257115	79646	9442	2253	830398	87546
西藏	Tibet	754	128	71382	88115	1956	425	141362	72192
陕西	Shaanxi	24005	4387	2417324	103799	9192	1984	595272	63042
甘肃	Gansu	26178	5732	1735989	68917	7049	1469	414924	61279
青海	Qinghai	3703	906	329101	88355	1200	229	56041	51699
宁夏	Ningxia	266	83	16873	59369	157	43	16271	82177
新疆	Xinjiang	6428	1527	651214	94327	6863	1163	708906	87850

3-2 续表 28 continued

地 区	Region	批发和零售业 Wholesale and Retail Trades 年末人数(人) Year-end Figures (person)	#女 性 Female	工资总额(千元) Total Wages (1000 yuan)	平均工资(元) Average Wage (yuan)	批发业 Wholesale Trade 年末人数(人) Year-end Figures (person)	#女 性 Female	工资总额(千元) Total Wages (1000 yuan)	平均工资(元) Average Wage (yuan)
全 国	**National**	**7852953**	**4084654**	**918405719**	**115408**	**4013091**	**1752792**	**620262581**	**153117**
北 京	Beijing	507867	238983	101988114	194228	329424	146772	80073274	237989
天 津	Tianjin	155757	88587	18810079	116568	108319	61095	14819049	133147
河 北	Hebei	200786	116145	13569659	66586	63313	25292	5852032	91422
山 西	Shanxi	143056	62053	11238600	78572	86303	29560	8115778	94917
内蒙古	Inner Mongolia	78822	40198	6906932	85961	31157	11281	3813908	121935
辽 宁	Liaoning	158523	89043	11813674	73740	55061	24231	5690920	102530
吉 林	Jilin	82007	41986	6152254	73820	31489	11734	3252582	102328
黑龙江	Heilongjiang	100900	49866	7972989	78482	45731	17692	5053498	110585
上 海	Shanghai	918524	496044	209856455	223922	625606	307727	169974834	269928
江 苏	Jiangsu	533987	280267	60340630	111417	283424	126103	40063267	139417
浙 江	Zhejiang	439857	219010	59181189	132638	251460	109507	40427434	159425
安 徽	Anhui	239289	128047	19985368	83443	97351	35519	11231848	114488
福 建	Fujian	240582	122625	25140840	103188	109285	45856	14066319	128529
江 西	Jiangxi	174826	86097	12903269	73597	80779	29522	6835939	85029
山 东	Shandong	434307	239241	35162625	80753	196303	79680	21217130	107505
河 南	Henan	315266	161318	21374508	67963	125368	49285	11105726	88046
湖 北	Hubei	320552	181008	25325670	78417	128815	56145	12910884	99575
湖 南	Hunan	228220	123529	16961792	74566	76274	30188	7995602	105013
广 东	Guangdong	1090919	545178	123223293	110346	617657	279980	82755481	131150
广 西	Guangxi	142026	78271	11361034	80196	61102	26883	6413210	105663
海 南	Hainan	78452	39753	8893333	114986	33071	15066	5486127	165790
重 庆	Chongqing	155930	87217	14580401	91094	54927	25464	6664259	118113
四 川	Sichuan	367614	196880	32646964	88473	166857	68827	18148223	109837
贵 州	Guizhou	117299	54552	11246834	94807	58441	19954	7353070	124204
云 南	Yunnan	147986	76002	14195212	94504	71663	29310	9108918	124838
西 藏	Tibet	23289	10587	2405776	101383	13540	6365	1573245	113196
陕 西	Shaanxi	212783	114553	16117621	74905	85859	37182	8676946	99988
甘 肃	Gansu	97386	50518	6780502	68944	42779	16518	3623320	84032
青 海	Qinghai	21311	10826	1799981	83447	11108	4794	1221518	107660
宁 夏	Ningxia	24855	14952	1796601	70984	10088	4335	1002682	99205
新 疆	Xinjiang	99974	41319	8673520	88875	60536	20926	5735556	99531

3-2 续表 29 continued

地区 Region	零售业 Retail Trade 年末人数(人) Year-end Figures (person)	#女性 Female	工资总额(千元) Total Wages (1000 yuan)	平均工资(元) Average Wage (yuan)	交通运输、仓储和邮政业 Transport, Storage and Post 年末人数(人) Year-end Figures (person)	#女性 Female	工资总额(千元) Total Wages (1000 yuan)	平均工资(元) Average Wage (yuan)
全国 National	**3839861**	**2331862**	**298143137**	**76310**	**7761930**	**2011580**	**901456317**	**115345**
北京 Beijing	178442	92211	21914840	116175	524478	136631	78284065	146207
天津 Tianjin	47438	27492	3991030	79714	149673	39408	18155060	119740
河北 Hebei	137473	90853	7717627	55213	287428	74565	28961941	100135
山西 Shanxi	56754	32493	3122823	54279	231634	57772	25441580	109446
内蒙古 Inner Mongolia	47666	28916	3093024	63031	196230	46381	21606296	110096
辽宁 Liaoning	103462	64812	6122754	58478	288650	65709	28782796	98167
吉林 Jilin	50517	30253	2899671	56244	151344	31958	14201810	92998
黑龙江 Heilongjiang	55168	32174	2919491	52235	224945	43548	22715529	100266
上海 Shanghai	292918	188318	39881620	129704	447721	140530	76574511	169815
江苏 Jiangsu	250563	154164	20277362	79765	420180	102177	50071302	118261
浙江 Zhejiang	188397	109503	18753754	97370	329035	83237	42775383	128083
安徽 Anhui	141937	92528	8753519	61904	261225	74370	24914941	91595
福建 Fujian	131297	76770	11074522	82522	213725	52945	24285291	113836
江西 Jiangxi	94047	56575	6067329	63915	172078	45666	17316223	100680
山东 Shandong	238004	159561	13945495	58576	452587	111593	50336524	111139
河南 Henan	189898	112033	10268782	54515	362457	98670	32499426	89817
湖北 Hubei	191737	124863	12414786	64225	274761	66802	29383202	106923
湖南 Hunan	151946	93340	8966190	59247	235036	56634	23806607	99491
广东 Guangdong	473262	265197	40467812	83319	799953	214499	104315765	128931
广西 Guangxi	80925	51388	4947825	61106	173190	40374	18063284	103680
海南 Hainan	45381	24688	3407206	76996	71145	17440	8811939	124046
重庆 Chongqing	101003	61753	7916142	76385	200207	56193	20130955	100274
四川 Sichuan	200758	128053	14498741	71151	346532	101382	36970021	107349
贵州 Guizhou	58858	34598	3893764	65521	120861	34620	12572558	103547
云南 Yunnan	76323	46692	5086294	65849	159046	47606	17509711	110315
西藏 Tibet	9749	4222	832531	84683	21860	7297	2794130	128490
陕西 Shaanxi	126924	77371	7440675	57951	258378	67890	27216058	104730
甘肃 Gansu	54607	34000	3157183	57165	130724	30931	12973033	101047
青海 Qinghai	10202	6032	578462	56578	48234	12378	5781798	121572
宁夏 Ningxia	14768	10617	793919	52222	40659	12348	4145984	102268
新疆 Xinjiang	39438	20392	2937964	73510	167954	40025	20058595	121121

3-2 续表 30 continued

地 区 Region	铁路运输业 Railway Transport 年末人数(人) Year-end Figures (person)	#女性 Female	工资总额(千元) Total Wages (1000 yuan)	平均工资(元) Average Wage (yuan)	道路运输业 Road Transport 年末人数(人) Year-end Figures (person)	#女性 Female	工资总额(千元) Total Wages (1000 yuan)	平均工资(元) Average Wage (yuan)
全 国 National	**1866230**	**268276**	**266497178**	**142941**	**3302184**	**866184**	**287015347**	**85991**
北 京 Beijing	98002	13378	15651431	159132	204889	45184	23577836	110590
天 津 Tianjin	27645	3893	4063252	145350	57696	13684	5444640	93021
河 北 Hebei	74167	6580	10439470	140541	133208	44392	9417247	70252
山 西 Shanxi	101649	11382	15977727	156401	93429	31521	6551740	70208
内蒙古 Inner Mongolia	106044	15458	14604709	137052	61156	20262	4252013	69323
辽 宁 Liaoning	100164	10047	13546178	132650	100909	28155	5955062	57841
吉 林 Jilin	58407	4706	7464732	127215	57583	16710	3708982	63147
黑龙江 Heilongjiang	129194	13223	15583375	118508	43323	11614	2617945	59245
上 海 Shanghai	33507	5717	6188402	185254	139258	25812	18270747	129606
江 苏 Jiangsu	48797	7309	8011195	163384	193014	46783	19608930	100589
浙 江 Zhejiang	36106	6200	5976223	170467	166417	38037	17615414	105761
安 徽 Anhui	42382	4836	6801806	159471	127144	40363	9447939	74024
福 建 Fujian	33460	5517	4357783	133995	82024	17676	7111132	87135
江 西 Jiangxi	54187	8121	7385568	136036	81975	24056	6621351	80151
山 东 Shandong	89508	12449	12503154	140037	203694	51715	16560719	81075
河 南 Henan	103162	14625	14128034	135829	176983	54420	10352287	58655
湖 北 Hubei	76299	11503	11331352	149733	136616	33960	11090944	80935
湖 南 Hunan	72188	10059	10133597	138569	106021	26311	7828191	70799
广 东 Guangdong	75608	14371	12121148	160443	376197	82621	40415998	106072
广 西 Guangxi	61778	9124	8400288	134877	52875	15934	4252259	78674
海 南 Hainan	6444	1053	988430	155438	17222	3574	1227147	71209
重 庆 Chongqing	27716	5358	3663908	134532	111617	25975	9040941	79880
四 川 Sichuan	71083	13803	9671926	136905	179792	50821	14013571	78454
贵 州 Guizhou	33218	5695	4333402	131766	51706	16319	4236632	80277
云 南 Yunnan	42070	7285	6093816	147561	70832	22654	5663253	79293
西 藏 Tibet	1728	210	327102	193437	8324	3084	780537	94250
陕 西 Shaanxi	92416	16453	13439767	144784	120320	33678	9132331	75204
甘 肃 Gansu	61365	11072	7940380	131026	42285	10628	2760360	65226
青 海 Qinghai	24582	4488	3516212	147721	15742	5069	1435099	90054
宁 夏 Ningxia	18797	3714	2294876	123043	14509	5774	1077384	73944
新 疆 Xinjiang	64558	10645	9557936	159602	75426	19397	6946712	89169

3-2 续表 31 continued

地 区	Region	水上运输业 Water Transport				航空运输业 Air Transport			
		年末人数（人） Year-end Figures (person)	#女 性 Female	工资总额（千元） Total Wages (1000 yuan)	平均工资（元） Average Wage (yuan)	年末人数（人） Year-end Figures (person)	#女 性 Female	工资总额（千元） Total Wages (1000 yuan)	平均工资（元） Average Wage (yuan)
全 国	**National**	**271211**	**47564**	**44560378**	**163824**	**601701**	**220562**	**101815998**	**168844**
北 京	Beijing	235	50	69033	292513	78014	33927	16788953	216589
天 津	Tianjin	9007	1866	1873535	206300	8782	3050	1191434	134337
河 北	Hebei	17205	3100	2670554	152056	6183	2131	819283	131898
山 西	Shanxi	27	8	1027	38037	5416	2029	514779	95083
内蒙古	Inner Mongolia					6728	2078	932900	138619
辽 宁	Liaoning	19963	3461	2444598	122024	12511	5213	1607370	128328
吉 林	Jilin	31	5	960	30968	3044	931	361397	116636
黑龙江	Heilongjiang	480	97	29549	62143	8309	2430	852826	104257
上 海	Shanghai	24110	4045	8024636	335838	79018	30217	15745012	199058
江 苏	Jiangsu	29808	5523	3957206	131977	15846	5932	2308446	142497
浙 江	Zhejiang	26004	4779	4593732	175429	14937	4685	2829012	191719
安 徽	Anhui	6010	1101	564059	93816	3280	1160	412921	128516
福 建	Fujian	13957	2271	2496475	179360	25323	7850	4149024	160834
江 西	Jiangxi	3152	702	224297	71487	4302	1335	554203	128451
山 东	Shandong	39548	5346	5646046	144215	21722	7767	3569514	168836
河 南	Henan	1539	372	87507	57092	10503	3506	1418109	136239
湖 北	Hubei	9999	2032	1214595	116896	6833	2520	840463	124786
湖 南	Hunan	2919	618	247394	85604	7801	2895	1016779	130490
广 东	Guangdong	39019	6553	6925458	177067	116960	43272	21026974	176968
广 西	Guangxi	9996	2411	1072754	106687	2641	806	358402	138433
海 南	Hainan	6392	1083	1343426	205730	25675	7384	3682646	143842
重 庆	Chongqing	10360	1842	974463	93811	14852	6080	2080514	141167
四 川	Sichuan	768	143	63012	81719	41834	15433	7227881	173274
贵 州	Guizhou	350	57	15934	60128	11958	4065	1709099	137575
云 南	Yunnan	146	42	7301	50007	25482	9330	4098174	160549
西 藏	Tibet					8505	2945	1254978	148994
陕 西	Shaanxi					15132	5006	2073222	136571
甘 肃	Gansu	45	14	3530	78444	4542	1556	517445	115462
青 海	Qinghai					2688	864	336108	124438
宁 夏	Ningxia	103	42	6197	59019	2575	800	269838	106740
新 疆	Xinjiang	40	3	3100	77500	10308	3366	1268294	123181

3-2 续表 32 continued

地 区	Region	管道运输业 Transport Via Pipelines				多式联运和运输代理业 Intermodality and Forwarding Agency			
		年末人数 (人) Year-end Figures (person)	#女 性 Female	工资总额 (千元) Total Wages (1000 yuan)	平均工资 (元) Average Wage (yuan)	年末人数 (人) Year-end Figures (person)	#女 性 Female	工资总额 (千元) Total Wages (1000 yuan)	平均工资 (元) Average Wage (yuan)
全 国	**National**	**37553**	**7554**	**7853993**	**206581**	**344507**	**156615**	**52060688**	**150028**
北 京	Beijing	10797	1542	2877105	264683	26589	12041	5284932	192378
天 津	Tianjin	854	209	185175	214571	12896	6268	1796550	137911
河 北	Hebei	7020	1695	967248	137004	3746	1135	346395	94016
山 西	Shanxi	72	26	3024	41143	1709	559	113091	66019
内蒙古	Inner Mongolia	157	55	23156	151346	544	162	54753	116997
辽 宁	Liaoning	209	52	30421	144862	11815	4202	1491572	123993
吉 林	Jilin	95	20	16854	154624	1606	223	91948	55659
黑龙江	Heilongjiang					339	148	32219	86842
上 海	Shanghai	1105	190	266895	242191	101731	57323	19349584	189737
江 苏	Jiangsu	5547	1353	1127344	197537	18436	7403	2369033	127927
浙 江	Zhejiang	215	38	35365	160750	18496	7957	3228335	166819
安 徽	Anhui	15		2155	143667	5375	1841	470158	87750
福 建	Fujian	14	3	987	70500	9644	3316	1363410	141147
江 西	Jiangxi	30	2	1974	94000	1059	467	115457	109766
山 东	Shandong	1879	401	430922	212486	21943	9099	2920358	133305
河 南	Henan	610	104	43473	73558	4296	1561	398810	90192
湖 北	Hubei	699	196	137842	195521	4974	1458	547125	109822
湖 南	Hunan	570	172	47220	82842	3100	961	245343	86720
广 东	Guangdong	895	100	206600	224565	72704	32789	9312610	127512
广 西	Guangxi	101	26	18636	192124	2928	988	334458	110172
海 南	Hainan	28	3	2449	87464	2962	1037	381284	128160
重 庆	Chongqing	94	28	18030	207241	3543	1375	369248	104798
四 川	Sichuan	1861	442	388169	205598	5789	1797	673789	118898
贵 州	Guizhou	153	26	30721	211869	744	259	69122	90580
云 南	Yunnan	255	56	37113	141653	1911	528	168958	90740
西 藏	Tibet					118	36	5427	47605
陕 西	Shaanxi	819	188	115327	139284	2692	777	252519	90954
甘 肃	Gansu	250	65	28428	111047	952	272	96978	104489
青 海	Qinghai					278	113	26527	97168
宁 夏	Ningxia					273	73	20748	76561
新 疆	Xinjiang	3209	563	811360	253827	1314	447	129946	99474

3-2 续表 33 continued

地区 Region	装卸搬运和仓储业 Loading, Unloading and Storage 年末人数（人） Year-end Figures (person)	#女性 Female	工资总额（千元） Total Wages (1000 yuan)	平均工资（元） Average Wage (yuan)	邮政业 Post 年末人数（人） Year-end Figures (person)	#女性 Female	工资总额（千元） Total Wages (1000 yuan)	平均工资（元） Average Wage (yuan)
全　国 National	**469208**	**117100**	**44665310**	**95109**	**869335**	**327726**	**96987425**	**109780**
北　京 Beijing	10689	3471	1525832	141189	95264	27038	12508942	128986
天　津 Tianjin	12614	3344	1438619	113204	20180	7094	2161856	105015
河　北 Hebei	24512	4975	2223920	90559	21387	10558	2077826	95215
山　西 Shanxi	9189	2657	495525	53666	20143	9591	1784666	86980
内蒙古 Inner Mongolia	5293	1161	420814	81651	16309	7205	1317949	83177
辽　宁 Liaoning	25505	5095	2185738	85415	17573	9483	1521856	85806
吉　林 Jilin	14111	2678	951093	71577	16467	6685	1605844	93810
黑龙江 Heilongjiang	14821	3340	864218	58434	28481	12696	2735398	101113
上　海 Shanghai	33731	9957	4637780	134079	35262	7268	4091454	114009
江　苏 Jiangsu	62197	13136	6677042	107358	46536	14739	6012105	128411
浙　江 Zhejiang	22403	5678	2786076	126070	44459	15864	5711225	114832
安　徽 Anhui	11291	2937	812904	71467	65728	22132	6402997	84523
福　建 Fujian	16537	4202	1618822	98168	32765	12111	3187657	95659
江　西 Jiangxi	7545	1993	514819	67141	19829	8991	1898554	100465
山　东 Shandong	33257	6507	3286874	99749	41037	18309	5418936	128447
河　南 Henan	21849	6516	1312050	60405	43516	17566	4759156	111561
湖　北 Hubei	12873	3266	1001931	78166	26468	11868	3218950	121635
湖　南 Hunan	16612	3648	1312088	81896	25826	11969	2975995	116788
广　东 Guangdong	49437	14203	5339295	106348	69133	20591	8967682	127337
广　西 Guangxi	9091	2439	857981	93216	33779	8646	2768507	84125
海　南 Hainan	2780	433	274361	95167	9641	2874	912195	96758
重　庆 Chongqing	6040	1478	522558	85723	25986	14057	3461293	135679
四　川 Sichuan	12930	3028	1030751	77545	32475	15914	3900921	122712
贵　州 Guizhou	6663	2023	511477	78057	16068	6176	1666171	106749
云　南 Yunnan	5941	1651	383997	64892	12409	6059	1057098	85995
西　藏 Tibet	563	221	56428	94156	2622	800	369657	140177
陕　西 Shaanxi	10290	3993	686610	66235	16710	7795	1516283	92129
甘　肃 Gansu	4740	1374	384351	80818	16546	5951	1241562	82780
青　海 Qinghai	1191	371	99540	83521	3753	1473	368313	100797
宁　夏 Ningxia	1256	353	161158	127599	3146	1592	315783	100185
新　疆 Xinjiang	3261	973	290657	89655	9838	4631	1050591	107908

3-2 续表 34 continued

地 区	Region	住宿和餐饮业 Hotels and Catering Services 年末人数(人) Year-end Figures (person)	#女 性 Female	工资总额(千元) Total Wages (1000 yuan)	平均工资(元) Average Wage (yuan)	住宿业 Hotels 年末人数(人) Year-end Figures (person)	#女 性 Female	工资总额(千元) Total Wages (1000 yuan)	平均工资(元) Average Wage (yuan)
全 国	**National**	**2550024**	**1477916**	**140799296**	**53995**	**985952**	**545946**	**61442499**	**61090**
北 京	Beijing	272335	151468	18572202	64967	73780	33983	6888228	89731
天 津	Tianjin	45388	27234	1986149	39796	9452	4934	547002	55705
河 北	Hebei	41351	23959	1983575	47337	25441	14728	1261194	48540
山 西	Shanxi	39493	22607	1641619	40094	18374	10195	829796	44775
内蒙古	Inner Mongolia	21684	12655	1119685	47852	12587	7471	655028	49069
辽 宁	Liaoning	41914	25614	1755082	39838	18553	10284	932485	48532
吉 林	Jilin	16792	9628	755247	45325	11431	6698	537561	46077
黑龙江	Heilongjiang	14580	8562	634198	42733	10130	5633	468425	45429
上 海	Shanghai	263033	144828	16862314	62826	48331	22585	4760287	95823
江 苏	Jiangsu	200782	120002	11563707	56336	56214	30660	3909237	68406
浙 江	Zhejiang	142299	80408	8818374	61709	68144	35422	4704767	67944
安 徽	Anhui	62213	38696	3213192	51885	27435	16738	1450775	52208
福 建	Fujian	92529	54121	4904892	52087	45325	24506	2876163	63147
江 西	Jiangxi	43606	27968	1918901	44417	25471	16359	1189752	46602
山 东	Shandong	118944	68177	6347200	53957	56583	31617	3327977	57501
河 南	Henan	70407	41654	3069975	43105	42695	25462	1830120	42710
湖 北	Hubei	85510	53264	4086291	46624	24434	15060	1331565	53442
湖 南	Hunan	62292	38770	2781587	44542	26373	16811	1317453	49518
广 东	Guangdong	405346	222424	23233793	55727	126714	64228	8895598	68441
广 西	Guangxi	45900	28739	1977295	43050	23447	14292	1098047	46839
海 南	Hainan	46808	22341	2841949	59563	39080	18376	2478129	61916
重 庆	Chongqing	34694	21841	1794147	49054	15165	9018	886745	56792
四 川	Sichuan	154800	95402	8072941	51797	50034	31712	2555349	51303
贵 州	Guizhou	31109	19647	1510863	48740	19841	12127	1016355	51109
云 南	Yunnan	45837	26867	2180237	46931	30551	18007	1544234	49842
西 藏	Tibet	6459	3732	431874	64570	4869	2870	339889	67744
陕 西	Shaanxi	82443	50771	3835809	45403	39136	24253	1971569	48830
甘 肃	Gansu	27856	17317	1201271	42096	14308	9008	647440	43766
青 海	Qinghai	4338	2476	231407	49099	2798	1630	154094	51698
宁 夏	Ningxia	3020	1879	160007	49607	2283	1415	119325	49287
新 疆	Xinjiang	26262	14863	1313511	48416	16972	9865	917911	52083

3-2 续表 35 continued

地 区	Region	餐饮业 Catering Services				信息传输、软件和信息技术服务业 Information Transmission, Software and Information Technology			
		年末人数（人） Year-end Figures (person)	#女 性 Female	工资总额（千元） Total Wages (1000 yuan)	平均工资（元） Average Wage (yuan)	年末人数（人） Year-end Figures (person)	#女 性 Female	工资总额（千元） Total Wages (1000 yuan)	平均工资（元） Average Wage (yuan)
全 国	**National**	**1564072**	**931969**	**79356797**	**49541**	**5291570**	**2032489**	**1176945808**	**220418**
北 京	Beijing	198556	117485	11683975	55876	1009009	375093	327379770	318742
天 津	Tianjin	35936	22300	1439147	35899	70111	28804	12642289	162820
河 北	Hebei	15910	9231	722381	45373	119885	50451	15810897	133183
山 西	Shanxi	21119	12412	811823	36224	51323	23043	5448640	107196
内蒙古	Inner Mongolia	9097	5184	464656	46235	45154	21180	5507397	121971
辽 宁	Liaoning	23361	15329	822597	33114	138008	67466	18453115	132767
吉 林	Jilin	5362	2930	217686	43569	48994	19257	5261292	105585
黑龙江	Heilongjiang	4450	2928	165772	36597	59332	25166	6169129	103100
上 海	Shanghai	214702	122243	12102027	55332	544336	200115	180770752	330126
江 苏	Jiangsu	144568	89342	7654470	51679	351381	132120	68501448	194303
浙 江	Zhejiang	74155	44985	4113607	55847	343749	127047	99332278	287088
安 徽	Anhui	34778	21958	1762417	51622	116904	46706	14436929	123902
福 建	Fujian	47204	29615	2028730	41726	103744	37762	16217005	154022
江 西	Jiangxi	18135	11609	729149	41261	57043	23124	6386847	111734
山 东	Shandong	62361	36561	3019223	50524	197099	81315	26458053	134080
河 南	Henan	27712	16193	1239855	43701	185800	69905	17590468	96536
湖 北	Hubei	61076	38205	2754726	43915	166915	62435	24397901	143765
湖 南	Hunan	35918	21959	1464134	40849	89436	34476	11887444	132496
广 东	Guangdong	278632	158196	14338196	49968	839029	315042	195107598	228692
广 西	Guangxi	22453	14448	879248	39101	57419	23067	6999708	122753
海 南	Hainan	7728	3965	363820	47316	24731	8692	5591512	213397
重 庆	Chongqing	19529	12823	907402	43290	61240	23366	10184414	166375
四 川	Sichuan	104766	63690	5517592	52029	263709	102614	42178845	162081
贵 州	Guizhou	11268	7519	494509	44501	45151	17778	5939093	131111
云 南	Yunnan	15287	8861	636004	41102	50188	20051	6071039	120407
西 藏	Tibet	1590	862	91985	55043	12491	5122	2376978	191129
陕 西	Shaanxi	43307	26518	1864239	42266	142635	51866	28433892	196038
甘 肃	Gansu	13547	8309	553832	40298	33165	14163	3187586	96245
青 海	Qinghai	1540	847	77313	44626	9566	4219	1383519	145562
宁 夏	Ningxia	737	464	40682	50568	9676	4002	1414279	147114
新 疆	Xinjiang	9290	4999	395601	41618	44351	17044	5425694	122789

3-2 续表 36 continued

地 区	Region	电信、广播电视和卫星传输服务 Telecommunication, Radio and Television and Satellite Transmission Service				互联网和相关服务 Internet and Related Service			
		年末人数（人） Year-end Figures (person)	#女 性 Female	工资总额（千元） Total Wages (1000 yuan)	平均工资（元） Average Wage (yuan)	年末人数（人） Year-end Figures (person)	#女 性 Female	工资总额（千元） Total Wages (1000 yuan)	平均工资（元） Average Wage (yuan)
全 国	**National**	**1437801**	**598408**	**220301890**	**152549**	**762404**	**327009**	**217430425**	**276662**
北 京	Beijing	75650	32974	20673339	274856	158339	67109	61219366	364086
天 津	Tianjin	15716	6535	2668383	167202	12512	5880	2594831	181195
河 北	Hebei	59399	24991	7124392	120114	12852	5650	1063034	84323
山 西	Shanxi	36992	17116	4361209	117015	2608	1366	238024	86766
内蒙古	Inner Mongolia	37943	18072	4769197	125497	842	338	67809	80805
辽 宁	Liaoning	48963	21345	6031521	122397	2643	1130	256744	92895
吉 林	Jilin	32638	12702	3618932	108215	4107	1524	303316	74052
黑龙江	Heilongjiang	50647	22048	5207442	101711	945	474	79102	79499
上 海	Shanghai	39238	15002	9683938	248796	128287	46645	46711722	354550
江 苏	Jiangsu	123035	53043	23887872	193809	58378	20002	11197954	185075
浙 江	Zhejiang	67473	27339	12762247	190402	69614	27621	30191284	428221
安 徽	Anhui	48785	19249	5885318	120449	10050	4599	1137842	111034
福 建	Fujian	45105	17909	6026909	133348	6402	2736	1169393	165495
江 西	Jiangxi	36308	14580	4325095	118478	3563	1528	340418	94083
山 东	Shandong	70111	29291	10082175	142960	28132	14604	2896383	95757
河 南	Henan	68862	31198	7856964	113657	35067	23719	4092189	127042
湖 北	Hubei	54545	21211	6735136	122409	10614	4949	1906928	177332
湖 南	Hunan	51541	20679	6576078	127343	8740	4113	1029791	112051
广 东	Guangdong	122902	45733	22592368	180391	144931	65859	40247538	271822
广 西	Guangxi	41325	16205	5353479	128657	2304	1016	211147	101233
海 南	Hainan	10059	3359	1442622	138911	5330	1988	1561607	237182
重 庆	Chongqing	26783	10777	4262177	159262	10743	5344	1740085	155129
四 川	Sichuan	89990	38428	12843203	141885	26608	10750	4935556	189678
贵 州	Guizhou	27926	11105	4060854	144413	4965	1981	558374	114904
云 南	Yunnan	37083	14825	4684082	125746	2765	1343	309835	111547
西 藏	Tibet	10122	4466	2047993	203928	581	161	64743	113076
陕 西	Shaanxi	38496	16941	5838544	151987	8745	3854	1096312	120009
甘 肃	Gansu	28073	12368	2640546	93887	509	242	46274	90853
青 海	Qinghai	8491	3773	1279189	151523	96	41	9253	93465
宁 夏	Ningxia	7784	3464	1123462	148410	189	92	62249	148389
新 疆	Xinjiang	25815	11684	3857224	148964	942	350	91321	95227

3-2 续表 37 continued

地区	Region	软件和信息技术服务业 Software and Information Technology				金融业 Financial Intermediation			
		年末人数（人） Year-end Figures (person)	#女性 Female	工资总额（千元） Total Wages (1000 yuan)	平均工资（元） Average Wage (yuan)	年末人数（人） Year-end Figures (person)	#女性 Female	工资总额（千元） Total Wages (1000 yuan)	平均工资（元） Average Wage (yuan)
全国	**National**	**3091364**	**1107073**	**739213493**	**237722**	**7395705**	**4210774**	**1326022316**	**174341**
北京	Beijing	775020	275011	245487065	313225	585650	329904	197991537	334515
天津	Tianjin	41882	16389	7379075	155788	137874	82845	25188496	178955
河北	Hebei	47635	19810	7623471	162911	321891	187553	35556473	107410
山西	Shanxi	11723	4562	849407	78540	230736	136266	23739434	101160
内蒙古	Inner Mongolia	6370	2770	670391	106211	164489	97446	19229876	110798
辽宁	Liaoning	86403	44991	12164849	139912	237843	140150	26383168	108259
吉林	Jilin	12248	5031	1339044	108936	170195	101031	17663548	96088
黑龙江	Heilongjiang	7740	2644	882584	115476	170224	98103	15824106	86360
上海	Shanghai	376810	138468	124375092	329988	348417	188002	151294670	437183
江苏	Jiangsu	169967	59075	33415621	197970	403657	228689	77888291	191836
浙江	Zhejiang	206662	72086	56378747	270443	442444	261427	89162155	198555
安徽	Anhui	58070	22857	7413769	129138	190831	103310	26367680	134790
福建	Fujian	52236	17117	9020703	170114	205498	117724	33339227	157538
江西	Jiangxi	17172	7016	1721333	101033	156952	87509	18733303	117035
山东	Shandong	98855	37420	13479495	139599	577129	338998	67551512	112868
河南	Henan	81871	14989	5641316	69752	252412	126749	35014993	135630
湖北	Hubei	101756	36276	15755837	151597	211548	121953	29545196	134934
湖南	Hunan	29155	9684	4281574	148210	272394	156681	34441518	121204
广东	Guangdong	571196	203449	132267692	228111	790048	433504	188911836	233820
广西	Guangxi	13789	5846	1435082	107689	160262	87842	21874747	131414
海南	Hainan	9341	3345	2587282	280216	54940	30103	8336095	141382
重庆	Chongqing	23714	7245	4182152	179998	201079	118577	33531850	150097
四川	Sichuan	147111	53437	24400086	169805	355344	218507	44504560	119359
贵州	Guizhou	12260	4693	1319865	107141	130379	64627	20028642	152872
云南	Yunnan	10339	3883	1077122	103638	121269	67500	18158919	145501
西藏	Tibet	1788	495	264242	145089	19406	9087	5062132	263112
陕西	Shaanxi	95395	31070	21499036	220519	198388	114593	25203342	124797
甘肃	Gansu	4582	1553	500766	111640	116336	63944	11192155	94893
青海	Qinghai	978	405	95078	98682	26321	14571	4057692	152308
宁夏	Ningxia	1703	447	228568	140744	36400	21237	4606140	124503
新疆	Xinjiang	17594	5010	1477149	85215	105351	62344	15639023	146459

3-2 续表 38 continued

地 区	Region	货币金融服务 Monetary and Financial Service 年末人数(人) Year-end Figures (person)	#女 性 Female	工资总额(千元) Total Wages (1000 yuan)	平均工资(元) Average Wage (yuan)	资本市场服务 Capital Market Service 年末人数(人) Year-end Figures (person)	#女 性 Female	工资总额(千元) Total Wages (1000 yuan)	平均工资(元) Average Wage (yuan)
全 国	**National**	**3714379**	**1888189**	**799086831**	**216069**	**378100**	**173353**	**167734101**	**451629**
北 京	Beijing	238593	131106	93040654	397787	77169	36211	38875651	502606
天 津	Tianjin	70541	37431	16840157	240487	3648	1729	1185756	321204
河 北	Hebei	162179	78434	24401577	150381	4199	1951	793327	197600
山 西	Shanxi	115906	58705	16466184	140744	4220	1926	868362	208994
内蒙古	Inner Mongolia	85760	44784	14097687	163429	1065	515	216943	200830
辽 宁	Liaoning	140333	75895	18388681	130209	1643	731	501406	311544
吉 林	Jilin	85235	43813	12087603	140856	1395	628	340924	239063
黑龙江	Heilongjiang	84547	37495	11168640	130545	254	117	42271	166196
上 海	Shanghai	187842	106552	72444763	390587	75044	34304	47317136	645250
江 苏	Jiangsu	221557	112823	54046995	247022	13866	6367	4627059	351254
浙 江	Zhejiang	256250	141684	63657291	252039	14040	6359	4287703	315390
安 徽	Anhui	99618	45947	17922175	180625	4794	1942	1046421	223401
福 建	Fujian	106213	52868	22770838	215928	4731	2344	1238700	271757
江 西	Jiangxi	92499	45157	13984008	151358	2962	1420	711998	235843
山 东	Shandong	234378	110985	40460348	172757	16761	6440	3791138	232766
河 南	Henan	166705	78430	26416900	158781	2941	1187	1069692	364806
湖 北	Hubei	107314	54125	19226621	179509	3773	1560	1612677	442847
湖 南	Hunan	121495	60996	21617028	178704	12329	6080	3549449	287036
广 东	Guangdong	341325	170450	92789381	272704	104932	48384	47452506	464066
广 西	Guangxi	98953	48741	16379974	166939	1017	459	236818	229208
海 南	Hainan	29431	14408	5717515	195188	795	318	262939	341877
重 庆	Chongqing	110084	57566	24951398	228775	5007	2305	1371472	274791
四 川	Sichuan	129021	66879	25323576	195777	6231	2850	1842148	301474
贵 州	Guizhou	77397	36258	15168881	196518	3364	1700	1301941	394191
云 南	Yunnan	74477	38345	13977344	188161	2214	1006	649557	290213
西 藏	Tibet	16778	7870	4553247	274358	56	15	4979	86333
陕 西	Shaanxi	95447	47730	16026893	168894	6732	3225	2117489	323283
甘 肃	Gansu	63649	29400	7622346	119344	2196	963	306707	139639
青 海	Qinghai	15566	8076	2486609	158860	104	41	14758	139226
宁 夏	Ningxia	22120	11607	3332100	150154	342	137	56367	161510
新 疆	Xinjiang	63165	33628	11719419	186192	277	139	39806	145810

3-2 续表 39 continued

地区 Region	保险业 Insurance				其他金融业 Other Financial Activities			
	年末人数(人) Year-end Figures (person)	#女性 Female	工资总额(千元) Total Wages (1000 yuan)	平均工资(元) Average Wage (yuan)	年末人数(人) Year-end Figures (person)	#女性 Female	工资总额(千元) Total Wages (1000 yuan)	平均工资(元) Average Wage (yuan)
全 国 **National**	**3187616**	**2098073**	**309992373**	**90645**	**115610**	**51159**	**49209010**	**422973**
北 京 Beijing	228732	144674	45742767	190962	41156	17912	20332465	494770
天 津 Tianjin	60679	42306	5870694	91759	3006	1379	1291890	422714
河 北 Hebei	154634	106782	10238226	62470	880	386	123344	142466
山 西 Shanxi	109392	75066	6226656	55446	1219	569	178232	145669
内蒙古 Inner Mongolia	77132	51900	4842926	56520	532	246	72320	136209
辽 宁 Liaoning	94600	62848	7384910	74139	1268	676	108172	85798
吉 林 Jilin	83066	56401	5173947	53840	499	190	61073	125512
黑龙江 Heilongjiang	85137	60336	4581122	47155	285	156	32072	116036
上 海 Shanghai	66438	38623	20742676	307552	19092	8523	10790095	544552
江 苏 Jiangsu	165986	108485	18382028	106978	2248	1014	832209	375351
浙 江 Zhejiang	168363	111671	20226035	112876	3791	1712	991126	267726
安 徽 Anhui	84103	54513	6618855	74035	2316	908	780229	337542
福 建 Fujian	91810	61376	8136338	82218	2744	1136	1193350	449939
江 西 Jiangxi	60725	40594	3899332	61018	766	338	137965	183728
山 东 Shandong	323648	220643	22875113	66181	2342	930	424913	179725
河 南 Henan	80433	46259	7188686	83081	2332	873	339716	145567
湖 北 Hubei	98417	65422	7889817	74332	2044	846	816081	394477
湖 南 Hunan	135702	88478	8879675	60051	2868	1126	395367	133546
广 东 Guangdong	333361	210068	43481878	122517	10430	4603	5188071	493125
广 西 Guangxi	58442	37731	4956788	75765	1850	910	301167	160163
海 南 Hainan	24262	15184	2217284	77923	452	193	138357	310728
重 庆 Chongqing	83953	57818	6639168	61840	2035	889	569812	287044
四 川 Sichuan	217187	147231	16937143	72238	2905	1547	401693	136653
贵 州 Guizhou	48185	25994	2889616	58866	1433	675	668204	465002
云 南 Yunnan	44203	27962	3454127	72096	374	188	77891	210533
西 藏 Tibet	2456	1136	475494	192522	116	66	28412	244931
陕 西 Shaanxi	93100	62075	5334625	54816	3108	1563	1724336	540029
甘 肃 Gansu	49834	33360	3155547	61589	656	221	107555	166816
青 海 Qinghai	9737	6014	979928	98404	913	440	576397	623620
宁 夏 Ningxia	13673	9370	1192557	84036	265	123	25116	94777
新 疆 Xinjiang	40223	27755	3378416	80598	1686	823	501383	304052

3-2 续表 40 continued

地区	Region	房地产业 Real Estate 年末人数(人) Year-end Figures (person)	#女性 Female	工资总额(千元) Total Wages (1000 yuan)	平均工资(元) Average Wage (yuan)	租赁和商务服务业 Leasing and Business Services 年末人数(人) Year-end Figures (person)	#女性 Female	工资总额(千元) Total Wages (1000 yuan)	平均工资(元) Average Wage (yuan)
全国	**National**	**5115050**	**2149997**	**471357003**	**90346**	**7382784**	**2686851**	**781754963**	**106500**
北京	Beijing	452218	175167	58695478	125251	702375	274259	124608408	176281
天津	Tianjin	95412	39968	9381281	95835	126573	40214	12013873	93413
河北	Hebei	105340	44534	7650070	71014	194772	43082	14167772	69975
山西	Shanxi	62333	27451	4356611	67965	116116	33411	7315192	63448
内蒙古	Inner Mongolia	53794	26965	3224106	59279	48447	13931	3494592	73413
辽宁	Liaoning	109509	48403	8276933	73674	129494	40091	8192966	62468
吉林	Jilin	44963	19677	2824426	63564	41986	14222	2729392	63085
黑龙江	Heilongjiang	48024	20397	2623361	54092	125058	44010	12204327	92334
上海	Shanghai	273678	114424	36540696	132946	791514	387332	167667803	212126
江苏	Jiangsu	282320	122640	27229242	95399	441798	165661	40511070	90749
浙江	Zhejiang	302420	131392	32755122	106122	729777	226646	69764451	98612
安徽	Anhui	152830	65165	12725985	80948	219274	89146	12997195	61210
福建	Fujian	162882	64235	14750125	90573	184545	57327	14484208	79344
江西	Jiangxi	90380	37128	7044859	75508	82398	28718	5347528	66430
山东	Shandong	286932	123549	22716022	77815	258021	80708	21325639	82895
河南	Henan	235579	101309	16296171	67209	267997	76130	15375811	56953
湖北	Hubei	197193	87387	15483520	77677	255510	99638	19772300	80233
湖南	Hunan	142130	58725	11084875	77246	143068	51831	10217602	71993
广东	Guangdong	907572	355169	90648105	98507	1305977	494726	133050050	102877
广西	Guangxi	84651	38297	7525625	86410	172318	63727	11187352	66536
海南	Hainan	87063	38396	7150984	79410	38148	14143	5640335	142676
重庆	Chongqing	149758	65886	13135329	84809	145183	51322	10051771	70473
四川	Sichuan	309002	133995	24544433	76904	360917	124754	25758766	72891
贵州	Guizhou	87415	34990	7189900	78456	78374	28885	5463187	70424
云南	Yunnan	92234	39015	7427933	78267	116254	35919	7105968	63199
西藏	Tibet	7434	3434	702975	95214	16639	6149	1606717	96153
陕西	Shaanxi	129937	54873	9688683	74177	112712	36302	7908664	70449
甘肃	Gansu	66632	31951	3565876	53348	44317	14863	2704725	60622
青海	Qinghai	16615	7490	1030026	61190	12558	4089	825854	65128
宁夏	Ningxia	15788	7596	1142097	71448	13432	4405	793941	60337
新疆	Xinjiang	63012	30391	3946153	61558	107234	41211	7467504	67121

3-2 续表 41 continued

地区	Region	租赁业 Leasing 年末人数(人) Year-end Figures (person)	#女性 Female	工资总额(千元) Total Wages (1000 yuan)	平均工资(元) Average Wage (yuan)	商务服务业 Business Services 年末人数(人) Year-end Figures (person)	#女性 Female	工资总额(千元) Total Wages (1000 yuan)	平均工资(元) Average Wage (yuan)
全国	**National**	**135687**	**35225**	**14179802**	**101394**	**7247097**	**2651626**	**767575161**	**106600**
北京	Beijing	11601	3811	2353274	191429	690773	270448	122255134	176013
天津	Tianjin	4039	1342	470856	109954	122534	38872	11543016	92843
河北	Hebei	6048	1861	333000	52608	188723	41221	13834772	70535
山西	Shanxi	2140	740	163856	75656	113976	32671	7151337	63214
内蒙古	Inner Mongolia	616	170	45346	77235	47831	13761	3449245	73366
辽宁	Liaoning	1788	305	158790	80586	127705	39786	8034175	62192
吉林	Jilin	1316	833	116572	86401	40670	13388	2612820	62335
黑龙江	Heilongjiang	623	126	33322	55934	124435	43885	12171006	92498
上海	Shanghai	15319	2844	2156224	132313	776195	384488	165511579	213807
江苏	Jiangsu	8713	2301	897194	103161	433085	163361	39613875	90503
浙江	Zhejiang	6974	1886	1094801	156304	722803	224760	68669650	98035
安徽	Anhui	4782	1039	358251	77448	214491	88106	12638944	60848
福建	Fujian	2271	580	204034	91581	182274	56747	14280174	79193
江西	Jiangxi	2974	640	176829	59660	79424	28078	5170699	66689
山东	Shandong	5177	1324	427689	82320	252844	79384	20897949	82907
河南	Henan	6069	1565	411452	67727	261928	74565	14964359	56705
湖北	Hubei	3300	635	256390	74260	252209	99004	19515911	80318
湖南	Hunan	2498	661	150299	60904	140570	51170	10067303	72189
广东	Guangdong	23002	5626	2422647	98698	1282975	489100	130627403	102958
广西	Guangxi	2667	550	219508	82737	169650	63177	10967843	66277
海南	Hainan	1850	531	118822	61869	36298	13612	5521513	146802
重庆	Chongqing	1326	326	116190	88754	143857	50996	9935581	70304
四川	Sichuan	8649	2479	607475	70638	352269	122275	25151292	72947
贵州	Guizhou	1223	403	89132	73798	77152	28482	5374056	70371
云南	Yunnan	1410	439	114421	76593	114845	35480	6991547	63018
西藏	Tibet	1357	282	109159	81989	15282	5867	1497558	97379
陕西	Shaanxi	3319	753	228786	69132	109393	35548	7679878	70489
甘肃	Gansu	2245	539	163044	66761	42072	14324	2541681	60266
青海	Qinghai	431	129	30570	71733	12127	3960	795285	64898
宁夏	Ningxia	100	31	7089	73082	13332	4374	786852	60242
新疆	Xinjiang	1859	474	144781	74932	105375	40737	7322722	66983

3-2 续表 42 continued

地 区	Region	科学研究和技术服务业 Scientific Research and Technical Services 年末人数（人）Year-end Figures (person)	#女 性 Female	工资总额（千元）Total Wages (1000 yuan)	平均工资（元）Average Wage (yuan)	研究和试验发展 Research and Experimental Development 年末人数（人）Year-end Figures (person)	#女 性 Female	工资总额（千元）Total Wages (1000 yuan)	平均工资（元）Average Wage (yuan)
全 国	**National**	**4558142**	**1573584**	**742418416**	**163486**	**767543**	**329247**	**161764111**	**214522**
北 京	Beijing	623600	245967	144708829	230803	163390	76626	44690376	276149
天 津	Tianjin	111346	35397	22346297	199095	10023	4476	1942585	200253
河 北	Hebei	143244	44993	16361836	112680	10893	5285	1288043	119867
山 西	Shanxi	75125	26399	7171396	94391	5705	2372	781618	136563
内蒙古	Inner Mongolia	56302	20584	5806451	103090	4804	1961	573689	121988
辽 宁	Liaoning	101107	36097	12224246	119735	19352	7156	3338499	171682
吉 林	Jilin	63402	21847	6897227	107119	11924	4650	1820392	143674
黑龙江	Heilongjiang	56971	20020	5933156	104121	8283	3371	1055098	123794
上 海	Shanghai	383718	152572	98789510	262216	132011	62496	38924210	302583
江 苏	Jiangsu	281447	95432	46057266	166161	59359	22535	11542335	200548
浙 江	Zhejiang	227183	76615	41103692	184462	35633	13436	7712084	221384
安 徽	Anhui	117133	34063	14868522	132305	17176	5713	2574173	157522
福 建	Fujian	79921	25147	11683400	148080	8464	3303	1456653	173158
江 西	Jiangxi	74234	21264	8177612	111457	7336	2724	981446	137443
山 东	Shandong	231205	74673	29337103	127958	30737	13445	4715968	161854
河 南	Henan	179688	61624	16696917	93284	19035	8233	1840260	96875
湖 北	Hubei	174851	52374	25452628	146623	18244	7207	2900015	159176
湖 南	Hunan	129163	39869	14937819	115976	13420	4669	1762676	132388
广 东	Guangdong	523746	183737	92745742	175554	80512	34380	16500527	206667
广 西	Guangxi	91254	32482	10054796	111105	9643	4035	1088348	116081
海 南	Hainan	31986	11978	4049655	129826	7702	3546	974820	137767
重 庆	Chongqing	84037	26279	12354055	147217	6110	2138	834689	151973
四 川	Sichuan	244678	80862	34753328	143430	36411	15941	5104014	143530
贵 州	Guizhou	53212	15723	6297030	119281	5045	2158	618183	121979
云 南	Yunnan	93172	32121	11624580	122950	10757	4711	1601103	150170
西 藏	Tibet	10500	3645	1621666	154056	1161	436	158385	142007
陕 西	Shaanxi	133517	43975	18579003	139832	13836	5064	2192113	162304
甘 肃	Gansu	78988	23921	9222426	117070	13044	4141	1818605	139848
青 海	Qinghai	19340	6096	2389840	123405	681	245	98830	144912
宁 夏	Ningxia	16487	5324	2096073	129034	1475	794	161441	122026
新 疆	Xinjiang	67582	22506	8076314	119490	5377	1997	712934	131463

3-2 续表 43 continued

地 区	Region	专业技术服务业 Professional Technical Services 年末人数(人) Year-end Figures (person)	#女 性 Female	工资总额(千元) Total Wages (1000 yuan)	平均工资(元) Average Wage (yuan)	科技推广和应用服务业 Science and Technology Popularization and Application Services 年末人数(人) Year-end Figures (person)	#女 性 Female	工资总额(千元) Total Wages (1000 yuan)	平均工资(元) Average Wage (yuan)
全 国	**National**	**3134055**	**986688**	**478988990**	**153013**	**656545**	**257649**	**101665314**	**154804**
北 京	Beijing	309272	107687	65799177	212010	150939	61654	34219277	221074
天 津	Tianjin	89889	25725	18865635	208444	11433	5196	1538077	127835
河 北	Hebei	118409	34428	13834661	114752	13942	5279	1239133	89151
山 西	Shanxi	62821	21523	5876097	92356	6599	2504	513681	77503
内蒙古	Inner Mongolia	42026	14999	4315025	101811	9472	3625	917737	99336
辽 宁	Liaoning	71238	25266	7768348	108447	10517	3675	1117399	101438
吉 林	Jilin	44144	14072	4485852	101211	7334	3125	590983	79903
黑龙江	Heilongjiang	39540	13412	4095742	104178	9149	3236	782317	85540
上 海	Shanghai	201457	69620	44884361	223832	50251	20456	14980938	314845
江 苏	Jiangsu	186296	58274	29146676	157691	35793	14623	5368255	154274
浙 江	Zhejiang	164428	50410	28664206	177604	27123	12769	4727403	177718
安 徽	Anhui	83781	22862	10905745	135304	16175	5488	1388604	89950
福 建	Fujian	66138	19842	9568915	146505	5320	2001	657832	127171
江 西	Jiangxi	60005	15671	6678660	112278	6892	2868	517506	76710
山 东	Shandong	179667	53055	22259896	124208	20801	8173	2361239	112869
河 南	Henan	131514	42317	12761720	97127	29139	11073	2094937	73246
湖 北	Hubei	131943	36219	20108807	152569	24664	8949	2443806	103676
湖 南	Hunan	92044	27305	11656597	126847	23699	7894	1518546	64369
广 东	Guangdong	383673	126334	66554727	171712	59561	23023	9690488	159211
广 西	Guangxi	65113	22474	7562108	116466	16498	5973	1404340	86724
海 南	Hainan	18761	6128	2210407	117666	5523	2303	864428	162130
重 庆	Chongqing	66608	20644	9779016	145532	11319	3498	1740351	154975
四 川	Sichuan	179136	53254	26525078	149428	29130	11667	3124236	106881
贵 州	Guizhou	42591	11694	5061961	118839	5577	1871	616886	120280
云 南	Yunnan	59049	18602	7494295	127532	23366	8808	2529182	100680
西 藏	Tibet	7450	2288	1171226	157452	1889	922	292055	148063
陕 西	Shaanxi	102247	31878	14823711	145310	17433	7033	1563179	90117
甘 肃	Gansu	56966	16479	6561410	115641	8978	3300	842411	93258
青 海	Qinghai	15233	4675	1903537	125084	3427	1176	387472	111802
宁 夏	Ningxia	12817	3710	1628503	129089	2195	821	306129	132748
新 疆	Xinjiang	49798	15843	6036893	121185	12408	4666	1326488	107395

3-2 续表 44 continued

地 区 Region	水利、环境和公共设施管理业 Management of Water Conservancy, Environment and Public Facilites				水利管理业 Management of Water Conservancy			
	年末人数 (人) Year-end Figures (person)	#女 性 Female	工资总额 (千元) Total Wages (1000 yuan)	平均工资 (元) Average Wage (yuan)	年末人数 (人) Year-end Figures (person)	#女 性 Female	工资总额 (千元) Total Wages (1000 yuan)	平均工资 (元) Average Wage (yuan)
全 国 National	**2535957**	**1052688**	**174741891**	**68256**	**273006**	**75346**	**29584116**	**107879**
北 京 Beijing	113906	33852	14119647	121021	8811	2866	1861065	210071
天 津 Tianjin	26913	8543	2974352	104479	3075	1030	395654	128653
河 北 Hebei	107173	44792	5264977	48027	10713	3213	965991	89990
山 西 Shanxi	67699	28971	2975342	43348	10221	3336	761266	74248
内蒙古 Inner Mongolia	47309	18634	2679826	54915	5022	1327	534621	103556
辽 宁 Liaoning	82341	29002	4571173	54427	8678	1997	673178	70670
吉 林 Jilin	59469	21210	2618717	44151	6505	1753	473430	73432
黑龙江 Heilongjiang	64667	19638	3029376	47069	8465	1977	614255	72195
上 海 Shanghai	127698	49325	12026854	92591	4823	1569	1074368	222152
江 苏 Jiangsu	134244	56627	12104271	89487	17299	4569	2373748	137266
浙 江 Zhejiang	113474	45537	10161534	88564	7885	2169	1272390	161620
安 徽 Anhui	89232	36628	4518099	51067	9093	2225	1150065	126335
福 建 Fujian	70115	29332	4971265	69572	4887	1216	535902	108033
江 西 Jiangxi	69664	33879	2888891	43931	2682	651	329958	122670
山 东 Shandong	157033	66043	8869818	55525	11126	3059	1345332	120544
河 南 Henan	161765	70433	7565178	46533	17762	4982	1479312	83559
湖 北 Hubei	94253	36730	7860849	82364	15930	4248	1702293	107444
湖 南 Hunan	93942	36168	6305174	66418	13731	3476	1034210	74733
广 东 Guangdong	224280	90033	18925053	84782	21264	4808	2797521	132889
广 西 Guangxi	70697	35830	4405526	60713	9166	2531	790067	85541
海 南 Hainan	53546	30545	2881100	54348	1913	419	150881	80342
重 庆 Chongqing	39078	17343	3437639	86427	2112	652	227104	106554
四 川 Sichuan	113453	55532	7648297	66882	8208	2374	912568	111613
贵 州 Guizhou	52714	28516	2741934	51190	3391	970	276939	82986
云 南 Yunnan	70544	30658	4261016	59165	7089	2066	740414	103325
西 藏 Tibet	5737	3220	444011	76475	289	100	37710	128046
陕 西 Shaanxi	89626	38270	5355580	60284	17400	5699	1509846	86205
甘 肃 Gansu	49587	21660	3236260	64880	12076	3419	1200316	98979
青 海 Qinghai	9263	3229	745891	77450	2159	700	278071	129475
宁 夏 Ningxia	17939	8558	1234493	66343	3754	1031	475989	125554
新 疆 Xinjiang	58596	23947	3919749	64600	17478	4917	1609651	91898

3-2 续表 45 continued

地区	Region	生态保护和环境治理业 Ecological Protection and Environmental Treatment 年末人数(人) Year-end Figures (person)	#女性 Female	工资总额(千元) Total Wages (1000 yuan)	平均工资(元) Average Wage (yuan)	公共设施管理业 Management of Public Facilities 年末人数(人) Year-end Figures (person)	#女性 Female	工资总额(千元) Total Wages (1000 yuan)	平均工资(元) Average Wage (yuan)
全国	**National**	**193088**	**54203**	**19193722**	**99775**	**2000358**	**892601**	**117566706**	**58122**
北京	Beijing	11553	3671	2172156	186676	92171	26685	9751059	102843
天津	Tianjin	2373	781	307510	128112	20268	6215	2015401	92307
河北	Hebei	4631	1410	431441	90563	89627	39046	3612713	39340
山西	Shanxi	5335	1541	368411	69849	50801	23477	1727065	33414
内蒙古	Inner Mongolia	5053	1604	422231	83386	35932	15026	1629391	43695
辽宁	Liaoning	4829	1304	361988	73363	67424	25062	3456636	50778
吉林	Jilin	1564	428	88371	57463	51020	18881	2029878	39841
黑龙江	Heilongjiang	7591	1525	385713	56424	47991	15762	1975811	40831
上海	Shanghai	9693	2600	1585533	161761	111759	44509	9019507	79236
江苏	Jiangsu	8909	2607	1016782	115593	104315	47799	8191865	77661
浙江	Zhejiang	8881	2243	1034448	117670	93572	39698	7375874	77619
安徽	Anhui	3250	850	324400	100550	75418	32908	2891333	38706
福建	Fujian	3439	916	364185	105602	59710	26342	3755826	61620
江西	Jiangxi	2674	679	220170	84143	63373	32198	2266270	38067
山东	Shandong	7779	1975	829056	107057	134212	59071	6265309	45727
河南	Henan	6811	1755	484475	71054	132414	61815	5216330	39145
湖北	Hubei	7940	2161	772463	94493	64136	28210	4742072	72800
湖南	Hunan	9326	2807	658480	69510	62928	26922	3769998	59304
广东	Guangdong	17017	4071	2173561	129153	181892	78899	13380530	73852
广西	Guangxi	5461	1673	466925	85536	53514	30459	2823990	52026
海南	Hainan	3686	849	288542	77873	46981	28849	2336424	50282
重庆	Chongqing	5683	2236	627495	108958	25357	11872	1763148	68055
四川	Sichuan	8513	2809	795629	93491	92219	48188	5346432	57372
贵州	Guizhou	2645	729	193833	76018	45523	26368	2137863	46010
云南	Yunnan	15638	4190	958771	62206	46687	23829	2452149	50777
西藏	Tibet	436	243	32955	66567	4865	2817	364678	74984
陕西	Shaanxi	7395	2160	585655	78823	62901	29520	3050391	49227
甘肃	Gansu	6724	2133	537418	83279	30312	15862	1464220	47498
青海	Qinghai	1921	496	128292	67171	4974	1931	323861	60337
宁夏	Ningxia	1678	457	161492	91854	12321	6967	580791	45117
新疆	Xinjiang	4660	1298	415342	87237	35740	17416	1849893	49068

3-2 续表 46 continued

地区 Region	土地管理业 Management of Land 年末人数(人) Year-end Figures (person)	#女性 Female	工资总额(千元) Total Wages (1000 yuan)	平均工资(元) Average Wage (yuan)	居民服务、修理和其他服务业 Service to Households, Repair and Other Services 年末人数(人) Year-end Figures (person)	#女性 Female	工资总额(千元) Total Wages (1000 yuan)	平均工资(元) Average Wage (yuan)
全 国 National	**69505**	**30538**	**8397347**	**118728**	**901009**	**475899**	**59030526**	**65478**
北 京 Beijing	1371	630	335368	246413	58974	30507	4930885	81607
天 津 Tianjin	1196	516	255787	220696	55453	33785	3109092	54738
河 北 Hebei	2201	1123	254831	111093	25339	8894	1318828	50491
山 西 Shanxi	1342	618	118600	83241	8374	3914	446420	54673
内蒙古 Inner Mongolia	1302	678	93584	72908	6194	2733	323191	53324
辽 宁 Liaoning	1411	639	79371	54585	15754	6460	891412	56002
吉 林 Jilin	379	147	27038	71492	14785	8569	698424	45119
黑龙江 Heilongjiang	620	374	53598	85630	12215	5061	593014	47622
上 海 Shanghai	1423	647	347446	244164	101742	52206	8505230	84146
江 苏 Jiangsu	3721	1651	521875	141377	55615	25989	4758451	86041
浙 江 Zhejiang	3136	1427	478822	157205	47645	25166	3373471	72296
安 徽 Anhui	1471	647	152300	105375	27371	12012	1692479	63420
福 建 Fujian	2079	859	315351	150576	37970	25040	2970954	72596
江 西 Jiangxi	935	350	72493	78748	13255	6948	661789	51382
山 东 Shandong	3916	1938	430121	112470	34543	17648	2004087	58982
河 南 Henan	4779	1882	385060	80276	56244	37114	2256100	41642
湖 北 Hubei	6246	2111	644022	102485	26615	14530	1542016	58811
湖 南 Hunan	7958	2963	842487	104664	25564	10870	2004432	78057
广 东 Guangdong	4106	2256	573442	137877	129618	70656	9080172	68835
广 西 Guangxi	2556	1167	324543	90454	13773	8426	652525	52768
海 南 Hainan	967	428	105253	109368	5974	3416	396042	66293
重 庆 Chongqing	5926	2583	819891	137173	9550	5351	613203	69402
四 川 Sichuan	4512	2161	593668	132535	45811	23112	2464146	54139
贵 州 Guizhou	1154	450	133300	109985	19562	11091	1010769	52327
云 南 Yunnan	1131	573	109683	95555	16199	8944	744906	48718
西 藏 Tibet	147	60	8669	56660	2295	931	204377	87946
陕 西 Shaanxi	1931	892	209687	108728	19253	10228	879261	45300
甘 肃 Gansu	475	246	34306	72427	6915	2555	355251	50526
青 海 Qinghai	210	102	15667	76233	2338	978	127344	52938
宁 夏 Ningxia	186	104	16222	87450	583	259	48752	84345
新 疆 Xinjiang	718	316	44863	64064	5486	2507	373503	67133

3-2 续表 47 continued

地 区	Region	居民服务业 Service to Households				机动车、电子产品和日用产品修理业 Repair of Motor Vehicle, Electronics and Household Products			
		年末人数(人) Year-end Figures (person)	#女 性 Female	工资总额(千元) Total Wages (1000 yuan)	平均工资(元) Average Wage (yuan)	年末人数(人) Year-end Figures (person)	#女 性 Female	工资总额(千元) Total Wages (1000 yuan)	平均工资(元) Average Wage (yuan)
全 国	**National**	**356722**	**185850**	**27200207**	**75845**	**105398**	**28026**	**8633967**	**80430**
北 京	Beijing	17156	9475	1775695	98835	10707	2633	1110662	100841
天 津	Tianjin	6077	3606	435858	72042	985	271	58638	55929
河 北	Hebei	13804	3557	856636	61553	2176	587	120748	55023
山 西	Shanxi	3686	1919	188652	51995	450	153	17804	38920
内蒙古	Inner Mongolia	2530	1162	141543	56057	557	96	30349	58825
辽 宁	Liaoning	10197	4031	608082	59516	2253	664	110272	47971
吉 林	Jilin	6777	4125	342665	50830	636	186	24948	39579
黑龙江	Heilongjiang	6086	2080	365382	58794	557	179	37320	43965
上 海	Shanghai	44173	23886	4366288	98300	14550	3457	1678065	114047
江 苏	Jiangsu	20375	9340	1822759	89163	8327	2673	831757	98259
浙 江	Zhejiang	22499	12631	1853116	85392	4016	914	358464	88333
安 徽	Anhui	12026	5268	800090	68725	3293	898	227539	67922
福 建	Fujian	26832	19100	2197407	75176	4250	1497	385581	91855
江 西	Jiangxi	4428	2246	273574	61162	1783	527	101180	58219
山 东	Shandong	15459	8073	951596	61178	4210	1052	373305	79311
河 南	Henan	12023	5713	625442	53107	3580	1030	197523	55780
湖 北	Hubei	11015	6398	714839	65362	2871	850	174325	59691
湖 南	Hunan	17898	7668	1591404	89058	1943	434	118245	61270
广 东	Guangdong	42710	24898	3686683	84575	17698	4770	1397010	77349
广 西	Guangxi	4965	2964	304943	63255	1645	430	87788	53791
海 南	Hainan	1466	865	102064	65564	839	254	115360	140221
重 庆	Chongqing	4348	2137	326407	75114	725	206	48106	65273
四 川	Sichuan	19991	8811	1224563	63074	7791	1983	499263	64500
贵 州	Guizhou	7006	3536	442874	62065	1357	378	80459	56508
云 南	Yunnan	8490	4552	409611	53192	1884	472	92139	48542
西 藏	Tibet	885	488	74194	82219	1066	227	84140	78234
陕 西	Shaanxi	7438	3943	341191	46069	2867	701	150941	51676
甘 肃	Gansu	2858	1528	133439	47074	907	234	41947	45123
青 海	Qinghai	486	261	21139	39917	261	74	11266	42579
宁 夏	Ningxia	288	129	18615	64859	8	4	319	39875
新 疆	Xinjiang	2752	1458	203457	72673	1207	193	68505	56853

3-2 续表 48 continued

地区 Region	其他服务业 Other Services 年末人数(人) Year-end Figures (person)	#女性 Female	工资总额(千元) Total Wages (1000 yuan)	平均工资(元) Average Wage (yuan)	教育 Education 年末人数(人) Year-end Figures (person)	#女性 Female	工资总额(千元) Total Wages (1000 yuan)	平均工资(元) Average Wage (yuan)
全 国 National	**438889**	**262023**	**23196352**	**53257**	**19506241**	**12600439**	**2332017849**	**120422**
北 京 Beijing	31111	18400	2044529	65026	490084	319008	108946306	216740
天 津 Tianjin	48391	29908	2614596	52607	210188	145210	30768424	147031
河 北 Hebei	9359	4749	341445	34116	840232	601353	84979018	101496
山 西 Shanxi	4239	1842	239964	58822	541857	379294	48427644	89597
内蒙古 Inner Mongolia	3107	1475	151298	50099	365066	244560	38612516	105547
辽 宁 Liaoning	3304	1766	173059	50875	545154	370796	56468540	104146
吉 林 Jilin	7372	4257	330810	40802	350009	231995	32903629	94058
黑龙江 Heilongjiang	5573	2801	190312	35315	386667	245421	38819935	100184
上 海 Shanghai	43019	24864	2460878	58669	375665	264381	83120652	222409
江 苏 Jiangsu	26912	13976	2103935	79704	1119555	729333	174415894	157248
浙 江 Zhejiang	21131	11621	1161890	55586	893856	619109	142359931	161245
安 徽 Anhui	12053	5846	664850	56850	688551	391223	81882952	120136
福 建 Fujian	6887	4443	387966	51753	630498	412736	77657608	124756
江 西 Jiangxi	7044	4175	287035	43041	640489	396608	64797202	102433
山 东 Shandong	14875	8523	679186	49517	1292339	814484	162021899	126203
河 南 Henan	40642	30371	1433136	36879	1194673	792945	95063156	80665
湖 北 Hubei	12729	7283	652853	52808	757037	455102	81805750	109169
湖 南 Hunan	5723	2767	294783	50134	887953	563926	83881833	94971
广 东 Guangdong	69209	40987	3996479	56880	1696680	1139756	242991536	144300
广 西 Guangxi	7163	5032	259794	43936	788596	526150	71181321	92297
海 南 Hainan	3669	2297	178618	49689	168525	105047	17760461	106017
重 庆 Chongqing	4477	3008	238690	63600	427573	258850	57313650	134999
四 川 Sichuan	18029	12317	740320	40322	1176792	727672	130739229	112325
贵 州 Guizhou	11199	7176	487436	45314	580497	343177	55915703	97021
云 南 Yunnan	5826	3920	243156	42723	661917	388828	75922789	115734
西 藏 Tibet	345	216	46043	133072	53344	31101	9875520	186036
陕 西 Shaanxi	8948	5585	387128	42622	619601	404982	60574270	98300
甘 肃 Gansu	3151	794	179865	55057	412312	226794	42575443	103957
青 海 Qinghai	1591	643	94939	58918	84398	52634	10819126	128473
宁 夏 Ningxia	287	126	29818	105364	107042	69848	12441594	117805
新 疆 Xinjiang	1526	856	101541	65131	519091	348115	56974320	109386

3-2 续表 49 continued

地区 Region	卫生和社会工作 Health and Social Service				卫生 Health			
	年末人数(人) Year-end Figures (person)	#女性 Female	工资总额(千元) Total Wages (1000 yuan)	平均工资(元) Average Wage (yuan)	年末人数(人) Year-end Figures (person)	#女性 Female	工资总额(千元) Total Wages (1000 yuan)	平均工资(元) Average Wage (yuan)
全国 National	**11144959**	**7756779**	**1490368871**	**135222**	**10676789**	**7439251**	**1457985817**	**138168**
北京 Beijing	354550	252956	81224615	230767	333297	239208	79098076	239602
天津 Tianjin	123594	87164	20573288	166757	117181	82786	20160229	172494
河北 Hebei	487648	340884	47238750	97740	475900	333134	46624598	98864
山西 Shanxi	272751	195706	24400698	90202	265045	190652	24057057	91522
内蒙古 Inner Mongolia	207380	141377	20784050	101008	201487	137760	20417187	102205
辽宁 Liaoning	346785	248350	34039483	98938	332635	239392	33354287	101076
吉林 Jilin	218604	152250	20408726	93662	208731	146147	19951035	95932
黑龙江 Heilongjiang	260704	179700	24230471	93145	252348	174677	23843086	94709
上海 Shanghai	313275	227205	70967120	227317	250559	180163	65637417	264391
江苏 Jiangsu	629370	434703	99017402	158503	593040	408831	96546361	164085
浙江 Zhejiang	584098	410529	110120802	192131	555066	389790	108048326	198429
安徽 Anhui	373527	245489	49111836	133119	362558	238507	48534626	135551
福建 Fujian	274266	192358	42177022	156258	266889	187540	41602198	158455
江西 Jiangxi	295098	201627	34437160	117922	285643	195680	33931569	120055
山东 Shandong	772944	532605	95757586	125386	748831	516408	94270888	127433
河南 Henan	711239	477704	64949875	92180	695513	468406	64188628	93159
湖北 Hubei	480115	327890	60885505	128376	461618	315899	59856165	131314
湖南 Hunan	480067	332925	58263934	122074	461383	321430	57041803	124359
广东 Guangdong	969175	670965	181776102	189974	911922	629565	176700167	196599
广西 Guangxi	391600	275403	46587437	121271	382189	268432	46056384	122851
海南 Hainan	81261	55728	9796126	121464	79262	54422	9661577	122861
重庆 Chongqing	225204	158302	32918066	148341	218072	153808	32362981	150612
四川 Sichuan	692055	477296	88071577	129507	664407	459573	86340639	132291
贵州 Guizhou	296034	201767	33460925	114343	291164	198645	33177672	115287
云南 Yunnan	364122	267523	41344314	115403	355723	261899	40784707	116568
西藏 Tibet	21774	14384	3399585	158476	20834	13740	3311407	161431
陕西 Shaanxi	350144	248766	33079710	95732	335666	239803	32279899	97466
甘肃 Gansu	211095	149861	19231124	92029	205440	146046	18914269	93010
青海 Qinghai	57122	39961	6896400	121833	55614	38974	6790742	123257
宁夏 Ningxia	57533	41984	7298909	128124	55827	40808	7168745	129893
新疆 Xinjiang	241824	173416	27920273	116459	232946	167124	27273092	118178

3-2 续表 50 continued

地区	Region	社会工作 Social Service 年末人数(人) Year-end Figures (person)	#女性 Female	工资总额(千元) Total Wages (1000 yuan)	平均工资(元) Average Wage (yuan)	文化、体育和娱乐业 Culture, Sports and Entertainment 年末人数(人) Year-end Figures (person)	#女性 Female	工资总额(千元) Total Wages (1000 yuan)	平均工资(元) Average Wage (yuan)
全　国	**National**	**468171**	**317528**	**32383054**	**68999**	**1465018**	**729271**	**179758832**	**121151**
北　京	Beijing	21253	13748	2126539	97308	186128	99019	43066013	227639
天　津	Tianjin	6413	4378	413060	63563	13912	7310	1985426	138773
河　北	Hebei	11748	7750	614152	52469	51778	24933	4519200	86806
山　西	Shanxi	7707	5054	343641	44882	41290	20922	2827116	68311
内蒙古	Inner Mongolia	5892	3617	366863	61162	29346	15002	2873625	96377
辽　宁	Liaoning	14150	8958	685196	48739	37941	18567	3413641	85967
吉　林	Jilin	9873	6103	457690	46103	29809	14621	2212138	74285
黑龙江	Heilongjiang	8356	5022	387385	46193	23379	10659	1812133	77318
上　海	Shanghai	62717	47042	5329702	83360	56267	30678	10807794	191524
江　苏	Jiangsu	36330	25872	2471041	68054	87356	44380	10918483	123565
浙　江	Zhejiang	29032	20739	2072476	72369	69230	36005	10077746	144068
安　徽	Anhui	10970	6982	577210	53055	35788	16697	3483457	95935
福　建	Fujian	7376	4818	574824	78001	37998	18863	4132013	106939
江　西	Jiangxi	9454	5948	505590	53787	31790	15438	2947608	92340
山　东	Shandong	24114	16197	1486698	62125	79081	37193	8598503	108177
河　南	Henan	15726	9298	761247	48872	67475	31624	5169574	76286
湖　北	Hubei	18497	11991	1029340	55795	60659	29486	6205375	101902
湖　南	Hunan	18684	11494	1222131	65716	60563	29179	6726162	110748
广　东	Guangdong	57253	41400	5075935	87423	124945	60914	16426778	127404
广　西	Guangxi	9411	6971	531054	57322	33097	16527	2863251	85575
海　南	Hainan	1999	1307	134549	66870	16109	7532	1555491	95715
重　庆	Chongqing	7133	4494	555085	78953	25560	12566	2582010	99017
四　川	Sichuan	27648	17723	1730939	63174	73466	35877	7274784	96973
贵　州	Guizhou	4871	3123	283253	58358	23809	11408	1991771	80512
云　南	Yunnan	8399	5625	559607	66773	35752	18073	3502246	97467
西　藏	Tibet	940	644	88178	93906	5643	2711	813261	145081
陕　西	Shaanxi	14478	8963	799810	55720	53903	26908	4193200	77824
甘　肃	Gansu	5655	3816	316855	56479	28483	14337	2362637	81669
青　海	Qinghai	1508	987	105658	69918	7360	3791	689384	92425
宁　夏	Ningxia	1706	1175	130164	73221	9401	4733	871099	91916
新　疆	Xinjiang	8878	6291	647181	72199	27700	13316	2856915	102708

3-2 续表 51 continued

地 区 Region	新闻和出版业 Journalism and Publishing Activities 年末人数(人) Year-end Figures (person)	#女 性 Female	工资总额(千元) Total Wages (1000 yuan)	平均工资(元) Average Wage (yuan)	广播、电视、电影和影视录音制作业 Radio, Television, Motion Picture and Videotape Programme Production Services 年末人数(人) Year-end Figures (person)	#女 性 Female	工资总额(千元) Total Wages (1000 yuan)	平均工资(元) Average Wage (yuan)
全 国 National	**284034**	**147304**	**45818613**	**160691**	**367947**	**171742**	**50463438**	**134837**
北 京 Beijing	67797	39039	16398424	241890	47820	23732	14350175	295307
天 津 Tianjin	2003	1147	282048	140232	2434	1335	475273	185581
河 北 Hebei	9841	4619	1034191	104307	17255	8147	1503380	86589
山 西 Shanxi	6532	3775	535782	81734	11128	5344	815145	73103
内蒙古 Inner Mongolia	5043	2797	502164	99157	8195	3817	870466	104325
辽 宁 Liaoning	9282	4596	883301	94029	10880	4924	1047081	92958
吉 林 Jilin	5272	2633	476538	89230	8985	4248	607995	67002
黑龙江 Heilongjiang	5648	2360	469819	81912	4696	2065	335999	71717
上 海 Shanghai	7820	4420	1911022	241325	8174	4322	1796134	211001
江 苏 Jiangsu	13118	6837	2205729	168069	20267	9144	2725939	132780
浙 江 Zhejiang	11116	5837	2212931	199066	20246	10575	2961391	140486
安 徽 Anhui	6756	3087	854138	127366	9872	4194	1030081	104160
福 建 Fujian	5776	2608	893865	153038	9987	4578	1122740	111234
江 西 Jiangxi	6560	3217	875298	137189	8183	3628	702171	87225
山 东 Shandong	13605	6743	1839540	136547	27191	12112	3054522	112005
河 南 Henan	13698	6607	1419783	102932	19149	8278	1275850	66891
湖 北 Hubei	11703	5894	1515625	129232	12438	5708	1501543	119566
湖 南 Hunan	8472	4086	1263095	149447	17607	7914	2994060	169275
广 东 Guangdong	17766	8562	3506031	196661	28622	12576	3787151	122026
广 西 Guangxi	6921	3705	786681	115020	6768	3069	635214	91382
海 南 Hainan	3364	1640	391612	117088	2890	1401	379233	125497
重 庆 Chongqing	4754	2324	606227	127852	4461	2101	532617	119451
四 川 Sichuan	11135	5607	1479950	132926	17802	8456	1751543	96783
贵 州 Guizhou	5346	2543	504470	85047	4426	2037	407719	92165
云 南 Yunnan	5679	2779	779042	138033	8691	3973	876087	101569
西 藏 Tibet	404	204	66910	165701	1171	576	191658	167700
陕 西 Shaanxi	6932	3743	734106	105007	10061	4635	815576	81289
甘 肃 Gansu	3513	1658	429135	120003	6061	2951	550072	90379
青 海 Qinghai	1174	630	127120	104480	1113	505	115584	106455
宁 夏 Ningxia	1507	786	173437	114066	2561	1189	276408	105701
新 疆 Xinjiang	5497	2824	660598	117453	8813	4208	974629	109531

3-2 续表 52 continued

地 区 Region	文化艺术业 Cultural and Art Activities 年末人数(人) Year-end Figures (person)	#女 性 Female	工资总额(千元) Total Wages (1000 yuan)	平均工资(元) Average Wage (yuan)	体 育 Sports Activities 年末人数(人) Year-end Figures (person)	#女 性 Female	工资总额(千元) Total Wages (1000 yuan)	平均工资(元) Average Wage (yuan)
全 国 National	**480180**	**254473**	**49454056**	**102629**	**143738**	**63268**	**15820446**	**110190**
北 京 Beijing	33355	18353	5888197	175084	16910	7180	2604245	153320
天 津 Tianjin	5695	3040	653249	112655	2235	962	365682	156437
河 北 Hebei	17217	9000	1369981	77842	5022	1987	438050	95184
山 西 Shanxi	19634	10023	1149609	58811	1444	591	156348	114669
内蒙古 Inner Mongolia	13849	7412	1281216	91675	873	343	117185	134238
辽 宁 Liaoning	11827	6404	1016032	84879	1806	766	137705	73582
吉 林 Jilin	9486	5306	732350	76709	4989	1965	326078	70100
黑龙江 Heilongjiang	9245	4724	727460	78270	2217	861	172445	78673
上 海 Shanghai	15291	9206	2916325	191443	9432	4442	1892540	195441
江 苏 Jiangsu	30071	16787	3732495	124601	8227	3751	847949	102414
浙 江 Zhejiang	23651	13374	3145849	133672	6418	2737	1061547	159891
安 徽 Anhui	13075	6551	1137741	86278	1806	747	140656	77302
福 建 Fujian	13713	7757	1403287	100539	4463	1954	393931	87896
江 西 Jiangxi	10843	5661	936069	86093	1683	670	121091	74320
山 东 Shandong	21751	11053	2274271	104430	6674	2666	701227	105303
河 南 Henan	25568	12524	1650367	64136	4003	1657	521980	133161
湖 北 Hubei	21168	10638	2003836	94884	4637	1815	382810	83688
湖 南 Hunan	19361	10034	1428057	74094	4237	1847	350511	80774
广 东 Guangdong	27697	15004	3915534	140299	28001	14106	2990951	106549
广 西 Guangxi	12548	6708	976765	77548	3590	1682	269410	72813
海 南 Hainan	2922	1331	276457	96454	3635	1782	154840	45186
重 庆 Chongqing	9628	4886	913510	96299	1903	863	135948	67388
四 川 Sichuan	28482	14706	2711489	94429	5841	2344	479365	80581
贵 州 Guizhou	8338	4126	717079	86416	2840	1269	182814	61297
云 南 Yunnan	13565	7402	1282755	94453	3716	1652	337283	91395
西 藏 Tibet	3112	1582	437048	141187	167	69	31352	187737
陕 西 Shaanxi	28477	14598	2110741	73994	2272	941	167763	74392
甘 肃 Gansu	15307	8070	1171569	75903	1138	451	76183	67794
青 海 Qinghai	2861	1582	275620	96189	854	313	83926	97702
宁 夏 Ningxia	3322	1837	313040	94460	431	188	30529	70404
新 疆 Xinjiang	9119	4791	906059	98727	2275	667	148105	74165

3-2 续表 53 continued

地 区	Region	娱乐业 Entertainment 年末人数（人）Year-end Figures (person)	#女 性 Female	工资总额（千元）Total Wages (1000 yuan)	平均工资（元）Average Wage (yuan)	公共管理、社会保障和社会组织 Public Management, Social Security and Social Organization 年末人数（人）Year-end Figures (person)	#女 性 Female	工资总额（千元）Total Wages (1000 yuan)	平均工资（元）Average Wage (yuan)
全 国	**National**	**189119**	**92484**	**18202279**	**91507**	**19857817**	**6891497**	**2325382446**	**117440**
北 京	Beijing	20246	10714	3824972	172436	433046	181449	81325238	188568
天 津	Tianjin	1544	826	209175	130860	198651	65355	28175987	142159
河 北	Hebei	2443	1180	173598	67237	999237	349283	86785378	86798
山 西	Shanxi	2552	1188	170232	61466	636691	242886	50700899	80693
内蒙古	Inner Mongolia	1384	632	102594	65775	554067	206217	51720002	93038
辽 宁	Liaoning	4145	1877	329521	63259	641050	224451	63325548	98755
吉 林	Jilin	1078	468	69176	59348	397884	139112	31792509	80023
黑龙江	Heilongjiang	1574	649	106410	69530	513947	178746	44236635	87556
上 海	Shanghai	15550	8289	2291774	151952	187643	72715	49195560	262401
江 苏	Jiangsu	15674	7861	1406370	85373	936463	304673	168672558	180350
浙 江	Zhejiang	7798	3482	696028	91799	807917	278539	143587449	178109
安 徽	Anhui	4278	2118	320840	68140	601818	186187	71586726	119260
福 建	Fujian	4059	1966	318190	74603	516675	180928	67366415	130557
江 西	Jiangxi	4520	2262	312979	62736	634450	197259	66128582	105043
山 东	Shandong	9861	4619	728943	70737	1358998	452669	158042517	117273
河 南	Henan	5057	2559	301594	57489	1208501	401486	99008694	82731
湖 北	Hubei	10713	5431	801561	73429	771772	255279	94732319	122924
湖 南	Hunan	10886	5297	690439	62874	871344	256702	86485536	99445
广 东	Guangdong	22859	10665	2227112	92443	1540394	517638	250747061	164092
广 西	Guangxi	3270	1363	195181	57872	588098	222118	55988604	95462
海 南	Hainan	3298	1378	353350	98373	143320	45296	14481321	100699
重 庆	Chongqing	4813	2392	393709	73287	376443	134241	47267957	125707
四 川	Sichuan	10206	4765	852437	76631	1137924	415401	133591243	118134
贵 州	Guizhou	2859	1433	179689	57911	701497	250926	62623785	88771
云 南	Yunnan	4100	2268	227079	51703	729788	262949	79780686	108610
西 藏	Tibet	790	281	86292	108355	151694	57355	27526931	182512
陕 西	Shaanxi	6160	2991	365013	60079	601379	209719	52323635	87186
甘 肃	Gansu	2465	1207	135678	50103	505982	180755	49767230	98185
青 海	Qinghai	1358	761	87134	60848	146791	60074	18381687	124812
宁 夏	Ningxia	1581	734	77685	48737	119662	51494	13168596	110929
新 疆	Xinjiang	1996	826	167524	79060	844690	309596	76865155	89921

3-2 续表 54 continued

地区	Region	中国共产党机关 Organs of Communist Party of China 年末人数(人) Year-end Figures (person)	#女性 Female	工资总额(千元) Total Wages (1000 yuan)	平均工资(元) Average Wage (yuan)	国家机构 Government Agencies 年末人数(人) Year-end Figures (person)	#女性 Female	工资总额(千元) Total Wages (1000 yuan)	平均工资(元) Average Wage (yuan)
全国	**National**	**933277**	**318525**	**117914856**	**127409**	**18471010**	**6349927**	**2155866921**	**117014**
北京	Beijing	13885	4615	2898494	208511	406514	169590	76230618	188286
天津	Tianjin	9778	3481	1709140	175167	183088	58954	25551068	139862
河北	Hebei	47655	15488	4372015	92444	931269	323830	80538133	86387
山西	Shanxi	34742	13376	3008155	87212	583964	219824	46263805	80356
内蒙古	Inner Mongolia	32197	12261	3249136	101526	505177	185664	46898361	92462
辽宁	Liaoning	30279	11123	3080685	101975	591597	203078	58750948	99291
吉林	Jilin	16121	5598	1377294	86225	372790	128844	29693429	79731
黑龙江	Heilongjiang	24303	9480	2037583	85467	477804	163276	41275773	87895
上海	Shanghai	7464	3576	2128075	287362	172822	64751	45628293	264195
江苏	Jiangsu	47510	14493	9516970	201950	866451	279844	155693019	179758
浙江	Zhejiang	29382	9747	6168109	212260	762301	260663	134249251	176416
安徽	Anhui	28994	8498	3629046	126151	561111	172625	66573652	118916
福建	Fujian	29932	9711	4165357	139414	472919	164221	61340213	129869
江西	Jiangxi	25282	7202	2833838	113873	594567	183049	61851433	104799
山东	Shandong	60426	18270	8117592	135773	1283631	428218	147959215	116222
河南	Henan	57228	18027	5151196	91062	1125306	371930	91721915	82292
湖北	Hubei	32114	10027	4346822	137240	721179	236362	88426536	122710
湖南	Hunan	40514	12552	4040489	99856	809218	234671	80480645	99650
广东	Guangdong	52455	18525	9748318	188221	1466008	488048	237395405	163230
广西	Guangxi	30965	12407	3151687	102791	540453	200835	51429327	95373
海南	Hainan	6928	2193	806040	117214	132968	41464	13325156	99783
重庆	Chongqing	15620	5692	2141903	138888	352379	124236	44077892	125127
四川	Sichuan	62419	23056	8062817	130732	1046372	377888	121971754	117256
贵州	Guizhou	31849	10227	3148337	99326	654800	233529	58174337	88260
云南	Yunnan	40662	15689	5308006	131792	665090	235472	71576354	106799
西藏	Tibet	11944	4559	2286795	192181	136386	51246	24591059	181327
陕西	Shaanxi	32818	10441	2956413	90305	549400	189817	47697467	86991
甘肃	Gansu	26690	8363	2541970	95778	467646	167418	46149941	98463
青海	Qinghai	7254	2948	1035781	143227	134928	54854	16783574	123915
宁夏	Ningxia	5822	2056	739553	129413	109954	47183	12013618	110059
新疆	Xinjiang	40043	14846	4157236	104255	792918	288546	71554730	89076

3-2 续表 55 continued

地 区 Region	人民政协、民主党派 People's Political Consultative Conference and Democratic Parties				社会保障 Social Security			
	年末人数（人） Year-end Figures (person)	#女 性 Female	工资总额（千元） Total Wages (1000 yuan)	平均工资（元） Average Wage (yuan)	年末人数（人） Year-end Figures (person)	#女 性 Female	工资总额（千元） Total Wages (1000 yuan)	平均工资（元） Average Wage (yuan)
全 国 National	**114248**	**35602**	**17062310**	**149906**	**164491**	**91311**	**15654106**	**95822**
北 京 Beijing	2403	968	521279	216750	1028	692	219754	217242
天 津 Tianjin	779	276	149035	189152	2771	1320	458801	168501
河 北 Hebei	5301	1685	583142	110476	7239	4257	607013	84245
山 西 Shanxi	3673	1305	385073	105655	7670	4572	539619	70069
内蒙古 Inner Mongolia	3913	1296	471517	121624	5907	3233	483037	81330
辽 宁 Liaoning	3552	1285	381968	107215	10014	5810	664633	65413
吉 林 Jilin	2385	769	259802	109015	3603	2135	225401	63560
黑龙江 Heilongjiang	2845	987	294804	105130	5307	2971	350930	66168
上 海 Shanghai	895	463	285083	315127	4133	2463	687174	165724
江 苏 Jiangsu	4789	1386	1079948	225526	8921	4887	1089370	127702
浙 江 Zhejiang	4759	1516	1220291	257846	5094	3051	784208	156192
安 徽 Anhui	4043	1013	592290	148075	3690	1953	364821	98962
福 建 Fujian	3174	1114	547659	172004	4686	2598	559092	120644
江 西 Jiangxi	3547	1118	451305	128314	5804	3166	490579	85172
山 东 Shandong	5986	1489	924720	155465	7044	3595	843546	121242
河 南 Henan	5469	1673	553944	101923	12584	5826	897053	72782
湖 北 Hubei	4014	1108	615275	154498	8438	4499	723289	86181
湖 南 Hunan	5169	1515	589120	113422	7827	3985	647220	83340
广 东 Guangdong	5403	1826	1208254	224077	5529	3039	835455	149960
广 西 Guangxi	3623	1287	465823	128664	6086	3655	430346	71266
海 南 Hainan	592	205	82163	142092	672	348	56074	82854
重 庆 Chongqing	2630	854	423050	161764	2472	1462	222166	92092
四 川 Sichuan	9176	2903	1430377	156426	9519	5570	975787	102751
贵 州 Guizhou	3801	1124	457053	120822	4688	2653	303158	65788
云 南 Yunnan	7000	2184	1069492	153064	7392	4256	782331	105506
西 藏 Tibet	1448	468	344498	239546	272	159	47251	178820
陕 西 Shaanxi	4430	1290	478115	108365	8023	4503	599971	74976
甘 肃 Gansu	4297	1022	474275	110648	2837	1482	229113	80594
青 海 Qinghai	1529	454	237959	157564	988	630	103775	103681
宁 夏 Ningxia	1139	390	173520	152342	621	433	59474	95877
新 疆 Xinjiang	2482	630	311477	125341	3632	2107	373665	103577

3-2 续表 56 continued

地 区	Region	群众团体、社会团体和其他成员组织 Non-Governmental Organizations, Social Organizations and Membership Organizations 年末人数（人） Year-end Figures (person)	#女 性 Female	工资总额（千元） Total Wages (1000 yuan)	平均工资（元） Average Wage (yuan)
全 国	**National**	**172140**	**94466**	**18739347**	**109401**
北 京	Beijing	9215	5584	1455048	160007
天 津	Tianjin	1601	861	262366	162339
河 北	Hebei	7768	4018	685009	88047
山 西	Shanxi	6592	3764	503083	75133
内蒙古	Inner Mongolia	6852	3747	617195	90136
辽 宁	Liaoning	5556	3113	445842	80407
吉 林	Jilin	2806	1616	229585	82243
黑龙江	Heilongjiang	3686	2032	277545	75202
上 海	Shanghai	2325	1460	466823	201601
江 苏	Jiangsu	8584	3961	1277657	150918
浙 江	Zhejiang	6327	3530	1162767	183643
安 徽	Anhui	3919	2052	423636	108462
福 建	Fujian	5963	3284	754094	126236
江 西	Jiangxi	5238	2717	500460	96684
山 东	Shandong	1887	1081	196806	105967
河 南	Henan	7904	4022	684158	87482
湖 北	Hubei	5951	3247	616880	104091
湖 南	Hunan	8452	3951	719485	85031
广 东	Guangdong	10696	5963	1543821	144657
广 西	Guangxi	6863	3845	506952	74246
海 南	Hainan	2052	1024	205650	101435
重 庆	Chongqing	3342	1998	402947	121969
四 川	Sichuan	10355	5918	1148278	112174
贵 州	Guizhou	6241	3361	533509	87117
云 南	Yunnan	9444	5193	1034667	109094
西 藏	Tibet	1644	924	257327	160391
陕 西	Shaanxi	6638	3660	587764	88902
甘 肃	Gansu	4418	2458	369556	83891
青 海	Qinghai	2089	1187	220538	105733
宁 夏	Ningxia	2126	1433	182430	87611
新 疆	Xinjiang	5604	3462	467468	84532

3-3 各地区分行业城镇非私营单位在岗职工人数和平均工资(2022年)
ON-POST STAFF AND WORKERS AND AVERAGE WAGE IN PRIVATE URBAN NON-PRIVATE UNITS BY SECTOR AND REGION(2022)

地区 Region		总计 Total		农、林、牧、渔业 Agriculture, Forestry, Animal Husbandry and Fishery		采矿业 Mining		制造业 Manufacturing	
		年末人数(人) Year-end Figures (person)	平均工资(元) Average Wage (yuan)	年末人数(人) Year-end Figures (person)	平均工资(元) Average Wage (yuan)	年末人数(人) Year-end Figures (person)	平均工资(元) Average Wage (yuan)	年末人数(人) Year-end Figures (person)	平均工资(元) Average Wage (yuan)
全　国	**National**	**157795637**	**117177**	**720367**	**61649**	**3346527**	**122746**	**36901820**	**97593**
北　京	Beijing	7043491	215143	13703	80082	25778	167262	561881	182181
天　津	Tianjin	2288151	133691	2371	82096	52641	185347	622912	112378
河　北	Hebei	5265414	93366	18009	64909	147357	104769	959383	83563
山　西	Shanxi	4183520	92882	12910	58046	851134	115209	562986	78152
内蒙古	Inner Mongolia	2536656	103804	69151	78355	109344	160359	373021	103614
辽　宁	Liaoning	4231582	94911	62202	26638	170949	99257	916047	89088
吉　林	Jilin	2280824	90070	48328	59878	53326	96034	397844	96834
黑龙江	Heilongjiang	2784409	92212	159423	51858	219897	110131	253882	87634
上　海	Shanghai	6337440	217363	7227	103724	1754	328817	1246309	163720
江　苏	Jiangsu	12183067	124175	21552	57446	49263	143045	4385464	109129
浙　江	Zhejiang	9902786	131951	6187	94110	4335	110241	3168174	102290
安　徽	Anhui	5349823	101999	14728	70765	117671	140458	1398848	88678
福　建	Fujian	5197912	106977	8658	89266	13165	84578	1483378	90708
江　西	Jiangxi	4042678	90397	14548	54962	25957	79290	992076	74982
山　东	Shandong	10226720	105264	10672	73005	243001	131586	2707323	86688
河　南	Henan	8394151	78903	14836	56175	253253	97232	1775489	67804
湖　北	Hubei	6018230	104318	15701	60752	29848	131665	1313066	87973
湖　南	Hunan	5504548	94590	16401	61869	39669	72552	1007318	86992
广　东	Guangdong	19936461	126925	18363	77711	14161	234479	7770917	98008
广　西	Guangxi	3751368	94766	26586	80307	7889	78676	545057	76850
海　南	Hainan	1037547	107795	35267	58208	5112	156937	83323	95316
重　庆	Chongqing	3216598	111424	3862	81896	6337	106371	635644	96622
四　川	Sichuan	8259102	105002	21615	81757	110080	135093	1468607	92369
贵　州	Guizhou	3031323	99598	11043	64628	164854	90102	322323	100069
云　南	Yunnan	3260345	108739	19934	64330	53336	95538	364711	94404
西　藏	Tibet	397954	161914	2083	74972	7346	138462	15659	91453
陕　西	Shaanxi	4445203	102041	16020	70509	276941	141000	776577	93930
甘　肃	Gansu	2389655	94231	17566	70174	75084	127792	270043	90495
青　海	Qinghai	632936	118768	7579	49490	23269	175646	100771	96342
宁　夏	Ningxia	673833	118614	4958	66017	59949	186876	109295	96766
新　疆	Xinjiang	2991912	104811	18885	63708	133827	172404	313490	93696

3-3 续表 1 continued

地 区 Region	电力、热力、燃气及水生产和供应业 Production and Supply of Electricity, Heat, Gas and Water		建筑业 Construction		批发和零售业 Wholesale and Retail Trades		交通运输、仓储和邮政业 Transport, Storage and Post	
	年末人数（人） Year-end Figures (person)	平均工资（元） Average Wage (yuan)	年末人数（人） Year-end Figures (person)	平均工资（元） Average Wage (yuan)	年末人数（人） Year-end Figures (person)	平均工资（元） Average Wage (yuan)	年末人数（人） Year-end Figures (person)	平均工资（元） Average Wage (yuan)
全 国 National	**3675772**	**134573**	**16228210**	**80242**	**7626442**	**115823**	**7595414**	**116553**
北 京 Beijing	92402	208131	441414	153310	493523	194297	516711	147103
天 津 Tianjin	41249	185931	168700	124732	152256	116766	148553	120066
河 北 Hebei	176879	125957	322599	76812	198658	66923	282689	101095
山 西 Shanxi	157999	108125	236772	79692	139412	79449	228841	110240
内蒙古 Inner Mongolia	142736	129894	78849	70563	77432	86698	192917	111110
辽 宁 Liaoning	145764	98545	231528	74528	153272	74204	284918	99007
吉 林 Jilin	94474	109529	107373	66346	80342	74413	150433	93428
黑龙江 Heilongjiang	133646	103553	105984	69722	98429	79296	222372	101090
上 海 Shanghai	33704	256511	248000	152844	876350	222880	436712	170603
江 苏 Jiangsu	149859	172269	2088401	82074	521217	111915	412659	119244
浙 江 Zhejiang	130648	175636	1499255	77553	424195	135716	323346	129606
安 徽 Anhui	96633	136580	770584	76005	236381	84053	226770	96835
福 建 Fujian	103489	147231	935212	73961	231318	104337	211175	114751
江 西 Jiangxi	83485	103728	538178	62837	170379	74608	168305	101793
山 东 Shandong	276320	131929	1156428	82687	426643	81169	444666	112076
河 南 Henan	210691	110409	1074934	62923	310706	68513	356190	90583
湖 北 Hubei	134831	143262	869571	82335	312479	79411	268743	108099
湖 南 Hunan	156335	114098	776761	64246	220040	74906	230373	100522
广 东 Guangdong	266482	175235	1075261	90179	1066645	111529	789186	129651
广 西 Guangxi	105936	125313	400501	76034	138007	81413	160984	106226
海 南 Hainan	22480	140183	31200	69410	77326	116034	70724	124422
重 庆 Chongqing	62822	118790	504324	70209	153576	91679	195588	101696
四 川 Sichuan	223496	129054	1144150	71096	354602	89166	341833	108137
贵 州 Guizhou	87296	132780	295967	72945	113918	95538	116575	104806
云 南 Yunnan	106869	130215	233339	77383	137022	98974	157406	111051
西 藏 Tibet	13340	144868	24656	74441	22784	102082	20827	131955
陕 西 Shaanxi	143090	129677	403036	87029	206274	75715	254193	105542
甘 肃 Gansu	106205	104675	230625	64184	91468	71261	126658	102589
青 海 Qinghai	23902	133513	30214	109743	20913	84326	47771	122001
宁 夏 Ningxia	40830	148474	20629	92095	24374	71554	40517	102599
新 疆 Xinjiang	111881	128178	183765	86169	96502	90041	166780	122240

3-3 续表 2 continued

地 区 Region	住宿和餐饮业 Hotels and Catering Services		信息传输、软件和信息技术服务业 Information Transmission, Software and Information Technology		金融业 Financial Intermediation		房地产业 Real Estate	
	年末人数（人） Year-end Figures (person)	平均工资（元） Average Wage (yuan)	年末人数（人） Year-end Figures (person)	平均工资（元） Average Wage (yuan)	年末人数（人） Year-end Figures (person)	平均工资（元） Average Wage (yuan)	年末人数（人） Year-end Figures (person)	平均工资（元） Average Wage (yuan)
全 国 National	**2187620**	**59728**	**5164794**	**223928**	**5289472**	**223608**	**4916845**	**91851**
北 京 Beijing	197177	81321	999457	319550	436223	413725	429769	127894
天 津 Tianjin	30332	57443	69872	162787	90574	239783	89671	99505
河 北 Hebei	40413	47501	113738	135800	212227	140906	102387	72122
山 西 Shanxi	36035	43415	50479	108172	149701	131605	59794	69652
内蒙古 Inner Mongolia	21107	48230	44922	122407	108231	149556	52412	59631
辽 宁 Liaoning	30875	51159	136062	133491	180747	125936	102470	76269
吉 林 Jilin	16153	45821	48109	106458	114346	126097	44029	64230
黑龙江 Heilongjiang	13000	44325	58589	103753	113337	115828	43924	56613
上 海 Shanghai	184357	79593	539403	330202	326284	452209	248020	137623
江 苏 Jiangsu	168469	63002	341908	197836	310678	228485	269784	97502
浙 江 Zhejiang	123606	66921	339362	288994	332339	238160	284601	109662
安 徽 Anhui	61117	52159	107258	128829	137481	170547	142727	83969
福 建 Fujian	82904	55345	103148	154411	139158	208319	156955	91994
江 西 Jiangxi	40583	45551	53633	114403	117416	144254	87804	76258
山 东 Shandong	114019	55264	195755	134525	338050	163606	277119	79386
河 南 Henan	67677	43422	141466	110965	225431	146206	228859	68144
湖 北 Hubei	67789	55032	164761	144876	148708	172454	193450	78388
湖 南 Hunan	58462	46480	87354	133920	184736	165968	135349	78419
广 东 Guangdong	346970	62638	826251	233147	554795	301949	890735	99410
广 西 Guangxi	42198	45906	55397	126133	128838	157671	83169	87317
海 南 Hainan	45770	60158	24555	214347	39616	188296	84954	80445
重 庆 Chongqing	33430	50000	60951	166760	135690	222475	143630	85628
四 川 Sichuan	148836	53025	260403	163298	203011	176340	302281	77538
贵 州 Guizhou	30390	49020	44004	132602	96367	195659	85882	79275
云 南 Yunnan	44195	47187	48965	122028	95378	177004	88484	79575
西 藏 Tibet	6313	64684	12310	192845	18972	267587	7395	95795
陕 西 Shaanxi	77843	47092	141709	196664	133308	170014	125311	75534
甘 肃 Gansu	25838	44155	32091	97723	85359	113804	63167	54632
青 海 Qinghai	4035	49964	9493	146377	25398	156605	16064	62017
宁 夏 Ningxia	2992	49650	9586	146703	27304	145328	15210	72782
新 疆 Xinjiang	24734	50395	43805	123663	79767	172730	61441	62109

3-3 续表 3 continued

地区	Region	租赁和商务服务业 Leasing and Business Services 年末人数(人) Year-end Figures (person)	平均工资(元) Average Wage (yuan)	科学研究和技术服务业 Scientific Research and Technical Services 年末人数(人) Year-end Figures (person)	平均工资(元) Average Wage (yuan)	水利、环境和公共设施管理业 Management of Water Conservancy, Environment and Public Facilities 年末人数(人) Year-end Figures (person)	平均工资(元) Average Wage (yuan)	居民服务、修理和其他服务业 Service to Households, Repair and Other Services 年末人数(人) Year-end Figures (person)	平均工资(元) Average Wage (yuan)
全　国	**National**	**6876648**	**108407**	**4400863**	**165718**	**2263163**	**73058**	**852912**	**66442**
北　京	Beijing	684990	173232	596586	234723	112220	121869	55377	83101
天　津	Tianjin	107562	100585	106183	204323	24965	109059	55211	54744
河　北	Hebei	140507	61541	139374	113642	88022	53651	24955	50677
山　西	Shanxi	111497	64953	74001	94994	63175	44828	8156	55616
内蒙古	Inner Mongolia	47492	74055	54557	104929	44133	56669	6044	53918
辽　宁	Liaoning	123548	63035	96140	123803	74053	57913	14907	57228
吉　林	Jilin	40890	63499	62053	107822	47227	48053	14010	42508
黑龙江	Heilongjiang	116591	96917	54713	106372	50995	52780	11828	48335
上　海	Shanghai	764944	209144	368395	264015	93678	118303	88449	88988
江　苏	Jiangsu	381328	92306	273708	168394	121028	94341	52770	88199
浙　江	Zhejiang	637643	105764	219782	187547	100629	94698	44791	73373
安　徽	Anhui	193417	62736	110968	133833	78249	54957	24356	63092
福　建	Fujian	180225	80209	77551	150780	65472	71775	36841	72870
江　西	Jiangxi	73796	67702	71809	113233	59358	46162	12163	53670
山　东	Shandong	243026	85767	225282	128726	133767	61626	32375	60285
河　南	Henan	257369	57666	175487	94287	144107	49176	55056	41789
湖　北	Hubei	234637	80316	167230	149368	84805	87025	24919	60349
湖　南	Hunan	135659	72927	124325	118435	86628	69462	25245	78467
广　东	Guangdong	1254295	104449	508858	177697	213588	87251	123706	70292
广　西	Guangxi	157913	68127	88055	113231	66310	63463	13167	53738
海　南	Hainan	37107	143370	30697	130911	50431	55377	5876	66991
重　庆	Chongqing	137846	71732	79945	151616	37335	88352	9120	69904
四　川	Sichuan	343184	73904	238124	145423	105595	69348	43644	55093
贵　州	Guizhou	75970	71476	51380	121356	46566	53854	18887	52605
云　南	Yunnan	114093	63670	89783	125818	56416	67937	15721	49171
西　藏	Tibet	13256	105165	9484	165358	5593	77398	2249	87791
陕　西	Shaanxi	99652	73401	130413	141708	83408	62604	18173	45388
甘　肃	Gansu	42608	61629	76033	119709	44738	68688	6773	50806
青　海	Qinghai	12246	66001	18552	127348	8203	82572	2266	52959
宁　夏	Ningxia	12296	63022	15989	131235	17653	66962	557	86899
新　疆	Xinjiang	101060	68067	65409	121685	54816	66756	5321	67526

3–3 续表 4 continued

地 区 Region	教 育 Education 年末人数（人）Year-end Figures (person)	教 育 Education 平均工资（元）Average Wage (yuan)	卫生和社会工作 Health and Social Service 年末人数（人）Year-end Figures (person)	卫生和社会工作 Health and Social Service 平均工资（元）Average Wage (yuan)	文化、体育和娱乐业 Culture, Sports and Entertainment 年末人数（人）Year-end Figures (person)	文化、体育和娱乐业 Culture, Sports and Entertainment 平均工资（元）Average Wage (yuan)	公共管理、社会保障和社会组织 Public Management, Social Security and Social Organization 年末人数（人）Year-end Figures (person)	公共管理、社会保障和社会组织 Public Management, Social Security and Social Organization 平均工资（元）Average Wage (yuan)
全 国 National	**18736618**	**123275**	**10658697**	**138070**	**1402785**	**123947**	**18950667**	**121097**
北 京 Beijing	466130	220707	337029	236398	179915	231090	403205	199796
天 津 Tianjin	202630	150389	116722	171523	13249	137734	192500	144438
河 北 Hebei	822017	103113	459277	100722	49992	88305	966932	88630
山 西 Shanxi	527012	91347	260877	92252	40163	69681	612578	82672
内蒙古 Inner Mongolia	357772	106864	200778	102441	28386	96911	527372	95683
辽 宁 Liaoning	527742	106529	323402	101878	36805	88015	620151	101287
吉 林 Jilin	341610	95045	209595	95610	28623	76376	382060	82312
黑龙江 Heilongjiang	376274	102085	245191	96376	21978	80244	484355	90815
上 海 Shanghai	347889	228792	287239	239054	53346	188489	185378	264877
江 苏 Jiangsu	1070794	161513	585538	163293	84114	125938	894532	185517
浙 江 Zhejiang	854238	165813	558686	195905	66693	147250	784277	181337
安 徽 Anhui	665641	122905	365207	134493	34251	98179	567538	123444
福 建 Fujian	584926	131143	261216	160260	34910	113548	488213	136330
江 西 Jiangxi	613411	105374	287941	119471	30815	94274	601020	108588
山 东 Shandong	1266486	127859	744994	127691	76440	110641	1314352	119732
河 南 Henan	1169099	81607	690077	93007	64594	78245	1178829	84006
湖 北 Hubei	719055	112459	470744	129435	58724	103829	739169	125767
湖 南 Hunan	853158	97444	466741	123537	58028	113500	841967	101517
广 东 Guangdong	1643989	146071	946961	192036	118907	132958	1506391	166475
广 西 Guangxi	757692	94740	384125	122268	31361	89231	558181	98602
海 南 Hainan	161611	108323	77973	123727	15461	97866	138066	102917
重 庆 Chongqing	408950	139495	217734	150647	24523	101203	365291	128290
四 川 Sichuan	1123463	115769	660527	131340	69465	100433	1096188	121222
贵 州 Guizhou	537830	101973	279257	118144	22075	83817	630738	94873
云 南 Yunnan	613676	122244	330349	121353	34332	100138	656336	116955
西 藏 Tibet	49916	196161	19440	170161	4775	165873	141557	191301
陕 西 Shaanxi	598127	100440	332034	98292	51131	79899	577963	89451
甘 肃 Gansu	394051	107191	195166	96054	26569	85400	479614	102047
青 海 Qinghai	81413	131964	55261	124427	7136	94230	138449	130462
宁 夏 Ningxia	100489	123792	54642	131003	9119	94067	107447	119123
新 疆 Xinjiang	499530	112443	233975	118872	26906	104194	770018	94580

3-4 各地区分行业城镇非私营单位其他就业人员和平均工资(2022年)
OTHER EMPLOYMENT AND AVERAGE WAGE IN URBAN NON-PRIVATE UNITS BY SECTOR AND REGION(2022)

地区	Region	总计 Total		农、林、牧、渔业 Agriculture, Forestry, Animal Husbandry and Fishery		采矿业 Mining		制造业 Manufacturing	
		年末人数(人) Year-end Figures (person)	平均工资(元) Average Wage (yuan)	年末人数(人) Year-end Figures (person)	平均工资(元) Average Wage (yuan)	年末人数(人) Year-end Figures (person)	平均工资(元) Average Wage (yuan)	年末人数(人) Year-end Figures (person)	平均工资(元) Average Wage (yuan)
全 国	**National**	**9210922**	**61420**	**68770**	**31732**	**62454**	**58144**	**482648**	**92736**
北 京	Beijing	427076	110687	803	50606	97	33144	11699	189303
天 津	Tianjin	145255	66336	239	30649	639	54159	8664	185159
河 北	Hebei	346042	52856	622	27326	1281	75607	10163	59021
山 西	Shanxi	199080	41522	669	18418	12682	59890	9562	34731
内蒙古	Inner Mongolia	118584	43967	560	39071	380	73774	2155	70475
辽 宁	Liaoning	205436	46197	4635	15998	644	34097	13700	76396
吉 林	Jilin	142470	44533	3874	34947	287	48231	14488	77452
黑龙江	Heilongjiang	194323	34090	15452	24164	1151	47090	5518	54146
上 海	Shanghai	385210	131977	1198	46637			28396	197672
江 苏	Jiangsu	647263	75609	2133	52352	3689	44839	63868	122499
浙 江	Zhejiang	510895	69900	538	33738	138	53628	38429	91280
安 徽	Anhui	418621	57266	8506	44410	1330	50618	15522	65669
福 建	Fujian	393667	60782	2181	30925	535	54500	21827	95820
江 西	Jiangxi	326787	58371	1170	33379	431	54096	10199	47667
山 东	Shandong	587998	51968	311	34200	7544	61174	28352	79307
河 南	Henan	344810	47274	601	37832	2972	30001	15760	43485
湖 北	Hubei	379509	54725	2680	46051	3653	34347	17882	52446
湖 南	Hunan	394082	47945	1331	29645	1455	46807	17309	59800
广 东	Guangdong	730027	72490	741	35404	468	62681	50668	100416
广 西	Guangxi	206737	44836	3920	29402	125	39847	11455	45281
海 南	Hainan	54569	51696	801	35703	27	42034	1964	85292
重 庆	Chongqing	235575	52290	678	40097	1101	55647	16600	72424
四 川	Sichuan	555203	55588	1154	31143	2269	66454	18584	108971
贵 州	Guizhou	242170	43400	1823	22916	2198	57416	4084	66470
云 南	Yunnan	292534	40503	3968	26533	1673	68887	12350	39611
西 藏	Tibet	27923	56618	335	37869	160	73031	463	42634
陕 西	Shaanxi	270448	45780	585	30575	7771	49935	14357	54730
甘 肃	Gansu	185809	49017	1955	31764	909	35871	13262	55266
青 海	Qinghai	25050	46832	263	30710	2898	102810	1004	84235
宁 夏	Ningxia	38367	47488	229	22225	12	20167	686	63082
新 疆	Xinjiang	179401	51888	4816	35479	3934	95030	3678	47875

3-4 续表 1 continued

地 区	Region	电力、热力、燃气及水生产和供应业 Production and Supply of Electricity, Heat, Gas and Water		建筑业 Construction		批发和零售业 Wholesale and Retail Trades		交通运输、仓储和邮政业 Transport, Storage and Post	
		年末人数（人） Year-end Figures (person)	平均工资（元） Average Wage (yuan)	年末人数（人） Year-end Figures (person)	平均工资（元） Average Wage (yuan)	年末人数（人） Year-end Figures (person)	平均工资（元） Average Wage (yuan)	年末人数（人） Year-end Figures (person)	平均工资（元） Average Wage (yuan)
全 国	**National**	**77059**	**56312**	**2123773**	**63164**	**226510**	**102437**	**166516**	**63705**
北 京	Beijing	956	71144	7615	121422	14344	192069	7768	85940
天 津	Tianjin	502	58308	14645	56928	3501	108532	1120	78915
河 北	Hebei	8598	62609	40459	50191	2128	37435	4739	42815
山 西	Shanxi	3938	44327	15470	54337	3645	47081	2792	46042
内蒙古	Inner Mongolia	675	48162	4086	52324	1390	46770	3314	51203
辽 宁	Liaoning	2375	43242	15102	57348	5251	60448	3732	33291
吉 林	Jilin	1167	37928	11891	50309	1665	46604	911	33862
黑龙江	Heilongjiang	12909	48573	9260	34534	2470	46766	2573	34582
上 海	Shanghai	189	192302	22639	85014	42175	244011	11008	136561
江 苏	Jiangsu	1014	61876	186929	68338	12770	92601	7522	64448
浙 江	Zhejiang	1556	76684	91438	59199	15662	55210	5689	55120
安 徽	Anhui	584	44952	168052	64422	2908	39421	34455	64699
福 建	Fujian	6676	60674	165513	68244	9264	74343	2550	44925
江 西	Jiangxi	12128	66894	155031	74464	4447	38296	3773	54079
山 东	Shandong	2331	48353	131272	65075	7664	59793	7921	59673
河 南	Henan	2274	65301	118648	51786	4560	38382	6267	48041
湖 北	Hubei	1845	43120	131371	59639	8073	42498	6018	56054
湖 南	Hunan	1740	53562	159137	55745	8180	66217	4664	47514
广 东	Guangdong	1222	62081	120524	67512	24274	61902	10767	77619
广 西	Guangxi	1778	38288	41976	57575	4020	37315	12206	69057
海 南	Hainan	746	28112	9189	68801	1126	49808	421	63081
重 庆	Chongqing	887	80961	84381	62508	2354	51901	4619	42082
四 川	Sichuan	3571	52405	178681	59201	13013	71222	4700	50533
贵 州	Guizhou	1592	63841	44401	65054	3382	71942	4285	58745
云 南	Yunnan	751	47529	51639	52732	10964	45325	1639	44017
西 藏	Tibet	188	87449	3081	45554	505	72249	1033	56025
陕 西	Shaanxi	1430	46809	71146	58976	6509	50500	4185	55544
甘 肃	Gansu	1651	35878	48386	75958	5918	36007	4066	46552
青 海	Qinghai	162	40329	2370	49921	398	47572	464	74716
宁 夏	Ningxia	509	39894	2629	68976	481	35837	142	38922
新 疆	Xinjiang	1116	75088	16814	86053	3472	55588	1174	23911

3-4 续表 2 continued

地 区 Region	住宿和餐饮业 Hotels and Catering Services 年末人数(人) Year-end Figures (person)	平均工资(元) Average Wage (yuan)	信息传输、软件和信息技术服务业 Information Transmission, Software and Information Technology 年末人数(人) Year-end Figures (person)	平均工资(元) Average Wage (yuan)	金融业 Financial Intermediation 年末人数(人) Year-end Figures (person)	平均工资(元) Average Wage (yuan)	房地产业 Real Estate 年末人数(人) Year-end Figures (person)	平均工资(元) Average Wage (yuan)
全 国 National	**362404**	**20287**	**126776**	**83591**	**2106234**	**61693**	**198205**	**53633**
北 京 Beijing	75158	21606	9552	241681	149427	120364	22449	77579
天 津 Tianjin	15056	9103	239	173732	47300	70326	5741	38894
河 北 Hebei	938	40774	6148	83867	109664	47105	2954	39020
山 西 Shanxi	3458	11795	843	55061	81035	45636	2538	26472
内蒙古 Inner Mongolia	577	35741	232	38038	56258	43499	1382	45140
辽 宁 Liaoning	11038	10179	1946	87835	57096	55555	7039	36116
吉 林 Jilin	639	34063	885	60481	55849	41675	934	34929
黑龙江 Heilongjiang	1580	29768	743	56367	56886	33629	4099	26428
上 海 Shanghai	78676	23274	4932	321879	22132	225712	25658	85199
江 苏 Jiangsu	32313	20971	9472	74543	92979	75713	12536	50949
浙 江 Zhejiang	18693	25178	4388	120386	110104	89974	17819	49904
安 徽 Anhui	1095	35175	9647	68962	53350	50942	10104	37711
福 建 Fujian	9625	25945	596	92926	66340	61167	5928	50754
江 西 Jiangxi	3023	27393	3410	71122	39536	40245	2576	49132
山 东 Shandong	4925	26883	1343	59803	239079	47004	9814	33577
河 南 Henan	2730	34251	44333	48430	26981	58697	6720	34050
湖 北 Hubei	17721	13614	2154	61108	62841	54015	3743	46419
湖 南 Hunan	3830	14572	2083	75293	87658	37717	6781	53674
广 东 Guangdong	58375	15399	12778	34910	235252	86008	16837	54606
广 西 Guangxi	3702	9977	2021	47748	31424	42708	1482	42750
海 南 Hainan	1038	37288	176	73313	15324	39501	2109	42760
重 庆 Chongqing	1264	30114	289	91011	65389	39702	6128	66727
四 川 Sichuan	5964	29918	3306	66170	152334	50322	6721	46366
贵 州 Guizhou	719	37908	1147	74309	34011	34046	1532	46592
云 南 Yunnan	1643	40418	1223	64674	25890	42718	3750	46138
西 藏 Tibet	146	60315	182	78167	434	72758	39	41868
陕 西 Shaanxi	4600	19824	926	118028	65079	39090	4626	37304
甘 肃 Gansu	2017	17556	1074	51080	30976	45430	3465	30604
青 海 Qinghai	303	40898	73	40197	922	37350	551	37708
宁 夏 Ningxia	28	44618	90	189609	9096	65092	578	34083
新 疆 Xinjiang	1527	15218	546	60241	25584	69211	1571	41253

3-4 续表 3 continued

地 区 Region	租赁和商务服务业 Leasing and Business Services		科学研究和技术服务业 Scientific Research and Technical Services		水利、环境和公共设施管理业 Management of Water Conservancy, Environment and Public Facilities		居民服务、修理和其他服务业 Service to Households, Repair and Other Services	
	年末人数（人）Year-end Figures (person)	平均工资（元）Average Wage (yuan)	年末人数（人）Year-end Figures (person)	平均工资（元）Average Wage (yuan)	年末人数（人）Year-end Figures (person)	平均工资（元）Average Wage (yuan)	年末人数（人）Year-end Figures (person)	平均工资（元）Average Wage (yuan)
全 国 National	**506135**	**82051**	**157279**	**101612**	**272794**	**29249**	**48097**	**49230**
北 京 Beijing	17384	294635	27014	146054	1686	62534	3597	58549
天 津 Tianjin	19011	52013	5163	86326	1948	45494	242	53344
河 北 Hebei	54265	88668	3871	86848	19151	22866	383	39068
山 西 Shanxi	4619	30867	1124	60969	4525	22598	218	19916
内蒙古 Inner Mongolia	954	41791	1746	47034	3175	31058	151	30790
辽 宁 Liaoning	5946	51376	4967	44309	8288	27276	846	33475
吉 林 Jilin	1096	48600	1349	75562	12241	29161	776	89666
黑龙江 Heilongjiang	8467	26907	2259	48485	13672	25825	386	31667
上 海 Shanghai	26570	293800	15323	220016	34020	21275	13293	53512
江 苏 Jiangsu	60470	81391	7739	89244	13215	45599	2845	49752
浙 江 Zhejiang	92134	53100	7401	88226	12845	40472	2855	55298
安 徽 Anhui	25857	50840	6166	89957	10983	23485	3016	66075
福 建 Fujian	4319	45220	2371	69016	4643	37111	1128	66094
江 西 Jiangxi	8602	55476	2425	65357	10306	30707	1092	25787
山 东 Shandong	14994	35272	5923	98501	23267	21717	2169	40163
河 南 Henan	10628	44068	4201	54523	17658	25492	1188	35364
湖 北 Hubei	20873	79292	7621	87537	9448	40727	1696	36106
湖 南 Hunan	7409	53709	4838	54023	7314	32722	319	44698
广 东 Guangdong	51682	69054	14888	99403	10692	36949	5912	41714
广 西 Guangxi	14405	47751	3199	49319	4387	28633	606	33800
海 南 Hainan	1041	115740	1289	99953	3115	39699	98	37207
重 庆 Chongqing	7337	46225	4093	62757	1743	45005	429	57830
四 川 Sichuan	17733	52092	6554	72472	7858	32953	2167	35585
贵 州 Guizhou	2404	38765	1832	68157	6147	31346	676	44936
云 南 Yunnan	2161	38229	3389	58840	14128	25795	478	36531
西 藏 Tibet	3383	61188	1017	49929	144	39974	46	95630
陕 西 Shaanxi	13060	47875	3103	59205	6218	29735	1080	43829
甘 肃 Gansu	1709	33759	2955	48112	4849	30353	142	35582
青 海 Qinghai	311	31537	788	40065	1061	35633	71	52318
宁 夏 Ningxia	1136	31342	498	39262	286	30835	26	30115
新 疆 Xinjiang	6173	51977	2174	55758	3780	32872	165	53488

3-4 续表 4 continued

地 区 Region	教 育 Education		卫生和社会工作 Health and Social Service		文化、体育和娱乐业 Culture, Sports and Entertainment		公共管理、社会保障和社会组织 Public Management, Social Security and Social Organization	
	年末人数（人） Year-end Figures (person)	平均工资（元） Average Wage (yuan)	年末人数（人） Year-end Figures (person)	平均工资（元） Average Wage (yuan)	年末人数（人） Year-end Figures (person)	平均工资（元） Average Wage (yuan)	年末人数（人） Year-end Figures (person)	平均工资（元） Average Wage (yuan)
全 国 National	**769623**	**50287**	**486262**	**73077**	**62234**	**62441**	**907150**	**40707**
北 京 Beijing	23953	139002	17521	122398	6213	138314	29841	33950
天 津 Tianjin	7559	52665	6872	84300	663	159754	6151	71592
河 北 Hebei	18216	29992	28371	48985	1786	47637	32305	30511
山 西 Shanxi	14845	27264	11875	43921	1128	26784	24113	28111
内蒙古 Inner Mongolia	7294	39676	6601	57112	960	81187	26695	37922
辽 宁 Liaoning	17412	31590	23384	58154	1136	29671	20899	25014
吉 林 Jilin	8400	54059	9008	48044	1186	26307	15824	24928
黑龙江 Heilongjiang	10393	30762	15512	40984	1401	28526	29591	31879
上 海 Shanghai	27776	140068	26036	97887	2921	245007	2265	51127
江 苏 Jiangsu	48761	63530	43832	94546	3242	68240	41932	69272
浙 江 Zhejiang	39618	64185	25411	109185	2536	64787	23640	75266
安 徽 Anhui	22910	35956	8320	74880	1538	48465	34281	49625
福 建 Fujian	45572	42299	13050	73727	3088	35533	28461	39763
江 西 Jiangxi	27078	34925	7156	57012	974	34273	33431	41487
山 东 Shandong	25853	45189	27950	64314	2641	37947	44646	39217
河 南 Henan	25573	38239	21162	67053	2880	37491	29673	32669
湖 北 Hubei	37982	44324	9371	75387	1935	46627	32603	57590
湖 南 Hunan	34795	34429	13326	68756	2536	49587	29377	39319
广 东 Guangdong	52691	87494	22214	106468	6038	39371	34003	54335
广 西 Guangxi	30904	31419	7475	70743	1736	26345	29917	36292
海 南 Hainan	6914	53540	3288	68124	648	34741	5254	40886
重 庆 Chongqing	18622	39898	7471	80912	1037	48098	11152	44323
四 川 Sichuan	53329	40778	31529	91056	4000	41150	41736	38147
贵 州 Guizhou	42667	32913	16777	51111	1735	35854	70758	35624
云 南 Yunnan	48241	27527	33773	56577	1420	34210	73452	33173
西 藏 Tibet	3428	41760	2334	60933	869	30605	10138	63683
陕 西 Shaanxi	21474	39102	18111	49920	2771	36359	23416	30969
甘 肃 Gansu	18261	33877	15929	43187	1915	30145	26368	29448
青 海 Qinghai	2985	34269	1861	46227	225	34530	8341	31664
宁 夏 Ningxia	6553	24119	2891	73800	282	27024	12215	35364
新 疆 Xinjiang	19560	32982	7850	47111	794	58887	74672	41486

3–5 各地区分登记注册类型城镇非私营单位年末人数(2022年)
EMPLOYMENT IN URBAN NON-PRIVATE UNITS BY REGISTRATION STATUS AND REGION(2022)

单位：千人 (1000 persons)

地 区	Region	就业人员 Employment				在岗职工 On-post Staff and Workers	
		合计 Total	国有单位 State-owned Units	城镇集体单位 Urban Collective-owned Units	其他单位 Other Ownership Units	合计 Total	国有单位 State-owned Units
全 国	**National**	**167007**	**56122**	**2351**	**108534**	**157796**	**53586**
北 京	Beijing	7471	1503	90	5878	7043	1438
天 津	Tianjin	2433	637	18	1778	2288	602
河 北	Hebei	5611	2577	94	2941	5265	2478
山 西	Shanxi	4383	1602	43	2737	4184	1543
内蒙古	Inner Mongolia	2655	1268	17	1370	2537	1224
辽 宁	Liaoning	4437	1795	59	2583	4232	1721
吉 林	Jilin	2423	1149	8	1266	2281	1099
黑龙江	Heilongjiang	2979	1554	19	1405	2784	1466
上 海	Shanghai	6723	959	74	5690	6337	924
江 苏	Jiangsu	12830	2935	302	9593	12183	2794
浙 江	Zhejiang	10414	2297	73	8043	9903	2208
安 徽	Anhui	5768	1784	65	3920	5350	1682
福 建	Fujian	5592	1473	69	4050	5198	1381
江 西	Jiangxi	4369	1737	75	2557	4043	1649
山 东	Shandong	10815	3794	148	6873	10227	3682
河 南	Henan	8739	3452	165	5122	8394	3350
湖 北	Hubei	6398	2308	65	4024	6018	2208
湖 南	Hunan	5899	2456	118	3324	5505	2355
广 东	Guangdong	20666	4383	331	15953	19936	4260
广 西	Guangxi	3958	1893	49	2016	3751	1816
海 南	Hainan	1092	416	10	666	1038	399
重 庆	Chongqing	3452	1152	39	2262	3217	1111
四 川	Sichuan	8814	3249	139	5426	8259	3096
贵 州	Guizhou	3273	1713	25	1536	3031	1569
云 南	Yunnan	3553	1949	102	1502	3260	1778
西 藏	Tibet	426	265	3	158	398	247
陕 西	Shaanxi	4716	1877	80	2758	4445	1790
甘 肃	Gansu	2575	1400	46	1129	2390	1324
青 海	Qinghai	658	357	7	294	633	341
宁 夏	Ningxia	712	357	4	351	674	334
新 疆	Xinjiang	3171	1832	14	1325	2992	1718

3−5 续表 continued

单位：千人 (1000 persons)

地 区	Region	城镇集体单位 Urban Collective-owned Units	其他单位 Other Ownership Units	其他就业人员 Others 合计 Total	国有单位 State-owned Units	城镇集体单位 Urban Collective-owned Units	其他单位 Other Ownership Units
全 国	**National**	**2179**	**102031**	**9211**	**2536**	**172**	**6503**
北 京	Beijing	84	5522	427	65	6	356
天 津	Tianjin	17	1669	145	34	1	110
河 北	Hebei	90	2698	346	98	4	244
山 西	Shanxi	42	2599	199	59	2	139
内蒙古	Inner Mongolia	17	1296	119	45		74
辽 宁	Liaoning	54	2457	205	74	4	127
吉 林	Jilin	8	1174	142	50	1	92
黑龙江	Heilongjiang	19	1300	194	88	1	106
上 海	Shanghai	70	5344	385	35	4	346
江 苏	Jiangsu	277	9111	647	141	25	481
浙 江	Zhejiang	70	7625	511	89	4	418
安 徽	Anhui	61	3607	419	102	3	313
福 建	Fujian	65	3752	394	91	4	299
江 西	Jiangxi	63	2331	327	89	12	226
山 东	Shandong	142	6404	588	112	6	470
河 南	Henan	160	4884	345	102	6	238
湖 北	Hubei	61	3750	380	100	4	275
湖 南	Hunan	104	3046	394	101	15	278
广 东	Guangdong	309	15367	730	123	21	586
广 西	Guangxi	35	1901	207	77	14	115
海 南	Hainan	9	629	55	17	1	36
重 庆	Chongqing	37	2069	236	41	2	193
四 川	Sichuan	124	5039	555	154	14	387
贵 州	Guizhou	24	1439	242	144	1	97
云 南	Yunnan	95	1387	293	171	7	115
西 藏	Tibet	2	149	28	18	1	9
陕 西	Shaanxi	75	2581	270	87	5	178
甘 肃	Gansu	43	1022	186	76	3	107
青 海	Qinghai	6	286	25	16	1	8
宁 夏	Ningxia	4	336	38	23		15
新 疆	Xinjiang	14	1260	179	114		66

3-6 各地区分登记注册类型城镇非私营单位工资总额(2022年) WAGES IN URBAN NON-PRIVATE UNITS BY REGISTRATION STATUS AND REGION (2022)

单位：亿元 (100 million yuan)

地 区 Region	就业人员工资总额 Earnings of Employment				在岗职工 Wages of On-post Staff and Workers	
	合 计 Total	国有单位 State-owned Units	城镇集体单位 Urban Collective-owned Units	其他单位 Other Ownership Units	合 计 Total	国有单位 State-owned Units
全 国 National	**190820.2**	**69000.2**	**1809.3**	**120010.8**	**185017.1**	**67769.5**
北 京 Beijing	15852.2	3278.7	69.3	12504.2	15356.5	3223.7
天 津 Tianjin	3212.4	955.5	13.7	2243.3	3110.6	936.3
河 北 Hebei	5122.0	2447.8	57.0	2617.2	4928.9	2410.4
山 西 Shanxi	3996.5	1368.6	26.8	2601.0	3911.2	1351.2
内蒙古 Inner Mongolia	2700.2	1256.6	16.7	1426.8	2644.9	1239.1
辽 宁 Liaoning	4148.2	1791.9	32.8	2323.6	4048.9	1764.4
吉 林 Jilin	2138.2	1014.1	6.5	1117.6	2069.9	996.6
黑龙江 Heilongjiang	2654.4	1346.9	14.6	1292.9	2584.3	1319.7
上 海 Shanghai	14344.4	2323.1	98.6	11922.7	13834.4	2286.3
江 苏 Jiangsu	15557.2	4729.9	328.0	10499.3	15069.6	4630.4
浙 江 Zhejiang	13350.1	4092.4	57.6	9200.0	12985.2	4023.1
安 徽 Anhui	5646.2	2191.2	57.4	3397.5	5400.7	2138.1
福 建 Fujian	5768.6	1967.4	53.7	3747.5	5536.5	1926.1
江 西 Jiangxi	3800.3	1828.4	44.9	1926.9	3609.4	1792.7
山 东 Shandong	11046.3	4718.6	106.9	6220.8	10728.5	4666.6
河 南 Henan	6747.5	2950.4	97.2	3699.9	6581.8	2906.6
湖 北 Hubei	6437.0	2776.8	39.2	3620.9	6231.7	2725.1
湖 南 Hunan	5372.8	2604.8	68.6	2699.4	5180.8	2559.2
广 东 Guangdong	26200.9	7272.2	256.0	18672.7	25639.8	7179.2
广 西 Guangxi	3615.5	1876.0	24.4	1715.1	3520.3	1847.9
海 南 Hainan	1150.3	469.9	6.9	673.6	1120.1	461.4
重 庆 Chongqing	3721.9	1537.0	28.6	2156.3	3586.1	1516.1
四 川 Sichuan	8933.2	3837.3	86.6	5009.3	8617.1	3754.2
贵 州 Guizhou	3108.5	1678.5	19.4	1410.6	3003.2	1622.4
云 南 Yunnan	3658.1	2250.1	89.3	1318.7	3540.0	2188.2
西 藏 Tibet	657.8	470.8	2.1	185.0	641.9	460.0
陕 西 Shaanxi	4625.0	1828.5	53.3	2743.2	4503.2	1794.6
甘 肃 Gansu	2342.6	1391.9	29.5	921.2	2248.7	1364.8
青 海 Qinghai	763.5	444.2	6.7	312.6	751.4	438.6
宁 夏 Ningxia	814.4	427.3	3.9	383.2	795.5	419.0
新 疆 Xinjiang	3334.0	1873.3	13.1	1447.6	3236.1	1827.6

3-6 续表 continued

单位：亿元 (100 million yuan)

地区	Region	城镇集体单位 Urban Collective-owned Units	其他单位 Other Ownership Units	其他就业人员 Others 合计 Total	国有单位 State-owned Units	城镇集体单位 Urban Collective-owned Units	其他单位 Other Ownership Units
全国	**National**	**1723.9**	**115523.7**	**5803.2**	**1230.7**	**85.4**	**4487.1**
北京	Beijing	65.2	12067.6	495.7	55.0	4.0	436.7
天津	Tianjin	13.1	2161.2	101.8	19.2	0.6	82.1
河北	Hebei	55.4	2463.0	193.0	37.4	1.5	154.2
山西	Shanxi	26.1	2534.0	85.2	17.4	0.7	67.1
内蒙古	Inner Mongolia	16.6	1389.2	55.3	17.6		37.6
辽宁	Liaoning	31.0	2253.4	99.4	27.4	1.8	70.2
吉林	Jilin	6.2	1067.0	68.3	17.4	0.3	50.5
黑龙江	Heilongjiang	14.3	1250.3	70.2	27.3	0.3	42.6
上海	Shanghai	96.2	11451.9	509.9	36.8	2.4	470.8
江苏	Jiangsu	313.7	10125.5	487.6	99.5	14.3	373.8
浙江	Zhejiang	55.4	8906.7	364.9	69.3	2.3	293.3
安徽	Anhui	55.9	3206.7	245.4	53.0	1.6	190.8
福建	Fujian	52.3	3558.1	232.1	41.2	1.4	189.4
江西	Jiangxi	39.0	1777.6	190.9	35.7	5.9	149.3
山东	Shandong	104.0	5957.9	317.8	52.0	3.0	262.9
河南	Henan	94.9	3580.2	165.8	43.8	2.3	119.7
湖北	Hubei	37.4	3469.2	205.3	51.8	1.9	151.7
湖南	Hunan	61.9	2559.7	192.0	45.6	6.7	139.7
广东	Guangdong	245.8	18214.9	561.1	93.0	10.3	457.8
广西	Guangxi	17.8	1654.6	95.2	28.1	6.6	60.5
海南	Hainan	6.4	652.3	30.3	8.5	0.6	21.3
重庆	Chongqing	27.5	2042.5	135.8	20.9	1.1	113.8
四川	Sichuan	78.3	4784.6	316.1	83.1	8.3	224.7
贵州	Guizhou	18.9	1361.9	105.4	56.2	0.4	48.8
云南	Yunnan	86.8	1265.0	118.1	61.9	2.5	53.7
西藏	Tibet	1.8	180.1	15.9	10.8	0.3	4.8
陕西	Shaanxi	51.2	2657.4	121.8	33.9	2.1	85.8
甘肃	Gansu	28.1	855.8	93.9	27.1	1.4	65.4
青海	Qinghai	6.3	306.6	12.1	5.6	0.5	6.0
宁夏	Ningxia	3.5	373.0	18.9	8.3		10.2
新疆	Xinjiang	13.0	1395.6	97.9	45.8		52.0

3-7 各地区分登记注册类型城镇非私营单位平均工资(2022年)

AVERAGE WAGE IN URBAN NON-PRIVATE UNITS BY REGISTRATION STATUS AND REGION(2022)

单位：元 (yuan)

地区 Region		就业人员平均工资 Average Wage of Employment				在岗职工 On-post Staff and Workers	
		合计 Total	国有单位 State-owned Units	城镇集体单位 Urban Collective-owned Units	其他单位 Other Ownership Units	合计 Total	国有单位 State-owned Units
全国	**National**	**114029**	**123623**	**77868**	**109895**	**117177**	**127175**
北京	Beijing	208977	218765	76067	208548	215143	224757
天津	Tianjin	129522	150012	74011	122934	133691	155365
河北	Hebei	90745	95119	60582	87917	93366	97348
山西	Shanxi	90495	86208	61973	93382	92882	88303
内蒙古	Inner Mongolia	100990	98806	95664	103064	103804	100920
辽宁	Liaoning	92573	99802	54595	88498	94911	102628
吉林	Jilin	87222	88193	78639	86414	90070	90638
黑龙江	Heilongjiang	88235	86963	66705	89932	92212	90336
上海	Shanghai	212476	243300	133289	208356	217363	248278
江苏	Jiangsu	121724	162752	109415	109657	124175	167284
浙江	Zhejiang	128825	179926	80616	114757	131951	184090
安徽	Anhui	98649	123493	89738	87450	101999	127926
福建	Fujian	103803	134627	78593	93047	106977	140739
江西	Jiangxi	87972	106423	60396	76241	90397	109944
山东	Shandong	102247	125235	72515	90310	105264	127561
河南	Henan	77627	86247	60278	72404	78903	87578
湖北	Hubei	101388	121020	63163	90699	104318	124093
湖南	Hunan	91413	106179	59883	81559	94590	108957
广东	Guangdong	124916	167521	78973	114489	126925	170091
广西	Guangxi	92066	100334	52828	85280	94766	103023
海南	Hainan	104802	113223	68882	100142	107795	115913
重庆	Chongqing	107008	134518	75100	93855	111424	137768
四川	Sichuan	101800	119197	63838	92417	105002	122441
贵州	Guizhou	95410	98275	79510	92455	99598	103798
云南	Yunnan	103128	115759	89109	87728	108739	123170
西藏	Tibet	154929	178768	75212	116716	161914	187957
陕西	Shaanxi	98843	97737	69105	100440	102041	100608
甘肃	Gansu	90870	99763	62234	81138	94231	103457
青海	Qinghai	115949	124139	92574	106542	118768	128403
宁夏	Ningxia	114631	120212	86328	109332	118614	125837
新疆	Xinjiang	101764	101563	93534	102107	104811	105632

3-7 续表 continued

单位：元 (yuan)

地区 Region			其他就业人员 Others			
	城镇集体单位 Urban Collective-owned Units	其他单位 Other Ownership Units	合计 Total	国有单位 State-owned Units	城镇集体单位 Urban Collective-owned Units	其他单位 Other Ownership Units
全国 National	**79964**	**112760**	**61420**	**48710**	**50929**	**66435**
北京 Beijing	76485	214794	110687	85362	69854	115627
天津 Tianjin	75379	126633	66336	55931	52435	69486
河北 Hebei	61692	90782	52856	38395	36518	58446
山西 Shanxi	63569	95992	41522	30349	32704	46061
内蒙古 Inner Mongolia	96895	106613	43967	39863		46210
辽宁 Liaoning	55698	90461	46197	36019	40510	52144
吉林 Jilin	83961	89583	44533	34708	31554	49474
黑龙江 Heilongjiang	67437	94684	34090	30988	42357	36376
上海 Shanghai	137957	213096	131977	108288	56261	135206
江苏 Jiangsu	113929	111362	75609	72004	58464	77509
浙江 Zhejiang	81874	117380	69900	77780	58658	68365
安徽 Anhui	91979	90007	57266	51529	48212	59190
福建 Fujian	80788	95082	60782	44456	39225	66360
江西 Jiangxi	62334	77302	58371	40835	50035	65536
山东 Shandong	73696	93201	51968	47515	46324	53024
河南 Henan	60930	73563	47274	42934	41805	49218
湖北 Hubei	64244	93270	54725	52532	47191	55627
湖南 Hunan	62057	84519	47945	43690	45211	49669
广东 Guangdong	80913	116194	72490	77321	50149	72294
广西 Guangxi	51633	87702	44836	36965	56336	48568
海南 Hainan	73409	103154	51696	49980	40305	52806
重庆 Chongqing	75564	98123	52290	49620	65297	52707
四川 Sichuan	64329	95335	55588	54269	59553	55954
贵州 Guizhou	81125	95305	43400	38737	42581	50393
云南 Yunnan	92307	91342	40503	37039	40614	45398
西藏 Tibet	82263	120451	56618	57977	50017	54238
陕西 Shaanxi	71165	103910	45780	38914	40198	49383
甘肃 Gansu	62801	83703	49017	35661	52792	57918
青海 Qinghai	98254	107671	46832	34496	52530	69401
宁夏 Ningxia	89141	111756	47488	36964		61047
新疆 Xinjiang	94239	103863	51888	40008		70224

四、国有单位就业人员和工资总额

EMPLOYMENT AND TOTAL WAGES IN STATE-OWNED UNITS

4−1 分行业国有单位就业人员和工资总额(2022年)
EMPLOYMENT AND TOTAL WAGES IN STATE-OWNED UNITS BY SECTOR (2022)

项　目	Item	年末人数(千人) Year-end Figures (1000 persons)	#女性 Female	工资总额(亿元) Total Wages (100 million yuan)	平均工资(元) Average Wage (yuan)
全国总计	**National Total**	**56122**	**27447**	**69000.2**	**123623**
按国民经济行业分组	**Grouped by Sector**				
农、林、牧、渔业	**Agriculture, Forestry, Animal Husbandry and Fishery**	**485**	**137**	**276.0**	**56816**
农业	Farming	143	49	60.8	42382
林业	Forestry	215	47	131.2	61632
畜牧业	Animal Husbandry	11	4	6.3	56918
渔业	Fishery	4	1	2.8	71347
农、林、牧、渔专业及辅助性活动	Professional and Support Activities for Agriculture, Forestry, Animal Husbandry and Fishery	112	36	74.9	65439
采矿业	**Mining**	**155**	**30**	**192.1**	**122264**
煤炭开采和洗选业	Mining and Washing of Coal	83	12	84.3	100020
石油和天然气开采业	Extraction of Petroleum and Natural Gas	31	9	59.5	190101
黑色金属矿采选业	Mining and Processing of Ferrous Metal Ores	7	1	7.8	109638
有色金属矿采选业	Mining and Processing of Non-Ferrous Metal Ores	5	1	4.6	90712
非金属矿采选业	Mining and Processing of Non-metal Ores	8	2	5.2	70274
开采专业及辅助性活动	Professional and Support Activities for Mining	22	5	30.6	140012
其他采矿业	Mining of Other Ores				
制造业	**Manufacturing**	**521**	**138**	**617.6**	**118127**
农副食品加工业	Processing of Food from Agricultural Products	31	12	17.4	56117
食品制造业	Manufacture of Foods	8	3	4.9	63924
酒、饮料和精制茶制造业	Manufacture of Liquor, Beverages and Refined Tea	7	3	5.4	75554
烟草制品业	Manufacture of Tobacco	40	11	124.1	305217
纺织业	Manufacture of Textile	8	5	4.5	53879
纺织服装、服饰业	Manufacture of Textile, Wearing Apparel and Accessories	8	3	8.3	87203
皮革、毛皮、羽毛及其制品和制鞋业	Manufacture of Leather, Fur, Feather and Related Products and Footwear	2	1	0.8	47864
木材加工和木、竹、藤、棕、草制品业	Processing of Timber, Manufacture of Wood, Bamboo, Rattan, Palm and Straw Products	4	1	2.7	71698
家具制造业	Manufacture of Furniture	1		0.5	82293
造纸及纸制品业	Manufacture of Paper and Paper Products	5	1	3.4	73595
印刷和记录媒介复制业	Printing and Reproduction of Recording Media	15	5	12.1	78240
文教、工美、体育和娱乐用品制造业	Manufacture of Articles for Culture, Education, Arts and Crafts, Sport and Entertainment Activities	3	1	1.6	61988

4-1 续表 1 continued

项 目	Item	年末人数 (千人) Year-end Figures (1000 persons)	#女 性 Female	工资总额 (亿元) Total Wages (100 million yuan)	平均工资 (元) Average Wage (yuan)
石油、煤炭及其他燃料加工业	Processing of Petroleum, Coal and Other Fuels	26	7	35.9	136707
化学原料和化学制品制造业	Manufacture of Raw Chemical Materials and Chemical Products	30	7	36.4	120334
医药制造业	Manufacture of Medicines	7	4	8.8	119351
化学纤维制造业	Manufacture of Chemical Fibres	1		1.3	93505
橡胶和塑料制品业	Manufacture of Rubber and Plastics Products	6	2	5.0	84609
非金属矿物制品业	Manufacture of Non-metallic Mineral Products	45	11	39.4	87822
黑色金属冶炼和压延加工业	Smelting and Pressing of Ferrous Metals	10	2	8.0	86907
有色金属冶炼和压延加工业	Smelting and Pressing of Non-ferrous Metals	44	9	50.8	116068
金属制品业	Manufacture of Metal Products	14	3	11.4	84410
通用设备制造业	Manufacture of General Purpose Machinery	37	8	30.8	84511
专用设备制造业	Manufacture of Special Purpose Machinery	20	5	21.3	106981
汽车制造业	Manufacture of Automobiles	50	8	65.5	130483
铁路、船舶、航空航天和其他运输设备制造业	Manufacture of Railway, Ship, Aerospace and Other Transport Equipments	26	5	34.9	134347
电气机械和器材制造业	Manufacture of Electrical Machinery and Apparatus	19	5	17.6	96947
计算机、通信和其他电子设备制造业	Manufacture of Computers, Communication and Other Electronic Equipment	25	8	28.0	114181
仪器仪表制造业	Manufacture of Measuring Instruments and Machinery	7	3	6.9	91207
其他制造业	Other Manufacture	2		1.2	70617
废弃资源综合利用业	Utilization of Waste Resources	4	1	3.4	92446
金属制品、机械和设备修理业	Repair Service of Metal Products, Machinery and Equipment	19	4	25.4	132202
电力、热力、燃气及水生产和供应业	**Production and Supply of Electricity, Heat, Gas and Water**	**949**	**247**	**1203.1**	**126188**
电力、热力生产和供应业	Production and Supply of Electric Power and Heat Power	763	179	1052.9	137162
燃气生产和供应业	Production and Supply of Gas	15	5	16.1	106765
水的生产和供应业	Production and Supply of Water	170	64	134.1	78562
建筑业	**Construction**	**867**	**125**	**660.9**	**78497**
房屋建筑业	Construction of Buildings	418	51	281.5	71184
土木工程建筑业	Civil Engineering	377	61	325.2	86241
建筑安装业	Building Installation	53	10	40.1	78059
建筑装饰、装修和其他建筑业	Building Decoration and Other Constructions	19	3	14.1	78152

4-1 续表 2 continued

项　目	Item	年末人数（千人）Year-end Figures (1000 persons)	#女 性 Female	工资总额（亿元）Total Wages (100 million yuan)	平均工资（元）Average Wage (yuan)
批发和零售业	**Wholesale and Retail Trades**	**460**	**159**	**659.6**	**142839**
批发业	Wholesale Trade	352	105	576.1	163083
零售业	Retail Trade	108	54	83.6	76971
交通运输、仓储和邮政业	**Transport, Storage and Post**	**943**	**303**	**941.3**	**99890**
铁路运输业	Railway Transport	9	2	8.8	100701
道路运输业	Road Transport	539	151	456.0	84295
水上运输业	Water Transport	37	6	63.0	169947
航空运输业	Air Transport	46	13	70.0	154500
管道运输业	Transport Via Pipelines	9	2	15.3	169335
多式联运和运输代理业	Intermodality and Forwarding Agency	16	5	22.6	146116
装卸搬运和仓储业	Loading, Unloading and Storage	67	17	51.1	76150
邮政业	Post	221	107	254.5	116406
住宿和餐饮业	**Hotels and Catering Services**	**158**	**86**	**96.6**	**60575**
住宿业	Hotels	129	68	81.2	62462
餐饮业	Catering Services	30	17	15.5	52280
信息传输、软件和信息技术服务业	**Information Transmission, Software and Information Technology**	**270**	**110**	**390.9**	**145800**
电信、广播电视和卫星传输服务	Telecommunication, Radio and Television and Satellite Transmission Service	193	83	254.1	131395
互联网和相关服务	Internet and Related Service	15	6	25.5	171615
软件和信息技术服务业	Software and Information Technology	62	21	111.3	185947
金融业	**Financial Intermediation**	**614**	**301**	**1141.3**	**185022**
货币金融服务	Monetary and Financial Service	514	252	928.9	180015
资本市场服务	Capital Market Service	36	16	148.4	421377
保险业	Insurance	60	32	47.3	77449
其他金融业	Other Financial Activities	5	2	16.8	366741
房地产业	**Real Estate**	**247**	**98**	**238.0**	**94998**
租赁和商务服务业	**Leasing and Business Services**	**923**	**280**	**811.2**	**88109**
租赁业	Leasing	8	2	6.7	87314
商务服务业	Business Services	915	279	804.4	88116
科学研究和技术服务业	**Scientific Research and Technical Services**	**1456**	**521**	**2203.8**	**151816**
研究和试验发展	Research and Experimental Development	338	137	685.9	204533
专业技术服务业	Professional Technical Services	896	298	1243.5	139030
科技推广和应用服务业	Science and Technology Popularization and Application Services	222	86	274	123675

4-1 续表 3 continued

项　目	Item	年末人数（千人）Year-end Figures (1000 persons)	#女 性 Female	工资总额（亿元）Total Wages (100 million yuan)	平均工资（元）Average Wage (yuan)
水利、环境和公共设施管理业	**Management of Water Conservancy, Environment and Public Facilities**	**1160**	**443**	**919**	**78383**
水利管理业	Management of Water Conservancy	233	64	251	107358
生态保护和环境治理业	Ecological Protection and Environmental Treatment	100	28	90	90280
公共设施管理业	Management of Public Facilities	802	339	552	67857
土地管理业	Management of Land	25	12	25	102363
居民服务、修理和其他服务业	**Service to Households, Repair and Other Services**	**132**	**59**	**118**	**90412**
居民服务业	Service to Households	77	29	73	95224
机动车、电子产品和日用产品修理业	Repair of Motor Vehicle, Electronics and Household Products	7	2	6	82491
其他服务业	Other Services	48	29	39	83721
教育	**Education**	**16646**	**10523**	**20946**	**126847**
卫生和社会工作	**Health and Social Service**	**9560**	**6637**	**13381**	**141652**
卫生	Health	9352	6509	13212	143014
社会工作	Social Service	208	128	168	81079
文化、体育和娱乐业	**Culture, Sports and Entertainment**	**828**	**407**	**1066**	**128306**
新闻和出版业	Journalism and Publishing Activities	159	78	238	149233
广播、电视、电影和录音制作业	Radio, Television, Motion Picture and Audio-visual Programme Production Services	233	103	340	145144
文化艺术业	Cultural and Art Activities	357	193	399	111739
体育	Sports Activities	48	19	56	115958
娱乐业	Entertainment	32	14	33	104015
公共管理、社会保障和社会组织	**Public Management, Social Security and Social Organization**	**19746**	**6843**	**23139**	**117513**
#中国共产党机关	Organs of Communist Party of China	932	318	1177	127336
国家机构	Government Agencies	18394	6320	21478	117061
人民政协、民主党派	People's Political Consultative Conference and Democratic Parties	114	36	171	149906
社会保障	Social Security	158	88	152	96442
群众团体、社会团体和其他成员组织	Non-Governmental Organizations, Social Organizations and Membership Organizations	147	81	161	109645

4-2 各地区分行业国有单位就业人员和工资总额(2022年)
MPLOYMENT AND TOTAL WAGES IN STATE-OWNED UNITS BY SECTOR AND REGION (2022)

地区	Region	总计 Total				农、林、牧、渔业 Agriculture, Forestry, Animal Husbandry and Fishery			
		年末人数(人) Year-end Figures (person)	#女性 Female	工资总额(千元) Total Wages (1000 yuan)	平均工资(元) Average Wage (yuan)	年末人数(人) Year-end Figures (person)	#女性 Female	工资总额(千元) Total Wages (1000 yuan)	平均工资(元) Average Wage (yuan)
全国	**National**	**56121522**	**27446613**	**6900016821**	**123623**	**485327**	**137457**	**27600933**	**56816**
北京	Beijing	1502655	775905	327869166	218765	909	301	163549	177196
天津	Tianjin	636574	314096	95545193	150012	693	160	71530	95119
河北	Hebei	2576557	1336241	244779410	95119	4414	1021	282848	63033
山西	Shanxi	1601931	839314	136862055	86208	4254	1093	268537	64497
内蒙古	Inner Mongolia	1268194	635813	125664309	98806	28518	5796	2189619	75863
辽宁	Liaoning	1794812	893424	179185381	99802	57097	21584	1271391	22604
吉林	Jilin	1148584	563895	101409010	88193	35120	6997	1920915	54445
黑龙江	Heilongjiang	1553974	706372	134694155	86963	161449	43183	7766845	48187
上海	Shanghai	958810	530679	232308845	243300	1506	491	212040	137866
江苏	Jiangsu	2935429	1395218	472992244	162752	13500	7188	666724	49158
浙江	Zhejiang	2297250	1226134	409243622	179926	1667	454	231624	139359
安徽	Anhui	1783755	790069	219116764	123493	19305	6072	1206469	62038
福建	Fujian	1472664	760085	196738203	134627	7898	2003	685110	84318
江西	Jiangxi	1737074	810191	182843465	106423	11088	2561	620982	55681
山东	Shandong	3793566	1789512	471860228	125235	3017	813	247111	82743
河南	Henan	3451942	1697259	295041354	86247	10408	2902	611729	59058
湖北	Hubei	2308442	1063067	277681754	121020	13502	4678	781288	57407
湖南	Hunan	2455830	1121978	260480900	106179	9387	1935	621108	65978
广东	Guangdong	4382961	2070806	727218816	167521	10788	2921	779889	72514
广西	Guangxi	1892903	1039162	187604260	100334	16550	4106	1313619	78620
海南	Hainan	416315	194480	46988874	113223	4273	1293	224543	52276
重庆	Chongqing	1151759	581423	153703802	134518	1653	479	180254	108709
四川	Sichuan	3249289	1615527	383727507	119197	14260	4343	1311239	90090
贵州	Guizhou	1713318	818219	167854819	98275	2507	674	211729	83063
云南	Yunnan	1948709	965312	225012628	115759	10005	2521	792041	78309
西藏	Tibet	264930	118151	47075961	178768	511	225	59194	115840
陕西	Shaanxi	1877432	903483	182846123	97737	10192	2845	836633	81526
甘肃	Gansu	1400024	626526	139191138	99763	11764	3132	894143	78039
青海	Qinghai	357236	173030	44416134	124139	4693	1337	253065	55920
宁夏	Ningxia	356660	187642	42729625	120212	2919	444	214893	62347
新疆	Xinjiang	1831945	903600	187331075	101563	11477	3905	710273	63399

4−2 续表 1 continued

地 区	Region	采矿业 Mining				制造业 Manufacturing			
		年末人数（人）Year-end Figures (person)	#女 性 Female	工资总额（千元）Total Wages (1000 yuan)	平均工资（元）Average Wage (yuan)	年末人数（人）Year-end Figures (person)	#女 性 Female	工资总额（千元）Total Wages (1000 yuan)	平均工资（元）Average Wage (yuan)
全 国	**National**	**154595**	**30118**	**19211189**	**122264**	**521388**	**137678**	**61761393**	**118127**
北 京	Beijing					1692	584	215982	124990
天 津	Tianjin					4329	1363	594987	139964
河 北	Hebei	603	145	30699	50326	13946	4119	1263183	89904
山 西	Shanxi	12885	2349	805941	61744	7642	2364	489596	62827
内蒙古	Inner Mongolia	2787	278	464813	177342	1547	282	125380	80892
辽 宁	Liaoning	623	66	55170	88413	21802	5197	2088149	94212
吉 林	Jilin	1340	282	227391	168189	22769	3262	3516222	158217
黑龙江	Heilongjiang	4073	1319	386011	92836	22613	4982	2676271	116994
上 海	Shanghai					7382	2097	1028106	135277
江 苏	Jiangsu	699	135	61273	84398	35043	8958	5086987	146064
浙 江	Zhejiang	57	18	10151	178088	10598	2294	1372845	127139
安 徽	Anhui	4460	720	620185	131534	27319	6758	3994485	144968
福 建	Fujian	1830	390	149078	80845	8298	2166	888590	107645
江 西	Jiangxi	4708	609	411310	86501	23002	4364	2679281	116765
山 东	Shandong	12415	2593	1263111	87443	46625	12550	4200636	93461
河 南	Henan	11370	1364	1193357	104938	25123	10340	1605040	64247
湖 北	Hubei	1178	175	102419	86211	40732	9770	4659862	111124
湖 南	Hunan	145	18	9528	66167	30597	8778	4819066	156707
广 东	Guangdong	1598	271	283912	174715	28941	7835	2763221	94608
广 西	Guangxi	402	81	13712	44809	8964	2909	572781	64104
海 南	Hainan	271	75	12045	43327	2239	693	172925	76375
重 庆	Chongqing	358	69	41607	126082	7786	2020	859160	112470
四 川	Sichuan	23030	3554	2563112	110284	19189	5312	1816253	94892
贵 州	Guizhou	2338	188	245248	110273	4367	1321	319130	72927
云 南	Yunnan	7346	1317	600636	80245	31199	8938	7295579	230975
西 藏	Tibet	57	10	10371	181947	1028	322	110391	107594
陕 西	Shaanxi	26496	5793	3732803	138936	37812	10639	3579555	94471
甘 肃	Gansu	16748	4101	2901958	179056	15313	3647	1555724	104988
青 海	Qinghai	9	2	1315	93929	5930	1222	733690	123144
宁 夏	Ningxia	13692	3836	2584446	187578	1520	374	157212	102955
新 疆	Xinjiang	3077	360	429588	140710	6042	2219	521101	71948

4-2 续表 2 continued

地 区	Region	电力、热力、燃气及水生产和供应业 Production and Supply of Electricity, Heat, Gas and Water				建筑业 Construction			
		年末人数（人） Year-end Figures (person)	#女 性 Female	工资总额（千元） Total Wages (1000 yuan)	平均工资（元） Average Wage (yuan)	年末人数（人） Year-end Figures (person)	#女 性 Female	工资总额（千元） Total Wages (1000 yuan)	平均工资（元） Average Wage (yuan)
全 国	**National**	**948718**	**247421**	**120314180**	**126188**	**867098**	**125172**	**66094515**	**78497**
北 京	Beijing	756	143	21969	28183	676	217	141838	207974
天 津	Tianjin	1733	551	199172	115663	10115	1862	1379791	135420
河 北	Hebei	71788	19607	7965267	110099	18840	4108	1201818	65446
山 西	Shanxi	17166	6663	1596754	94693	10738	1287	418437	45623
内蒙古	Inner Mongolia	4201	1378	437109	101999	2231	315	203182	85013
辽 宁	Liaoning	18036	4471	1778434	100925	24419	5064	1877269	73425
吉 林	Jilin	8565	2588	598260	68386	2728	484	165375	63655
黑龙江	Heilongjiang	16977	4338	986025	57545	9084	1815	816843	59603
上 海	Shanghai	1276	416	218047	171017	12404	1944	2161494	178680
江 苏	Jiangsu	9300	2566	1262673	135728	124377	8487	8210626	75704
浙 江	Zhejiang	3004	934	348231	119434	6873	883	767805	115714
安 徽	Anhui	12421	3004	1476177	117492	50948	4516	3551429	67205
福 建	Fujian	3488	1041	326249	92948	3234	469	257816	80217
江 西	Jiangxi	12621	3992	1407338	110938	46944	7944	2447088	54295
山 东	Shandong	124886	26431	18843873	150271	79053	15946	7699921	97498
河 南	Henan	127878	33137	16112052	123492	44230	5789	2564744	59618
湖 北	Hubei	77520	20423	11743297	149719	44518	7004	3129929	74236
湖 南	Hunan	95421	23638	11450145	119420	48594	5268	2555909	50044
广 东	Guangdong	37544	9996	5334683	140131	123042	15415	10504123	94899
广 西	Guangxi	9091	2887	722655	79177	5260	922	323607	63217
海 南	Hainan	10807	2567	1205933	115802	1378	156	120165	90282
重 庆	Chongqing	3488	1138	333261	96086	18945	2605	1807059	101819
四 川	Sichuan	25463	7088	3262759	127686	60799	10634	3823056	61626
贵 州	Guizhou	44701	11529	6413943	140412	23649	3262	1868757	82586
云 南	Yunnan	5937	1891	616457	103298	13922	3882	1294853	95318
西 藏	Tibet	1472	445	289617	201719	523	128	60290	115277
陕 西	Shaanxi	70423	20119	9908754	140050	26621	4661	1928595	72099
甘 肃	Gansu	66044	18898	6630478	101007	34623	6285	2245629	64374
青 海	Qinghai	10747	3072	1131116	107294	12352	2604	1882687	144600
宁 夏	Ningxia	14481	3913	2328363	162603	777	175	100760	69827
新 疆	Xinjiang	41484	8559	5365088	132330	5203	1044	583619	96768

4-2 续表 3 continued

地区	Region	批发和零售业 Wholesale and Retail Trades 年末人数(人) Year-end Figures (person)	#女性 Female	工资总额(千元) Total Wages (1000 yuan)	平均工资(元) Average Wage (yuan)	交通运输、仓储和邮政业 Transport, Storage and Post 年末人数(人) Year-end Figures (person)	#女性 Female	工资总额(千元) Total Wages (1000 yuan)	平均工资(元) Average Wage (yuan)
全国	**National**	**460409**	**159124**	**65963911**	**142839**	**942703**	**302933**	**94134857**	**99890**
北京	Beijing	6858	2829	1343597	191918	4424	1069	865282	187420
天津	Tianjin	3951	1440	681360	170794	27059	8477	2802553	103606
河北	Hebei	13601	4609	1962126	142357	54727	18822	4672909	84664
山西	Shanxi	13247	4374	1381079	103566	24548	7758	1387916	55735
内蒙古	Inner Mongolia	7470	2354	1210619	161626	10478	2748	815747	77119
辽宁	Liaoning	13342	4545	1772144	133085	37504	11613	3406768	89727
吉林	Jilin	9137	3368	1153108	120035	13736	3664	1009340	71234
黑龙江	Heilongjiang	12880	4589	1706357	131007	48497	19167	3959259	82829
上海	Shanghai	4675	1807	826125	174527	23573	4783	4327089	181239
江苏	Jiangsu	29114	9302	4034569	137788	60142	17037	7209254	119921
浙江	Zhejiang	13152	3919	3144029	238457	14950	3525	2030247	136071
安徽	Anhui	15876	4673	2155219	135243	18686	5709	1413652	74999
福建	Fujian	16295	5004	2466534	149774	8477	1635	1011540	118005
江西	Jiangxi	18652	5608	2180620	116893	31094	11802	2829584	91541
山东	Shandong	17555	7443	1836614	103625	66720	16653	7644028	114359
河南	Henan	35270	12492	4227360	119490	65300	24409	4288955	65871
湖北	Hubei	29910	9988	4018847	135614	45764	13971	4017530	87151
湖南	Hunan	26270	8770	3619997	135099	28823	8392	2298936	79632
广东	Guangdong	27628	11052	3810455	136088	94525	29741	12585489	132465
广西	Guangxi	11499	3523	1715038	149723	12863	3900	1249399	95758
海南	Hainan	8331	3713	1499829	203453	7536	2295	673991	89017
重庆	Chongqing	10038	3487	1784006	176197	27833	13008	3527534	129384
四川	Sichuan	21756	6961	3120107	151052	41730	13208	4264456	101641
贵州	Guizhou	19421	4812	3303438	167353	11989	3628	834665	88231
云南	Yunnan	22601	8264	4546794	200828	25109	8748	2487643	98531
西藏	Tibet	2017	737	279060	138373	10874	4220	1399342	129154
陕西	Shaanxi	22625	8458	2748041	119611	64701	19500	5218940	80622
甘肃	Gansu	11941	4993	1483032	121866	22680	8385	1937207	86274
青海	Qinghai	2304	989	342416	146074	7975	2635	1015951	128247
宁夏	Ningxia	2495	904	355388	142669	9499	4566	848562	89763
新疆	Xinjiang	10498	4117	1256003	119778	20887	7867	2101086	100124

4-2 续表 4 continued

地 区	Region	住宿和餐饮业 Hotels and Catering Services				信息传输、软件和信息技术服务业 Information Transmission, Software and Information Technology			
		年末人数(人) Year-end Figures (person)	#女 性 Female	工资总额(千元) Total Wages (1000 yuan)	平均工资(元) Average Wage (yuan)	年末人数(人) Year-end Figures (person)	#女 性 Female	工资总额(千元) Total Wages (1000 yuan)	平均工资(元) Average Wage (yuan)
全 国	**National**	**158259**	**85698**	**9663662**	**60575**	**270173**	**110157**	**39085634**	**145800**
北 京	Beijing	10197	4408	935030	89168	9145	3940	2028756	224152
天 津	Tianjin	1262	547	56138	45163	1552	690	216771	138108
河 北	Hebei	7872	4173	372754	45845	8197	3627	854688	103636
山 西	Shanxi	6020	3028	305006	50589	5198	2933	523713	100473
内蒙古	Inner Mongolia	1117	646	60059	50674	7284	3306	757448	105129
辽 宁	Liaoning	4280	2221	215603	50722	14826	7327	2224512	149987
吉 林	Jilin	4370	2570	214240	48123	9806	4181	986155	98976
黑龙江	Heilongjiang	3359	2076	161404	47986	9149	3906	1140261	124874
上 海	Shanghai	2588	1141	263256	103027	11871	4598	3001273	258001
江 苏	Jiangsu	12011	6758	812056	66851	14016	5669	2135811	153890
浙 江	Zhejiang	6429	3309	516187	80368	7479	3264	1275174	171018
安 徽	Anhui	1338	830	67305	49326	6397	2102	845903	132638
福 建	Fujian	2105	1264	123070	57956	3325	1123	467239	138264
江 西	Jiangxi	6749	4323	303074	45024	4138	1828	501689	121984
山 东	Shandong	19543	10100	1176963	59565	16205	5364	2340330	152358
河 南	Henan	7800	4200	340411	43764	20987	8948	2244046	107963
湖 北	Hubei	4054	2423	221683	53849	14637	6416	1796959	122978
湖 南	Hunan	3995	2317	191964	47843	7843	2770	825275	106526
广 东	Guangdong	14521	6740	1288499	88818	23603	7969	3879212	165243
广 西	Guangxi	1702	937	88982	52559	2801	1085	249960	89257
海 南	Hainan	748	408	38575	49329	1786	593	257542	144563
重 庆	Chongqing	1325	771	82421	61120	13905	3954	3029790	227581
四 川	Sichuan	6494	3859	331773	52079	15012	6961	2042284	134725
贵 州	Guizhou	2832	1796	167738	59368	4172	1794	597075	143987
云 南	Yunnan	6492	3908	327497	50399	6893	3072	935908	135146
西 藏	Tibet	1107	617	80843	70791	6657	2946	1379620	209528
陕 西	Shaanxi	5607	3183	261228	46037	8153	3813	1054193	129913
甘 肃	Gansu	3939	2352	187603	46607	7182	2779	557181	76858
青 海	Qinghai	1026	548	65119	64347	965	426	116819	120409
宁 夏	Ningxia	953	636	43023	43856	1563	607	201847	129722
新 疆	Xinjiang	6422	3610	364159	55845	5423	2166	618200	113496

4-2 续表 5 continued

地 区	Region	金融业 Financial Intermediation 年末人数（人）Year-end Figures (person)	#女 性 Female	工资总额（千元）Total Wages (1000 yuan)	平均工资（元）Average Wage (yuan)	房地产业 Real Estate 年末人数（人）Year-end Figures (person)	#女 性 Female	工资总额（千元）Total Wages (1000 yuan)	平均工资（元）Average Wage (yuan)
全 国	**National**	**614434**	**301187**	**114129945**	**185022**	**247383**	**97937**	**23798701**	**94998**
北 京	Beijing	7513	3807	2258303	306045	5898	2253	797469	133481
天 津	Tianjin	17577	9385	3192450	185053	5593	2168	667771	116766
河 北	Hebei	7529	2911	1071812	139710	4334	1623	367835	84641
山 西	Shanxi	22039	10758	2905349	130400	5034	2500	279722	56454
内蒙古	Inner Mongolia	14301	7074	1879435	125071	1596	744	105950	66572
辽 宁	Liaoning	35609	18340	4351954	120726	10981	4724	808873	74497
吉 林	Jilin	13007	6744	1411084	103358	2722	1218	211785	77161
黑龙江	Heilongjiang	16908	7931	2291259	134102	5123	2054	254729	50268
上 海	Shanghai	45201	27232	14127245	312740	13298	5734	1864411	141221
江 苏	Jiangsu	45912	22472	8713974	191085	14016	5720	1606002	115753
浙 江	Zhejiang	5812	2924	1209819	206956	8200	3656	825963	102485
安 徽	Anhui	22823	10176	3436837	150393	3368	1276	276989	85356
福 建	Fujian	4270	1729	746627	175801	10824	4088	905808	83933
江 西	Jiangxi	22835	11200	3293307	142481	4355	1543	350302	82561
山 东	Shandong	61678	27823	9409697	153581	17000	7466	1422383	82710
河 南	Henan	6976	2647	1257558	177659	7714	2727	570521	74700
湖 北	Hubei	12362	6502	2399425	195260	9719	3687	995492	102330
湖 南	Hunan	30374	15368	5088609	166943	4312	1632	369153	85481
广 东	Guangdong	82765	38459	24392427	295134	71220	24611	7893503	105796
广 西	Guangxi	4528	1932	655178	143933	3694	1476	234165	62526
海 南	Hainan	7865	3134	1405623	179302	2470	882	247325	95791
重 庆	Chongqing	4231	1890	644935	151554	2749	1109	333373	123855
四 川	Sichuan	28284	14573	4662672	163961	6954	3351	565867	81463
贵 州	Guizhou	2831	1177	384409	133873	1949	855	158308	78556
云 南	Yunnan	15021	7576	2464784	163827	3321	1417	317227	92379
西 藏	Tibet	3137	1490	727376	232314	747	417	52413	68318
陕 西	Shaanxi	30641	15148	3794946	122557	8861	3370	699727	78131
甘 肃	Gansu	16923	7769	1868588	109069	7283	3691	364824	50487
青 海	Qinghai	1786	771	289649	157063	507	237	31045	60920
宁 夏	Ningxia	5306	2766	720037	135718	232	109	15772	77314
新 疆	Xinjiang	18389	9481	3074577	166458	3307	1597	203993	62232

4-2 续表 6 continued

地 区	Region	租赁和商务服务业 Leasing and Business Services 年末人数(人) Year-end Figures (person)	#女 性 Female	工资总额(千元) Total Wages (1000 yuan)	平均工资(元) Average Wage (yuan)	科学研究和技术服务业 Scientific Research and Technical Services 年末人数(人) Year-end Figures (person)	#女 性 Female	工资总额(千元) Total Wages (1000 yuan)	平均工资(元) Average Wage (yuan)
全 国	**National**	**922546**	**280192**	**81115544**	**88109**	**1455508**	**520689**	**220376779**	**151816**
北 京	Beijing	118250	29212	11915573	98224	134330	61227	35611240	266805
天 津	Tianjin	25139	4105	1889221	72571	28306	10965	5193359	183575
河 北	Hebei	22565	7433	1542981	69608	43354	15316	4898829	112584
山 西	Shanxi	14805	5404	1048606	71330	28965	11277	2495442	87682
内蒙古	Inner Mongolia	9468	3876	836366	88902	27721	11154	2866656	103455
辽 宁	Liaoning	22230	7129	1645927	72116	44930	16795	5591760	121903
吉 林	Jilin	9528	3717	654898	69369	35309	12935	3657714	102716
黑龙江	Heilongjiang	28359	9237	1498321	56999	37604	13508	3680512	97133
上 海	Shanghai	62384	20224	8149013	127672	51919	18970	13138262	254652
江 苏	Jiangsu	87244	23997	7361907	84610	77390	26185	13882761	181746
浙 江	Zhejiang	39017	11887	3835771	97834	52734	19496	10067770	194550
安 徽	Anhui	16987	5906	1313776	79134	40800	11772	5085778	125136
福 建	Fujian	15250	5671	1582106	104200	30392	10543	4558658	150031
江 西	Jiangxi	16194	4251	1118042	69520	38066	10283	4468848	119375
山 东	Shandong	47104	13911	4076394	87737	70872	24346	10096691	143683
河 南	Henan	33629	10585	2222438	66865	69891	25111	6410193	91798
湖 北	Hubei	31637	11869	2492744	85018	59950	18938	7400673	123620
湖 南	Hunan	21467	7027	1805201	83862	49845	15894	5719234	114137
广 东	Guangdong	146554	38345	13450569	91534	114046	40670	23683634	208873
广 西	Guangxi	16281	6612	1369723	84194	45072	16581	4671833	103576
海 南	Hainan	4725	1871	613934	125200	11445	4033	1456847	131557
重 庆	Chongqing	16150	5623	1183747	75396	30748	9724	4390952	141706
四 川	Sichuan	31314	10148	2903186	95044	83154	28309	10739096	128621
贵 州	Guizhou	9344	3574	613430	65799	24720	7672	2775958	112267
云 南	Yunnan	18423	6062	1602240	89143	56625	21172	6960023	122663
西 藏	Tibet	2771	1166	345176	126420	6786	2576	1189939	176605
陕 西	Shaanxi	23947	9328	1853667	78678	53667	19504	6486635	121463
甘 肃	Gansu	13191	3551	816285	60726	46833	14689	5558318	118965
青 海	Qinghai	1291	572	125877	96463	11051	3632	1511467	136296
宁 夏	Ningxia	2015	1002	187712	93737	8588	3326	1165836	135171
新 疆	Xinjiang	15282	6896	1060711	69315	40399	14088	4961863	122734

4-2 续表 7 continued

地 区	Region	水利、环境和公共设施管理业 Management of Water Conservancy, Environment and Public Facilities				居民服务、修理和其他服务业 Service to Households, Repair and Other Services			
		年末人数（人）Year-end Figures (person)	#女 性 Female	工资总额（千元）Total Wages (1000 yuan)	平均工资（元）Average Wage (yuan)	年末人数（人）Year-end Figures (person)	#女 性 Female	工资总额（千元）Total Wages (1000 yuan)	平均工资（元）Average Wage (yuan)
全 国	**National**	**1160182**	**442507**	**91869721**	**78383**	**131886**	**58804**	**11802416**	**90412**
北 京	Beijing	49982	15203	7006529	136868	7979	3183	838901	103352
天 津	Tianjin	16842	5524	1974800	109370	2912	1780	305513	107517
河 北	Hebei	48673	17557	3293682	67359	5093	2434	386545	75744
山 西	Shanxi	46553	19996	1980597	42701	2316	1112	133223	67200
内蒙古	Inner Mongolia	20859	7102	1526371	69869	2096	923	152824	73219
辽 宁	Liaoning	42503	13576	2749608	62126	4750	1715	314981	66258
吉 林	Jilin	43418	15545	2076686	47938	3865	1658	227799	60230
黑龙江	Heilongjiang	53453	16232	2576610	48283	5122	1555	328406	58978
上 海	Shanghai	13200	4913	2438744	182677	6609	2769	985849	149097
江 苏	Jiangsu	59971	25157	6482669	107043	11099	5220	1203097	111060
浙 江	Zhejiang	33095	11916	4041313	117361	4550	1694	508337	112400
安 徽	Anhui	25097	8600	2518981	99846	3630	1440	311134	86167
福 建	Fujian	24340	8804	2076456	84437	2210	764	220192	99893
江 西	Jiangxi	15507	6774	774310	57467	2224	974	146341	66029
山 东	Shandong	50207	17826	4304167	84836	8159	4069	710240	87180
河 南	Henan	72170	27655	4514316	62729	9586	5035	590510	62641
湖 北	Hubei	56106	20812	4909450	86301	6647	2953	562198	85612
湖 南	Hunan	62631	23443	4156790	65523	3508	1512	285574	81197
广 东	Guangdong	88021	29422	9193622	104058	13252	4724	1527099	115816
广 西	Guangxi	49583	24818	3129122	62062	2536	1261	201453	81482
海 南	Hainan	11704	4891	758936	61916	767	326	62514	80461
重 庆	Chongqing	13375	6249	1111193	82069	3204	2043	257250	92359
四 川	Sichuan	59429	27999	4382120	73696	5370	2585	439226	84360
贵 州	Guizhou	15862	7562	880033	54840	3460	1691	287152	84524
云 南	Yunnan	35789	13649	2348910	65237	2339	988	196990	85096
西 藏	Tibet	745	341	85367	113851	582	353	71128	121586
陕 西	Shaanxi	54722	22647	3446932	63256	4013	2171	242091	61378
甘 肃	Gansu	32209	12261	2413835	75003	1046	427	86748	84398
青 海	Qinghai	6563	2074	546361	79273	782	473	24154	30986
宁 夏	Ningxia	12528	5770	964962	73812	283	150	27066	96664
新 疆	Xinjiang	45041	18188	3206251	68797	1897	825	167880	88737

4-2 续表 8 continued

地区 Region	教育 Education 年末人数（人）Year-end Figures (person)	#女性 Female	工资总额（千元）Total Wages (1000 yuan)	平均工资（元）Average Wage (yuan)	卫生和社会工作 Health and Social Service 年末人数（人）Year-end Figures (person)	#女性 Female	工资总额（千元）Total Wages (1000 yuan)	平均工资（元）Average Wage (yuan)
全国 National	**16646480**	**10522877**	**2094574231**	**126847**	**9559728**	**6636919**	**1338072353**	**141652**
北京 Beijing	373048	238789	92031880	248818	260958	187805	68690842	266581
天津 Tianjin	181081	122583	28599692	158579	104664	74281	18933198	181808
河北 Hebei	793295	566955	81937293	103561	424402	296217	42813323	101669
山西 Shanxi	468382	322182	45242747	96829	248217	177574	22926926	93461
内蒙古 Inner Mongolia	352174	235225	37868261	107242	196251	133605	20012641	102753
辽宁 Liaoning	482630	322763	52841719	110031	297403	211636	30852210	104428
吉林 Jilin	321059	210624	31332165	97409	194487	134847	18781087	96818
黑龙江 Heilongjiang	354400	222834	36620061	102999	234653	161201	22330098	95409
上海 Shanghai	292748	203654	69537282	239680	211202	151461	58379688	279616
江苏 Jiangsu	914910	581088	151538885	167136	464963	320098	79922045	173088
浙江 Zhejiang	744323	505557	127751653	174330	500625	353005	101491800	206816
安徽 Anhui	600174	330294	75551864	127169	295413	192108	41779257	143512
福建 Fujian	553425	354980	71614664	131219	236438	165592	38293703	164612
江西 Jiangxi	568963	349492	59778347	106334	258699	177167	31613267	123410
山东 Shandong	1088311	667168	146834599	135711	662614	455968	86583273	132155
河南 Henan	1029831	679296	85315952	83915	627068	420418	59073340	95170
湖北 Hubei	626108	361079	73311938	118135	430034	291922	56779046	133684
湖南 Hunan	722370	440325	74240685	103241	414483	286656	52877822	128325
广东 Guangdong	1135479	718800	188197092	167364	797985	550769	160655349	204362
广西 Guangxi	723258	474231	68276628	96445	370457	259628	44944916	123695
海南 Hainan	125531	74581	14758657	117835	66450	45484	8481706	128962
重庆 Chongqing	403592	243992	54972008	137095	203694	143044	30511708	152193
四川 Sichuan	1025247	618584	119134815	117577	605140	414131	80458835	135504
贵州 Guizhou	550093	323360	53667902	98265	273249	185578	31252223	115666
云南 Yunnan	606627	356063	71640632	119027	330002	242238	38498273	118593
西藏 Tibet	50923	29853	9571918	188892	19641	13134	3187474	164738
陕西 Shaanxi	500283	316563	53398195	107404	296819	210625	28791457	98033
甘肃 Gansu	376328	202615	40298077	107836	194330	137918	18137931	94328
青海 Qinghai	83034	51797	10731307	129535	54415	38015	6685439	123979
宁夏 Ningxia	101132	65693	12007183	120322	53596	39017	7031381	132691
新疆 Xinjiang	497722	331858	55970130	112092	231377	165779	27302096	119061

4-2 续表 9 continued

地 区	Region	文化、体育和娱乐业 Culture, Sports and Entertainment				公共管理、社会保障和社会组织 Public Management, Social Security and Social Organization			
		年末人数（人） Year-end Figures (person)	#女 性 Female	工资总额（千元） Total Wages (1000 yuan)	平均工资（元） Average Wage (yuan)	年末人数（人） Year-end Figures (person)	#女 性 Female	工资总额（千元） Total Wages (1000 yuan)	平均工资（元） Average Wage (yuan)
全 国	**National**	**828499**	**407066**	**106588576**	**128306**	**19746207**	**6842678**	**2313858280**	**117513**
北 京	Beijing	82175	43049	22352823	271717	427865	177887	80649603	189230
天 津	Tianjin	7472	3852	917543	120369	196294	64364	27869344	142298
河 北	Hebei	36630	17453	3247084	87861	996692	348113	86613734	86854
山 西	Shanxi	27854	14085	1991701	71722	636069	242578	50680764	80705
内蒙古	Inner Mongolia	26096	13494	2569310	97734	551997	205514	51582519	93139
辽 宁	Liaoning	24436	11954	2233233	89091	637410	222705	63105676	98996
吉 林	Jilin	21203	10497	1563888	72928	396414	138714	31700897	80088
黑龙江	Heilongjiang	18351	8418	1438773	78033	511920	178028	44076109	87590
上 海	Shanghai	16668	9573	3575213	214558	180305	68871	48075708	266809
江 苏	Jiangsu	40761	20902	5910807	144389	920962	298280	166890122	181345
浙 江	Zhejiang	37763	19429	6359190	167779	806922	277972	143455712	178164
安 徽	Anhui	19632	8818	2192980	111236	599080	185296	71318347	119352
福 建	Fujian	24876	12223	3095148	123555	515687	180596	67269616	130617
江 西	Jiangxi	19669	9302	2020307	103701	631566	196174	65899427	105157
山 东	Shandong	49906	23466	5931363	119353	1351695	449575	157238836	117304
河 南	Henan	45281	20822	3335688	73682	1201430	399383	98563143	82842
湖 北	Hubei	35576	16492	3911902	110481	768489	253966	94447072	123081
湖 南	Hunan	29316	13582	3426900	117420	866447	254652	86119004	99582
广 东	Guangdong	52779	24983	8902630	165990	1518670	508081	248093410	164697
广 西	Guangxi	20773	10454	1914081	92186	587590	221819	55957408	95490
海 南	Hainan	5183	2433	558911	108018	142806	45053	14438871	100763
重 庆	Chongqing	13404	6553	1518873	113036	375282	133667	47134673	125733
四 川	Sichuan	42544	20197	4678092	110350	1134119	413731	133228559	118205
贵 州	Guizhou	14473	6893	1261364	87993	701359	250852	62612315	88772
云 南	Yunnan	23852	12000	2563201	108016	727208	261605	79522940	108639
西 藏	Tibet	4115	2034	714458	174362	151236	57138	27461984	182614
陕 西	Shaanxi	33409	16705	2812066	84267	598439	208412	52051664	87157
甘 肃	Gansu	19659	10043	1785521	90596	501988	178990	49468056	98368
青 海	Qinghai	5079	2583	555156	109023	146727	60043	18373502	124815
宁 夏	Ningxia	5710	3032	638236	110781	119372	51323	13136946	110934
新 疆	Xinjiang	23853	11744	2612135	108495	844165	309296	76822322	89926

4-3 各地区分行业国有单位在岗职工人数和平均工资(2022年)

ON-POST STAFF AND WORKERS AND AVERAGE WAGE IN STATE-OWNED UNITS BY SECTOR AND REGION(2022)

地区	Region	总计 Total		农、林、牧、渔业 Agriculture, Forestry, Animal Husbandry and Fishery		采矿业 Mining		制造业 Manufacturing	
		年末人数(人) Year-end Figures (person)	平均工资(元) Average Wage (yuan)	年末人数(人) Year-end Figures (person)	平均工资(元) Average Wage (yuan)	年末人数(人) Year-end Figures (person)	平均工资(元) Average Wage (yuan)	年末人数(人) Year-end Figures (person)	平均工资(元) Average Wage (yuan)
全 国	**National**	**53585643**	**127175**	**440229**	**59646**	**151066**	**123730**	**509407**	**119750**
北 京	Beijing	1437508	224757	833	189885			1613	127535
天 津	Tianjin	602374	155365	567	111915			4252	141550
河 北	Hebei	2478066	97348	4221	65009	601	50447	13558	91266
山 西	Shanxi	1543154	88303	3792	70162	12616	62105	7108	64455
内蒙古	Inner Mongolia	1223581	100920	28082	76504	2568	180044	1524	81180
辽 宁	Liaoning	1720506	102628	53209	23719	623	88413	21089	95537
吉 林	Jilin	1098796	90638	32902	55891	1313	171075	22515	159276
黑龙江	Heilongjiang	1465776	90336	148496	50439	3715	99732	22286	118265
上 海	Shanghai	924189	248278	1106	171074			7050	138048
江 苏	Jiangsu	2794247	167284	13192	49430	573	99690	33808	148084
浙 江	Zhejiang	2208266	184090	1587	143496	57	178088	10271	129312
安 徽	Anhui	1681651	127926	11327	73567	4108	139042	26932	146343
福 建	Fujian	1381229	140739	6320	98618	1823	80917	8134	109163
江 西	Jiangxi	1648539	109944	10095	58049	4456	88366	22674	117774
山 东	Shandong	3681543	127561	2870	84442	12065	87654	46294	93866
河 南	Henan	3350353	87578	9942	60118	11370	104938	24897	64443
湖 北	Hubei	2208020	124093	10973	59928	978	98180	40240	111866
湖 南	Hunan	2354865	108957	8500	70126	143	66732	29676	160596
广 东	Guangdong	4260408	170091	10496	73513	1597	174852	28102	96404
广 西	Guangxi	1815828	103023	14348	86705	395	45416	8390	65728
海 南	Hainan	399289	115913	4247	52390	257	43905	2205	77268
重 庆	Chongqing	1110613	137768	1630	109605	357	126410	7677	113484
四 川	Sichuan	3095787	122441	13868	92344	22634	111499	18552	95559
贵 州	Guizhou	1568933	103798	2202	91531	2326	110575	4125	74413
云 南	Yunnan	1777922	123170	9400	80436	6559	78824	30814	233170
西 藏	Tibet	246582	187957	477	121566	57	181947	899	117111
陕 西	Shaanxi	1790004	100608	9905	82923	26473	139004	36985	95939
甘 肃	Gansu	1324331	103457	10535	82838	16725	178848	14508	108453
青 海	Qinghai	341212	128403	4604	56479	9	93929	5899	123519
宁 夏	Ningxia	333689	125837	2720	71915	13691	187588	1437	106931
新 疆	Xinjiang	1718382	105632	7782	77603	2978	144760	5890	72465

4-3 续表 1 continued

地区	Region	电力、热力、燃气及水生产和供应业 Production and Supply of Electricity, Heat, Gas and Water		建筑业 Construction		批发和零售业 Wholesale and Retail Trades		交通运输、仓储和邮政业 Transport, Storage and Post	
		年末人数(人) Year-end Figures (person)	平均工资(元) Average Wage (yuan)	年末人数(人) Year-end Figures (person)	平均工资(元) Average Wage (yuan)	年末人数(人) Year-end Figures (person)	平均工资(元) Average Wage (yuan)	年末人数(人) Year-end Figures (person)	平均工资(元) Average Wage (yuan)
全 国	**National**	**930908**	**127599**	**734779**	**82100**	**440638**	**145936**	**919262**	**101248**
北 京	Beijing	756	28183	670	209001	6434	200510	4379	192294
天 津	Tianjin	1662	118924	10027	136270	3851	174096	26924	103781
河 北	Hebei	64224	115507	17435	66679	13230	145575	52688	86696
山 西	Shanxi	15985	98780	10534	45755	12670	106514	23953	56489
内蒙古	Inner Mongolia	4059	104333	2152	86715	7371	162703	10158	78174
辽 宁	Liaoning	17549	102921	23722	74789	12887	132305	35924	92608
吉 林	Jilin	8425	68784	2398	65552	9045	120983	13330	72769
黑龙江	Heilongjiang	16063	59196	8325	61858	11818	138931	47003	84786
上 海	Shanghai	1276	171017	11989	181582	4516	177755	23355	181623
江 苏	Jiangsu	9239	135864	112446	77767	28473	138836	59214	120883
浙 江	Zhejiang	2934	120874	6672	117470	12975	241231	14508	138413
安 徽	Anhui	12252	118324	26116	72782	15700	136076	18152	76017
福 建	Fujian	3344	95724	3126	80990	16024	152330	8277	119936
江 西	Jiangxi	12169	113290	33987	60297	18001	119095	29510	93350
山 东	Shandong	124462	150644	74629	100563	17086	104314	65140	115687
河 南	Henan	127410	123653	36197	62191	34066	122619	64419	66204
湖 北	Hubei	77004	150475	38256	77576	28628	138782	44839	87990
湖 南	Hunan	94602	120092	36235	52071	23200	140788	27653	81222
广 东	Guangdong	37269	140912	110240	95916	26402	139792	92669	133633
广 西	Guangxi	8765	81016	4070	73975	11380	150816	12293	97360
海 南	Hainan	10342	120806	988	104956	8202	204615	7447	89675
重 庆	Chongqing	3362	98125	18373	102257	9921	177270	27108	131248
四 川	Sichuan	25072	128975	47964	55872	21041	150518	40156	103956
贵 州	Guizhou	44049	141403	19753	82634	17794	174475	11887	88929
云 南	Yunnan	5713	105802	12233	100299	19423	220388	24706	99336
西 藏	Tibet	1345	210352	513	116220	1887	141861	10129	134369
陕 西	Shaanxi	69861	140700	20331	74903	22068	120933	63542	81057
甘 肃	Gansu	65268	101820	27781	67675	11701	123399	21793	88108
青 海	Qinghai	10686	107690	11862	148725	2161	152032	7946	128624
宁 夏	Ningxia	14411	163114	594	72425	2477	143284	9396	90420
新 疆	Xinjiang	41351	132639	5162	97010	10208	121367	20764	100501

4-3 续表 2 continued

地区 Region	住宿和餐饮业 Hotels and Catering Services		信息传输、软件和信息技术服务业 Information Transmission, Software and Information Technology		金融业 Financial Intermediation		房地产业 Real Estate	
	年末人数（人） Year-end Figures (person)	平均工资（元） Average Wage (yuan)	年末人数（人） Year-end Figures (person)	平均工资（元） Average Wage (yuan)	年末人数（人） Year-end Figures (person)	平均工资（元） Average Wage (yuan)	年末人数（人） Year-end Figures (person)	平均工资（元） Average Wage (yuan)
全　国 National	**150788**	**61481**	**262649**	**147851**	**589861**	**191768**	**235442**	**97654**
北　京 Beijing	9708	91005	9038	226137	7512	306116	5545	138973
天　津 Tianjin	1071	45109	1549	138276	15735	199251	5468	118562
河　北 Hebei	7483	46115	8090	104392	7520	139811	4205	85649
山　西 Shanxi	5943	50998	5093	102135	21371	134197	4836	57164
内蒙古 Inner Mongolia	1089	50487	7144	106406	13391	136347	1573	67302
辽　宁 Liaoning	4218	50863	14212	154094	34929	122471	10785	75355
吉　林 Jilin	4271	48536	9455	100241	11266	119354	2671	77933
黑龙江 Heilongjiang	3019	49232	8937	126589	16467	135232	4069	56478
上　海 Shanghai	2309	107745	11822	259219	45189	312643	11233	155699
江　苏 Jiangsu	11368	67834	13822	154095	45807	191391	13689	116544
浙　江 Zhejiang	6036	82323	7221	173994	4969	233176	7450	108443
安　徽 Anhui	1336	49511	6100	135878	22160	153913	3188	88426
福　建 Fujian	2039	58496	3216	140330	4251	176383	10277	86754
江　西 Jiangxi	6247	45131	3910	125693	22006	146802	4092	85596
山　东 Shandong	18924	60412	15724	154160	58166	160958	16520	83791
河　南 Henan	7195	44033	19435	108797	6975	177681	7629	75100
湖　北 Hubei	3649	54885	14277	124070	12317	195897	8897	108717
湖　南 Hunan	3889	47896	7563	108040	29604	170281	4050	89549
广　东 Guangdong	14207	89795	23135	167219	81482	298682	70667	106233
广　西 Guangxi	1607	54090	2719	91294	4489	144823	3363	65939
海　南 Hainan	739	49725	1741	146677	7863	179349	2386	97838
重　庆 Chongqing	1304	59212	13856	228214	4214	152076	2433	133729
四　川 Sichuan	6216	52468	14651	136857	24979	181579	6152	86868
贵　州 Guizhou	2825	59438	4078	145567	2805	134611	1770	84863
云　南 Yunnan	5884	51817	6714	136436	14763	165759	3017	98490
西　藏 Tibet	1034	72056	6537	212508	3102	233886	730	69203
陕　西 Shaanxi	5233	47137	8026	131371	24636	151221	8160	82046
甘　肃 Gansu	3645	47459	7145	77042	16864	109307	6893	51742
青　海 Qinghai	1026	64347	950	122042	1769	158132	467	62864
宁　夏 Ningxia	952	43862	1493	131820	5135	137342	226	78788
新　疆 Xinjiang	6321	55999	4997	117322	18126	168272	3000	65583

4-3 续表 3 continued

地区	Region	租赁和商务服务业 Leasing and Business Services 年末人数(人) Year-end Figures (person)	平均工资(元) Average Wage (yuan)	科学研究和技术服务业 Scientific Research and Technical Services 年末人数(人) Year-end Figures (person)	平均工资(元) Average Wage (yuan)	水利、环境和公共设施管理业 Management of Water Conservancy, Environment and Public Facilities 年末人数(人) Year-end Figures (person)	平均工资(元) Average Wage (yuan)	居民服务、修理和其他服务业 Service to Households, Repair and Other Services 年末人数(人) Year-end Figures (person)	平均工资(元) Average Wage (yuan)
全 国	**National**	**870149**	**90427**	**1403153**	**154457**	**1028404**	**84728**	**125701**	**92611**
北 京	Beijing	116266	96603	126204	274307	49839	137122	7856	104003
天 津	Tianjin	12041	108916	27431	186503	16032	112644	2880	108265
河 北	Hebei	20810	72538	42806	113484	40870	75317	4749	78342
山 西	Shanxi	13502	75422	28589	88573	42205	44842	2260	68444
内蒙古	Inner Mongolia	9160	90877	27064	105210	19647	72661	1994	75693
辽 宁	Liaoning	21462	73529	42218	127028	37858	67479	4513	67736
吉 林	Jilin	9144	70839	34772	103381	32495	53702	3735	61200
黑龙江	Heilongjiang	26530	59067	36242	99337	42343	54771	4816	61384
上 海	Shanghai	59668	130068	49214	261920	12805	186461	6430	151305
江 苏	Jiangsu	84137	85944	75109	184871	55094	112740	10621	112591
浙 江	Zhejiang	36855	100082	49616	201173	31753	120833	4306	114681
安 徽	Anhui	16370	80703	39439	126498	22376	108015	3381	88691
福 建	Fujian	14592	106776	29172	153540	21998	89593	1956	106947
江 西	Jiangxi	15484	71000	36912	121441	13157	61935	2138	67446
山 东	Shandong	44938	90035	68513	146006	45616	91884	7735	89168
河 南	Henan	32866	67684	67131	93838	61790	69041	9337	63446
湖 北	Hubei	30619	86447	57758	126104	47644	94321	6188	88888
湖 南	Hunan	20639	85929	48461	115679	56364	69824	3387	82559
广 东	Guangdong	141522	92881	109681	212958	80438	111005	13032	117447
广 西	Guangxi	15460	87439	43458	105593	47256	63953	2486	82739
海 南	Hainan	4540	127689	10522	133671	10036	66060	725	82099
重 庆	Chongqing	14832	76614	29879	144124	12348	85375	3005	94879
四 川	Sichuan	30328	96650	81407	129767	53307	78376	4948	87624
贵 州	Guizhou	8699	68430	23606	113878	10785	67230	3238	87424
云 南	Yunnan	17767	90926	55567	124204	25483	82524	2145	90246
西 藏	Tibet	2710	128251	5974	195822	621	129101	536	123801
陕 西	Shaanxi	20865	82820	52266	123182	49149	67135	3465	63706
甘 肃	Gansu	12952	61248	45924	120586	29202	79871	1007	85863
青 海	Qinghai	1046	111213	10503	142956	5523	86967	782	30986
宁 夏	Ningxia	1819	99692	8417	136944	12267	74786	257	103476
新 疆	Xinjiang	12528	76166	39298	124615	42104	71448	1795	90190

4-3 续表 4 continued

地 区 Region	教 育 Education 年末人数（人）Year-end Figures (person)	教 育 Education 平均工资（元）Average Wage (yuan)	卫生和社会工作 Health and Social Service 年末人数（人）Year-end Figures (person)	卫生和社会工作 Health and Social Service 平均工资（元）Average Wage (yuan)	文化、体育和娱乐业 Culture, Sports and Entertainment 年末人数（人）Year-end Figures (person)	文化、体育和娱乐业 Culture, Sports and Entertainment 平均工资（元）Average Wage (yuan)	公共管理、社会保障和社会组织 Public Management, Social Security and Social Organization 年末人数（人）Year-end Figures (person)	公共管理、社会保障和社会组织 Public Management, Social Security and Social Organization 平均工资（元）Average Wage (yuan)
全 国 National	**15992097**	**130178**	**9161940**	**144616**	**794850**	**131801**	**18844318**	**121175**
北 京 Beijing	357946	254268	254011	270540	79957	276267	398943	200351
天 津 Tianjin	175261	162139	100281	185475	7139	122628	190203	144576
河 北 Hebei	777145	105109	398779	104965	35238	89658	964414	88691
山 西 Shanxi	456133	98709	237442	95704	27151	72981	611972	82684
内蒙古 Inner Mongolia	345707	108497	190265	104217	25288	99665	525345	95795
辽 宁 Liaoning	468154	112610	276896	107786	23662	91128	616594	101539
吉 林 Jilin	313823	98510	186323	99012	20301	75090	380611	82387
黑龙江 Heilongjiang	345918	104854	219962	99007	17254	81242	482514	90837
上 海 Shanghai	279462	245571	202143	285719	16213	218088	178410	268980
江 苏 Jiangsu	875333	172031	433732	178101	39062	147980	879531	186559
浙 江 Zhejiang	710089	179863	481229	210227	36417	172011	783321	181391
安 徽 Anhui	580240	130164	288934	144987	18664	114339	564877	123550
福 建 Fujian	510850	138598	225316	169134	23170	129775	487343	136381
江 西 Jiangxi	543535	109624	252751	124957	19068	105956	598345	108702
山 东 Shandong	1068175	137408	638600	134650	48781	121095	1307305	119762
河 南 Henan	1007436	84943	607444	96127	43032	75529	1171781	84126
湖 北 Hubei	593502	122014	421918	134786	34297	112898	736038	125926
湖 南 Hunan	692314	106244	403316	129887	28022	120588	837249	101656
广 东 Guangdong	1100492	169845	783356	205555	50255	173323	1485367	167081
广 西 Guangxi	694296	99157	363565	124669	19803	95386	557687	98633
海 南 Hainan	120569	120446	63936	131564	4970	110864	137574	102982
重 庆 Chongqing	386286	141725	197011	154601	12778	116228	364239	128297
四 川 Sichuan	975043	121597	576115	137660	40738	112653	1092613	121287
贵 州 Guizhou	508288	103533	256829	119809	13267	91905	630608	94875
云 南 Yunnan	562671	125864	298129	125126	22964	111157	653971	116996
西 藏 Tibet	47719	198913	17313	178655	3758	186277	141242	191330
陕 西 Shaanxi	482418	109894	279648	101059	31735	86863	575238	89409
甘 肃 Gansu	359225	111363	179074	98745	18258	95351	475830	102238
青 海 Qinghai	80056	133118	52633	126683	4905	111542	138385	130464
宁 夏 Ningxia	94748	126647	50997	135591	5482	114298	107170	119142
新 疆 Xinjiang	479265	115212	223993	121545	23220	110095	769599	94580

4-4 各地区分行业国有单位其他就业人员和平均工资(2022年) OTHER EMPLOYMENT AND AVERSGE WAGE IN STATE-OWNED UNITS BY SECTOR AND REGION (2022)

地 区	Region	总 计 Total		农、林、牧、渔业 Agriculture, Forestry, Animal Husbandry and Fishery		采矿业 Mining		制造业 Manufacturing	
		年末人数(人) Year-end Figures (person)	平均工资(元) Average Wage (yuan)	年末人数(人) Year-end Figures (person)	平均工资(元) Average Wage (yuan)	年末人数(人) Year-end Figures (person)	平均工资(元) Average Wage (yuan)	年末人数(人) Year-end Figures (person)	平均工资(元) Average Wage (yuan)
全 国	**National**	**2535880**	**48710**	**45098**	**30051**	**3529**	**55982**	**11981**	**50683**
北 京	Beijing	65147	85362	76	50464			79	71854
天 津	Tianjin	34200	55931	126	22018			77	60313
河 北	Hebei	98491	38395	194	21845	2	13500	388	49402
山 西	Shanxi	58778	30349	463	15769	269	44622	534	41683
内蒙古	Inner Mongolia	44613	39863	436	36683	219	55789	23	61795
辽 宁	Liaoning	74306	36019	3888	8177			712	48668
吉 林	Jilin	49787	34708	2218	33640	27	26519	254	56970
黑龙江	Heilongjiang	88198	30988	12953	24671	358	28581	326	32403
上 海	Shanghai	34620	108288	401	49679			332	75185
江 苏	Jiangsu	141182	72004	308	37129	126	22056	1235	88985
浙 江	Zhejiang	88984	77780	79	50940			327	64133
安 徽	Anhui	102104	51529	7978	44910	352	38477	387	43065
福 建	Fujian	91435	44456	1578	27040	7	62000	163	32997
江 西	Jiangxi	88535	40835	993	33298	252	53576	327	55931
山 东	Shandong	112023	47515	147	42509	350	76643	331	44790
河 南	Henan	101589	42934	466	37521			226	40787
湖 北	Hubei	100422	52532	2529	46416	200	30148	491	50584
湖 南	Hunan	100964	43690	887	24991	2	26000	921	32975
广 东	Guangdong	122554	77321	293	38225	2	26000	839	36170
广 西	Guangxi	77075	36965	2202	25628	7	18857	575	39953
海 南	Hainan	17025	49980	26	32539	14	33200	34	26057
重 庆	Chongqing	41146	49620	23	45457			109	36050
四 川	Sichuan	153502	54269	392	29844	396	41763	637	78575
贵 州	Guizhou	144385	38737	305	19659	12	54750	242	47972
云 南	Yunnan	170788	37039	605	43235	787	92206	385	39000
西 藏	Tibet	18348	57977	34	35500			129	40820
陕 西	Shaanxi	87428	38914	286	33057	23	63458	827	34484
甘 肃	Gansu	75693	35661	1228	27146	23	303370	804	47053
青 海	Qinghai	16024	34496	90	28218			31	53719
宁 夏	Ningxia	22971	36964	199	20652			83	37943
新 疆	Xinjiang	113563	40008	3695	30473	99	29215	152	49757

4-4 续表 1 continued

地 区 Region	电力、热力、燃气及水生产和供应业 Production and Supply of Electricity, Heat, Gas and Water		建筑业 Construction		批发和零售业 Wholesale and Retail Trades		交通运输、仓储和邮政业 Transport, Storage and Post	
	年末人数（人）Year-end Figures (person)	平均工资（元）Average Wage (yuan)	年末人数（人）Year-end Figures (person)	平均工资（元）Average Wage (yuan)	年末人数（人）Year-end Figures (person)	平均工资（元）Average Wage (yuan)	年末人数（人）Year-end Figures (person)	平均工资（元）Average Wage (yuan)
全 国 National	**17810**	**51193**	**132319**	**59659**	**19771**	**78255**	**23441**	**48172**
北 京 Beijing			6	92167	423	62364	45	56125
天 津 Tianjin	71	33848	88	43065	100	49878	135	70687
河 北 Hebei	7564	64214	1405	46669	371	32652	2039	30973
山 西 Shanxi	1181	25007	204	43232	577	51427	595	25564
内蒙古 Inner Mongolia	142	33253	79	37711	99	82040	320	41265
辽 宁 Liaoning	487	28672	697	42452	455	156043	1580	19565
吉 林 Jilin	140	44144	330	50336	92	40914	406	29210
黑龙江 Heilongjiang	914	29358	759	32679	1062	43329	1494	32032
上 海 Shanghai			415	104931	159	84835	218	143931
江 苏 Jiangsu	61	116027	11931	54761	641	98905	929	61586
浙 江 Zhejiang	70	63743	201	54486	177	42832	442	52247
安 徽 Anhui	170	49213	24832	62004	177	57433	534	41363
福 建 Fujian	144	28186	108	58786	272	33426	200	41625
江 西 Jiangxi	452	48123	12957	38574	651	56660	1584	58587
山 东 Shandong	424	51423	4423	56158	470	79219	1580	57549
河 南 Henan	468	77994	8033	47250	1204	31078	880	41325
湖 北 Hubei	516	38325	6262	54465	1282	66674	925	46668
湖 南 Hunan	820	46515	12359	45407	3070	98671	1171	41991
广 东 Guangdong	276	37155	12802	87247	1227	53795	1855	75910
广 西 Guangxi	326	29101	1190	31417	119	44019	570	61306
海 南 Hainan	465	23384	390	48669	128	102920	89	37336
重 庆 Chongqing	126	47727	572	88596	117	108538	725	71144
四 川 Sichuan	391	43143	12835	84558	715	165059	1573	42871
贵 州 Guizhou	651	66316	3896	82332	1627	98951	102	32161
云 南 Yunnan	224	34885	1689	57334	3178	83661	403	50593
西 藏 Tibet	128	113899	10	66900	129	87424	745	57905
陕 西 Shaanxi	562	38842	6290	62001	557	70227	1159	55847
甘 肃 Gansu	776	30071	6842	50889	239	48591	887	42781
青 海 Qinghai	61	41239	490	45820	143	55638	29	25621
宁 夏 Ningxia	70	25226	183	35297	18	47438	103	33297
新 疆 Xinjiang	133	42389	41	78943	290	60395	123	38950

4-4 续表 2 continued

地区	Region	住宿和餐饮业 Hotels and Catering Services		信息传输、软件和信息技术服务业 Information Transmission, Software and Information Technology		金融业 Financial Intermediation		房地产业 Real Estate	
		年末人数(人) Year-end Figures (person)	平均工资(元) Average Wage (yuan)	年末人数(人) Year-end Figures (person)	平均工资(元) Average Wage (yuan)	年末人数(人) Year-end Figures (person)	平均工资(元) Average Wage (yuan)	年末人数(人) Year-end Figures (person)	平均工资(元) Average Wage (yuan)
全国	**National**	**7470**	**42948**	**7524**	**71063**	**24573**	**32679**	**11941**	**42079**
北京	Beijing	489	52348	108	75050			353	52250
天津	Tianjin	191	45708	3	72250	1842	51137	125	40806
河北	Hebei	389	41673	107	47369	9	53778	129	52036
山西	Shanxi	78	17982	105	17564	667	14775	199	39282
内蒙古	Inner Mongolia	28	54000	140	34261	910	21545	23	16783
辽宁	Liaoning	62	38900	614	59441	680	25930	197	30793
吉林	Jilin	99	30297	351	63942	1741	22902	50	35732
黑龙江	Heilongjiang	341	36950	213	55151	441	84124	1054	23195
上海	Shanghai	279	66464	49	89422	12	730097	2065	65271
江苏	Jiangsu	643	48206	194	141609	105	63275	327	82253
浙江	Zhejiang	393	49348	258	88856	843	61275	751	34493
安徽	Anhui	2	30526	298	63520	663	32043	180	33668
福建	Fujian	66	40862	109	64587	19	11533	547	31958
江西	Jiangxi	501	43809	228	57467	829	44375	263	35437
山东	Shandong	619	33756	481	58412	3512	31659	481	46738
河南	Henan	605	40547	1552	95376			85	40296
湖北	Hubei	405	44470	360	80109	45	32667	822	32119
湖南	Hunan	106	46163	280	69538	770	38805	261	25940
广东	Guangdong	313	46369	467	68237	1283	73773	553	54467
广西	Guangxi	95	28160	82	22115	39	48405	331	29235
海南	Hainan	9	21545	46	58372	2	21826	84	34853
重庆	Chongqing	21	111735	49	56245	17	46357	316	46934
四川	Sichuan	278	40044	361	47347	3305	36622	802	38555
贵州	Guizhou	7	31915	94	73499	26	57053	179	15172
云南	Yunnan	608	37113	179	87540	258	53147	304	37485
西藏	Tibet	73	52787	121	47861	35	110900	17	29294
陕西	Shaanxi	374	37061	127	38158	6005	11392	702	31998
甘肃	Gansu	294	34472	38	41567	59	40169	390	28217
青海	Qinghai			16	20462	17	42789	39	37718
宁夏	Ningxia			70	83809	172	86246	6	28667
新疆	Xinjiang	101	47531	426	67829	264	52623	307	32542

4-4 续表 3 continued

地 区	Region	租赁和商务服务业 Leasing and Business Services 年末人数(人) Year-end Figures (person)	租赁和商务服务业 平均工资(元) Average Wage (yuan)	科学研究和技术服务业 Scientific Research and Technical Services 年末人数(人) Year-end Figures (person)	科学研究和技术服务业 平均工资(元) Average Wage (yuan)	水利、环境和公共设施管理业 Management of Water Conservancy,Environment and Public Facilities 年末人数(人) Year-end Figures (person)	水利、环境和公共设施管理业 平均工资(元) Average Wage (yuan)	居民服务、修理和其他服务业 Service to Households, Repair and Other Services 年末人数(人) Year-end Figures (person)	居民服务、修理和其他服务业 平均工资(元) Average Wage (yuan)
全 国	**National**	**52397**	**50062**	**52355**	**81802**	**131778**	**30128**	**6185**	**47088**
北 京	Beijing	1984	193754	8127	150257	144	57344	123	63902
天 津	Tianjin	13098	40646	875	86875	811	39727	32	41324
河 北	Hebei	1755	30889	548	45747	7803	24971	344	41178
山 西	Shanxi	1303	29004	376	30203	4348	22303	56	25978
内蒙古	Inner Mongolia	309	33292	657	34060	1212	30429	103	27683
辽 宁	Liaoning	768	35267	2712	44723	4644	26139	237	38218
吉 林	Jilin	384	34282	537	59888	10923	30249	131	33774
黑龙江	Heilongjiang	1829	26520	1362	42497	11111	23819	306	31705
上 海	Shanghai	2716	75577	2705	123092	396	84568	179	71521
江 苏	Jiangsu	3108	48435	2281	81471	4877	43376	479	79293
浙 江	Zhejiang	2162	57864	3118	73184	1342	42775	244	72415
安 徽	Anhui	617	40278	1361	82877	2721	31676	249	52584
福 建	Fujian	657	52115	1220	64583	2343	36187	254	44535
江 西	Jiangxi	710	39951	1154	54624	2350	35625	86	30877
山 东	Shandong	2166	33765	2359	75616	4591	26125	424	49121
河 南	Henan	763	32222	2760	46619	10380	25185	248	32089
湖 北	Hubei	1018	44846	2191	58771	8461	41403	459	41112
湖 南	Hunan	828	30340	1385	62953	6266	29167	121	43523
广 东	Guangdong	5032	55664	4365	113573	7583	33559	220	40576
广 西	Guangxi	821	23549	1614	49991	2327	26736	50	30344
海 南	Hainan	185	57055	923	99594	1669	41910	42	52016
重 庆	Chongqing	1318	62016	869	62697	1027	42210	199	40650
四 川	Sichuan	986	39724	1747	80116	6122	31922	422	46964
贵 州	Guizhou	646	36554	1114	79466	5077	29895	223	41300
云 南	Yunnan	656	42140	1058	49570	10306	21988	194	27732
西 藏	Tibet	62	45887	812	37694	124	37741	46	95630
陕 西	Shaanxi	3083	50543	1400	53595	5573	29381	548	46394
甘 肃	Gansu	239	32675	909	37447	3007	30640	39	30099
青 海	Qinghai	245	32622	548	24647	1040	35705		
宁 夏	Ningxia	196	41751	170	40833	260	29688	26	30115
新 疆	Xinjiang	2754	36530	1101	46703	2937	32327	102	62690

4-4 续表 4 continued

地区	Region	教育 Education 年末人数(人) Year-end Figures (person)	教育 Education 平均工资(元) Average Wage (yuan)	卫生和社会工作 Health and Social Service 年末人数(人) Year-end Figures (person)	卫生和社会工作 Health and Social Service 平均工资(元) Average Wage (yuan)	文化、体育和娱乐业 Culture, Sports and Entertainment 年末人数(人) Year-end Figures (person)	文化、体育和娱乐业 Culture, Sports and Entertainment 平均工资(元) Average Wage (yuan)	公共管理、社会保障和社会组织 Public Management, Social Security and Social Organization 年末人数(人) Year-end Figures (person)	公共管理、社会保障和社会组织 Public Management, Social Security and Social Organization 平均工资(元) Average Wage (yuan)
全 国	**National**	**654384**	**44283**	**397788**	**73671**	**33649**	**47858**	**901888**	**40677**
北 京	Beijing	15102	116611	6947	124434	2218	113042	28922	33127
天 津	Tianjin	5820	43716	4383	97305	334	71128	6092	71933
河 北	Hebei	16150	30176	25623	49787	1393	45708	32278	30509
山 西	Shanxi	12249	26630	10775	42955	704	25641	24096	28117
内蒙古	Inner Mongolia	6467	40107	5986	55818	808	37681	26653	37942
辽 宁	Liaoning	14476	26144	20508	59385	774	26405	20816	25050
吉 林	Jilin	7236	50241	8164	46378	902	24905	15803	24915
黑龙江	Heilongjiang	8482	26870	14691	40423	1097	27662	29406	31972
上 海	Shanghai	13286	108265	9060	143076	455	92469	1895	51565
江 苏	Jiangsu	39577	58207	31230	103871	1699	66045	41431	69385
浙 江	Zhejiang	34234	61566	19396	121963	1346	52887	23601	75324
安 徽	Anhui	19934	35200	6479	79534	967	49121	34203	49651
福 建	Fujian	42575	41888	11122	71160	1706	41438	28345	39793
江 西	Jiangxi	25428	34644	5949	59186	601	32322	33221	41510
山 东	Shandong	20136	44632	24014	66377	1125	44016	44390	39230
河 南	Henan	22395	38160	19625	67591	2249	36519	29649	32673
湖 北	Hubei	32607	44584	8116	77084	1279	47166	32452	57683
湖 南	Hunan	30056	34510	11167	69128	1294	52238	29198	39376
广 东	Guangdong	34987	83710	14629	141110	2524	44298	33303	54157
广 西	Guangxi	28962	30592	6892	72759	970	30232	29903	36293
海 南	Hainan	4961	53109	2514	61840	212	41996	5232	40863
重 庆	Chongqing	17306	37380	6683	81106	626	49878	11042	44478
四 川	Sichuan	50204	40541	29025	92671	1805	58670	41506	38210
贵 州	Guizhou	41806	32511	16420	50873	1206	41981	70750	35625
云 南	Yunnan	43956	26487	31873	56839	887	30732	73237	33153
西 藏	Tibet	3204	42481	2328	61017	358	48632	9995	63506
陕 西	Shaanxi	17865	39472	17171	49747	1674	34864	23201	31019
甘 肃	Gansu	17103	33447	15256	43004	1401	28358	26158	29509
青 海	Qinghai	2978	34286	1782	45634	174	37824	8341	31660
宁 夏	Ningxia	6384	24123	2598	75986	228	27721	12201	35344
新 疆	Xinjiang	18457	33059	7383	46309	633	48917	74566	41505

五、城镇集体单位就业人员和工资总额

EMPLOYMENT AND TOTAL WAGES IN URBAN COLLECTIVE-OWNED UNITS

5-1 分行业城镇集体单位就业人员和工资总额(2022年)
EMPLOYMENT AND TOTAL WAGES IN URBAN COLLECTIVE-OWNED UNITS BY SECTOR (2022)

项　目	Item	年末人数(千人) Year-end Figures (1000 persons)	#女性 Female	工资总额(亿元) Total Wages (100 million yuan)	平均工资(元) Average Wage (yuan)
全国总计	**National Total**	**2351**	**995**	**1809.3**	**77868**
农、林、牧、渔业	**Agriculture, Forestry, Animal Husbandry and Fishery**	**18**	**6**	**9.0**	**51122**
农业	Farming	5	2	2.0	38848
林业	Forestry	7	2	3.5	49722
畜牧业	Animal Husbandry	1		0.2	39712
渔业	Fishery	1		0.8	55601
农、林、牧、渔专业及辅助性活动	Professional and Support Activities for Agriculture, Forestry, Animal Husbandry and Fishery	3	1	2.5	72230
采矿业	**Mining**	**21**	**2**	**17.7**	**83790**
煤炭开采和洗选业	Mining and Washing of Coal	16	1	14.6	94314
石油和天然气开采业	Extraction of Petroleum and Natural Gas				
黑色金属矿采选业	Mining and Processing of Ferrous Metal Ores	2		0.7	45041
有色金属矿采选业	Mining and Processing of Non-Ferrous Metal Ores	1		0.6	63322
非金属矿采选业	Mining and Processing of Non-metal Ores	3		1.7	57703
开采专业及辅助性活动	Professional and Support Activities for Mining				
其他采矿业	Mining of Other Ores				
制造业	**Manufacturing**	**144**	**60**	**86.9**	**59135**
农副食品加工业	Processing of Food from Agricultural Products	4	1	1.5	44775
食品制造业	Manufacture of Foods	1	1	0.7	48235
酒、饮料和精制茶制造业	Manufacture of Liquor, Beverages and Refined Tea	4	2	1.7	47054
烟草制品业	Manufacture of Tobacco	1		0.8	103464
纺织业	Manufacture of Textile	5	3	2.7	57226
纺织服装、服饰业	Manufacture of Textile, Wearing Apparel and Accessories	5	4	2.4	44260
皮革、毛皮、羽毛及其制品和制鞋业	Manufacture of Leather, Fur, Feather and Related Products and Footwear	1	1	0.7	54203
木材加工和木、竹、藤、棕、草制品业	Processing of Timber, Manufacture of Wood, Bamboo, Rattan, Palm and Straw Products	2	1	1.0	55214
家具制造业	Manufacture of Furniture				
造纸及纸制品业	Manufacture of Paper and Paper Products	5	2	3.0	56539
印刷和记录媒介复制业	Printing and Reproduction of Recording Media	9	4	5.9	62630
文教、工美、体育和娱乐用品制造业	Manufacture of Articles for Culture, Education, Arts and Crafts, Sport and Entertainment Activities	6	4	3.7	57836

5-1 续表 1 continued

项 目	Item	年末人数（千人）Year-end Figures (1000 persons)	#女 性 Female	工资总额（亿元）Total Wages (100 million yuan)	平均工资（元）Average Wage (yuan)
石油、煤炭及其他燃料加工业	Processing of Petroleum, Coal and Other Fuels	1	1	0.7	50607
化学原料和化学制品制造业	Manufacture of Raw Chemical Materials and Chemical Products	10	3	5.5	58012
医药制造业	Manufacture of Medicines	2	1	0.8	47351
化学纤维制造业	Manufacture of Chemical Fibres				
橡胶和塑料制品业	Manufacture of Rubber and Plastics Products	7	3	4.2	59578
非金属矿物制品业	Manufacture of Non-metallic Mineral Products	10	3	5.1	51047
黑色金属冶炼和压延加工业	Smelting and Pressing of Ferrous Metals	1		0.9	59450
有色金属冶炼和压延加工业	Smelting and Pressing of Non-ferrous Metals	2	1	1.3	56787
金属制品业	Manufacture of Metal Products	14	5	8.4	56997
通用设备制造业	Manufacture of General Purpose Machinery	12	4	6.4	52170
专用设备制造业	Manufacture of Special Purpose Machinery	10	3	6.7	65265
汽车制造业	Manufacture of Automobiles	3	1	1.7	63439
铁路、船舶、航空航天和其他运输设备制造业	Manufacture of Railway, Ship, Aerospace and Other Transport Equipments	3	1	2.6	74059
电气机械和器材制造业	Manufacture of Electrical Machinery and Apparatus	7	2	6.5	84629
计算机、通信和其他电子设备制造业	Manufacture of Computers, Communication and Other Electronic Equipment	9	6	6.1	66294
仪器仪表制造业	Manufacture of Measuring Instruments and Machinery	2	1	1.3	61939
其他制造业	Other Manufacture	1		0.4	60426
废弃资源综合利用业	Utilization of Waste Resources	2	1	0.8	50966
金属制品、机械和设备修理业	Repair Service of Metal Products, Machinery and Equipment	5	1	3.1	65644
电力、热力、燃气及水生产和供应业	**Production and Supply of Electricity, Heat, Gas and Water**	**25**	**7**	**13.9**	**55387**
电力、热力生产和供应业	Production and Supply of Electric Power and Heat Power	9	2	4.6	54129
燃气生产和供应业	Production and Supply of Gas				
水的生产和供应业	Production and Supply of Water	16	5	9.0	55446
建筑业	**Construction**	**674**	**99**	**351.5**	**53922**
房屋建筑业	Construction of Buildings	570	82	287.5	52063
土木工程建筑业	Civil Engineering	63	10	35.3	56917
建筑安装业	Building Installation	26	4	19.1	80847
建筑装饰、装修和其他建筑业	Building Decoration and Other Constructions	16	2	9.5	68631

5-1 续表 2 continued

项　目	Item	年末人数（千人）Year-end Figures (1000 persons)	#女性 Female	工资总额（亿元）Total Wages (100 million yuan)	平均工资（元）Average Wage (yuan)
批发和零售业	**Wholesale and Retail Trades**	**75**	**36**	**38.0**	**50957**
批发业	Wholesale Trade	31	11	16.8	54386
零售业	Retail Trade	44	24	21.2	48523
交通运输、仓储和邮政业	**Transport, Storage and Post**	**47**	**13**	**25.8**	**53449**
铁路运输业	Railway Transport	1		0.4	51890
道路运输业	Road Transport	28	7	15.0	52138
水上运输业	Water Transport	4	1	2.2	53084
航空运输业	Air Transport				
管道运输业	Transport Via Pipelines				
多式联运和运输代理业	Intermodality and Forwarding Agency	1		0.4	51236
装卸搬运和仓储业	Loading, Unloading and Storage	13	3	7.3	54257
邮政业	Post				
住宿和餐饮业	**Hotels and Catering Services**	**19**	**11**	**10.2**	**53388**
住宿业	Hotels	12	7	6.7	55494
餐饮业	Catering Services	7	4	3.5	49759
信息传输、软件和信息技术服务业	**Information Transmission, Software and Information Technology**	**5**	**2**	**4.4**	**95026**
电信、广播电视和卫星传输服务	Telecommunication, Radio and Television and Satellite Transmission Service	2	1	2.1	87646
互联网和相关服务	Internet and Related Service	1		0.7	96346
软件和信息技术服务业	Software and Information Technology	1	1	1.6	106468
金融业	**Financial Intermediation**	**60**	**27**	**84.4**	**139341**
货币金融服务	Monetary and Financial Service	60	26	83.3	139284
资本市场服务	Capital Market Service				
保险业	Insurance	1		0.9	150744
其他金融业	Other Financial Activities				
房地产业	**Real Estate**	**83**	**32**	**55.7**	**65949**
租赁和商务服务业	**Leasing and Business Services**	**172**	**57**	**110.2**	**64345**
租赁业	Leasing	2	1	1.3	75124
商务服务业	Business Services	170	56	108.9	64234
科学研究和技术服务业	**Scientific Research and Technical Services**	**39**	**14**	**38.9**	**98817**
研究和试验发展	Research and Experimental Development	3	1	2.9	104031
专业技术服务业	Professional Technical Services	29	10	29.1	98799
科技推广和应用服务业	Science and Technology Popularization and Application Services	7	3	6.9	96840

5-1 续表 3 continued

项 目	Item	年末人数（千人）Year-end Figures (1000 persons)	#女 性 Female	工资总额（亿元）Total Wages (100 million yuan)	平均工资（元）Average Wage (yuan)
水利、环境和公共设施管理业	**Management of Water Conservancy, Environment and Public Facilities**	**48**	**21**	**30.8**	**63096**
水利管理业	Management of Water Conservancy	4	1	4.0	91621
生态保护和环境治理业	Ecological Protection and Environmental Treatment	2	1	1.3	79344
公共设施管理业	Management of Public Facilities	42	19	24.9	59055
土地管理业	Management of Land	1		0.6	88437
居民服务、修理和其他服务业	**Service to Households, Repair and Other Services**	**33**	**14**	**22.8**	**70529**
居民服务业	Service to Households	15	7	9.6	62099
机动车、电子产品和日用产品修理业	Repair of Motor Vehicle, Electronics and Household Products	4	1	2.2	53102
其他服务业	Other Services	13	5	11.0	86397
教育	**Education**	**479**	**339**	**482.3**	**101781**
卫生和社会工作	**Health and Social Service**	**336**	**230**	**354.3**	**106486**
卫生	Health	307	210	337.7	111374
社会工作	Social Service	29	20	16.6	56250
文化、体育和娱乐业	**Culture, Sports and Entertainment**	**16**	**8**	**14.1**	**86393**
新闻和出版业	Journalism and Publishing Activities	3	1	2.4	92071
广播、电视、电影和录音制作业	Radio, Television, Motion Picture and Audio-visual Programme Production Services	2	1	2.1	97568
文化艺术业	Cultural and Art Activities	8	4	7.1	87199
体育	Sports Activities	2	1	2.0	83384
娱乐业	Entertainment	1	1	0.6	54107
公共管理、社会保障和社会组织	**Public Management, Social Security and Social Organization**	**55**	**22**	**58.2**	**107092**
#中国共产党机关	Organs of Communist Party of China	1		1.2	158619
国家机构	Government Agencies	46	17	49.7	108921
人民政协、民主党派	People's Political Consultative Conference and Democratic Parties				
社会保障	Social Security	2	1	2.3	108792
群众团体、社会团体和其他成员组织	Non-Governmental Organizations, Social Organizations and Membership Organizations	6	3	5.0	85609

5-2 各地区分行业城镇集体单位就业人员和工资总额(2022年)
EMPLOYMENT AND TOTAL WAGES IN URBAN COLLECTIVE-OWNED UNITS BY SECTOR AND REGION (2022)

地 区	Region	总 计 Total				农、林、牧、渔业 Agriculture, Forestry, Animal Husbandry and Fishery			
		年末人数(人) Year-end Figures (person)	#女 性 Female	工资总额(千元) Total Wages (1000 yuan)	平均工资(元) Average Wage (yuan)	年末人数(人) Year-end Figures (person)	#女 性 Female	工资总额(千元) Total Wages (1000 yuan)	平均工资(元) Average Wage (yuan)
全 国	**National**	**2351221**	**994768**	**180927498**	**77868**	**17705**	**5577**	**899032**	**51122**
北 京	Beijing	89728	37006	6925589	76067	5880	1724	296933	51175
天 津	Tianjin	18442	7398	1371213	74011	36	8	2077	64906
河 北	Hebei	93519	48474	5695433	60582	396	110	29365	73986
山 西	Shanxi	43207	15921	2681457	61973	272	76	6347	23780
内蒙古	Inner Mongolia	17397	9135	1673000	95664	157	47	8698	55793
辽 宁	Liaoning	58915	23342	3276668	54595	2372	864	67153	27767
吉 林	Jilin	8376	3616	651169	78639	149	35	3068	26542
黑龙江	Heilongjiang	19303	6141	1456160	66705	72	14	3744	52000
上 海	Shanghai	73861	37000	9855968	133289	1500	635	119819	78773
江 苏	Jiangsu	302026	172338	32796666	109415	778	237	53880	68909
浙 江	Zhejiang	73404	26541	5763882	80616	187	56	8608	46527
安 徽	Anhui	64670	28762	5744592	89738	486	152	26408	55116
福 建	Fujian	68833	34647	5367371	78593	117	22	4275	36305
江 西	Jiangxi	75314	23009	4490915	60396	465	156	18403	39594
山 东	Shandong	147903	62087	10694568	72515	681	139	45619	66356
河 南	Henan	165280	74324	9723467	60278	448	127	21299	47651
湖 北	Hubei	64820	30006	3922458	63163	274	65	13268	49250
湖 南	Hunan	118310	36341	6855723	59883	349	82	17388	49953
广 东	Guangdong	330579	126764	25600355	78973	433	87	21327	49222
广 西	Guangxi	48956	12202	2437483	52828	157	55	7256	49027
海 南	Hainan	10178	4078	690247	68882	219	74	3762	17141
重 庆	Chongqing	38704	13869	2860159	75100	312	141	10762	35425
四 川	Sichuan	138599	40542	8662198	63838	185	74	11514	62850
贵 州	Guizhou	24641	9650	1935091	79510	467	193	15670	34250
云 南	Yunnan	102189	52361	8930103	89109	391	107	10946	29990
西 藏	Tibet	2801	970	209604	75212	47	30	6744	149867
陕 西	Shaanxi	79860	31814	5328936	69105	130	43	8622	66069
甘 肃	Gansu	46001	13884	2951984	62234	286	74	20053	70238
青 海	Qinghai	7055	3044	674426	92574	410	132	33307	82648
宁 夏	Ningxia	4265	2465	387436	86328				
新 疆	Xinjiang	14085	7036	1313176	93534	50	20	2717	54340

5-2 续表 1 continued

地 区 Region	采矿业 Mining				制造业 Manufacturing			
	年末人数（人）Year-end Figures (person)	#女 性 Female	工资总额（千元）Total Wages (1000 yuan)	平均工资（元）Average Wage (yuan)	年末人数（人）Year-end Figures (person)	#女 性 Female	工资总额（千元）Total Wages (1000 yuan)	平均工资（元）Average Wage (yuan)
全 国 National	**21469**	**1982**	**1774860**	**83790**	**144343**	**59525**	**8691368**	**59135**
北 京 Beijing					5716	1918	404716	68576
天 津 Tianjin					2551	838	135563	52807
河 北 Hebei	169	18	9408	54723	11633	4296	555054	46384
山 西 Shanxi	5123	493	673540	128147	6075	2509	294188	46411
内蒙古 Inner Mongolia					474	186	26840	55917
辽 宁 Liaoning	97	47	6759	68273	11322	2880	611351	53437
吉 林 Jilin	45	12	2142	47600	981	378	59058	59854
黑龙江 Heilongjiang	6392	512	395168	64360	2465	853	208609	84822
上 海 Shanghai					5450	2224	469021	84191
江 苏 Jiangsu	100	19	5676	54057	12039	5887	735408	61215
浙 江 Zhejiang	145	25	10249	72688	4255	1837	280468	64791
安 徽 Anhui	53	19	2205	41604	3314	1357	224466	67801
福 建 Fujian	1728	85	108758	64344	5574	3088	277585	51908
江 西 Jiangxi	143	8	6882	48126	2250	911	126267	54596
山 东 Shandong	58	18	3049	52160	9315	3238	727744	70234
河 南 Henan					13411	5407	782205	57808
湖 北 Hubei	484	129	26020	54293	2517	910	139386	54949
湖 南 Hunan	1857	170	118283	64389	8388	2911	525874	64518
广 东 Guangdong	17	4	970	57059	14976	9063	1009449	63627
广 西 Guangxi					2937	1416	147541	52449
海 南 Hainan					171	92	6806	39801
重 庆 Chongqing	190	17	14105	73848	3176	1027	172127	53831
四 川 Sichuan	49	21	2219	47213	3651	1259	204362	55862
贵 州 Guizhou	179	20	9264	53549	790	332	44544	56826
云 南 Yunnan	1586	85	116832	78201	5133	2803	238096	47538
西 藏 Tibet	304	44	27513	78539	392	134	16135	43142
陕 西 Shaanxi	1505	161	155453	98140	3939	1209	191633	48143
甘 肃 Gansu	1228	70	77885	71916	824	323	41706	47266
青 海 Qinghai					245	99	14331	54908
宁 夏 Ningxia					247	70	12032	48779
新 疆 Xinjiang	13	5	2339	111381	132	70	8803	69315

5-2 续表 2 continued

地 区	Region	电力、热力、燃气及水生产和供应业 Production and Supply of Electricity, Heat, Gas and Water				建筑业 Construction			
		年末人数（人） Year-end Figures (person)	#女 性 Female	工资总额（千元） Total Wages (1000 yuan)	平均工资（元） Average Wage (yuan)	年末人数（人） Year-end Figures (person)	#女 性 Female	工资总额（千元） Total Wages (1000 yuan)	平均工资（元） Average Wage (yuan)
全 国	**National**	**25358**	**7321**	**1391412**	**55387**	**674289**	**98508**	**35147477**	**53922**
北 京	Beijing	495	137	41943	86299	4111	1000	369307	85683
天 津	Tianjin	114	36	3838	38768	1652	414	180111	96471
河 北	Hebei	345	110	24400	70795	8380	1457	529394	60358
山 西	Shanxi	395	134	11516	29800	6013	1166	265222	46694
内蒙古	Inner Mongolia					238	51	5088	21112
辽 宁	Liaoning	863	218	37966	46748	12987	2396	694992	50179
吉 林	Jilin	61	21	2122	34779	883	154	38113	54215
黑龙江	Heilongjiang	216	125	24644	167646	2314	439	270033	55608
上 海	Shanghai	210	75	25122	119629	4644	408	245319	57899
江 苏	Jiangsu	1553	410	109191	70749	19102	2546	1236985	66494
浙 江	Zhejiang	3297	828	240519	72123	28658	2717	1806495	67694
安 徽	Anhui	325	103	22322	69488	19991	3110	1378112	69980
福 建	Fujian	1343	338	56749	42352	14832	2878	700506	46286
江 西	Jiangxi	221	81	8960	39598	49288	9386	2587676	53415
山 东	Shandong	520	229	33393	64372	51814	6288	2525944	49515
河 南	Henan	453	167	19087	42615	39466	4654	1859647	50459
湖 北	Hubei	1783	622	84242	48764	14599	1722	567867	44692
湖 南	Hunan	3539	970	182384	51413	61671	7275	2805208	48320
广 东	Guangdong	5511	1528	279972	51233	121826	21744	5923969	51112
广 西	Guangxi	702	191	28108	39988	35484	5083	1787376	54460
海 南	Hainan	161	45	4222	26280	2781	318	125630	47408
重 庆	Chongqing	788	242	37824	48148	17258	2638	1029562	61283
四 川	Sichuan	1128	369	55166	48995	85103	9827	4482585	54382
贵 州	Guizhou	242	59	10530	43753	4894	1205	245691	53477
云 南	Yunnan	710	172	29939	42256	16522	3188	865054	54754
西 藏	Tibet					1015	170	44678	44278
陕 西	Shaanxi	79	19	3555	44776	24636	3388	1184269	53916
甘 肃	Gansu	161	61	6693	41568	21868	2247	1160213	49581
青 海	Qinghai	61	17	2796	45836	1737	530	167622	87258
宁 夏	Ningxia	64	12	2968	49467	206	34	33280	67097
新 疆	Xinjiang					315	76	31529	94116

5-2 续表 3 continued

地 区	Region	批发和零售业 Wholesale and Retail Trades				交通运输、仓储和邮政业 Transport, Storage and Post			
		年末人数（人）Year-end Figures (person)	#女 性 Female	工资总额（千元）Total Wages (1000 yuan)	平均工资（元）Average Wage (yuan)	年末人数（人）Year-end Figures (person)	#女 性 Female	工资总额（千元）Total Wages (1000 yuan)	平均工资（元）Average Wage (yuan)
全 国	**National**	**74652**	**35726**	**3801433**	**50957**	**47390**	**12505**	**2580499**	**53449**
北 京	Beijing	4044	1911	308026	74033	2534	416	127587	48154
天 津	Tianjin	1080	431	68545	64317	1254	257	49356	41313
河 北	Hebei	4345	1927	169071	38409	2024	471	75434	37518
山 西	Shanxi	6270	2362	222369	35127	1443	497	54918	36469
内蒙古	Inner Mongolia	164	80	12718	79830	516	164	21563	46634
辽 宁	Liaoning	2168	1132	98561	45244	1518	291	69969	46822
吉 林	Jilin	174	62	8132	46688	166	49	7363	44355
黑龙江	Heilongjiang	788	491	23749	29877	436	172	21130	48114
上 海	Shanghai	1741	818	183164	102176	1408	325	88075	61398
江 苏	Jiangsu	4793	2213	327206	68241	5310	1130	396162	72584
浙 江	Zhejiang	2527	1484	179442	70801	1845	411	136565	73585
安 徽	Anhui	897	434	37635	41853	1173	304	49983	43096
福 建	Fujian	3043	1059	135199	44536	1026	335	51932	51279
江 西	Jiangxi	955	397	40458	42801	1245	230	65518	52628
山 东	Shandong	5147	2444	258194	50319	1408	483	62401	44440
河 南	Henan	6680	2808	280709	42812	6499	1741	302736	46949
湖 北	Hubei	6287	4615	277972	44980	2430	769	119877	48951
湖 南	Hunan	2612	1132	97984	37759	3209	734	143759	42362
广 东	Guangdong	6748	2981	400343	59229	3363	1094	208765	59888
广 西	Guangxi	1801	783	76851	42464	799	345	39731	49949
海 南	Hainan	498	210	11866	23825	663	151	60641	89200
重 庆	Chongqing	873	371	44961	51776	1023	190	49145	49451
四 川	Sichuan	1401	732	106083	74572	2558	659	154861	53981
贵 州	Guizhou	717	270	35025	48494	370	118	38835	63979
云 南	Yunnan	1892	877	89084	44299	1445	538	66689	48718
西 藏	Tibet	55	31	4493	82440	264	119	16883	72613
陕 西	Shaanxi	3180	1562	126772	40158	1007	330	74602	74037
甘 肃	Gansu	952	423	44400	46550	172	73	7063	41148
青 海	Qinghai	261	74	11182	40490	147	85	9749	65868
宁 夏	Ningxia	808	525	37707	50681	8		580	72500
新 疆	Xinjiang	1748	1086	83533	52422	127	25	8626	66868

5-2 续表 4 continued

地 区 Region	住宿和餐饮业 Hotels and Catering Services				信息传输、软件和信息技术服务业 Information Transmission, Software and Information Technology			
	年末人数（人） Year-end Figures (person)	#女 性 Female	工资总额（千元） Total Wages (1000 yuan)	平均工资（元） Average Wage (yuan)	年末人数（人） Year-end Figures (person)	#女 性 Female	工资总额（千元） Total Wages (1000 yuan)	平均工资（元） Average Wage (yuan)
全 国 National	**18798**	**10847**	**1020217**	**53388**	**4639**	**1708**	**436213**	**95026**
北 京 Beijing	3582	1752	302059	80749	770	317	65354	84765
天 津 Tianjin	112	57	4285	37922	21	10	1624	67667
河 北 Hebei	642	377	22581	35200	190	90	8640	45474
山 西 Shanxi	527	339	15935	29757	107	48	2782	26000
内蒙古 Inner Mongolia	199	128	8981	43495	61	20	2957	50119
辽 宁 Liaoning	328	220	11863	36684	50	12	2206	43944
吉 林 Jilin	80	60	2729	35908	6		110	18333
黑龙江 Heilongjiang	110	63	4315	38527	88	25	12906	165462
上 海 Shanghai	1107	534	66699	61102				
江 苏 Jiangsu	1047	597	61536	57918	555	93	70221	127248
浙 江 Zhejiang	750	424	47349	59859	538	148	72583	135164
安 徽 Anhui	117	60	4420	37458	99	42	4315	42304
福 建 Fujian	543	350	32764	61123	50	25	3249	66306
江 西 Jiangxi	166	116	5609	34201	395	196	39616	101061
山 东 Shandong	1065	595	44786	41992	100	54	9864	100653
河 南 Henan	1335	799	51383	38594	375	77	12488	33933
湖 北 Hubei	930	558	44056	47083	75	25	4420	59401
湖 南 Hunan	659	404	32818	49276	54	13	3344	61926
广 东 Guangdong	1554	842	91919	57650	451	201	53776	124480
广 西 Guangxi	198	124	8222	41394	43	24	3491	81186
海 南 Hainan	42	27	1895	45119	118	38	10413	86058
重 庆 Chongqing	827	581	31258	38042	27	11	976	36148
四 川 Sichuan	583	388	21410	36977	40	33	1978	49450
贵 州 Guizhou	417	333	16443	41770	16	10	552	34500
云 南 Yunnan	668	363	31605	46705	287	136	35216	123565
西 藏 Tibet	168	124	9887	59560	37	17	7627	206135
陕 西 Shaanxi	545	304	22578	37588	56	26	2289	43189
甘 肃 Gansu	430	296	18461	40439	8	5	236	59000
青 海 Qinghai	65	30	2269	34908				
宁 夏 Ningxia								
新 疆 Xinjiang	4	3	102	25500	22	11	2981	141952

5-2 续表 5 continued

地 区	Region	金融业 Financial Intermediation				房地产业 Real Estate			
		年末人数 (人) Year-end Figures (person)	#女 性 Female	工资总额 (千元) Total Wages (1000 yuan)	平均工资 (元) Average Wage (yuan)	年末人数 (人) Year-end Figures (person)	#女 性 Female	工资总额 (千元) Total Wages (1000 yuan)	平均工资 (元) Average Wage (yuan)
全 国	**National**	**60465**	**26788**	**8440316**	**139341**	**83108**	**31778**	**5572377**	**65949**
北 京	Beijing					17404	6205	1497183	83884
天 津	Tianjin					1895	714	81593	42953
河 北	Hebei	1124	514	153817	139075	2387	989	80482	34321
山 西	Shanxi	6591	3276	752575	112375	2365	974	74026	31124
内蒙古	Inner Mongolia	7142	3419	1009669	139441	103	40	3794	36835
辽 宁	Liaoning	3104	1250	254023	82341	1308	463	62378	47365
吉 林	Jilin	1943	821	286500	145505	72	33	2883	40097
黑龙江	Heilongjiang	1266	480	133614	102308	167	47	7008	42016
上 海	Shanghai	5	3	3301	660200	6119	2216	588662	95297
江 苏	Jiangsu	242	176	26449	109293	9511	5227	561263	59299
浙 江	Zhejiang	165	50	14328	99500	1589	674	141641	79021
安 徽	Anhui	191	108	14528	76463	351	128	16232	45948
福 建	Fujian					2182	908	152015	70768
江 西	Jiangxi					403	166	26225	64407
山 东	Shandong	44	26	6614	146978	4569	1701	241523	52009
河 南	Henan	4482	1618	428815	94224	1016	366	46121	46071
湖 北	Hubei					1249	504	66023	53229
湖 南	Hunan	27	5	2136	79111	1429	731	84475	58769
广 东	Guangdong	641	401	98942	157300	19615	6003	1342690	66214
广 西	Guangxi	7		120	17143	949	409	33905	36444
海 南	Hainan	130	72	29184	221091	911	333	33354	36537
重 庆	Chongqing					392	178	20072	50793
四 川	Sichuan	45	17	8676	192800	1239	437	54928	44415
贵 州	Guizhou	3395	1433	736516	215675	454	178	32557	70573
云 南	Yunnan	10271	4719	2059348	203139	829	320	36219	43854
西 藏	Tibet								
陕 西	Shaanxi	7066	3111	896348	127186	1311	474	76736	58954
甘 肃	Gansu	5254	2005	470093	89456	1123	364	48018	42525
青 海	Qinghai	1071	480	201762	191063	1297	632	101791	75794
宁 夏	Ningxia	256	87	49110	191836	423	174	18429	44645
新 疆	Xinjiang	6003	2718	803848	134304	447	191	40150	84906

5-2 续表 6 continued

地 区	Region	租赁和商务服务业 Leasing and Business Services				科学研究和技术服务业 Scientific Research and Technical Services			
		年末人数（人）Year-end Figures (person)	#女 性 Female	工资总额（千元）Total Wages (1000 yuan)	平均工资（元）Average Wage (yuan)	年末人数（人）Year-end Figures (person)	#女 性 Female	工资总额（千元）Total Wages (1000 yuan)	平均工资（元）Average Wage (yuan)
全 国	**National**	**172070**	**56545**	**11018479**	**64345**	**39295**	**13978**	**3887600**	**98817**
北 京	Beijing	17548	7399	1142860	64493	2782	1229	307872	108874
天 津	Tianjin	1792	650	110222	57567	464	192	30810	64795
河 北	Hebei	9083	3055	349497	38416	1117	481	58430	51734
山 西	Shanxi	2650	775	113463	43011	433	161	14597	33544
内蒙古	Inner Mongolia	1150	638	47650	40270	364	147	20028	54963
辽 宁	Liaoning	5000	1857	270388	52049	985	365	87801	87787
吉 林	Jilin	548	189	27756	50437	333	90	25696	75439
黑龙江	Heilongjiang	463	142	27273	36487	320	111	24964	77049
上 海	Shanghai	12799	4897	1312905	100981	893	276	141240	156347
江 苏	Jiangsu	20341	6067	1331009	65689	7311	2530	979787	133248
浙 江	Zhejiang	4465	1405	394620	88510	1454	465	169765	113331
安 徽	Anhui	1622	727	126409	69736	952	366	70769	76183
福 建	Fujian	1934	660	137801	73452	1145	331	158749	147728
江 西	Jiangxi	1855	384	101921	55278	455	150	39437	85730
山 东	Shandong	3411	1317	211331	62432	2605	1045	230641	88028
河 南	Henan	3047	1366	152136	50843	3425	1206	224177	66490
湖 北	Hubei	4748	2332	367126	85494	1830	471	106446	58272
湖 南	Hunan	887	298	48351	54048	995	361	83910	83232
广 东	Guangdong	57579	16930	3728689	66380	2738	848	272403	101150
广 西	Guangxi	587	208	37717	64944	832	316	43935	52425
海 南	Hainan	186	79	7207	38819	339	132	20042	58531
重 庆	Chongqing	726	323	47824	66099	417	133	41170	98257
四 川	Sichuan	3843	1167	212115	54730	2124	689	251441	117325
贵 州	Guizhou	5048	460	229825	46600	463	99	36195	79463
云 南	Yunnan	1389	591	90196	67898	2019	763	233973	117209
西 藏	Tibet					26	14	3480	133846
陕 西	Shaanxi	4978	693	213298	41726	1564	680	126910	81803
甘 肃	Gansu	1219	602	57064	46722	464	153	36371	75854
青 海	Qinghai	218	57	6754	34886	58	30	4043	67383
宁 夏	Ningxia	139	54	5233	37780	50	20	3700	84091
新 疆	Xinjiang	2812	1224	109357	37657	341	128	38819	110437

5-2 续表 7 continued

地 区	Region	水利、环境和公共设施管理业 Management of Water Conservancy, Environment and Public Facilities				居民服务、修理和其他服务业 Service to Households, Repair and Other Services			
		年末人数（人） Year-end Figures (person)	#女 性 Female	工资总额（千元） Total Wages (1000 yuan)	平均工资（元） Average Wage (yuan)	年末人数（人） Year-end Figures (person)	#女 性 Female	工资总额（千元） Total Wages (1000 yuan)	平均工资（元） Average Wage (yuan)
全 国	**National**	**48457**	**20707**	**3082642**	**63096**	**32601**	**13619**	**2283114**	**70529**
北 京	Beijing	6560	1890	400025	63340	3700	1604	202125	53665
天 津	Tianjin	348	74	35669	94864	962	225	64779	76032
河 北	Hebei	2061	1172	71100	33332	779	360	30405	41021
山 西	Shanxi	340	140	10822	31116	469	195	15308	30857
内蒙古	Inner Mongolia	105	22	5474	44869	430	284	16208	38136
辽 宁	Liaoning	256	73	10292	40258	886	260	44283	49562
吉 林	Jilin	166	67	3985	24299	545	157	29642	47427
黑龙江	Heilongjiang	92	33	7321	78720	107	56	4699	43110
上 海	Shanghai	3238	995	321734	98297	3903	1661	257867	65589
江 苏	Jiangsu	14237	6311	1003047	67962	8196	2930	931264	113139
浙 江	Zhejiang	1700	696	99495	59221	2125	830	152314	71677
安 徽	Anhui	306	51	25372	82639	474	224	25728	55874
福 建	Fujian	517	221	24728	47713	524	179	34848	66425
江 西	Jiangxi	352	98	22418	61251	274	85	12672	46503
山 东	Shandong	1391	599	110741	79962	1183	459	64441	54497
河 南	Henan	2146	882	126710	58704	1311	736	61820	47090
湖 北	Hubei	1930	1032	117507	61661	1021	664	55377	58150
湖 南	Hunan	782	185	57797	72954	251	86	13103	51996
广 东	Guangdong	4255	1540	288349	68046	1923	861	106104	56148
广 西	Guangxi	82	19	3211	42813	130	71	5435	42408
海 南	Hainan	174	78	20802	123089	41	19	2581	62951
重 庆	Chongqing	41	12	3933	95927	285	116	13369	47577
四 川	Sichuan	5906	3733	237347	40350	824	444	37375	56858
贵 州	Guizhou	6	4	240	30000	289	122	12577	43369
云 南	Yunnan	534	173	44718	79571	836	536	37318	47031
西 藏	Tibet	7	2	482	68857				
陕 西	Shaanxi	578	373	21127	35941	893	392	42627	47448
甘 肃	Gansu	301	215	4285	14878	110	40	3637	33064
青 海	Qinghai	27	8	1793	66407	125	22	5006	40371
宁 夏	Ningxia								
新 疆	Xinjiang	20	8	2119	105950				

5-2 续表 8 continued

地 区	Region	教育 Education 年末人数(人) Year-end Figures (person)	#女性 Female	工资总额(千元) Total Wages (1000 yuan)	平均工资(元) Average Wage (yuan)	卫生和社会工作 Health and Social Service 年末人数(人) Year-end Figures (person)	#女性 Female	工资总额(千元) Total Wages (1000 yuan)	平均工资(元) Average Wage (yuan)
全 国	**National**	**478706**	**338682**	**48229074**	**101781**	**336144**	**229581**	**35434217**	**106486**
北 京	Beijing	4635	3491	469376	100988	8542	5245	852982	98679
天 津	Tianjin	1838	1274	160599	87241	2602	1628	234709	93398
河 北	Hebei	16838	12009	1396577	83746	28626	19436	1904063	66959
山 西	Shanxi	2064	1586	80173	38613	1093	792	41952	39496
内蒙古	Inner Mongolia	2642	1836	184260	69771	2359	1539	176307	75249
辽 宁	Liaoning	6929	5383	463066	67339	7285	5121	394327	54270
吉 林	Jilin	1112	840	88280	80328	799	540	44193	56649
黑龙江	Heilongjiang	941	632	84472	89768	2647	1839	175335	66687
上 海	Shanghai	9338	7165	1838690	197426	15922	11879	3232071	202630
江 苏	Jiangsu	104045	77097	13241216	128355	76271	51981	9860125	130892
浙 江	Zhejiang	15225	11464	1571662	105180	3573	2544	313965	88481
安 徽	Anhui	12769	8126	1218264	97647	19873	12921	2337045	118756
福 建	Fujian	19589	14125	1961582	101679	13814	9762	1433562	104460
江 西	Jiangxi	10322	6779	903476	88611	5052	3311	367603	73284
山 东	Shandong	38464	26614	3877021	101581	21754	14853	1765282	82534
河 南	Henan	51625	36253	3588891	70571	21887	13767	1304927	60736
湖 北	Hubei	15909	10502	1209887	76707	6035	4103	474084	78740
湖 南	Hunan	11122	7396	967412	87835	18165	12624	1497515	82722
广 东	Guangdong	54119	41236	6503499	120892	28459	19108	4557902	161576
广 西	Guangxi	2944	2233	139676	47507	983	767	53590	54021
海 南	Hainan	1728	1164	181600	108012	1804	1177	153263	85411
重 庆	Chongqing	5130	3252	548173	107240	5997	4022	648077	109770
四 川	Sichuan	16587	11979	1561005	95084	10453	7507	973142	95013
贵 州	Guizhou	4893	3490	287607	59631	1870	1261	173392	94976
云 南	Yunnan	39056	24054	3349353	87224	15467	11397	1277664	83610
西 藏	Tibet	244	160	44534	182516	202	115	25376	126561
陕 西	Shaanxi	17892	11940	1307492	73580	9367	6608	782162	85374
甘 肃	Gansu	7223	4112	657191	91259	3703	2596	247646	67080
青 海	Qinghai	526	337	46066	84914	662	466	56398	85973
宁 夏	Ningxia	1326	949	148648	110354	634	503	59890	95063
新 疆	Xinjiang	1631	1204	149324	93855	244	171	15670	62304

5-2 续表 9 continued

地 区	Region	文化、体育和娱乐业 Culture, Sports and Entertainment				公共管理、社会保障和社会组织 Public Management, Social Security and Social Organization			
		年末人数（人） Year-end Figures (person)	#女 性 Female	工资总额（千元） Total Wages (1000 yuan)	平均工资（元） Average Wage (yuan)	年末人数（人） Year-end Figures (person)	#女 性 Female	工资总额（千元） Total Wages (1000 yuan)	平均工资（元） Average Wage (yuan)
全 国	**National**	**16372**	**7596**	**1414476**	**86393**	**55361**	**21795**	**5822692**	**107092**
北 京	Beijing	1196	658	108813	89307	229	112	28429	121037
天 津	Tianjin	300	170	25371	90935	1422	421	182062	128770
河 北	Hebei	915	464	62999	69002	2464	1139	164716	64849
山 西	Shanxi	537	223	16673	30369	439	177	15053	83166
内蒙古	Inner Mongolia	445	185	47835	106064	839	348	74450	88348
辽 宁	Liaoning	426	175	23527	55163	1032	334	65765	63497
吉 林	Jilin	69	30	4128	40871	243	79	15268	62065
黑龙江	Heilongjiang	15	7	1001	66733	406	99	26176	65439
上 海	Shanghai	475	290	77250	163028	5110	2598	885027	174999
江 苏	Jiangsu	3261	1488	339405	104650	13334	5400	1526835	119431
浙 江	Zhejiang	506	285	60803	117862	399	197	63014	157731
安 徽	Anhui	253	125	21252	84333	1424	404	139127	98027
福 建	Fujian	229	121	26044	113728	644	160	67024	104122
江 西	Jiangxi	169	73	12566	78538	1304	483	105208	81036
山 东	Shandong	1098	618	88704	80999	3277	1368	387276	119915
河 南	Henan	1221	472	50720	41682	6452	1879	409596	64190
湖 北	Hubei	851	329	96248	113742	1867	652	152650	81074
湖 南	Hunan	679	320	49625	72952	1635	645	124355	76297
广 东	Guangdong	920	361	77772	91071	5451	1932	633518	116143
广 西	Guangxi	64	35	3769	58891	256	125	17428	69199
海 南	Hainan	133	57	11505	83978	81	13	5474	65952
重 庆	Chongqing	136	64	14998	108159	1106	552	131824	121842
四 川	Sichuan	513	206	41655	80700	2364	1002	244335	105232
贵 州	Guizhou	38	15	1340	30455	95	49	8287	87234
云 南	Yunnan	885	410	78973	85521	2269	1128	238880	106144
西 藏	Tibet	26	9	526	20231				
陕 西	Shaanxi	366	176	30302	82342	768	325	62161	81959
甘 肃	Gansu	457	153	32574	74032	218	74	18398	83754
青 海	Qinghai	88	18	1844	20489	57	28	7693	134965
宁 夏	Ningxia					100	34	15660	156600
新 疆	Xinjiang	101	60	6256	59019	76	36	7004	90961

5-3 各地区分行业城镇集体单位在岗职工人数和平均工资(2022年)
ON-POST STAFF AND WORKERS AND AVERAGE WAGE IN URBAN COLLECTIVE-OWNED UNITS BY SECTOR AND REGION(2022)

地区	Region	总计 Total		农、林、牧、渔业 Agriculture, Forestry, Animal Husbandry and Fishery		采矿业 Mining		制造业 Manufacturing	
		年末人数(人) Year-end Figures (person)	平均工资(元) Average Wage (yuan)	年末人数(人) Year-end Figures (person)	平均工资(元) Average Wage (yuan)	年末人数(人) Year-end Figures (person)	平均工资(元) Average Wage (yuan)	年末人数(人) Year-end Figures (person)	平均工资(元) Average Wage (yuan)
全　国	**National**	**2179284**	**79964**	**16205**	**52587**	**21262**	**84195**	**139829**	**59523**
北　京	Beijing	84106	76485	5429	51945			5254	67801
天　津	Tianjin	17277	75379	27	73000			2286	50441
河　北	Hebei	89662	61692	380	76021	169	54723	11234	46901
山　西	Shanxi	41537	63569	264	23862	5123	128147	5666	47060
内蒙古	Inner Mongolia	17017	96895	152	54991			471	55992
辽　宁	Liaoning	54444	55698	2349	27694	97	68273	10965	54111
吉　林	Jilin	7603	83961	62	31528	45	47600	923	62008
黑龙江	Heilongjiang	18744	67437	72	52000	6392	64360	2247	87217
上　海	Shanghai	69707	137957	1235	87435			5046	86292
江　苏	Jiangsu	277393	113929	718	71332	100	54057	11842	61523
浙　江	Zhejiang	69604	81874	172	48983	144	71786	4115	65504
安　徽	Anhui	61483	91979	391	60343	53	41604	3257	67539
福　建	Fujian	65167	80788	115	36517	1716	64363	5433	52466
江　西	Jiangxi	63217	62334	402	41714	143	48126	2198	55235
山　东	Shandong	141551	73696	674	66579	58	52160	9169	70712
河　南	Henan	159644	60930	448	47651			13355	57885
湖　北	Hubei	60687	64244	252	50792	484	54142	2497	55131
湖　南	Hunan	103625	62057	343	49989	1797	65990	8337	64780
广　东	Guangdong	309199	80913	422	50639	17	57059	14882	63770
广　西	Guangxi	34630	51633	125	45496			2691	53343
海　南	Hainan	8821	73409	214	16935			171	39801
重　庆	Chongqing	37063	75564	281	36536	190	73848	3078	54303
四　川	Sichuan	124200	64329	180	63435	49	47213	3588	56179
贵　州	Guizhou	23542	81125	265	39422	179	53549	735	57521
云　南	Yunnan	95258	92307	331	31067	1487	80183	4844	48246
西　藏	Tibet	2184	82263	47	149867	288	78948	388	42959
陕　西	Shaanxi	74695	71165	123	68081	1496	98483	3758	48410
甘　肃	Gansu	43246	62801	272	73241	1218	72213	784	46803
青　海	Qinghai	6160	98254	410	82648			245	54908
宁　夏	Ningxia	3999	89141					241	49404
新　疆	Xinjiang	13818	94239	50	54340	13	111381	131	69675

5-3 续表 1 continued

地区 Region	电力、热力、燃气及水生产和供应业 Production and Supply of Electricity, Heat, Gas and Water		建筑业 Construction		批发和零售业 Wholesale and Retail Trades		交通运输、仓储和邮政业 Transport, Storage and Post	
	年末人数(人) Year-end Figures (person)	平均工资(元) Average Wage (yuan)	年末人数(人) Year-end Figures (person)	平均工资(元) Average Wage (yuan)	年末人数(人) Year-end Figures (person)	平均工资(元) Average Wage (yuan)	年末人数(人) Year-end Figures (person)	平均工资(元) Average Wage (yuan)
全国 National	**24333**	**56133**	**594841**	**53993**	**71077**	**51497**	**43490**	**54789**
北京 Beijing	482	86760	3980	86709	3655	75230	2334	45259
天津 Tianjin	94	38678	1565	98206	1062	64896	1214	41327
河北 Hebei	325	73942	7683	61555	4267	38523	1943	38725
山西 Shanxi	371	30720	5813	47126	6066	35509	1352	37014
内蒙古 Inner Mongolia	8	60000	238	21112	159	81517	513	46900
辽宁 Liaoning	680	50699	12287	51242	2108	45191	1504	46778
吉林 Jilin	61	34779	779	52730	174	46688	165	44261
黑龙江 Heilongjiang	216	167646	2293	56039	749	30031	412	49475
上海 Shanghai	210	119629	4605	58064	1439	112676	985	80020
江苏 Jiangsu	1498	71726	16167	70143	4485	69315	4942	73623
浙江 Zhejiang	3165	72494	27825	67354	2401	71733	1581	80174
安徽 Anhui	319	70256	19125	72124	889	41931	1145	43564
福建 Fujian	1320	42595	14256	46034	2856	45611	847	55665
江西 Jiangxi	209	41627	38656	53779	903	43445	1127	57125
山东 Shandong	520	64372	48608	49230	4812	51045	1219	47410
河南 Henan	436	42983	37223	50594	6489	43087	6278	47697
湖北 Hubei	1744	48980	13621	43553	6165	45280	2327	49700
湖南 Hunan	3453	51599	49047	49198	2512	37910	3084	42498
广东 Guangdong	5316	51869	112712	50662	6534	59812	2975	61793
广西 Guangxi	678	40605	22033	52791	1642	42964	754	50048
海南 Hainan	161	26280	2079	44862	338	30605	453	114047
重庆 Chongqing	753	48978	17013	61409	837	51707	961	49455
四川 Sichuan	1076	50316	73369	52902	1385	74838	2345	55074
贵州 Guizhou	239	44040	4291	53911	706	48844	359	64822
云南 Yunnan	689	43212	15774	55310	1794	45053	1343	49709
西藏 Tibet	10	76200	664	44281	44	90557	47	118968
陕西 Shaanxi	79	44776	21650	55394	2965	40784	846	81450
甘肃 Gansu	113	39066	20014	48783	872	47466	172	41148
青海 Qinghai	61	45836	992	109341	251	40798	147	65868
宁夏 Ningxia	48	53880	176	48077	803	51788	8	72500
新疆 Xinjiang			301	95550	1715	52750	109	68090

5-3 续表 2 continued

地 区 Region	住宿和餐饮业 Hotels and Catering Services		信息传输、软件和信息技术服务业 Information Transmission, Software and Information Technology		金融业 Financial Intermediation		房地产业 Real Estate	
	年末人数（人） Year-end Figures (person)	平均工资（元） Average Wage (yuan)	年末人数（人） Year-end Figures (person)	平均工资（元） Average Wage (yuan)	年末人数（人） Year-end Figures (person)	平均工资（元） Average Wage (yuan)	年末人数（人） Year-end Figures (person)	平均工资（元） Average Wage (yuan)
全 国 National	**17824**	**54176**	**4519**	**96793**	**58784**	**141775**	**77465**	**68394**
北 京 Beijing	3433	83378	749	85705			16471	85117
天 津 Tianjin	112	37922	21	67667			1827	43198
河 北 Hebei	637	35230	190	45474	1124	139075	2338	34475
山 西 Shanxi	513	29544	96	27208	6421	114414	2203	32077
内蒙古 Inner Mongolia	191	44687	61	50119	7005	141191	103	36835
辽 宁 Liaoning	233	37801	50	43944	2968	84838	1272	47685
吉 林 Jilin	47	45383	2	35000	1865	149214	61	44067
黑龙江 Heilongjiang	104	39575	88	165462	1240	103676	151	43367
上 海 Shanghai	1004	62372			5	660200	5704	98376
江 苏 Jiangsu	990	58579	550	128128	242	109293	9428	59379
浙 江 Zhejiang	731	59822	534	135964	162	101333	1556	82119
安 徽 Anhui	110	38342	95	42327	191	76463	336	47337
福 建 Fujian	524	61595	44	71256			1957	77668
江 西 Jiangxi	146	31896	395	101061			403	64407
山 东 Shandong	1048	41175	100	100653	44	146978	4280	52957
河 南 Henan	1260	38924	330	37407	4310	96653	974	45175
湖 北 Hubei	930	47083	75	59401			1183	55080
湖 南 Hunan	658	49311	53	62340	27	79111	1414	58874
广 东 Guangdong	1540	57849	450	124630	410	173349	17147	72970
广 西 Guangxi	195	41636	43	81186	7	17143	894	36651
海 南 Hainan	23	34913	118	86058	130	221091	743	41943
重 庆 Chongqing	702	37433	22	42773			369	51409
四 川 Sichuan	532	38182	40	49450	45	192800	1120	45276
贵 州 Guizhou	416	41818	16	34500	3384	216235	398	75879
云 南 Yunnan	662	46945	275	125209	10013	207313	802	44410
西 藏 Tibet	165	59648	37	206135				
陕 西 Shaanxi	420	35866	56	43189	7001	128046	1171	61840
甘 肃 Gansu	430	40439	8	59000	5027	91307	1065	43554
青 海 Qinghai	65	34908			1061	192544	1240	77023
宁 夏 Ningxia					256	191836	409	43945
新 疆 Xinjiang	4	25500	21	147800	5845	136271	446	84993

5-3 续表 3 continued

地 区 Region	租赁和商务服务业 Leasing and Business Services		科学研究和技术服务业 Scientific Research and Technical Services		水利、环境和公共设施管理业 Management of Water Conservancy,Environment and Public Facilities		居民服务、修理和其他服务业 Service to Households, Repair and Other Services	
	年末人数（人）Year-end Figures (person)	平均工资（元）Average Wage (yuan)	年末人数（人）Year-end Figures (person)	平均工资（元）Average Wage (yuan)	年末人数（人）Year-end Figures (person)	平均工资（元）Average Wage (yuan)	年末人数（人）Year-end Figures (person)	平均工资（元）Average Wage (yuan)
全 国 National	**159371**	**65556**	**37981**	**100300**	**39459**	**67421**	**30873**	**72307**
北 京 Beijing	17137	64977	2572	108570	6011	64233	3361	54194
天 津 Tianjin	1753	57983	447	65996	334	98288	938	77285
河 北 Hebei	8994	38204	1066	52871	2058	33332	750	41613
山 西 Shanxi	2547	44055	413	33348	336	31043	358	37327
内蒙古 Inner Mongolia	1121	40162	362	54927	105	44869	430	38136
辽 宁 Liaoning	3198	52911	971	88657	256	40258	805	50690
吉 林 Jilin	520	51562	331	75522	47	50596	358	61601
黑龙江 Heilongjiang	440	36829	320	77049	89	80811	107	43110
上 海 Shanghai	12534	101816	839	162357	3073	101192	3609	67168
江 苏 Jiangsu	19536	66352	7159	134657	9115	78890	7950	114851
浙 江 Zhejiang	4182	92363	1338	121286	1248	67317	2029	72861
安 徽 Anhui	938	64216	935	76868	287	85924	453	54396
福 建 Fujian	1887	74817	1109	151166	427	50026	506	68285
江 西 Jiangxi	1674	55180	455	85730	325	64386	274	46503
山 东 Shandong	3214	64867	2546	88997	1358	80178	1134	55361
河 南 Henan	2875	52529	3392	66824	1830	63196	1265	47846
湖 北 Hubei	4188	88624	1646	62450	1612	67734	1018	58248
湖 南 Hunan	795	55903	984	83756	723	77176	251	51996
广 东 Guangdong	51321	68739	2614	102304	3560	71698	1862	56714
广 西 Guangxi	583	65024	822	52701	60	52604	123	43901
海 南 Hainan	175	38935	339	58531	174	123089	41	62951
重 庆 Chongqing	621	62700	414	98549	40	98275	281	47833
四 川 Sichuan	3736	54741	2058	119104	4987	41821	823	56817
贵 州 Guizhou	4946	46893	446	81306	6	30000	289	43369
云 南 Yunnan	1218	73521	1944	119995	475	84107	758	47276
西 藏 Tibet	5	97000	26	133846	7	68857		
陕 西 Shaanxi	4874	41863	1529	82723	575	35997	859	48662
甘 肃 Gansu	1199	46911	464	75854	295	14670	110	33064
青 海 Qinghai	218	34886	58	67383	27	66407	125	40371
宁 夏 Ningxia	134	38566	50	84091			5	40000
新 疆 Xinjiang	2807	37663	336	111184	20	105950		

5-3 续表 4 continued

地区 Region	教育 Education		卫生和社会工作 Health and Social Service		文化、体育和娱乐业 Culture, Sports and Entertainment		公共管理、社会保障和社会组织 Public Management, Social Security and Social Organization	
	年末人数(人) Year-end Figures (person)	平均工资(元) Average Wage (yuan)	年末人数(人) Year-end Figures (person)	平均工资(元) Average Wage (yuan)	年末人数(人) Year-end Figures (person)	平均工资(元) Average Wage (yuan)	年末人数(人) Year-end Figures (person)	平均工资(元) Average Wage (yuan)
全 国 National	**457773**	**104229**	**315283**	**109409**	**15252**	**88450**	**53664**	**109163**
北 京 Beijing	4244	95282	7751	100990	1029	87998	215	124813
天 津 Tianjin	1722	90636	2236	99611	270	94504	1370	132467
河 北 Hebei	16126	86589	27077	68612	865	71289	2437	65198
山 西 Shanxi	1965	39634	1057	39017	537	30369	435	84287
内蒙古 Inner Mongolia	2614	70314	2216	77627	445	106064	823	89479
辽 宁 Liaoning	6632	69396	6621	55239	426	55163	1023	63864
吉 林 Jilin	1094	81115	758	57418	69	47029	243	62065
黑龙江 Heilongjiang	928	90430	2486	69000	15	66733	396	66617
上 海 Shanghai	9002	201747	14992	210533	442	169769	4983	178041
江 苏 Jiangsu	98392	132921	68298	137051	3084	106289	12895	122011
浙 江 Zhejiang	14484	106228	3098	92858	443	127719	396	158649
安 徽 Anhui	12017	101040	19307	120515	246	84768	1389	99547
福 建 Fujian	18296	106176	13085	107624	210	121950	578	111840
江 西 Jiangxi	9910	91261	4630	75901	167	79468	1199	83912
山 东 Shandong	37686	102917	20868	84269	993	85024	3220	121246
河 南 Henan	50618	71368	20997	60956	1132	42551	6431	64322
湖 北 Hubei	14544	79814	5793	79823	816	117306	1792	82709
湖 南 Hunan	10702	90220	17178	83918	648	74374	1619	76844
广 东 Guangdong	53179	122010	28090	162991	763	95296	5406	116728
广 西 Guangxi	2758	48509	937	54969	30	95433	253	69832
海 南 Hainan	1682	109437	1775	86738	127	84321	79	67481
重 庆 Chongqing	4681	108195	5680	112625	123	114332	1017	128985
四 川 Sichuan	15967	96905	10272	95399	472	80242	2155	113020
贵 州 Guizhou	4871	59610	1870	94976	37	30651	90	90608
云 南 Yunnan	35616	91079	14320	86823	847	87930	2065	111805
西 藏 Tibet	235	187987	196	129578	26	20231		
陕 西 Shaanxi	17267	75181	8936	87600	362	83027	729	85061
甘 肃 Gansu	7100	92121	3454	69495	451	74747	199	89255
青 海 Qinghai	526	84914	589	89183	88	20489	57	137268
宁 夏 Ningxia	1290	113201	480	105358			100	156600
新 疆 Xinjiang	1625	94029	236	63323	86	55956	73	93838

5-4 各地区分行业城镇集体单位其他就业人员和平均工资(2022年)
OTHER EMPLOYMENT AND AVERAGE WAGE IN URBAN COLLECTIVE-OWNED UNITS BY SECTOR AND REGION(2022)

地 区	Region	总 计 Total		农、林、牧、渔业 Agriculture, Forestry, Animal Husbandry and Fishery		采矿业 Mining		制造业 Manufacturing	
		年末人数(人) Year-end Figures (person)	平均工资(元) Average Wage (yuan)	年末人数(人) Year-end Figures (person)	平均工资(元) Average Wage (yuan)	年末人数(人) Year-end Figures (person)	平均工资(元) Average Wage (yuan)	年末人数(人) Year-end Figures (person)	平均工资(元) Average Wage (yuan)
全 国	**National**	**171936**	**50929**	**1501**	**35920**	**207**	**41294**	**4513**	**46996**
北 京	Beijing	5622	69854	451	43727			463	77632
天 津	Tianjin	1166	52435	9	36000			265	77292
河 北	Hebei	3856	36518	17	27361			399	32616
山 西	Shanxi	1670	32704	8	21125			409	37170
内蒙古	Inner Mongolia	380	39492	5	80000			3	44000
辽 宁	Liaoning	4471	40510	23	35513			357	29546
吉 林	Jilin	773	31554	87	21047			59	26628
黑龙江	Heilongjiang	559	42357					218	62485
上 海	Shanghai	4153	56261	266	36492			404	57721
江 苏	Jiangsu	24633	58464	60	39750			197	42120
浙 江	Zhejiang	3800	58658	15	18284			139	43617
安 徽	Anhui	3186	48212	94	33206			57	81834
福 建	Fujian	3665	39225	2	24000	12	61750	142	31055
江 西	Jiangxi	12098	50035	63	25959			52	23936
山 东	Shandong	6351	46324	7	44714			145	37291
河 南	Henan	5636	41805					56	41055
湖 北	Hubei	4133	47191	22	32775			20	32068
湖 南	Hunan	14685	45211	6	47826	60	15293	52	31228
广 东	Guangdong	21380	50149	11	14529			94	38930
广 西	Guangxi	14327	56336	32	70381			246	43220
海 南	Hainan	1357	40305	5	26000				
重 庆	Chongqing	1641	65297	31	27627			98	43113
四 川	Sichuan	14399	59553	5	42000			63	38606
贵 州	Guizhou	1099	42581	202	27680			55	47228
云 南	Yunnan	6931	40614	60	23565	99	47637	289	33220
西 藏	Tibet	617	50017			16	70000	4	60000
陕 西	Shaanxi	5165	40198	7	30571	9	38000	181	43309
甘 肃	Gansu	2755	52792	14	12000	10	40000	41	54144
青 海	Qinghai	895	52530						
宁 夏	Ningxia	266	65496					6	30125
新 疆	Xinjiang	267	57688						

5-4 续表 1 continued

地 区 Region	电力、热力、燃气及水生产和供应业 Production and Supply of Electricity, Heat, Gas and Water		建筑业 Construction		批发和零售业 Wholesale and Retail Trades		交通运输、仓储和邮政业 Transport, Storage and Post	
	年末人数（人）Year-end Figures (person)	平均工资（元）Average Wage (yuan)	年末人数（人）Year-end Figures (person)	平均工资（元）Average Wage (yuan)	年末人数（人）Year-end Figures (person)	平均工资（元）Average Wage (yuan)	年末人数（人）Year-end Figures (person)	平均工资（元）Average Wage (yuan)
全 国 National	**1024**	**37446**	**79448**	**53374**	**3575**	**40377**	**3900**	**38396**
北 京 Beijing	13	69538	131	55286	389	63377	200	82991
天 津 Tianjin	20	39417	87	66139	18	33300	41	40966
河 北 Hebei	20	19700	697	50858	79	32218	81	5429
山 西 Shanxi	24	15917	200	43592	203	24266	92	29726
内蒙古 Inner Mongolia					5	31071		
辽 宁 Liaoning	184	32101	700	27831	60	47097	14	51101
吉 林 Jilin			104	62769				
黑龙江 Heilongjiang			21	24364	39	26900	24	24224
上 海 Shanghai			39	40650	302	54432	424	17398
江 苏 Jiangsu	55	43300	2934	44382	309	52379	368	58287
浙 江 Zhejiang	132	63328	833	78618	126	52587	264	32404
安 徽 Anhui	6	21750	866	23021	8	34111	29	24509
福 建 Fujian	22	26898	576	53238	187	28060	179	30218
江 西 Jiangxi	12	14422	10632	52056	52	29507	118	10572
山 东 Shandong			3206	53696	336	38044	189	25667
河 南 Henan	17	33294	2243	48206	191	33496	221	25832
湖 北 Hubei	39	39518	978	61355	122	30137	103	31873
湖 南 Hunan	86	44176	12624	45205	100	33697	125	38414
广 东 Guangdong	195	33517	9114	57415	215	43168	388	47614
广 西 Guangxi	24	22673	13451	57819	159	37304	45	47561
海 南 Hainan			702	54611	160	9457	210	35092
重 庆 Chongqing	35	30407	245	52770	35	53730	62	49387
四 川 Sichuan	52	21696	11734	63707	16	51798	213	39078
贵 州 Guizhou	3	21000	603	50341	11	22349	11	34706
云 南 Yunnan	21	14624	748	42101	98	30395	102	37931
西 藏 Tibet			351	44274	11	48429	218	61024
陕 西 Shaanxi			2986	44242	215	32329	161	34769
甘 肃 Gansu	48	47458	1855	59411	80	36297		
青 海 Qinghai			745	52399	10	32300		
宁 夏 Ningxia	16	27400	30	80948	5	12571		
新 疆 Xinjiang			14	63533	33	37102	18	59333

5-4 续表 2 continued

地区 Region	住宿和餐饮业 Hotels and Catering Services		信息传输、软件和信息技术服务业 Information Transmission, Software and Information Technology		金融业 Financial Intermediation		房地产业 Real Estate	
	年末人数（人）Year-end Figures (person)	平均工资（元）Average Wage (yuan)	年末人数（人）Year-end Figures (person)	平均工资（元）Average Wage (yuan)	年末人数（人）Year-end Figures (person)	平均工资（元）Average Wage (yuan)	年末人数（人）Year-end Figures (person)	平均工资（元）Average Wage (yuan)
全　国 National	**973**	**39341**	**120**	**29208**	**1681**	**56441**	**5642**	**37501**
北　京 Beijing	149	32577	21	51190			933	61617
天　津 Tianjin							68	36354
河　北 Hebei	5	31400					49	27125
山　西 Shanxi	14	36688	11	15455	170	35462	161	18523
内蒙古 Inner Mongolia	8	17333			137	45508		
辽　宁 Liaoning	95	34000			136	29424	36	35958
吉　林 Jilin	33	20552	4	10000	78	38576	11	17639
黑龙江 Heilongjiang	6	20000			26	44133	15	28789
上　海 Shanghai	102	49208					415	55199
江　苏 Jiangsu	57	45818	5	31000			83	50464
浙　江 Zhejiang	19	61382	4	28500	3	13333	33	54272
安　徽 Anhui	7	23429	4	41750			16	16037
福　建 Fujian	18	49148	6	30833			226	16032
江　西 Jiangxi	20	50800						
山　东 Shandong	17	92471					289	37676
河　南 Henan	75	32583	45	9000	172	37226	42	67301
湖　北 Hubei							65	19955
湖　南 Hunan							16	49433
广　东 Guangdong	14	35143			231	126616	2468	31192
广　西 Guangxi	2	21000					55	33114
海　南 Hainan	19	57474					168	13304
重　庆 Chongqing	125	41468	5	7000			23	40831
四　川 Sichuan	51	25329					120	36607
贵　州 Guizhou					11	81385	56	30731
云　南 Yunnan	6	19833	12	86167	258	56278	26	27605
西　藏 Tibet	3	45000						
陕　西 Shaanxi	125	44024			65	38323	141	35335
甘　肃 Gansu					227	52412	57	23166
青　海 Qinghai					10	36100	57	52750
宁　夏 Ningxia							14	66154
新　疆 Xinjiang					157	62995		

5-4 续表 3 continued

地区 Region	租赁和商务服务业 Leasing and Business Services		科学研究和技术服务业 Scientific Research and Technical Services		水利、环境和公共设施管理业 Management of Water Conservancy,Environment and Public Facilities		居民服务、修理和其他服务业 Service to Households, Repair and Other Services	
	年末人数(人) Year-end Figures (person)	平均工资(元) Average Wage (yuan)	年末人数(人) Year-end Figures (person)	平均工资(元) Average Wage (yuan)	年末人数(人) Year-end Figures (person)	平均工资(元) Average Wage (yuan)	年末人数(人) Year-end Figures (person)	平均工资(元) Average Wage (yuan)
全国 National	**12700**	**48898**	**1314**	**57428**	**8998**	**43741**	**1728**	**40670**
北京 Beijing	410	43695	210	112399	549	52598	339	48522
天津 Tianjin	39	38321	17	33371	14	46800	24	43906
河北 Hebei	89	60280	51	27726	3	33000	28	25397
山西 Shanxi	103	18571	21	37507	4	37000	111	10319
内蒙古 Inner Mongolia	29	44761	2	60909				
辽宁 Liaoning	1803	50422	14	27837			80	38123
吉林 Jilin	28	30159	3	65000	119	13735	187	28423
黑龙江 Heilongjiang	23	25739			3	16000		
上海 Shanghai	265	67051	54	61815	165	35487	293	45851
江苏 Jiangsu	805	50031	152	72117	5122	47907	246	56202
浙江 Zhejiang	283	31992	116	35639	452	36614	96	48420
安徽 Anhui	684	75618	17	38588	19	32842	21	88131
福建 Fujian	46	20933	36	28083	90	36757	18	16947
江西 Jiangxi	181	56179			27	28531		
山东 Shandong	197	24103	58	48064	33	73233	49	32136
河南 Henan	172	23244	33	39383	316	27285	46	26719
湖北 Hubei	561	64647	183	20697	319	28745	3	27000
湖南 Hunan	92	37479	11	33429	59	20009		
广东 Guangdong	6258	45883	124	76665	695	49004	61	38246
广西 Guangxi	4	54000	10	27000	22	19227	7	16571
海南 Hainan	11	36906						
重庆 Chongqing	105	86230	4	49600			4	33400
四川 Sichuan	107	54349	67	66573	919	32313		
贵州 Guizhou	102	25085	17	25333				
云南 Yunnan	171	24932	75	34846	59	41158	78	44146
西藏 Tibet								
陕西 Shaanxi	104	35129	35	41913	3	25000	34	22398
甘肃 Gansu	20	37292			6	24667		
青海 Qinghai								
宁夏 Ningxia	5	16800						
新疆 Xinjiang	5	34400	5	58700				

5-4 续表 4 continued

地 区 Region	教 育 Education		卫生和社会工作 Health and Social Service		文化、体育和娱乐业 Culture, Sports and Entertainment		公共管理、社会保障和社会组织 Public Management, Social Security and Social Organization	
	年末人数(人) Year-end Figures (person)	平均工资(元) Average Wage (yuan)	年末人数(人) Year-end Figures (person)	平均工资(元) Average Wage (yuan)	年末人数(人) Year-end Figures (person)	平均工资(元) Average Wage (yuan)	年末人数(人) Year-end Figures (person)	平均工资(元) Average Wage (yuan)
全 国 National	**20933**	**46937**	**20861**	**62390**	**1121**	**57620**	**1696**	**46160**
北 京 Beijing	391	168670	791	75490	167	97225	15	68384
天 津 Tianjin	116	41476	366	48756	30	54680	52	33858
河 北 Hebei	712	19470	1548	38045	50	30353	27	32788
山 西 Shanxi	99	19991	37	52784			4	16667
内蒙古 Inner Mongolia	28	22868	143	38139			17	28758
辽 宁 Liaoning	297	22950	664	44721			9	20400
吉 林 Jilin	18	41345	42	43003				
黑龙江 Heilongjiang	13	33818	161	33630			10	19600
上 海 Shanghai	336	75001	930	76806	33	63300	127	58967
江 苏 Jiangsu	5653	48504	7973	78181	176	76640	439	63263
浙 江 Zhejiang	742	83371	475	58506	63	46173	3	36333
安 徽 Anhui	752	37138	566	58707	7	66500	34	36457
福 建 Fujian	1293	39012	729	46875	19	21798	66	36349
江 西 Jiangxi	412	27826	422	44927			105	45393
山 东 Shandong	778	38053	886	41972	105	43099	56	45076
河 南 Henan	1007	33220	890	55615	89	30663	21	27946
湖 北 Hubei	1365	43619	242	52942	35	22416	75	41738
湖 南 Hunan	420	22853	987	61680	31	43161	16	21109
广 东 Guangdong	940	59474	369	74396	156	56670	46	46947
广 西 Guangxi	186	30368	46	33903	34	26647	3	16667
海 南 Hainan	46	57348	29	32203	6	76500		
重 庆 Chongqing	450	98660	317	58381	13	43000	89	29910
四 川 Sichuan	620	49121	181	73063	41	85489	209	26625
贵 州 Guizhou	22	64592					5	26500
云 南 Yunnan	3440	40044	1147	42934	38	31975	204	43168
西 藏 Tibet	9	39667	6	28750				
陕 西 Shaanxi	624	29384	431	38602	4	20000	40	25673
甘 肃 Gansu	123	38332	249	33370	6	22333	20	27797
青 海 Qinghai			73	59521				
宁 夏 Ningxia	36	19683	154	61832				
新 疆 Xinjiang	6	48000	8	26714	15	77600	3	20000

六、其他单位就业人员和工资总额

EMPLOYMENT AND TOTAL WAGES IN OTHER OWNERSHIP UNITS

6−1 分行业其他单位就业人员和工资总额(2022年) EMPLOYMENT AND TOTAL WAGES IN OTHER OWNERSHIP UNITS BY SECTOR (2022)

项　目	Item	年末人数(千人) Year-end Figures (1000 persons)	#女 性 Female	工资总额(亿元) Total Wages (100 million yuan)	平均工资(元) Average Wage (yuan)
全 国 总 计	**National Total**	**108534**	**39223**	**120010.8**	**109895**
按登记注册类型分组	**Grouped by Registration Status**				
内资	Domestic Funded	85757	29141	89268.2	104096
股份合作	Cooperative Units	579	246	540.3	92467
联营	Joint-owned Units	193	90	191.7	99976
有限责任公司	Limited Liability Corporations	65057	20193	63770.1	98206
股份有限公司	Share-holding Corporations Ltd	16842	6513	22362.1	131720
其他	Others	3086	2100	2404.0	78376
港、澳、台商投资	Funded by Entrepreneurs from Hong Kong, Macao and Taiwan	11137	5072	14444.0	124841
外商投资	Foreign Funded	11639	5009	16298.6	137199
按国民经济行业分组	**Grouped by Sector**				
农、林、牧、渔业	**Agriculture, Forestry, Animal Husbandry and Fishery**	**286**	**89**	**178.7**	**63174**
农业	**Farming**	70	30	34.0	49016
林业	Forestry	62	13	43.2	68979
畜牧业	Animal Husbandry	82	25	58.4	72383
渔业	Fishery	15	3	11.0	71578
农、林、牧、渔专业及辅助性活动	Professional and Support Activities for Agriculture, Forestry, Animal Husbandry and Fishery	58	19	32.0	58512
采矿业	**Mining**	**3233**	**513**	**3952.9**	**121732**
煤炭开采和洗选业	Mining and Washing of Coal	2183	275	2504.8	115028
石油和天然气开采业	Extraction of Petroleum and Natural Gas	490	135	828.9	165904
黑色金属矿采选业	Mining and Processing of Ferrous Metal Ores	127	17	127.8	99229
有色金属矿采选业	Mining and Processing of Non-Ferrous Metal Ores	124	23	118.5	95502
非金属矿采选业	Mining and Processing of Non-metal Ores	101	21	82.6	80859
开采专业及辅助性活动	Professional and Support Activities for Mining	206	41	288.7	135386
其他采矿业	Mining of Other Ores	2		1.6	91067
制造业	**Manufacturing**	**36719**	**13491**	**36273.9**	**97391**
农副食品加工业	Processing of Food from Agricultural Products	1070	461	756.2	71199
食品制造业	Manufacture of Foods	962	479	815.4	85028
酒、饮料和精制茶制造业	Manufacture of Liquor, Beverages and Refined Tea	759	266	723.9	96713
烟草制品业	Manufacture of Tobacco	104	29	243.3	233074
纺织业	Manufacture of Textile	982	553	696.7	69533
纺织服装、服饰业	Manufacture of Textile, Wearing Apparel and Accessories	1093	784	737.9	66157
皮革、毛皮、羽毛及其制品和制鞋业	Manufacture of Leather, Fur, Feather and Related Products and Footwear	731	458	448.2	61199

6-1 续表 1 continued

项　　目	Item	年末人数（千人）Year-end Figures (1000 persons)	#女性 Female	工资总额（亿元）Total Wages (100 million yuan)	平均工资（元）Average Wage (yuan)
木材加工和木、竹、藤、棕、草制品业	Processing of Timber, Manufacture of Wood, Bamboo, Rattan, Palm and Straw Products	164	62	105.8	63564
家具制造业	Manufacture of Furniture	379	139	315.7	79820
造纸及纸制品业	Manufacture of Paper and Paper Products	424	148	357.9	83416
印刷和记录媒介复制业	Printing and Reproduction of Recording Media	395	166	344.0	84643
文教、工美、体育和娱乐用品制造业	Manufacture of Articles for Culture, Education, Arts and Crafts, Sport and Entertainment Activities	775	442	556.0	66704
石油、煤炭及其他燃料加工业	Processing of Petroleum, Coal and Other Fuels	520	112	691.0	132080
化学原料和化学制品制造业	Manufacture of Raw Chemical Materials and Chemical Products	1885	525	2092.5	111431
医药制造业	Manufacture of Medicines	1534	735	1697.5	111574
化学纤维制造业	Manufacture of Chemical Fibres	246	84	215.0	86198
橡胶和塑料制品业	Manufacture of Rubber and Plastics Products	1348	537	1133.4	81848
非金属矿物制品业	Manufacture of Non-metallic Mineral Products	1637	453	1341.5	81251
黑色金属冶炼和压延加工业	Smelting and Pressing of Ferrous Metals	1093	171	1125.8	101363
有色金属冶炼和压延加工业	Smelting and Pressing of Non-ferrous Metals	844	173	780.8	92533
金属制品业	Manufacture of Metal Products	1494	456	1263.9	82926
通用设备制造业	Manufacture of General Purpose Machinery	2149	585	2267.7	104273
专用设备制造业	Manufacture of Special Purpose Machinery	1872	548	2082.6	110945
汽车制造业	Manufacture of Automobiles	2973	800	3319.8	113564
铁路、船舶、航空航天和其他运输设备制造业	Manufacture of Railway, Ship, Aerospace and Other Transport Equipments	661	168	732.5	110787
电气机械和器材制造业	Manufacture of Electrical Machinery and Apparatus	3101	1192	2968.5	95165
计算机、通信和其他电子设备制造业	Manufacture of Computers, Communication and Other Electronic Equipment	6541	2629	7389.3	107652
仪器仪表制造业	Manufacture of Measuring Instruments and Machinery	568	213	665.5	117160
其他制造业	Other Manufacture	152	70	122.8	78344
废弃资源综合利用业	Utilization of Waste Resources	101	25	82.8	81653
金属制品、机械和设备修理业	Repair Service of Metal Products, Machinery and Equipment	162	27	200.7	125627
电力、热力、燃气及水生产和供应业	**Production and Supply of Electricity, Heat, Gas and Water**	**2779**	**721**	**3777.8**	**135992**
电力、热力生产和供应业	Production and Supply of Electric Power and Heat Power	1949	448	2947.5	151136
燃气生产和供应业	Production and Supply of Gas	317	101	337.6	106396
水的生产和供应业	Production and Supply of Water	511	172	492.2	96552

6-1 续表 2 continued

项 目	Item	年末人数（千人）Year-end Figures (1000 persons)	#女 性 Female	工资总额（亿元）Total Wages (100 million yuan)	平均工资（元）Average Wage (yuan)
建筑业	**Construction**	**16811**	**2265**	**13003.5**	**79253**
房屋建筑业	Construction of Buildings	10865	1326	7699.4	72891
土木工程建筑业	Civil Engineering	3959	635	3700.8	94887
建筑安装业	Building Installation	1059	148	913.3	90106
建筑装饰、装修和其他建筑业	Building Decoration and Other Constructions	927	156	689.8	74124
批发和零售业	**Wholesale and Retail Trades**	**7318**	**3890**	**8486.4**	**114349**
批发业	Wholesale Trade	3630	1636	5609.7	152991
零售业	Retail Trade	3688	2254	2876.7	76614
交通运输、仓储和邮政业	**Transport, Storage and Post**	**6772**	**1696**	**8047.4**	**117917**
铁路运输业	Railway Transport	1857	266	2655.7	143179
道路运输业	Road Transport	2735	708	2399.2	86673
水上运输业	Water Transport	230	41	380.5	164801
航空运输业	Air Transport	556	207	948.0	170012
管道运输业	Transport Via Pipelines	29	6	63.2	218204
多式联运和运输代理业	Intermodality and Forwarding Agency	328	151	497.6	150445
装卸搬运和仓储业	Loading, Unloading and Storage	389	97	388.3	99790
邮政业	Post	648	221	714.9	107600
住宿和餐饮业	**Hotels and Catering Services**	**2373**	**1381**	**1301.2**	**53568**
住宿业	Hotels	846	471	526.5	60962
餐饮业	Catering Services	1527	910	774.6	49488
信息传输、软件和信息技术服务业	**Information Transmission, Software and Information Technology**	**5017**	**1921**	**11374.2**	**224479**
电信、广播电视和卫星传输服务	Telecommunication, Radio and Television and Satellite Transmission Service	1242	514	1946.8	155951
互联网和相关服务	Internet and Related Service	747	321	2148.1	278856
软件和信息技术服务业	Software and Information Technology	3028	1086	7279.3	238802
金融业	**Financial Intermediation**	**6721**	**3883**	**12034.5**	**173697**
货币金融服务	Monetary and Financial Service	3141	1610	6978.7	223497
资本市场服务	Capital Market Service	342	158	1528.9	454893
保险业	Insurance	3127	2066	3051.7	90874
其他金融业	Other Financial Activities	111	49	475.2	425555
房地产业	**Real Estate**	**4785**	**2020**	**4419.9**	**90529**
租赁和商务服务业	**Leasing and Business Services**	**6288**	**2350**	**6896.2**	**110365**
租赁业	Leasing	126	33	133.8	102576
商务服务业	Business Services	6162	2317	6762.4	110532

6−1 续表 3 continued

项　目	Item	年末人数（千人）Year-end Figures (1000 persons)	#女性 Female	工资总额（亿元）Total Wages (100 million yuan)	平均工资（元）Average Wage (yuan)
科学研究和技术服务业	**Scientific Research and Technical Services**	**3063**	**1039**	**5181.5**	**169873**
研究和试验发展	Research and Experimental Development	427	191	928.8	223317
专业技术服务业	Professional Technical Services	2209	679	3517.3	159406
科技推广和应用服务业	Science and Technology Popularization and Application Services	428	169	735.4	171903
水利、环境和公共设施管理业	**Management of Water Conservancy, Environment and Public Facilities**	**1327**	**589**	**797.9**	**59581**
水利管理业	Management of Water Conservancy	36	10	40.3	113318
生态保护和环境治理业	Ecological Protection and Environmental Treatment	91	26	101.0	110455
公共设施管理业	Management of Public Facilities	1156	535	598.7	51301
土地管理业	Management of Land	44	18	57.9	128213
居民服务、修理和其他服务业	**Service to Households, Repair and Other Services**	**737**	**403**	**449.4**	**60850**
居民服务业	Service to Households	265	150	189.3	71062
机动车、电子产品和日用产品修理业	Repair of Motor Vehicle, Electronics and Household Products	94	25	77.9	81442
其他服务业	Other Services	378	228	182.2	48396
教育	**Education**	**2381**	**1739**	**1892.1**	**79539**
卫生和社会工作	**Health and Social Service**	**1249**	**890**	**1168.6**	**94041**
卫生	Health	1018	721	1029.8	101905
社会工作	Social Service	231	169	138.9	59813
文化、体育和娱乐业	**Culture, Sports and Entertainment**	**620**	**315**	**717.6**	**112709**
新闻和出版业	Journalism and Publishing Activities	122	68	217.6	176995
广播、电视、电影和录音制作业	Radio, Television, Motion Picture and Audio-visual Programme Production Services	133	68	162.7	117914
文化艺术业	Cultural and Art Activities	115	58	88.6	75850
体育	Sports Activities	93	43	100.5	107895
娱乐业	Entertainment	156	78	148.2	89366
公共管理、社会保障和社会组织	**Public Management, Social Security and Social Organization**	**56**	**27**	**57.0**	**101620**
#中国共产党机关	Organs of Communist Party of China				
国家机构	Government Agencies	31	12	30.8	100472
人民政协、民主党派	People's Political Consultative Conference and Democratic Parties				
社会保障	Social Security	4	2	2.6	64513
群众团体、社会团体和其他成员组织	Non-Governmental Organizations, Social Organizations and Membership Organizations	19	11	21.5	114953

6-2 各地区其他单位分登记注册类型就业人员和工资总额(2022年)
EMPLOYMENT AND TOTAL WAGES IN OTHER OWNERSHIP UNITS BY REGISTRATION STATUS AND REGION (2022)

地区	Region	总计 Total				股份合作 Cooperative Units			
		年末人数(人) Year-end Figures (person)	#女性 Female	工资总额(千元) Total Wages (1000 yuan)	平均工资(元) Average Wage (yuan)	年末人数(人) Year-end Figures (person)	#女性 Female	工资总额(千元) Total Wages (1000 yuan)	平均工资(元) Average Wage (yuan)
全国	**National**	**108533816**	**39222723**	**12001077775**	**109895**	**579337**	**245548**	**54027422**	**92467**
北京	Beijing	5878184	2359988	1250424928	208548	44435	19391	3535035	77240
天津	Tianjin	1778390	666393	224327290	122934	7046	2998	560621	77587
河北	Hebei	2941380	990288	261721846	87917	27013	14257	2504469	92337
山西	Shanxi	2737462	784033	260103990	93382	1750	738	244081	137072
内蒙古	Inner Mongolia	1369650	433544	142679482	103064	10778	5066	1636054	148402
辽宁	Liaoning	2583290	901796	232359134	88498	21266	8545	1691628	79779
吉林	Jilin	1266335	440912	111756488	86414	9595	4296	941603	98233
黑龙江	Heilongjiang	1405456	457735	129291859	89932	17948	8160	1355926	75395
上海	Shanghai	5689979	2441832	1192270706	208356	11495	4780	913546	80138
江苏	Jiangsu	9592875	3160469	1049931421	109657	23507	8924	1883179	81533
浙江	Zhejiang	8043027	2768754	919999260	114757	73338	29659	5137395	67522
安徽	Anhui	3920019	1323545	339754252	87450	18988	7436	1162847	56625
福建	Fujian	4050082	1477574	374752152	93047	15496	5536	2129295	139253
江西	Jiangxi	2557077	945442	192694334	76241	16165	7431	1242894	77043
山东	Shandong	6873249	2402182	622075895	90310	19016	7207	1788093	94019
河南	Henan	5121739	1759128	369987109	72404	33249	15497	3124433	93925
湖北	Hubei	4024478	1416093	362092293	90699	10734	5489	796959	75126
湖南	Hunan	3324490	1170987	269941501	81559	11409	6564	919483	80799
广东	Guangdong	15952948	6506003	1867269792	114489	88531	34492	10385090	116560
广西	Guangxi	2016245	740066	171509998	85280	21257	8719	2959787	138790
海南	Hainan	665624	288526	67355675	100142	5960	3139	947651	159363
重庆	Chongqing	2261710	783048	215630974	93855	6731	1605	309415	47541
四川	Sichuan	5426417	1976025	500933668	92417	34146	13689	2847651	82418
贵州	Guizhou	1535534	499873	141064993	92455	6995	3272	1121717	158806
云南	Yunnan	1501980	528206	131871219	87728	9883	4079	831506	89009
西藏	Tibet	158147	57055	18495564	116716	14	6	1181	84357
陕西	Shaanxi	2758358	937262	274324142	100440	15429	6719	1228595	81157
甘肃	Gansu	1129439	369140	92120256	81138	9531	4240	893752	96785
青海	Qinghai	293696	97325	31260293	106542	1789	951	108283	60325
宁夏	Ningxia	351275	112698	38318026	109332	1430	590	174797	121134
新疆	Xinjiang	1325283	426803	144759234	102107	4414	2076	650456	150499

6-2 续表 1 continued

地 区	Region	联 营 Joint-owned Units 年末人数(人) Year-end Figures (person)	#女 性 Female	工资总额(千元) Total Wages (1000 yuan)	平均工资(元) Average Wage (yuan)	有限责任公司 Limited Liability Corporations 年末人数(人) Year-end Figures (person)	#女 性 Female	工资总额(千元) Total Wages (1000 yuan)	平均工资(元) Average Wage (yuan)
全 国	**National**	**192704**	**90150**	**19172661**	**99976**	**65056671**	**20193016**	**6377013828**	**98206**
北 京	Beijing	2107	944	310096	144198	3402668	1216572	609224149	174951
天 津	Tianjin	3338	1252	362396	111245	929977	290275	110757314	116157
河 北	Hebei	7817	5805	449961	57836	2002628	600914	169036747	83694
山 西	Shanxi	246	106	20652	82608	2165347	532308	201642720	92779
内蒙古	Inner Mongolia	3321	2159	232683	75475	1045971	292449	105180605	100081
辽 宁	Liaoning	3157	1072	225707	64980	1479117	437901	123313837	82028
吉 林	Jilin	5371	1989	305974	57730	795664	244792	67028175	82812
黑龙江	Heilongjiang	1527	375	85718	56993	1045179	295873	97979145	91911
上 海	Shanghai	4135	1633	553194	131682	2101742	745342	372445644	177152
江 苏	Jiangsu	30951	11368	3327800	102942	4610416	1223472	457739360	100762
浙 江	Zhejiang	3147	1855	254731	80947	4429426	1249559	449513628	103624
安 徽	Anhui	7350	3517	525220	78726	2816069	895495	225157476	80934
福 建	Fujian	3104	1516	223693	77322	2299395	662875	198373640	87978
江 西	Jiangxi	6758	2657	606824	89872	1852972	596960	133812112	73696
山 东	Shandong	11855	6080	875858	78763	4155952	1288710	349933602	84315
河 南	Henan	14278	7793	838246	59463	3733235	1177660	253112887	68383
湖 北	Hubei	12947	6962	1076304	83974	2762400	848524	237805857	87216
湖 南	Hunan	7207	3399	533894	74906	2149362	600323	166610262	78804
广 东	Guangdong	31444	12270	5413615	170859	7274519	2575016	814311202	111026
广 西	Guangxi	1172	766	49150	43229	1460706	466869	120038780	82965
海 南	Hainan	2908	1580	290757	99608	451204	187255	43328482	94615
重 庆	Chongqing	2648	1090	291161	121672	1503415	431971	126633988	84306
四 川	Sichuan	8183	4501	729785	89281	3975966	1303391	341865130	86881
贵 州	Guizhou	2134	1306	116428	52245	1158782	358700	94584085	82077
云 南	Yunnan	3957	1731	319421	80825	1149027	383423	95747585	83695
西 藏	Tibet	901	343	114298	130775	112347	38663	10890466	95947
陕 西	Shaanxi	8175	4934	704512	89456	1983419	590720	194760295	98968
甘 肃	Gansu	963	545	56021	58599	770999	235927	59057001	76505
青 海	Qinghai	308	117	18396	55745	213695	64026	20442175	96405
宁 夏	Ningxia	71	59	2768	38986	246127	70738	26989569	110716
新 疆	Xinjiang	1224	428	257400	209780	978944	286310	99697909	93464

6-2 续表 2 continued

地区	Region	股份有限公司 Share-holding Corporations Ltd. 年末人数（人）Year-end Figures (person)	#女性 Female	工资总额（千元）Total Wages (1000 yuan)	平均工资（元）Average Wage (yuan)	其他内资 Other Domestic Invested 年末人数（人）Year-end Figures (person)	#女性 Female	工资总额（千元）Total Wages (1000 yuan)	平均工资（元）Average Wage (yuan)
全 国	**National**	**16841832**	**6513170**	**2236213695**	**131720**	**3086456**	**2099508**	**240396504**	**78376**
北 京	Beijing	850618	374348	221195069	260976	101683	71128	13250910	126812
天 津	Tianjin	230685	99997	37888477	161305	37954	26288	2327621	61952
河 北	Hebei	524700	236575	54485539	101628	22422	15050	1170584	54664
山 西	Shanxi	363445	142963	40852721	110030	81839	63296	3479049	42772
内蒙古	Inner Mongolia	236073	104194	28539463	116360	11555	7873	566577	49519
辽 宁	Liaoning	490924	181510	52332493	103708	81640	60219	4508993	55627
吉 林	Jilin	272278	114611	25715563	89922	50688	33047	3112427	62490
黑龙江	Heilongjiang	214013	91877	20570676	92853	50095	30397	3176037	64233
上 海	Shanghai	540723	221899	138882820	257265	217270	133101	23319553	106212
江 苏	Jiangsu	1556222	455444	192014887	128635	161311	103775	13424431	84259
浙 江	Zhejiang	1581165	603821	206059842	128963	178933	128860	16469040	92058
安 徽	Anhui	632122	205417	72325730	114828	100519	65194	6700773	67193
福 建	Fujian	473423	183516	59747853	126477	69186	50970	5275237	76255
江 西	Jiangxi	317685	126315	32341383	100043	71950	46373	4759029	67023
山 东	Shandong	1410378	520909	153540108	107553	221348	152341	15280038	69929
河 南	Henan	757364	260891	71927287	94419	122260	80476	6855603	57010
湖 北	Hubei	620621	256162	66883372	107115	135138	90167	8601370	65168
湖 南	Hunan	595087	242264	59579148	99996	189768	131489	10699826	56799
广 东	Guangdong	2040048	819784	322285161	155104	648789	443583	63581126	98218
广 西	Guangxi	235230	104503	26225537	110586	71261	55464	3294348	47878
海 南	Hainan	116805	49373	12886228	110820	42529	30061	3051158	73123
重 庆	Chongqing	400744	190349	52873944	125490	20007	12398	2175977	111053
四 川	Sichuan	740378	315448	87032335	115096	147010	101025	10286581	70650
贵 州	Guizhou	289653	102071	38037211	132940	17030	11000	1535890	90576
云 南	Yunnan	241530	91264	27171625	111535	11880	6802	673883	50063
西 藏	Tibet	34625	14258	6235228	182762	4942	1815	428619	91146
陕 西	Shaanxi	395864	152545	46464440	116341	128478	91153	7652736	60094
甘 肃	Gansu	275634	90616	26637226	94858	45294	27589	2538267	55808
青 海	Qinghai	67561	27815	9694051	140958	1666	648	82938	51858
宁 夏	Ningxia	68637	31447	7384892	105719	5944	4196	375534	63178
新 疆	Xinjiang	267595	100986	38403385	140781	36068	23728	1742350	49386

6-2 续表 3 continued

地 区	Region	港、澳、台商投资 Funded from Hong Kong, Macao and Taiwan 年末人数（人） Year-end Figures (person)	#女 性 Female	工资总额（千元） Total Wages (1000 yuan)	平均工资（元） Average Wage (yuan)	外商投资 Foreign Funded 年末人数（人） Year-end Figures (person)	#女 性 Female	工资总额（千元） Total Wages (1000 yuan)	平均工资（元） Average Wage (yuan)
全 国	**National**	**11137376**	**5072211**	**1444397119**	**124841**	**11639440**	**5009120**	**1629856546**	**137199**
北 京	Beijing	704827	335403	199745540	275541	771845	342200	203164130	257593
天 津	Tianjin	235952	113265	28550891	116534	333437	132320	43879970	127808
河 北	Hebei	151598	44496	15596821	102619	205203	73193	18477725	86829
山 西	Shanxi	61856	23131	7933842	86086	62979	21492	5930924	90963
内蒙古	Inner Mongolia	15683	5552	1565071	98728	46270	16250	4959030	106067
辽 宁	Liaoning	128367	51739	11717856	88454	378820	160810	38568620	101643
吉 林	Jilin	21523	7742	1693250	78701	111216	34434	12959496	116041
黑龙江	Heilongjiang	34962	14775	2705143	75304	41732	16278	3419214	75578
上 海	Shanghai	1191703	584990	268902359	220950	1622912	750088	387253590	237896
江 苏	Jiangsu	1273178	546978	142168562	107234	1937290	810506	239373202	119765
浙 江	Zhejiang	802253	341309	117689423	141217	974765	413690	124875202	126185
安 徽	Anhui	156337	69726	15166639	95544	188634	76760	18715568	99750
福 建	Fujian	688179	328519	58912865	84821	501299	244642	50089569	96614
江 西	Jiangxi	157789	95734	10152894	63248	133759	69972	9779197	72983
山 东	Shandong	418722	149462	41890589	99300	635977	277473	58767607	91844
河 南	Henan	277322	131380	18608027	63652	184030	85432	15520627	83060
湖 北	Hubei	192564	97334	16552646	86066	290074	111455	30375785	103505
湖 南	Hunan	244404	131156	20153442	76304	127254	55793	11445446	88908
广 东	Guangdong	3731322	1698263	399828790	102330	2138294	922595	251464809	113172
广 西	Guangxi	78678	42276	5142136	63344	147941	61470	13800260	89211
海 南	Hainan	29037	11292	4797112	162083	17181	5826	2054286	112940
重 庆	Chongqing	135063	63032	13649300	96163	193101	82603	19697188	96724
四 川	Sichuan	236494	110918	25848270	101274	284240	127052	32323916	113121
贵 州	Guizhou	26359	10776	2346642	87425	34582	12748	3323021	97264
云 南	Yunnan	44807	21327	3126883	66237	40896	19579	4000317	96186
西 藏	Tibet	2783	1229	388326	143188	2534	741	437446	172087
陕 西	Shaanxi	51238	28200	4672730	88693	175756	62992	18840835	117098
甘 肃	Gansu	7933	3006	699201	90034	19086	7219	2238788	116789
青 海	Qinghai	2780	1248	346592	117969	5896	2521	567858	95772
宁 夏	Ningxia	19220	2900	2306743	118046	9847	2767	1083723	110062
新 疆	Xinjiang	14446	5054	1538537	105902	22592	8221	2469196	107915

6-3 各地区分行业其他单位就业人员和工资总额(2022年)
EMPLOYMENT AND TOTAL WAGES IN OTHER OWNERSHIP UNITS BY SECTOR AND REGION (2022)

地区	Region	总计 Total				农、林、牧、渔业 Agriculture, Forestry, Animal Husbandry and Fishery			
		年末人数(人) Year-end Figures (person)	#女性 Female	工资总额(千元) Total Wages (1000 yuan)	平均工资(元) Average Wage (yuan)	年末人数(人) Year-end Figures (person)	#女性 Female	工资总额(千元) Total Wages (1000 yuan)	平均工资(元) Average Wage (yuan)
全国	**National**	**108533816**	**39222723**	**12001077775**	**109895**	**286105**	**89372**	**17869419**	**63174**
北京	Beijing	5878184	2359988	1250424928	208548	7716	2759	688693	86507
天津	Tianjin	1778390	666393	224327290	122934	1881	644	135051	70405
河北	Hebei	2941380	990288	261721846	87917	13820	4426	876794	63389
山西	Shanxi	2737462	784033	260103990	93382	9052	2443	465949	52451
内蒙古	Inner Mongolia	1369650	433544	142679482	103064	41036	7844	3296756	79622
辽宁	Liaoning	2583290	901796	232359134	88498	7367	2361	374726	49192
吉林	Jilin	1266335	440912	111756488	86414	16933	3426	1127006	65481
黑龙江	Heilongjiang	1405456	457735	129291859	89932	13354	2783	818541	61866
上海	Shanghai	5689979	2441832	1192270706	208356	5419	1676	495115	88315
江苏	Jiangsu	9592875	3160469	1049931421	109657	9408	2421	645106	67055
浙江	Zhejiang	8043027	2768754	919999260	114757	4871	1494	350193	73200
安徽	Anhui	3920019	1323545	339754252	87450	3443	1250	195916	58351
福建	Fujian	4050082	1477574	374752152	93047	2823	1145	155343	59539
江西	Jiangxi	2557077	945442	192694334	76241	4165	1454	195361	48152
山东	Shandong	6873249	2402182	622075895	90310	7285	2088	515124	67958
河南	Henan	5121739	1759128	369987109	72404	4581	1634	210484	47699
湖北	Hubei	4024478	1416093	362092293	90699	4605	1296	285178	62806
湖南	Hunan	3324490	1170987	269941501	81559	7996	2892	407816	51724
广东	Guangdong	15952948	6506003	1867269792	114489	7882	2829	653139	82370
广西	Guangxi	2016245	740066	171509998	85280	13799	5330	906128	68154
海南	Hainan	665624	288526	67355675	100142	31576	10515	1691936	58784
重庆	Chongqing	2261710	783048	215630974	93855	2575	1258	139220	61899
四川	Sichuan	5426417	1976025	500933668	92417	8324	3262	488875	59696
贵州	Guizhou	1535534	499873	141064993	92455	9891	3576	529641	52885
云南	Yunnan	1501980	528206	131871219	87728	13507	6823	572665	43768
西藏	Tibet	158147	57055	18495564	116716	1861	749	100498	55672
陕西	Shaanxi	2758358	937262	274324142	100440	6284	2092	298135	48320
甘肃	Gansu	1129439	369140	92120256	81138	7472	2566	398255	49897
青海	Qinghai	293696	97325	31260293	106542	2738	946	97135	33021
宁夏	Ningxia	351275	112698	38318026	109332	2269	619	140565	58703
新疆	Xinjiang	1325283	426803	144759234	102107	12173	4770	614073	53347

6-3 续表 1 continued

地 区 Region	采矿业 Mining				制造业 Manufacturing			
	年末人数 (人) Year-end Figures (person)	#女 性 Female	工资总额 (千元) Total Wages (1000 yuan)	平均工资 (元) Average Wage (yuan)	年末人数 (人) Year-end Figures (person)	#女 性 Female	工资总额 (千元) Total Wages (1000 yuan)	平均工资 (元) Average Wage (yuan)
全 国 National	**3232918**	**512946**	**395290035**	**121732**	**36718738**	**13490525**	**3627385937**	**97391**
北 京 Beijing	25875	4225	4416011	166806	566171	199451	104579792	183677
天 津 Tianjin	53280	11373	9973936	182649	624696	198905	72333154	113465
河 北 Hebei	147867	21011	15621884	104776	943967	274364	79643625	83654
山 西 Shanxi	845808	113340	96774004	115098	558831	157695	46451537	77972
内蒙古 Inner Mongolia	106937	14210	16957294	159777	373154	89054	38226308	103558
辽 宁 Liaoning	170873	32412	17780734	99072	896623	260124	81029362	89220
吉 林 Jilin	52228	11942	5009735	93981	388581	113709	36217615	92689
黑龙江 Heilongjiang	210583	43402	23611896	111543	234322	67880	19887469	83982
上 海 Shanghai	1755	422	563014	328480	1261873	429147	210955067	165019
江 苏 Jiangsu	52153	8802	7255983	136511	4402251	1684519	492529899	109187
浙 江 Zhejiang	4271	779	468164	108987	3191751	1204161	330915545	102120
安 徽 Anhui	114488	10433	16364845	139841	1383737	499221	119743538	87333
福 建 Fujian	10141	1731	893588	87149	1491333	663904	138129619	90833
江 西 Jiangxi	21537	3664	1695947	77401	977024	424233	70579149	73759
山 东 Shandong	238072	48119	31126162	131944	2679736	922224	233077206	86559
河 南 Henan	244855	40509	23889308	96057	1752716	695568	119528558	67706
湖 北 Hubei	31838	7264	3963350	122794	1287700	466111	111028219	86779
湖 南 Hunan	39123	5039	2870183	71981	985642	362563	82932436	84556
广 东 Guangdong	13014	2251	3015323	235861	7777667	3118553	791184635	98106
广 西 Guangxi	7611	1803	601801	79362	544611	210696	40791066	76595
海 南 Hainan	4868	874	814135	162579	82877	30520	7945041	95731
重 庆 Chongqing	6890	1950	684295	97910	641282	226525	62652571	95994
四 川 Sichuan	89269	16822	12597943	139868	1464352	522913	136113205	92633
贵 州 Guizhou	164535	14659	14438161	89390	321250	110978	31390605	100088
云 南 Yunnan	46077	8491	4524299	97501	340730	108088	27569869	80336
西 藏 Tibet	7146	1396	980784	139610	14702	5013	1321386	90227
陕 西 Shaanxi	256710	36541	35656478	138657	749183	223734	68485585	93367
甘 肃 Gansu	58017	8703	6473615	112582	267168	71009	23547088	87932
青 海 Qinghai	26157	6911	4511442	167777	95601	26593	8898222	94652
宁 夏 Ningxia	46269	6902	8663651	186624	108214	26074	10168429	96515
新 疆 Xinjiang	134671	26965	23092071	170811	310994	96995	29530136	93717

6-3 续表 2 continued

地区	Region	电力、热力、燃气及水生产和供应业 Production and Supply of Electricity, Heat, Gas and Water 年末人数(人) Year-end Figures (person)	#女性 Female	工资总额(千元) Total Wages (1000 yuan)	平均工资(元) Average Wage (yuan)	建筑业 Construction 年末人数(人) Year-end Figures (person)	#女性 Female	工资总额(千元) Total Wages (1000 yuan)	平均工资(元) Average Wage (yuan)
全国	**National**	**2778755**	**720811**	**377784896**	**135992**	**16810596**	**2265273**	**1300345196**	**79253**
北京	Beijing	92107	26264	19053843	208955	444242	89914	68983997	153305
天津	Tianjin	39904	11203	7471741	187733	171578	30706	20652653	118363
河北	Hebei	113344	31475	14805879	131504	335838	53317	25188699	74756
山西	Shanxi	144375	39808	15641871	108244	235491	47154	19352872	79805
内蒙古	Inner Mongolia	139202	36265	18028370	130302	80465	14922	6158310	69301
辽宁	Liaoning	129239	31585	12627102	97576	209225	39095	15928850	74918
吉林	Jilin	87015	17457	9841394	112788	115653	20314	7968915	64932
黑龙江	Heilongjiang	129362	26650	13580554	104061	103846	23056	7211164	67662
上海	Shanghai	32408	8637	8436531	260357	253591	40981	36526903	148535
江苏	Jiangsu	140020	34751	24506359	174903	2131852	118404	161303548	81421
浙江	Zhejiang	125903	28540	22313479	178453	1555161	155745	113308812	76510
安徽	Anhui	84470	20328	11765485	138953	867697	117594	62258204	74422
福建	Fujian	105334	26973	15279207	144802	1082659	174932	74864988	73555
江西	Jiangxi	82770	23426	8104000	97288	596976	86620	39450296	67335
山东	Shandong	153244	39996	17579858	115760	1156833	134214	92212853	81072
河南	Henan	84634	27309	7482142	89238	1109886	153135	66941432	62293
湖北	Hubei	57372	17985	7737244	134048	941825	127134	72956414	80211
湖南	Hunan	59115	17125	6325090	107314	825633	100359	51851389	64657
广东	Guangdong	224649	48969	41150107	183601	950917	147869	86001359	91607
广西	Guangxi	97922	26308	12717170	128553	401732	52392	30896293	75959
海南	Hainan	12258	2853	1881137	155023	36230	6600	2640173	70071
重庆	Chongqing	59434	18025	7216768	120464	552502	82873	37120912	68278
四川	Sichuan	200476	56048	25983841	128290	1176929	201283	81388109	71005
贵州	Guizhou	43946	11924	5436288	122997	311825	50115	21682708	71411
云南	Yunnan	100972	27587	13530445	131788	254534	47928	17926683	73123
西藏	Tibet	12045	4037	1578747	136910	26199	4716	1908088	71499
陕西	Shaanxi	74018	21526	8728386	118339	422925	66094	34412017	85604
甘肃	Gansu	41651	10646	4437468	108465	222519	34217	15516951	68294
青海	Qinghai	13256	3213	2036870	153561	18495	3907	1427284	78336
宁夏	Ningxia	26794	6798	3710916	139592	22275	4932	2099006	90045
新疆	Xinjiang	71513	17101	8796605	124911	195061	34752	24205313	85924

6-3 续表 3 continued

地 区	Region	批发和零售业 Wholesale and Retail Trades 年末人数(人) Year-end Figures (person)	#女 性 Female	工资总额(千元) Total Wages (1000 yuan)	平均工资(元) Average Wage (yuan)	交通运输、仓储和邮政业 Transport, Storage and Post 年末人数(人) Year-end Figures (person)	#女 性 Female	工资总额(千元) Total Wages (1000 yuan)	平均工资(元) Average Wage (yuan)
全 国	**National**	**7317892**	**3889804**	**848640374**	**114349**	**6771837**	**1696142**	**804740961**	**117917**
北 京	Beijing	496965	234243	100336492	195232	517520	135145	77291196	146338
天 津	Tianjin	150726	86716	18060173	115541	121360	30674	15303151	124036
河 北	Hebei	182839	109609	11438462	61628	230676	55271	24213599	104357
山 西	Shanxi	123540	55317	9635153	78099	205643	49517	23998746	116471
内蒙古	Inner Mongolia	71188	37764	5683595	78179	185237	43470	20768985	112138
辽 宁	Liaoning	143013	83366	9942968	68708	249627	53804	25306059	99733
吉 林	Jilin	72696	38557	4991014	67849	137442	28245	13185107	95285
黑龙江	Heilongjiang	87231	44786	6242882	71128	176012	24209	18735140	105068
上 海	Shanghai	912109	493419	208847165	224408	422740	135422	72159348	169540
江 苏	Jiangsu	500080	268752	55978855	110303	354729	84010	42465885	118679
浙 江	Zhejiang	424178	213606	55857717	129761	312240	79302	40608570	128026
安 徽	Anhui	222515	122939	17792513	79904	241366	68357	23451306	93059
福 建	Fujian	221243	116563	22539108	100560	204221	50976	23221818	113972
江 西	Jiangxi	155219	80092	10682190	68597	139739	33635	14421121	103128
山 东	Shandong	411604	229354	33067816	80149	384460	94456	42630095	110823
河 南	Henan	273316	146019	16866439	61880	290658	72521	27907734	96140
湖 北	Hubei	284355	166405	21028851	73234	226567	52061	25245795	111579
湖 南	Hunan	199338	113627	13243811	66860	203004	47508	21363912	103197
广 东	Guangdong	1056542	531144	119012495	109999	702065	183664	91521512	128797
广 西	Guangxi	128726	73965	9569146	74525	159528	36129	16774155	104591
海 南	Hainan	69624	35830	7381638	106252	62947	14994	8077307	128647
重 庆	Chongqing	145019	83360	12751435	85543	171352	42995	16554277	95966
四 川	Sichuan	344457	189187	29420774	84804	302244	87514	32550703	108660
贵 州	Guizhou	97161	49470	7908371	80560	108501	30875	11699057	105064
云 南	Yunnan	123492	66860	9559334	76136	132492	38320	14955378	113205
西 藏	Tibet	21217	9820	2122223	97987	10722	2959	1377905	129033
陕 西	Shaanxi	186977	104534	13242809	70052	192670	48060	21922515	112928
甘 肃	Gansu	84494	45101	5253071	61638	107872	22474	11028762	104281
青 海	Qinghai	18746	9764	1446383	76326	40113	9659	4756099	120442
宁 夏	Ningxia	21552	13523	1403506	63579	31152	7783	3296842	106080
新 疆	Xinjiang	87728	36115	7333984	85765	146940	32133	17948883	124218

6-3 续表 4 continued

地 区	Region	住宿和餐饮业 Hotels and Catering Services 年末人数(人) Year-end Figures (person)	#女 性 Female	工资总额(千元) Total Wages (1000 yuan)	平均工资(元) Average Wage (yuan)	信息传输、软件和信息技术服务业 Information Transmission, Software and Information Technology 年末人数(人) Year-end Figures (person)	#女 性 Female	工资总额(千元) Total Wages (1000 yuan)	平均工资(元) Average Wage (yuan)
全 国	**National**	**2372968**	**1381371**	**130115417**	**53568**	**5016757**	**1920625**	**1137423961**	**224479**
北 京	Beijing	258556	145308	17335114	63815	999093	370837	325285660	319760
天 津	Tianjin	44014	26631	1925726	39663	68537	28104	12423894	163360
河 北	Hebei	32836	19409	1588240	47938	111498	46734	14947569	135543
山 西	Shanxi	32946	19240	1320678	38415	46017	20062	4922145	108157
内蒙古	Inner Mongolia	20369	11881	1050645	47741	37809	17855	4746993	125285
辽 宁	Liaoning	37306	23173	1527616	38692	123131	60127	16226397	130745
吉 林	Jilin	12343	6998	538278	44357	39181	15075	4275028	107250
黑龙江	Heilongjiang	11110	6423	468478	41220	50094	21235	5015961	99077
上 海	Shanghai	259339	143153	16532359	62446	532464	195517	177769479	331692
江 苏	Jiangsu	187724	112648	10690116	55662	336810	126358	66295415	196071
浙 江	Zhejiang	135121	76675	8254838	60836	335732	123634	97984520	289889
安 徽	Anhui	60757	37806	3141468	51971	110408	44562	13586711	123471
福 建	Fujian	89881	52507	4749059	51898	100369	36613	15746517	154587
江 西	Jiangxi	36692	23530	1610218	44350	52511	21101	5845542	111013
山 东	Shandong	98336	57483	5125452	52944	180794	75897	24107859	132554
河 南	Henan	61272	36655	2678180	43119	164437	60880	15333935	95205
湖 北	Hubei	80527	50284	3820552	46258	152203	55994	22596522	145764
湖 南	Hunan	57637	36049	2556805	44259	81539	31692	11058825	134998
广 东	Guangdong	389271	214841	21853375	54522	814975	306872	191174611	230543
广 西	Guangxi	44001	27678	1880091	42692	54574	21958	6746257	124518
海 南	Hainan	46018	21906	2801479	59747	22826	8061	5323557	219077
重 庆	Chongqing	32542	20489	1680468	48844	47308	19401	7153648	149428
四 川	Sichuan	147723	91155	7719758	51842	248656	95620	40134583	163792
贵 州	Guizhou	27861	17518	1326683	47758	40963	15974	5341466	129851
云 南	Yunnan	38677	22596	1821136	46361	43008	16843	5099915	118024
西 藏	Tibet	5184	2991	341144	63405	5797	2159	989730	170199
陕 西	Shaanxi	76291	47284	3552003	45417	134426	48027	27377410	200017
甘 肃	Gansu	23487	14669	995208	41372	25975	11378	2630168	101684
青 海	Qinghai	3247	1898	164019	45108	8600	3794	1266700	148421
宁 夏	Ningxia	2067	1243	116984	52120	8113	3395	1212432	150472
新 疆	Xinjiang	19835	11251	949250	46070	38906	14867	4804513	124086

6-3 续表 5 continued

地 区	Region	金融业 Financial Infermediation 年末人数（人）Year-end Figures (person)	#女 性 Female	工资总额（千元）Total Wages (1000 yuan)	平均工资（元）Average Wage (yuan)	房地产业 Real Estate 年末人数（人）Year-end Figures (person)	#女 性 Female	工资总额（千元）Total Wages (1000 yuan)	平均工资（元）Average Wage (yuan)
全 国	**National**	**6720807**	**3882799**	**1203452054**	**173697**	**4784559**	**2020282**	**441985925**	**90529**
北 京	Beijing	578137	326097	195733234	334874	428916	166710	56400827	126800
天 津	Tianjin	120297	73460	21996046	178104	87924	37087	8631918	95621
河 北	Hebei	313238	184128	34330844	106532	98619	41922	7201752	71279
山 西	Shanxi	202107	122233	20081511	97628	54934	23977	4002863	70513
内蒙古	Inner Mongolia	143047	86953	16340771	108010	52095	26181	3114363	59102
辽 宁	Liaoning	199130	120560	21777191	106453	97220	43215	7405683	73931
吉 林	Jilin	155245	93466	15965963	94920	42169	18426	2609758	62708
黑龙江	Heilongjiang	152050	89692	13399232	81285	42734	18296	2361624	54586
上 海	Shanghai	303211	160768	137164124	455862	254261	106474	34087622	133429
江 苏	Jiangsu	357503	206041	69147868	191987	258793	111693	25061976	95625
浙 江	Zhejiang	436466	258453	87938008	198477	292630	127061	31787518	106383
安 徽	Anhui	167817	93027	22916316	132788	149111	63760	12432764	80935
福 建	Fujian	201228	115995	32592600	157164	149876	59238	13692302	91335
江 西	Jiangxi	134117	76309	15439996	112741	85622	35419	6668332	75221
山 东	Shandong	515407	311149	58135201	108222	265363	114382	21052115	77947
河 南	Henan	240954	122484	33328621	135188	226850	98216	15679529	67055
湖 北	Hubei	199186	115450	27145772	131347	186225	83196	14422004	76565
湖 南	Hunan	241993	141308	29350773	115712	136389	56361	10631247	77180
广 东	Guangdong	706642	394644	164420468	226893	816737	324555	81411913	98641
广 西	Guangxi	155726	85909	21219449	131067	80009	36411	7257555	88059
海 南	Hainan	46945	26897	6901288	135345	83682	37181	6870305	79373
重 庆	Chongqing	196848	116687	32886915	150069	146617	64599	12781884	84205
四 川	Sichuan	327015	203917	39833212	115666	300808	130207	23923638	76931
贵 州	Guizhou	124153	62017	18907716	151590	85011	33957	6999034	78495
云 南	Yunnan	95976	55205	13634787	136868	88084	37278	7074487	78046
西 藏	Tibet	16270	7597	4334757	269098	6687	3017	650561	98333
陕 西	Shaanxi	160680	96334	20512047	125118	119764	51029	8912220	74047
甘 肃	Gansu	94158	54170	8853474	92650	58226	27896	3153034	53911
青 海	Qinghai	23463	13319	3566281	150215	14811	6621	897191	59890
宁 夏	Ningxia	30838	18385	3836993	122062	15133	7312	1107896	72090
新 疆	Xinjiang	80959	50144	11760599	142855	59258	28603	3702010	61338

6-3 续表 6 continued

地 区	Region	租赁和商务服务业 Leasing and Business Services 年末人数(人) Year-end Figures (person)	#女 性 Female	工资总额(千元) Total Wages (1000 yuan)	平均工资(元) Average Wage (yuan)	科学研究和技术服务业 Scientific Research and Technical Services 年末人数(人) Year-end Figures (person)	#女 性 Female	工资总额(千元) Total Wages (1000 yuan)	平均工资(元) Average Wage (yuan)
全 国	**National**	**6288167**	**2350113**	**689620940**	**110365**	**3063338**	**1038916**	**518154037**	**169873**
北 京	Beijing	566577	237647	111549975	196446	486488	183512	108789718	221713
天 津	Tianjin	99642	35459	10014429	99484	82577	24240	17122127	205119
河 北	Hebei	163124	32594	12275294	71700	98773	29197	11404578	113406
山 西	Shanxi	98661	27233	6153123	62815	45727	14961	4661357	99008
内蒙古	Inner Mongolia	37828	9417	2610575	70536	28217	9283	2919767	103353
辽 宁	Liaoning	102263	31105	6276650	60858	55192	18938	6544685	118514
吉 林	Jilin	31910	10315	2046737	61511	27760	8823	3213816	113013
黑龙江	Heilongjiang	96236	34631	10678733	101565	19048	6401	2227681	118696
上 海	Shanghai	716331	362210	158205885	221706	330907	133326	85510008	263714
江 苏	Jiangsu	334213	135597	31818153	93821	196747	66717	31194718	161258
浙 江	Zhejiang	686295	213354	65534061	98726	172995	56654	30866157	182012
安 徽	Anhui	200665	82513	11557011	59596	75382	21925	9711975	137156
福 建	Fujian	167361	50996	12764302	77130	48384	14273	6965993	146838
江 西	Jiangxi	64349	24082	4127565	65965	35713	10831	3669327	103435
山 东	Shandong	207506	65481	17037914	82144	157729	49281	19009770	121561
河 南	Henan	231320	64180	13001237	55622	106372	35306	10062547	95119
湖 北	Hubei	219124	85438	16912430	79467	113072	32965	17945508	160372
湖 南	Hunan	120714	44505	8364050	69989	78323	23614	9134675	117588
广 东	Guangdong	1101845	439451	115870792	106287	406962	142218	68789706	166875
广 西	Guangxi	155450	56907	9779911	64644	45350	15585	5339028	119830
海 南	Hainan	33238	12193	5019194	145724	20203	7812	2572766	130091
重 庆	Chongqing	128308	45376	8820201	69886	52873	16423	7921934	150860
四 川	Sichuan	325760	113438	22643465	70990	159400	51864	23762792	151679
贵 州	Guizhou	63982	24851	4619932	72961	28030	7952	3484876	126218
云 南	Yunnan	96442	29266	5413532	58125	34528	10186	4430585	123726
西 藏	Tibet	13862	4982	1261056	90239	3688	1055	428247	113817
陕 西	Shaanxi	83787	26281	5841699	69887	78287	23792	11965459	153579
甘 肃	Gansu	29907	10711	1831376	61141	31691	9079	3627737	114892
青 海	Qinghai	11050	3461	693223	61994	8231	2434	874330	106415
宁 夏	Ningxia	11278	3350	600996	54550	7849	1978	926537	122307
新 疆	Xinjiang	89140	33090	6297436	67679	26842	8290	3075633	114717

6-3 续表 7 continued

地 区	Region	水利、环境和公共设施管理业 Management of Water Conservancy, Environment and Public Facilities 年末人数(人) Year-end Figures (person)	#女 性 Female	工资总额(千元) Total Wages (1000 yuan)	平均工资(元) Average Wage (yuan)	居民服务、修理和其他服务业 Service to Households, Repair and Other Services 年末人数(人) Year-end Figures (person)	#女 性 Female	工资总额(千元) Total Wages (1000 yuan)	平均工资(元) Average Wage (yuan)
全 国	**National**	**1327318**	**589475**	**79789527**	**59581**	**736522**	**403476**	**44944997**	**60850**
北 京	Beijing	57363	16759	6713093	113466	47295	25721	3889859	80139
天 津	Tianjin	9722	2945	963883	96042	51579	31781	2738799	51573
河 北	Hebei	56439	26064	1900194	32429	19467	6100	901878	44481
山 西	Shanxi	20806	8835	983923	44912	5589	2607	297889	52384
内蒙古	Inner Mongolia	26345	11510	1147981	42785	3668	1526	154158	43441
辽 宁	Liaoning	39583	15353	1811274	45886	10119	4485	532148	51815
吉 林	Jilin	15884	5597	538046	33992	10375	6754	440983	39827
黑龙江	Heilongjiang	11122	3373	445446	40855	6986	3450	259909	38362
上 海	Shanghai	111260	43416	9266376	81809	91231	47776	7261514	80208
江 苏	Jiangsu	60036	25159	4618554	77050	36320	17840	2624091	72407
浙 江	Zhejiang	78679	32926	6020727	76579	40970	22642	2712820	67796
安 徽	Anhui	63830	27978	1973746	31360	23267	10348	1355617	59942
福 建	Fujian	45258	20307	2870080	61929	35236	24097	2715914	71105
江 西	Jiangxi	53805	27006	2092163	40296	10758	5889	502776	48386
山 东	Shandong	105435	47618	4454911	41393	25201	13120	1229406	49877
河 南	Henan	87449	41897	2924152	33059	45347	31343	1603770	36920
湖 北	Hubei	36217	14885	2833892	77329	18947	10913	924440	49434
湖 南	Hunan	30529	12541	2090588	68098	21804	9272	1705755	77853
广 东	Guangdong	132003	59070	9443083	72288	114443	65070	7446969	63738
广 西	Guangxi	21032	10994	1273192	57692	11107	7095	445637	45634
海 南	Hainan	41667	25576	2101361	51776	5166	3071	330946	64184
重 庆	Chongqing	25662	11082	2322513	88665	6061	3192	342585	59382
四 川	Sichuan	48118	23800	3028830	61799	39616	20083	1987545	50125
贵 州	Guizhou	36845	20950	1861661	49633	15813	9278	711040	45495
云 南	Yunnan	34221	16836	1867389	52674	13024	7420	510597	41915
西 藏	Tibet	4985	2877	358162	70935	1713	578	133249	76629
陕 西	Shaanxi	34326	15249	1887520	55912	14347	7665	594543	40814
甘 肃	Gansu	17077	9184	818140	46993	5760	2089	264867	44944
青 海	Qinghai	2673	1148	197736	72926	1431	484	98185	65367
宁 夏	Ningxia	5411	2788	269531	48701	295	107	21486	73329
新 疆	Xinjiang	13535	5751	711379	50621	3589	1682	205623	56002

6-3 续表 8 continued

地 区	Region	教 育 Education 年末人数（人）Year-end Figures (person)	#女 性 Female	工资总额（千元）Total Wages (1000 yuan)	平均工资（元）Average Wage (yuan)	卫生和社会工作 Health and Social Service 年末人数（人）Year-end Figures (person)	#女 性 Female	工资总额（千元）Total Wages (1000 yuan)	平均工资（元）Average Wage (yuan)
全 国	**National**	**2381055**	**1738880**	**189214544**	**79539**	**1249088**	**890279**	**116862302**	**94041**
北 京	Beijing	112401	76728	16445050	128342	85050	59907	11680791	136363
天 津	Tianjin	27270	21353	2008132	74172	16328	11255	1405382	84045
河 北	Hebei	30099	22390	1645148	55972	34620	25231	2521364	74670
山 西	Shanxi	71410	55527	3104723	43614	23441	17340	1431821	59315
内蒙古	Inner Mongolia	10250	7499	559994	55546	8769	6233	595103	68731
辽 宁	Liaoning	55595	42650	3163755	57433	42097	31593	2792947	67552
吉 林	Jilin	27838	20531	1483183	54799	23318	16863	1583445	68443
黑龙江	Heilongjiang	31327	21954	2115402	68221	23404	16660	1725038	73522
上 海	Shanghai	73579	53562	11744680	158092	86151	63865	9355361	106969
江 苏	Jiangsu	100600	71149	9635792	97002	88137	62625	9235231	105390
浙 江	Zhejiang	134308	102087	13036617	96478	79900	54979	8315037	105424
安 徽	Anhui	75608	52803	5112824	68168	58241	40460	4995535	85933
福 建	Fujian	57483	43630	4081362	71082	24014	17003	2449757	103960
江 西	Jiangxi	61204	40336	4115378	68353	31346	21150	2456290	79614
山 东	Shandong	165564	120702	11310279	69098	88577	61783	7409032	85018
河 南	Henan	113217	77397	6158313	55510	62284	43519	4571608	73265
湖 北	Hubei	115020	83521	7283925	64457	44047	31864	3632375	83451
湖 南	Hunan	154461	116205	8673735	56648	47419	33645	3888596	82529
广 东	Guangdong	507082	379719	48290945	95501	142731	101088	16562851	116226
广 西	Guangxi	62395	49685	2765017	45816	20160	15009	1588931	80183
海 南	Hainan	41267	29303	2820203	69473	13007	9068	1161157	88726
重 庆	Chongqing	18850	11606	1793469	97158	15513	11236	1758280	113265
四 川	Sichuan	134958	97110	10043409	74801	76462	55659	6639600	87318
贵 州	Guizhou	25511	16326	1960193	77339	20915	14929	2035311	98718
云 南	Yunnan	16235	8711	932803	59308	18653	13888	1568378	85455
西 藏	Tibet	2177	1088	259068	119611	1932	1136	186735	98149
陕 西	Shaanxi	101426	76480	5868584	57945	43958	31533	3506091	82128
甘 肃	Gansu	28762	20068	1620176	56548	13061	9347	845548	65092
青 海	Qinghai	839	500	41754	50571	2045	1480	154563	76327
宁 夏	Ningxia	4584	3206	285764	63893	3303	2464	207638	62039
新 疆	Xinjiang	19738	15053	854866	42876	10204	7466	602507	59190

6-3 续表 9 continued

地 区	Region	文化、体育和娱乐业 Culture, Sports and Entertainment				公共管理、社会保障和社会组织 Public Management, Social Security and Social Organization			
		年末人数（人） Year-end Figures (person)	#女 性 Female	工资总额（千元） Total Wages (1000 yuan)	平均工资（元） Average Wage (yuan)	年末人数（人） Year-end Figures (person)	#女 性 Female	工资总额（千元） Total Wages (1000 yuan)	平均工资（元） Average Wage (yuan)
全 国	**National**	**620147**	**314609**	**71755780**	**112709**	**56250**	**27024**	**5701474**	**101620**
北 京	Beijing	102757	55313	20604377	194929	4952	3450	647207	133622
天 津	Tianjin	6139	3288	1042512	162759	936	571	124582	133171
河 北	Hebei	14233	7016	1209116	85205	81	30	6928	86600
山 西	Shanxi	12899	6614	818742	62654	183	131	5083	31361
内蒙古	Inner Mongolia	2805	1323	256480	83365	1230	355	63034	50855
辽 宁	Liaoning	13079	6439	1156881	81382	2608	1412	154107	56159
吉 林	Jilin	8537	4094	644121	78228	1227	319	76344	62484
黑龙江	Heilongjiang	5013	2233	372359	74707	1621	619	134350	82394
上 海	Shanghai	39124	20815	7155331	182100	2228	1246	234825	104956
江 苏	Jiangsu	43335	21990	4668271	105660	2167	992	255601	117615
浙 江	Zhejiang	30960	16290	3657753	115996	597	370	68724	116684
安 徽	Anhui	15903	7754	1269225	77657	1315	487	129253	99857
福 建	Fujian	12893	6520	1010822	75665	344	172	29775	89133
江 西	Jiangxi	11951	6063	914735	74495	1579	602	123947	79150
山 东	Shandong	28077	13109	2578436	89859	4026	1726	416406	104630
河 南	Henan	20972	10331	1783166	83807	619	224	35955	60492
湖 北	Hubei	24232	12665	2197225	89169	1416	661	132596	93324
湖 南	Hunan	30567	15276	3249636	105273	3262	1405	242177	74584
广 东	Guangdong	71246	35570	7446377	100022	16272	7625	2020133	124123
广 西	Guangxi	12260	6038	945401	74843	252	174	13769	55635
海 南	Hainan	10793	5042	985075	90043	433	230	36976	86191
重 庆	Chongqing	12019	5950	1048140	83847	56	22	1460	26071
四 川	Sichuan	30409	15474	2555037	79573	1441	668	118349	82837
贵 州	Guizhou	9298	4500	729067	70374	43	24	3183	74023
云 南	Yunnan	11016	5662	860072	76252	311	216	18866	59892
西 藏	Tibet	1502	668	98277	66313	458	218	64947	147608
陕 西	Shaanxi	20127	10027	1350832	67067	2171	982	209810	97088
甘 肃	Gansu	8368	4141	544542	62017	3776	1691	280776	74549
青 海	Qinghai	2194	1190	132384	58146	7	3	492	41000
宁 夏	Ningxia	3691	1702	232864	62667	190	136	15991	84018
新 疆	Xinjiang	3746	1512	238524	65640	450	264	35829	79858

6-4 各地区分行业其他单位在岗职工人数和平均工资(2022年)
ON-POST STAFF AND WORKERS AND AVERAGE WAGE IN OTHER OWNERSHIP UNITS BY SECTOR AND REGION (2022)

地区	Region	总计 Total		农、林、牧、渔业 Agriculture, Forestry, Animal Husbandry and Fishery		采矿业 Mining		制造业 Manufacturing	
		年末人数(人) Year-end Figures (person)	平均工资(元) Average Wage (yuan)	年末人数(人) Year-end Figures (person)	平均工资(元) Average Wage (yuan)	年末人数(人) Year-end Figures (person)	平均工资(元) Average Wage (yuan)	年末人数(人) Year-end Figures (person)	平均工资(元) Average Wage (yuan)
全国	**National**	**102030710**	**112760**	**263933**	**65584**	**3174200**	**122953**	**36252584**	**97433**
北京	Beijing	5521877	214794	7441	87359	25778	167262	555014	183456
天津	Tianjin	1668500	126633	1778	72144	52641	185347	616374	112415
河北	Hebei	2697685	90782	13408	64561	146587	105051	934591	83900
山西	Shanxi	2598829	95992	8854	53780	833395	115946	550212	78635
内蒙古	Inner Mongolia	1296059	106613	40917	79714	106776	159883	371025	103770
辽宁	Liaoning	2456631	90461	6643	48820	170229	99312	883992	89368
吉林	Jilin	1174425	89583	15364	68425	51968	94201	374406	93267
黑龙江	Heilongjiang	1299890	94684	10855	71294	209790	111646	229349	84655
上海	Shanghai	5343544	213096	4887	92846	1754	328817	1234213	164189
江苏	Jiangsu	9111427	111362	7643	69759	48590	143748	4339814	108961
浙江	Zhejiang	7624916	117380	4427	77722	4134	110604	3153788	102250
安徽	Anhui	3606688	90007	3009	61151	113510	140556	1368658	87573
福建	Fujian	3751516	95082	2223	63330	9625	88734	1469811	90741
江西	Jiangxi	2330922	77302	4051	48425	21358	77614	967204	74010
山东	Shandong	6403625	93201	7128	69143	230878	134334	2651860	86629
河南	Henan	4884154	73563	4445	47971	241883	96875	1737238	67928
湖北	Hubei	3749523	93270	4476	63365	28385	134101	1270329	87255
湖南	Hunan	3046057	84519	7558	52813	37729	72877	969305	84906
广东	Guangdong	15366854	116194	7445	85052	12548	242590	7727933	98082
广西	Guangxi	1900910	87702	12113	72764	7493	80014	533977	77143
海南	Hainan	629437	103154	30806	59411	4855	162890	80947	95927
重庆	Chongqing	2068922	98123	1951	64937	5790	106306	624888	96626
四川	Sichuan	5039115	95335	7567	62330	87397	141243	1446467	92418
贵州	Guizhou	1438847	95305	8575	58263	162349	89857	317463	100512
云南	Yunnan	1387164	91342	10204	50020	45290	98473	329053	81944
西藏	Tibet	149188	120451	1559	58500	7002	140993	14372	91098
陕西	Shaanxi	2580504	103910	5992	49404	248972	141484	735834	94065
甘肃	Gansu	1022078	83703	6759	51422	57141	114203	254751	89650
青海	Qinghai	285564	107671	2565	33134	23259	175700	94627	94730
宁夏	Ningxia	336145	111756	2239	58979	46258	186664	107617	96734
新疆	Xinjiang	1259712	103863	11053	53418	130836	173034	307469	94188

6–4 续表 1 continued

地 区 Region	电力、热力、燃气及水生产和供应业 Production and Supply of Electricity, Heat, Gas and Water		建筑业 Construction		批发和零售业 Wholesale and Retail Trades		交通运输、仓储和邮政业 Transport, Storage and Post	
	年末人数（人） Year-end Figures (person)	平均工资（元） Average Wage (yuan)	年末人数（人） Year-end Figures (person)	平均工资（元） Average Wage (yuan)	年末人数（人） Year-end Figures (person)	平均工资（元） Average Wage (yuan)	年末人数（人） Year-end Figures (person)	平均工资（元） Average Wage (yuan)
全 国 National	**2720531**	**137668**	**14898590**	**81191**	**7114727**	**114614**	**6632662**	**119069**
北 京 Beijing	91165	210320	436764	153853	483434	195108	509998	147196
天 津 Tianjin	39493	189074	157108	124294	147342	115662	120415	124388
河 北 Hebei	112330	132163	297482	77791	181161	61859	228057	104960
山 西 Shanxi	141643	109374	220425	81724	120675	78843	203537	117145
内蒙古 Inner Mongolia	138669	130667	76459	70262	69902	78834	182246	113130
辽 宁 Liaoning	127535	98197	195519	76051	138277	69291	247490	100242
吉 林 Jilin	85988	113647	104196	66436	71123	68331	136938	95537
黑龙江 Heilongjiang	117367	109533	95366	71448	85863	71477	174956	105443
上 海 Shanghai	32218	260789	231406	153119	870394	223296	412373	170196
江 苏 Jiangsu	139122	175765	1959788	82410	488260	110750	348503	119629
浙 江 Zhejiang	124549	179563	1464757	77557	408820	132773	307256	129449
安 徽 Anhui	84062	139522	725343	76227	219792	80488	207473	98953
福 建 Fujian	98825	150379	917830	74401	212438	101523	202050	114782
江 西 Jiangxi	71106	102270	465534	63781	151475	69511	137668	103957
山 东 Shandong	151338	116581	1033190	82968	404746	80544	378307	111660
河 南 Henan	82845	89799	1001514	63392	270151	62225	285492	97018
湖 北 Hubei	56084	136120	817694	83131	277687	74140	221577	112827
湖 南 Hunan	58280	108014	691479	65897	194329	67470	199636	104082
广 东 Guangdong	223898	183954	852310	94591	1033710	111132	693542	129414
广 西 Guangxi	96494	129906	374398	77412	124985	75615	147937	107256
海 南 Hainan	11977	157884	28133	69853	68786	107031	62825	128645
重 庆 Chongqing	58707	120837	468938	69332	142818	86100	167519	97354
四 川 Sichuan	197347	129488	1022817	73153	332176	85566	299331	109184
贵 州 Guizhou	43009	124286	271922	72538	95418	81238	104330	106396
云 南 Yunnan	100466	132174	205332	77676	115805	79618	131358	113861
西 藏 Tibet	11985	137465	23479	74343	20852	98571	10651	129716
陕 西 Shaanxi	73150	119139	361054	89475	181241	70743	189805	113796
甘 肃 Gansu	40824	109455	182830	65457	78894	63666	104693	105717
青 海 Qinghai	13155	154487	17360	80746	18501	76939	39678	120876
宁 夏 Ningxia	26371	140707	19859	93901	21094	64034	31113	106281
新 疆 Xinjiang	70530	125581	178302	85909	84579	86869	145907	125458

6-4 续表 2 continued

地 区 Region	住宿和餐饮业 Hotels and Catering Services		信息传输、软件和信息技术服务业 Information Transmission, Software and Information Technology		金融业 Financial Intermediation		房地产业 Real Estate	
	年末人数（人）Year-end Figures (person)	平均工资（元）Average Wage (yuan)	年末人数（人）Year-end Figures (person)	平均工资（元）Average Wage (yuan)	年末人数（人）Year-end Figures (person)	平均工资（元）Average Wage (yuan)	年末人数（人）Year-end Figures (person)	平均工资（元）Average Wage (yuan)
全 国 National	**2019007**	**59647**	**4897626**	**228061**	**4640827**	**228697**	**4603938**	**91945**
北 京 Beijing	184036	80785	989670	320553	428711	415594	407754	129463
天 津 Tianjin	29149	57973	68301	163323	74839	248255	82376	99466
河 北 Hebei	32293	48065	105458	138413	203583	140957	95844	72424
山 西 Shanxi	29579	42157	45290	109036	121909	132060	52755	72260
内蒙古 Inner Mongolia	19828	48144	37717	125517	87835	152221	50736	59443
辽 宁 Liaoning	26424	51316	121799	131143	142849	127627	90413	76766
吉 林 Jilin	11836	44800	38652	107985	101215	126409	41297	63352
黑龙江 Heilongjiang	9877	42905	49564	99588	95631	112727	39704	56676
上 海 Shanghai	181044	79341	527581	331746	281090	474883	231083	137729
江 苏 Jiangsu	156110	62681	327537	199771	264629	235014	246667	97901
浙 江 Zhejiang	116839	66180	331606	291713	327209	238296	275596	109851
安 徽 Anhui	59671	52245	101063	128487	115130	173920	139203	83960
福 建 Fujian	80340	55226	99888	154903	134907	209325	144721	92552
江 西 Jiangxi	34190	45685	49328	113619	95410	143666	83309	75882
山 东 Shandong	94047	54354	179932	132908	279840	164154	256319	79545
河 南 Henan	59222	43443	121701	111514	214146	146176	220256	68010
湖 北 Hubei	63211	55154	150408	146854	136390	170365	183370	77073
湖 南 Hunan	53915	46343	79737	136373	155105	165158	129885	78288
广 东 Guangdong	331223	61528	802666	235077	472904	302626	802921	99342
广 西 Guangxi	40396	45604	52636	127998	124341	158146	78912	88760
海 南 Hainan	45008	60347	22696	219859	31623	190326	81825	80268
重 庆 Chongqing	31424	49903	47073	149699	131475	224755	140828	84927
四 川 Sichuan	142089	53104	245712	164933	177987	175606	295009	77467
贵 州 Guizhou	27150	48038	39911	131329	90178	196810	83714	79173
云 南 Yunnan	37648	46478	41976	119693	70602	175135	84665	79228
西 藏 Tibet	5114	63352	5736	170644	15871	274219	6664	98839
陕 西 Shaanxi	72190	47161	133627	200563	101672	177524	115980	75209
甘 肃 Gansu	21763	43669	24938	103729	63468	116798	55208	55203
青 海 Qinghai	2944	45703	8543	149117	22568	154835	14357	60671
宁 夏 Ningxia	2040	52207	8093	149460	21913	146652	14575	73479
新 疆 Xinjiang	18409	48532	38787	124477	55796	178000	57995	61753

6-4 续表 3 continued

地 区	Region	租赁和商务服务业 Leasing and Business Services 年末人数(人) Year-end Figures (person)	平均工资(元) Average Wage (yuan)	科学研究和技术服务业 Scientific Research and Technical Services 年末人数(人) Year-end Figures (person)	平均工资(元) Average Wage (yuan)	水利、环境和公共设施管理业 Management of Water Conservancy, Environment and Public Facilities 年末人数(人) Year-end Figures (person)	平均工资(元) Average Wage (yuan)	居民服务、修理和其他服务业 Service to Households, Repair and Other Services 年末人数(人) Year-end Figures (person)	平均工资(元) Average Wage (yuan)
全 国	**National**	**5847128**	**112282**	**2959729**	**171909**	**1195300**	**63202**	**696338**	**61516**
北 京	Beijing	551586	193169	467810	224887	56370	114262	44161	81597
天 津	Tianjin	93768	100359	78305	211288	8599	102478	51393	51554
河 北	Hebei	110703	61392	95502	114395	45094	35321	19456	44510
山 西	Shanxi	95448	64025	44999	99444	20633	45018	5537	52467
内蒙古	Inner Mongolia	37211	70933	27130	105316	24382	43641	3620	43519
辽 宁	Liaoning	98888	61060	52951	121835	35939	47700	9589	52914
吉 林	Jilin	31226	61643	26950	113862	14685	35175	9917	35440
黑龙江	Heilongjiang	89621	106850	18151	121118	8563	42550	6905	38446
上 海	Shanghai	692742	218126	318342	264621	77801	107954	78409	84828
江 苏	Jiangsu	277655	96023	191441	163195	56819	78892	34199	74470
浙 江	Zhejiang	596607	106232	168828	184051	67629	82481	38455	68698
安 徽	Anhui	176109	61023	70594	138830	55587	32950	20522	58976
福 建	Fujian	163745	77894	47269	149022	43048	63043	34379	71123
江 西	Jiangxi	56638	67164	34443	104826	45876	42083	9751	50762
山 东	Shandong	194874	85133	154223	121713	86793	45891	23506	50763
河 南	Henan	221628	56257	104964	95450	80487	33729	44454	36927
湖 北	Hubei	199830	79263	107825	163293	35550	78094	17713	50482
湖 南	Hunan	114226	70674	74880	120706	29540	68577	21606	78135
广 东	Guangdong	1061451	107741	396563	168654	129589	72790	108812	65007
广 西	Guangxi	141870	65994	43775	122081	18994	62253	10558	46285
海 南	Hainan	32392	146120	19836	130710	40221	52318	5110	64830
重 庆	Chongqing	122393	71196	49653	156634	24946	89798	5835	59024
四 川	Sichuan	309119	71918	154660	154181	47301	62167	37872	50947
贵 州	Guizhou	62326	73838	27329	128611	35775	49929	15360	45462
云 南	Yunnan	95108	58406	32272	128877	30458	55491	12818	41947
西 藏	Tibet	10541	99360	3483	114805	4965	70990	1713	76629
陕 西	Shaanxi	73914	72919	76618	155537	33685	56380	13849	40734
甘 肃	Gansu	28456	62421	29645	119061	15241	48930	5656	45084
青 海	Qinghai	10983	62228	7991	107294	2653	73180	1360	66115
宁 夏	Ningxia	10343	56830	7521	124938	5385	48760	295	73329
新 疆	Xinjiang	85725	67905	25774	117302	12692	51427	3526	56295

6−4 续表 4 continued

地区 Region	教育 Education		卫生和社会工作 Health and Social Service		文化、体育和娱乐业 Culture, Sports and Entertainment		公共管理、社会保障和社会组织 Public Management, Social Security and Social Organization	
	年末人数（人）Year-end Figures (person)	平均工资（元）Average Wage (yuan)	年末人数（人）Year-end Figures (person)	平均工资（元）Average Wage (yuan)	年末人数（人）Year-end Figures (person)	平均工资（元）Average Wage (yuan)	年末人数（人）Year-end Figures (person)	平均工资（元）Average Wage (yuan)
全国 National	**2286749**	**79062**	**1181474**	**95261**	**592683**	**114506**	**52684**	**105293**
北京 Beijing	103940	124826	75267	137833	98929	196845	4048	148767
天津 Tianjin	25647	73598	14204	87115	5840	157618	928	133786
河北 Hebei	28746	57185	33421	75691	13890	85900	81	86600
山西 Shanxi	68913	44076	22378	59565	12475	64264	171	32353
内蒙古 Inner Mongolia	9451	56903	8297	68143	2653	71154	1205	51423
辽宁 Liaoning	52956	57185	39885	68434	12717	83491	2534	57359
吉林 Jilin	26692	53741	22515	68561	8252	79950	1206	62975
黑龙江 Heilongjiang	29428	69482	22744	74012	4709	76655	1446	90140
上海 Shanghai	59424	155400	70104	114392	36692	175676	1985	112431
江苏 Jiangsu	97069	95250	83507	107917	41968	107064	2105	119529
浙江 Zhejiang	129665	97062	74359	108133	29833	117614	560	121564
安徽 Anhui	73384	69005	56967	86580	15340	79000	1272	102045
福建 Fujian	55779	71635	22815	103269	11530	81561	293	99404
江西 Jiangxi	59965	68929	30561	80475	11580	75852	1475	82575
山东 Shandong	160625	69767	85527	86097	26666	92923	3827	108206
河南 Henan	111045	55795	61636	73356	20430	86018	617	60574
湖北 Hubei	111009	65213	43034	83823	23611	90442	1339	96662
湖南 Hunan	150142	57256	46248	82816	29357	107701	3099	76825
广东 Guangdong	490318	95482	135515	120452	67888	104172	15618	126574
广西 Guangxi	60639	45809	19624	81093	11528	78864	241	56372
海南 Hainan	39360	70314	12261	88658	10363	91955	413	87934
重庆 Chongqing	17984	99120	15043	113871	11621	85164	35	34000
四川 Sichuan	132452	75415	74139	87780	28255	83990	1420	83657
贵州 Guizhou	24671	78137	20558	99365	8770	73124	40	76122
云南 Yunnan	15389	60511	17900	86251	10520	77851	300	62821
西藏 Tibet	1962	129866	1932	98149	991	91436	315	178041
陕西 Shaanxi	98442	58586	43449	82363	19034	68367	1996	103325
甘肃 Gansu	27726	57156	12638	65420	7860	63831	3585	77312
青海 Qinghai	832	50751	2039	76371	2143	58950	7	39429
宁夏 Ningxia	4451	65208	3165	62730	3637	63397	177	86359
新疆 Xinjiang	18640	43517	9746	59148	3599	64395	346	95459

6–5 各地区分行业其他单位其他就业人员和平均工资(2022年)
OTHER EMPLOYMENT AND AVERAGE WAGE IN OTHER OWNERSHIP UNITS BY SECTOR AND REGION (2022)

地区 Region	总计 Total		农、林、牧、渔业 Agriculture, Forestry, Animal Husbandry and Fishery		采矿业 Mining		制造业 Manufacturing	
	年末人数(人) Year-end Figures (person)	平均工资(元) Average Wage (yuan)	年末人数(人) Year-end Figures (person)	平均工资(元) Average Wage (yuan)	年末人数(人) Year-end Figures (person)	平均工资(元) Average Wage (yuan)	年末人数(人) Year-end Figures (person)	平均工资(元) Average Wage (yuan)
全国 National	**6503106**	**66435**	**22172**	**34952**	**58718**	**58319**	**466154**	**94210**
北京 Beijing	356307	115627	275	63697	97	33144	11157	194862
天津 Tianjin	109890	69486	104	41457	639	54159	8322	189144
河北 Hebei	243695	58446	412	29743	1279	75696	9376	60591
山西 Shanxi	138632	46061	199	21499	12413	60212	8619	34181
内蒙古 Inner Mongolia	73591	46210	119	46879	161	80993	2129	70594
辽宁 Liaoning	126659	52144	724	52106	644	34097	12630	78899
吉林 Jilin	91910	49474	1569	37260	260	50418	14175	77977
黑龙江 Heilongjiang	105566	36376	2499	21303	793	63593	4974	55142
上海 Shanghai	346436	135206	532	48958			27660	201096
江苏 Jiangsu	481448	77509	1765	55305	3563	45669	62437	123275
浙江 Zhejiang	418111	68365	444	31496	137	52410	37963	91693
安徽 Anhui	313331	59190	434	37041	978	54986	15079	66146
福建 Fujian	298566	66360	601	43558	516	54203	21522	96636
江西 Jiangxi	226155	65536	115	38380	179	54745	9819	47449
山东 Shandong	469624	53024	157	29430	7194	60614	27876	79975
河南 Henan	237584	49218	135	38966	2972	30001	15478	43529
湖北 Hubei	274955	55627	129	40425	3453	34550	17371	52523
湖南 Hunan	278432	49669	438	36907	1393	48103	16337	61626
广东 Guangdong	586094	72294	437	34198	467	62796	49734	101479
广西 Guangxi	115336	48568	1686	34123	118	41005	10634	45660
海南 Hainan	36187	52806	770	35868	13	51500	1931	86624
重庆 Chongqing	192788	52707	624	41301	1100	55679	16393	72861
四川 Sichuan	387301	55954	757	32025	1873	72042	17884	110550
贵州 Guizhou	96687	50393	1316	22928	2186	57429	3787	67837
云南 Yunnan	114816	45398	3304	23445	787	51662	11676	39743
西藏 Tibet	8959	54238	301	38190	144	73369	330	43244
陕西 Shaanxi	177854	49383	292	28326	7739	49908	13349	56258
甘肃 Gansu	107361	57918	713	37353	876	29252	12417	55777
青海 Qinghai	8132	69401	173	31684	2898	102810	973	85461
宁夏 Ningxia	15130	61047	30	44473	11	18091	597	66336
新疆 Xinjiang	65571	70224	1121	52594	3835	96815	3525	47785

6-5 续表 1 continued

地 区 Region	电力、热力、燃气及水生产和供应业 Production and Supply of Electricity, Heat, Gas and Water		建筑业 Construction		批发和零售业 Wholesale and Retail Trades		交通运输、仓储和邮政业 Transport, Storage and Post	
	年末人数（人） Year-end Figures (person)	平均工资（元） Average Wage (yuan)	年末人数（人） Year-end Figures (person)	平均工资（元） Average Wage (yuan)	年末人数（人） Year-end Figures (person)	平均工资（元） Average Wage (yuan)	年末人数（人） Year-end Figures (person)	平均工资（元） Average Wage (yuan)
全 国 National	**58224**	**58174**	**1912006**	**63824**	**203165**	**105751**	**139175**	**66856**
北 京 Beijing	943	71167	7478	122622	13532	199265	7522	86678
天 津 Tianjin	411	62668	14470	56951	3383	110587	945	81698
河 北 Hebei	1014	50019	38357	50280	1679	38674	2619	52729
山 西 Shanxi	2732	51023	15066	55071	2865	47695	2106	52666
内蒙古 Inner Mongolia	533	51449	4007	52575	1286	44271	2991	52244
辽 宁 Liaoning	1704	48675	13705	59698	4736	52095	2137	42384
吉 林 Jilin	1027	37029	11457	50194	1573	46993	504	37674
黑龙江 Heilongjiang	11996	50089	8480	34773	1369	49922	1055	39300
上 海 Shanghai	189	192302	22185	84567	41714	245923	10367	141583
江 苏 Jiangsu	897	59498	172064	69612	11820	93174	6225	65259
浙 江 Zhejiang	1354	78686	90404	59023	15359	55365	4984	56252
安 徽 Anhui	407	43906	142354	65167	2723	38454	33892	65021
福 建 Fujian	6510	61488	164829	68308	8805	76967	2171	46281
江 西 Jiangxi	11664	67684	131442	79606	3744	35500	2071	53194
山 东 Shandong	1907	47552	123642	65758	6859	59376	6152	61203
河 南 Henan	1789	62197	108372	52176	3164	40624	5166	50023
湖 北 Hubei	1289	45156	124131	59902	6669	38376	4990	58234
湖 南 Hunan	835	61464	134154	58068	5009	44238	3368	49736
广 东 Guangdong	751	78730	98608	65672	22833	62466	8523	79588
广 西 Guangxi	1428	40523	27335	58570	3741	37099	11591	69514
海 南 Hainan	281	36923	8097	70854	838	51815	122	130020
重 庆 Chongqing	727	89874	83564	62356	2201	47741	3833	35629
四 川 Sichuan	3129	54007	154112	56762	12281	65973	2913	55473
贵 州 Guizhou	937	62361	39902	63679	1743	44386	4172	59843
云 南 Yunnan	506	54289	49203	52728	7687	31958	1134	42333
西 藏 Tibet	60	30895	2720	45655	365	68134	71	21671
陕 西 Shaanxi	868	50961	61870	59464	5736	49254	2865	56557
甘 肃 Gansu	827	42136	39689	80717	5599	35492	3178	47857
青 海 Qinghai	101	39796	1135	50126	245	44757	435	78251
宁 夏 Ningxia	423	42874	2416	68966	458	36664	39	44915
新 疆 Xinjiang	983	79519	16759	86094	3148	55356	1033	22434

6–5 续表 2 continued

地 区	Region	住宿和餐饮业 Hotels and Catering Services		信息传输、软件和信息技术服务业 Information Transmission, Software and Information Technology		金融业 Financial Intermediation		房地产业 Real Estate	
		年末人数（人） Year-end Figures (person)	平均工资（元） Average Wage (yuan)	年末人数（人） Year-end Figures (person)	平均工资（元） Average Wage (yuan)	年末人数（人） Year-end Figures (person)	平均工资（元） Average Wage (yuan)	年末人数（人） Year-end Figures (person)	平均工资（元） Average Wage (yuan)
全 国	**National**	**353960**	**19757**	**119131**	**84352**	**2079980**	**62029**	**180621**	**54951**
北 京	Beijing	74520	21381	9423	243943	149426	120365	21163	78632
天 津	Tianjin	14865	8874	236	175483	45458	70976	5548	38880
河 北	Hebei	544	40017	6040	84547	109655	47104	2776	38696
山 西	Shanxi	3367	11591	727	60275	80198	45923	2179	25917
内蒙古	Inner Mongolia	541	34194	92	42579	55212	44019	1359	45642
辽 宁	Liaoning	10881	9871	1332	99542	56280	55935	6807	36276
吉 林	Jilin	507	35410	530	58802	54030	42353	873	35083
黑龙江	Heilongjiang	1233	27891	530	56807	56419	33332	3030	27405
上 海	Shanghai	78295	23081	4883	325859	22120	225482	23178	87719
江 苏	Jiangsu	31614	20408	9273	73016	92874	75726	12127	50151
浙 江	Zhejiang	18282	24611	4126	122740	109258	90191	17034	50428
安 徽	Anhui	1086	35323	9345	69140	52687	51157	9908	37817
福 建	Fujian	9541	25806	481	98181	66321	61177	5155	54656
江 西	Jiangxi	2502	22984	3182	72047	38707	40147	2313	50646
山 东	Shandong	4289	25745	862	60257	235567	47213	9044	32734
河 南	Henan	2050	32202	42736	46985	26808	58827	6594	33759
湖 北	Hubei	17316	12887	1794	57457	62796	54030	2856	50168
湖 南	Hunan	3723	13515	1802	76248	86889	37708	6504	54861
广 东	Guangdong	58048	15228	12310	34074	233738	86036	13816	59852
广 西	Guangxi	3605	9457	1939	48638	31385	42702	1097	46571
海 南	Hainan	1010	37114	130	78072	15321	39503	1857	45348
重 庆	Chongqing	1118	26663	235	99268	65372	39700	5789	67770
四 川	Sichuan	5634	29697	2945	68512	149029	50609	5799	47665
贵 州	Guizhou	711	37983	1052	74378	33974	34008	1297	49791
云 南	Yunnan	1029	42373	1032	61066	25374	42492	3419	47180
西 藏	Tibet	70	66233	61	132075	399	68962	22	45288
陕 西	Shaanxi	4101	16762	799	127888	59009	41867	3784	38357
甘 肃	Gansu	1723	15259	1037	51434	30690	45385	3018	31034
青 海	Qinghai	303	40898	57	45565	895	37264	454	35508
宁 夏	Ningxia	27	44868	20	489375	8925	64714	558	33361
新 疆	Xinjiang	1427	12492	119	43291	25164	69429	1263	43377

6-5 续表 3 continued

地　区 Region	租赁和商务服务业 Leasing and Business Services		科学研究和技术服务业 Scientific Research and Technical Services		水利、环境和公共设施管理业 Management of Water Conservancy,Environment and Public Facilities		居民服务、修理和其他服务业 Service to Households, Repair and Other Services	
	年末人数（人）Year-end Figures (person)	平均工资（元）Average Wage (yuan)	年末人数（人）Year-end Figures (person)	平均工资（元）Average Wage (yuan)	年末人数（人）Year-end Figures (person)	平均工资（元）Average Wage (yuan)	年末人数（人）Year-end Figures (person)	平均工资（元）Average Wage (yuan)
全　国 National	**441039**	**86570**	**103609**	**112237**	**132018**	**27410**	**40184**	**49916**
北　京 Beijing	14990	314547	18678	144697	993	68088	3135	59432
天　津 Tianjin	5874	83065	4271	86440	1123	49315	186	57364
河　北 Hebei	52421	90179	3272	92696	11345	21540	11	28044
山　西 Shanxi	3213	31882	728	76481	173	30385	51	40212
内蒙古 Inner Mongolia	616	46256	1086	55042	1963	31536	48	37741
辽　宁 Liaoning	3375	55473	2241	43906	3643	28979	529	30489
吉　林 Jilin	684	56124	810	85599	1199	22580	458	141858
黑龙江 Heilongjiang	6615	27003	897	60265	2558	35003	80	31451
上　海 Shanghai	23589	321440	12564	241382	33459	20285	12821	53432
江　苏 Jiangsu	56558	83528	5306	93132	3216	45308	2121	42877
浙　江 Zhejiang	89689	53058	4168	99819	11051	40307	2515	53874
安　徽 Anhui	24556	50259	4788	93703	8243	20772	2745	67188
福　建 Fujian	3616	44213	1115	73766	2210	38183	857	70638
江　西 Jiangxi	7711	57061	1271	73293	7929	29147	1006	25337
山　东 Shandong	12632	35680	3506	114808	18642	20335	1696	38296
河　南 Henan	9692	45026	1408	71355	6962	25852	894	36623
湖　北 Hubei	19294	81614	5247	101793	668	37435	1233	34265
湖　南 Hunan	6488	57064	3443	50284	989	55159	198	45461
广　东 Guangdong	40393	73494	10399	92862	2414	44891	5631	41795
广　西 Guangxi	13580	49376	1575	48661	2038	30245	549	34408
海　南 Hainan	845	129288	367	100561	1447	36322	56	30802
重　庆 Chongqing	5915	41806	3220	62784	715	49044	226	67905
四　川 Sichuan	16641	52767	4740	69386	817	40928	1744	32927
贵　州 Guizhou	1656	40339	700	54124	1070	38959	453	46532
云　南 Yunnan	1334	37816	2256	63261	3763	34015	206	40622
西　藏 Tibet	3322	61464	205	97241	20	55500		
陕　西 Shaanxi	9873	47191	1668	64008	642	32723	498	42937
甘　肃 Gansu	1451	33894	2046	52987	1836	29856	103	37027
青　海 Qinghai	66	28057	241	78478	20	31082	71	52318
宁　夏 Ningxia	935	29054	328	38174	26	39759		
新　疆 Xinjiang	3415	62497	1068	62705	843	35318	63	36932

6-5 续表 4 continued

地 区 Region	教 育 Education		卫生和社会工作 Health and Social Service		文化、体育和娱乐业 Culture, Sports and Entertainment		公共管理、社会保障和社会组织 Public Management, Social Security and Social Organization	
	年末人数（人）Year-end Figures (person)	平均工资（元）Average Wage (yuan)	年末人数（人）Year-end Figures (person)	平均工资（元）Average Wage (yuan)	年末人数（人）Year-end Figures (person)	平均工资（元）Average Wage (yuan)	年末人数（人）Year-end Figures (person)	平均工资（元）Average Wage (yuan)
全 国 National	**94306**	**90828**	**67614**	**72884**	**27464**	**78487**	**3565**	**45738**
北 京 Beijing	8460	172736	9783	124739	3828	152545	904	61148
天 津 Tianjin	1623	83056	2124	62719	299	261939	8	59581
河 北 Hebei	1353	32995	1199	46109	343	58274		
山 西 Shanxi	2497	30718	1063	53578	424	28228	12	19356
内蒙古 Inner Mongolia	799	36217	472	78924	152	265475	25	23500
辽 宁 Liaoning	2639	62393	2213	49907	362	33930	74	15929
吉 林 Jilin	1146	80613	803	65148	285	30667	21	34381
黑龙江 Heilongjiang	1899	48456	661	55786	305	32830	175	17971
上 海 Shanghai	14154	169563	16047	74019	2432	275365	243	43730
江 苏 Jiangsu	3531	142280	4629	58255	1367	69705	62	47476
浙 江 Zhejiang	4642	80390	5540	69505	1127	78098	37	36351
安 徽 Anhui	2224	41762	1275	59353	563	47424	43	40142
福 建 Fujian	1704	54096	1199	119032	1363	28719	51	24430
江 西 Jiangxi	1238	42494	785	46942	371	37116	104	30527
山 东 Shandong	4939	48431	3050	54211	1411	32927	199	34941
河 南 Henan	2171	41469	648	65603	543	40119	2	36000
湖 北 Hubei	4010	42417	1013	66475	621	46721	76	34435
湖 南 Hunan	4319	34923	1171	71279	1210	46836	163	30870
广 东 Guangdong	16764	96009	7216	45601	3358	35682	654	63791
广 西 Guangxi	1756	46067	537	49618	732	21885	11	39540
海 南 Hainan	1907	54432	746	89803	430	29346	20	50550
重 庆 Chongqing	866	56993	470	93373	398	45471	21	12857
四 川 Sichuan	2506	43379	2323	72559	2154	27811	21	27273
贵 州 Guizhou	840	52641	358	61941	528	24014	3	31000
云 南 Yunnan	846	36219	753	66308	495	40979	11	14263
西 藏 Tibet	215	31478			511	17992	143	77361
陕 西 Shaanxi	2984	38959	509	64008	1093	39205	175	25617
甘 肃 Gansu	1035	40388	424	55425	508	34790	191	20661
青 海 Qinghai	7	26000	6	63714	51	23398		43200
宁 夏 Ningxia	133	25168	139	46140	53	24695	13	52951
新 疆 Xinjiang	1098	31537	459	60033	147	81300	103	28370

七、职业培训与技能鉴定

VOCATIONAL TRAINING AND SKILL APPRAISAL

7-1 技工院校综合情况
GENERAL CONDITION OF VOCATIONAL SCHOOLS

年 份 Year	技工院校 个 数 (个) Number of Vocational Schools (unit)	招 生 人 数 (万人) Students Newly Enrolled (10 000 persons)	在校学生 人 数 (万人) Number of Students in School (10 000 persons)	毕业生 人 数 (万人) Number of Graduates (10 000 persons)	在职教职工 人 数 (万人) Total Teachers and Staff (10 000 persons)
绝对数 Absolute Figure					
2000	3792	50.4	140.1	64.6	24.0
2001	3470	55.1	134.7	47.7	22.0
2002	3075	73.3	153.0	45.4	20.3
2003	2970	91.6	193.1	45.3	20.2
2004	2884	109.7	234.4	53.5	20.4
2005	2855	118.4	275.3	69.0	20.4
2006	2880	134.8	320.8	86.4	21.5
2007	2995	158.5	367.1	99.7	24.0
2008	3075	161.4	397.5	109	24.7
2009	3064	156.4	414.3	115.2	25.8
2010	2998	158.6	421.0	121.3	26.5
2011	2914	163.5	429.4	118.9	26.5
2012	2892	156.8	422.8	120.2	26.7
2013	2882	133.5	386.6	116.9	26.9
2014	2818	124.4	339.0	106.8	26.5
2015	2545	121.4	321.5	94.6	26.0
2016	2526	127.2	323.2	93.1	26.5
2017	2490	130.9	338.2	90.5	26.9
2018	2379	128.5	341.6	90.3	26.7
2019	2392	143.0	360.3	98.4	27.2
2020	2423	160.1	395.5	101.4	27.9
2021	2492	167.2	426.7	108.7	29.8
2022	2551	166.0	445.4	120.0	31.3
比上年增长(%) Increase over Preceding Year(%)					
2000	-7.5	-2.3	-10.2	-2.5	-11.0
2001	-8.5	9.4	-3.8	-26.1	-8.3
2002	-11.4	33.0	13.6	-4.9	-7.4
2003	-3.4	24.9	26.2	-0.2	-0.7
2004	-2.9	19.8	21.4	18.1	1.0
2005	-1.0	7.9	17.4	29.0	
2006	0.9	13.9	16.5	25.2	5.4
2007	4.0	17.6	14.4	15.4	11.6
2008	2.7	1.8	8.3	9.3	2.9
2009	-0.4	-3.1	4.2	5.7	4.6
2010	-2.2	1.4	1.6	5.4	2.6
2011	-2.8	3.1	2.0	-2.0	0.0
2012	-0.8	-4.1	-1.5	1.1	0.8
2013	-0.3	-14.8	-8.6	-2.8	0.9
2014	-2.2	-6.8	-12.3	-8.6	-1.6
2015	-9.7	-2.4	-5.2	-11.4	-1.8
2016	-0.7	4.7	0.5	-1.6	1.8
2017	-1.4	2.9	4.7	-2.8	1.3
2018	-4.5	-1.8	1.0	-0.2	-0.7
2019	0.5	11.2	5.5	9.0	1.9
2020	1.3	12.0	9.8	3.0	2.8
2021	2.8	4.5	7.9	7.2	6.8
2022	2.4	-0.7	4.4	10.4	4.8

7-1 续表 1 continued

年 份 Year			兼职教师 人 数 (万人) Part-time Teachers (10 000 persons)	经费来源 合 计 (亿元) Resourses of Funds (100 million yuan)	
	文化技术 理论课教师 Teachers of Cultural and Technical Theory	生产实习 指导教师 Production Guide Teachers			#事业经费 Operating Funds
绝对数 Absolute Figure					
2000	10.5	3.5	2.7	56.9	21.9
2001	10.0	3.4	2.6	68.1	23.6
2002	9.5	3.2	2.6	67.4	28.2
2003	9.6	3.4	3.0	81.4	30.5
2004	9.6	3.8	2.9	112.5	37.4
2005	9.7	3.8	3.2	123.4	37.8
2006	10.4	4.2	3.6	143.1	43.9
2007	11.2	5.0	3.8	198.2	
2008	12.2	5.4	4.1	204.4	
2009	12.5	6.0	4.3	237.3	
2010	12.7	6.3	4.4	260.4	
2011	12.9	6.3	4.3	271.5	
2012	13.0	6.6	4.3	306.1	
2013	13.4	6.5	4.1	289.7	
2014	13.2	6.2	4.2	303.5	
2015	13.2	6.0	4.1	332.4	
2016	13.7	6.0	4.3	425.0	
2017	14.0	5.9	4.4	423.5	
2018	14.2	5.6	4.4	511.4	
2019	14.4	5.7	4.4	526.3	
2020	15.3	5.6	4.5	567.4	
2021	16.6	5.7	5.1	644.6	
2022	17.6	6.0	5.0	644.3	
比上年增长(%) Increase over Preceding Year(%)					
2000	-6.9	-6.7	-6.3	-4.6	0.8
2001	-4.9	-3.7	-4.1	19.7	7.7
2002	-5.0	-6.8	-2.4	-1.1	19.4
2003	1.5	7.3	17.4	20.8	8.2
2004		11.8	-3.3	38.2	22.6
2005	1.0		10.3	9.7	1.0
2006	7.2	10.5	12.5	16.0	16.1
2007	7.7	19.0	5.6	38.5	
2008	8.9	8.0	7.9	3.1	
2009	2.8	11.6	5.2	16.1	
2010	1.2	4.3	1.0	9.7	
2011	1.8	-0.4	-1.7	4.3	
2012	0.3	6.1	0.6	12.7	
2013	3.4	-2.1	-5.7	-5.3	
2014	-1.3	-4.3	2.8	4.8	
2015	-0.3	-4.2	-2.5	9.5	
2016	3.5	0.3	5.7	27.9	
2017	2.6	-1.9	2.6	-0.4	
2018	1.2	-4.1	-0.6	20.7	
2019	1.3	1.5	-0.02	2.9	
2020	6.6	-2.6	2.9	7.8	
2021	8.7	3.2	12.1	13.6	
2022	5.9	4.4	-1.9	-0.1	

7-1 续表 2 continued

年 份 Year	#公司经费 Company Funds	经费支出合计(亿元) Expenditure (100 million yuan)	培训社会人员人次(万人) Person-time of Trainees from the Society (10 000 persons)	培训社会人员结业人数(万人) Graduates of Trainees Recruited from the Society (10 000 persons)
绝对数 Absolute Figure				
2000	3.2	59.4	158.5	156.7
2001	3.2	64.6	151.7	163.9
2002	2.8	67.1	208.6	196.9
2003	2.8	80.5	226.9	223.7
2004	5.2	102.8	265.6	257.5
2005	3.8	124.0	273.3	270.1
2006	3.0	148.7	337.7	330.2
2007			380.7	369.8
2008			400.0	389.8
2009			484.1	382.9
2010			468.4	371.3
2011			527.5	416.1
2012			551.3	441.6
2013			525.3	397.1
2014			508.5	372.3
2015			476.6	378.9
2016			451.6	349.9
2017			456.4	326.1
2018			420.6	301.6
2019			432.3	308.8
2020			485.8	345.8
2021			600.7	467.9
2022			616.0	451.7
比上年增长(%) Increase over Preceding Year(%)				
2000	-30.1	-0.9	6.3	8.4
2001	0.6	8.7	-4.3	4.6
2002	-13.6	3.8	37.6	20.2
2003	0.1	20.0	37.6	20.2
2004	85.7	27.7	17.1	15.1
2005	-26.9	20.6	2.9	4.9
2006	-21.1	19.9	23.6	22.3
2007			12.7	12.0
2008			5.1	5.4
2009			21.0	-1.8
2010			-3.2	-3.0
2011			12.6	12.1
2012			4.5	6.1
2013			-4.7	-10.1
2014			-3.2	-6.2
2015			-6.3	1.8
2016			-5.2	-7.6
2017			1.1	-6.8
2018			-7.9	-7.5
2019			2.8	2.4
2020			12.4	12.0
2021			23.7	35.3
2022			2.6	-3.5

7-2 各地区技工院校综合情况(2022年)
GENERAL CONDITION OF VOCATIONAL SCHOOLS BY REGION (2022)

地区 Region		技工院校个数(个) Number of Vocational Schools (unit)	在职教职工人数(人) Total Teachers and Staff (person)	#女性 Female	文化技术理论课教师 Teachers of Cultural and Technical Theory	#高级讲师 Senior Lecturers	#讲师 Lecturers	#助理讲师 Assistant Lecturers
全国	**National**	**2551**	**312655**	**158185**	**176242**	**40670**	**55647**	**41473**
北京	Beijing	25	3103	1619	1289	341	386	264
天津	Tianjin	17	2353	1221	1241	381	520	247
河北	Hebei	215	17095	9387	9432	2795	3223	1517
山西	Shanxi	75	9215	5055	4406	979	1443	972
内蒙古	Inner Mongolia	70	8345	4210	5380	1563	1690	783
辽宁	Liaoning	109	8505	4333	4532	1095	1366	592
吉林	Jilin	67	4222	2384	2372	544	726	620
黑龙江	Heilongjiang	105	7957	4046	4757	1717	1507	910
上海	Shanghai							
江苏	Jiangsu	112	20635	10530	12309	3442	4112	2498
浙江	Zhejiang	108	16876	8708	10281	3144	3445	2308
安徽	Anhui	86	11954	5775	7453	1842	2035	1965
福建	Fujian	68	6288	3261	3178	641	654	686
江西	Jiangxi	134	16556	8544	9535	1528	2586	2546
山东	Shandong	207	33658	16871	21350	5037	7362	4979
河南	Henan	90	13596	6694	7059	1352	2206	2692
湖北	Hubei	116	10871	5175	6445	1605	2187	1744
湖南	Hunan	146	11153	5702	6351	1139	1765	1540
广东	Guangdong	145	34099	16875	18248	3488	6074	4455
广西	Guangxi	38	7127	3527	3822	666	1388	850
海南	Hainan	10	1808	808	1135	287	392	213
重庆	Chongqing	50	5575	2915	2718	583	751	742
四川	Sichuan	100	13413	6938	7724	1573	2408	2076
贵州	Guizhou	62	7231	3598	4199	664	1006	1109
云南	Yunnan	34	5866	2585	3799	1229	1282	1022
西藏	Tibet	6	261	113	124	13	23	17
陕西	Shaanxi	136	11909	5851	5222	991	1657	1497
甘肃	Gansu	43	3435	1534	1915	404	692	470
青海	Qinghai	15	1216	600	791	239	232	191
宁夏	Ningxia	14	1662	999	916	194	201	269
新疆	Xinjiang	148	16671	8327	8259	1194	2328	1699

注：新疆包含新疆生产建设兵团的数据。
Note: The data of Xinjiang includes Xinjiang Production and Construction Corps.

7–2 续表 1 continued

地 区 Region	生产实习指导教师 Production Guide Teachers	高级实习指导教师 Senior	一级实习指导教师 Class One	二级实习指导教师 Class Two	三级实习指导教师 Class Three	技师和高级技师 Technician and Senior Technician	一体化教师 Allround Teachers
全 国 National	**59896**	**7528**	**10297**	**7665**	**4647**	**17735**	**94934**
北 京 Beijing	570	120	107	79	11	149	968
天 津 Tianjin	368	107	153	60	10	25	859
河 北 Hebei	3010	395	531	351	192	923	5079
山 西 Shanxi	1822	196	278	178	171	572	2206
内蒙古 Inner Mongolia	1089	159	216	138	139	319	2612
辽 宁 Liaoning	1393	197	223	179	78	268	1523
吉 林 Jilin	739	80	88	63	76	241	1361
黑龙江 Heilongjiang	855	94	77	60	96	310	2012
上 海 Shanghai							
江 苏 Jiangsu	4121	640	829	552	178	1249	8051
浙 江 Zhejiang	3104	384	528	449	175	1167	5717
安 徽 Anhui	2527	278	324	287	198	640	4033
福 建 Fujian	1627	160	241	233	232	184	1766
江 西 Jiangxi	3084	374	431	375	428	894	4283
山 东 Shandong	5443	934	1010	639	380	1449	12479
河 南 Henan	3221	513	694	693	159	937	4488
湖 北 Hubei	2103	387	358	301	214	507	2535
湖 南 Hunan	2013	274	412	259	91	609	3556
广 东 Guangdong	8068	716	1503	1060	548	2892	12613
广 西 Guangxi	1777	181	363	163	27	465	1291
海 南 Hainan	350	39	60	39	3	115	581
重 庆 Chongqing	1131	122	181	148	58	376	1718
四 川 Sichuan	2656	233	397	278	315	942	3705
贵 州 Guizhou	1606	110	175	183	121	637	1814
云 南 Yunnan	951	193	193	197	36	163	1790
西 藏 Tibet	61	4	2	1		18	77
陕 西 Shaanxi	2729	289	506	440	374	775	2594
甘 肃 Gansu	575	70	52	84	80	153	666
青 海 Qinghai	195	26	38	26	9	56	220
宁 夏 Ningxia	338	20	14	32	65	77	519
新 疆 Xinjiang	2370	233	313	118	183	623	3818

7-2 续表 2 continued

地 区	Region	兼职教师人数 Part-time Teachers	经费来源（亿元） Resouses of Funds (100 million yuan)	招生学校数（个） Number of School (unit)	招生人数（人） Students Newly Enrolled (person)	#高级班学生 Senior Class	#农业户口学生 New Students from Rural	在校学生人数（人） Number of Students in School (person)
全 国	**National**	**49657**	**644.3**	**2057**	**1659948**	**462221**	**1323640**	**4454467**
北 京	Beijing	301	16.1	16	11188	1786	5171	28191
天 津	Tianjin	141	6.7	11	9976	1915	6936	24543
河 北	Hebei	2478	21.3	123	64555	5495	56496	178357
山 西	Shanxi	1188	9.6	58	34510	3163	25593	92376
内蒙古	Inner Mongolia	1103	8.8	44	10005	770	6897	25361
辽 宁	Liaoning	1426	7.9	67	29383	1361	21022	74667
吉 林	Jilin	948	4.0	57	25078	7419	16469	62373
黑龙江	Heilongjiang	1166	11.7	96	28083	6045	16156	91571
上 海	Shanghai							
江 苏	Jiangsu	3144	52.3	99	102467	40592	60488	276222
浙 江	Zhejiang	2302	62.4	98	73451	30532	52916	197880
安 徽	Anhui	2598	31.6	86	89939	23560	78011	241693
福 建	Fujian	1221	17.4	49	52840	7936	36989	128181
江 西	Jiangxi	2313	29.1	113	101060	29842	83376	246848
山 东	Shandong	4455	56.1	196	172380	28328	145731	455069
河 南	Henan	2453	27.7	85	129592	52269	113920	333074
湖 北	Hubei	1794	21.6	95	46250	2911	34505	113507
湖 南	Hunan	1656	22.8	81	63122	16463	55754	166169
广 东	Guangdong	3549	115.8	140	222783	100832	176661	650102
广 西	Guangxi	474	18.1	37	60061	15234	54273	142789
海 南	Hainan	163	5.2	10	11190	2291	8588	34677
重 庆	Chongqing	908	8.2	34	39005	11922	28989	108046
四 川	Sichuan	1947	18.4	81	67101	9998	55772	174717
贵 州	Guizhou	1406	10.4	58	40413	952	35598	99925
云 南	Yunnan	1615	16.1	34	56083	31897	50209	158829
西 藏	Tibet	27	1.5	4	1416	1369	1357	3476
陕 西	Shaanxi	2424	19.1	123	50476	16746	40627	177084
甘 肃	Gansu	613	2.7	43	15967	985	12582	38984
青 海	Qinghai	275	0.1	8	915	339	594	1750
宁 夏	Ningxia	258	2.5	14	5158	878	3862	11464
新 疆	Xinjiang	5311	19.2	97	45501	8391	38098	116542

7-2 续表 3 continued

地区 Region	#女生 Female	#高级班学生 Senior Class	#农业户口学生 New Students from Rural	毕业生人数(人) Number of Graduates (person)	#获得中级工/四级 Medium Level Four	#获得高级工/三级 Senior Level Three
全国 National	**1503182**	**1288497**	**3555691**	**1199690**	**541024**	**212064**
北京 Beijing	8728	3555	15010	8105	4722	1755
天津 Tianjin	5499	4447	15929	6710	4828	1708
河北 Hebei	56940	11526	156889	50873	22961	3084
山西 Shanxi	30300	15451	71781	31601	18146	4823
内蒙古 Inner Mongolia	7018	3416	18314	4700	2347	739
辽宁 Liaoning	24267	5241	55559	20746	5384	912
吉林 Jilin	18612	12093	42686	23220	4948	407
黑龙江 Heilongjiang	32606	21829	54003	32436	8972	2281
上海 Shanghai						
江苏 Jiangsu	96203	106450	168765	72446	46511	22533
浙江 Zhejiang	62693	85306	144588	37792	19628	12599
安徽 Anhui	97584	75310	207632	47595	25436	7936
福建 Fujian	46611	15372	87468	36403	27213	6816
江西 Jiangxi	99288	52032	207450	52389	26267	2628
山东 Shandong	165453	68750	389393	127154	46803	22819
河南 Henan	106257	137894	294091	101113	41782	32029
湖北 Hubei	40259	6222	86678	29433	15995	1846
湖南 Hunan	48288	56023	143724	46503	11951	2106
广东 Guangdong	212086	306525	507947	173341	62217	32028
广西 Guangxi	41710	27731	130476	43012	28991	7104
海南 Hainan	9857	9342	26069	6157	4397	101
重庆 Chongqing	38319	38466	77491	27959	17445	6900
四川 Sichuan	68474	25306	143280	44998	19155	3301
贵州 Guizhou	35673	1967	87426	23290	7680	383
云南 Yunnan	45901	93980	134261	50692	18342	16530
西藏 Tibet	1459	3289	3300	476	115	361
陕西 Shaanxi	51002	73339	147756	54684	27114	15805
甘肃 Gansu	10525	3462	31763	14027	9172	387
青海 Qinghai	367	413	1253	1056	766	49
宁夏 Ningxia	5177	1287	8281	2835	1640	3
新疆 Xinjiang	36026	22473	96428	27944	10096	2091

7-2 续表 4 continued

地　区 Region	就业人数（人） Employment (person)	#高级班学生 Students in Senior Class	培训社会人员（人次） Person-time of Trainees from the Society (person-time)	培训社会人员结业人数（人） Graduates of Trainees Recruited from the Society (person)	按培训对象分组（人） Grouped by Trainee(person) 失业人员 Unemployment Workers	劳动预备制人员 Pupils of Labour Preparatory System
全　国 National	**1153671**	**326258**	**6160232**	**4516992**	**245130**	**169852**
北　京 Beijing	8068	1744	191766	187722	1083	704
天　津 Tianjin	6640	1702	17155	15112		
河　北 Hebei	50486	4050	137833	86002	8230	1770
山　西 Shanxi	30668	8709	133953	130736	840	288
内蒙古 Inner Mongolia	4302	1114	103053	56774	2760	338
辽　宁 Liaoning	20085	2071	63520	12606	2696	1324
吉　林 Jilin	21318	7262	68779	60784	3222	377
黑龙江 Heilongjiang	31796	6748	163183	83335	5838	1753
上　海 Shanghai						
江　苏 Jiangsu	71559	22413	459476	274241	14452	26591
浙　江 Zhejiang	37552	13785	616663	498067	19291	21203
安　徽 Anhui	46881	9789	309718	291653	20221	7112
福　建 Fujian	35745	7513	83181	59573	7589	2840
江　西 Jiangxi	51264	7835	177640	156703	1842	1998
山　东 Shandong	124272	36757	478303	259424	12079	13366
河　南 Henan	97102	39306	239930	187576	10196	8138
湖　北 Hubei	27475	2717	190444	123853	7425	5813
湖　南 Hunan	43304	3701	263998	78926	4935	7178
广　东 Guangdong	161958	66701	207028	132453	6792	10596
广　西 Guangxi	40164	9843	111020	93160	1550	1434
海　南 Hainan	5765	186	17207	14498	1301	493
重　庆 Chongqing	27786	9484	114251	108598	4252	4351
四　川 Sichuan	44380	8978	166878	78280	4465	7300
贵　州 Guizhou	21241	773	112050	60325	5147	2356
云　南 Yunnan	48214	25272	212473	186146	23473	15183
西　藏 Tibet	450	361	4456	4171	518	42
陕　西 Shaanxi	51104	21879	286794	281239	1663	5746
甘　肃 Gansu	13447	713	48689	26567	1306	1029
青　海 Qinghai	1051	49	22936	12181	1120	100
宁　夏 Ningxia	2801	726	8946	7406	354	10
新　疆 Xinjiang	26793	4077	1148909	948881	70490	20419

7-2 续表 5 continued

地 区 Region	按培训对象分组(人) Grouped by Trainee(person)		按获取证书分组(人) Grouped by Certification Level(person)			
	在职职工 Workers	农村劳动者 Rural Workers	初级工 五级 Primary Level Five	中级工 四级 Medium Level Four	高级工 三级 Senior Level Three	技师/二级和高级技师/一级 Technicians/II and Senior Technicians/I
全 国 National	**3497476**	**1388041**	**1023969**	**583900**	**250429**	**85041**
北 京 Beijing	180027	8902	4935	8022	10242	11330
天 津 Tianjin	14038	150	2842	9361	2743	166
河 北 Hebei	74622	28367	20396	8089	1275	1329
山 西 Shanxi	122075	3727	15744	11585	2941	2414
内蒙古 Inner Mongolia	70171	10880	7714	14784	4596	1344
辽 宁 Liaoning	43293	7862	1840	1677	2103	
吉 林 Jilin	49430	7692	2483	18695	3826	597
黑龙江 Heilongjiang	131638	13630	4641	520	448	
上 海 Shanghai						
江 苏 Jiangsu	332500	29665	67125	91672	23871	4229
浙 江 Zhejiang	442236	59131	80714	55758	45602	9850
安 徽 Anhui	173846	74525	60531	29145	17401	1966
福 建 Fujian	40155	17124	2404	19730	3277	685
江 西 Jiangxi	139010	7884	29265	10703	7010	654
山 东 Shandong	344930	51933	22914	20954	23114	5390
河 南 Henan	137556	44043	46968	40178	21964	2288
湖 北 Hubei	98810	32110	8251	24751	5198	982
湖 南 Hunan	177755	20326	14330	31683	5524	1468
广 东 Guangdong	139881	18130	18615	25360	7217	970
广 西 Guangxi	72682	11497	20202	28999	6793	3295
海 南 Hainan	11132	1666	2071	1822	244	76
重 庆 Chongqing	61771	14825	44044	24070	7402	1886
四 川 Sichuan	101693	16052	10229	16236	7001	3876
贵 州 Guizhou	40111	27760	18656	5331	2651	447
云 南 Yunnan	63689	59040	62237	33562	24727	22520
西 藏 Tibet	655	1979	3295	425	451	
陕 西 Shaanxi	244414	18100	74193	30648	8279	788
甘 肃 Gansu	35214	6751	2589	5758	1150	195
青 海 Qinghai	14497	5240	3386	3128	8	78
宁 夏 Ningxia	5661	1731	398	1932	407	391
新 疆 Xinjiang	133984	787319	370957	9322	2964	5827

7-3 各地区就业训练中心综合情况(2022年)
EMPLOYMENT TRAINNING CENTERS BY REGION (2022)

地 区	Region	机构个数(个) Number of Employment Trainning Centers (unit)	在职教职工总人数(人) Total Teachers and Staff (person)	#教师 Teachers	兼职教师人数(人) Part-time Teachers (person)	经费来源总计(万元) Resouses of Funds (10 000 yuan)	财政补助费 Financial Allowance
全 国	**National**	**623**	**11521**	**4923**	**4690**	**72889**	**25274**
北 京	Beijing	4	176	62	25	3730	3635
天 津	Tianjin						
河 北	Hebei	34	262	146	96	1100	956
山 西	Shanxi	35	628	97	246	1474	350
内蒙古	Inner Mongolia	6	57	27	28	329	
辽 宁	Liaoning	12	330	235	77	1342	43
吉 林	Jilin	4	56	25	14	716	348
黑龙江	Heilongjiang	8	290	187	27	50	
上 海	Shanghai						
江 苏	Jiangsu	10	129	15	45	590	180
浙 江	Zhejiang	8	1025	310	539	3192	886
安 徽	Anhui	3	15	7	7	112	20
福 建	Fujian	1				197	
江 西	Jiangxi	32	338	102	148	596	
山 东	Shandong	7	145	69	47	384	27
河 南	Henan	86	1835	689	845	11954	6188
湖 北	Hubei	93	1882	606	1116	22235	1200
湖 南	Hunan	55	580	185	313	3623	421
广 东	Guangdong	41	1402	957	346	13531	7600
广 西	Guangxi	6	168	93	33	618	170
海 南	Hainan						
重 庆	Chongqing	9	74	19	35	752	336
四 川	Sichuan	42	336	144	121	969	470
贵 州	Guizhou						
云 南	Yunnan						
西 藏	Tibet						
陕 西	Shaanxi	93	1255	620	390	2864	584
甘 肃	Gansu	27	345	243	102	1025	606
青 海	Qinghai						
宁 夏	Ningxia	2	89	78	5	1445	1254
新 疆	Xinjiang	5	104	7	85	62	

注：1.天津、上海、海南、贵州、云南、西藏、青海、兵团无就业训练中心。
2.新疆数据包含兵团。

Note: a)Tianjin、Shanghai、Hainan、Guizhou、Yunnan and Tibet have no Trainning Centers.
b)The data of Xinjiang includes Xinjiang Production and Construction Corps.

7-3 续表 1 continued

地 区 Region	职业培训补贴 Occupational Training Allowance	培训人次数（人次）Trainees (person-time)	#女性 Female	取得证书人次数（人次）Number of the Candidates Got the Certificates (person-time)	按培训对象分组(人次) Grouped by Personnel(person-time) 城乡未继续升学的应届初高中毕业生 Urban and Rural Students Who Have not Continued to Study in High School
全 国 National	**44391**	**829160**	**428864**	**707399**	**2632**
北 京 Beijing	95	2309	747	1951	
天 津 Tianjin					
河 北 Hebei	144	27347	6460	7823	
山 西 Shanxi	1124	23700	15393	39716	119
内蒙古 Inner Mongolia	329	2760	1874	3405	
辽 宁 Liaoning	1299	19905	5094	9350	
吉 林 Jilin	42	2772	844	2684	
黑龙江 Heilongjiang	50	1535	708	472	20
上 海 Shanghai					
江 苏 Jiangsu	215	18115	8446	13687	68
浙 江 Zhejiang	2161	59628	19592	44075	125
安 徽 Anhui	92	876	303	819	
福 建 Fujian	197	1970	1694	1970	
江 西 Jiangxi	596	10874	5129	9287	120
山 东 Shandong	292	5136	2616	3421	
河 南 Henan	5621	161601	82251	133598	709
湖 北 Hubei	21011	299852	186102	272680	574
湖 南 Hunan	3201	32826	18405	31162	785
广 东 Guangdong	3609	92848	43112	79261	
广 西 Guangxi	448	4520	1722	2954	
海 南 Hainan					
重 庆 Chongqing	416	4489	3265	4420	
四 川 Sichuan	499	7828	4791	7534	9
贵 州 Guizhou					
云 南 Yunnan					
西 藏 Tibet					
陕 西 Shaanxi	2277	38522	15387	29815	103
甘 肃 Gansu	419	6881	3213	6272	
青 海 Qinghai					
宁 夏 Ningxia	191	2770	1700	947	
新 疆 Xinjiang	62	96	16	96	

7–3 续表 2 continued

地　区	Region	按培训对象分组(人次) Grouped by Personnel (person-time)				按获取证书分组(人次) Grouped by Certification Level (person-time)
		失业人员 Unemployment Workers	农　村 转移就业 劳动者 Rural Migrant Workers	企业职工 培训 Enterprise Staff Training	其　他 重点群体 Other Key Groups	职业资格 证书 Professional Certificate
全　国	**National**	**64129**	**341537**	**185489**	**87001**	**18727**
北　京	Beijing	371	1132	790		
天　津	Tianjin					
河　北	Hebei	4854	15682		902	
山　西	Shanxi	1174	12834	5548	800	311
内蒙古	Inner Mongolia	1377	796	527		
辽　宁	Liaoning	322	2177	14494	1089	5155
吉　林	Jilin	66	80	1129	1496	
黑龙江	Heilongjiang	198	164	503	634	
上　海	Shanghai					
江　苏	Jiangsu	591	961	7845	8551	
浙　江	Zhejiang	491	9433	24679	2489	5763
安　徽	Anhui		712			
福　建	Fujian	947	822		143	
江　西	Jiangxi	790	4243	339	953	
山　东	Shandong	1254	1745	75	1732	
河　南	Henan	15085	78769	18308	14932	3143
湖　北	Hubei	29441	147899	39640	33946	3262
湖　南	Hunan	1747	20063	1331	4478	329
广　东	Guangdong	2014	10290	60529	4292	162
广　西	Guangxi	156	2005	1173	138	
海　南	Hainan					
重　庆	Chongqing	1031	2887	91	478	
四　川	Sichuan	99	3549	428	2026	
贵　州	Guizhou					
云　南	Yunnan					
西　藏	Tibet					
陕　西	Shaanxi	1478	23434	4276	6383	402
甘　肃	Gansu	612	1795	1734	1539	200
青　海	Qinghai					
宁　夏	Ningxia			2050		
新　疆	Xinjiang	31	65			

7-3 续表 3 continued

地 区 Region	职业技能等级证书 Vocational Skill Level Certificate	专项能力证书 Special Ability Certificate	特种作业操作证书 Special Operation Certificate	培训合格证书等 Training Certificate, etc	就业人数(人) Employment (person)
全 国 National	**132910**	**49527**	**20366**	**462421**	**389752**
北 京 Beijing			16	1884	1008
天 津 Tianjin					
河 北 Hebei		577		7246	14167
山 西 Shanxi	18391	21	734	19577	4854
内蒙古 Inner Mongolia	889	202		2314	1117
辽 宁 Liaoning	2689	945	57	478	14923
吉 林 Jilin				2684	123
黑龙江 Heilongjiang				472	1006
上 海 Shanghai					
江 苏 Jiangsu	3680	39	1327	7658	10554
浙 江 Zhejiang	5859	2415	9276	19721	10001
安 徽 Anhui	70			749	670
福 建 Fujian				1970	1182
江 西 Jiangxi	571		39	8677	3222
山 东 Shandong	262	238	318	2603	2663
河 南 Henan	38602	6944	3181	80306	67313
湖 北 Hubei	11769	14541	1693	228431	145920
湖 南 Hunan	2261	992	151	27429	19685
广 东 Guangdong	40601	21061	3349	7829	56123
广 西 Guangxi	1765	760		429	2205
海 南 Hainan					
重 庆 Chongqing	365	792		3263	2533
四 川 Sichuan				7534	3230
贵 州 Guizhou					
云 南 Yunnan					
西 藏 Tibet					
陕 西 Shaanxi	4980		58	24375	20219
甘 肃 Gansu				6072	4248
青 海 Qinghai					
宁 夏 Ningxia	60		167	720	2690
新 疆 Xinjiang	96				96

7-4 各地区民办职业培训机构综合情况(2022年)
VOCATIONAL TRAINING AGENCIES BY REGION (2022)

地 区 Region	机 构 个 数 (个) Number of Employment Trainning Centers (unit)	在职教职工 总 人 数 (人) Total Teachers and Staff (person)	#教 师 Teachers	兼职教师 人 数 (人) Part-time Teachers (person)	经费来源 (万元) Resouses of Funds (10000 yuan)	财 政 补助费 Financial Allowance
全 国 National	**31765**	**434369**	**190903**	**200172**	**1639912**	**53174**
北 京 Beijing	443	4371	2011	1739	18786	370
天 津 Tianjin	700	7865	2187	4798	13595	174
河 北 Hebei	1639	20315	9467	8908	44049	1043
山 西 Shanxi	768	11638	5605	4946	27461	1311
内蒙古 Inner Mongolia	695	10530	4678	5524	33398	1001
辽 宁 Liaoning	1073	11195	5034	5385	19818	263
吉 林 Jilin	879	10463	4104	5849	15436	280
黑龙江 Heilongjiang	1011	8939	4364	4078	37080	769
上 海 Shanghai	550	8158	1301	1889	73774	492
江 苏 Jiangsu	1679	18868	8201	9569	66531	2225
浙 江 Zhejiang	1431	23707	7477	9605	142759	5624
安 徽 Anhui	1569	17424	7807	8136	38797	810
福 建 Fujian	621	6883	2780	3578	24605	983
江 西 Jiangxi	1459	16079	8013	6715	48225	1924
山 东 Shandong	2442	22438	11412	8896	43327	1306
河 南 Henan	2072	32608	17546	12113	101432	3953
湖 北 Hubei	1205	17165	8537	6490	57384	1028
湖 南 Hunan	1229	17563	8257	8228	93179	1847
广 东 Guangdong	1614	17126	7772	6914	213268	1825
广 西 Guangxi	820	11961	5900	5232	18656	239
海 南 Hainan	334	8611	2399	6212	16733	455
重 庆 Chongqing	741	16389	4398	7769	93830	4773
四 川 Sichuan	1497	21484	10811	9638	82831	2228
贵 州 Guizhou	558	9529	4516	4399	35418	1010
云 南 Yunnan	1045	26469	11201	14318	97607	13262
西 藏 Tibet	201	2898	1636	1090	11398	247
陕 西 Shaanxi	972	9775	4856	4046	39014	737
甘 肃 Gansu	1149	18476	8678	9798	52250	2176
青 海 Qinghai	246	3714	1814	1630	11356	179
宁 夏 Ningxia	448	5555	2495	2501	12102	138
新 疆 Xinjiang	675	16173	5646	10179	55813	502

注：新疆数据包含兵团。
Note：The data of Xinjiang includes Xinjiang Production and Construction Corps.

7-4 续表 1 continued

地 区 Region	职业培训补贴 Occupational Training Allowance	培训人次数(人次) Trainees (person-time)	#女性 Female	取得证书人次数(人次) Number of the Candidates Got the Certificates (person-time)	按培训对象分组(人次) Grouped by trainee(person-time) 企业职工培训 Enterprise Staff Training
全 国 National	**690762**	**16269092**	**7662368**	**11761793**	**6687958**
北 京 Beijing	1235	166533	42029	119464	112212
天 津 Tianjin	6885	92935	36375	76894	38793
河 北 Hebei	34860	449562	280422	267220	113319
山 西 Shanxi	10262	258191	121268	304248	102773
内蒙古 Inner Mongolia	14409	271131	125077	214715	105300
辽 宁 Liaoning	2321	243513	80296	152831	137439
吉 林 Jilin	8585	249885	123898	202370	99010
黑龙江 Heilongjiang	33017	193826	119065	139397	58893
上 海 Shanghai	3547	1643133	674569	279032	1635539
江 苏 Jiangsu	16078	820603	376418	639633	487563
浙 江 Zhejiang	107364	996578	493667	760572	622833
安 徽 Anhui	24701	489701	294731	380035	245717
福 建 Fujian	5991	263428	124022	187342	79803
江 西 Jiangxi	19737	616516	292633	513458	216545
山 东 Shandong	10602	764704	361685	501944	214616
河 南 Henan	45329	1182057	608969	1025526	217276
湖 北 Hubei	19619	643894	286285	490064	211750
湖 南 Hunan	35925	486703	268288	462117	148169
广 东 Guangdong	21253	1034818	478002	484165	441693
广 西 Guangxi	16516	213087	123072	131278	45416
海 南 Hainan	16278	132633	101742	122849	24452
重 庆 Chongqing	35529	1443318	567010	1387558	326319
四 川 Sichuan	33762	779625	413417	611413	270374
贵 州 Guizhou	23942	299268	129378	233718	67720
云 南 Yunnan	44448	996024	436076	818061	243253
西 藏 Tibet	9811	105085	35239	68171	8858
陕 西 Shaanxi	20352	338296	184287	263288	54120
甘 肃 Gansu	41769	490655	225031	450551	132470
青 海 Qinghai	8746	100178	46154	90371	22667
宁 夏 Ningxia	3095	161699	58536	124208	91354
新 疆 Xinjiang	14794	341513	154727	259300	111712

7-4 续表 2 continued

地 区	Region	按培训对象分组(人次) Grouped by trainee(person-time)				按获取证书分组 Grouped by Certification Level (person-time)
		农村转移就业劳动者 Rural Migrant Workers	城乡未继续升学的应届初高中毕业生 Urban and Rural Students Who Have Not Continued to Study in High School	失业人员 Unemployment Workers	其他重点群体 Other Key Groups	职业资格证书 Professional Certificate
全 国	**National**	**4434843**	**180242**	**977141**	**1995258**	**434251**
北 京	Beijing	12287	1428	9413	10733	24412
天 津	Tianjin	11477	252	8028	14285	1231
河 北	Hebei	249125	4259	16505	22152	21440
山 西	Shanxi	105210	3443	13059	12662	9936
内蒙古	Inner Mongolia	64803	1435	32067	24331	9894
辽 宁	Liaoning	36875	2515	30098	12264	18676
吉 林	Jilin	78238	787	13237	19949	1782
黑龙江	Heilongjiang	96333	673	19539	13696	3041
上 海	Shanghai	495		1840	4158	239
江 苏	Jiangsu	84947	11875	81082	44800	31806
浙 江	Zhejiang	143328	9826	43254	68377	23109
安 徽	Anhui	188241	1280	29687	18883	3829
福 建	Fujian	83958	10169	25190	10409	11588
江 西	Jiangxi	123767	10351	43154	40512	26461
山 东	Shandong	245936	7168	47351	140127	13348
河 南	Henan	619316	22494	45776	181572	31660
湖 北	Hubei	179007	12909	49116	53008	24144
湖 南	Hunan	197373	12227	25965	47680	15189
广 东	Guangdong	205399	19336	95805	102220	19049
广 西	Guangxi	98690	857	8429	24009	1885
海 南	Hainan	68977	20	1616	6561	0
重 庆	Chongqing	142546	7900	129938	674429	27635
四 川	Sichuan	246407	6576	68264	88583	37765
贵 州	Guizhou	144235	9105	9303	19654	10609
云 南	Yunnan	358409	7914	71962	172974	16420
西 藏	Tibet	68753	2001	1016	8170	651
陕 西	Shaanxi	154460	4691	12492	43343	11889
甘 肃	Gansu	247159	3263	14769	70496	15676
青 海	Qinghai	52157	1403	1914	8663	1510
宁 夏	Ningxia	27005	2876	7483	14860	5494
新 疆	Xinjiang	99930	1209	19789	21698	13883

7-4 续表 3 continued

地 区 Region	按获取证书分组 Grouped by Certification Level(person-time)				就业人数（人） Employment (person)
	职业技能等级证书 Vocational Skill Level Certificate	专项能力证书 Special Ability Certificate	特种作业操作证 Special Operation Certificate	培训合格证书等 Training Certificate, etc	
全 国 National	**2797389**	**923047**	**864759**	**6349379**	**7771364**
北 京 Beijing	7894	19622	16614	49865	53667
天 津 Tianjin	4602	135	7712	59068	9993
河 北 Hebei	158768	6819	16904	56212	123201
山 西 Shanxi	107034	14647	3770	162147	54427
内蒙古 Inner Mongolia	35073	13722	34086	113585	148941
辽 宁 Liaoning	24937	12293	13892	79597	48099
吉 林 Jilin	5120	166	11959	169960	39044
黑龙江 Heilongjiang	3781	112	709	131754	112797
上 海 Shanghai	66913	6913		204967	1637087
江 苏 Jiangsu	238325	21059	97023	198007	353263
浙 江 Zhejiang	257133	142771	66323	250033	231706
安 徽 Anhui	146251	3814	18742	204527	166443
福 建 Fujian	31979	18838	15169	102903	118123
江 西 Jiangxi	95793	13374	23809	340190	283925
山 东 Shandong	28309	22955	78812	343235	417429
河 南 Henan	419557	118269	64853	374800	607982
湖 北 Hubei	86285	32990	44757	284217	260335
湖 南 Hunan	76978	6244	25003	327094	266052
广 东 Guangdong	113537	104960	53125	173482	423429
广 西 Guangxi	68110	34057	6500	19346	229547
海 南 Hainan	38975	61574	15714	5488	7569
重 庆 Chongqing	110639	59193	42660	1112578	478199
四 川 Sichuan	92843	81520	70813	324076	389922
贵 州 Guizhou	59233	17918	10616	127939	173501
云 南 Yunnan	351921	74021	59577	254248	359698
西 藏 Tibet	5299	0	880	61266	30713
陕 西 Shaanxi	34030	2303	10385	197458	100361
甘 肃 Gansu	14208	0	12515	400252	257637
青 海 Qinghai	1631	2017	0	80462	71067
宁 夏 Ningxia	27330	5758	12142	47351	88720
新 疆 Xinjiang	84901	24983	29695	93272	228487

7–5 历年全国职业技能评价情况

单位：人次

年 份	Year	考核鉴定机构数（个） Numbe of Testing Agencies (unit)	考评人员人数（人） Number of the Assessors (person)	本年考核鉴定人次数 Number of the Candidates	初级 Primary
2000		8179	128033	4421880	1818534
#行业合计	Subtotal of Industrial Administrations	1445	48383	762909	241359
地方合计	Subtotal of Local Governments	6734	79650	3658971	1577175
2001		8336	143068	5348001	2057575
#行业合计	Subtotal of Industrial Administrations	1501	48455	892499	285684
地方合计	Subtotal of Local Governments	6835	94613	4455502	1771891
2002		8517	175247	6619012	2373190
#行业合计	Subtotal of Industrial Administrations	1776	69230	1318097	347894
地方合计	Subtotal of Local Governments	6741	106017	5300915	2025296
2003		7252	155971	6875444	2461777
#行业合计	Subtotal of Industrial Administrations	1131	56821	1105420	249368
地方合计	Subtotal of Local Governments	6121	99150	5770024	2212409
2004		9438	197821	8796272	3144495
#行业合计	Subtotal of Industrial Administrations	3559	81539	1700147	482348
地方合计	Subtotal of Local Governments	5879	116282	7096125	2662147
中央企业试点	The Central Enterprises Pilot	3	739	16509	829
2005		7654	164442	9577395	3222564
#行业合计	Subtotal of Industrial Administrations	1848	59974	1595369	362360
地方合计	Subtotal of Local Governments	5719	101484	7922895	2842964
中央企业试点	The Central Enterprises Pilot	87	2984	59131	17240
2006		7998	161596	11821552	4140894
#行业合计	Subtotal of Industrial Administrations	2020	65571	2473429	916021

STATISTICS OF OCCUPATIONAL SKILL EVALUATION

(person-time)

中 级 Medium	高 级 Senior	技 师 Technicians	高级技师 Senior Technicians	本年获取证书人次数 Number of the Candidates Got the Certificates	初 级 Primary	中 级 Medium	高 级 Senior	技 师 Technicians	高级技师 Senior Technicians
2050863	505685	43794	3004	3726619	1553035	1743885	393201	34175	2323
343589	167271	10125	565	521288	157155	239573	118036	6132	392
1707274	338414	33669	2439	3205331	1395880	1504312	275165	28043	1931
2571508	645644	67688	5586	4570081	1756881	2236967	523010	49689	3534
367182	223536	14192	1905	645636	195946	280851	161054	7082	703
2204326	422108	53496	3681	3924445	1560935	1956116	361956	42607	2831
3204580	965404	69379	6459	5562607	2036748	2712382	761195	48852	3430
577791	369192	20071	3149	1019654	269218	453267	286133	9718	1318
2626789	596212	49308	3310	4542953	1767530	2259115	475062	39134	2112
3338421	969477	96653	9116	5839222	2124504	2870097	768890	69501	6230
486792	345449	20515	3296	892494	208524	401194	267989	12867	1920
2851629	624028	76138	5820	4946728	1915980	2468903	500901	56634	4310
4161612	1229130	212037	48998	7360975	2691946	3516786	975155	140816	36272
731856	440143	35862	9938	1346661	390280	583697	345424	20988	6272
3429756	788987	176175	39060	6014314	2301666	2933089	629731	119828	30000
3246	7958	3822	654	14615	777	3025	7373	3002	438
4552986	1456750	290637	54458	7857292	2732405	3756905	1133278	195577	39127
686936	489903	48197	7973	1233171	278809	551073	372000	27357	3932
3852384	948018	234071	45458	6575037	2438276	3194681	745632	162062	34386
13666	18829	8369	1027	49084	15320	11151	15646	6158	809
5269104	1909269	432423	65401	9252416	3124130	4390924	1440591	260830	35384
826698	629978	86015	14717	1576857	377737	660904	488129	43178	6909

7-5 续表 1

单位：人次

年 份	Year	考核鉴定机构数（个）Numbe of Testing Agencies (unit)	考评人员人数（人）Number of the Assessors (person)	本年考核鉴定人次数 Number of the Candidates	初 级 Primary
地方合计	Subtotal of Local Governments	5823	91729	9279660	3212161
中央企业试点	The Central Enterprises Pilot	155	4296	68463	12712
2007		7794	158186	12231413	4389064
#行业合计	Subtotal of Industrial Administrations	1938	56673	1622348	465248
地方合计	Subtotal of Local Governments	5845	98395	10515051	3873553
中央企业试点	The Central Enterprises Pilot	11	3118	94014	50263
2008		9933	203883	13374707	5104213
#行业合计	Subtotal of Industrial Administrations	1477	72503	1736592	468497
地方合计	Subtotal of Local Governments	8441	124902	11560949	4598473
中央企业试点	The Central Enterprises Pilot	15	6478	77166	37243
2009		9538	232060	14920761	6029998
#行业合计	Subtotal of Industrial Administrations	2241	80116	2049033	663297
地方合计	Subtotal of Local Governments	7281	143719	12674516	5279691
中央企业试点	The Central Enterprises Pilot	16	8225	197212	87010
2010		9803	210497	16575457	6768836
#行业合计	Subtotal of Industrial Administrations	2137	70109	2831683	949906
地方合计	Subtotal of Local Governments	7647	130977	13495340	5704143
中央企业试点	The Central Enterprises Pilot	19	9411	248434	114787
2011		10677	194795	17459327	7254275
#行业合计	Subtotal of Industrial Administrations	2574	75206	3129020	1059714
地方合计	Subtotal of Local	8084	110545	14101095	6087176

continued

(person-time)

中 级 Medium	高 级 Senior	技 师 Technicians	高级技师 Senior Technicians	本年获取证书人次数 Number of the Candidates Got the Certificates	初 级 Primary	中 级 Medium	高 级 Senior	技 师 Technicians	高级技师 Senior Technicians
4422694	1257031	338287	49487	7619774	2734026	3712773	933739	211694	27542
19712	22260	8121	1197	55785	12367	17247	18723	5958	933
5422375	1907654	442715	69605	9956079	3687419	4518674	1429235	274176	46575
619235	461074	65822	10969	1284859	384585	499805	361828	32760	5881
4788802	1424504	370444	57748	8593861	3259275	4007337	1050805	236480	39964
14338	22076	6449	888	77359	43559	11532	16602	4936	730
5758542	2029246	403738	78968	11372105	4492273	4891989	1606473	318047	63323
633514	535833	86649	12099	1448203	393277	514497	440977	86369	13083
5108105	1477855	311085	65431	9863382	4069230	4363967	1152734	227947	49504
16923	15558	6004	1438	60520	29766	13525	12762	3731	736
6110523	2126028	544210	110002	12320051	5251357	5134383	1516357	336623	81331
806706	460363	98550	20117	1636149	562781	673659	335144	55143	9422
5234031	1634315	438111	88368	10556864	4636816	4414218	1158564	276470	70796
69786	31350	7549	1517	127038	51760	46506	22649	5010	1113
6531792	2722092	453762	98975	13929377	5899097	5544598	2097432	316663	71587
951227	766652	129482	34416	2285392	801645	770516	626959	72822	13450
5495732	1918827	314609	62029	11489343	5028937	4718723	1446776	238171	56736
84833	36613	9671	2530	154642	68515	55359	23697	5670	1401
6579593	3098462	428247	98750	14820504	6533022	5464700	2464290	286769	71723
1094106	816296	132899	26005	2578410	1067480	724459	686101	84163	16207
5408072	2246836	288493	70518	12091861	5396177	4689411	1753472	198785	54016

7-5 续表 2

单位：人次

年 份	Year	考核鉴定机构数（个）Numbe of Testing Agencies (unit)	考评人员人数（人）Number of the Assessors (person)	本年考核鉴定人次数 Number of the Candidates	初 级 Primary
	Governments				
中央企业试点	The Central Enterprises Pilot	19	9044	229212	107385
2012		10963	213403	18305470	7538797
#行业合计	Subtotal of Industrial Administrations	3246	91000	3355097	1241887
地方合计	Subtotal of Local Governments	7698	111150	14651252	6162855
中央企业试点	The Central Enterprises Pilot	19	11253	299121	134055
2013		9865	252662	18385729	7752500
#行业合计	Subtotal of Industrial Administrations	2418	108333	3375909	1341750
地方合计	Subtotal of Local Governments	7428	132737	14735101	6274214
中央企业试点	The Central Enterprises Pilot	19	11592	274719	136536
2014		9521	215761	18539992	6934618
#行业合计	Subtotal of Industrial Administrations	2670	105232	3244808	1055738
地方合计	Subtotal of Local Governments	6835	102132	15039407	5786871
中央企业试点	The Central Enterprises Pilot	16	8397	255777	92009
2015		12156	264237	18941156	7079392
#行业合计	Subtotal of Industrial Administrations	2478	102862	4159249	1696306
地方合计	Subtotal of Local Governments	9662	154296	14530268	5301111
中央企业试点	The Central Enterprises Pilot	16	7079	251639	81975
2016		8224	282782	17554798	6410623
#行业合计	Subtotal of Industrial Administrations	2473	88341	2307553	746356
地方合计	Subtotal of Local Governments	5733	182393	15028489	5597358
中央企业试点	The Central Enterprises Pilot	18	12048	218756	66909

continued

(person-time)

中 级 Medium	高 级 Senior	技 师 Technicians	高级技师 Senior Technicians	本年获取证书人次数 Number of the Candidates Got the Certificates	初 级 Primary	中 级 Medium	高 级 Senior	技 师 Technicians	高级技师 Senior Technicians
77415	35330	6855	2227	150233	69365	50830	24717	3821	1500
6611139	3476563	503134	175837	15487834	6655352	5604790	2760639	336187	130866
1056340	880430	147893	28547	2702465	1020025	857542	708589	97529	18780
5443861	2551931	347493	145112	12584198	5546362	4672359	2021009	233932	110536
110938	44202	7748	2178	201171	88965	74889	31041	4726	1550
6355360	3514734	577770	185365	15366664	6766044	5372332	2728517	376144	123627
1086891	763465	151090	32713	2750425	1119433	893839	614511	99406	23236
5184217	2705976	418804	151890	12439250	5560531	4422960	2083789	272164	99806
84252	45293	7876	762	176989	86080	55533	30217	4574	585
6745021	3930805	654415	275133	15542766	6094580	5707155	3117737	429024	194270
1092479	839367	185803	71421	2556541	842679	867772	684070	120486	41534
5568441	3027880	455979	200236	12827206	5196077	4788009	2390955	301746	150419
84101	63558	12633	3476	159019	55824	51374	42712	6792	2317
6986241	4006089	659634	209800	15392295	5915465	5831396	3092249	416439	136746
1311412	914647	190191	46693	3132628	1175807	1063277	742734	121679	29131
5581461	3031572	457553	158571	12106988	4690481	4712472	2310892	288376	104767
93368	59870	11890	4536	152679	49177	55647	38623	6384	2848
6540058	3855614	577112	171391	14461529	5549708	5481352	2963711	350596	116162
771495	615401	127726	46575	1713407	528629	585940	487299	78846	32693
5683938	3184348	440709	122136	12617203	4981949	4846266	2440744	266587	81657
84625	55865	8677	2680	130919	39130	49146	35668	5163	1812

7-5 续表 3

单位：人次

年 份	Year	考核鉴定机构数（个）Numbe of Testing Agencies (unit)	考评人员人数（人）Number of the Assessors (person)	本年考核鉴定人次数 Number of the Candidates	初 级 Primary
2017		8071	308612	14729033	4959459
#行业合计	Subtotal of Industrial Administrations	2345	89560	2546084	810597
地方合计	Subtotal of Local Governments	5708	204847	11937378	4077961
中央企业试点	The Central Enterprises Pilot	18	14205	245571	70901
2018		8912	251135	11349052	3939496
#行业合计	Subtotal of Industrial Administrations	2443	94669	2111498	821018
地方合计	Subtotal of Local Governments	6451	140224	9007709	3035725
中央企业试点	The Central Enterprises Pilot	18	16242	229845	82753
2019		9152	216680	10759349	3865973
#行业合计	Subtotal of Industrial Administrations	1824	41841	2091145	781278
地方合计	Subtotal of Local Governments	7328	174839	8668204	3084695
2020		12310	259600	11958237	4044100
职业资格评价		8205	155935	10704734	3733911
#行业合计	Subtotal of Industrial Administrations	2190	37158	1843272	315020
地方合计	Subtotal of Local Governments	6015	118777	8861462	3418891
职业技能等级认定		4105	103665	1253503	310189
2021		20325	92905	10784487	3548904
职业资格评价		6894	79474	3321617	1097590
#行业合计	Subtotal of Industrial Administrations	1565	37186	1250060	364888
地方合计	Subtotal of Local Governments	5329	42288	2071557	732702
职业技能等级认定		13431	13431	7462870	2451314
2022		36629	644077	14664656	4225928
职业资格评价		6314	77680	1103922	512862
#行业合计	Subtotal of Industrial Administrations	1775	37740	880240	409002
地方合计	Subtotal of Local Governments	4539	39940	223682	103860
职业技能等级认定		30315	566397	13560734	3713066

continued

(person-time)

中　级 Medium	高　级 Senior	技　师 Technicians	高级技师 Senior Technicians	本年获取证书人次数 Number of the Candidates Got the Certificates	初　级 Primary	中　级 Medium	高　级 Senior	技　师 Technicians	高级技师 Senior Technicians
5465266	3610460	540693	153155	11987218	4207073	4541983	2804674	330333	103155
817338	726816	136056	55277	1857892	533604	616728	580087	85833	41640
4549640	2820102	394098	95577	9999945	3634534	3879908	2185245	239922	60336
98288	63542	10539	2301	129381	38935	45347	39342	4578	1179
4034728	2765047	487978	121803	9031831	3245567	3333132	2099864	277673	75595
561243	597602	101953	29682	1523099	535170	430306	467782	64713	25128
3387425	2112385	380880	91294	7385556	2663222	2861384	1600846	210192	49912
86060	55060	5145	827	123176	47175	41442	31236	2768	555
4081232	2322529	361527	128088	8618572	3184815	3419359	1730493	205600	78305
595058	645117	53942	15750	1398424	490644	468832	398761	28361	11826
3486174	1677412	307585	112338	7220148	2694171	2950527	1331732	177239	66479
4893151	2631464	282462	107060	9625792	3545282	4144967	1677573	184147	73823
4543395	2130435	208112	88881	8659731	3278478	3862870	1323861	134474	60048
515194	988655	17261	7142	972562	205346	375404	377040	9289	5483
4028201	1141780	190851	81739	7687169	3073132	3487466	946821	125185	54565
349756	501029	74350	18179	966061	266804	282097	353712	49673	13775
4250995	2586798	311607	86183	8988119	3050279	3577991	2057352	240233	62264
1629431	499317	67734	27545	2734463	897180	1383819	383470	49860	20134
609148	249141	17321	9562	947595	258629	500073	169994	11867	7032
1020283	250176	50413	17983	1786868	638551	883746	213476	37993	13102
2621564	2087481	243873	58638	6253656	2153099	2194172	1673882	190373	42130
5751121	4216526	373492	97589	12342726	3589200	4749170	3648854	279196	76306
498879	67641	17941	6599	664192	333972	266957	47853	11243	4167
413397	42976	10612	4253	468939	240939	193157	26175	5869	2799
85482	24665	7329	2346	195253	93033	73800	21678	5374	1368
5252242	4148885	355551	90990	11678534	3255228	4482213	3601001	267953	72139

7-6 各地区职业资格评价情况(2022年)

单位：人次

地 区	Region	考核鉴定机构数(个) Numbe of Testing Agencies (unit)	考评人员人数(人) Number of the Assessors (person)	本年认定(考核鉴定)人次数 Number of the Candidates	初级 Primary	中级 Medium
全 国	**National**	**6314**	**77680**	**1103922**	**512862**	**498879**
行业合计	Subtotal of Industrial Administrations	1775	37740	880240	409002	413397
地方合计	Subtotal of Local Governments	4539	39940	223682	103860	85482
北 京	Beijing	24	250	363	0	28
天 津	Tianjin	130	1114	213	3	0
河 北	Hebei	47	72	37402	21556	10408
山 西	Shanxi	2	126	7269	3659	3113
内 蒙 古	Inner Mongolia	618	325	6228	1837	3854
辽 宁	Liaoning	239	424	8273	4330	3180
吉 林	Jilin	42	215	747	336	357
黑 龙 江	Heilongjiang	36	521	2426	648	1460
上 海	Shanghai	6	36	423	111	176
江 苏	Jiangsu	37	304	2748	772	1364
浙 江	Zhejiang	125	90	14451	1763	3529
安 徽	Anhui	53	158	3838	437	2970
福 建	Fujian	107	224	9247	1139	7867
江 西	Jiangxi	114	3709	148	1	90
山 东	Shandong	75	691	9154	982	4079
河 南	Henan	666	488	20159	6975	8959
湖 北	Hubei	220	1336	2392	506	1308
湖 南	Hunan	326	2151	9394	4872	3846
广 东	Guangdong	104	0	4682	120	4260
广 西	Guangxi	117	2393	3309	638	1938
海 南	Hainan	136	3066	20	3	12
重 庆	Chongqing	122	103	881	421	355
四 川	Sichuan	547	15848	5639	2453	2216
贵 州	Guizhou	52	614	2626	2186	270
云 南	Yunnan	33	330	16106	10091	4161
西 藏	Tibet	33	100	0	0	0
陕 西	Shaanxi	195	138	455	44	133
甘 肃	Gansu	33	327	21079	14326	6351
青 海	Qinghai	83	126	1497	1483	5
宁 夏	Ningxia	108	242	14030	5643	7658
新 疆	Xinjiang	98	4342	18002	16063	1523
新疆兵团	Xinjiang Production and Construction Crops	11	77	481	462	12

STATISTICS OF OCCUPATIONAL QUALIFICATION EVALUATION BY REGION (2022)

(person-time)

高 级 Senior	技 师 Technicians	高级技师 Senior Technicians	本年获取证书人次数 Number of the Candidates Got the Certificates	初 级 Primary	中 级 Medium	高 级 Senior	技 师 Technicians	高级技师 Senior Technicians
67641	**17941**	**6599**	**664192**	**333972**	**266957**	**47853**	**11243**	**4167**
42976	10612	4253	468939	240939	193157	26175	5869	2799
24665	7329	2346	195253	93033	73800	21678	5374	1368
6	329	0	346	0	26	5	315	0
0	181	29	152	3	0	0	129	20
4973	383	82	34282	19770	9726	4599	159	28
446	48	3	6180	3096	2717	331	33	3
386	113	38	5783	1688	3604	352	103	36
671	83	9	6174	3372	2246	521	31	4
37	15	2	576	237	302	20	15	2
141	134	43	2147	562	1309	130	110	36
5	104	27	239	107	57	2	52	21
512	77	23	1476	357	629	405	67	18
7395	1499	265	12036	1365	3010	6393	1129	139
372	51	8	3544	398	2793	302	43	8
99	108	34	8037	993	6863	97	62	22
55	0	2	136	1	79	54	0	2
1587	1836	670	6552	717	2734	1320	1368	413
3752	443	30	19027	6490	8410	3682	415	30
290	152	136	2244	485	1242	280	133	104
557	79	40	8034	4099	3383	459	62	31
288	12	2	3440	26	3148	260	5	1
132	568	33	2439	584	1344	109	370	32
2	3	0	15	3	9	2	1	0
57	41	7	665	281	303	35	39	7
199	212	559	4098	2257	1443	99	104	195
64	64	42	2237	1933	186	25	54	39
1436	272	146	14533	9082	3813	1292	238	108
0	0	0	0	0	0	0	0	0
160	94	24	257	25	81	94	46	11
143	220	39	19278	12997	6005	125	132	19
5	1	3	1331	1324	2	1	1	3
525	167	37	12702	5278	6910	360	129	25
363	40	13	16849	15075	1415	319	29	11
7	0	0	444	428	11	5	0	0

八、劳动关系

LABOUR RELATION

8-1 历年劳动人事争议仲裁情况

单位：件

项　目	Item	1996	1997	1998	1999
上期未结案件数	Number of Cases Left from Last Year-end	2634	2864	3475	3840
案件受理情况	Cases Accepted				
当期案件受理数	Cases	48121	71524	93649	120191
#集体劳动争议案件数	Number of Collective Labour Disputes	3150	4109	6767	9043
劳动者申诉案件数	Number of Cases Left from Last Year-end	41697	68773	84829	114152
劳动者当事人数(人)	Number of Laborers Involved(person)	189120	221115	358531	473957
#集体劳动争议劳动者当事人数	Number of Laborers Involved in Collective Labour Disputes	92203	132647	251268	319445
争议原因	Disputes Reasons				
劳动报酬	Labour Remuneration				
社会保险	Social Insurances				
变更劳动合同	Change the Labour Contract		2992	2840	3469
解除、终止劳动合同	Relieve or End the Labour Contract		10337	13069	18108
其　他	Others		8917	9515	8626
案件处理情况	Cases Settled				
结案数	Number of Cases Settled	46543	70792	92288	121289
处理方式	by Manners of Settlement				
仲裁调解	by Mediation	24223	32793	31483	39550
仲裁裁决	by Arbitrition Lawsuit	12789	15060	25389	34712
其他方式	Others	9531	22939	35155	47027
处理结果	by Result of Settlement				
用人单位胜诉	Lawsuit Won by Units	9452	11488	11937	15674
劳动者胜诉	Lawsuit Won by Laborers	23696	40063	48650	63030
双方部分胜诉及其他	Lawsuit Partly Won by Both Parties and Others	13395	19241	27365	37459
案外调解案件数	Cases Mediated				

注：2011年起，解除、终止劳动合同的类型进行合并统计。

LABOUR DISPUTES ACCEPTED AND SETTLED

(piece)

2000	2001	2002	2003	2004	2005	2006	2007	2008	2009
6374	8739	12472	16276	17117	17829	22165	25424	33084	83709
135206	154621	184116	226391	260471	313773	317162	350182	693465	684379
8247	9847	11024	10823	19241	16217	13977	12784	21880	13779
120043	146781	172253	215512	249335	293710	301233	325590	650077	627530
422617	467150	608396	801042	764981	744195	679312	653472	1214328	1016922
259445	286680	374956	514573	477992	409819	348714	271777	502713	299601
	45172	59144	76774	85132	103183	103887	108953	225061	247330
	31158	56558	76181	88119	97519	100342	97731		
3829	4254	3765	5494	4465	7567	3456	4695		
21149	29038	30940	40017	57021	68873	67868	80261	139702	43876
12549									
130688	150279	178744	223503	258678	306027	310780	340030	622719	689714
41877	42933	50925	67765	83400	104308	104435	119436	221284	251463
54142	77250	77340	95774	110708	131745	141465	149013	274543	290971
34669	35096	50479	59954	64550	69974	64880	71581	126892	147280
13699	31544	27017	34272	35679	39401	39251	49211	80462	95470
70544	71739	84432	109556	123268	145352	146028	156955	276793	255119
37247	46996	67295	79475	94041	121274	125501	133864	265464	339125
	63939	77342	58451	70840	93561	130321	151902	237283	185598

Note: Since 2011, items of Relieve or End the Labour Contract have been merged during statistics.

8-1 续表

单位：件

项　目	Item	2010	2011	2012	2013
上期未结案件数	Number of Cases Left from Last Year-end	77926	42308	36151	34478
案件受理情况	Cases Accepted				
当期案件受理数	Cases	600865	589244	641202	665760
#集体劳动争议案件数	Number of Collective Labour Disputes	9314	6592	7252	6783
劳动者申诉案件数	Number of Cases Left from Last Year-end	558853	568768	620849	641932
劳动者当事人数(人)	Number of Laborers Involved(person)	815121	779490	882487	888430
#集体劳动争议劳动者当事人数	Number of Laborers Involved in Collective Labour Disputes	211755	174785	231894	218521
争议原因	Disputes Reasons				
劳动报酬	Labour Remuneration	209968	200550	225981	223351
社会保险	Social Insurances		149944	159649	165665
变更劳动合同	Change the Labour Contract				
解除、终止劳动合同	Relieve or End the Labour Contract	31915	118684	129108	147977
其　他	Others				
案件处理情况	Cases Settled				
结案数	Number of Cases Settled	634041	592823	643292	669062
处理方式	by Manners of Settlement				
仲裁调解	by Mediation	250131	278873	302552	311806
仲裁裁决	by Arbitrition Lawsuit	266506	244942	268530	283341
其他方式	Others	117404	69008	72210	73915
处理结果	by Result of Settlement				
用人单位胜诉	Lawsuit Won by Units	85028	74189	79187	82519
劳动者胜诉	Lawsuit Won by Laborers	229448	195680	213453	217551
双方部分胜诉及其他	Lawsuit Partly Won by Both Parties and Others	319565	322954	350652	368992
案外调解案件数	Cases Mediated	163997	194338	212937	215595

continued

(piece)

2014	2015	2016	2017	2018	2019	2020	2021	2022
31796	39580	37977	38545	35506	48661	49723	43525	40745
715163	813859	828410	785323	894053	1069638	1094788	1252045	1473145
8041	10466	9745	7513	8699	9235	8321	7446	8148
690418	784229	801190	762572	869421	1021334	1041567	1199847	1421670
997807	1159687	1112408	979016	1110175	1274124	1283491	1404754	1636418
267165	341588	289924	203963	234943	220174	200824	159898	177821
258716	321179	345685	331463	380751	446572	462729	524473	593024
160961	158002	145671	135211	144533	149966	136496	164102	187186
155870	182396	188642	169456	195063	259550	280058	293924	382297
711044	812461	827717	790448	884223	1068413	1100681	1256162	1466857
321598	362814	389109	390278	458353	552584	599797	703373	847132
313175	368409	366742	336073	357666	430309	430863	471819	542709
76271	81238	71866	64097	68204	85520	70021	80970	77016
82541	90785	92405	89928	93823	112747	112053	127910	150606
250284	287544	285824	259898	276642	314097	310819	341245	370243
378219	434132	369429	440622	513758	641569	677809	787007	946008
227447	258114	240101	208491	214288	242479	255328	320621	381693

8-2 各地区劳动争议仲裁情况(2022年)

单位：件

地 区	Region	上期未结案件数 Number of Cases Left from Last Year-end	案件受理情况 Cases Accepted					
			当期案件受理数 Cases	#集体劳动争议案件 Number of Collective Labour Disputes	#劳动者申诉案件 Number of Cases Left from Last Year-end	劳动者当事人数（人） Number of Laborers Involved (person)	#集体劳动争议劳动者当事人数 Number of Laborers Involvedin Collective Labour Disputes	劳动报酬 Labour Remuneration
全 国	**National**	**40745**	**1473145**	**8148**	**1421670**	**1636418**	**177821**	**593024**
北 京	Beijing	4450	130266	574	128734	130266	12305	67501
天 津	Tianjin	927	29440	65	28181	30513	1171	13725
河 北	Hebei	280	32195	74	29502	33963	1508	8876
山 西	Shanxi	111	14148	32	13566	15589	895	4714
内 蒙 古	Inner Mongolia	625	21092	46	20194	22431	1400	9662
辽 宁	Liaoning	1049	36532	185	34638	39729	4258	19256
吉 林	Jilin	326	8370	25	7530	10900	1524	3573
黑 龙 江	Heilongjiang	199	22290	29	22203	23166	678	11828
上 海	Shanghai	3838	59705	218	58919	65037	3982	20721
江 苏	Jiangsu	2515	107078	643	106474	114359	13014	47847
浙 江	Zhejiang	5392	93612	344	93119	105407	8343	36932
安 徽	Anhui	755	43496	87	40756	47405	2280	17505
福 建	Fujian	1669	42560	499	41074	55842	10897	16258
江 西	Jiangxi	229	21028	52	18952	22670	1187	6603
山 东	Shandong	1679	112635	97	111961	119450	2168	50309
河 南	Henan	650	35126	73	32925	36883	1603	16946
湖 北	Hubei	1241	49283	161	48172	51248	3507	17185
湖 南	Hunan	862	38850	97	37845	41440	1961	10212
广 东	Guangdong	6404	256919	3665	249067	335121	80595	81023
广 西	Guangxi	567	36428	104	35059	38099	3444	19389
海 南	Hainan	789	12377	68	11494	12671	1548	5164
重 庆	Chongqing	502	38451	89	34591	39554	1659	15536
四 川	Sichuan	3330	91170	456	85231	94300	7701	38696
贵 州	Guizhou	352	32623	49	32062	34465	1349	13797
云 南	Yunnan	401	25002	163	24421	26402	3363	8565
西 藏	Tibet	9	1074	18	945	1430	334	583
陕 西	Shaanxi	487	45452	92	39943	47075	1882	16098
甘 肃	Gansu	112	9409	14	9251	9964	314	3786
青 海	Qinghai	53	2332	13	2288	3332	585	953
宁 夏	Ningxia	517	10229	76	9846	12507	1639	3139
新 疆	Xinjiang	371	12232	34	11293	13307	663	5867
新疆兵团	Xinjiang Production and Construction Crops	54	1741	6	1434	1893	64	775

LABOUR DISPUTES ACCEPTED AND SETTLED BY REGION (2022)

(piece)

争议原因 Causes of the Disputes			案件处理情况 Cases Settled							案外调解案件数 Cases Mediated
社会保险 Social Insurance	#工伤保险 Work Injury Insurance	解除、终止劳动合同 Relieve or End the Labour Contract	结案数 Number of Cases Settled	处理方式 by Manners of Settlement: 仲裁调解 by Mediation	仲裁裁决 by Arbitrition Lawsuit	其他方式 Others	处理结果 by Result of Settlement: 用人单位胜诉 Lawsuit Won by Units	劳动者胜诉 Lawsuit Won by Laborers	双方部分胜诉及其他 Lawsuit Partly Won by Both Parties and Others	
187186	**154158**	**382297**	**1466857**	**847132**	**542709**	**77016**	**150606**	**370243**	**946008**	**381693**
2535	1476	31114	127466	71644	49210	6612	21906	18407	87153	19619
1179	1070	4963	29280	16874	12406		3231	4980	21069	1203
5291	2639	9099	32328	20158	10849	1321	3641	15123	13564	8475
2787	2542	3628	14052	9093	4549	410	1313	7110	5629	8547
3267	1675	3906	21436	12863	7800	773	1892	7731	11813	8095
3182	2166	5854	36617	20154	15622	841	4108	16799	15710	10464
770	553	1625	8267	4084	3616	567	717	3624	3926	3897
2849	2421	416	22116	12469	9090	557	2361	4879	14876	3288
2913	2661	24256	59778	31316	25928	2534	13310	4825	41643	11098
17974	17483	24629	106793	64425	29724	12644	7479	26319	72995	57169
21535	18702	16630	93262	63661	18083	11518	4924	16032	72306	1824
9918	8628	8688	43559	30745	12152	662	3437	17139	22983	6964
7574	7062	8186	42497	25583	15001	1913	3170	9972	29355	3970
4650	4329	6295	21116	15468	5074	574	1928	8723	10465	14907
9571	8838	31026	113535	73247	38318	1970	10402	27811	75322	26022
3751	2316	7531	35609	22492	11959	1158	2862	14174	18573	9964
5418	4056	16852	49752	30440	18827	485	3124	12311	34317	21782
9516	8147	12457	38863	23410	14201	1252	2652	19998	16213	9168
24597	23644	95933	254628	124563	117287	12778	24856	42665	187107	64311
2429	1757	9783	36568	17402	18682	484	3604	8801	24163	17937
322	241	1205	12073	3617	7193	1263	1354	3836	6883	5478
8318	7252	7393	38455	23919	10020	4516	2787	4849	30819	2644
9100	8326	20805	88764	50812	31448	6504	9300	27083	52381	19307
7345	6432	4829	32908	20277	12410	221	3799	7055	22054	13690
4424	2976	5290	24926	14331	9690	905	2579	8141	14206	12672
113	111	164	1049	692	314	43	53	609	387	176
10594	2589	12775	45310	24317	18905	2088	6048	14766	24496	10997
1230	918	2037	9410	5812	3455	143	1164	4775	3471	2393
362	348	893	2304	1399	811	94	258	849	1197	285
1920	1297	2471	10305	5189	3706	1410	980	4135	5190	2737
1405	1264	1513	12071	5857	5564	650	1243	5896	4932	2132
347	239	51	1760	819	815	126	124	826	810	478

8-3　劳动保障监察案件结案情况(2022年)

CASES SETTLED BY LABOUR AND SOCIAL SECURITY INSPECTION ORGANIZATION (2022)

单位：件　(piece)

项　目	Item	2022
结案数	**Cases Settled**	**115185**
案件分类	**Cases by Caused Reasons**	
内部劳动保障规章制度	Inner Institutions on Labour and Social Security	653
订立和解除劳动合同	Signing or Relieve Labour Contract	3894
女职工特殊劳动保护	Special Protection for Female Workers and employees	177
未成年工特殊劳动保护	Special Protection for minor Workers and employees	146
工作时间和休息休假	Working Hours and Vocation	3966
支付工资和最低工资标准	Wage Payment and Minimum Wage Standard	70228
参加社会保险和缴纳社会保险费	Social Insurances	13096
职业介绍	Job Referral	245
职业技能培训和职业技能考核	Vocational Training and Vocational Qualification	79
其　他	Others	26716
案件处理情况	**Settlement of Cases**	
责令限期改正	Orders to Make Corrections	38798
行政处理决定	Decisions of Administrative Settlement	5547
行政处罚决定	Decisions of Administrative Penalty	5009
警　告	Disciplinary Warning	361
罚　款	Fine	4495
其他行政处罚	Others	153

8-4　劳动保障监察工作情况(2022年)

LABOUR AND SOCIAL SECURITY INSPECTION (2022)

项　目	Item	2022
主动监察	Inspection on Initiative	
检查单位数(万户)	Employing Units Inspected (10 000 households)	70.2
涉及劳动者人数(万人)	Labourers Involved (10 000 persons)	3219.2
投诉结案数(万件)	Complaint Cases Settled (10 000 pieces)	9.4
举报结案数(万件)	Cases Settled through Inspection upon Reporting (10 000 pieces)	2.7
审查用人单位报送的书面材料涉及用人单位数(万户)	Employing Units inspected through Examining Documents reported (10 000 households)	84.8
补签劳动合同(万人)	Number of Labour Contracts Signed for Inspection (10 000 persons)	37.2
追发劳动者工资等待遇	Repay Wages and other Benefits	
涉及劳动者人数(万人)	Labourers Involved (10 000 persons)	84.5
涉及金额(亿元)	Amount of Money (100 million yuan)	95.4
督促缴纳社会保险费	Levy of Social Insurance Fees for Inspection	
单位数(万户)	Employing Units Involved (10 000 households)	1.2
金额(亿元)	Amount of Money (100 million yuan)	2.2
督促社会保险登记单位数(万户)	Registeration of Social Insurance for Inspection Employing Units Involved (10 000 households)	0.7
取缔非法职业中介机构(户)	Number of Illegal Occupational Intermediary Agencies(household)	1009
清退风险抵押金金额(万元)	Amount of Money in Pledge Repaid to Employees (10 000 Yuan)	191.7
审查用人单位规章数(万件)	Number of Regulations of Employing Units Inspected (10 000 pieces)	24.6
纠正用人单位违法规章数(万件)	Number of Regulations of Employing Units Corrected (10 000 pieces)	1.2
单独随机抽查(万户)	Random Inspection(10 000 households)	12.4

九、社会保障

SOCIAL SECURITY

9−1 历年全国社会保险基金收入
REVENUE OF SOCIAL INSURANCE FUNDS

年 份 Year	合 计 Total	基本养老保险 Basic Pension Insurance	失业保险 Unemployment Insurance	基本医疗保险 Basic Medical Insurance	工伤保险 Work Injury Insurance	生育保险 Maternity Insurance
绝对数(亿元) Revenue (100 million yuan)						
1990	186.8	178.8	7.2			
1991	225.0	215.7	9.3			
1992	377.4	365.8	11.7			
1993	526.1	503.5	17.9	1.4	2.4	0.8
1994	742.0	707.4	25.4	3.2	4.6	1.5
1995	1006.0	950.1	35.3	9.7	8.1	2.9
1996	1252.4	1171.8	45.2	19.0	10.9	5.5
1997	1458.2	1337.9	46.9	52.3	13.6	7.4
1998	1623.1	1459.0	68.4	60.6	21.2	9.8
1999	2211.8	1965.1	125.2	89.9	20.9	10.7
2000	2644.9	2278.5	160.4	170.0	24.8	11.2
2001	3101.9	2489.0	187.3	383.6	28.3	13.7
2002	4048.7	3171.5	215.6	607.8	32.0	21.8
2003	4882.9	3680.0	249.5	890.0	37.6	25.8
2004	5780.3	4258.4	290.8	1140.5	58.3	32.1
2005	6975.2	5093.3	340.3	1405.3	92.5	43.8
2006	8643.2	6309.8	402.4	1747.1	121.8	62.1
2007	10812.3	7834.2	471.7	2257.2	165.6	83.6
2008	13696.1	9740.2	585.1	3040.4	216.7	113.7
2009	16115.6	11490.8	580.4	3671.9	240.1	132.4
2010	19276.1	13872.9	649.8	4308.9	284.9	159.6
2011	25153.3	18004.8	923.1	5539.2	466.4	219.8
2012	30738.8	21830.2	1138.9	6938.7	526.7	304.2
2013	35252.9	24732.6	1288.9	8248.3	614.8	368.4
2014	39827.7	27619.9	1379.8	9687.2	694.8	446.1
2015	46012.1	32195.5	1367.8	11192.9	754.2	501.7
2016	53562.7	37990.8	1228.9	13084.3	736.9	521.9
2017	67154.2	46613.8	1112.6	17931.6	853.8	642.5
2018	79254.8	55005.3	1171.1	21384.4	913.0	781.0
2019	83550.4	57025.9	1284.2	24420.9	819.4	
2020	75512.5	49228.6	951.5	24846.1	486.3	
2021	96936.8	65793.3	1459.6	28732.0	951.9	
2022	102504.8	68933.2	1596.1	30922.2	1053.3	
比上年增长(%) Increase Rate						
1991	20.5	20.6	29.2			
1992	67.7	69.6	25.8			
1993	39.4	37.7	53.0			
1994	41.0	40.5	41.9	119.9	90.4	73.8
1995	35.6	34.3	38.9	206.3	77.5	99.4
1996	24.5	23.3	28.2	96.6	34.7	87.8
1997	16.4	14.2	3.7	175.1	24.6	34.9
1998	11.3	9.0	45.7	15.9	55.9	31.1
1999	36.3	34.7	83.1	48.3	-1.3	10.1
2000	19.6	15.9	28.1	89.2	18.7	3.8
2001	17.3	9.2	16.8	125.7	14.2	23.1
2002	30.5	27.4	15.1	58.4	13.2	58.9
2003	20.6	16.0	15.7	46.4	17.4	18.3
2004	18.4	15.7	16.6	28.1	55.1	24.4
2005	20.7	19.6	17.0	23.2	58.7	36.4
2006	23.9	23.9	18.2	24.3	31.7	41.8
2007	25.1	24.2	17.2	29.2	36.0	34.6
2008	26.7	24.3	24.0	34.7	30.9	36.0
2009	17.7	18.0	-0.8	20.8	10.8	16.4
2010	19.6	20.7	12.0	17.3	18.7	20.5
2011	30.5	29.8	42.1	28.6	63.7	37.8
2012	22.2	21.2	23.4	25.3	12.9	38.4
2013	14.7	13.3	13.2	18.9	16.7	21.1
2014	13.0	11.7	7.1	17.4	13.0	21.1
2015	15.5	16.6	-0.9	15.5	8.6	12.5
2016	16.4	18.0	-10.2	16.9	-2.3	4.0
2017	25.4	22.7	-9.5	37.0	15.9	23.1
2018	18.0	18.0	5.3	19.3	6.9	21.6
2019	5.4	3.7	9.7	14.2	-10.2	
2020	-9.6	-13.7	-25.9	1.7	-40.7	
2021	28.4	33.6	53.4	15.6	95.8	
2022	5.7	4.8	9.4	7.6	10.7	

注：2010年及以后基本养老保险基金中包括城镇职工基本养老保险和城乡居民基本养老保险。

Note: Data of the basic pension insurance for 2010 and following years include the basic pension insurances for urban workers and for urban and rural residents.

9-2 历年全国社会保险基金支出
EXPENSES OF SOCIAL INSURANCE FUNDS

年 份 Year	合 计 Total	基本养老保险 Basic Pension Insurance	失业保险 Unemployment Insurance	基本医疗保险 Basic Medical Insurance	工伤保险 Work Injury Insurance	生育保险 Maternity Insurance
绝对数(亿元) Expenses (100 million yuan)						
1990	151.9	149.3	2.5			
1991	176.1	173.1	3.0			
1992	327.1	321.9	5.1			
1993	482.2	470.6	9.3	1.3	0.4	0.5
1994	680.0	661.1	14.2	2.9	0.9	0.8
1995	877.1	847.6	18.9	7.3	1.8	1.6
1996	1082.4	1031.9	27.3	16.2	3.7	3.3
1997	1339.2	1251.3	36.3	40.5	6.1	4.9
1998	1636.9	1511.6	51.9	53.3	9.0	6.8
1999	2108.1	1924.9	91.6	69.1	15.4	7.1
2000	2385.6	2115.5	123.4	124.5	13.8	8.3
2001	2748.0	2321.3	156.6	244.1	16.5	9.6
2002	3471.5	2842.9	186.6	409.4	19.9	12.8
2003	4016.4	3122.1	199.8	653.9	27.1	13.5
2004	4627.4	3502.1	211.3	862.2	33.3	18.8
2005	5400.8	4040.3	206.9	1078.7	47.5	27.4
2006	6477.4	4896.7	198.0	1276.7	68.5	37.5
2007	7887.9	5964.9	217.7	1561.8	87.9	55.6
2008	9925.1	7389.6	253.5	2083.6	126.9	71.5
2009	12302.6	8894.4	366.8	2797.4	155.7	88.3
2010	15018.9	10755.3	423.3	3538.1	192.4	109.9
2011	18652.9	13363.2	432.8	4431.4	286.4	139.2
2012	23331.3	16711.5	450.6	5543.6	406.3	219.3
2013	27916.3	19818.7	531.6	6801.0	482.1	282.8
2014	33002.7	23325.8	614.7	8133.6	560.5	368.1
2015	38988.1	27929.4	736.4	9312.1	598.7	411.5
2016	46888.4	34004.3	976.1	10767.1	610.3	530.6
2017	57145.0	40423.8	893.8	14421.7	662.3	743.5
2018	67792.7	47550.4	915.3	17823.0	742.0	762.0
2019	75346.6	52342.3	1333.2	20854.2	816.9	
2020	78611.8	54656.5	2103.0	21032.1	820.3	
2021	86734.9	60196.5	1500.0	24048.2	990.2	
2022	90719.1	63079.0	2017.8	24597.2	1025.0	
比上年增长(%) Increase Rate						
1991	15.9	15.9	18.1			
1992	85.7	86.0	70.0			
1993	47.4	46.2	82.4			
1994	41.0	40.5	52.7	118.3	127.4	60.5
1995	29.0	28.2	32.9	150.2	92.4	95.3
1996	23.4	21.7	44.7	122.9	104.1	108.2
1997	23.7	21.3	33.1	149.5	64.5	49.4
1998	22.2	20.8	42.9	31.6	48.6	39.5
1999	28.8	27.3	76.6	29.6	70.5	4.1
2000	13.2	9.9	34.7	80.3	-10.5	17.1
2001	15.2	9.7	26.8	96.0	19.5	14.9
2002	26.3	22.5	19.2	67.7	20.6	33.3
2003	15.7	9.8	7.1	59.7	36.2	5.6
2004	15.2	12.2	5.8	31.9	22.9	39.3
2005	16.7	15.4	-2.1	25.1	42.6	45.7
2006	19.9	21.2	-4.3	18.4	44.2	36.9
2007	21.8	21.8	9.9	22.3	28.3	48.3
2008	25.8	23.9	16.4	33.4	44.4	28.6
2009	24.0	20.4	44.7	34.3	22.7	23.5
2010	22.1	20.9	15.4	26.5	23.6	24.4
2011	24.2	24.2	2.2	25.2	48.8	26.7
2012	25.1	25.1	4.1	25.1	41.9	57.6
2013	19.7	18.6	18.0	22.7	18.7	28.9
2014	18.2	17.7	15.6	19.6	16.3	30.2
2015	18.1	19.7	19.8	14.5	6.8	11.8
2016	20.3	21.8	32.6	15.6	1.9	29.0
2017	21.9	18.9	-8.4	33.9	8.5	40.1
2018	18.6	17.6	2.4	23.6	12.0	2.5
2019	11.1	10.1	45.7	17.0	10.1	
2020	4.3	4.4	57.7	0.9	0.4	
2021	10.3	10.1	-28.7	14.3	20.7	
2022	4.6	4.8	34.5	2.3	3.5	

9-3 历年全国社会保险基金累计结余
BALANCE OF SOCIAL INSURANCE FUNDS

年 份 Year	合 计 Total	基本养老保险 Basic Pension Insurance	失业保险 Unemployment Insurance	基本医疗保险 Basic Medical Insurance	工伤保险 Work Injury Insurance	生育保险 Maternity Insurance
绝对数(亿元) Balance at the Year-end (100 million yuan)						
1990	117.3	97.9	19.5			
1991	169.7	144.1	25.7			
1992	252.8	220.6	32.1			
1993	303.7	258.6	40.8	0.4	3.1	0.8
1994	365.7	304.8	52.0	0.7	6.8	1.4
1995	516.8	429.8	68.4	3.1	12.7	2.7
1996	696.1	578.6	86.4	6.4	19.7	5.0
1997	831.6	682.8	97.0	16.6	27.7	7.5
1998	791.1	587.8	133.4	20.0	39.5	10.3
1999	1009.8	733.5	159.9	57.6	44.9	13.9
2000	1327.5	947.1	195.9	109.8	57.9	16.8
2001	1622.8	1054.1	226.2	253.0	68.9	20.6
2002	2423.4	1608.0	253.8	450.7	81.1	29.7
2003	3313.8	2206.5	303.5	670.6	91.2	42.0
2004	4493.4	2975.0	385.8	957.9	118.6	55.9
2005	6073.7	4041.0	519.0	1278.1	163.5	72.1
2006	8255.9	5488.9	724.8	1752.4	192.9	96.9
2007	11236.6	7391.4	979.1	2476.9	262.6	126.6
2008	15225.6	9931.0	1310.1	3431.7	384.6	168.2
2009	19006.5	12526.1	1523.6	4275.9	468.8	212.1
2010	23407.5	15787.8	1749.8	5047.1	561.4	261.4
2011	30233.1	20727.8	2240.2	6180.0	742.6	342.5
2012	38106.6	26243.5	2929.0	7644.5	861.9	427.6
2013	45588.1	31274.8	3685.9	9116.5	996.2	514.7
2014	52462.3	35644.5	4451.5	10644.8	1128.8	592.7
2015	59532.5	39937.1	5083.0	12542.8	1285.3	684.4
2016	66349.7	43965.2	5333.3	14964.3	1410.9	675.9
2017	77311.6	50202.2	5552.4	19385.6	1606.9	564.5
2018	89775.5	58151.6	5817.0	23440.0	1784.9	582.0
2019	96977.8	62872.6	4625.4	27696.7	1783.2	
2020	94378.7	58075.2	3354.1	31500.0	1449.3	
2021	104872.1	63970.0	3312.5	36178.3	1411.2	
2022	116822.0	69851.3	2890.8	42639.9	1440.1	
比上年增长(%) Increase Rate						
1991	44.6	47.2	32.0			
1992	49.0	53.1	24.9			
1993	20.1	17.2	27.1			
1994	20.4	17.9	27.5	63.8	118.1	87.6
1995	41.3	41.0	31.6	335.4	87.3	91.7
1996	34.7	34.6	26.2	107.9	55.8	81.6
1997	19.5	18.0	12.3	157.8	40.1	51.2
1998	-4.9	-13.9	37.6	20.5	42.9	37.1
1999	27.6	24.8	19.8	187.8	13.6	34.9
2000	31.5	29.1	22.6	90.8	28.8	20.6
2001	22.2	11.3	15.5	130.4	19.1	22.7
2002	49.3	52.6	12.2	78.1	17.7	44.5
2003	36.7	37.2	19.6	48.8	12.5	41.3
2004	35.6	34.8	27.1	42.8	30.0	33.1
2005	35.2	35.8	34.5	33.4	37.9	29.0
2006	35.9	35.8	39.7	37.1	18.0	34.4
2007	36.1	34.7	35.1	41.3	36.1	30.7
2008	35.5	34.4	33.8	38.5	46.5	32.9
2009	24.8	26.1	16.3	24.6	21.9	26.1
2010	23.2	26.0	14.8	18.0	19.8	23.2
2011	29.2	31.3	28.0	22.4	32.3	31.0
2012	26.0	26.6	30.7	23.7	16.1	24.8
2013	19.6	19.2	25.8	19.3	15.6	20.4
2014	15.1	14.0	20.8	16.8	13.3	15.1
2015	13.5	12.0	14.2	17.8	13.9	15.5
2016	11.5	10.1	4.9	19.3	9.8	-1.2
2017	16.5	14.2	4.1	29.5	13.9	-16.5
2018	16.1	15.8	4.8	20.9	11.1	3.1
2019	8.0	8.1	-20.5	18.2	-0.1	
2020	-2.7	-7.6	-27.5	13.7	-18.7	
2021	11.1	10.2	-1.2	14.9	-2.6	
2022	11.4	9.2	-12.7	17.9	2.0	

注：工伤保险累计结余中含储备金。

Note: The grand total of work injury insurance at year-end include reserve fund.

9-4 历年全国基本养老保险参保人数情况
PERSONS COVERED BY THE BASIC PENSION INSURANCE AT THE YEAR-END

年 份 Year	合计 Total	城镇职工基本养老保险参保人数 Persons Covered by the Urban Employees Basic Pension Insurance	职工人数 Workers	离退休人员人数 Retirees	城乡居民基本养老保险参保人数 Persons Covered by the Basic Pension Insurance for Urban and Rural Residents
绝对数(万人) Absolute Figure (10 000 persons)					
1990	6166.0	6166.0	5200.7	965.3	
1991	6740.3	6740.3	5653.7	1086.6	
1992	9456.2	9456.2	7774.7	1681.5	
1993	9847.6	9847.6	8008.2	1839.4	
1994	10573.5	10573.5	8494.1	2079.4	
1995	10979.0	10979.0	8737.8	2241.2	
1996	11116.7	11116.7	8758.4	2358.3	
1997	11203.9	11203.9	8670.9	2533.0	
1998	11203.1	11203.1	8475.8	2727.3	
1999	12485.4	12485.4	9501.8	2983.6	
2000	13617.4	13617.4	10447.5	3169.9	
2001	14182.5	14182.5	10801.9	3380.6	
2002	14736.6	14736.6	11128.8	3607.8	
2003	15506.7	15506.7	11646.5	3860.2	
2004	16352.9	16352.9	12250.3	4102.6	
2005	17487.9	17487.9	13120.4	4367.5	
2006	18766.3	18766.3	14130.9	4635.4	
2007	20136.9	20136.9	15183.2	4953.7	
2008	21891.1	21891.1	16587.5	5303.6	
2009	23549.9	23549.9	17743.0	5806.9	
2010	35984.1	25707.3	19402.3	6305.0	10276.8
2011	61573.3	28391.3	21565.0	6826.2	33182.0
2012	78796.3	30426.8	22981.1	7445.7	48369.5
2013	81968.4	32218.4	24177.3	8041.0	49750.1
2014	84231.9	34124.4	25531.0	8593.4	50107.5
2015	85833.4	35361.2	26219.2	9141.9	50472.2
2016	88776.8	37929.7	27826.3	10103.4	50847.1
2017	91548.3	40293.3	29267.6	11025.7	51255.0
2018	94293.3	41901.6	30104.0	11797.7	52391.7
2019	96753.9	43487.9	31177.5	12310.4	53266.0
2020	99864.9	45621.1	32858.7	12762.3	54243.8
2021	102871.4	48074.0	34917.1	13157.0	54797.4
2022	105307.3	50355.0	36711.0	13644.0	54952.3
比上年增长(%) Increase Over Preceding Year %					
1991	9.3	9.3	8.7	12.6	
1992	40.3	40.3	37.5	54.8	
1993	4.1	4.1	3.0	9.4	
1994	7.4	7.4	6.1	13.0	
1995	3.8	3.8	2.9	7.8	
1996	1.3	1.3	0.2	5.2	
1997	0.8	0.8	-1.0	7.4	
1998	0.0	0.0	-2.3	7.7	
1999	11.4	11.4	12.1	9.4	
2000	9.1	9.1	10.0	6.2	
2001	4.2	4.2	3.4	6.6	
2002	3.9	3.9	3.0	6.7	
2003	5.2	5.2	4.7	7.0	
2004	5.5	5.5	5.2	6.3	
2005	6.9	6.9	7.1	6.5	
2006	7.3	7.3	7.7	6.1	
2007	7.3	7.3	7.4	6.9	
2008	8.7	8.7	9.2	7.1	
2009	7.6	7.6	7.0	9.5	
2010	52.8	9.2	9.4	8.6	
2011	71.1	10.4	11.1	8.3	222.9
2012	28.0	7.2	6.6	9.1	45.8
2013	4.0	5.9	5.2	8.0	2.9
2014	2.8	5.9	5.6	6.9	0.7
2015	1.9	3.6	2.7	6.4	0.7
2016	3.4	7.3	6.1	10.5	0.7
2017	3.1	6.2	5.2	9.1	0.8
2018	3.0	4.0	2.9	7.0	2.2
2019	2.6	3.8	3.6	4.3	1.7
2020	3.2	4.9	5.4	3.7	1.8
2021	3.0	5.4	6.3	3.1	1.0
2022	2.4	4.7	5.1	3.7	0.3

9-5 历年全国基本养老保险基金情况
URBAN BASIC PENSION INSURANCE

单位：亿元 (100 million yuan)

年 份 Year	基本养老保险 Basic Pension Insurance			城镇职工基本养老保险 Urban Employees Basic Pension Insurance			城乡居民基本养老保险 Basic Pension Insurance for Urban and Rural Residents		
	基金收入 Revenue	基金支出 Expenses	累计结余 Balance at the Year-end	基金收入 Revenue	基金支出 Expenses	累计结余 Balance at the Year-end	基金收入 Revenue	基金支出 Expenses	累计结余 Balance at the Year-end
1990	178.8	149.3	97.9	178.8	149.3	97.9			
1991	215.7	173.1	144.1	215.7	173.1	144.1			
1992	365.8	321.9	220.6	365.8	321.9	220.6			
1993	503.5	470.6	258.6	503.5	470.6	258.6			
1994	707.4	661.1	304.8	707.4	661.1	304.8			
1995	950.1	847.6	429.8	950.1	847.6	429.8			
1996	1171.8	1031.9	578.6	1171.8	1031.9	578.6			
1997	1337.9	1251.3	682.8	1337.9	1251.3	682.8			
1998	1459.0	1511.6	587.8	1459.0	1511.6	587.8			
1999	1965.1	1924.9	733.5	1965.1	1924.9	733.5			
2000	2278.5	2115.5	947.1	2278.5	2115.5	947.1			
2001	2489.0	2321.3	1054.1	2489.0	2321.3	1054.1			
2002	3171.5	2842.9	1608.0	3171.5	2842.9	1608.0			
2003	3680.0	3122.1	2206.5	3680.0	3122.1	2206.5			
2004	4258.4	3502.1	2975.0	4258.4	3502.1	2975.0			
2005	5093.3	4040.3	4041.0	5093.3	4040.3	4041.0			
2006	6309.8	4896.7	5488.9	6309.8	4896.7	5488.9			
2007	7834.2	5964.9	7391.4	7834.2	5964.9	7391.4			
2008	9740.2	7389.6	9931.0	9740.2	7389.6	9931.0			
2009	11490.8	8894.4	12526.1	11490.8	8894.4	12526.1			
2010	13872.9	10755.3	15787.8	13419.5	10554.9	15365.3	453.4	200.4	422.5
2011	18004.8	13363.2	20727.8	16894.7	12764.9	19496.6	1110.1	598.3	1231.2
2012	21830.2	16711.5	26243.5	20001.0	15561.8	23941.3	1829.2	1149.7	2302.2
2013	24732.6	19818.7	31274.8	22680.4	18470.4	28269.2	2052.3	1348.3	3005.7
2014	27619.9	23325.8	35644.5	25309.7	21754.7	31800.0	2310.2	1571.2	3844.6
2015	32195.5	27929.4	39937.1	29340.9	25812.7	35344.8	2854.6	2116.7	4592.3
2016	37990.8	34004.3	43965.2	35057.5	31853.8	38580.0	2933.3	2150.5	5385.2
2017	46613.8	40423.8	50202.2	43309.6	38051.5	43884.6	3304.2	2372.2	6317.6
2018	55005.3	47550.4	58151.6	51167.6	44644.9	50901.3	3837.7	2905.5	7250.3
2019	57025.9	52342.3	62872.6	52918.8	49228.0	54623.3	4107.0	3114.3	8249.2
2020	49228.6	54656.5	58075.2	44375.7	51301.4	48316.6	4852.9	3355.1	9758.6
2021	65793.3	60196.5	63970.0	60454.7	56481.5	52573.6	5338.6	3715.0	11396.4
2022	68933.2	63079.0	69851.3	63323.8	59034.7	56889.6	5609.3	4044.3	12961.7

9-6 历年全国机关事业单位城镇职工基本养老保险情况
URBAN BASIC PENSION INSURANCE (INSTITUTION AGENCIES AND ORGANIZATIONS)

年 份 Year	年末参保人数(万人) Persons Covered at the Year-end (10 000 persons)			基金收支情况(亿元) Revenue and Expenses(100 million yuan)		
	合 计 Total	职工 Workers	离退休人员 Retirees	基金收入 Revenue	基金支出 Expenses	累计结余 Balance at the Year-end
1999	762.5	642.6	119.9	93.2	61.8	89.3
2000	1131.0	977.6	153.4	189.8	145.4	186.1
2001	1278.2	1068.9	209.3	253.0	204.4	233.2
2002	1458.0	1199.4	258.6	387.8	340.1	364.5
2003	1625.3	1322.0	303.3	470.6	405.9	441.7
2004	1674.0	1346.4	327.6	529.9	470.9	475.7
2005	1772.1	1409.8	362.3	601.6	545.0	534.3
2006	1909.7	1512.9	396.8	677.2	609.4	619.8
2007	1902.3	1492.6	409.7	823.6	811.3	633.2
2008	1939.7	1504.1	435.6	940.1	882.0	690.0
2009	1983.0	1524.0	459.0	1070.3	1007.8	751.8
2010	2072.9	1579.6	493.3	1201.1	1145.0	818.1
2011	2108.0	1595.0	513.0	1409.9	1339.3	888.5
2012	2154.9	1620.2	534.7	1638.0	1553.3	973.3
2013	2168.9	1612.6	556.2	1831.7	1729.0	1076.9
2014	2178.5	1598.7	579.8	2004.2	1907.4	1173.7
2015	2237.9	1632.5	605.5	2727.7	2671.8	1229.6
2016	3666.2	2586.7	1079.5	6364.9	5988.7	1609.8
2017	4976.6	3411.3	1565.3	10379.7	9510.4	2499.3
2018	5418.6	3601.4	1817.2	13775.5	13144.3	3140.0
2019	5582.9	3668.8	1914.2	14816.9	14572.8	3402.2
2020	5713.2	3735.1	1978.1	14195.3	13689.1	3914.9
2021	5846.0	3815.6	2030.5	15967.4	15798.2	4098.3
2022	5952.7	3839.6	2113.1	15405.4	15467.5	3966.0

9-7 历年全国企业职工基本养老保险情况
URBAN BASIC PENSION INSURANCE(ENTERPRISES)

年 份 Year	年末参保人数(万人) Persons Covered at the Year-end (10 000 persons)			基金收支情况(亿元) Revenue and Expenses(100 million yuan)		
	合 计 Total	职工 Workers	离退休人员 Retirees	基金收入 Revenue	基金支出 Expenses	累计结余 Balance at the Year-end
1989	5710.3	4816.9	893.4	146.7	118.8	68.0
1990	6166.0	5200.7	965.3	178.8	149.3	97.9
1991	6740.3	5653.7	1086.6	215.7	173.1	144.1
1992	9456.2	7774.7	1681.5	365.8	321.9	220.6
1993	9847.6	8008.2	1839.4	503.5	470.6	258.6
1994	10573.5	8494.1	2079.4	707.4	661.1	304.8
1995	10979.0	8737.8	2241.2	950.1	847.6	429.8
1996	11116.7	8758.4	2358.3	1171.8	1031.9	578.6
1997	11203.9	8670.9	2533.0	1337.9	1251.3	682.8
1998	11203.1	8475.8	2727.3	1459.0	1511.6	587.8
1999	11722.9	8859.2	2863.7	1871.9	1863.1	644.2
2000	12486.4	9469.9	3016.5	2088.3	1970.0	761.0
2001	12904.3	9733.0	3171.3	2235.1	2116.5	818.6
2002	13278.6	9929.4	3349.2	2783.6	2502.8	1243.5
2003	13881.4	10324.5	3556.9	3209.4	2716.2	1764.8
2004	14678.9	10903.9	3775.0	3728.5	3031.2	2499.3
2005	15715.8	11710.6	4005.2	4491.7	3495.3	3506.7
2006	16856.6	12618.0	4238.6	5632.5	4287.3	4869.1
2007	18234.6	13690.6	4544.0	7010.6	5153.6	6758.2
2008	19951.4	15083.4	4868.0	8800.1	6507.6	9241.0
2009	21567.0	16219.0	5348.0	10420.6	7886.6	11774.3
2010	23634.4	17822.7	5811.6	12218.4	9409.9	14547.2
2011	26284.0	19970.0	6314.0	15484.8	11425.7	18608.1
2012	28271.9	21360.9	6910.9	18363.0	14008.5	22968.0
2013	30049.5	22564.7	7484.8	20848.7	16741.5	27192.3
2014	31945.9	23932.3	8013.6	23305.4	19847.2	30626.3
2015	33123.2	24586.8	8536.5	26613.2	23140.9	34115.2
2016	34263.5	25239.6	9023.9	28692.6	25865.1	36970.3
2017	35316.7	25856.3	9460.4	32929.8	28541.1	41385.2
2018	36483.0	26502.6	9980.5	37392.1	31500.6	47761.2
2019	37905.0	27508.7	10396.3	38101.9	34655.3	51221.2
2020	39907.9	29123.6	10784.2	30180.4	37612.3	44401.7
2021	42228.0	31101.5	11126.5	44487.3	40683.3	48475.2
2022	44402.3	32871.5	11530.9	47918.4	43567.2	52923.6

9-8 历年各地区基本养老保险参保人数
CONTRIBUTORS OF BASIC PENSION INSURANCE BY REGION

单位：万人 (10 000 persons)

地区	Region	2001 城镇职工基本养老保险 Staff	2001 #离退休人员 Retirees	2002 城镇职工基本养老保险 Staff	2002 #离退休人员 Retirees	2003 城镇职工基本养老保险 Staff	2003 #离退休人员 Retirees	2004 城镇职工基本养老保险 Staff	2004 #离退休人员 Retirees
全国	**National**	**14182.5**	**3380.6**	**14736.6**	**3607.8**	**15506.7**	**3860.2**	**16352.9**	**4102.6**
北京	Beijing	425.9	124.3	436.2	133.2	448.5	141.5	459.7	148.6
天津	Tianjin	281.4	85.2	296.0	91.4	283.3	97.6	298.1	102.9
河北	Hebei	641.4	145.3	643.5	154.0	665.5	163.6	683.4	172.0
山西	Shanxi	365.6	81.8	361.8	85.4	364.4	88.1	376.7	93.3
内蒙古	Inner Mongolia	290.6	65.3	292.9	70.8	300.9	72.6	318.8	82.0
辽宁	Liaoning	1022.7	288.9	1039.2	302.2	1070.4	315.5	1101.0	333.8
吉林	Jilin	389.1	99.6	397.7	104.9	427.0	115.5	439.0	123.1
黑龙江	Heilongjiang	692.5	178.5	689.8	187.4	714.3	196.0	738.1	207.3
上海	Shanghai	683.5	239.9	699.8	246.9	715.6	254.6	770.9	265.3
江苏	Jiangsu	888.1	212.7	1063.5	252.9	1135.2	271.4	1214.1	288.8
浙江	Zhejiang	610.4	125.1	701.1	132.6	801.2	144.2	888.0	152.4
安徽	Anhui	432.7	98.5	432.3	102.8	456.6	113.6	463.9	118.8
福建	Fujian	242.0	58.4	285.1	61.6	364.2	79.4	377.5	83.7
江西	Jiangxi	328.8	78.2	339.8	82.6	355.9	93.4	371.8	99.9
山东	Shandong	1022.6	191.3	1043.0	205.3	1135.9	219.3	1218.7	232.2
河南	Henan	736.6	141.9	757.8	161.5	751.1	171.0	781.1	181.1
湖北	Hubei	612.1	137.7	628.8	147.2	732.4	177.9	780.5	195.4
湖南	Hunan	603.4	148.0	616.5	157.7	636.2	167.5	691.7	185.4
广东	Guangdong	1370.3	187.0	1405.4	193.5	1482.2	203.8	1588.8	220.4
广西	Guangxi	248.9	58.7	257.2	63.5	264.8	66.3	279.3	70.2
海南	Hainan	108.2	30.5	111.2	31.9	116.7	33.6	120.0	35.2
重庆	Chongqing	270.3	82.3	280.3	87.8	280.0	92.4	283.9	96.8
四川	Sichuan	578.9	169.4	589.2	178.1	605.5	187.5	668.0	202.7
贵州	Guizhou	159.0	42.4	168.9	44.9	168.0	48.0	174.9	50.0
云南	Yunnan	243.1	69.6	252.1	74.1	257.3	77.8	255.3	79.4
西藏	Tibet	7.1	2.6	7.0	2.6	7.3	2.8	7.6	3.0
陕西	Shaanxi	345.4	83.4	352.0	90.8	362.4	97.4	369.3	102.5
甘肃	Gansu	188.4	45.3	188.0	48.1	192.0	51.2	194.5	53.5
青海	Qinghai	51.9	14.9	54.2	15.0	56.4	15.9	58.5	16.5
宁夏	Ningxia	57.9	13.2	59.0	13.7	60.7	14.3	62.5	15.2
新疆	Xinjiang	258.4	77.6	262.1	79.6	269.3	83.0	294.8	87.3
中国人民银行	The People's Bank of China	19.8	3.1	19.8	3.3	19.8	3.4	17.1	3.5
中国农业发展银行	Agricutural Development Bank of China	5.4	0.2	5.5	0.3	5.6	0.4	5.8	0.4

9-8 续表 1 continued

单位：万人 (10 000 persons)

地 区	Region	2005		2006		2007		2008	
		城镇职工基本养老保险 Staff	#离退休人员 Retirees	城镇职工基本养老保险 Staff	#离退休人员 Retirees	城镇职工基本养老保险 Staff	#离退休人员 Retirees	城镇职工基本养老保险 Staff	#离退休人员 Retirees
全 国	**National**	**17487.9**	**4367.5**	**18766.3**	**4635.4**	**20136.9**	**4953.7**	**21891.1**	**5303.6**
北 京	Beijing	520.0	155.2	603.6	160.9	671.0	171.2	757.2	180.1
天 津	Tianjin	308.3	107.7	328.2	112.7	344.8	119.2	376.5	129.3
河 北	Hebei	707.9	184.2	747.5	196.0	795.6	210.2	862.5	222.7
山 西	Shanxi	383.4	98.2	486.9	112.7	506.7	120.2	539.4	128.0
内 蒙 古	Inner Mongolia	338.9	86.1	356.6	91.1	370.9	96.6	389.5	102.9
辽 宁	Liaoning	1193.6	360.8	1248.8	383.0	1299.7	408.1	1406.2	429.9
吉 林	Jilin	455.9	131.0	480.2	138.9	501.7	147.8	525.3	155.4
黑 龙 江	Heilongjiang	768.9	223.2	801.0	236.5	826.8	253.0	857.8	276.0
上 海	Shanghai	830.0	290.7	891.7	314.4	932.4	340.5	967.7	357.8
江 苏	Jiangsu	1345.6	307.9	1469.8	328.1	1602.3	353.3	1751.6	378.6
浙 江	Zhejiang	962.3	160.9	1052.6	170.9	1167.1	182.3	1386.9	194.8
安 徽	Anhui	471.7	124.8	495.2	133.8	530.3	144.8	578.4	158.1
福 建	Fujian	409.6	88.9	456.1	93.6	512.8	98.1	557.2	102.6
江 西	Jiangxi	387.4	105.5	415.0	111.6	475.0	118.5	550.3	128.5
山 东	Shandong	1302.4	248.6	1368.0	261.7	1457.1	282.2	1565.9	305.0
河 南	Henan	814.0	194.2	863.8	208.2	912.9	224.7	972.0	239.1
湖 北	Hubei	804.0	206.4	850.8	220.5	886.8	235.3	932.3	252.0
湖 南	Hunan	718.6	195.2	751.6	209.9	784.0	227.3	829.1	235.3
广 东	Guangdong	1796.1	231.2	1972.3	243.5	2226.8	257.2	2444.3	273.0
广 西	Guangxi	288.6	73.3	302.7	77.1	325.5	82.2	368.1	95.0
海 南	Hainan	120.9	36.5	132.0	38.0	141.7	39.7	156.2	42.0
重 庆	Chongqing	290.2	100.5	317.3	107.9	344.8	112.7	406.1	130.7
四 川	Sichuan	793.4	230.7	842.7	244.9	917.4	269.4	1017.9	306.7
贵 州	Guizhou	183.7	51.7	193.2	54.1	205.9	56.5	215.9	59.3
云 南	Yunnan	258.7	81.9	267.4	83.8	279.4	87.6	293.7	89.3
西 藏	Tibet	7.7	3.1	7.6	3.1	8.1	3.0	8.5	3.1
陕 西	Shaanxi	376.1	107.8	391.5	111.4	408.1	117.4	433.4	124.4
甘 肃	Gansu	197.3	55.1	201.2	57.7	208.4	60.6	221.0	64.0
青 海	Qinghai	60.0	16.9	62.5	17.4	65.2	18.0	68.3	18.6
宁 夏	Ningxia	67.5	16.1	72.3	16.7	77.0	17.7	82.6	18.8
新 疆	Xinjiang	302.1	89.0	313.3	90.9	327.7	93.7	346.3	97.6
中国人民银行	The People's Bank of China	17.1	3.7	17.2	3.9	17.3	4.1	17.5	4.2
中国农业发展银行	Agricutural Development Bank of China	5.7	0.5	5.6	0.5	5.6	0.6	5.6	0.7

9-8 续表 2 continued

单位：万人 (10 000 persons)

地 区	Region	2009 城镇职工基本养老保险 Staff	2009 #离退休人员 Retirees	2010 合 计 Total	2010 #城镇职工基本养老保险 Staff	2010 #离退休人员 Retirees	2010 #城乡居民基本养老保险 Urban and Rural Staff
全 国	**National**	**23549.9**	**5806.9**	**35984.1**	**25707.3**	**6305.0**	**10276.8**
北 京	Beijing	826.7	188.2	1149.8	981.3	195.5	168.5
天 津	Tianjin	401.5	136.5	510.8	431.5	143.6	79.4
河 北	Hebei	919.5	238.0	1828.7	988.4	259.5	840.3
山 西	Shanxi	563.8	136.6	840.8	591.0	147.3	249.8
内蒙古	Inner Mongolia	410.8	112.8	599.4	430.7	119.2	168.8
辽 宁	Liaoning	1457.4	449.4	1643.7	1496.9	472.7	146.8
吉 林	Jilin	554.3	171.1	686.2	599.5	206.6	86.7
黑龙江	Heilongjiang	920.3	333.7	1083.5	952.2	363.0	131.2
上 海	Shanghai	1001.1	376.0	1078.4	1049.5	392.2	28.9
江 苏	Jiangsu	1883.1	415.4	2366.5	2033.0	449.1	333.5
浙 江	Zhejiang	1527.4	209.6	1993.0	1702.2	223.6	290.8
安 徽	Anhui	628.2	169.5	1018.9	669.5	177.5	349.3
福 建	Fujian	585.9	108.1	909.4	635.5	113.5	273.9
江 西	Jiangxi	581.9	135.9	879.9	607.6	145.5	272.3
山 东	Shandong	1661.0	326.0	2692.2	1773.0	345.1	919.2
河 南	Henan	1019.1	254.5	2291.1	1079.3	270.3	1211.8
湖 北	Hubei	982.0	273.6	1419.8	1039.8	301.6	380.0
湖 南	Hunan	879.1	246.1	1520.7	938.9	265.4	581.8
广 东	Guangdong	2716.4	294.2	3372.8	3215.2	339.6	157.6
广 西	Guangxi	411.3	118.0	669.7	449.3	138.1	220.4
海 南	Hainan	168.1	43.2	243.2	180.8	45.4	62.4
重 庆	Chongqing	492.8	176.5	1391.7	584.4	192.5	807.4
四 川	Sichuan	1176.2	393.5	1970.5	1300.9	439.0	669.6
贵 州	Guizhou	235.6	63.5	481.2	257.3	67.0	223.9
云 南	Yunnan	306.5	90.2	786.9	317.4	92.3	469.4
西 藏	Tibet	9.2	3.1	90.4	9.9	3.2	80.5
陕 西	Shaanxi	458.8	131.0	990.0	550.4	150.3	439.7
甘 肃	Gansu	230.9	67.5	428.0	242.5	71.3	185.5
青 海	Qinghai	71.3	19.3	139.5	74.4	20.0	65.1
宁 夏	Ningxia	89.4	20.0	132.5	107.8	30.5	24.7
新 疆	Xinjiang	356.9	100.6	751.7	393.8	119.2	357.9
中国人民银行	The People's Bank of China	17.5	4.4	17.7	17.7	4.6	
中国农业发展银行	Agricutural Development Bank of China	5.6	0.7	5.7	5.7	0.8	

9-8 续表 3 continued

单位：万人 (10 000 persons)

地区	Region	2011 合计 Total	2011 #城镇职工基本养老保险 Staff	2011 #离退休人员 Retirees	2011 #城乡居民基本养老保险 Urban and Rural Staff	2012 合计 Total	2012 #城镇职工基本养老保险 Staff	2012 #离退休人员 Retirees	2012 #城乡居民基本养老保险 Urban and Rural Staff
全国	National	61573.3	28391.3	6826.2	33182.0	78796.3	30426.8	7445.7	48369.5
北京	Beijing	1262.8	1089.4	201.2	173.4	1383.2	1206.4	210.7	176.8
天津	Tianjin	543.7	458.7	148.8	85.0	579.6	490.3	156.9	89.3
河北	Hebei	3417.5	1059.8	285.3	2357.7	4460.2	1125.6	312.3	3334.6
山西	Shanxi	1611.7	623.8	158.9	987.9	2130.8	648.7	168.9	1482.1
内蒙古	Inner Mongolia	756.0	452.4	136.6	303.6	1228.1	471.9	153.0	756.1
辽宁	Liaoning	2329.1	1556.6	486.5	772.5	2655.4	1609.2	510.4	1046.1
吉林	Jilin	1027.6	617.5	221.1	410.1	1193.5	632.2	234.6	561.3
黑龙江	Heilongjiang	1261.2	981.0	380.0	280.2	1770.9	1013.0	401.6	758.0
上海	Shanghai	1463.7	1382.7	406.5	81.0	1497.7	1416.9	423.8	80.8
江苏	Jiangsu	4284.6	2223.9	483.1	2060.6	4774.7	2427.5	547.0	2347.2
浙江	Zhejiang	2732.3	1919.2	253.4	813.1	3515.6	2183.3	347.8	1332.3
安徽	Anhui	2907.2	729.3	191.5	2178.0	4134.3	783.8	205.4	3350.6
福建	Fujian	1484.6	695.1	118.2	789.5	2202.5	756.5	125.5	1446.1
江西	Jiangxi	2025.9	653.0	168.7	1372.8	2444.9	707.4	189.1	1737.5
山东	Shandong	5514.7	1907.1	373.1	3607.6	6464.4	2063.2	416.3	4401.2
河南	Henan	4474.3	1168.4	287.9	3305.9	5990.3	1270.6	306.0	4719.7
湖北	Hubei	2851.1	1113.4	341.7	1737.7	3437.6	1171.4	367.3	2266.2
湖南	Hunan	3174.7	988.2	277.9	2186.5	4168.3	1048.0	300.4	3120.3
广东	Guangdong	4608.1	3800.7	372.6	807.4	6289.3	4034.1	390.2	2255.2
广西	Guangxi	1279.9	483.8	151.5	796.1	2085.0	512.7	163.6	1572.3
海南	Hainan	409.0	199.9	47.8	209.1	483.7	214.2	52.5	269.5
重庆	Chongqing	1772.7	647.6	220.1	1125.1	1847.8	716.9	247.0	1130.9
四川	Sichuan	3055.0	1494.2	495.4	1560.7	4443.8	1615.4	541.7	2828.4
贵州	Guizhou	1131.8	282.1	71.3	849.7	1570.1	309.4	77.7	1260.7
云南	Yunnan	1619.3	342.8	104.2	1276.5	2467.6	364.5	110.7	2103.2
西藏	Tibet	131.3	11.2	3.2	120.1	147.4	13.3	3.5	134.0
陕西	Shaanxi	1866.1	588.6	155.5	1277.5	2349.0	643.5	177.1	1705.5
甘肃	Gansu	1044.6	263.0	85.1	781.6	1454.0	277.4	93.7	1176.6
青海	Qinghai	261.9	81.5	25.2	180.4	292.1	86.0	26.2	206.1
宁夏	Ningxia	296.5	121.4	36.4	175.1	311.5	131.2	39.9	180.3
新疆	Xinjiang	951.1	431.5	131.9	519.6	999.4	458.8	139.0	540.6
中国人民银行	The People's Bank of China	17.8	17.8	4.8		17.9	17.9	5.0	
中国农业发展银行	Agricutural Development Bank of China	5.8	5.8	1.0		5.9	5.9	1.0	

9-8 续表 4 continued

单位：万人 (10 000 persons)

地区	Region	2013 合计 Total	2013 #城镇职工基本养老保险 Staff	2013 #离退休人员 Retirees	2013 #城乡居民基本养老保险 Urban and Rural Staff	2014 合计 Total	2014 #城镇职工基本养老保险 Staff	2014 #离退休人员 Retirees	2014 #城乡居民基本养老保险 Urban and Rural Staff
全　国	**National**	**81968.4**	**32218.4**	**8041.0**	**49750.1**	**84231.9**	**34124.4**	**8593.4**	**50107.5**
北　京	Beijing	1491.4	1311.3	220.0	180.1	1578.9	1392.6	228.9	186.3
天　津	Tianjin	616.2	520.7	168.4	95.5	651.5	545.4	175.3	106.1
河　北	Hebei	4548.8	1194.7	335.1	3354.2	4666.3	1262.0	353.6	3404.4
山　西	Shanxi	2206.2	672.4	180.5	1533.7	2229.4	692.0	190.9	1537.4
内蒙古	Inner Mongolia	1276.8	496.5	172.7	780.3	1286.9	524.9	192.7	761.9
辽　宁	Liaoning	2776.3	1729.5	557.8	1046.9	2801.2	1769.2	601.9	1032.0
吉　林	Jilin	1298.3	655.2	248.4	643.1	1331.5	676.7	261.1	654.8
黑龙江	Heilongjiang	1877.9	1062.1	422.2	815.8	1911.9	1090.1	443.4	821.8
上　海	Shanghai	1509.9	1429.9	437.5	80.0	1535.7	1457.4	452.4	78.3
江　苏	Jiangsu	4966.1	2582.1	594.3	2384.0	5039.8	2691.9	637.6	2347.9
浙　江	Zhejiang	3731.2	2375.4	398.9	1355.8	3890.1	2548.0	468.8	1342.1
安　徽	Anhui	4120.0	811.3	219.1	3308.7	4166.4	829.2	232.3	3337.2
福　建	Fujian	2280.0	812.8	133.2	1467.2	2321.3	848.3	140.2	1473.0
江　西	Jiangxi	2526.6	754.2	207.0	1772.5	2582.0	783.9	221.1	1798.1
山　东	Shandong	6772.4	2259.6	459.2	4512.8	6910.1	2370.2	511.5	4539.9
河　南	Henan	6147.0	1350.0	325.6	4797.0	6275.4	1431.6	342.3	4843.8
湖　北	Hubei	3455.6	1219.4	395.9	2236.3	3496.8	1266.2	419.2	2230.5
湖　南	Hunan	4407.8	1091.7	329.5	3316.0	4417.2	1118.9	349.0	3298.3
广　东	Guangdong	6529.9	4183.0	421.3	2346.8	7217.1	4809.5	445.9	2407.7
广　西	Guangxi	2202.4	538.4	172.6	1664.0	2271.5	557.6	180.3	1713.9
海　南	Hainan	503.6	231.5	57.1	272.1	517.1	242.3	59.9	274.8
重　庆	Chongqing	1896.0	773.1	275.4	1122.9	1938.0	825.5	293.3	1112.5
四　川	Sichuan	4721.8	1720.3	596.2	3001.6	4853.6	1839.7	648.1	3013.9
贵　州	Guizhou	1824.5	337.3	82.6	1487.2	1948.1	361.5	87.1	1586.6
云　南	Yunnan	2537.0	384.3	115.7	2152.7	2558.4	397.9	118.7	2160.5
西　藏	Tibet	154.5	14.0	3.5	140.4	156.1	15.2	3.7	140.9
陕　西	Shaanxi	2389.9	685.0	191.9	1704.9	2427.3	716.5	200.3	1710.8
甘　肃	Gansu	1526.9	288.4	99.9	1238.5	1539.0	298.8	105.0	1240.1
青　海	Qinghai	306.4	90.3	27.6	216.1	319.2	94.6	28.8	224.6
宁　夏	Ningxia	323.3	143.8	41.9	179.5	333.6	151.4	44.2	182.1
新　疆	Xinjiang	1019.9	476.3	143.8	543.6	1036.0	490.8	149.1	545.2
中国人民银行	The People's Bank of China	18.0	18.0	5.2		18.0	18.0	5.5	
中国农业发展银行	Agricutural Development Bank of China	6.0	6.0	1.1		6.5	6.5	1.3	

9-8 续表 5 continued

单位：万人 (10 000 persons)

地　区	Region	2015 合 计 Total	2015 #城镇职工基本养老保险 Staff	2015 #离退休人员 Retirees	2015 #城乡居民基本养老保险 Urban and Rural Staff	2016 合 计 Total	2016 #城镇职工基本养老保险 Staff	2016 #离退休人员 Retirees	2016 #城乡居民基本养老保险 Urban and Rural Staff
全　国	**National**	**85833.4**	**35361.2**	**9141.9**	**50472.2**	**88776.8**	**37929.7**	**10103.4**	**50847.1**
北　京	Beijing	1611.9	1424.2	236.7	187.6	1762.4	1546.6	275.4	215.7
天　津	Tianjin	686.3	565.2	180.9	121.1	773.5	639.0	208.6	134.5
河　北	Hebei	4760.8	1320.5	368.5	3440.3	4849.1	1403.1	391.3	3446.0
山　西	Shanxi	2254.5	714.3	201.4	1540.3	2309.8	760.2	216.6	1549.6
内蒙古	Inner Mongolia	1313.0	579.0	208.1	734.1	1391.2	655.0	236.5	736.1
辽　宁	Liaoning	2814.8	1780.2	640.5	1034.7	2839.9	1800.3	679.7	1039.6
吉　林	Jilin	1356.3	693.6	273.7	662.7	1374.0	706.8	286.7	667.2
黑龙江	Heilongjiang	1945.8	1118.0	471.1	827.8	1981.7	1144.1	488.5	837.6
上　海	Shanghai	1573.3	1493.8	465.4	79.5	1606.7	1527.1	476.3	79.5
江　苏	Jiangsu	5118.9	2779.9	681.1	2339.0	5196.9	2861.5	724.2	2335.3
浙　江	Zhejiang	3790.2	2504.3	570.3	1285.9	3740.1	2506.9	663.9	1233.1
安　徽	Anhui	4254.1	857.5	246.7	3396.6	4324.1	892.2	257.9	3431.9
福　建	Fujian	2364.1	883.7	147.1	1480.4	2468.9	979.8	174.0	1489.1
江　西	Jiangxi	2653.0	823.1	235.2	1829.9	2801.4	957.3	284.6	1844.1
山　东	Shandong	7011.8	2477.5	554.4	4534.3	7115.0	2576.4	607.4	4538.6
河　南	Henan	6363.9	1508.7	359.8	4855.2	6742.2	1848.4	450.3	4893.7
湖　北	Hubei	3530.5	1315.5	440.6	2215.0	3574.8	1355.0	458.0	2219.7
湖　南	Hunan	4440.2	1160.1	369.0	3280.1	4507.1	1186.7	362.9	3320.5
广　东	Guangdong	7586.2	5086.5	473.3	2499.7	7935.7	5392.4	524.6	2543.2
广　西	Guangxi	2318.1	576.6	186.9	1741.5	2522.8	751.9	240.7	1770.9
海　南	Hainan	530.9	249.8	62.0	281.1	508.9	224.9	66.5	284.0
重　庆	Chongqing	1960.4	849.3	304.9	1111.1	2068.1	952.2	346.3	1115.8
四　川	Sichuan	4959.4	1939.0	688.9	3020.4	5210.0	2157.6	777.8	3052.4
贵　州	Guizhou	2041.1	392.1	94.8	1649.0	2125.8	423.6	99.6	1702.2
云　南	Yunnan	2666.2	412.9	121.8	2253.3	2839.3	581.8	168.0	2257.5
西　藏	Tibet	173.9	16.2	3.8	157.7	179.5	21.1	6.0	158.5
陕　西	Shaanxi	2466.2	751.7	207.5	1714.5	2511.3	790.8	213.6	1720.5
甘　肃	Gansu	1542.9	306.2	109.2	1236.7	1568.7	315.0	114.1	1253.7
青　海	Qinghai	333.5	100.1	30.1	233.5	367.5	132.3	41.4	235.2
宁　夏	Ningxia	340.6	157.5	46.4	183.1	375.5	189.3	57.8	186.2
新　疆	Xinjiang	1045.6	499.4	154.8	546.1	1179.9	625.0	196.5	554.9
中国人民银行	The People's Bank of China	18.1	18.1	5.8		18.2	18.2	6.1	
中国农业发展银行	Agricutural Development Bank of China	6.7	6.7	1.4		6.9	6.9	1.6	

9-8 续表 6 continued

单位：万人 (10 000 persons)

地 区	Region	2017 合 计 Total	2017 #城镇职工基本养老保险 Staff	2017 #离退休人员 Retirees	2017 #城乡居民基本养老保险 Urban and Rural Staff	2018 合 计 Total	2018 #城镇职工基本养老保险 Staff	2018 #离退休人员 Retirees	2018 #城乡居民基本养老保险 Urban and Rural Staff
全 国	**National**	**91548.3**	**40293.3**	**11025.7**	**51255.0**	**94293.3**	**41901.6**	**11797.7**	**52391.7**
中央机关	Central Government					55.6	55.6	24.4	
北 京	Beijing	1817.6	1604.5	283.1	213.1	1894.8	1685.8	293.5	209.0
天 津	Tianjin	811.5	655.0	213.8	156.5	844.3	683.2	221.0	161.2
河 北	Hebei	5009.9	1535.8	433.8	3474.1	5097.7	1586.1	455.4	3511.6
山 西	Shanxi	2352.9	798.7	243.0	1554.2	2416.9	837.6	262.2	1579.3
内蒙古	Inner Mongolia	1437.7	694.3	257.1	743.4	1483.4	733.5	284.6	749.9
辽 宁	Liaoning	2986.0	1949.8	754.4	1036.2	3035.6	1994.8	789.6	1040.8
吉 林	Jilin	1482.9	814.5	332.2	668.4	1546.7	862.4	356.6	684.3
黑龙江	Heilongjiang	2045.4	1206.1	523.9	839.3	2205.3	1308.5	576.7	896.8
上 海	Shanghai	1627.1	1548.2	489.2	78.8	1652.1	1573.4	502.0	78.7
江 苏	Jiangsu	5372.7	3034.5	796.1	2338.2	5551.0	3225.6	871.2	2325.4
浙 江	Zhejiang	3913.1	2712.4	747.5	1200.7	4081.2	2883.4	806.8	1197.8
安 徽	Anhui	4506.4	1077.0	322.9	3429.5	4629.5	1141.7	342.9	3487.8
福 建	Fujian	2515.8	1022.1	182.0	1493.7	2599.9	1074.3	190.6	1525.6
江 西	Jiangxi	2875.3	1005.2	307.7	1870.0	2936.9	1052.8	333.1	1884.1
山 东	Shandong	7191.6	2660.9	638.8	4530.6	7314.6	2762.7	677.1	4551.9
河 南	Henan	6907.8	1897.6	460.0	5010.2	7089.0	2006.5	486.4	5082.5
湖 北	Hubei	3761.3	1546.6	526.1	2214.6	3884.4	1601.6	554.1	2282.8
湖 南	Hunan	4601.3	1279.3	422.7	3322.0	4807.4	1402.4	454.5	3405.0
广 东	Guangdong	7873.8	5287.1	569.0	2586.8	7580.7	4919.7	636.6	2661.1
广 西	Guangxi	2583.7	777.8	251.9	1805.9	2715.5	825.9	260.3	1889.6
海 南	Hainan	526.8	240.9	68.9	285.9	556.2	258.0	70.5	298.2
重 庆	Chongqing	2098.2	989.2	360.8	1109.0	2170.8	1051.2	388.7	1119.6
四 川	Sichuan	5409.9	2335.1	816.0	3074.9	5766.1	2543.7	881.6	3222.4
贵 州	Guizhou	2336.7	588.2	141.3	1748.5	2442.5	639.8	149.7	1802.7
云 南	Yunnan	2850.4	591.5	171.3	2258.9	2977.2	616.2	176.0	2361.0
西 藏	Tibet	226.0	42.9	9.2	183.1	212.1	46.2	9.6	165.9
陕 西	Shaanxi	2687.1	953.3	246.4	1733.8	2733.7	992.0	258.2	1741.7
甘 肃	Gansu	1692.2	429.8	141.6	1262.4	1771.7	454.7	155.4	1317.0
青 海	Qinghai	377.4	138.3	42.8	239.1	390.7	145.1	44.7	245.6
宁 夏	Ningxia	390.7	205.2	60.2	185.5	397.5	216.1	63.6	181.4
新 疆	Xinjiang	1253.8	646.4	204.3	607.4	1426.4	695.3	211.0	731.1
中国人民银行	The People's Bank of China	18.2	18.2	6.1		18.6	18.6	6.8	
中国农业发展银行	Agricutural Development Bank of China	6.9	6.9	1.6		7.4	7.4	2.1	

9-8 续表 7 continued

单位：万人 (10 000 persons)

地区	Region	2019 合计 Total	2019 #城镇职工基本养老保险 Staff	2019 #离退休人员 Retirees	2019 #城乡居民基本养老保险 Urban and Rural Staff	2020 合计 Total	2020 #城镇职工基本养老保险 Staff	2020 #离退休人员 Retirees	2020 #城乡居民基本养老保险 Urban and Rural Staff
全国	**National**	**96753.9**	**43487.9**	**12310.4**	**53266.0**	**99864.9**	**45621.1**	**12762.3**	**54243.8**
中央机关	Central Government	59.2	59.2	26.1		61.7	61.7	25.5	
北京	Beijing	1953.0	1748.2	302.6	204.7	1978.6	1777.8	311.4	200.8
天津	Tianjin	860.1	695.6	226.3	164.5	900.6	730.8	234.4	169.7
河北	Hebei	5178.6	1654.5	466.7	3524.1	5284.0	1737.9	480.1	3546.1
山西	Shanxi	2499.3	871.5	273.6	1627.8	2570.9	932.9	278.2	1638.0
内蒙古	Inner Mongolia	1531.6	763.4	298.8	768.2	1570.6	785.9	311.3	784.7
辽宁	Liaoning	3083.9	2026.2	816.0	1057.7	3107.3	2049.0	839.7	1058.4
吉林	Jilin	1584.2	882.1	375.9	702.1	1622.0	898.2	385.8	723.8
黑龙江	Heilongjiang	2281.6	1364.9	599.8	916.7	2320.1	1411.4	621.0	908.7
上海	Shanghai	1666.7	1589.6	511.9	77.1	1692.9	1616.7	521.8	76.2
江苏	Jiangsu	5754.3	3417.4	918.1	2336.9	5958.3	3557.9	964.5	2400.4
浙江	Zhejiang	4231.2	3031.7	856.9	1199.4	4355.1	3211.1	897.2	1143.9
安徽	Anhui	4718.7	1217.0	356.7	3501.7	4773.6	1283.5	369.1	3490.1
福建	Fujian	2691.5	1137.3	199.1	1554.1	2788.7	1200.6	209.0	1588.2
江西	Jiangxi	2985.8	1096.9	348.4	1888.9	3245.4	1167.4	360.7	2078.0
山东	Shandong	7428.3	2868.0	711.2	4560.3	7636.7	3046.3	754.1	4590.4
河南	Henan	7330.4	2133.8	505.6	5196.6	7504.4	2248.5	524.4	5255.9
湖北	Hubei	4030.2	1684.8	584.3	2345.4	4113.3	1744.7	596.8	2368.6
湖南	Hunan	4971.4	1557.8	486.0	3413.6	5195.9	1724.8	502.7	3471.1
广东	Guangdong	7279.6	4633.4	671.2	2646.2	7528.3	4873.1	711.1	2655.3
广西	Guangxi	2853.2	869.5	268.4	1983.7	3357.3	919.5	274.6	2437.7
海南	Hainan	585.9	281.0	72.7	305.0	630.2	305.3	74.3	324.8
重庆	Chongqing	2290.4	1127.7	406.6	1162.7	2370.2	1203.4	421.9	1166.8
四川	Sichuan	6069.1	2700.3	915.7	3368.7	6054.2	2830.1	947.5	3224.2
贵州	Guizhou	2533.3	677.5	155.8	1855.8	2618.5	714.0	160.5	1904.5
云南	Yunnan	3059.9	649.9	181.5	2410.0	3151.5	701.3	185.6	2450.2
西藏	Tibet	214.2	48.2	10.0	166.0	221.0	52.6	10.4	168.4
陕西	Shaanxi	2846.4	1080.7	264.1	1765.6	2942.8	1157.6	272.9	1785.2
甘肃	Gansu	1841.9	469.4	159.6	1372.6	1872.7	484.5	164.7	1388.2
青海	Qinghai	413.9	152.8	46.7	261.1	420.5	158.2	48.5	262.3
宁夏	Ningxia	421.3	226.6	66.0	194.7	478.8	240.1	68.6	238.6
新疆	Xinjiang	1478.4	744.2	219.0	734.1	1511.8	767.1	224.3	744.7
中国人民银行	The People's Bank of China	19.0	19.0	7.1		19.2	19.2	7.4	
中国农业发展银行	Agricutural Development Bank of China	7.6	7.6	2.3		8.1	8.1	2.4	

9-8 续表 8 continued

单位：万人 (10 000 persons)

地 区	Region	2021 合 计 Total	2021 #城镇职工基本养老保险 Staff	2021 #离退休人员 Retirees	2021 #城乡居民基本养老保险 Urban and Rural Staff	2022 合 计 Total	2022 #城镇职工基本养老保险 Staff	2022 #离退休人员 Retirees	2022 #城乡居民基本养老保险 Urban and Rural Staff
全 国	**National**	**102871.4**	**48074.0**	**13157.0**	**54797.4**	**105307.3**	**50355.0**	**13644.0**	**54952.3**
中央机关	Central Government	64.0	64.3	25.9		65.6	65.6	26.5	
北 京	Beijing	2019.2	1826.8	319.0	192.4	2056.1	1867.8	328.2	188.3
天 津	Tianjin	937.1	765.1	237.9	172.0	971.6	800.1	243.6	171.6
河 北	Hebei	5358.3	1805.5	491.7	3552.8	5436.2	1867.7	503.3	3568.5
山 西	Shanxi	2640.3	1002.3	291.8	1637.9	2694.0	1065.8	314.7	1628.2
内蒙古	Inner Mongolia	1614.8	823.1	320.0	791.7	1693.8	895.2	335.3	798.7
辽 宁	Liaoning	3125.5	2084.6	857.0	1040.9	3155.7	2114.4	873.9	1041.3
吉 林	Jilin	1855.7	922.0	395.4	933.7	1887.8	941.1	405.8	946.7
黑龙江	Heilongjiang	2336.5	1446.6	634.8	889.9	2396.5	1507.3	656.2	889.2
上 海	Shanghai	1728.8	1654.4	528.4	74.4	1732.5	1659.4	535.6	73.1
江 苏	Jiangsu	5964.9	3609.3	1001.8	2355.6	6030.9	3690.3	1051.3	2340.7
浙 江	Zhejiang	4423.0	3367.5	911.9	1055.5	4520.1	3472.8	947.5	1047.3
安 徽	Anhui	4841.8	1384.2	381.0	3457.6	5046.7	1580.9	397.9	3465.8
福 建	Fujian	2927.4	1330.0	219.6	1597.4	3272.6	1673.8	231.4	1598.8
江 西	Jiangxi	3321.2	1246.9	371.4	2074.3	3443.0	1362.0	385.1	2081.0
山 东	Shandong	7840.8	3226.7	789.0	4614.1	7969.8	3333.6	822.6	4636.2
河 南	Henan	7683.5	2377.2	536.0	5306.3	7780.9	2484.9	565.0	5296.0
湖 北	Hubei	4447.6	1834.7	617.1	2612.9	4560.1	1959.7	640.9	2600.5
湖 南	Hunan	5284.6	1849.5	521.8	3435.1	5314.3	1892.9	540.6	3421.5
广 东	Guangdong	7760.9	5079.5	752.4	2681.4	7993.5	5229.2	797.3	2764.3
广 西	Guangxi	3657.1	985.3	281.1	2671.8	3704.4	1032.6	286.6	2671.8
海 南	Hainan	658.2	329.0	76.1	329.2	689.3	352.8	78.8	336.4
重 庆	Chongqing	2494.2	1354.2	442.7	1139.9	2572.1	1431.8	451.7	1140.3
四 川	Sichuan	6359.6	3178.5	977.1	3181.1	6512.5	3327.2	1006.6	3185.3
贵 州	Guizhou	2684.4	755.8	164.9	1928.6	2705.6	770.1	171.2	1935.5
云 南	Yunnan	3199.7	739.3	188.8	2460.3	3286.7	807.0	195.9	2479.7
西 藏	Tibet	234.4	59.5	10.9	174.9	236.7	61.9	11.1	174.8
陕 西	Shaanxi	3028.9	1229.4	282.6	1799.5	3108.0	1285.4	293.7	1822.6
甘 肃	Gansu	1890.4	502.5	168.5	1387.9	1904.1	517.6	174.5	1386.6
青 海	Qinghai	431.6	169.0	50.0	262.6	438.9	175.8	51.9	263.0
宁 夏	Ningxia	482.9	252.1	70.4	230.7	519.7	283.8	73.2	235.9
新 疆	Xinjiang	1546.2	791.5	229.9	754.8	1579.7	816.9	235.4	762.8
中国人民银行	The People's Bank of China	19.4	19.4	7.6		19.3	19.3	8.0	
中国农业发展银行	Agricutural Development Bank of China	8.3	8.3	2.6		8.5	8.5	2.8	

9-9 各地区城镇职工基本养老保险情况(2022年)
URBAN BASIC PENSION INSURANCE BY REGION(2022)

单位：万人 (10 000 persons)

地 区	Region	参保职工年末人数 Active Contributors at the Year-end	#执行企业制度 Enterprises (others)	参保离退休人员年末人数 Retirees at the Year-end	基金收支情况(亿元) Revenue and Expenses(100 million yuan) 基金收入 Revenue	基金支出 Expenses	累计结余 Balance at the Year-end
全 国	**National**	**36711.0**	**32871.5**	**13644.0**	**63323.8**	**59034.7**	**56889.6**
中央机关	Central Government	39.1		26.5	277.4	290.5	90.1
北 京	Beijing	1539.6	1475.5	328.2	3435.8	2341.8	7286.0
天 津	Tianjin	556.4	510.3	243.6	1225.0	1257.5	355.2
河 北	Hebei	1364.4	1149.0	503.3	2293.8	2319.9	615.2
山 西	Shanxi	751.2	636.8	314.7	1413.0	1480.9	1525.2
内 蒙 古	Inner Mongolia	559.8	466.1	335.3	1248.3	1454.1	350.1
辽 宁	Liaoning	1240.6	1117.0	873.9	2761.0	3513.5	234.8
吉 林	Jilin	535.3	452.8	405.8	1216.2	1544.1	260.5
黑 龙 江	Heilongjiang	851.1	743.6	656.2	1851.8	2492.9	-102.1
上 海	Shanghai	1123.7	1055.5	535.6	3705.5	3470.4	1427.8
江 苏	Jiangsu	2639.0	2449.0	1051.3	4846.9	4206.2	4878.0
浙 江	Zhejiang	2525.3	2365.3	947.5	3796.8	3952.0	1882.8
安 徽	Anhui	1183.0	1058.4	397.9	1883.8	1547.7	2349.3
福 建	Fujian	1442.4	1342.8	231.4	1220.7	1014.8	831.9
江 西	Jiangxi	976.9	859.5	385.1	1389.9	1379.2	878.3
山 东	Shandong	2511.0	2238.6	822.6	3558.8	3662.2	1320.8
河 南	Henan	1919.9	1647.9	565.0	2292.0	2193.8	1310.4
湖 北	Hubei	1318.8	1182.7	640.9	2549.7	2710.7	958.8
湖 南	Hunan	1352.3	1169.2	540.6	2019.5	2003.5	1862.6
广 东	Guangdong	4431.9	4194.3	797.3	6419.7	3649.0	15722.7
广 西	Guangxi	746.0	619.9	286.6	1313.1	1222.0	768.9
海 南	Hainan	274.0	249.3	78.8	428.7	332.3	381.9
重 庆	Chongqing	980.1	904.5	451.7	1688.2	1495.7	1507.3
四 川	Sichuan	2320.7	2118.0	1006.6	3701.9	3441.1	3881.0
贵 州	Guizhou	598.9	488.3	171.2	928.6	749.6	1145.0
云 南	Yunnan	611.1	483.0	195.9	1153.9	939.0	1688.7
西 藏	Tibet	50.8	28.7	11.1	171.5	132.9	238.5
陕 西	Shaanxi	991.7	857.3	293.7	1696.2	1487.0	1001.7
甘 肃	Gansu	343.1	250.5	174.5	718.2	792.7	343.4
青 海	Qinghai	124.0	103.3	51.9	291.0	318.0	22.1
宁 夏	Ningxia	210.6	189.5	73.2	347.7	331.8	246.7
新 疆	Xinjiang	581.5	465.0	235.4	1407.8	1225.5	1624.0
中国人民银行	The People's Bank of China	11.3		8.0	43.3	61.9	-36.4
中国农业发展银行	Agricultural Development Bank of China	5.7		2.8	27.5	20.5	37.9
中央调剂金账户	Central Adjustment Fund Account				0.5		0.5

9-10 各地区城乡居民基本养老保险情况（2022年）
STATISTICS ON BASIC PENSION INSURANCE FOR URBAN AND RURAL RESIDENTS BY REGION (2022)

地 区	Region	参保人数（万人）Contributors at Year-end (10 000 persons)	#实际领取待遇人数 Number of Participants Who Have Reached the Prescribed Age of Benifit Entilement	基金收支情况(亿元) Revenue and Expenses(100 million yuan) 基金收入 Revenue	基金支出 Expenses	累计结余 Balance at Year-end
全 国	**National Total**	**54952.3**	**16464.2**	**5609.3**	**4044.3**	**12961.7**
北 京	Beijing	188.3	61.5	101.4	107.0	174.3
天 津	Tianjin	171.6	84.6	47.0	52.4	317.7
河 北	Hebei	3568.5	1123.7	248.5	187.5	637.2
山 西	Shanxi	1628.2	422.2	159.4	81.4	396.7
内蒙古	Inner Mongolia	798.7	256.3	84.6	67.6	166.0
辽 宁	Liaoning	1041.3	434.1	84.4	79.3	98.1
吉 林	Jilin	946.7	283.5	50.9	45.2	105.1
黑龙江	Heilongjiang	889.2	231.8	65.0	49.4	152.3
上 海	Shanghai	73.1	52.2	97.5	97.2	91.8
江 苏	Jiangsu	2340.7	1110.0	548.8	440.0	1002.2
浙 江	Zhejiang	1047.3	547.5	343.7	284.7	413.4
安 徽	Anhui	3465.8	962.5	389.5	183.6	932.1
福 建	Fujian	1598.8	506.7	144.9	115.0	291.5
江 西	Jiangxi	2081.0	525.7	161.3	120.5	392.4
山 东	Shandong	4636.2	1623.9	560.3	409.8	1656.6
河 南	Henan	5296.0	1448.4	335.6	239.2	836.0
湖 北	Hubei	2600.5	796.0	293.8	166.4	653.2
湖 南	Hunan	3421.5	880.0	248.8	162.9	579.3
广 东	Guangdong	2764.3	869.5	366.4	293.4	579.4
广 西	Guangxi	2671.8	592.8	145.1	109.3	312.3
海 南	Hainan	336.4	82.6	35.9	24.1	142.5
重 庆	Chongqing	1140.3	331.2	96.2	64.1	223.9
四 川	Sichuan	3185.3	1065.4	390.3	243.8	932.0
贵 州	Guizhou	1935.5	474.8	107.8	77.2	217.9
云 南	Yunnan	2479.7	566.6	152.3	104.3	601.9
西 藏	Tibet	174.8	27.3	12.8	8.6	43.4
陕 西	Shaanxi	1822.6	558.5	146.5	114.8	372.5
甘 肃	Gansu	1386.6	331.1	95.7	59.1	334.5
青 海	Qinghai	263.0	43.7	22.7	13.3	75.4
宁 夏	Ningxia	235.9	45.2	20.0	13.5	57.7
新 疆	Xinjiang	762.8	124.9	52.5	29.9	172.5

注：2009年启动新型农村社会养老保险试点，2011年启动城镇居民社会养老保险试点，2012年底实现两项制度的全覆盖，2014年两项制度合并实施，建立统一的城乡居民基本养老保险制度。

Note: Since August 2012, basic pension insurance for unban and rural residents consist of new rural old-age insurance and urban residents basic pension insurance.

9-11 历年各地区养老金社会化发放人数
NUMBER OF PENSIONERS PAID BY THE SOCIALIZED AGENCIES BY REGION

单位：万人 (10 000 persons)

地区	Region	2012	2013	2014	2015	2016	2017	2018	2019	2020	2021	2022
全国	**National**	**6865.5**	**7201.0**	**8093.2**	**8383.9**	**8620.5**	**9142.9**	**9693.2**	**10759.4**	**11325.9**	**11964.6**	**12859.6**
北京	Beijing	210.7	212.6	228.9	236.7	242.8	249.5	258.8	267.0	274.9	319.0	328.2
天津	Tianjin	152.6	15.8	171.2	176.2	180.7	185.2	191.1	195.4	202.3	237.9	242.3
河北	Hebei	268.8	286.8	313.7	317.3	312.5	266.8	289.5	352.1	359.5	366.3	375.8
山西	Shanxi	167.5	159.5	174.2	171.8	180.0	193.3	198.2	198.6	212.6	224.7	307.4
内蒙古	Inner Mongolia	148.9	168.7	188.9	200.0	213.7	226.5	242.6	293.1	309.6	320.0	334.8
辽宁	Liaoning	478.4	524.6	572.1	604.6	642.4	665.8	699.0	723.6	839.7	857.0	873.9
吉林	Jilin	234.6	242.9	260.5	273.7	286.7	301.9	315.5	325.8	333.2	342.1	405.8
黑龙江	Heilongjiang	378.1	397.7	423.5	445.5	459.2	481.6	501.4	521.4	538.1	632.0	638.7
上海	Shanghai	376.6	388.1	407.7	415.4	421.9	433.1	445.1	455.3	468.3	474.5	535.6
江苏	Jiangsu	512.0	557.0	607.0	610.0	648.7	718.3	739.0	782.1	824.0	908.8	949.4
浙江	Zhejiang	321.5	328.9	444.1	541.0	612.5	684.2	740.3	788.2	828.3	841.6	947.5
安徽	Anhui	201.2	204.8	228.8	238.0	248.0	260.1	276.2	325.6	361.1	363.4	390.9
福建	Fujian	97.1	102.7	119.9	105.0	103.4	111.7	128.9	151.1	159.3	167.5	229.5
江西	Jiangxi	184.6	202.4	216.9	228.5	241.5	261.8	285.3	348.4	360.5	371.4	385.1
山东	Shandong	332.7	363.9	435.7	457.0	501.9	528.1	560.7	589.0	624.3	654.3	682.6
河南	Henan	277.3	295.8	316.3	294.9	243.0	282.5	297.8	351.7	400.8	390.5	422.8
湖北	Hubei	351.4	373.7	404.2	420.5	439.5	471.1	477.3	495.1	513.0	528.0	640.5
湖南	Hunan	243.6	259.9	296.0	304.9	182.1	293.0	363.1	368.4	391.2	427.3	439.4
广东	Guangdong	333.5	383.4	430.4	457.5	504.1	537.3	542.6	611.9	618.2	668.3	797.3
广西	Guangxi	162.4	170.2	180.2	186.5	192.2	196.3	201.1	268.4	274.6	281.1	279.1
海南	Hainan	44.2	47.7	52.8	50.7	60.3	58.1	59.0	72.7	74.3	76.1	78.9
重庆	Chongqing	244.1	270.3	290.0	302.3	316.3	325.3	351.3	366.0	380.0	442.7	451.7
四川	Sichuan	500.3	561.8	614.9	614.6	649.0	623.6	710.2	909.6	943.0	966.4	992.6
贵州	Guizhou	77.0	81.3	86.4	94.1	98.8	103.2	109.8	155.8	160.5	164.9	163.7
云南	Yunnan	106.7	112.6	114.1	113.8	95.1	123.1	126.3	169.6	182.0	188.8	194.5
西藏	Tibet	3.4	3.4	3.6	3.8	3.9	3.7	3.8	10.2	10.4	14.3	11.1
陕西	Shaanxi	160.6	174.7	185.3	189.0	193.4	198.3	203.9	208.6	212.6	217.0	225.7
甘肃	Gansu	92.5	100.0	104.9	109.2	113.5	119.1	125.0	128.5	131.5	168.5	174.5
青海	Qinghai	26.2	27.6	28.8	30.1	31.1	32.1	33.7	46.7	48.5	50.0	51.9
宁夏	Ningxia	40.3	40.7	43.8	46.4	48.7	50.5	53.4	66.0	68.6	70.4	73.2
新疆	Xinjiang	81.3	84.9	88.9	85.3	95.9	98.5	101.9	147.3	151.6	155.6	159.5
新疆兵团	Xinjiang Production and Construction Crops	55.7	56.4	58.5	59.6	57.7	59.4	61.3	66.3	69.5	74.3	75.9

9-12 历年全国基本医疗保险基本情况
PERSONS COVERED BY THE BASIC MEDICAL INSURANCE AT THE YEAR-END

年 份 Year	合计 Total	职工基本医疗保险参保人数 Persons Covered by the Basic Medical Insurance Care	职工人数 Workers	退休人员人数 Retirees	城乡居民基本医疗保险参保人数 Persons Covered by the Basic Medical Care Insurance for Urban and Rural Residents
绝对数(万人) Absolute Figure (10 000 persons)					
1993	290.1	290.1	267.6	22.5	
1994	400.3	400.3	374.6	25.7	
1995	745.9	745.9	702.6	43.3	
1996	855.7	855.7	791.2	64.5	
1997	1762.0	1762.0	1588.9	173.1	
1998	1878.7	1878.7	1509.7	369.0	
1999	2065.3	2065.3	1509.4	555.9	
2000	3786.9	3786.9	2862.8	924.2	
2001	7285.9	7285.9	5470.7	1815.2	
2002	9401.2	9401.2	6925.8	2475.4	
2003	10901.7	10901.7	7974.9	2926.8	
2004	12403.6	12403.6	9044.4	3359.2	
2005	13782.9	13782.9	10021.7	3761.2	
2006	15731.8	15731.8	11580.3	4151.5	
2007	22311.4	18020.3	13420.3	4600.0	4291.1
2008	31821.6	19995.6	14987.7	5007.9	11826.0
2009	40147.0	21937.4	16410.5	5526.9	18209.6
2010	43262.9	23734.7	17791.2	5943.5	19528.3
2011	47343.2	25227.1	18948.5	6278.6	22116.1
2012	53641.3	26485.6	19861.3	6624.2	27155.7
2013	57072.6	27443.1	20501.3	6941.8	29629.4
2014	59746.9	28296.0	21041.3	7254.8	31450.9
2015	66581.6	28893.1	21362.0	7531.2	37688.5
2016	74391.6	29531.5	21720.0	7811.6	44860.0
2017	117681.4	30322.7	22288.4	8034.3	87358.7
2018	134458.6	31680.8	23307.5	8373.3	102777.8
2019	135407.4	32924.7	24224.4	8700.4	102482.7
2020	136131.1	34455.1	25428.8	9026.3	101676.0
2021	136296.7	35430.9	26106.5	9324.4	100865.9
2022	134592.5	36243.4	26604.3	9639.1	98349.1
比上年增长(%) Increase over Preceding Year %					
1994	38.0	38.0	40.0	14.3	
1995	86.3	86.3	87.6	68.0	
1996	14.7	14.7	12.6	49.0	
1997	105.9	105.9	100.8	168.5	
1998	6.6	6.6	-5.0	113.2	
1999	9.9	9.9	0.0	50.7	
2000	83.4	83.4	89.7	66.2	
2001	92.4	92.4	91.1	96.4	
2002	29.0	29.0	26.6	36.4	
2003	16.0	16.0	15.1	18.2	
2004	13.8	13.8	13.4	14.8	
2005	11.1	11.1	10.8	12.0	
2006	14.1	14.1	15.6	10.4	
2007	41.8	14.5	15.9	10.8	
2008	42.6	11.0	11.7	8.9	175.6
2009	26.2	9.7	9.5	10.4	54.0
2010	7.8	8.2	8.4	7.5	7.2
2011	9.4	6.3	6.5	5.6	13.3
2012	13.3	5.0	4.8	5.5	22.8
2013	6.4	3.6	3.2	4.8	9.1
2014	4.7	3.1	2.6	4.5	6.1
2015	11.4	2.1	1.5	3.8	19.8
2016	11.7	2.2	1.7	3.7	19.0
2017	58.2	2.7	2.6	2.9	94.7
2018	14.3	4.5	4.6	4.2	17.7
2019	0.7	3.9	3.9	3.9	-0.3
2020	0.5	4.6	5.0	3.7	-0.8
2021	0.1	2.8	2.7	3.3	-0.8
2022	-1.3	2.3	1.9	3.4	-2.5

9-13 历年各地区城镇基本医疗保险参保人数
BASIC MEDICAL INSURANCE BY REGION

单位：万人 (10 000 persons)

地 区 Region	2001 职工基本医疗保险 Staff	2001 #退休人员 Retirees	2002 职工基本医疗保险 Staff	2002 #退休人员 Retirees	2003 职工基本医疗保险 Staff	2003 #退休人员 Retirees	2004 职工基本医疗保险 Staff	2004 #退休人员 Retirees
全 国 National	**7285.9**	**1815.2**	**9401.2**	**2475.4**	**10901.7**	**2926.8**	**12403.6**	**3359.2**
北 京 Beijing	240.7	89.4	321.1	113.2	436.1	134.7	483.9	141.7
天 津 Tianjin	139.6	46.8	250.2	103.8	254.7	108.5	263.0	104.8
河 北 Hebei	282.5	61.5	330.4	73.0	383.2	84.7	472.5	108.9
山 西 Shanxi	157.3	34.4	216.7	49.5	245.5	51.3	295.5	63.9
内蒙古 Inner Mongolia	196.9	45.5	221.7	54.2	252.3	66.1	274.2	78.1
辽 宁 Liaoning	313.6	90.4	619.0	188.7	697.7	217.2	783.7	247.3
吉 林 Jilin	124.2	27.8	176.9	39.8	230.8	55.3	270.0	67.5
黑龙江 Heilongjiang	308.3	89.2	392.8	108.2	435.2	122.1	544.1	151.7
上 海 Shanghai	680.5	238.9	694.8	245.9	709.6	250.6	714.1	260.9
江 苏 Jiangsu	456.0	113.5	690.9	183.2	815.0	227.6	976.7	261.6
浙 江 Zhejiang	352.7	100.0	423.4	117.0	510.3	139.5	569.2	150.3
安 徽 Anhui	232.8	53.6	273.4	65.6	318.2	79.8	362.2	97.7
福 建 Fujian	171.0	38.3	230.0	54.7	247.8	61.8	285.9	69.5
江 西 Jiangxi	71.6	12.2	106.6	22.7	188.2	45.7	250.4	65.8
山 东 Shandong	490.2	86.0	625.6	119.5	691.1	138.0	771.9	153.5
河 南 Henan	460.3	94.8	537.4	115.2	567.9	126.9	590.0	136.8
湖 北 Hubei	255.4	54.5	338.1	80.6	416.6	110.1	466.8	132.5
湖 南 Hunan	351.6	83.7	398.1	108.3	423.5	116.1	477.0	133.9
广 东 Guangdong	544.8	84.4	717.7	118.8	877.0	146.4	1034.2	168.9
广 西 Guangxi	150.1	33.4	201.8	54.1	235.0	66.1	272.2	77.8
海 南 Hainan	40.9	8.5	52.6	11.5	63.1	15.4	78.6	22.3
重 庆 Chongqing	36.8	9.7	58.7	18.0	121.8	41.7	206.3	76.2
四 川 Sichuan	437.6	128.3	480.6	150.1	531.2	173.8	587.6	196.5
贵 州 Guizhou	31.1	6.9	94.6	26.6	134.1	38.2	152.6	44.0
云 南 Yunnan	185.7	45.6	238.4	65.0	281.5	81.4	302.3	89.6
西 藏 Tibet					6.0	1.8	7.1	2.8
陕 西 Shaanxi	231.4	49.4	261.8	65.1	301.0	77.4	325.6	86.8
甘 肃 Gansu	109.9	23.6	124.1	26.0	146.0	32.8	165.8	40.6
青 海 Qinghai	38.3	12.6	51.1	16.3	56.4	17.8	60.2	19.5
宁 夏 Ningxia	17.2	4.0	36.8	10.1	48.1	12.7	55.6	14.6
新 疆 Xinjiang	177.0	48.1	235.7	70.6	276.7	85.3	304.4	93.2

9-13 续表 1 continued

单位：万人 (10 000 persons)

地区	Region	2005 职工基本医疗保险 Staff	2005 #退休人员 Retirees	2006 职工基本医疗保险 Staff	2006 #退休人员 Retirees	2007 合计 Total	2007 #职工基本医疗保险 Staff	2007 #退休人员 Retirees	2007 #城镇居民基本医疗保险 Urban Staff
全国	**National**	**13782.9**	**3761.2**	**15731.9**	**4151.5**	**22311.4**	**18020.3**	**4600.0**	**4291.1**
北京	Beijing	574.8	155.1	679.5	163.9	929.4	783.0	172.9	146.4
天津	Tianjin	299.1	118.3	344.2	126.0	403.8	382.5	133.2	21.3
河北	Hebei	562.1	139.6	615.9	158.6	746.3	686.3	183.9	60.0
山西	Shanxi	324.9	73.0	353.8	82.2	460.6	405.7	98.3	54.9
内蒙古	Inner Mongolia	292.0	86.0	316.2	93.1	451.6	352.7	103.8	98.9
辽宁	Liaoning	864.2	280.0	959.3	307.4	1200.2	1087.8	346.5	112.4
吉林	Jilin	283.0	73.9	376.3	101.2	767.2	427.8	118.2	339.4
黑龙江	Heilongjiang	602.9	170.4	708.2	192.9	826.7	752.2	202.3	74.5
上海	Shanghai	728.6	275.9	1023.3	291.0	1096.8	1096.8	306.4	
江苏	Jiangsu	1124.1	303.0	1274.3	338.5	2136.6	1435.8	365.4	700.8
浙江	Zhejiang	639.6	163.1	730.6	172.9	946.2	855.0	185.5	91.2
安徽	Anhui	387.1	112.7	441.2	124.7	953.3	486.2	137.1	467.1
福建	Fujian	333.0	77.2	370.1	85.2	477.4	406.1	91.0	71.3
江西	Jiangxi	276.7	75.0	313.3	86.5	784.7	403.4	121.6	381.3
山东	Shandong	861.5	176.7	996.1	199.9	1292.3	1115.9	227.8	176.4
河南	Henan	641.5	154.1	704.1	173.3	897.7	781.0	197.4	116.8
湖北	Hubei	502.0	147.2	565.3	166.6	870.5	644.5	196.3	226.0
湖南	Hunan	503.4	146.6	560.5	162.4	724.5	620.6	181.9	103.9
广东	Guangdong	1235.3	180.3	1421.1	197.9	2281.6	2022.2	218.0	259.4
广西	Guangxi	285.9	82.3	302.0	88.7	361.4	339.3	99.2	22.1
海南	Hainan	87.2	24.5	91.0	25.6	155.3	107.5	29.9	47.9
重庆	Chongqing	237.7	91.9	257.5	97.4	327.5	284.7	104.7	42.8
四川	Sichuan	647.0	220.2	734.5	247.8	1020.0	815.0	270.6	205.0
贵州	Guizhou	180.5	51.5	199.2	57.8	293.8	228.2	66.1	65.6
云南	Yunnan	320.7	95.5	331.5	98.8	400.3	345.8	101.8	54.5
西藏	Tibet	15.2	4.8	16.5	5.0	19.2	19.2	5.8	
陕西	Shaanxi	348.8	101.3	377.1	111.4	459.3	410.1	123.2	49.3
甘肃	Gansu	176.6	46.2	195.8	51.7	449.5	221.5	61.6	228.0
青海	Qinghai	62.0	20.4	64.5	22.0	95.8	70.1	23.0	25.7
宁夏	Ningxia	64.5	17.2	73.1	19.9	114.0	78.3	21.4	35.7
新疆	Xinjiang	321.1	97.5	335.8	101.2	367.9	355.1	105.1	12.7

9-13 续表 2 continued

单位：万人 (10 000 persons)

地区 Region	2008 合计 Total	2008 #职工基本医疗保险 Staff	2008 #退休人员 Retirees	2008 #城镇居民基本医疗保险 Urban Staff	2009 合计 Total	2009 #职工基本医疗保险 Staff	2009 #退休人员 Retirees	2009 #城镇居民基本医疗保险 Urban Staff
全国 National	**31821.7**	**19995.6**	**5007.9**	**11826.1**	**40147.0**	**21937.4**	**5526.9**	**18209.6**
北京 Beijing	1017.1	871.0	182.4	146.1	1083.9	938.4	191.8	145.5
天津 Tianjin	484.5	399.1	141.8	85.4	605.3	444.1	150.6	161.2
河北 Hebei	1083.1	738.5	199.5	344.5	1421.1	802.1	219.7	619.0
山西 Shanxi	593.9	441.8	108.8	152.1	879.0	534.6	128.5	344.5
内蒙古 Inner Mongolia	612.5	373.7	108.6	238.8	805.3	410.4	117.8	394.9
辽宁 Liaoning	1507.5	1209.3	386.5	298.1	1895.6	1347.0	444.5	548.6
吉林 Jilin	937.4	450.9	131.8	486.5	1242.8	486.4	147.4	756.4
黑龙江 Heilongjiang	1056.3	788.3	216.0	268.1	1544.3	851.3	256.5	693.0
上海 Shanghai	1355.2	1171.7	320.9	183.5	1583.8	1329.6	372.5	254.2
江苏 Jiangsu	2837.6	1604.3	390.3	1233.3	3031.0	1701.1	418.6	1329.9
浙江 Zhejiang	1322.6	1053.9	198.3	268.7	1784.4	1173.7	211.8	610.7
安徽 Anhui	1323.8	528.8	148.1	795.0	1435.8	570.2	160.4	865.6
福建 Fujian	796.5	435.7	101.4	360.7	1137.2	503.7	114.7	633.5
江西 Jiangxi	1207.1	503.2	149.4	704.0	1300.4	515.1	151.6	785.3
山东 Shandong	1847.0	1266.2	256.2	580.8	2540.2	1428.6	287.8	1111.6
河南 Henan	1549.4	840.9	220.8	708.6	1970.1	920.1	243.7	1050.0
湖北 Hubei	1435.7	714.9	210.9	720.8	1811.7	820.4	236.2	991.3
湖南 Hunan	1321.6	682.0	206.5	639.6	1831.9	746.4	225.6	1085.5
广东 Guangdong	3551.8	2370.7	240.3	1181.1	4568.5	2556.4	259.4	2012.1
广西 Guangxi	568.2	361.4	103.8	206.8	850.0	388.8	110.6	461.2
海南 Hainan	249.7	121.8	34.0	127.9	283.8	152.7	41.5	131.0
重庆 Chongqing	550.6	326.2	115.1	224.4	769.5	362.5	120.8	407.0
四川 Sichuan	1413.8	893.5	296.7	520.4	1912.7	958.5	317.3	954.2
贵州 Guizhou	404.3	257.4	73.0	146.9	567.0	279.5	85.1	287.5
云南 Yunnan	618.2	356.8	103.6	261.4	762.5	397.4	118.3	365.0
西藏 Tibet	32.4	20.1	5.3	12.3	36.0	22.6	6.4	13.5
陕西 Shaanxi	717.3	432.7	132.8	284.6	890.0	463.3	145.2	426.8
甘肃 Gansu	522.2	248.9	68.8	273.2	557.4	272.2	77.7	285.2
青海 Qinghai	93.6	72.1	24.5	21.5	104.8	75.7	24.6	29.1
宁夏 Ningxia	158.7	83.2	22.7	75.4	186.0	87.0	23.8	99.0
新疆 Xinjiang	652.1	376.6	109.0	275.5	755.0	397.5	114.7	357.4

9-13 续表 3 continued

单位：万人 (10 000 persons)

地区	Region	2010 合计 Total	2010 #职工基本医疗保险 Staff	2010 #退休人员 Retirees	2010 #城镇居民基本医疗保险 Urban Staff	2011 合计 Total	2011 #职工基本医疗保险 Staff	2011 #退休人员 Retirees	2011 #城镇居民基本医疗保险 Urban Staff
全国	**National**	**43262.9**	**23734.7**	**5943.5**	**19528.3**	**47343.2**	**25227.1**	**6278.6**	**22116.1**
北京	Beijing	1207.3	1063.7	215.1	143.7	1347.8	1188.0	232.8	159.8
天津	Tianjin	960.9	470.0	157.5	490.9	972.8	474.5	162.5	498.3
河北	Hebei	1518.1	848.0	238.0	670.0	1562.2	875.5	248.2	686.6
山西	Shanxi	923.5	562.0	140.0	361.5	1005.1	595.8	150.8	409.3
内蒙古	Inner Mongolia	886.4	433.5	124.7	452.8	907.3	438.0	124.3	469.3
辽宁	Liaoning	2056.2	1408.7	464.1	647.5	2120.1	1499.4	494.1	620.7
吉林	Jilin	1333.8	550.1	179.9	783.7	1350.6	557.2	188.2	793.4
黑龙江	Heilongjiang	1560.8	873.7	278.4	687.1	1578.0	881.0	293.6	697.0
上海	Shanghai	1665.2	1405.9	388.8	259.2	1591.8	1342.1	404.1	249.7
江苏	Jiangsu	3249.4	1848.3	443.2	1401.2	3500.5	2012.4	470.9	1488.1
浙江	Zhejiang	1963.8	1344.4	226.8	619.4	2244.1	1514.4	243.3	729.7
安徽	Anhui	1529.3	598.5	169.3	930.9	1612.9	659.3	181.9	953.6
福建	Fujian	1200.6	546.6	120.7	654.0	1217.2	579.3	126.2	637.8
江西	Jiangxi	1326.4	532.1	166.5	794.3	1329.7	535.9	170.9	793.8
山东	Shandong	2770.6	1541.3	316.7	1229.3	2947.8	1637.1	337.5	1310.7
河南	Henan	2043.7	957.4	258.7	1086.4	2122.3	1016.4	272.2	1105.8
湖北	Hubei	1860.0	847.8	239.8	1012.3	1932.5	902.8	254.6	1029.7
湖南	Hunan	1894.5	777.4	236.9	1117.2	1941.2	789.5	242.9	1151.7
广东	Guangdong	5043.2	3000.0	314.5	2043.2	6767.1	3234.3	340.5	3532.8
广西	Guangxi	935.2	413.5	123.0	521.7	981.3	437.2	128.8	544.1
海南	Hainan	323.3	166.9	43.2	156.4	352.4	186.2	45.3	166.1
重庆	Chongqing	830.8	406.2	125.6	424.6	1324.8	458.5	133.1	866.3
四川	Sichuan	2063.1	1051.9	348.3	1011.2	2248.4	1169.1	366.0	1079.3
贵州	Guizhou	602.5	293.5	88.2	309.0	629.0	314.1	93.3	314.9
云南	Yunnan	820.5	414.8	121.4	405.7	865.8	443.4	126.6	422.4
西藏	Tibet	38.6	23.5	6.6	15.1	43.7	24.9	6.6	18.7
陕西	Shaanxi	947.2	474.2	151.2	473.1	1090.4	540.3	172.8	550.2
甘肃	Gansu	588.8	290.2	85.9	298.6	590.8	291.1	88.2	299.8
青海	Qinghai	140.3	78.7	25.2	61.6	151.6	82.4	25.9	69.2
宁夏	Ningxia	188.3	94.1	26.4	94.2	188.8	100.2	27.1	88.5
新疆	Xinjiang	790.5	417.7	119.0	372.7	825.2	446.6	125.2	378.5

9-13 续表 4 continued

单位：万人 (10 000 persons)

地 区	Region	2012 合 计 Total	2012 #职工基本医疗保险 Staff	2012 #退休人员 Retirees	2012 #城镇居民基本医疗保险 Urban Staff	2013 合 计 Total	2013 #职工基本医疗保险 Staff	2013 #退休人员 Retirees	2013 #城镇居民基本医疗保险 Urban Staff
全 国	**National**	**53641.3**	**26485.6**	**6624.2**	**27155.7**	**57072.6**	**27443.1**	**6941.8**	**29629.4**
北 京	Beijing	1431.6	1279.7	239.1	151.9	1514.9	1354.8	249.8	160.1
天 津	Tianjin	981.3	479.1	168.9	502.2	1001.5	493.1	177.3	508.4
河 北	Hebei	1644.4	906.8	261.5	737.6	1674.5	926.3	275.6	748.2
山 西	Shanxi	1055.9	621.1	157.2	434.9	1086.3	646.5	166.9	439.7
内蒙古	Inner Mongolia	967.7	455.1	132.4	512.6	986.2	464.5	134.5	521.7
辽 宁	Liaoning	2251.9	1587.0	524.8	664.9	2333.3	1624.8	546.9	708.5
吉 林	Jilin	1370.0	569.5	194.0	800.5	1378.6	574.9	197.5	803.7
黑龙江	Heilongjiang	1580.3	867.8	309.6	712.5	1580.4	868.1	311.6	712.3
上 海	Shanghai	1638.6	1376.0	421.5	262.6	1650.5	1394.1	438.4	256.4
江 苏	Jiangsu	3608.8	2155.5	508.9	1453.4	3427.6	2274.7	543.6	1152.9
浙 江	Zhejiang	2806.8	1671.0	277.1	1135.8	4121.1	1791.1	299.5	2330.0
安 徽	Anhui	1660.0	685.2	191.5	974.8	1660.8	716.0	203.3	944.9
福 建	Fujian	1262.9	666.3	130.2	596.6	1283.8	703.0	136.4	580.8
江 西	Jiangxi	1438.6	546.8	180.4	891.8	1476.6	569.9	189.8	906.7
山 东	Shandong	3101.2	1734.1	365.6	1367.1	3647.9	1809.7	391.7	1838.2
河 南	Henan	2222.2	1082.2	293.2	1140.0	2297.2	1140.2	313.4	1157.0
湖 北	Hubei	1960.3	921.2	264.7	1039.1	1960.6	922.8	280.7	1037.8
湖 南	Hunan	2341.9	797.6	248.8	1544.3	2316.2	799.3	257.5	1516.9
广 东	Guangdong	8421.8	3373.4	362.8	5048.4	9179.8	3473.0	383.8	5706.8
广 西	Guangxi	1011.5	456.3	133.6	555.3	1031.0	466.6	137.8	564.4
海 南	Hainan	378.5	205.2	47.5	173.2	406.5	220.0	50.6	186.6
重 庆	Chongqing	3219.1	496.5	147.9	2722.6	3234.8	539.5	158.9	2695.3
四 川	Sichuan	2383.8	1240.9	381.8	1142.9	2486.0	1282.0	394.5	1204.0
贵 州	Guizhou	648.3	329.3	96.3	319.0	672.1	344.7	98.1	327.4
云 南	Yunnan	882.4	452.2	129.5	430.2	1118.8	458.0	133.3	660.8
西 藏	Tibet	50.1	27.6	7.1	22.6	54.8	30.6	7.2	24.3
陕 西	Shaanxi	1118.8	547.5	175.8	571.3	1244.3	571.7	181.7	672.5
甘 肃	Gansu	616.5	293.0	87.7	323.6	622.8	297.1	90.2	325.7
青 海	Qinghai	172.3	86.1	26.7	86.2	181.3	89.7	27.6	91.6
宁 夏	Ningxia	561.8	106.6	28.5	455.2	565.5	108.6	29.5	456.9
新 疆	Xinjiang	851.9	469.1	129.6	382.9	877.1	488.0	134.3	389.1

9-13 续表 5 continued

单位：万人 (10 000 persons)

地区 Region	2014 合计 Total	2014 #职工基本医疗保险 Staff	2014 #退休人员 Retirees	2014 #城镇居民基本医疗保险 Urban Staff	2015 合计 Total	2015 #职工基本医疗保险 Staff	2015 #退休人员 Retirees	2015 #城镇居民基本医疗保险 Urban Staff
全 国 National	**59746.9**	**28296.0**	**7254.8**	**31450.9**	**66581.6**	**28893.1**	**7531.2**	**37688.5**
北 京 Beijing	1604.3	1431.3	260.1	173.0	1656.6	1475.7	269.5	181.0
天 津 Tianjin	1023.6	509.6	183.6	514.0	1054.1	522.0	190.4	532.1
河 北 Hebei	1697.5	944.5	286.3	753.1	1663.7	957.0	300.3	706.7
山 西 Shanxi	1101.2	657.3	175.5	443.9	1113.8	650.5	179.4	463.3
内蒙古 Inner Mongolia	998.1	470.7	138.6	527.4	1008.1	477.4	141.4	530.6
辽 宁 Liaoning	2387.2	1649.2	576.7	738.0	2396.2	1651.4	597.7	744.8
吉 林 Jilin	1380.0	575.6	197.5	804.4	1380.6	575.9	199.7	804.7
黑龙江 Heilongjiang	1586.4	873.9	324.3	712.5	1594.8	873.7	330.1	721.1
上 海 Shanghai	1678.5	1420.8	453.2	257.7	1719.2	1446.4	465.8	272.9
江 苏 Jiangsu	3797.5	2361.8	577.0	1435.7	4014.3	2429.0	610.8	1585.3
浙 江 Zhejiang	4847.6	1900.0	324.1	2947.5	4964.1	1992.7	353.7	2971.4
安 徽 Anhui	1756.4	739.9	211.9	1016.5	1737.6	763.3	221.1	974.3
福 建 Fujian	1293.0	737.3	143.0	555.7	1301.2	759.4	146.8	541.9
江 西 Jiangxi	1494.2	579.2	197.7	915.0	1530.4	585.0	201.3	945.5
山 东 Shandong	3988.0	1860.2	411.4	2127.8	9235.8	1904.4	439.9	7331.4
河 南 Henan	2340.0	1182.4	327.2	1157.6	2344.9	1200.7	336.6	1144.2
湖 北 Hubei	1968.0	933.3	286.9	1034.7	1972.1	949.4	296.3	1022.7
湖 南 Hunan	2300.7	807.9	261.8	1492.8	2662.3	818.8	267.1	1843.6
广 东 Guangdong	9804.2	3647.1	420.9	6157.1	10136.0	3711.8	439.7	6424.2
广 西 Guangxi	1067.3	482.6	143.8	584.7	1077.6	505.5	148.8	572.1
海 南 Hainan	386.8	191.7	53.7	195.2	389.8	196.3	55.6	193.4
重 庆 Chongqing	3256.8	575.8	167.0	2681.1	3266.3	588.5	174.0	2677.8
四 川 Sichuan	2576.5	1329.4	407.5	1247.1	2650.7	1378.6	418.8	1272.1
贵 州 Guizhou	687.1	354.8	99.9	332.4	955.5	372.7	105.2	582.7
云 南 Yunnan	1135.9	462.6	138.6	673.3	1140.8	468.3	140.7	672.5
西 藏 Tibet	58.9	33.0	7.8	25.9	61.8	34.3	8.1	27.5
陕 西 Shaanxi	1246.2	574.2	184.4	671.9	1247.3	580.3	187.4	667.0
甘 肃 Gansu	630.6	302.6	96.2	328.1	635.0	307.9	99.8	327.0
青 海 Qinghai	190.4	93.3	29.1	97.1	195.2	95.6	30.4	99.6
宁 夏 Ningxia	578.6	116.1	31.0	462.5	584.8	114.8	32.2	470.0
新 疆 Xinjiang	885.1	498.0	138.2	387.1	891.0	505.9	142.6	385.2

9-13 续表 6 continued

单位：万人 (10 000 persons)

地区	Region	2016 合计 Total	#职工基本医疗保险 Staff	#退休人员 Retirees	#城镇居民基本医疗保险 Urban Staff	2017 合计 Total	#职工基本医疗保险 Staff	#退休人员 Retirees	#城镇居民基本医疗保险 Urban Staff
全 国	**National**	**74391.6**	**29531.5**	**7811.6**	**44860.0**	**117681.4**	**30322.7**	**8034.3**	**87358.7**
北 京	Beijing	1708.8	1517.6	277.8	191.2	1771.4	1569.2	286.2	202.2
天 津	Tianjin	1066.8	535.7	195.4	531.1	1088.5	554.1	201.0	534.3
河 北	Hebei	6672.1	973.7	306.2	5698.4	6883.1	986.9	312.4	5896.2
山 西	Shanxi	1121.2	660.2	185.4	461.0	3215.3	664.1	189.2	2551.3
内蒙古	Inner Mongolia	1019.8	488.8	146.1	531.0	2161.5	495.1	148.4	1666.4
辽 宁	Liaoning	2376.0	1635.6	612.9	740.4	2277.5	1575.9	608.4	701.6
吉 林	Jilin	1380.9	576.0	204.8	804.9	1380.9	576.0	207.6	804.9
黑龙江	Heilongjiang	1599.9	879.5	354.0	720.3	2892.6	843.8	350.6	2048.9
上 海	Shanghai	1806.7	1468.6	477.0	338.0	1839.8	1495.1	489.7	344.6
江 苏	Jiangsu	3984.4	2490.5	641.2	1493.9	7619.1	2601.1	679.8	5018.0
浙 江	Zhejiang	4993.3	2017.5	383.2	2975.8	5251.6	2117.4	414.5	3134.2
安 徽	Anhui	1621.5	782.0	231.1	839.6	2108.1	809.2	237.7	1298.9
福 建	Fujian	1297.9	792.1	150.2	505.8	3768.6	819.3	155.1	2949.3
江 西	Jiangxi	1807.0	591.6	202.8	1215.4	4762.4	558.7	191.8	4203.7
山 东	Shandong	9188.8	1960.0	465.6	7228.8	9295.7	2013.1	486.3	7282.6
河 南	Henan	2360.7	1227.3	344.6	1133.4	10410.7	1228.2	344.4	9182.5
湖 北	Hubei	1981.8	961.0	300.5	1020.8	5622.2	1018.9	316.2	4603.3
湖 南	Hunan	2646.1	829.6	272.5	1816.6	6906.3	867.1	285.4	6039.1
广 东	Guangdong	10150.2	3814.1	460.6	6336.1	10365.1	3962.6	479.1	6402.4
广 西	Guangxi	1096.4	530.7	155.0	565.7	5173.3	556.7	160.2	4616.5
海 南	Hainan	387.2	201.0	57.1	186.2	419.5	209.6	60.4	209.9
重 庆	Chongqing	3259.3	604.8	179.5	2654.5	3248.5	640.3	184.9	2608.2
四 川	Sichuan	5056.8	1440.6	439.4	3616.2	7714.8	1526.4	458.4	6188.4
贵 州	Guizhou	973.6	389.8	108.3	583.8	1001.3	410.4	111.5	590.9
云 南	Yunnan	1163.6	479.1	144.5	684.5	4463.8	491.3	147.3	3972.5
西 藏	Tibet	65.4	36.8	8.6	28.5	69.9	40.0	9.1	29.9
陕 西	Shaanxi	1248.0	599.6	188.5	648.4	1251.0	619.8	190.5	631.2
甘 肃	Gansu	643.3	314.4	106.0	328.9	2512.2	320.2	108.0	2192.0
青 海	Qinghai	196.7	97.9	31.8	98.8	549.0	94.0	32.8	455.0
宁 夏	Ningxia	594.0	117.5	33.0	476.6	618.2	123.5	34.6	494.8
新 疆	Xinjiang	923.2	517.7	148.0	405.5	1039.6	534.6	152.7	505.0

9-13 续表 7 continued

单位：万人 (10 000 persons)

地 区	Region	2018 合 计 Total	2018 #职工基本医疗保险 Staff	2018 #退休人员 Retirees	2018 #城乡居民基本医疗保险 Urban Staff	2019 合 计 Total	2019 #职工基本医疗保险 Staff	2019 #退休人员 Retirees	2019 #城乡居民基本医疗保险 Urban Staff
全 国	**National**	**134458.6**	**31680.8**	**8373.3**	**102777.8**	**135407.4**	**32924.7**	**8700.4**	**102482.7**
北 京	Beijing	2018.1	1628.9	296.9	389.2	2082.7	1682.5	306.1	400.1
天 津	Tianjin	1116.7	575.3	207.5	541.5	1137.0	595.0	212.1	541.9
河 北	Hebei	6914.3	1030.2	324.7	5884.1	6937.7	1079.2	337.3	5858.5
山 西	Shanxi	3266.9	686.6	207.2	2580.3	3266.4	702.0	219.7	2564.3
内蒙古	Inner Mongolia	2164.4	505.3	153.6	1659.0	2178.4	530.7	170.5	1647.7
辽 宁	Liaoning	3968.8	1567.9	622.8	2400.9	3894.7	1552.1	641.0	2342.6
吉 林	Jilin	2607.3	576.0	209.9	2031.4	2548.1	525.9	192.3	2022.2
黑龙江	Heilongjiang	2908.6	856.2	358.2	2052.3	2837.1	873.6	377.1	1963.5
上 海	Shanghai	1866.1	1523.3	502.7	342.8	1889.2	1539.3	512.4	349.8
江 苏	Jiangsu	7721.7	2752.6	723.1	4969.1	7848.8	2954.1	764.5	4894.8
浙 江	Zhejiang	5368.7	2277.0	446.4	3091.7	5461.5	2426.6	476.5	3034.9
安 徽	Anhui	6105.1	854.6	247.3	5250.5	6731.5	888.1	255.3	5843.3
福 建	Fujian	3804.7	853.1	161.0	2951.7	3788.1	841.4	162.6	2946.7
江 西	Jiangxi	4797.5	573.7	197.3	4223.7	4782.4	579.0	207.0	4203.4
山 东	Shandong	9437.1	2072.1	512.0	7364.9	9569.6	2173.8	549.5	7395.8
河 南	Henan	10435.7	1265.1	361.3	9170.6	10289.8	1281.7	375.1	9008.1
湖 北	Hubei	5586.2	1054.0	321.9	4532.2	5562.6	1093.2	331.4	4469.4
湖 南	Hunan	6838.0	898.5	292.6	5939.5	6716.1	930.6	299.0	5785.4
广 东	Guangdong	10615.8	4170.7	505.3	6445.1	10783.5	4375.7	525.6	6407.7
广 西	Guangxi	5136.7	588.5	167.5	4548.2	5207.2	620.5	176.0	4586.6
海 南	Hainan	915.4	225.7	62.9	689.7	920.7	236.1	64.7	684.5
重 庆	Chongqing	3265.3	678.3	192.4	2587.0	3272.1	720.6	200.3	2551.4
四 川	Sichuan	8637.1	1667.7	481.4	6969.5	8616.9	1778.1	498.7	6838.8
贵 州	Guizhou	4233.6	432.0	115.7	3801.6	4186.8	462.0	119.7	3724.7
云 南	Yunnan	4520.9	506.9	150.3	4014.0	4533.4	528.0	154.6	4005.5
西 藏	Tibet	342.7	43.9	9.8	298.8	347.1	47.7	11.2	299.4
陕 西	Shaanxi	3885.9	674.4	197.6	3211.5	3960.9	712.9	204.4	3248.0
甘 肃	Gansu	2546.7	331.6	110.8	2215.1	2572.9	344.3	114.1	2228.6
青 海	Qinghai	555.3	99.4	34.2	455.9	557.9	103.8	35.7	454.2
宁 夏	Ningxia	626.2	131.9	36.3	494.3	633.7	141.1	38.0	492.6
新 疆	Xinjiang	2251.0	579.5	162.8	1671.5	2293.1	605.1	168.1	1688.1

9-13 续表 8 continued

单位：万人 (10 000 persons)

地区 Region	2020 合计 Total	2020 #职工基本医疗保险 Staff	2020 #退休人员 Retirees	2020 #城乡居民基本医疗保险 Urban Staff	2021 合计 Total	2021 #职工基本医疗保险 Staff	2021 #退休人员 Retirees	2021 #城乡居民基本医疗保险 Urban Staff
全 国 National	**136131.1**	**34455.1**	**9026.3**	**101676.0**	**136296.7**	**35430.9**	**9324.4**	**100865.9**
北 京 Beijing	2139.9	1741.6	315.0	398.3	1886.9	1486.0	320.5	400.8
天 津 Tianjin	1164.1	618.4	217.9	545.7	1175.0	637.6	222.1	537.4
河 北 Hebei	6938.8	1135.5	348.3	5803.3	7091.0	1212.0	366.0	5879.0
山 西 Shanxi	3245.1	716.4	228.1	2528.7	3246.0	731.1	234.1	2515.0
内蒙古 Inner Mongolia	2183.9	553.0	184.3	1630.9	2192.2	564.7	184.2	1627.5
辽 宁 Liaoning	3867.5	1588.4	651.1	2279.1	3808.3	1571.0	668.6	2237.3
吉 林 Jilin	2461.9	529.8	200.3	1932.1	2290.3	537.5	204.2	1752.8
黑龙江 Heilongjiang	2827.0	876.4	391.8	1950.6	2821.1	884.9	400.6	1936.2
上 海 Shanghai	1943.2	1587.2	522.3	356.0	1978.5	1613.4	528.7	365.0
江 苏 Jiangsu	7967.7	3102.3	805.6	4865.5	8063.8	3246.0	842.0	4817.8
浙 江 Zhejiang	5556.5	2579.5	507.3	2977.0	5654.5	2736.0	547.8	2918.5
安 徽 Anhui	6704.6	951.6	267.3	5753.0	6661.9	1010.8	279.2	5651.0
福 建 Fujian	3840.5	893.1	171.1	2947.3	3872.1	933.0	175.6	2939.0
江 西 Jiangxi	4780.0	599.0	213.1	4180.9	4689.1	610.1	215.2	4079.0
山 东 Shandong	9697.8	2323.3	588.0	7374.5	9732.4	2435.6	624.5	7296.7
河 南 Henan	10349.5	1336.5	389.2	9013.0	10339.2	1351.8	402.1	8987.4
湖 北 Hubei	5583.0	1136.9	339.2	4446.0	5619.7	1196.1	358.0	4423.6
湖 南 Hunan	6731.8	989.8	308.2	5742.0	6748.7	1025.2	312.3	5723.5
广 东 Guangdong	10991.4	4578.1	547.7	6413.3	11271.9	4757.1	581.3	6514.8
广 西 Guangxi	5217.2	656.2	177.6	4561.0	5249.3	714.8	183.4	4534.5
海 南 Hainan	934.0	250.1	66.5	683.9	938.8	245.8	66.2	693.0
重 庆 Chongqing	3266.7	767.0	205.8	2499.8	3261.7	795.9	209.5	2465.9
四 川 Sichuan	8591.7	1875.9	511.7	6715.7	8586.2	1945.8	510.4	6640.4
贵 州 Guizhou	4194.4	475.5	123.2	3718.9	4214.5	479.4	122.1	3735.0
云 南 Yunnan	4581.3	548.4	157.7	4032.8	4521.9	569.2	161.8	3952.6
西 藏 Tibet	342.8	50.4	11.1	292.3	346.0	55.1	11.3	291.0
陕 西 Shaanxi	3899.7	742.2	209.6	3157.5	3891.6	783.8	217.0	3107.8
甘 肃 Gansu	2590.4	361.9	119.9	2228.5	2587.2	372.3	119.2	2214.8
青 海 Qinghai	563.3	108.5	37.2	454.7	567.0	114.8	38.1	452.1
宁 夏 Ningxia	658.8	153.0	39.5	505.8	663.4	159.6	40.5	503.8
新 疆 Xinjiang	2316.8	629.1	170.7	1687.6	2326.4	654.1	177.7	1672.3

9-13 续表 9 continued

单位：万人 (10 000 persons)

地区 Region	2022 合计 Total	#职工基本医疗保险 Staff	#退休人员 Retirees	#城乡居民基本医疗保险 Urban Staff
全 国 National	**134592.5**	**36243.4**	**9639.1**	**98349.1**
北 京 Beijing	1900.5	1496.2	331.6	404.3
天 津 Tianjin	1176.4	642.6	225.6	533.8
河 北 Hebei	7020.3	1238.3	376.1	5782.0
山 西 Shanxi	3222.7	739.2	240.6	2483.5
内蒙古 Inner Mongolia	2169.9	586.8	191.8	1583.1
辽 宁 Liaoning	3748.6	1580.9	680.9	2167.7
吉 林 Jilin	2262.6	545.2	209.6	1717.5
黑龙江 Heilongjiang	2767.8	890.2	409.7	1877.5
上 海 Shanghai	1989.6	1623.7	535.9	365.8
江 苏 Jiangsu	8119.5	3388.5	882.1	4731.0
浙 江 Zhejiang	5577.2	2855.8	588.6	2721.4
安 徽 Anhui	6506.7	1063.3	290.9	5443.4
福 建 Fujian	3863.5	972.2	183.1	2891.3
江 西 Jiangxi	4648.2	646.1	222.1	4002.2
山 东 Shandong	9633.1	2498.3	654.7	7134.8
河 南 Henan	10093.9	1395.7	418.1	8698.2
湖 北 Hubei	5593.0	1240.4	388.8	4352.6
湖 南 Hunan	6523.2	1052.6	321.0	5470.6
广 东 Guangdong	11153.2	4856.0	574.7	6297.2
广 西 Guangxi	5201.9	730.4	188.4	4471.5
海 南 Hainan	920.9	250.5	68.3	670.3
重 庆 Chongqing	3206.6	808.5	211.7	2398.2
四 川 Sichuan	8393.9	1967.2	532.8	6426.7
贵 州 Guizhou	4221.2	494.1	127.4	3727.2
云 南 Yunnan	4559.8	584.0	165.3	3975.8
西 藏 Tibet	339.6	55.6	11.3	284.0
陕 西 Shaanxi	3668.3	720.2	220.4	2948.1
甘 肃 Gansu	2555.1	381.0	123.3	2174.2
青 海 Qinghai	559.6	116.3	39.5	443.3
宁 夏 Ningxia	662.8	162.4	41.2	500.4
新 疆 Xinjiang	2332.9	661.2	183.7	1671.7

9-14 分地区基本医疗保险基金收支情况（2022年） RENVENUE AND EXPENSES OF BASIC MEDICAL INSURANCE BY REGION(2022)

单位：亿元 (100 million yuan)

地区	Region	基金收入 Revenue			基金支出 Expenses			累计结余 Balance at the Year-end		
		合计 Total	职工 Workers	居民 Residents	合计 Total	职工 Workers	居民 Residents	合计 Total	职工 Workers	居民 Residents
全国	**National**	**30922.2**	**20793.3**	**10128.9**	**24597.2**	**15243.8**	**9353.4**	**42639.9**	**35105.8**	**7534.1**
北京	Beijing	1873.0	1758.6	114.3	1263.4	1164.4	99.0	2283.8	2207.3	76.5
天津	Tianjin	479.8	424.4	55.5	405.7	335.3	70.4	541.9	463.3	78.6
河北	Hebei	1216.7	666.3	550.4	992.1	485.7	506.4	1609.6	1248.6	361.0
山西	Shanxi	592.9	354.7	238.2	477.8	274.1	203.7	785.1	587.5	197.6
内蒙古	Inner Mongolia	511.2	339.4	171.7	369.3	238.0	131.3	738.4	580.9	157.5
辽宁	Liaoning	865.7	654.4	211.3	772.5	571.7	200.8	974.5	762.1	212.4
吉林	Jilin	373.6	224.0	149.7	333.9	187.4	146.5	580.9	449.0	131.9
黑龙江	Heilongjiang	590.1	388.4	201.7	503.2	330.9	172.4	868.9	647.3	221.6
上海	Shanghai	1820.3	1719.4	100.9	1184.1	1089.4	94.7	4539.5	4506.0	33.5
江苏	Jiangsu	2316.0	1760.5	555.5	1912.3	1362.0	550.3	3029.4	2747.3	282.1
浙江	Zhejiang	2156.0	1657.8	498.3	1664.6	1198.3	466.2	3363.9	3070.9	293.0
安徽	Anhui	969.2	463.9	505.2	793.4	315.1	478.3	1043.3	781.2	262.1
福建	Fujian	789.6	499.9	289.7	652.4	383.2	269.2	1100.8	970.7	130.1
江西	Jiangxi	698.2	296.8	401.4	592.4	234.9	357.5	836.7	494.4	342.3
山东	Shandong	2102.0	1393.5	708.5	1810.0	1113.7	696.4	2051.1	1615.2	436.0
河南	Henan	1455.9	631.0	824.9	1293.0	497.8	795.2	1343.9	994.1	349.8
湖北	Hubei	1107.5	685.3	422.2	906.8	513.1	393.7	1243.4	926.5	316.9
湖南	Hunan	1073.6	536.6	537.0	873.9	398.5	475.4	1260.2	905.5	354.7
广东	Guangdong	2907.8	2207.4	700.4	2315.7	1674.4	641.2	4785.9	3955.7	830.2
广西	Guangxi	785.3	365.9	419.4	702.8	290.0	412.8	996.4	589.3	407.1
海南	Hainan	203.8	137.8	66.0	146.7	87.5	59.2	334.9	265.6	69.3
重庆	Chongqing	707.8	461.0	246.8	587.6	343.3	244.3	736.0	563.0	172.9
四川	Sichuan	1714.4	1087.4	627.0	1328.8	736.3	592.5	2636.0	2100.4	535.6
贵州	Guizhou	649.8	287.7	362.1	535.4	222.0	313.3	761.6	445.2	316.4
云南	Yunnan	782.4	394.4	388.0	678.5	316.7	361.8	957.7	691.5	266.2
西藏	Tibet	90.5	65.5	25.0	43.9	27.3	16.7	240.8	213.1	27.7
陕西	Shaanxi	798.4	508.4	290.0	538.5	305.3	233.3	1030.6	808.7	221.9
甘肃	Gansu	402.1	197.9	204.2	282.7	133.5	149.2	491.1	318.2	172.9
青海	Qinghai	150.9	103.5	47.4	103.3	66.8	36.5	262.9	205.4	57.4
宁夏	Ningxia	167.6	116.3	51.3	99.5	58.1	41.4	246.4	198.9	47.5
新疆	Xinjiang	570.2	405.2	165.0	433.2	289.1	144.1	964.2	792.6	171.6

9-15 历年全国失业保险基本情况
UNEMPLOYMENT INSURANCE

年 份 Year	年末参保人数 (万人) Contributors at the Year-end (10 000 persons)	年末领取失业保险金人数 (万人) Beneficiaries of Unemplo-ment Insurance Funds(10 000 persons)	全年发放失业保险金 (万元) Unemployed Relief (10 000 yuan)
绝对数 Absolute Figure			
1992	7443		8959
1993	7924		27847
1994	7968		50755
1995	8238		79199
1996	8333		133394
1997	7961		179319
1998	7928		203907
1999	9852	109	318722
2000	10408	190	561984
2001	10355	312	832563
2002	10182	440	1167736
2003	10373	415	1334448
2004	10584	419	1374983
2005	10648	362	1366801
2006	11187	327	1253873
2007	11645	286	1294405
2008	12400	261	1395349
2009	12715	235	1457592
2010	13376	209	1404485
2011	14317	197	1598544
2012	15225	204	1812934
2013	16417	197	2032389
2014	17043	207	2332794
2015	17326	227	2698012
2016	18089	230	3093670
2017	18784	220	3182181
2018	19643	223	3576225
2019	20543	228	3967704
2020	21689	270	4138932
2021	22958	259	5306527
2022	23807	297	5916308
比上年增长(%) Increase over Preceding Year %			
1993	6.5		210.8
1994	0.6		82.3
1995	3.4		56.0
1996	1.2		68.4
1997	-4.5		34.4
1998	-0.4		13.7
1999	24.3		56.3
2000	5.6	74.3	76.3
2001	-0.6	64.2	48.1
2002	-1.7	41.0	40.3
2003	1.9	-5.7	14.3
2004	2.0	1.0	3.0
2005	0.6	-13.5	-0.6
2006	5.0	-9.9	-8.3
2007	4.1	-12.4	3.2
2008	6.5	-8.7	7.8
2009	2.5	-10.0	4.5
2010	5.2	-11.0	-3.6
2011	7.0	-5.8	13.8
2012	6.3	3.6	13.4
2013	7.8	-3.4	12.1
2014	3.8	5.1	14.8
2015	1.7	9.5	15.7
2016	4.4	1.6	14.7
2017	3.8	-4.4	2.9
2018	4.6	1.3	12.4
2019	4.6	2.3	10.9
2020	5.6	18.3	4.3
2021	5.8	-4.2	28.2
2022	3.7	14.6	11.5

9-16 历年各地区失业保险参保人数
UNEMPLOYMENT INSURANCE BY REGION

单位：万人 (10 000 persons)

地 区	Region	2001		2002		2003		2004	
		年末参保人数 Contributors at the Year-end	年末领取失业保险金人数 Beneficiaries at the Year-end	年末参保人数 Contributors at the Year-end	年末领取失业保险金人数 Beneficiaries at the Year-end	年末参保人数 Contributors at the Year-end	年末领取失业保险金人数 Beneficiaries at the Year-end	年末参保人数 Contributors at the Year-end	年末领取失业保险金人数 Beneficiaries at the Year-end
全 国	**National**	**10355**	**312**	**10182**	**440**	**10373**	**415**	**10584**	**419**
北 京	Beijing	287.2	5.5	299.6	4.8	306.6	5.2	308.2	3.8
天 津	Tianjin	214.3	10.8	196.3	12.4	193.5	9.4	195.1	5.1
河 北	Hebei	513.2	7.3	488.6	7.2	484.2	8.3	479.0	11.0
山 西	Shanxi	286.0	5.9	278.9	4.5	284.1	5.7	286.5	5.4
内蒙古	Inner Mongolia	217.7	5.4	219.7	7.1	221.6	5.7	222.3	5.8
辽 宁	Liaoning	656.7	20.3	591.2	82.2	622.2	67.0	616.2	81.7
吉 林	Jilin	283.8	13.2	284.0	15.6	292.9	16.2	282.2	12.2
黑龙江	Heilongjiang	532.6	12.5	466.0	19.6	479.0	12.6	475.8	9.7
上 海	Shanghai	430.7	13.1	436.0	14.4	441.1	14.0	487.8	15.9
江 苏	Jiangsu	766.5	39.5	735.6	49.7	761.6	48.9	797.1	43.6
浙 江	Zhejiang	391.1	33.0	390.0	27.5	396.8	17.4	428.4	11.3
安 徽	Anhui	375.2	11.5	378.8	17.5	380.8	23.4	371.1	26.4
福 建	Fujian	239.6	9.6	249.5	11.1	266.4	10.0	266.4	9.5
江 西	Jiangxi	235.9	2.1	226.7	3.9	215.5	5.9	226.6	7.2
山 东	Shandong	700.2	20.5	701.2	30.1	719.1	30.1	747.5	30.6
河 南	Henan	676.1	10.0	670.4	16.8	680.0	18.7	681.6	22.3
湖 北	Hubei	420.8	26.1	416.1	25.1	390.1	18.7	391.3	17.0
湖 南	Hunan	352.0	4.4	326.6	7.9	347.5	10.5	380.5	9.8
广 东	Guangdong	819.5	21.2	890.2	26.2	954.1	25.9	1005.8	23.4
广 西	Guangxi	217.7	5.0	215.5	7.6	219.1	8.9	226.4	9.8
海 南	Hainan	56.1	0.7	60.2	1.7	57.7	1.8	57.9	2.1
重 庆	Chongqing	210.0	7.7	205.3	9.1	199.5	8.1	193.4	9.2
四 川	Sichuan	412.2	11.9	402.9	14.0	400.0	12.6	398.6	12.6
贵 州	Guizhou	136.4	1.2	132.2	1.6	128.0	1.3	129.9	1.2
云 南	Yunnan	190.7	3.6	183.2	4.6	183.0	6.6	173.2	10.5
西 藏	Tibet	6.3		7.1		7.1		6.7	
陕 西	Shaanxi	304.9	3.5	315.7	7.3	323.3	8.2	325.5	7.2
甘 肃	Gansu	162.7	1.1	161.0	2.7	162.1	3.8	161.0	4.3
青 海	Qinghai	35.7	1.4	32.2	1.0	33.2	1.3	33.1	1.2
宁 夏	Ningxia	34.7	0.7	35.7	0.8	36.3	1.0	36.4	1.2
新 疆	Xinjiang	188.2	3.9	185.2	5.7	186.5	7.4	192.4	7.7

9-16 续表 1 continued

单位：万人 (10 000 persons)

地区 Region	2005		2006		2007	
	年末参保人数 Contributors at the Year-end	年末领取失业保险金人数 Beneficiaries at the Year-end	年末参保人数 Contributors at the Year-end	年末领取失业保险金人数 Beneficiaries at the Year-end	年末参保人数 Contributors at the Year-end	年末领取失业保险金人数 Beneficiaries at the Year-end
全国 National	**10648**	**362**	**11187**	**327**	**11645**	**286**
北京 Beijing	357.5	3.5	482.2	3.1	535.3	3.0
天津 Tianjin	197.5	3.8	216.7	3.6	221.5	3.3
河北 Hebei	461.2	13.3	470.8	13.4	473.3	11.6
山西 Shanxi	288.5	4.8	296.0	5.2	299.0	6.0
内蒙古 Inner Mongolia	222.2	4.9	223.5	5.0	223.7	4.7
辽宁 Liaoning	607.7	46.5	614.1	25.9	622.1	19.6
吉林 Jilin	199.4	7.5	224.4	10.2	228.7	13.9
黑龙江 Heilongjiang	459.6	10.3	457.5	17.8	464.1	15.3
上海 Shanghai	466.1	17.8	476.4	18.5	491.5	14.9
江苏 Jiangsu	838.3	30.2	901.1	22.7	968.5	21.2
浙江 Zhejiang	444.7	7.2	504.4	6.5	584.7	6.3
安徽 Anhui	360.3	24.3	362.6	17.9	364.5	14.1
福建 Fujian	266.6	8.6	293.1	6.8	318.2	5.7
江西 Jiangxi	230.7	6.0	241.0	4.9	251.5	5.3
山东 Shandong	771.1	32.2	789.7	30.3	814.9	27.8
河南 Henan	681.9	29.2	682.8	28.0	682.9	21.6
湖北 Hubei	391.5	14.8	395.5	12.0	405.7	8.9
湖南 Hunan	382.7	11.3	386.3	10.2	389.0	8.6
广东 Guangdong	1099.1	20.4	1208.2	16.7	1295.5	14.3
广西 Guangxi	219.9	9.4	222.3	8.1	223.8	7.2
海南 Hainan	56.7	2.0	59.1	2.3	66.2	2.5
重庆 Chongqing	188.2	6.4	193.0	4.8	196.7	4.1
四川 Sichuan	380.5	15.6	400.0	16.3	418.2	11.3
贵州 Guizhou	129.3	1.3	131.1	1.5	134.5	1.4
云南 Yunnan	180.3	9.1	183.0	6.4	185.8	4.3
西藏 Tibet	6.7		7.5		7.2	0.0
陕西 Shaanxi	326.7	8.6	326.5	14.1	327.2	13.6
甘肃 Gansu	160.0	5.4	160.5	7.5	161.8	7.1
青海 Qinghai	33.2	1.1	34.0	1.0	34.7	2.1
宁夏 Ningxia	37.2	1.2	38.3	1.2	40.1	1.5
新疆 Xinjiang	202.4	5.6	205.4	4.8	213.6	4.7

9-16 续表 2 continued

单位：万人 (10 000 persons)

地区 Region	2008 年末参保人数 Contributors at the Year-end	2008 年末领取失业保险金人数 Beneficiaries at the Year-end	2009 年末参保人数 Contributors at the Year-end	2009 年末领取失业保险金人数 Beneficiaries at the Year-end	2010 年末参保人数 Contributors at the Year-end	2010 年末领取失业保险金人数 Beneficiaries at the Year-end
全 国 National	**12400**	**261**	**12715**	**235**	**13376**	**209**
北 京 Beijing	614.3	2.6	675.7	1.8	774.2	1.6
天 津 Tianjin	232.5	3.2	239.2	3.1	246.1	3.5
河 北 Hebei	481.7	9.8	484.4	10.4	493.4	9.0
山 西 Shanxi	312.2	7.3	293.3	6.1	305.7	4.6
内蒙古 Inner Mongolia	225.5	3.1	229.7	2.5	230.9	2.1
辽 宁 Liaoning	622.7	15.7	625.3	13.4	626.9	11.4
吉 林 Jilin	233.7	16.5	241.4	14.3	245.1	7.8
黑龙江 Heilongjiang	467.6	10.3	471.3	9.3	472.9	8.8
上 海 Shanghai	511.8	14.0	523.5	14.6	556.2	11.6
江 苏 Jiangsu	1052.2	21.5	1079.1	19.7	1153.8	19.7
浙 江 Zhejiang	731.1	6.3	784.5	5.5	875.0	5.8
安 徽 Anhui	373.1	12.8	377.8	10.5	384.0	7.8
福 建 Fujian	338.7	4.6	348.1	3.6	374.2	3.2
江 西 Jiangxi	266.3	3.4	275.5	3.4	265.3	8.2
山 东 Shandong	864.1	24.9	899.5	23.0	931.2	20.7
河 南 Henan	683.4	18.4	690.2	16.7	696.7	14.7
湖 北 Hubei	422.9	7.4	440.3	7.0	469.7	6.4
湖 南 Hunan	390.1	8.3	392.0	8.3	399.5	6.9
广 东 Guangdong	1471.9	13.7	1470.7	12.8	1627.3	10.6
广 西 Guangxi	234.6	8.0	237.0	7.6	238.4	6.2
海 南 Hainan	84.7	3.3	97.5	2.8	112.5	1.6
重 庆 Chongqing	210.1	4.4	215.9	4.7	237.4	3.7
四 川 Sichuan	436.9	12.2	463.5	10.0	464.7	9.1
贵 州 Guizhou	141.4	1.3	144.6	1.1	152.5	1.2
云 南 Yunnan	191.9	3.7	198.7	3.5	209.6	3.2
西 藏 Tibet	7.8	0.0	8.8	0.0	9.3	0.0
陕 西 Shaanxi	329.3	9.1	331.0	9.3	331.6	7.5
甘 肃 Gansu	162.6	5.6	164.1	3.7	164.2	2.4
青 海 Qinghai	35.4	2.3	36.0	1.0	36.6	0.4
宁 夏 Ningxia	44.4	1.4	44.9	1.1	47.6	1.0
新 疆 Xinjiang	224.8	6.1	231.8	4.9	242.9	8.3

9−16 续表 3 continued

单位：万人 (10 000 persons)

地 区 Region	2011		2012		2013	
	年末参保人数 Contributors at the Year-end	年末领取失业保险金人数 Beneficiaries at the Year-end	年末参保人数 Contributors at the Year-end	年末领取失业保险金人数 Beneficiaries at the Year-end	年末参保人数 Contributors at the Year-end	年末领取失业保险金人数 Beneficiaries at the Year-end
全 国 National	**14317**	**197**	**15225**	**204**	**16417**	**197**
北 京 Beijing	881.0	2.0	1006.7	2.3	1025.1	2.4
天 津 Tianjin	258.8	2.8	268.7	2.0	278.7	2.0
河 北 Hebei	498.7	8.4	501.7	7.9	505.0	7.1
山 西 Shanxi	309.4	4.3	391.0	3.8	400.7	3.1
内蒙古 Inner Mongolia	232.5	2.5	232.8	2.5	233.4	2.3
辽 宁 Liaoning	632.3	9.7	660.7	7.4	663.2	7.6
吉 林 Jilin	247.2	5.1	251.5	4.6	258.8	6.0
黑龙江 Heilongjiang	474.5	7.1	476.2	7.7	477.4	7.1
上 海 Shanghai	604.2	11.2	617.4	10.9	625.7	9.9
江 苏 Jiangsu	1238.2	29.9	1332.2	32.7	1389.3	29.9
浙 江 Zhejiang	980.6	7.4	1065.6	7.0	1144.3	7.8
安 徽 Anhui	397.7	6.7	402.2	6.1	409.0	6.1
福 建 Fujian	430.9	3.6	459.1	4.6	496.7	4.2
江 西 Jiangxi	263.5	5.4	272.2	3.3	271.1	1.5
山 东 Shandong	964.9	19.8	1009.8	19.1	1089.6	17.8
河 南 Henan	701.2	13.3	724.2	11.4	741.3	10.5
湖 北 Hubei	498.2	5.1	508.6	4.8	511.3	5.2
湖 南 Hunan	415.6	7.0	449.9	6.0	461.7	6.1
广 东 Guangdong	1875.4	10.5	2008.7	9.8	2702.2	8.8
广 西 Guangxi	240.8	5.2	243.4	5.5	253.4	5.6
海 南 Hainan	126.0	1.8	139.5	1.8	150.8	2.1
重 庆 Chongqing	268.6	2.9	323.5	2.8	389.7	3.4
四 川 Sichuan	536.8	8.1	585.5	24.5	613.5	24.1
贵 州 Guizhou	160.5	1.1	173.5	1.0	185.2	1.3
云 南 Yunnan	216.8	3.3	224.7	3.8	232.5	4.5
西 藏 Tibet	9.6	0.0001	10.6		11.0	0.002
陕 西 Shaanxi	332.2	4.5	339.1	3.5	339.7	3.2
甘 肃 Gansu	163.8	1.5	163.6	1.2	163.1	1.0
青 海 Qinghai	37.3	0.6	37.9	0.7	38.5	0.5
宁 夏 Ningxia	60.0	1.2	70.5	1.1	71.3	1.1
新 疆 Xinjiang	260.2	5.0	273.7	4.2	283.9	4.8

9-16 续表 4 continued

单位：万人 (10 000 persons)

地区 Region	2014		2015		2016	
	年末参保人数 Contributors at the Year-end	年末领取失业保险金人数 Beneficiaries at the Year-end	年末参保人数 Contributors at the Year-end	年末领取失业保险金人数 Beneficiaries at the Year-end	年末参保人数 Contributors at the Year-end	年末领取失业保险金人数 Beneficiaries at the Year-end
全国 National	**17043**	**207**	**17326**	**227**	**18089**	**230**
北京 Beijing	1057.1	3.0	1082.3	3.4	1115.0	3.7
天津 Tianjin	287.6	2.6	295.3	7.1	302.5	7.4
河北 Hebei	508.7	7.1	511.0	8.0	515.9	7.9
山西 Shanxi	407.7	3.0	411.3	3.1	415.2	3.0
内蒙古 Inner Mongolia	236.3	2.4	242.1	2.9	241.1	3.0
辽宁 Liaoning	664.3	8.5	665.3	9.7	665.4	10.7
吉林 Jilin	258.7	2.2	261.2	2.2	262.0	2.7
黑龙江 Heilongjiang	478.4	4.8	312.8	3.7	313.2	3.9
上海 Shanghai	634.1	9.8	641.8	9.5	947.3	10.5
江苏 Jiangsu	1442.7	32.1	1490.9	34.2	1538.1	34.0
浙江 Zhejiang	1210.3	8.2	1260.2	9.0	1317.0	9.0
安徽 Anhui	422.0	6.5	436.6	7.7	448.5	8.8
福建 Fujian	524.1	4.5	546.3	5.0	575.5	5.2
江西 Jiangxi	271.8	1.3	281.5	1.4	282.6	1.6
山东 Shandong	1154.3	19.9	1203.8	21.6	1222.9	22.0
河南 Henan	773.3	10.2	783.3	8.3	788.1	7.6
湖北 Hubei	519.0	5.6	528.4	6.0	541.9	6.9
湖南 Hunan	509.5	6.9	521.2	6.7	537.5	7.0
广东 Guangdong	2840.2	10.9	2930.1	13.9	3020.1	15.4
广西 Guangxi	259.0	6.1	273.2	6.2	283.7	5.9
海南 Hainan	157.5	2.0	164.8	2.0	170.2	2.2
重庆 Chongqing	439.1	2.8	439.5	3.5	447.1	4.2
四川 Sichuan	635.8	29.8	661.0	33.2	702.0	29.8
贵州 Guizhou	191.9	1.5	205.3	1.7	218.1	2.4
云南 Yunnan	236.9	5.3	243.3	5.9	251.2	5.6
西藏 Tibet	12.5	0.004	11.4	0.009	15.2	0.003
陕西 Shaanxi	344.3	2.9	347.7	3.0	352.2	2.8
甘肃 Gansu	162.4	1.0	162.8	1.0	164.3	1.1
青海 Qinghai	39.3	0.4	40.1	0.4	40.8	0.4
宁夏 Ningxia	73.5	1.3	76.6	1.3	95.6	1.3
新疆 Xinjiang	290.2	4.7	294.9	4.9	298.7	4.5

9-16 续表 5 continued

单位：万人 (10 000 persons)

地 区 Region	2017 年末参保人数 Contributors at the Year-end	2017 年末领取失业保险金人数 Beneficiaries at the Year-end	2018 年末参保人数 Contributors at the Year-end	2018 年末领取失业保险金人数 Beneficiaries at the Year-end	2019 年末参保人数 Contributors at the Year-end	2019 年末领取失业保险金人数 Beneficiaries at the Year-end
全 国 National	**18784**	**220**	**19643**	**223**	**20543**	**228**
北 京 Beijing	1170.9	3.9	1240.7	3.8	1294.8	4.0
天 津 Tianjin	311.3	8.4	323.4	6.9	335.5	6.6
河 北 Hebei	529.7	7.2	546.0	6.8	554.1	6.7
山 西 Shanxi	420.6	3.0	431.1	2.9	443.9	3.1
内蒙古 Inner Mongolia	247.1	2.5	255.5	2.5	267.4	2.3
辽 宁 Liaoning	679.9	10.5	679.6	11.2	668.2	12.6
吉 林 Jilin	263.7	2.8	269.5	2.4	273.6	2.5
黑龙江 Heilongjiang	315.1	4.1	318.0	3.5	324.0	3.3
上 海 Shanghai	961.8	11.1	977.2	10.8	984.9	10.6
江 苏 Jiangsu	1583.0	32.1	1671.3	30.4	1794.2	30.6
浙 江 Zhejiang	1380.9	8.9	1478.4	13.0	1561.7	13.6
安 徽 Anhui	472.4	8.1	505.5	7.5	518.8	7.2
福 建 Fujian	612.3	4.9	570.3	5.0	610.6	5.9
江 西 Jiangxi	286.3	1.7	288.0	1.7	289.7	1.6
山 东 Shandong	1268.3	20.1	1318.5	18.7	1366.0	17.7
河 南 Henan	805.6	7.5	819.9	7.2	837.3	6.8
湖 北 Hubei	561.3	6.4	590.8	6.1	619.5	6.2
湖 南 Hunan	563.7	6.8	584.2	5.9	606.6	6.3
广 东 Guangdong	3163.7	14.6	3361.7	16.2	3498.8	17.5
广 西 Guangxi	302.1	5.4	323.5	5.5	363.0	5.5
海 南 Hainan	168.1	2.2	173.4	2.3	178.6	2.6
重 庆 Chongqing	466.3	3.9	489.8	3.4	515.0	5.6
四 川 Sichuan	776.7	27.4	875.1	33.2	953.5	32.7
贵 州 Guizhou	235.7	2.2	257.3	2.3	276.1	2.7
云 南 Yunnan	259.8	5.1	273.1	4.9	289.2	5.1
西 藏 Tibet	15.2	0.002	17.7	0.004	25.3	0.006
陕 西 Shaanxi	356.5	2.9	372.4	2.9	426.4	3.2
甘 肃 Gansu	165.4	0.9	168.3	1.0	173.0	0.8
青 海 Qinghai	41.5	0.3	42.3	0.3	43.8	0.3
宁 夏 Ningxia	88.5	1.2	92.0	1.2	97.4	1.6
新 疆 Xinjiang	310.8	4.0	328.8	3.4	352.1	3.1

9-16 续表 6 continued

单位：万人 (10 000 persons)

地区 Region	2020 年末参保人数 Contributors at the Year-end	2020 年末领取失业保险金人数 Beneficiaries at the Year-end	2021 年末参保人数 Contributors at the Year-end	2021 年末领取失业保险金人数 Beneficiaries at the Year-end	2022 年末参保人数 Contributors at the Year-end	2022 年末领取失业保险金人数 Beneficiaries at the Year-end
全　国 National	**21689**	**270**	**22958**	**259**	**23807**	**297**
北　京 Beijing	1318.4	9.6	1359.0	8.4	1391.4	16.6
天　津 Tianjin	349.1	6.6	372.3	7.7	392.2	9.3
河　北 Hebei	691.5	6.8	747.4	7.0	795.4	6.5
山　西 Shanxi	469.4	3.2	504.5	3.7	531.5	3.2
内蒙古 Inner Mongolia	276.5	2.7	290.9	2.9	308.4	3.2
辽　宁 Liaoning	677.0	18.4	690.9	19.2	677.9	19.9
吉　林 Jilin	270.7	2.4	278.0	2.6	281.1	3.1
黑龙江 Heilongjiang	326.1	3.5	329.5	3.7	332.2	3.3
上　海 Shanghai	987.6	31.5	1021.3	16.6	1014.7	20.3
江　苏 Jiangsu	1887.0	33.2	1967.0	29.2	2027.1	28.3
浙　江 Zhejiang	1687.8	16.9	1793.5	20.0	1850.9	25.9
安　徽 Anhui	564.2	7.5	616.6	7.4	663.6	8.0
福　建 Fujian	664.4	6.3	716.7	6.0	761.3	6.2
江　西 Jiangxi	291.9	1.8	308.0	2.4	357.5	2.6
山　东 Shandong	1466.1	19.3	1542.7	23.2	1593.5	24.6
河　南 Henan	885.9	9.4	1004.9	9.4	1092.7	9.1
湖　北 Hubei	651.3	7.5	698.7	7.1	735.6	8.2
湖　南 Hunan	640.9	7.8	687.4	6.3	723.9	7.3
广　东 Guangdong	3603.4	26.4	3725.1	25.8	3751.1	32.8
广　西 Guangxi	410.6	6.7	475.0	6.8	509.4	7.3
海　南 Hainan	194.6	3.1	205.6	2.9	220.4	3.6
重　庆 Chongqing	548.5	6.4	598.3	7.6	614.2	8.4
四　川 Sichuan	1045.7	11.8	1128.9	12.6	1179.0	16.1
贵　州 Guizhou	297.9	4.2	320.9	3.7	338.7	3.9
云　南 Yunnan	307.4	6.6	329.8	6.4	357.5	7.6
西　藏 Tibet	26.7	0.06	29.6	0.06	31.0	0.12
陕　西 Shaanxi	439.9	3.9	468.7	3.9	492.5	4.1
甘　肃 Gansu	187.4	0.8	196.1	0.8	202.8	0.8
青　海 Qinghai	46.5	0.4	55.0	0.4	63.4	0.4
宁　夏 Ningxia	102.7	1.5	108.5	1.6	117.4	1.6
新　疆 Xinjiang	372.4	3.9	387.2	3.5	398.1	4.1

9-17 各地区失业保险基金基本情况(2022年)
UNEMPLOYMENT INSURANCE BY REGION(2022)

地 区 Region	参保人数 (万人) Employees Insured (10 000 persons)	基金收入 (亿元) Revenue (100 million yuan)	基金支出 (亿元) Expenses (100 million yuan)	累计结余 (亿元) Balance at the Year-end (100 million yuan)
全 国 National	**23806.6**	**1596.1**	**2017.8**	**2890.8**
北 京 Beijing	1391.4	144.6	153.6	104.9
天 津 Tianjin	392.2	31.3	49.5	25.3
河 北 Hebei	795.4	49.0	67.1	123.2
山 西 Shanxi	531.5	33.9	46.5	149.7
内蒙古 Inner Mongolia	308.4	27.0	37.3	107.2
辽 宁 Liaoning	677.9	44.4	69.6	93.0
吉 林 Jilin	281.1	22.2	33.1	66.9
黑龙江 Heilongjiang	332.2	23.5	23.4	109.4
上 海 Shanghai	1014.7	138.6	102.8	87.1
江 苏 Jiangsu	2027.1	156.2	166.0	238.6
浙 江 Zhejiang	1850.9	123.3	188.5	134.5
安 徽 Anhui	663.6	46.3	52.2	81.8
福 建 Fujian	761.3	37.6	36.7	85.5
江 西 Jiangxi	357.5	21.6	27.6	60.2
山 东 Shandong	1593.5	108.9	104.9	182.4
河 南 Henan	1092.7	50.8	40.5	91.5
湖 北 Hubei	735.6	52.6	43.5	116.6
湖 南 Hunan	723.9	34.6	42.2	105.8
广 东 Guangdong	3751.1	134.8	393.6	179.9
广 西 Guangxi	509.4	35.4	40.1	88.2
海 南 Hainan	220.4	11.0	17.8	14.2
重 庆 Chongqing	614.2	32.6	35.6	38.9
四 川 Sichuan	1179.0	81.7	69.8	191.0
贵 州 Guizhou	338.7	24.0	30.4	55.5
云 南 Yunnan	357.5	27.1	31.8	89.7
西 藏 Tibet	31.0	4.3	3.1	26.5
陕 西 Shaanxi	492.5	37.4	33.6	55.7
甘 肃 Gansu	202.8	16.1	19.1	70.4
青 海 Qinghai	63.4	6.0	6.1	24.7
宁 夏 Ningxia	117.4	8.2	8.1	23.3
新 疆 Xinjiang	398.1	30.9	43.8	69.2

注：新疆包含新疆生产建设兵团的数据。
Note：The data of Xinjiang includes Xinjiang Production and Construction Corps.

9-18 历年全国工伤保险基本情况
WORK INJURY INSURANCE

年 份 Year	年末参保人数（万人） Contributors at the Year-end (10 000 persons)	全年享受工伤保险待遇人数(万人) Beneficiaries at the Year-end (10 000 persons)	基金收支情况(亿元) Revenue and Expenses(100 million yuan)		
			基金收入 Revenue	基金支出 Expenses	累计结余 Balance at the Year-end
绝对数 Absolute Figure					
1994	1822.1		4.6	0.9	6.8
1995	2614.8		8.1	1.8	12.7
1996	3102.6		10.9	3.7	19.7
1997	3507.8		13.6	6.1	27.7
1998	3781.3		21.2	9.0	39.5
1999	3912.3		20.9	15.4	44.9
2000	4350.3		24.8	13.8	57.9
2001	4345.3	18.7	28.3	16.5	68.9
2002	4405.6	26.5	32.0	19.9	81.1
2003	4574.8	32.9	37.6	27.1	91.2
2004	6845.2	51.9	58.3	33.3	118.6
2005	8477.8	65.1	92.5	47.5	163.5
2006	10268.5	77.8	121.8	68.5	192.9
2007	12173.4	96.0	165.6	87.9	262.6
2008	13787.2	117.8	216.7	126.9	384.6
2009	14895.5	129.6	240.1	155.7	468.8
2010	16160.7	147.5	284.9	192.4	561.4
2011	17695.9	163.0	466.4	286.4	742.6
2012	19010.1	190.5	526.7	406.3	861.9
2013	19917.2	195.2	614.8	482.1	996.2
2014	20639.2	198.2	694.8	560.5	1128.8
2015	21432.5	201.9	754.2	598.7	1285.3
2016	21889.3	196.0	736.9	610.3	1410.9
2017	22723.7	192.8	853.8	662.3	1606.9
2018	23874.4	198.5	913.0	742.0	1784.9
2019	25478.1	194.2	819.4	816.9	1783.2
2020	26763.4	187.6	486.3	820.3	1449.3
2021	28286.5	206.2	951.9	990.2	1411.2
2022	29116.6	203.7	1053.3	1025.0	1440.1
比上年增长(%) Increase over Preceding Year %					
1995	43.5		77.5	92.4	87.3
1996	18.7		34.7	104.1	55.8
1997	13.1		24.6	64.5	40.1
1998	7.8		55.9	48.6	42.9
1999	3.5		-1.3	70.5	13.6
2000	11.2		18.7	-10.5	28.8
2001	-0.1	-0.6	14.2	19.5	19.1
2002	1.4	41.7	13.2	20.6	17.7
2003	3.8	24.2	17.4	36.2	12.5
2004	49.6	57.8	55.1	22.9	30.0
2005	23.9	25.4	58.7	42.6	37.9
2006	21.1	19.5	31.7	44.2	18.0
2007	18.6	23.4	36.0	28.3	36.1
2008	13.3	22.7	30.9	44.4	27.6
2009	8.0	10.0	10.8	22.7	21.9
2010	8.5	13.8	18.7	23.6	19.8
2011	9.5	10.6	63.7	48.8	32.3
2012	7.4	16.9	12.9	41.9	16.1
2013	4.8	2.4	16.7	18.7	15.6
2014	3.6	1.5	13.0	16.3	13.3
2015	3.8	1.9	8.6	6.8	13.9
2016	2.1	-2.9	-2.3	1.9	9.8
2017	3.8	-1.6	15.9	8.5	13.9
2018	5.1	2.9	6.9	12.0	11.1
2019	6.7	-2.2	-10.2	10.1	-0.1
2020	5.0	-3.4	-40.7	0.4	-18.7
2021	5.7	9.9	95.8	20.7	-2.6
2022	2.9	-1.2	10.7	3.5	2.0

9-19 历年各地区工伤保险基本情况
WORK INJURY INSURANCE BY REGION

单位：万人 (10 000 persons)

地区	Region	2001		2002		2003		2004	
		年末参保人数 Contributors at the Year-end	享受工伤保险待遇人数 Beneficiaries of Work Injury Insurance	年末参保人数 Contributors at the Year-end	享受工伤保险待遇人数 Beneficiaries of Work Injury Insurance	年末参保人数 Contributors at the Year-end	享受工伤保险待遇人数 Beneficiaries of Work Injury Insurance	年末参保人数 Contributors at the Year-end	享受工伤保险待遇人数 Beneficiaries of Work Injury Insurance
全国	**National**	**4345**	**19**	**4406**	**27**	**4575**	**33**	**6845**	**52**
北京	Beijing	204.7	0.1	221.1	**0.7**	242.9	1.2	258.9	2.5
天津	Tianjin							147.2	0.1
河北	Hebei	163.1	0.8	146.7	0.4	145.7	0.4	273.9	0.9
山西	Shanxi	71.8		46.3	0.1	48.4		104.0	0.1
内蒙古	Inner Mongolia	26.7	0.5	23.8	0.2	31.8	0.3	85.0	0.5
辽宁	Liaoning	390.6	5.0	390.5	6.0	345.8	7.3	404.2	8.2
吉林	Jilin	30.7	1.1	36.6	1.5	37.1	1.2	114.3	3.1
黑龙江	Heilongjiang	104.4	0.1	119.0	0.9	130.9	1.1	202.7	4.3
上海	Shanghai							488.3	0.1
江苏	Jiangsu	473.9	0.7	480.0	1.3	503.0	1.7	577.2	2.7
浙江	Zhejiang	219.7	0.6	226.0	1.0	287.7	1.4	360.4	2.7
安徽	Anhui	73.4	0.2	69.8	0.3	68.0	0.4	102.0	0.5
福建	Fujian	159.0	0.2	170.7	0.3	172.3	0.6	205.4	0.8
江西	Jiangxi	137.8	0.2	129.3	0.2	129.7	0.3	134.7	0.4
山东	Shandong	285.5	0.6	277.7	1.1	281.8	1.5	476.7	4.7
河南	Henan	196.0	0.5	218.8	0.7	210.6	0.5	324.7	1.1
湖北	Hubei	182.3	1.3	183.2	1.7	189.2	1.4	187.2	1.8
湖南	Hunan					8.6		203.3	0.3
广东	Guangdong	990.1	5.2	1049.9	8.0	1120.0	9.7	1215.1	11.3
广西	Guangxi	124.1	0.1	117.3	0.2	120.3	0.3	133.5	0.7
海南	Hainan	69.5		68.9	0.1	68.2	0.1	64.5	0.1
重庆	Chongqing	25.0	0.1	29.7	0.1	26.5	0.2	122.6	0.4
四川	Sichuan	179.3	0.5	167.4	0.6	161.4	1.2	195.6	1.6
贵州	Guizhou	1.7		1.3		1.3		1.2	
云南	Yunnan	97.3	0.6	89.0	0.9	84.1	1.2	150.9	1.1
西藏	Tibet								
陕西	Shaanxi	24.5	0.1	25.6		35.1	0.1	115.1	0.7
甘肃	Gansu	9.5		8.7		8.0		42.0	0.1
青海	Qinghai	7.1		6.6		6.6		15.7	0.1
宁夏	Ningxia	11.4		16.0		15.2	0.1	19.1	0.3
新疆	Xinjiang	86.3	0.1	86.0	0.1	94.6	0.5	119.5	0.7

9-19 续表 1 continued

单位：万人 (10 000 persons)

地 区 Region	2005		2006		2007	
	年末参保人数 Contributors at the Year-end	享受工伤保险待遇人数 Beneficiaries of Work Injury Insurance	年末参保人数 Contributors at the Year-end	享受工伤保险待遇人数 Beneficiaries of Work Injury Insurance	年末参保人数 Contributors at the Year-end	享受工伤保险待遇人数 Beneficiaries of Work Injury Insurance
全 国 National	**8478**	**65**	**10268**	**78**	**12173**	**96**
北 京 Beijing	303.9	3.0	465.3	1.5	609.2	1.6
天 津 Tianjin	162.9	0.9	209.7	1.7	257.2	2.3
河 北 Hebei	361.4	1.3	402.4	2.4	481.3	6.0
山 西 Shanxi	151.4	0.5	201.4	3.3	229.1	3.9
内蒙古 Inner Mongolia	110.2	0.7	131.6	0.8	163.6	1.3
辽 宁 Liaoning	474.6	9.1	510.0	8.5	572.3	9.1
吉 林 Jilin	136.7	2.2	174.7	3.0	206.8	2.6
黑龙江 Heilongjiang	257.5	3.8	303.0	3.9	351.7	4.9
上 海 Shanghai	523.7	0.5	817.7	0.7	884.4	0.9
江 苏 Jiangsu	680.2	3.7	812.7	5.6	921.0	6.6
浙 江 Zhejiang	453.1	4.8	603.9	7.4	1002.9	11.2
安 徽 Anhui	148.2	1.7	200.2	2.0	248.7	2.2
福 建 Fujian	239.1	1.3	261.0	1.5	294.8	1.9
江 西 Jiangxi	153.6	0.8	207.9	1.5	251.3	1.7
山 东 Shandong	578.7	5.7	647.3	5.8	745.0	7.0
河 南 Henan	404.0	1.5	421.0	1.7	448.3	2.6
湖 北 Hubei	230.3	1.1	275.5	1.5	327.5	2.0
湖 南 Hunan	228.2	0.7	280.1	2.0	342.4	2.6
广 东 Guangdong	1605.1	12.9	1868.2	13.5	2113.9	13.8
广 西 Guangxi	144.4	0.8	161.1	0.8	182.4	0.9
海 南 Hainan	68.9	0.1	71.5	0.2	78.4	0.2
重 庆 Chongqing	154.1	1.2	165.4	1.8	181.1	1.6
四 川 Sichuan	270.5	2.0	304.9	2.3	397.3	3.2
贵 州 Guizhou	65.8	0.1	90.5	0.6	110.5	0.9
云 南 Yunnan	166.9	1.2	173.8	1.1	188.5	1.6
西 藏 Tibet	1.9		2.3		3.7	
陕 西 Shaanxi	149.2	1.8	210.3	0.7	232.0	1.0
甘 肃 Gansu	70.1	0.4	86.3	0.3	98.2	0.4
青 海 Qinghai	20.5	0.3	23.1	0.4	25.3	0.4
宁 夏 Ningxia	23.5	0.3	24.2	0.3	30.5	0.1
新 疆 Xinjiang	139.1	0.9	161.3	1.2	194.1	1.4

9-19 续表 2 continued

单位：万人 (10 000 persons)

地区 Region		2008 年末参保人数 Contributors at the Year-end	2008 享受工伤保险待遇人数 Beneficiaries of Work Injury Insurance	2009 年末参保人数 Contributors at the Year-end	2009 享受工伤保险待遇人数 Beneficiaries of Work Injury Insurance	2010 年末参保人数 Contributors at the Year-end	2010 享受工伤保险待遇人数 Beneficiaries of Work Injury Insurance
全　国	**National**	**13787**	**118**	**14896**	**130**	**16161**	**147**
北　京	Beijing	666.5	1.8	747.1	4.1	823.8	4.4
天　津	Tianjin	274.9	2.7	292.2	3.1	304.5	4.1
河　北	Hebei	520.8	5.3	559.3	6.0	594.4	7.5
山　西	Shanxi	261.0	4.6	280.7	4.3	292.4	4.9
内蒙古	Inner Mongolia	185.4	1.4	199.1	1.6	207.5	1.8
辽　宁	Liaoning	659.6	8.5	695.8	9.0	730.0	10.0
吉　林	Jilin	234.9	4.1	272.2	3.0	300.5	3.7
黑龙江	Heilongjiang	390.9	4.5	401.8	5.6	415.1	6.2
上　海	Shanghai	950.4	1.2	934.0	1.3	961.0	1.7
江　苏	Jiangsu	1056.6	8.4	1118.1	9.3	1205.5	9.8
浙　江	Zhejiang	1261.8	16.9	1331.1	18.0	1475.1	20.2
安　徽	Anhui	292.9	2.9	320.6	3.9	351.1	4.4
福　建	Fujian	346.1	2.2	379.3	2.3	417.7	2.4
江　西	Jiangxi	313.6	2.0	340.2	1.9	371.7	2.7
山　东	Shandong	865.0	8.8	1064.6	9.2	1211.2	10.2
河　南	Henan	500.2	3.1	521.0	3.2	551.7	3.0
湖　北	Hubei	360.9	2.4	410.7	2.7	444.0	3.1
湖　南	Hunan	403.5	3.9	472.1	5.3	516.0	7.4
广　东	Guangdong	2302.3	15.2	2435.5	15.0	2657.8	14.7
广　西	Guangxi	204.9	1.1	221.7	1.2	235.7	1.4
海　南	Hainan	86.1	0.2	90.1	0.3	95.8	0.3
重　庆	Chongqing	208.2	4.2	226.5	4.7	266.0	5.6
四　川	Sichuan	464.6	4.6	515.8	6.1	583.8	6.0
贵　州	Guizhou	129.0	1.1	143.3	1.4	162.2	1.9
云　南	Yunnan	202.5	2.3	215.1	2.4	227.4	4.6
西　藏	Tibet	5.9		8.3		8.8	
陕　西	Shaanxi	247.6	1.4	264.9	1.4	278.6	1.6
甘　肃	Gansu	108.9	0.8	119.7	0.8	130.1	1.1
青　海	Qinghai	29.9	0.5	40.1	0.5	43.2	0.5
宁　夏	Ningxia	37.5	0.2	42.4	0.2	48.9	0.3
新　疆	Xinjiang	214.5	1.6	232.3	1.9	249.3	2.0

9-19 续表 3 continued

单位：万人 (10 000 persons)

地 区	Region	2011		2012		2013	
		年末参保人数 Contributors at the Year-end	享受工伤保险待遇人数 Beneficiaries of Work Injury Insurance	年末参保人数 Contributors at the Year-end	享受工伤保险待遇人数 Beneficiaries of Work Injury Insurance	年末参保人数 Contributors at the Year-end	享受工伤保险待遇人数 Beneficiaries of Work Injury Insurance
全 国	**National**	**17696**	**163**	**19010**	**191**	**19917**	**195**
北 京	Beijing	862.4	4.7	897.2	4.8	920.3	4.8
天 津	Tianjin	320.4	3.8	330.1	3.4	335.1	3.3
河 北	Hebei	640.4	8.6	694.8	9.1	737.0	10.5
山 西	Shanxi	337.6	5.5	529.6	8.4	550.0	9.7
内蒙古	Inner Mongolia	225.3	3.2	248.9	2.5	277.4	2.2
辽 宁	Liaoning	779.1	11.3	819.1	14.0	856.7	13.2
吉 林	Jilin	331.6	3.3	359.4	4.2	392.1	5.3
黑龙江	Heilongjiang	450.0	8.2	470.6	6.8	493.1	7.2
上 海	Shanghai	939.5	2.5	898.9	6.1	904.1	6.6
江 苏	Jiangsu	1327.0	10.7	1420.7	12.3	1487.3	13.6
浙 江	Zhejiang	1610.8	22.2	1731.7	23.8	1826.1	22.6
安 徽	Anhui	422.0	5.6	457.9	8.8	473.2	8.1
福 建	Fujian	496.9	2.8	540.9	3.4	607.5	3.5
江 西	Jiangxi	387.9	3.0	410.9	5.5	431.5	4.5
山 东	Shandong	1276.1	10.8	1339.6	11.9	1371.9	11.2
河 南	Henan	655.5	3.5	720.6	4.8	773.1	4.6
湖 北	Hubei	481.0	4.5	522.6	4.0	556.9	5.7
湖 南	Hunan	635.5	7.0	693.8	7.8	731.2	8.3
广 东	Guangdong	2847.8	15.4	2962.8	16.7	3057.3	16.7
广 西	Guangxi	272.5	1.5	312.4	1.8	325.6	1.9
海 南	Hainan	104.0	0.3	119.5	0.4	123.4	0.3
重 庆	Chongqing	337.1	6.2	374.9	8.0	406.8	8.0
四 川	Sichuan	650.8	6.5	689.4	8.0	690.1	8.3
贵 州	Guizhou	194.0	2.2	238.2	2.7	260.4	2.3
云 南	Yunnan	243.4	3.6	295.3	4.0	334.3	4.4
西 藏	Tibet	11.8		14.2	0.1	14.8	
陕 西	Shaanxi	326.8	1.9	350.4	2.2	378.1	3.0
甘 肃	Gansu	150.2	1.4	158.5	1.8	167.7	1.8
青 海	Qinghai	45.6	0.5	49.2	0.6	52.3	0.6
宁 夏	Ningxia	58.3	0.3	63.9	0.4	72.7	0.5
新 疆	Xinjiang	274.6	2.0	294.1	2.4	309.5	2.5

9-19 续表 4 continued

单位：万人 (10 000 persons)

地区 Region	2014		2015		2016	
	年末参保人数 Contributors at the Year-end	享受工伤保险待遇人数 Beneficiaries of Work Injury Insurance	年末参保人数 Contributors at the Year-end	享受工伤保险待遇人数 Beneficiaries of Work Injury Insurance	年末参保人数 Contributors at the Year-end	享受工伤保险待遇人数 Beneficiaries of Work Injury Insurance
全国 National	**20639**	**198**	**21432**	**202**	**21889**	**196**
北京 Beijing	961.0	5.0	1020.1	4.7	1060.2	4.6
天津 Tianjin	345.2	3.3	385.6	3.4	388.1	3.4
河北 Hebei	778.7	10.4	809.7	9.6	840.0	9.8
山西 Shanxi	563.1	11.1	573.1	10.1	576.0	11.4
内蒙古 Inner Mongolia	289.9	2.3	297.1	2.4	303.2	2.7
辽宁 Liaoning	903.1	13.2	918.6	13.8	886.6	13.8
吉林 Jilin	415.6	4.6	435.6	11.3	440.7	4.9
黑龙江 Heilongjiang	505.5	6.3	512.0	6.5	522.2	6.5
上海 Shanghai	920.5	6.9	932.9	7.0	943.5	6.5
江苏 Jiangsu	1540.1	14.3	1594.1	14.7	1633.9	15.1
浙江 Zhejiang	1899.4	22.6	1930.1	20.4	1880.7	18.7
安徽 Anhui	508.3	8.3	528.9	8.3	544.6	8.7
福建 Fujian	627.3	3.9	691.0	3.9	733.8	4.2
江西 Jiangxi	461.2	4.7	500.6	4.6	502.1	4.5
山东 Shandong	1421.5	11.8	1473.5	11.1	1510.9	11.1
河南 Henan	805.7	4.6	856.7	5.0	877.0	4.8
湖北 Hubei	576.7	4.9	640.1	4.9	651.1	7.9
湖南 Hunan	747.9	8.7	778.0	9.3	773.3	11.1
广东 Guangdong	3092.6	17.1	3122.7	16.8	3246.2	14.5
广西 Guangxi	338.2	1.8	360.5	1.9	374.1	1.8
海南 Hainan	126.1	0.3	131.5	0.3	137.4	0.3
重庆 Chongqing	426.1	8.1	428.5	7.5	454.9	7.0
四川 Sichuan	709.7	8.6	753.2	7.9	799.1	7.6
贵州 Guizhou	275.4	2.3	290.2	2.8	305.0	2.5
云南 Yunnan	341.7	4.0	368.1	4.3	372.8	3.7
西藏 Tibet	24.3	0.1	26.9	0.1	26.9	0.1
陕西 Shaanxi	404.0	2.9	427.3	3.0	441.6	3.0
甘肃 Gansu	175.1	2.2	182.6	2.3	188.4	2.5
青海 Qinghai	54.7	0.6	58.0	0.5	59.8	0.5
宁夏 Ningxia	82.2	0.5	80.8	0.6	83.5	0.5
新疆 Xinjiang	318.2	2.8	324.4	2.9	331.9	2.4

9-19 续表 5 continued

单位：万人 (10 000 persons)

地区	Region	2017 年末参保人数 Contributors at the Year-end	2017 享受工伤保险待遇人数 Beneficiaries of Work Injury Insurance	2018 年末参保人数 Contributors at the Year-end	2018 享受工伤保险待遇人数 Beneficiaries of Work Injury Insurance	2019 年末参保人数 Contributors at the Year-end	2019 享受工伤保险待遇人数 Beneficiaries of Work Injury Insurance
全　国	**National**	**22724**	**193**	**23874**	**199**	**25478**	**194**
北　京	Beijing	1117.9	4.4	1187.0	4.4	1242.2	4.4
天　津	Tianjin	395.3	3.6	398.5	3.7	400.2	4.0
河　北	Hebei	860.7	10.0	880.3	10.3	951.4	10.0
山　西	Shanxi	582.6	6.3	596.6	6.8	624.2	7.4
内蒙古	Inner Mongolia	307.8	2.4	325.5	2.4	338.2	2.4
辽　宁	Liaoning	862.1	13.8	841.1	13.7	816.8	13.1
吉　林	Jilin	441.4	5.1	441.4	3.9	445.9	3.9
黑龙江	Heilongjiang	519.1	6.2	520.1	6.9	464.1	5.9
上　海	Shanghai	958.1	6.4	972.9	6.5	1084.1	6.4
江　苏	Jiangsu	1690.2	14.3	1777.5	14.8	2016.3	15.1
浙　江	Zhejiang	1977.2	19.4	2087.8	21.6	2257.4	22.2
安　徽	Anhui	565.5	10.5	603.5	11.3	639.1	7.0
福　建	Fujian	798.7	4.3	853.9	4.7	891.1	4.8
江　西	Jiangxi	517.1	5.1	534.6	5.2	539.4	4.2
山　东	Shandong	1569.1	11.1	1633.0	11.4	1710.7	11.9
河　南	Henan	900.9	5.4	926.3	5.6	966.2	4.6
湖　北	Hubei	656.6	6.5	675.6	5.3	717.3	5.0
湖　南	Hunan	782.8	11.9	793.8	13.2	807.6	13.4
广　东	Guangdong	3402.0	14.5	3592.5	14.5	3815.8	15.6
广　西	Guangxi	388.8	1.6	412.6	1.7	442.2	1.8
海　南	Hainan	141.4	0.4	152.9	0.4	159.6	0.4
重　庆	Chongqing	504.6	6.7	577.1	6.4	661.7	6.2
四　川	Sichuan	876.0	7.6	1012.6	8.2	1177.1	8.6
贵　州	Guizhou	332.5	2.4	355.8	2.4	408.5	2.6
云　南	Yunnan	383.7	4.4	403.3	4.3	438.5	4.9
西　藏	Tibet	33.4	0.1	35.7	0.1	36.8	0.1
陕　西	Shaanxi	459.3	2.8	528.0	3.1	577.4	3.0
甘　肃	Gansu	198.6	1.9	219.4	2.0	244.1	1.5
青　海	Qinghai	64.9	0.5	69.2	0.5	74.0	0.5
宁　夏	Ningxia	90.3	0.5	93.3	0.6	119.6	0.6
新　疆	Xinjiang	345.1	2.5	372.4	2.4	410.2	2.6

9-19 续表 6 continued

单位：万人 (10 000 persons)

地区 Region	2020 年末参保人数 Contributors at the Year-end	2020 享受工伤保险待遇人数 Beneficiaries of Work Injury Insurance	2021 年末参保人数 Contributors at the Year-end	2021 享受工伤保险待遇人数 Beneficiaries of Work Injury Insurance	2022 年末参保人数 Contributors at the Year-end	2022 享受工伤保险待遇人数 Beneficiaries of Work Injury Insurance
全　国 National	**26763**	**188**	**28287**	**206**	**29117**	**204**
北　京 Beijing	1267.2	3.9	1307.2	4.6	1337.0	4.6
天　津 Tianjin	405.6	3.8	408.4	4.1	410.5	4.1
河　北 Hebei	1069.4	9.7	1084.7	9.9	1105.9	9.5
山　西 Shanxi	629.5	7.6	640.1	8.2	664.4	8.2
内蒙古 Inner Mongolia	336.0	3.3	338.2	2.5	349.9	2.3
辽　宁 Liaoning	807.1	12.9	807.9	12.1	810.3	11.4
吉　林 Jilin	384.5	6.4	392.4	5.9	394.5	5.6
黑龙江 Heilongjiang	442.6	4.6	444.4	4.4	448.8	3.2
上　海 Shanghai	1082.2	5.7	1097.3	6.2	1072.0	5.3
江　苏 Jiangsu	2130.8	14.7	2340.6	16.4	2401.0	18.1
浙　江 Zhejiang	2546.1	17.2	2741.6	19.3	2766.7	20.3
安　徽 Anhui	683.9	6.8	718.0	7.4	818.1	6.9
福　建 Fujian	936.8	4.8	984.4	5.1	1040.0	5.2
江　西 Jiangxi	558.0	4.7	563.5	5.1	558.0	4.8
山　东 Shandong	1822.1	12.4	1921.9	13.8	2020.8	13.6
河　南 Henan	1000.0	4.7	1045.4	6.9	1068.1	6.7
湖　北 Hubei	745.8	4.5	828.3	5.4	872.9	5.6
湖　南 Hunan	820.5	12.3	853.8	15.3	895.5	14.4
广　东 Guangdong	3866.7	14.7	4068.6	17.1	4083.4	18.9
广　西 Guangxi	485.6	2.0	551.3	2.2	601.3	2.1
海　南 Hainan	170.1	0.4	184.9	0.4	194.5	0.4
重　庆 Chongqing	729.9	6.0	765.7	7.3	752.8	6.3
四　川 Sichuan	1320.1	7.9	1472.1	8.9	1544.8	8.8
贵　州 Guizhou	463.8	3.4	529.9	4.2	593.8	3.8
云　南 Yunnan	498.8	4.9	541.9	4.1	575.7	4.0
西　藏 Tibet	40.2	0.1	49.6	0.1	51.5	0.1
陕　西 Shaanxi	604.2	3.2	629.6	3.9	652.4	3.8
甘　肃 Gansu	264.6	1.5	278.7	1.6	287.2	1.7
青　海 Qinghai	85.9	0.7	95.9	0.6	111.7	0.5
宁　夏 Ningxia	132.6	0.6	143.8	0.6	147.3	1.1
新　疆 Xinjiang	432.8	2.1	456.1	2.3	485.5	2.2

9-20 各地区工伤保险基本情况(2022年)

地 区 Region	参保人数(万人) Contributors at the Year-end (10 000 persons)	享受伤残待遇人数(人) Beneficiaries of Work Injury Insurance (person)	#享受职业病待遇人数 Beneficiaries of Occupational Diseases	一至四级 Level 1 to Level 4 Disability	#职业病 Occupational Diseases
全 国 National	**29117**	**1689254**	**98432**	**216964**	**57138**
北 京 Beijing	1337	38057	6240	8148	4434
天 津 Tianjin	411	37992	7929	6926	3285
河 北 Hebei	1106	69835	3593	10323	2427
山 西 Shanxi	664	57978	4910	21733	3843
内蒙古 Inner Mongolia	350	20035	804	4675	271
辽 宁 Liaoning	810	100454	5145	16915	3010
吉 林 Jilin	394	51277	2038	5830	886
黑龙江 Heilongjiang	449	28147	1961	6720	678
上 海 Shanghai	1072	45305	737	4276	560
江 苏 Jiangsu	2401	158106	5591	12020	2695
浙 江 Zhejiang	2767	187294	128	4961	61
安 徽 Anhui	818	55507	1309	4927	596
福 建 Fujian	1040	43579	5336	5014	2644
江 西 Jiangxi	558	37339	4132	6253	2383
山 东 Shandong	2021	106170	8836	15700	5035
河 南 Henan	1068	50580	2619	13611	1550
湖 北 Hubei	873	50205	1044	5542	887
湖 南 Hunan	896	125233	6739	7952	2478
广 东 Guangdong	4083	156570	3766	5928	508
广 西 Guangxi	601	15946	431	1741	159
海 南 Hainan	195	3100	51	345	43
重 庆 Chongqing	753	53009	9188	9920	7117
四 川 Sichuan	1545	71928	9716	14527	6963
贵 州 Guizhou	594	31071	2000	3899	1618
云 南 Yunnan	576	28581	1588	5970	1493
西 藏 Tibet	52	597	2	53	2
陕 西 Shaanxi	652	25458	288	3730	218
甘 肃 Gansu	287	11282	443	3679	433
青 海 Qinghai	112	3470	413	776	71
宁 夏 Ningxia	147	9434	794	1007	262
新 疆 Xinjiang	485	15715	661	3863	528

注：工伤保险累计结余中含储备金。

WORK INJURY INSURANCE BY REGION (2022)

五至六级 Level 5 to Level 6 Disability	#职业病 Occupational Diseases	七至十级 Level 7 to Level 10 Disability	#职业病 Occupational Diseases	其 他 Others	#职业病 Occupational Diseases	基金收入（亿元） Revenue (100 million yuan)	基金支出（亿元） Expenses (100 million yuan)	累计结余（亿元） Balance at the Year-end (100 million yuan)
54588	**11054**	**859166**	**20188**	**558536**	**10052**	**1053.3**	**1025.0**	**1440.1**
1369	944	20284	832	8256	30	54.2	53.2	37.8
3490	2286	15461	2339	12115	19	15.7	13.9	14.5
2897	440	34439	655	22176	71	62.9	50.5	59.1
2662	522	22233	535	11350	10	49.5	49.4	36.4
2312	120	8032	212	5016	201	13.4	13.2	37.8
9931	1096	51188	883	22420	156	43.7	36.1	60.4
6034	679	35557	352	3856	121	8.9	12.1	32.7
2417	447	14514	726	4496	110	27.4	25.9	33.4
374	73	35305	99	5350	5	45.6	39.2	48.8
2021	701	104226	1540	39839	655	102.8	97.5	126.3
1408	13	133199	19	47726	35	91.9	92.7	70.2
664	68	28296	431	21620	214	33.1	33.6	32.3
602	271	22176	1461	15787	960	30.2	33.0	45.2
1347	130	11497	411	18242	1208	17.5	20.0	51.7
3175	1158	48555	2005	38740	638	72.8	63.6	99.1
2290	260	23518	746	11161	63	34.9	29.4	67.4
1621	16	15244	58	27798	83	21.2	21.8	35.3
3062	372	41041	1035	73178	2854	47.0	50.4	83.4
988	114	67741	2332	81913	812	67.0	105.5	152.3
435	108	6183	36	7587	128	13.4	12.2	48.9
56	2	934	6	1765		3.7	2.7	20.3
866	395	29206	1490	13017	186	30.5	24.2	13.7
2509	673	38083	1330	16809	750	50.4	47.4	75.9
356	40	18285	316	8531	26	25.3	20.6	19.0
348	40	7594	40	14669	15	19.6	19.9	20.4
16		399		129		2.2	1.1	8.3
372	19	10082	35	11274	16	26.2	22.4	42.9
354	6	2852	2	4397	2	13.1	8.7	22.2
31	14	1142	112	1521	216	2.6	3.3	9.0
104	35	4332	59	3991	438	5.8	5.7	9.0
477	12	7568	91	3807	30	20.8	15.9	26.2

Note：Balance of work injury insurance includes reserves.

9–21 各地区工伤认定情况(2022年)

单位：人

地 区	Region	当期认定(视同)工伤人数 合 计 Total	认定工伤件数 小 计 Sub-total	在工作时间和工作场所内因工作原因受到事故伤害 Injured by the Work Accident at the Workplace During the Work Time	工作时间前后在工作场所内从事与工作有关的预备性或者收尾性工作受到事故伤害 Injured by the Accident Related to the Preparation or Ending of Work at the Workplace During the Work Time	在工作时间和工作场所内因履行工作职责受到暴力等意外伤害 Injured by Non-work Accident such as Violence in Fulfilling Work-related Responsibilities at the Workplace During the Work Time	患职业病 Suffering from the Occupational Disease
全 国	**National**	**1263718**	**1249716**	**1024289**	**13729**	**6597**	**9538**
北 京	Beijing	24119	23555	16013	427	227	236
天 津	Tianjin	21738	21488	17421	303	381	75
河 北	Hebei	45841	45210	36848	577	326	356
山 西	Shanxi	26932	26450	22932	248	85	1020
内 蒙 古	Inner Mongolia	11944	11634	8718	166	95	464
辽 宁	Liaoning	28873	28310	23889	386	196	188
吉 林	Jilin	8012	7761	6740	46	36	69
黑 龙 江	Heilongjiang	11745	11377	9875	152	94	343
上 海	Shanghai	41629	41209	28844	813	210	91
江 苏	Jiangsu	155714	154757	120910	1151	514	476
浙 江	Zhejiang	190829	190030	168433	1264	290	348
安 徽	Anhui	50181	49831	39066	1041	213	223
福 建	Fujian	42377	42041	34916	500	122	702
江 西	Jiangxi	31087	30859	24642	380	214	169
山 东	Shandong	78375	77298	59465	1104	412	826
河 南	Henan	28033	27355	20319	494	182	250
湖 北	Hubei	32781	32416	26505	445	267	250
湖 南	Hunan	56500	55936	48414	465	297	334
广 东	Guangdong	157306	155707	131333	1554	681	670
广 西	Guangxi	17394	17079	14034	114	178	88
海 南	Hainan	3335	3257	2445	34	14	3
重 庆	Chongqing	38468	38242	33754	233	339	414
四 川	Sichuan	54530	54015	43092	537	436	834
贵 州	Guizhou	26493	26247	22984	393	180	160
云 南	Yunnan	19889	19470	15224	163	227	264
西 藏	Tibet	735	715	554	10	7	2
陕 西	Shaanxi	25626	25162	20338	315	154	265
甘 肃	Gansu	8726	8515	7083	91	64	87
青 海	Qinghai	2675	2590	2168	16	23	36
宁 夏	Ningxia	8765	8667	6989	167	59	128
新 疆	Xinjiang	11025	10580	8708	117	65	153
新疆兵团	Xinjiang Production and Construction Crops	2041	1953	1633	23	9	14

WORK INJURY CERTIFICATION BY REGION (2022)

(person)

Cases Certified(Cases Considered) as Suffering Work Injury							不予认定工伤人数	当期不予受理申请人数
Cases Certified as Suffering Work Injury			视同工伤件数 Cases Considered as Suffering Work Injury					
因工外出期间由于工作原因受到伤害或者发生事故下落不明 Injured by Work-related Accident or Missing Due to Accident When Outside the Workplace Due to Work-related Reasons	在上下班途中受到机动车事故伤害 Injured by Automobile Accident on the Road to Work from Home and Back Home from Work	其他应当认定为工伤的情形 Other Circumstances That Shall be Certified as Suffering Work Injury as Stipulated by Laws and Regulations	小计 Sub-total	在工作时间和工作岗位突发疾病死亡或者在48小时之内经抢救无效死亡 Died Immediately or Within 48 Hours after Unsuccessful Salvage Due to Illness Outburst at the Workplace During the Work Time	在抢险救灾等维护国家利益、公共利益活动中受到伤害 Injured in Rescue Activities for Protecting the Common Good of the State and the Public in Case of Emergencies or Natural	因战、因公负伤致残到用人单位后旧伤复发 Recrudescing of Previous Injury as a Result of War or Public Activities on the Employee Who Hold an Honorable Disabled Veteran Certificate	Cases Not be Certified or Considered as Suffering Work Injury	Work Injury Certification Applications Not Accepted
73695	**118802**	**3066**	**14002**	**13639**	**211**	**152**	**26886**	**8399**
2360	4275	17	564	552	1	11	498	75
1590	1670	48	250	242	2	6	372	72
2985	4115	3	631	626	3	2	1126	129
813	1349	3	482	480	1	1	440	109
1111	1070	10	310	301	6	3	407	165
1650	1940	61	563	541	15	7	581	139
332	367	171	251	250		1	98	36
485	427	1	368	367	1		154	113
3075	6162	2014	420	415	1	4	1111	203
6454	25249	3	957	939	6	12	2722	1036
8112	11491	92	799	775	10	14	804	426
2518	6720	50	350	340	9	1	683	136
2191	3598	12	336	330	5	1	699	188
1862	3549	43	228	217	7	4	809	367
6412	9002	77	1077	1045	10	22	1198	283
2388	3657	65	678	647	24	7	860	310
1800	3145	4	365	361		4	985	181
2770	3540	116	564	535	19	10	1380	188
10787	10682		1599	1583	13	3	5061	1352
1204	1459	2	315	304	10	1	807	166
266	491	4	78	75	2	1	146	9
1217	2277	8	226	208	18		741	1706
3369	5673	74	515	496	16	3	1652	294
1442	1070	18	246	224	8	14	663	178
2125	1328	139	419	401	8	10	777	106
111	31		20	20			31	11
1960	2112	18	464	455	4	5	523	129
611	578	1	211	207	3	1	266	67
237	109	1	85	79	6		163	4
446	872	6	98	94	2	2	456	48
864	668	5	445	443	1	1	546	149
148	126		88	87		1	127	24

9-22 分地区因工死亡人员工伤认定情况(2022年)

单位：人

地 区	Region	当期认定(视同)工伤人数 合 计 Total	认定工伤件数 小 计 Sub-total	在工作时间和工作场所内因工作原因受到事故伤害 Injured by the Work Accident at the Workplace During the Work Time	工作时间前后在工作场所内从事与工作有关的预备性或者收尾性工作受到事故伤害 Injured by the Accident Related to the Preparation or Ending of Work at the Workplace During the Work Time	在工作时间和工作场所内因履行工作职责受到暴力等意外伤害 Injured by Non-work Accident such as Violence in Fulfilling Work-related Responsibilities at the Workplace During the Work Time	患职业病 Suffering from the Occupational Disease
全　国	**National**	**28304**	**14590**	**8184**	**147**	**141**	**102**
北　京	Beijing	792	239	107	3	5	1
天　津	Tianjin	396	154	90	0	1	0
河　北	Hebei	1438	812	417	2	8	4
山　西	Shanxi	924	444	290	8	3	0
内蒙古	Inner Mongolia	541	238	125	2	2	1
辽　宁	Liaoning	982	440	260	3	4	2
吉　林	Jilin	342	91	59	0	2	0
黑龙江	Heilongjiang	531	164	110	3	5	0
上　海	Shanghai	728	312	198	2	1	8
江　苏	Jiangsu	2636	1692	877	5	11	10
浙　江	Zhejiang	1811	1033	667	9	10	16
安　徽	Anhui	849	509	259	7	2	2
福　建	Fujian	874	543	349	7	4	4
江　西	Jiangxi	727	509	287	3	7	1
山　东	Shandong	2095	1050	355	12	10	16
河　南	Henan	1238	571	305	9	6	2
湖　北	Hubei	780	419	232	9	5	5
湖　南	Hunan	1253	713	488	2	5	4
广　东	Guangdong	2977	1394	754	25	11	8
广　西	Guangxi	574	261	146	2	4	1
海　南	Hainan	119	44	24	0	1	0
重　庆	Chongqing	549	341	238	1	0	2
四　川	Sichuan	1406	908	515	9	11	4
贵　州	Guizhou	523	296	187	11	4	0
云　南	Yunnan	692	286	186	1	3	1
西　藏	Tibet	59	39	27	0	1	0
陕　西	Shaanxi	892	431	235	1	7	9
甘　肃	Gansu	375	167	115	3	1	1
青　海	Qinghai	161	76	47	0	5	0
宁　夏	Ningxia	247	151	90	0	1	0
新　疆	Xinjiang	666	223	120	6	1	0
新疆兵团	Xinjiang Pyoduction and Construction Crops	127	40	25	2	0	0

WORK INJURY CERTIFICATION INVOLVING DEATHS BY REGION(2022)

(person)

Cases Certified(Cases Considered) as Suffering Work Injury							不予认定工伤人数	当期不予受理申请人数
Cases Certified as Suffering Work Injury			视同工伤件数 Cases Considered as Suffering Work Injury					
因工外出期间由于工作原因受到伤害或者发生事故下落不明 Injured by Work-related Accident or Missing Due to Accident When Outside the Workplace Due to Work-related Reasons	在上下班途中受到机动车事故伤害 Injured by Automobile Accident on the Road to Work from Home and Back Home from Work	其他应当认定为工伤的情形 Other Circumstances That Shall be Certified as Suffering Work Injury as Stipulated by Laws and Regulations	小计 Sub-total	在工作时间和工作岗位突发疾病死亡或者在48小时之内经抢救无效死亡 Died Immediately or Within 48 Hours after Unsuccessful Salvage Due to Illness Outburst at the Workplace During the Work Time	在抢险救灾等维护国家利益、公共利益活动中受到伤害 Injured in Rescue Activities for Protecting the Common Good of the State and the Public in Case of Emergencies or Natural	因战、因公负伤致残到用人单位后旧伤复发 Recrudescing of Previous Injury as a Result of War or Public Activities on the Employee Who Hold an Honorable Disabled Veteran Certificate	Cases Not be Certified or Considered as Suffering Work Injury	Work Injury Certification Applications Not Accepted
1644	**4321**	**51**	**13714**	**13639**	**67**	**8**	**4840**	**352**
54	69	0	553	552	1	0	153	6
16	47	0	242	242	0	0	75	11
115	263	3	626	626	0	0	221	16
25	118	0	480	480	0	0	119	10
47	55	6	303	301	2	0	107	9
42	129	0	542	541	1	0	161	16
5	24	1	251	250	0	1	25	2
16	30	0	367	367	0	0	54	5
49	54	0	416	415	1	0	160	12
145	644	0	944	939	5	0	392	24
96	232	3	778	775	3	0	163	12
60	178	1	340	340	0	0	87	2
45	134	0	331	330	1	0	189	7
39	172	0	218	217	1	0	120	26
150	497	10	1045	1045	0	0	295	17
70	164	15	667	647	19	1	282	39
42	125	1	361	361	0	0	111	9
49	164	1	540	535	5	0	276	18
214	382	0	1583	1583	0	0	698	31
32	76	0	313	304	9	0	165	11
10	9	0	75	75	0	0	33	0
17	83	0	208	208	0	0	126	35
82	283	4	498	496	2	0	141	9
30	63	1	227	224	3	0	107	2
61	34	0	406	401	4	1	218	7
10	1	0	20	20	0	0	7	0
40	139	0	461	455	2	4	105	1
15	32	0	208	207	1	0	52	3
11	13	0	85	79	6	0	15	0
8	48	4	96	94	1	1	43	3
44	51	1	443	443	0	0	115	7
5	8	0	87	87	0	0	25	2

9−23 各地区劳动能力鉴定情况(2022年)
WORK CAPACITY ASSESSMENT BY REGION(2022)

单位：人 (person)

地区	Region	作出劳动能力鉴定结论人数 Work Capacity Assessment Applicants						评定伤残等级人数 Persons Assessed as Certain Level of Work-related Disable				存在生活自理障碍人数
		小计 Sub-total	初次鉴定 First Applications	再次鉴定 Second Applications	#改变结论 Concusions Changed	复查鉴定 Reassessment Applications	#改变结论 Concusions Changed	小计 Sub-total	一至四级 Level 1 to Level 4	五至六级 Level 5 to Level 6	七至十级 Level 7 to Level 10	Persons Assessed as Living-related Disable
全　国	**National**	**810782**	**792502**	**15244**	**2984**	**3036**	**1533**	**740922**	**9375**	**9598**	**721949**	**4415**
北　京	Beijing	15713	15334	97	4	282	262	13787	329	189	13269	99
天　津	Tianjin	10453	10176	187	60	90	33	9633	96	118	9419	75
河　北	Hebei	24245	23814	326	59	105	55	23066	353	381	22332	163
山　西	Shanxi	18549	18233	219	113	97	60	17365	555	510	16300	260
内蒙古	Inner Mongolia	8313	7932	260	65	121	22	7559	229	182	7148	84
辽　宁	Liaoning	16095	15607	319	45	169	62	14247	230	215	13802	139
吉　林	Jilin	5746	5521	192	50	33	7	5108	94	99	4915	65
黑龙江	Heilongjiang	10016	9333	310	53	373	152	9212	492	439	8281	107
上　海	Shanghai	31371	30873	462	68	36	20	28466	105	131	28230	80
江　苏	Jiangsu	107859	107401	363	29	95	32	99739	542	786	98411	337
浙　江	Zhejiang	137632	136029	1553	328	50	32	128704	544	1104	127056	363
安　徽	Anhui	33239	31686	1422	217	131	45	30497	422	375	29700	203
福　建	Fujian	28862	27521	1184	252	157	147	23320	689	385	22246	147
江　西	Jiangxi	18927	17905	942	183	80	45	16724	210	272	16242	63
山　东	Shandong	42178	40853	1066	144	259	93	38584	790	664	37130	376
河　南	Henan	11094	10640	403	119	51	19	10305	275	237	9793	104
湖　北	Hubei	16387	15799	522	106	66	24	15080	193	183	14704	153
湖　南	Hunan	36574	35892	563	119	119	118	34555	540	417	33598	188
广　东	Guangdong	99620	98022	1411	208	187	63	88233	628	888	86717	387
广　西	Guangxi	8072	7856	206	47	10	7	7378	125	178	7075	65
海　南	Hainan	1050	1024	22	5	4	2	1027	20	29	978	7
重　庆	Chongqing	27800	26784	940	140	76	23	25661	233	226	25202	212
四　川	Sichuan	39159	37767	1117	295	275	136	34861	721	577	33563	319
贵　州	Guizhou	19797	19429	344	94	24	16	18836	165	214	18457	101
云　南	Yunnan	9300	9251	35	4	14	10	8984	165	173	8646	74
西　藏	Tibet	542	518	24	7	0	0	472	8	6	458	7
陕　西	Shaanxi	12200	11983	190	57	27	2	11501	267	250	10984	107
甘　肃	Gansu	4243	4160	40	14	43	29	4026	112	108	3806	49
青　海	Qinghai	1315	1289	22	8	4	1	1222	23	25	1174	8
宁　夏	Ningxia	6327	6095	200	20	32	7	5644	109	83	5452	29
新　疆	Xinjiang	7022	6713	288	68	21	5	6154	96	126	5932	32
新疆兵团	Xinjiang Production and Construction Crops	1082	1062	15	3	5	4	972	15	28	929	12

十、工会工作

TRADE UNION WORKS

10-1 各地区基层工会组织数(2022年)
NUMBER OF GRASSROOTS TRADE UNION BY REGION (2022)

单位：个 (unit)

地 区	Region	总 计 Total	国有企业 State-owned	集体企业 Urban Collective-owned	股份合作企业 Coopera-tive	联营企业 Joint-owned
全 国	**National**	**2223354**	**62791**	**38214**	**22135**	**4205**
北 京	Beijing	35678	1019	1289	338	36
天 津	Tianjin	16593	744	190	65	6
河 北	Hebei	124580	3383	2899	885	335
山 西	Shanxi	51946	2401	1427	272	35
内蒙古	Inner Mongolia	44430	1697	349	276	38
辽 宁	Liaoning	58790	1900	657	359	76
吉 林	Jilin	29064	1473	170	274	31
黑龙江	Heilongjiang	40681	794	660	301	55
上 海	Shanghai	48313	1607	1532	326	27
江 苏	Jiangsu	144342	2954	2331	1922	247
浙 江	Zhejiang	136764	2509	1551	3541	275
安 徽	Anhui	115357	2501	2911	1261	158
福 建	Fujian	95671	2807	1013	778	291
江 西	Jiangxi	78909	2904	1614	1616	274
山 东	Shandong	107918	3891	1927	854	61
河 南	Henan	133604	3452	2975	1217	300
湖 北	Hubei	100843	2459	1870	768	328
湖 南	Hunan	112643	2817	3596	1873	330
广 东	Guangdong	146423	4051	2121	933	135
广 西	Guangxi	61259	2265	920	280	272
海 南	Hainan	15748	653	359	93	14
重 庆	Chongqing	43886	1011	404	461	92
四 川	Sichuan	141412	2804	825	947	176
贵 州	Guizhou	55053	2077	678	349	188
云 南	Yunnan	64073	1356	513	322	35
西 藏	Tibet	8944	290	68	16	2
陕 西	Shaanxi	108365	3059	2750	1257	275
甘 肃	Gansu	36484	1135	267	225	32
青 海	Qinghai	14016	450	84	62	16
宁 夏	Ningxia	12158	325	35	38	3
新 疆	Xinjiang	39407	2003	229	226	62

10-1 续表 1 continued

单位：个 (unit)

地 区 Region	有限责任公司 Limited Liability Corporations	股份有限公司 Share-holding Corporations Ltd.	私营企业 Private	其他内资企业 Other Enterprises of Domestic Funded	个体经营户 Individuals
全 国 National	**232327**	**61680**	**954666**	**7191**	**59354**
北 京 Beijing	13371	1369	4864	62	528
天 津 Tianjin	1315	550	7525	13	71
河 北 Hebei	5643	2244	57820	1898	4564
山 西 Shanxi	4468	1384	15340	22	1110
内蒙古 Inner Mongolia	5571	942	19081	18	359
辽 宁 Liaoning	6827	1558	19868	143	935
吉 林 Jilin	2792	833	9274	25	747
黑龙江 Heilongjiang	4858	1371	12356	27	1675
上 海 Shanghai	4832	1578	22378	473	242
江 苏 Jiangsu	13243	4109	78196	597	1775
浙 江 Zhejiang	19205	5542	72627	457	1386
安 徽 Anhui	12340	2859	53561	185	3850
福 建 Fujian	5664	3216	56068	713	1099
江 西 Jiangxi	4080	1420	40773	153	2062
山 东 Shandong	15263	4112	37959	185	2244
河 南 Henan	8989	3191	60944	217	7172
湖 北 Hubei	8065	2330	48101	127	3093
湖 南 Hunan	7852	2876	51452	396	5894
广 东 Guangdong	21000	3695	64874	752	2019
广 西 Guangxi	4312	2518	24548	73	1759
海 南 Hainan	5115	625	2387	19	159
重 庆 Chongqing	4925	1426	18471	79	3259
四 川 Sichuan	14750	3655	53915	240	5076
贵 州 Guizhou	5591	2243	16665	87	575
云 南 Yunnan	6381	1423	28848	32	1268
西 藏 Tibet	256	85	889	16	264
陕 西 Shaanxi	15778	2405	42780	120	3701
甘 肃 Gansu	3137	601	11727	28	612
青 海 Qinghai	509	185	4510	3	1355
宁 夏 Ningxia	1119	350	4639		126
新 疆 Xinjiang	5076	985	12226	31	375

10-1 续表 2 continued

单位：个 (unit)

地区 Region	港澳台商投资企业 Funded by Entrepreneurs from HongKong, Macao & Taiwan	外商投资企业 Foreign Funded	事业单位 Institutions	机关 Agencies and Organizations	其他 Others
全国 National	**17582**	**26821**	**321103**	**193279**	**220698**
北京 Beijing	445	870	4895	1830	3454
天津 Tianjin	217	770	2446	1224	1457
河北 Hebei	214	567	14106	10338	19684
山西 Shanxi	37	48	10092	6781	8529
内蒙古 Inner Mongolia	18	51	8307	6156	1567
辽宁 Liaoning	282	1234	9170	5549	10232
吉林 Jilin	38	157	7399	3594	2257
黑龙江 Heilongjiang	73	138	8422	5260	4691
上海 Shanghai	1243	3166	5724	1468	3717
江苏 Jiangsu	3371	6279	14232	5953	9133
浙江 Zhejiang	1620	2316	14106	7059	4570
安徽 Anhui	177	324	14427	7363	13440
福建 Fujian	1617	1675	9259	5716	5755
江西 Jiangxi	264	765	12490	7379	3115
山东 Shandong	398	1733	17721	10371	11199
河南 Henan	120	162	22537	10500	11828
湖北 Hubei	289	640	15960	6781	10032
湖南 Hunan	125	218	15925	10509	8780
广东 Guangdong	6173	3736	18243	10255	8436
广西 Guangxi	166	232	11412	7083	5419
海南 Hainan	90	66	2809	1493	1866
重庆 Chongqing	69	181	6595	3326	3587
四川 Sichuan	248	502	20834	14922	22518
贵州 Guizhou	32	64	8838	6433	11233
云南 Yunnan	89	148	9298	9022	5338
西藏 Tibet		1	603	3606	2848
陕西 Shaanxi	84	649	15043	7803	12661
甘肃 Gansu	36	41	8251	5774	4618
青海 Qinghai	11	10	2106	2305	2410
宁夏 Ningxia	16	22	2055	1431	1999
新疆 Xinjiang	20	56	7798	5995	4325

10-2 各地区工会会员人数(2022年)
TRADE UNION MEMBERS IN GRASSROOTS TRADE UNION BY REGION (2022)

单位：人 (person)

地 区 Region	总 计 Total	内资企业 Enterprises of Domestic Funded 国有企业 State-owned	集体企业 Urban Collective-owned	股份合作企业 Coopera-tive	联营企业 Joint-owned	国有独资公司 State Funded Corporations
全 国 National	**255628271**	**17520673**	**4294183**	**3376608**	**668036**	**6318686**
北 京 Beijing	6106484	419536	115184	32471	4332	357684
天 津 Tianjin	2783725	264058	38570	11808	303	107745
河 北 Hebei	14109813	920187	282375	145371	55033	207283
山 西 Shanxi	6680388	891144	151874	68070	4406	284818
内蒙古 Inner Mongolia	3890902	500840	49816	36531	13305	183125
辽 宁 Liaoning	10089085	832905	91619	48690	8374	274929
吉 林 Jilin	3940597	473158	34806	81264	4281	75611
黑龙江 Heilongjiang	4623819	362886	69749	32741	9780	635825
上 海 Shanghai	7112029	389780	211969	34677	3179	537117
江 苏 Jiangsu	20231324	888590	390465	419057	53758	313848
浙 江 Zhejiang	18205849	464045	213128	520815	38999	243069
安 徽 Anhui	10131333	632552	309928	158812	18543	126029
福 建 Fujian	7630253	424693	52323	89084	22244	139340
江 西 Jiangxi	8066839	751156	160637	244027	56235	58559
山 东 Shandong	14070887	1085162	247841	220229	9352	398495
河 南 Henan	13605213	1085019	388385	252017	37845	137485
湖 北 Hubei	10576617	634374	336588	137583	90636	256068
湖 南 Hunan	10371842	771617	347932	169804	42885	126001
广 东 Guangdong	20931952	1048551	220577	180334	30718	309690
广 西 Guangxi	5599941	479924	69389	40592	35904	191153
海 南 Hainan	1555037	88891	12954	15556	7717	42082
重 庆 Chongqing	5287742	281967	21305	50677	14760	139978
四 川 Sichuan	18835417	768880	76786	130732	22181	302623
贵 州 Guizhou	6939605	513120	91265	38242	15575	114575
云 南 Yunnan	4202972	324329	30168	26843	2219	191475
西 藏 Tibet	617386	46367	3614	5523	56	8370
陕 西 Shaanxi	9019033	1018151	202178	117567	38087	283115
甘 肃 Gansu	3646168	401513	26777	31101	11889	111175
青 海 Qinghai	1195049	138804	7950	4893	735	24285
宁 夏 Ningxia	1225192	138786	1325	12088	84	31848
新 疆 Xinjiang	4345778	479688	36706	19409	14621	105286

10-2 续表 1 continued

单位：人 (person)

地区 Region	其他有限责任公司 Other Limited Liability Corporations	国有控股公司 State-holding	其他股份有限公司 Other Share-holding Corporations Ltd.	私营企业 Private	其他企业 Others	个体经营户 Individuals
全国 National	**19949108**	**7690960**	**7314001**	**73825912**	**942839**	**6939438**
北京 Beijing	1253155	250055	195938	376279	15860	66013
天津 Tianjin	207432	168071	42377	871858	1706	81874
河北 Hebei	664225	272122	238806	5034520	155260	441310
山西 Shanxi	517579	550097	128088	1405860	4867	209180
内蒙古 Inner Mongolia	328885	111876	71745	1064778	603	37759
辽宁 Liaoning	496811	299149	160777	1700268	8894	78211
吉林 Jilin	226595	102718	99011	813067	2339	108630
黑龙江 Heilongjiang	230967	311177	69615	884047	3344	173563
上海 Shanghai	497726	657763	180560	1865189	214739	27532
江苏 Jiangsu	1502796	373483	727394	7781344	109848	198049
浙江 Zhejiang	2252736	372325	944395	8295684	68892	210234
安徽 Anhui	964858	240626	328639	3172497	28985	264704
福建 Fujian	419518	212457	244011	3392029	54462	63727
江西 Jiangxi	323365	76323	230171	3830513	10939	142948
山东 Shandong	1505255	626049	744071	2975886	20458	216527
河南 Henan	781488	222435	342754	3950387	31373	667719
湖北 Hubei	864181	397499	238075	3658749	16953	273276
湖南 Hunan	654076	273315	251126	3497261	35452	482810
广东 Guangdong	2019972	568891	822481	5944181	88371	683757
广西 Guangxi	294457	148552	137943	1317153	4948	173200
海南 Hainan	256402	64505	33689	165858	1296	10455
重庆 Chongqing	488442	117692	127027	1512500	12847	901851
四川 Sichuan	1157702	340048	384016	4146142	19748	875149
贵州 Guizhou	312603	179384	93063	1090433	3309	74714
云南 Yunnan	277503	185500	89793	861535	1271	31693
西藏 Tibet	11191	14497	3953	29718	300	8101
陕西 Shaanxi	823138	243720	203325	2151037	13547	319999
甘肃 Gansu	194423	127896	36969	740975	3805	45864
青海 Qinghai	32429	26898	10779	185981	26	27815
宁夏 Ningxia	68845	35977	54983	286269		3804
新疆 Xinjiang	320353	119860	78427	823914	8397	38970

10-2 续表 2 continued

单位：人 (person)

地 区	Region	港澳台商投资企业 Funded by Entrepreneurs from HongKong Macao&Taiwan	外 商 投资企业 Foreign Funded	事业单位 Institutions	机 关 Agencies and Organization	其 他 Others
全 国	**National**	**4601754**	**6244750**	**36484161**	**19738248**	**38884707**
北 京	Beijing	85105	258500	1029673	407506	404986
天 津	Tianjin	42026	167156	350994	227936	199811
河 北	Hebei	83237	143777	1687672	958135	2820500
山 西	Shanxi	59681	9772	1039859	568851	786242
内蒙古	Inner Mongolia	8078	9539	759579	553694	160749
辽 宁	Liaoning	49803	274501	1420271	880082	3463801
吉 林	Jilin	7865	35739	831857	439179	604477
黑龙江	Heilongjiang	11877	28577	909750	453430	436491
上 海	Shanghai	308730	690804	685528	214318	592418
江 苏	Jiangsu	819601	1469911	2021159	853597	2308424
浙 江	Zhejiang	378501	546940	1903262	606947	1145877
安 徽	Anhui	44444	94443	1434304	574937	1737032
福 建	Fujian	361836	284233	832838	412698	624760
江 西	Jiangxi	100210	165085	1012320	664267	240084
山 东	Shandong	144499	388307	2334805	1163423	1990528
河 南	Henan	126177	41429	2473239	1276064	1791397
湖 北	Hubei	118816	148391	1412380	596719	1396329
湖 南	Hunan	43000	54580	1522122	1109839	990022
广 东	Guangdong	1572748	1101348	2489004	1269404	2581925
广 西	Guangxi	37913	33970	1286151	587686	761006
海 南	Hainan	9133	13099	272098	283462	277840
重 庆	Chongqing	28046	46435	634648	406676	502891
四 川	Sichuan	107130	103180	2697627	1396044	6307429
贵 州	Guizhou	7121	11606	969922	812706	2611967
云 南	Yunnan	16079	15150	1016814	727218	405382
西 藏	Tibet		4	112758	213829	159105
陕 西	Shaanxi	14659	84619	1212894	535782	1757215
甘 肃	Gansu	5002	9867	806249	519160	573503
青 海	Qinghai	1582	1709	163398	141800	425965
宁 夏	Ningxia	1484	4627	198254	119390	267428
新 疆	Xinjiang	7371	7452	962732	763469	559123

10−3 分地区基层单位建立职工代表大会制度情况(2022年)
EMPLOYEE CONGRESS SYSTEM IN GRASSROOTS TRADE UNION BY REGION (2022)

地 区	Region	建立职工(代表)大会制度的企事业单位(个) Number of Establishments with Employee Congress (unit)	本年度召开过职工(代表)大会的企事业单位(个) Number of Establishments with Congress Held (unit)	职工代表大会的职工代表(人) Congress Members (person)	#女职工代表 Female	实行厂务公开的企事业单位(个) Number of Establishments with Publishing Management Affairs (unit)
全 国	**National**	**3080132**	**1902229**	**14225086**	**4664617**	**3006523**
北 京	Beijing	73568	48872	275873	113650	70589
天 津	Tianjin	73056	68920	247372	106877	72435
河 北	Hebei	147548	77552	545901	130576	139364
山 西	Shanxi	80916	31000	333110	81765	82493
内 蒙 古	Inner Mongolia	43550	22027	275577	72458	43500
辽 宁	Liaoning	75723	41875	419917	136079	67852
吉 林	Jilin	43750	23413	176910	55607	37407
黑 龙 江	Heilongjiang	47648	22328	248661	64046	46833
上 海	Shanghai	96382	71930	452132	181015	104463
江 苏	Jiangsu	248668	136746	1539438	470888	219895
浙 江	Zhejiang	364071	231300	1740334	717856	359264
安 徽	Anhui	101817	61151	548344	142027	102244
福 建	Fujian	140182	85865	467407	186510	138429
江 西	Jiangxi	92301	41838	315886	71734	94376
山 东	Shandong	103875	56632	843257	279397	100468
河 南	Henan	121020	50016	655510	148462	119378
湖 北	Hubei	144810	123347	708489	233174	144862
湖 南	Hunan	89134	37598	525378	123772	88033
广 东	Guangdong	158265	111740	994773	380541	160929
广 西	Guangxi	66966	39724	270093	99202	66494
海 南	Hainan	14096	5570	71488	23724	14218
重 庆	Chongqing	115957	96930	275480	90161	113865
四 川	Sichuan	247971	208779	864094	284416	239162
贵 州	Guizhou	57672	21561	262309	76653	57027
云 南	Yunnan	54861	32641	263107	108266	53863
西 藏	Tibet	977	180	5445	1555	1961
陕 西	Shaanxi	136177	60532	326058	87256	133352
甘 肃	Gansu	51692	32878	210321	64953	50918
青 海	Qinghai	13789	8829	44993	12933	13545
宁 夏	Ningxia	10209	7965	69381	23985	9818
新 疆	Xinjiang	62430	41889	226172	85485	58500
中央和国家机关	CCCPC and Government Agencies	1051	601	21876	9594	986

10-4 各地区基层以上工会职业培训机构情况(2022年) VOCATIONAL TRAINING ORGANIZATIONS ABOVE GRASSROOTS TRADE UNION BY REGION (2022)

地区	Region	工会开办的职业培训机构(个) Number of Vocational Training (Organizations)	本年度工会职业培训机构培训人次(人次) Trained Persons (person-time)	#农民工人次数 Migrant Workers	#下岗和失业人员人次数 Laid-off and Unemployment Persons	#经培训实现再就业人次数 Reemployees
全国	**National**	**912**	**531472**	**211653**	**110796**	**58738**
北京	Beijing					
天津	Tianjin	2	2644	1420	271	185
河北	Hebei	87	24936	15609	4883	2526
山西	Shanxi	22	7742	6254	1308	777
内蒙古	Inner Mongolia	22	3516	2050	1294	844
辽宁	Liaoning	22	5512	1857	2987	1905
吉林	Jilin	27	6858	2513	1783	768
黑龙江	Heilongjiang	26	3033	1265	1484	598
上海	Shanghai	1				
江苏	Jiangsu	48	82943	8978	9881	6211
浙江	Zhejiang	53	72058	24492	12267	9577
安徽	Anhui	21	9572	5256	4231	2755
福建	Fujian	16	18552	4777	1163	519
江西	Jiangxi	32	5347	3115	1691	782
山东	Shandong	73	26833	14432	7429	4376
河南	Henan	86	62218	30294	21050	10143
湖北	Hubei	51	17181	7392	5046	3744
湖南	Hunan	59	22063	10249	4878	2975
广东	Guangdong	18	91342	34001	4789	1943
广西	Guangxi	28	6782	4464	2597	1843
海南	Hainan	3	724	281	212	162
重庆	Chongqing	25	11066	5887	2955	1008
四川	Sichuan	67	23978	17251	6537	2814
贵州	Guizhou	31	5153	2782	1333	519
云南	Yunnan	33	4469	2415	1311	204
西藏	Tibet					
陕西	Shaanxi	18	11098	2475	8398	824
甘肃	Gansu	26	2806	1707	775	577
青海	Qinghai	2	112	15	25	10
宁夏	Ningxia	2	200	65	74	55
新疆	Xinjiang	11	2734	357	144	94

10－5 各地区基层工会开展合理化建议和劳动竞赛活动情况(2022年)

CONDITION OF CARRYING OUT RATIONALIZED PROPOSALS AND LABOR EMULATION IN GRASSROOTS TRADE UNION BY REGION (2022)

地区	Region	本年度职工提出合理化建议件数(件) Rationalized Proposals Put Forward by the Staff and Workers This Year (case)	本年度已实施的合理化建议件数(件) Rationalized Proposals Practiced This Year (case)	本年度开展了劳动和技能竞赛的基层工会(个) Grassroots Trade union Participating in Labor Emulation This Year (unit)	本年度参加劳动和技能竞赛的职工(人次) Person/Time of Staff and Workers Participating in Labor Emulation (person-time)
全国	**National**	**7417575**	**5519941**	**443351**	**46488067**
北京	Beijing	246599	181611	3735	1168532
天津	Tianjin	246154	164012	9693	1584342
河北	Hebei	284644	174656	32311	2111379
山西	Shanxi	221175	117156	5134	926860
内蒙古	Inner Mongolia	259598	200725	23306	2308026
辽宁	Liaoning	146611	107846	4487	924323
吉林	Jilin	333896	258864	3813	324604
黑龙江	Heilongjiang	57623	38816	8544	1108900
上海	Shanghai	1221046	1012592	9293	1788776
江苏	Jiangsu	415911	265885	27834	2591710
浙江	Zhejiang	280182	185822	46357	4098556
安徽	Anhui	201452	134631	32370	2919905
福建	Fujian	124643	90724	13383	722615
江西	Jiangxi	51601	26119	14611	1130904
山东	Shandong	623526	503857	19996	2404076
河南	Henan	126993	83596	9131	1106472
湖北	Hubei	249378	191219	19242	2206509
湖南	Hunan	186437	124770	27034	2276448
广东	Guangdong	769955	636917	15676	2835959
广西	Guangxi	120841	106879	4146	659286
海南	Hainan	15978	13168	977	136276
重庆	Chongqing	280922	196065	10537	1020763
四川	Sichuan	251862	178350	53416	5016521
贵州	Guizhou	74309	63970	5686	744924
云南	Yunnan	101497	67919	8930	997950
西藏	Tibet	256	115	72	7205
陕西	Shaanxi	91804	66527	18533	1573768
甘肃	Gansu	75487	57246	6823	573354
青海	Qinghai	9900	6640	1001	115647
宁夏	Ningxia	29656	17967	3405	328209
新疆	Xinjiang	314554	243049	3593	713456
中央和国家机关	CCCPC and Government Agencies	3085	2228	282	61812

10-6 各地区基层工会参与调解劳动争议工作情况(2022年)
CONDITION OF GRASSROOTS TRADE UNION PATICIPATING IN MEDIATION LABOR DISPUTE BY REGION (2022)

地 区	Region	建立劳动争议调解委员会的基层工会(个) Units with Labor Dispute Mediation Committee (unit)	劳动争议调解委员会中工会成员(人) Union Member of Labor Dispute Mediation Committee (person)	本年度劳动争议调解委员会受理劳动争议件数(件) Cases Accepted by Labor Dispute Mediation Committee This Year (case)	本年度劳动争议调解委员会调解成功劳动争议件数(件) Cases Successfully Madiated by Labor Dispute Mediation Committee This Year (case)
全 国	**National**	**611030**	**1242813**	**67852**	**49313**
北 京	Beijing	6738	17816	717	523
天 津	Tianjin	7787	18831	2900	2774
河 北	Hebei	60816	104732	1773	1494
山 西	Shanxi	9476	19653	438	353
内蒙古	Inner Mongolia	6217	13153	901	740
辽 宁	Liaoning	9412	19143	798	692
吉 林	Jilin	5420	10544	248	196
黑龙江	Heilongjiang	6950	14053	261	231
上 海	Shanghai	11240	30547	1109	635
江 苏	Jiangsu	59306	111275	4212	3135
浙 江	Zhejiang	81063	151520	8857	8259
安 徽	Anhui	9108	19199	649	554
福 建	Fujian	22430	37791	2334	1064
江 西	Jiangxi	43588	68103	5970	2123
山 东	Shandong	36526	89614	3992	3099
河 南	Henan	8729	19912	970	807
湖 北	Hubei	14683	36025	3917	2568
湖 南	Hunan	10541	23181	2880	1635
广 东	Guangdong	29873	77804	10653	6969
广 西	Guangxi	8322	21565	1013	669
海 南	Hainan	1034	3091	81	53
重 庆	Chongqing	8342	21270	1857	1617
四 川	Sichuan	89076	175444	7044	5891
贵 州	Guizhou	5860	14320	948	489
云 南	Yunnan	12428	26150	625	471
西 藏	Tibet	68	311	10	9
陕 西	Shaanxi	28768	60044	1114	873
甘 肃	Gansu	6723	13547	737	677
青 海	Qinghai	644	2048	139	129
宁 夏	Ningxia	5174	9440	255	210
新 疆	Xinjiang	4592	12276	443	372
中央和国家机关	CCCPC and Government Agencies	96	411	7	2

10—7 各地区基层以上工会职业介绍机构情况(2022年)
JOB EXCHANGES ABOVE GRASSROOTS TRADE UNION BY REGION (2022)

地 区 Region	工会开办职业介绍机构(个) Number of job Exchanges (unit)	本年度工会职业介绍机构成功介绍人次数(人次) Placed Jobseekers (person-time)	#农民工人次数 Migrant Workers	#下岗和失业人员人次数 Laid-off and Unemployed Persons
全 国 National	**858**	**328524**	**194730**	**104598**
北 京 Beijing	8	743	373	339
天 津 Tianjin	14	1467	397	929
河 北 Hebei	97	19547	14500	4248
山 西 Shanxi	20	2752	1552	410
内蒙古 Inner Mongolia	26	3435	1140	1510
辽 宁 Liaoning	21	2796	690	1601
吉 林 Jilin	20	2209	1371	747
黑龙江 Heilongjiang	41	8472	1660	5032
上 海 Shanghai	3	5225	1083	4130
江 苏 Jiangsu	61	25407	12991	10125
浙 江 Zhejiang	17	20703	9469	9228
安 徽 Anhui	11	22441	15239	7536
福 建 Fujian	14	9207	7075	641
江 西 Jiangxi	22	1660	912	527
山 东 Shandong	36	62647	54274	23671
河 南 Henan	111	62348	31461	12968
湖 北 Hubei	54	15195	8087	3156
湖 南 Hunan	58	10698	6672	2907
广 东 Guangdong	21	7635	1259	2523
广 西 Guangxi	25	2370	1277	636
海 南 Hainan				
重 庆 Chongqing	10	11234	8077	3137
四 川 Sichuan	52	11568	5764	4310
贵 州 Guizhou	32	7469	2549	898
云 南 Yunnan	22	3293	2375	452
西 藏 Tibet	4	43	43	2
陕 西 Shaanxi	22	4962	2229	2087
甘 肃 Gansu	16	2195	1772	614
青 海 Qinghai	3	137	76	52
宁 夏 Ningxia	3	230	137	41
新 疆 Xinjiang	14	436	226	141

十一、香港资料

MAIN INDICATORS OF HONG KONG

11-1 劳动人口及失业状况
LABOUR FORCE AND UNEMPLOYMENT

项　目	Item	2018	2019	2020	2021	2022
劳动人口数目(万人)	Labour Force(10 000 persons)	399.7	398.8	391.8	387.0	377.6
男	Male	201.5	199.0	195.5	192.3	188.6
女	Female	198.2	199.8	196.4	194.7	189.0
劳动人口参与率(%)	Labour Force Participation Rate(%)	61.3	60.7	59.7	59.4	58.2
就业人口(万人)	Employed Persons(10 000 persons)	388.5	387.1	369.1	367.0	361.3
失业人口(万人)	Unemployed Persons(10 000 persons)	11.2	11.6	22.8	20.0	16.3
失业率(%)	Unemployment Rate(%)	2.8	2.9	5.8	5.2	4.3

注：数字是根据该年1月至12月进行的“综合住户统计调查”结果，以及年中人口估计数字而编制。

Notes: Figures are compiled based on data collected in the General Household Survey from January to December of the year concerned as well as mid-year population estimates.

11-2 按行业划分的就业人数
EMPLOYED PERSONS BY INDUSTRY

单位：万人　　(10 000 persons)

行　业	Industry	2018	2019	2020	2021	2022
制造	Manufacturing	10.4	10.5	10.4	9.4	9.2
建筑	Construction	35.2	33.9	31.1	32.6	33.2
进出口贸易及批发	Import/Export Trade and Wholesale	44.7	39.1	33.1	31.6	31.9
零售、住宿①及膳食服务②	Retail, Accommodation① and Food Services②	63.3	61.2	52.0	51.6	51.1
运输、仓库、邮政及速递服务、资讯及通讯	Transportation, Storage, Postal and Courier Services, Information and Communications	45.3	45.2	43.8	43.0	41.2
金融、保险、地产、专业及商用服务	Financing, Insurance, Real Estate, Professional and Business Services	79.7	84.0	85.3	86.2	83.0
公共行政、社会及个人服务	Public Administration, Social and Personal Services	107.4	110.8	111.1	110.2	109.1
其他	Others	2.4	2.6	2.3	2.3	2.6
总计	**Total**	**388.5**	**387.1**	**369.1**	**367.0**	**361.3**

注：数字是根据该年1月至12月进行的“综合住户统计调查”结果，以及年中人口估计数字而编制。
① 住宿服务包括酒店、宾馆、旅舍及其他提供短期住宿服务的机构单位。
② 零售、住宿及膳食服务业合计通常被称为「与消费及旅游相关行业」。

Notes: Figures are compiled based on data collected in the General Household Survey from January to December of the year concerned as well as population estimates.
① Accommodation services cover hotels, guesthouses, boarding houses and other establishments providing short term accommodation.
② The retail, accommodation and food services industries as a whole is generally referred to as the consumption- and tourism-related segment.

11-3 按每月就业收入划分的就业人数
EMPLOYED PERSONS BY MONTHLY EMPLOYMENT EARNINGS

单位：万人，另有注明除外 (10 000 persons, unless otherwise specified)

每月就业收入(港元)	Monthly Employment Earnings (HKD)	2018	2019	2020	2021	2022
< 3000	< 3000	9.4	9.3	9.7	8.6	8.5
3000 － 3999	3000 - 3999	4.2	3.8	3.3	3.4	3.2
4000 － 4999	4000 - 4999	33.5	33.1	31.6	28.0	24.0
5000 － 5999	5000 - 5999	6.8	7.4	8.8	10.4	12.1
6000 － 6999	6000 - 6999	5.4	5.2	5.6	5.9	6.5
7000 － 7999	7000 - 7999	5.5	4.9	5.7	5.1	4.5
8000 － 8999	8000 - 8999	8.6	7.6	6.7	6.2	6.1
9000 － 9999	9000 - 9999	11.0	9.6	8.2	6.6	5.9
10000 － 11999	10000 - 11999	25.9	24.0	22.2	20.8	17.9
12000 － 13999	12000 - 13999	36.8	33.8	29.0	28.6	24.9
14000 － 15999	14000 - 15999	34.8	34.9	33.4	33.0	31.0
16000 － 17999	16000 - 17999	23.8	24.2	21.2	22.1	22.7
18000 － 19999	18000 - 19999	19.6	19.9	18.8	19.3	20.0
20000 － 24999	20000 - 24999	45.5	47.1	44.5	47.1	47.1
25000 － 29999	25000 - 29999	23.9	24.0	22.1	23.7	24.6
30000 － 34999	30000 - 34999	22.6	23.4	22.9	23.3	23.8
35000 － 39999	35000 - 39999	12.6	12.3	12.2	12.2	12.7
40000 － 44999	40000 - 44999	11.0	12.1	12.2	12.2	12.8
45000 － 49999	45000 - 49999	8.1	7.2	6.7	6.8	6.8
50000 － 59999	50000 - 59999	12.7	13.5	13.6	13.0	13.2
60000 － 79999	60000 - 79999	11.8	12.9	13.6	14.1	14.8
80000 － 99999	80000 - 99999	5.3	5.9	6.1	6.0	6.9
≧ 100000	≧ 100000	9.5	10.6	10.9	10.5	11.4
总　计	Total	388.5	387.1	369.1	367.0	361.3
每月就业收入中位数	**Employment Earning**	**16600**	**17100**	**17800**	**18000**	**19000**

注：数字是根据该年1月至12月进行的“综合住户统计调查”结果，以及年中人口估计数字而编制。

Notes: Figures are compiled based on data collected in the General Household Survey from January to December of the year concerned as well as mid-year population estimates.

11-4 按行业划分督导级(不包括经理级与专业雇员)及以下雇员的工资指数
WAGE INDICES FOR EMPLOYEES UP TO SUPERVISORY LEVEL (MANAGERIAL AND PROFESSIONAL EMPLOYEES ARE NOT INCLUDED) BY INDUSTRY

(1992年9月=100) (September 1992=100)

行业主类	Industry Section	2018	2019	2020	2021	2022
名义工资指数	**Nominal Wage Index**					
制造	Manufacturing	223.4	229.7	233.5	237.8	243.3
进出口贸易、批发及零售	Import/Export, Wholesale and Retail Trades	229.5	233.1	234.7	238.6	243.0
运输	Transportation	212.7	220.0	216.8	216.3	224.1
住宿及餐饮服务活动①	Accommodation and Food Service Activities①	214.0	221.0	223.1	227.8	233.5
金融及保险活动	Financial and Insurance Activities	247.3	254.7	260.6	267.9	276.6
地产租赁及保养管理	Real Estate Leasing and Maintenance Management	261.4	270.6	278.0	286.7	294.9
专业及商业服务	Professional and Business Services	269.8	277.9	282.2	288.2	295.6
个人服务	Personal Services	326.1	335.5	336.7	339.8	344.9
所有选定行业②	All Selected Industries②	237.3	243.9	246.5	251.0	257.5
实际工资指数③	**Real Wage Index③**					
制造	Manufacturing	117.2	116.4	119.8	118.4	118.7
进出口贸易、批发及零售	Import/Export, Wholesale and Retail Trades	120.4	118.1	120.4	118.8	118.5
运输	Transportation	111.6	111.4	111.2	107.7	109.3
住宿及餐饮服务活动①	Accommodation and Food Service Activities①	112.3	111.9	114.4	113.4	113.9
金融及保险活动	Financial and Insurance Activities	129.7	129.0	133.7	133.4	134.9
地产租赁及保养管理	Real Estate Leasing and Maintenance Management	137.1	137.1	142.6	142.8	143.9
专业及商业服务	Professional and Business Services	141.5	140.8	144.7	143.5	144.2
个人服务	Personal Services	171.1	169.9	172.7	169.2	168.2
所有选定行业②	All Selected Industries②	124.5	123.6	126.4	125.0	125.6

注：指有关年度12月份的数字。

①住宿服务包括酒店、宾馆、旅舍及其他提供短期住宿服务的机构单位。

②指"劳工收入统计调查"内工资统计调查所涵盖的所有行业，包括并没有列出其统计数字的电力及燃气供应业、污水处理及废弃物管理业与出版活动业。

③实际工资指数是按其名义指数扣除以2019/20年为基期的甲类消费价格指数而计算出来。

Note: Figures refer to December of the year.

①Accommodation services cover hotels, guesthouses, boarding houses and other establishments providing short term accommodation.

②Figures refer to all industries covered by the wage enquiry of the Labour Earnings Survey, including the electricity and gas supply industry, sewerage and waste management activities industry and publishing activities industry, the statistics of which are not separately shown.

③The Real Wage Indices are derived by deflating the Nominal Wage Indices by the 2019/20-based Consumer Price Index (A).

11－5 消费价格指数(2019年10月－2020年9月＝100)
CONSUMER PRICE INDICES (Oct. 2019 - Sep. 2020=100)

项 目	Item	2018	2019	2020	2021	2022
综合消费价格指数	**Composite Consumer Price Index**					
总指数	**All Items**	**96.8**	**99.6**	**99.9**	**101.4**	**103.3**
食品	Food	92.7	97.1	100.4	102.0	105.9
外出用膳	Meals Bought away from Home	97.2	99.4	100.1	101.9	105.4
食品(不包括外出用膳)	Food(Excluding Meals Bought away from Home)	85.2	93.5	100.8	102.2	106.8
住屋①	Housing①	96.9	100.2	100.1	100.4	100.7
私人房屋租金	Private Housing Rent	95.9	98.9	99.9	98.7	98.1
公营房屋租金	Public Housing Rent	121.4	130.1	102.7	132.8	145.5
电力、燃气及水	Electricity, Gas and Water	122.2	116.4	91.6	116.4	124.7
烟酒	Alcoholic Drinks and Tobacco	98.5	99.7	100.2	100.3	101.6
衣履	Clothing and Footwear	105.9	103.9	98.6	101.9	107.2
耐用物品	Durable Goods	104.3	102.1	99.6	100.6	101.2
杂项物品	Miscellaneous Goods	95.5	96.9	100.8	97.7	98.1
交通	Transport	98.4	100.4	99.3	101.9	104.8
杂项服务②	Miscellaneous Services②	97.3	99.3	100.1	100.8	102.2
教育服务	Educational Services	95.5	97.9	100.4	102.0	103.8
资讯及通讯服务	Information and Communications Services	108.8	101.0	99.7	98.0	95.9
医疗服务	Medical Services	94.9	98.4	100.5	101.9	103.9

注：2019年10月起的消费价格指数是根据2019/20年住户开支统计调查所得的开支权数编制。较早的指数则是根据旧的开支权数而经过按比例换算与新基期的指数拼接。

①除“私人房屋租金”及“公营房屋租金”外，“住屋”类别还包括“管理费及其他住屋杂费”和“保养住所材料”。

②“杂项服务”类别包括“教育服务”“资讯及通讯服务”“医疗服务”及其他杂项服务。

Note: The CPIs from October 2019 onwards are compiled based on expenditure weights obtained from the 2019/20 Household Expenditure Survey. The CPIs for earlier periods are compiled based on old weights and have been re-scaled to the new base period for linking with the new index series.

①Apart from "Private Housing Rent" and "Public Housing Rent", the "Housing" section also includes "Management Fees and Other Housing Charges" and "Materials for House Maintenance".

②"Miscellaneous Services" section includes "Educational Services", "Information and Communications Services", "Medical Services" and other miscellaneous services.

十二、澳门资料

MAIN INDICATORS OF MACAO

12-1 经济活动人口及失业状况
LABOUR FORCE AND UNEMPLOYMENT

项　　目	Item	2018	2019	2020	2021	2022
劳动人口（万人）	Labour Force (10 000 persons)	39.2	39.5	40.5	39.0	37.9
男	Male	19.2	19.3	19.9	18.9	18.3
女	Female	20.1	20.2	20.7	20.1	19.6
就业人口（万人）	Employed Population (10 000 persons)	38.5	38.8	39.5	37.8	36.5
失业人口（万人）	Unemployed Population (10 000 persons)	0.7	0.7	1.0	1.1	1.4
失业率（%）	Unemployment Rate (%)	1.8	1.7	2.5	2.9	3.7

12-2 按行业划分的就业人口
EMPLOYED POPULATION BY INDUSTRY

单位：万人　　(10 000 persons)

行　　业	Industry	2018	2019	2020	2021	2022
总数	**Total**	**38.54**	**38.78**	**39.51**	**37.84**	**36.47**
制造业	Manufacturing	0.64	0.63	0.64	0.66	0.59
水电及气体生产供应业	Electricity, Gas & Water Supply	0.11	0.09	0.12	0.09	0.12
建筑业	Construction	3.11	3.05	3.76	3.26	3.02
批发及零售业	Wholesale & Retail Trades	4.37	4.16	4.62	4.34	4.63
酒店及饮食业	Hotels, Restaurants & Similar Activities	5.61	5.61	5.44	5.03	4.52
运输、仓储及通信业	Transport, Storage & Communications	1.92	1.98	1.80	1.76	1.80
金融业	Financial Intermediation	1.08	1.21	1.28	1.36	1.23
不动产及工商服务业	Real Estate & Business Activities	3.19	3.48	3.56	3.28	3.29
公共行政及社保事务	Public Administration & Social Security	2.98	2.79	2.74	2.86	2.84
教育	Education	1.75	1.73	1.82	1.92	2.10
医疗卫生及社会福利	Health & Social Welfare	1.24	1.26	1.35	1.43	1.67
文娱博彩及其他服务业	Recreational, Cultural, Gaming & Other Services	9.64	9.70	9.13	8.91	8.06
家务工作	Domestic Work	2.85	3.03	3.15	2.85	2.51
其他及不详	Others and Unknown	0.06	0.08	0.10	0.08	0.09

12-3 按行业划分的月工作收入中位数
MEDIAN MONTHLY EMPLOYMENT EARNINGS BY INDUSTRY

单位：澳门元 (MOP)

行业	Occupation	2018	2019	2020	2021	2022
总数	**Total**	**16000**	**17000**	**15000**	**15800**	**15000**
制造业	Manufacturing	11500	10800	11000	12000	12000
水电及气体生产供应业	Electricity, Gas & Water Supply	30000	20500	22000	29500	21000
建筑业	Construction	15000	17000	15000	15000	15000
批发及零售业	Wholesale & Retail Trade	13000	14000	12000	13000	12000
酒店及饮食业	Hotels, Restaurants & Similar Activities	11000	12000	11000	11800	11600
运输、仓储及通信业	Transport, Storage & Communications	16000	16000	15000	15000	14800
金融业	Financial Intermediation	20000	21000	22000	21000	20000
不动产及工商服务业	Real Estate & Business Activities	10000	11000	10000	10000	10000
公共行政及社保事务	Public Administration & Social Security	39500	40300	43000	44600	44600
教育	Education	25000	28000	25500	25300	26000
医疗卫生及社会福利	Health & Social Welfare	24000	22100	23300	23000	22000
文娱博彩及其他服务业	Recreational, Cultural, Gaming & Other Services	20000	20000	19300	19000	19300
家务工作	Domestic Work	4000	4200	4400	4500	5000

12-4 消费物价指数
CONSUMER PRICE INDEX

2018年4月至2019年3月=100 (04/2018-03/2019=100)

项目	Items	权数 Weight	2018	2019	2020	2021	2022
综合消费价格指数	**Composite Consumer Price Index**						
总指数	**Global Index**	**100.00**	**99.05**	**101.78**	**102.60**	**102.63**	**103.70**
食品及非酒精饮料	Food and Non-alcoholic Beverages	27.94	98.94	102.71	106.17	106.41	108.28
烟酒	Alcoholic Beverages and Tobacco	0.60	99.97	99.53	99.23	98.80	100.64
服装、鞋	Clothing and Footwear	2.95	100.72	100.66	94.01	90.18	90.58
住房及燃料	Housing and Fuels	33.75	99.92	101.68	102.40	102.30	101.16
家居设备及用品	Household Goods and Furnishings	4.16	99.03	101.27	102.55	106.16	118.09
医疗	Health	2.82	99.08	102.55	106.67	108.31	109.41
交通	Transport	7.84	97.14	101.86	100.73	104.34	110.42
通讯	Communications	3.10	99.14	97.50	87.15	82.48	74.73
康乐及文化	Recreation and Culture	5.18	101.40	102.35	97.36	91.29	91.07
教育	Education	2.24	95.15	100.53	104.09	104.97	109.48
杂项商品及服务	Miscellaneous Goods and Services	9.42	99.11	101.72	103.63	104.39	105.01

十三、台湾资料

MAIN INDICATORS OF TAIWAN

13-1 劳动力和就业状况
LABOUR FORCE AND EMPLOYMENT

项　目	Item	2018	2019	2020	2021	2022
劳动力人口（万人）	Labour Force (10 000 persons)	1187.4	1194.6	1196.4	1191.9	1185.3
男	Male	660.2	663.1	663.8	659.5	655.4
女	Female	527.2	531.5	532.6	532.4	529.8
就业人数（万人）	Employment (10 000 persons)	1143.4	1150.0	1150.4	1144.7	1141.8
男	Male	634.6	637.6	637.8	633.2	631.3
女	Female	508.9	512.4	512.6	511.5	510.5
就业者行业构成 (%)	Distribution of Employment by Industry (%)	100.0	100.0	100.0	100.0	100.0
农、林、渔、牧业	Agriculture, Forestry, Fishery and Animal Husbandry	4.9	4.9	4.8	4.7	4.6
工业	Industry	35.7	35.6	35.4	35.5	35.4
矿业及土石采取业	Mining and Quarrying	0.03	0.03	0.03	0.03	0.03
制造业	Manufacturing	26.8	26.7	26.4	26.4	26.4
电力及燃气供应业	Electricity, Gas	0.3	0.3	0.3	0.3	0.3
用水供应及污染整治业	Water Supply and Pollution Management	0.7	0.7	0.7	0.7	0.7
建筑业	Construction	7.9	7.9	8.0	8.0	8.0
服务业	Services	59.4	59.6	59.8	59.8	60.0
批发及零售业	Wholesale and Retail Trades	16.6	16.7	16.5	16.4	16.2
运输及仓储业	Transport, Storage, Communications	3.9	3.9	4.0	4.0	4.2
金融及保险业	Finance, Insurance	3.8	3.8	3.8	3.8	3.8
咨讯及通讯传播	Information and Communication	2.3	2.3	2.3	2.3	2.4
住宿及餐饮业	Hotels and Restaurants	7.3	7.4	7.4	7.3	7.4
教育服务业	Education	5.7	5.7	5.7	5.6	5.6
公共行政	Public Administration	3.2	3.2	3.3	3.3	3.3
失业人数（万人）	Unemployment (10 000 persons)	44.0	44.6	46.0	47.1	43.4
失业率 (%)	Unemployment Rate (%)	3.7	3.7	3.9	4.0	3.7

13-2 居民消费价格分类指数
CONSUMER PRICE INDICES

(2021年=100) (2021=100)

年 份 Year	总指数 General Index	食品 Food	服装 Clothing	居住 Housing	交通&通讯 Transportation & Communications	医药保健 Medicines and Medical Care	教育娱乐 Education and Entertainment	杂项 Miscellaneous
2011	91.2	79.6	94.7	95.0	103.0	92.1	97.6	86.9
2012	93.0	82.9	97.0	96.1	103.4	92.8	98.2	88.8
2013	93.7	84.0	96.9	97.0	103.9	93.8	98.5	89.2
2014	94.8	87.1	98.1	97.8	102.6	94.4	98.5	90.4
2015	94.5	89.9	97.6	96.7	96.7	94.7	98.4	90.6
2016	95.9	94.6	97.8	96.5	95.6	95.5	98.5	91.9
2017	96.5	94.2	97.5	97.3	97.3	97.1	98.8	93.6
2018	97.8	95.2	97.8	98.2	99.5	98.2	99.0	98.1
2019	98.3	97.0	97.1	98.8	98.1	99.0	99.8	98.7
2020	98.1	97.6	98.3	99.1	94.3	99.8	98.8	99.6
2021	100.0	100.0	100.0	100.0	100.0	100.0	100.0	100.0
2022	103.0	105.7	102.4	102.3	103.5	101.2	101.2	101.4

附录一、国外有关资料

MAIN INDICATORS OF OTHER COUNTRIES

附录1-1　全部就业人数
A1-1 EMPLOYMENT

单位：千人 (1000 persons)

国　家	Country	2010	2011	2012	2013	2014	2015	2016
阿根廷	Argentina	10532	10766	10844	10943	11047		
澳大利亚	Australia	11022	11214	11351	11457	11540	11766	11973
巴西	Brazil			89317	90771	91978	91787	89495
加拿大	Canada	16964	17221	17438	17691	17802	17947	18080
埃及	Egypt	23829	23346	23564	23975	24331	24779	25331
法国	France	25731	25759	25804	25785	26376	26442	26580
德国	Germany	37992	38786	39126	39530	39870	40209	41265
匈牙利	Hungary	3732	3759	3827	3893	4101	4211	4352
印度尼西亚	Indonesia	107807	109724	113537	114345	116399	117833	119530
意大利	Italy	22526	22598	22565	22190	22278	22464	22757
日本	Japan	61935	60587	62177	62561	62999	63201	63958
韩国	Korea, Rep.	24218	24704	25105	25465	26092	26348	26551
马来西亚	Malaysia	11291	12352	12545	13352	13853	14068	14164
墨西哥	Mexico	46122	47139	48707	49227	49415	50611	51595
荷兰	Netherlands	8290	8291	8345	8285	8236	8318	8427
新西兰	New Zealand	2154	2185	2180	2224	2308	2369	2483
挪威	Norway	2501	2536	2585	2602	2627	2641	2638
菲律宾	Philippines	36035	37192	37600	38118	38093	39143	40998
葡萄牙	Portugal	4898	4738	4546	4428	4498	4547	4604
罗马尼亚	Romania	8713	8528	8605	8549	8614	8535	8449
俄罗斯	Russian Federation	69934	70857	71545	71392	71539	72324	72393
南非	South Africa	14739	15939	16113	16448	16605	17346	17495
西班牙	Spain	18724	18421	17632	17139	17344	17866	18341
瑞典	Sweden	4524	4626	4657	4705	4772	4837	4910
泰国	Thailand	38037	39317	39578	38570	38077	38016	37693
英国	United Kingdom	29124	29282	29596	29952	30670	31195	31645
美国	United States	139064	139869	142469	143929	146305	148834	151436

资料来源：联合国ILO数据库。
Source: ILO Database.

附录1-1 续表 continued

单位：千人 (1000 persons)

国 家	Country	2017	2018	2019	2020	2021	2022
阿根廷	Argentina	11568	11745	12041	10937	12242	
澳大利亚	Australia	12252	12584	12875	12675	13058	13604
巴西	Brazil	89808	91414	93492	85692	90478	97919
加拿大	Canada	18416	18658	19056	18060	18865	19567
埃及	Egypt	26006	26021	26123	26199	27241	
法国	France	26803	27021	27132	26995	27728	28341
德国	Germany	41661	41913	42399	41474	41500	42529
匈牙利	Hungary	4421	4470	4512	4461	4642	4709
印度尼西亚	Indonesia	122781	126675	131896	131187	130518	135208
意大利	Italy	23022	23214	23360	22903	22554	23099
日本	Japan	64815	66130	66769	66760	66670	67230
韩国	Korea, Rep.	26868	26925	27231	27024	27401	28229
马来西亚	Malaysia	14477	14776	15073	14957		
墨西哥	Mexico	52341	53162	54615	50915	55166	57282
荷兰	Netherlands	8605	8797	8982	8981	9282	9587
新西兰	New Zealand	2586	2652	2696	2730	2796	2836
挪威	Norway	2644	2686	2716	2702	2796	2859
菲律宾	Philippines	40334	41157	42428	77869	41060	
葡萄牙	Portugal	4755	4866	4912	4813	4812	4909
罗马尼亚	Romania	8671	8689	8680	8521	7756	7807
俄罗斯	Russian Federation	72316	72532	71933	70601	71719	
南非	South Africa	18098	18148	18205	17645	17219	17861
西班牙	Spain	18825	19328	19779	19202	19774	20391
瑞典	Sweden	5022	5097	5132	5064	5120	5256
泰国	Thailand	37458	37865	37613	37680	37752	39221
英国	United Kingdom	31965	32353	32693			
美国	United States	153337	155761	157538	147795	152581	158291

附录1-2　按三次产业分就业人员构成
A1-2 EMPLOYMENT BY TYPE OF INDUSTRY

单位：%　　(%)

国　家	Country	第一产业		第二产业		第三产业	
		2020	2021	2020	2021	2020	2021
孟加拉国	Bangladesh	37.9	37.1	21.2	21.7	40.9	41.2
文　莱	Brunei Darussalam	1.3	1.3	23.7	24.3	74.9	74.4
柬埔寨	Combodia	39.4	38.9	25.0	25.4	35.6	35.7
印　度	India	44.3	44.0	23.9	25.3	31.8	30.7
印度尼西亚	Indonesia	29.6	29.0	21.5	21.8	48.9	49.3
伊　朗	Iran	16.7	16.3	33.6	34.4	49.7	49.4
以色列	Israel	0.9	0.9	17.1	17.0	82.0	82.1
日　本	Japan	3.2	3.2	24.0	23.7	72.8	73.1
哈萨克斯坦	Kazakhstan	15.5	15.0	20.6	21.2	63.9	63.8
韩　国	Korea, Rep.	5.4	5.3	24.6	24.6	70.0	70.0
老　挝	Laos	58.8	58.1	10.4	10.8	30.8	31.1
马来西亚	Malaysia	10.0	9.6	27.8	28.3	62.3	62.1
蒙　古	Mongolia	25.1	24.3	20.4	20.9	54.5	54.8
缅　甸	Burma	46.5		18.6		35.0	
巴基斯坦	Pakistan	38.3	37.5	24.7	25.2	37.0	37.3
菲律宾	Philippines	24.8	24.3	18.3	18.7	56.9	57.0
新加坡	Singapore	0.3	0.3	14.6	14.4	85.1	85.3
斯里兰卡	Sri Lanka	26.2	25.7	27.6	27.9	46.2	46.4
泰　国	Thailand	31.4	31.6	22.6	22.5	46.0	45.9
越　南	Viet Nam	32.6	29.0	31.1	33.1	36.3	37.8
埃　及	Egypt	20.4	19.8	28.5	29.1	51.1	51.1
尼日利亚	Nigeria	35.8	35.2	12.4	12.7	51.8	52.1
南　非	South Africa	21.4	21.3	17.6	17.3	60.9	61.4
加拿大	Canada	1.6	1.3	19.3	19.3	79.2	79.4
墨西哥	Mexico	12.5	12.3	25.4	25.6	62.2	62.0
美　国	United States	1.7	1.7	19.4	19.2	78.8	79.2
阿根廷	Argentina	7.7	7.7	20.5	20.0	71.9	72.4
巴　西	Brazil	9.5	9.7	20.2	20.6	70.3	69.7
委内瑞拉	Venezuela	13.0	13.1	17.6	17.5	69.5	69.4
捷　克	Czech Rep.	2.6	2.5	37.2	36.9	60.1	60.6
法　国	France	2.4	2.5	20.0	19.5	77.7	78.0
德　国	Germany	1.3	1.3	27.5	27.6	71.2	71.1
意大利	Italy	4.0	4.1	26.4	26.6	69.6	69.3
荷　兰	Netherlands	2.1	2.3	16.0	13.9	82.0	83.8
波　兰	Poland	9.6	8.4	31.7	30.9	58.7	60.7
俄罗斯	Russia	6.0	5.8	26.5	26.9	67.5	67.3
西班牙	Spain	4.0	4.1	20.5	20.2	75.5	75.8
土耳其	Turkey	17.6	17.1	26.2	26.5	56.2	56.3
乌克兰	Ukraine	15.1	14.7	24.0	24.5	60.9	60.9
英　国	United Kingdom	1.0	1.0	18.2	18.0	80.8	81.0
澳大利亚	Australia	2.8	2.4	19.2	18.8	78.0	78.8
新西兰	New Zealand	6.0	6.1	20.4	20.0	73.6	73.9

资料来源：世界银行数据库。
Source：World Bank WDI Database.

附录1-3 失业人数
A1-3 UNEMPLOYMENT

单位：千人 (1000 persons)

国 家	Country	2010	2011	2012	2013	2014	2015	2016
阿根廷	Argentina	880.3	832.7	843.4	836.3	865.8		
澳大利亚	Australia	606.0	600.3	625.6	687.6	746.6	758.3	725.1
巴西	Brazil			6982.5	6906.6	6663.5	8594.5	11904.7
加拿大	Canada	1486.3	1398.5	1371.6	1346.7	1322.3	1331.4	1360.6
埃及	Egypt	2286.8	3138.2	3396.3	3631.3	3669.5	3719.7	3602.3
法国	France	2504.9	2489.0	2677.4	2839.8	3026.2	3054.1	2969.5
德国	Germany	2845.0	2398.8	2224.4	2181.8	2089.9	1949.6	1774.1
匈牙利	Hungary	469.4	466.0	473.2	441.0	343.3	307.8	234.6
印度尼西亚	Indonesia	6411.6	5961.5	5310.3	5182.5	4911.3	5570.4	5371.7
意大利	Italy	2055.7	2061.3	2691.0	3068.7	3236.0	3033.3	3012.0
日本	Japan	3330.1	2888.2	2833.1	2632.6	2344.9	2214.4	2067.6
韩国	Korea, Rep.	832.7	762.0	726.3	719.4	829.8	968.6	1005.8
马来西亚	Malaysia	395.8	389.1	401.3	435.2	411.2	450.3	504.0
墨西哥	Mexico	2583.0	2569.8	2502.6	2544.0	2496.7	2281.1	2070.9
荷兰	Netherlands	435.3	434.3	515.8	647.0	659.7	613.8	538.5
新西兰	New Zealand	151.3	151.9	162.6	137.9	132.5	135.4	134.7
挪威	Norway	91.3	84.2	83.3	92.2	94.8	118.5	129.5
菲律宾	Philippines	1347.7	1385.8	1365.4	1381.4	1422.5	1238.9	1135.6
葡萄牙	Portugal	591.2	688.2	835.7	855.2	726.0	646.5	573.0
罗马尼亚	Romania	651.7	659.4	627.2	653.0	628.7	623.9	529.9
俄罗斯	Russian Federation	5563.2	4954.6	4113.0	4121.3	3892.4	4266.8	4261.1
南非	South Africa	4447.7	4343.8	4488.2	4649.4	4850.4	5143.0	5531.8
西班牙	Spain	4640.1	5012.7	5811.0	6051.1	5610.3	5056.1	4481.3
瑞典	Sweden	426.1	391.5	403.6	412.0	412.4	388.3	369.0
泰国	Thailand	237.9	262.4	230.8	96.2	220.4	228.2	261.1
英国	United Kingdom	2459.4	2559.3	2533.2	2437.1	1995.8	1746.1	1599.1
美国	United States	14824.8	13747.5	12505.6	11459.8	9616.5	8296.4	7751.1

资料来源：联合国ILO数据库。
Source: ILO Database.

附录1-3 续表 continued

单位：千人 (1000 persons)

国 家	Country	2017	2018	2019	2020	2021	2022
阿根廷	Argentina	1053.6	1192.9	1314.6	1415.7	1171.9	
澳大利亚	Australia	725.6	704.0	700.2	874.7	703.9	523.0
巴西	Brazil	13336.6	13010.1	12813.7	13869.2	13927.3	9958.3
加拿大	Canada	1246.6	1155.2	1143.8	1887.8	1519.9	1085.5
埃及	Egypt	3468.2	2844.8	2225.6	2259.3	2189.9	
法国	France	2784.0	2678.4	2492.9	2350.5	2365.3	2234.4
德国	Germany	1621.2	1467.8	1372.8	1663.4	1535.9	1376.5
匈牙利	Hungary	191.7	172.1	159.7	198.0	195.7	176.3
印度尼西亚	Indonesia	4828.0	5812.4	4911.8	5829.6	5193.4	4848.1
意大利	Italy	2906.9	2755.5	2581.5	2310.5	2366.8	2027.5
日本	Japan	1882.4	1672.7	1607.3	1910.0	1930.0	1790.0
韩国	Korea, Rep.	1018.6	1070.5	1059.7	1105.8	1034.8	830.2
马来西亚	Malaysia		504.1	508.2	710.9		
墨西哥	Mexico	1853.2	1799.7	1967.5	2369.1	2352.6	1927.9
荷兰	Netherlands	437.5	350.4	314.2	356.6	407.9	350.2
新西兰	New Zealand	128.6	120.0	115.4	131.5	109.8	96.7
挪威	Norway	114.8	106.1	104.0	125.0	127.7	95.5
菲律宾	Philippines	1056.2	985.4	971.0	2033.4	1444.4	
葡萄牙	Portugal	462.8	365.9	339.5	350.9	338.8	313.9
罗马尼亚	Romania	449.3	379.7	353.4	451.8	459.2	464.4
俄罗斯	Russian Federation	3976.6	3693.8	3386.1	4179.4	3549.1	
南非	South Africa	5712.6	5799.5	6243.6	5675.9	6954.4	7237.8
西班牙	Spain	3917.0	3479.2	3247.8	3530.9	3429.7	3024.6
瑞典	Sweden	361.7	346.5	376.3	457.8	489.2	419.5
泰国	Thailand	313.5	292.1	271.4	418.7	464.2	372.2
英国	United Kingdom	1446.7	1346.7	1269.3			
美国	United States	6982.3	6313.9	6000.5	12947.5	8623.2	5996.0

附录1-4 失业率
A1-4 UNEMPLOYMENT RATE

单位：%　　(%)

国　家	Country	2000	2010	2018	2019	2020	2021	2022
文　莱	Brunei Darussalam			8.7	6.6	7.4	4.9	
以色列	Israel	11.1	8.5	3.9	3.7	4.2	4.8	
日　本	Japan	4.8	5.1	2.5	2.4	2.8	2.8	2.6
哈萨克斯坦	Kazakhstan	12.8	5.8	4.9	4.8	4.9		
韩　国	Korea, Rep.	4.1	3.3	3.8	3.8	3.9	3.6	2.9
马来西亚	Malaysia	3.0	3.4	3.3	3.3	4.5		
巴基斯坦	Pakistan	7.2	0.7	4.1	4.8		6.3	
菲律宾	Philippines	11.2	3.6	2.3	2.2	2.5	3.4	
新加坡	Singapore	3.7	4.1		3.1	4.1	4.6	3.6
斯里兰卡	Sri Lanka	7.7	4.8	4.3	4.7	5.4		
泰　国	Thailand	2.4	0.6	0.8	0.7	1.1	1.2	0.9
埃　及	Egypt	9.0	8.8	9.9	7.9	8.0	7.4	
南　非	South Africa	29.9	23.2	24.2	25.5	24.3	28.8	28.8
加拿大	Canada	6.8	8.2	5.8	5.7	9.7	7.5	5.3
墨西哥	Mexico	2.7	5.3	3.3	3.5	4.4	4.1	3.3
美　国	United States	4.0	9.6	3.9	3.7	8.1	5.4	3.7
阿根廷	Argentina	15.0	7.7	9.2	9.8	11.5	8.7	
巴　西	Brazil			12.3	11.9	13.7	13.2	9.2
委内瑞拉	Venezuela		7.1	7.2	7.2	7.5		
捷　克	Czech Rep.	8.8	7.3	2.3	2.0	2.6	2.8	2.2
法　国	France	10.2	9.3	9.0	8.4	8.0	7.9	7.3
德　国	Germany	7.9	7.0	3.4	3.1	3.9	3.6	3.1
意大利	Italy	10.8	8.4	10.6	10.0	9.2	9.5	8.1
荷　兰	Netherlands	2.7	5.0	3.8	3.4	3.8	4.2	3.5
波　兰	Poland	16.3	9.6	3.9	3.3	3.2	3.4	2.9
俄罗斯	Russia	10.6	7.4	4.9	4.5	5.6	4.7	
西班牙	Spain	13.8	19.9	15.3	14.1	15.5	14.8	12.9
土耳其	Turkey	6.3	10.7	10.9	13.7	13.1	12.0	10.4
乌克兰	Ukraine	11.7	8.1	8.8	8.2	9.5	9.8	
英　国	United Kingdom	5.6	7.8	4.0	3.7			
澳大利亚	Australia	6.3	5.2	5.3	5.2	6.5	5.1	3.7
新西兰	New Zealand	6.1	6.6	4.3	4.1	4.6	3.8	3.3

资料来源：联合国ILO数据库。
Sources：ILO Database.

附录1-5　消费价格指数
A1-5 CONSUMER PRICE INDICES

(2010年=100)　　(2010=100)

国家或地区	Country or Area	2005	2018	2019	2020	2021	2022
中　国	China	86.5	121.6	125.1	128.1	129.4	131.9
孟加拉国	Bangladesh	69.2	170.2	179.7	189.9	200.4	215.9
文　莱	Brunei Darussalam	95.5	99.4	99.0	100.9	102.7	106.5
柬埔寨	Cambodia	68.2	127.6	130.1	133.9	137.9	145.2
印　度	India	66.0	165.5	171.6	183.0	192.4	205.3
印度尼西亚	Indonesia	68.7	146.7	151.2	154.1	156.5	163.1
伊　朗	Iran	49.4	393.8	550.9	719.5	1031.7	
以色列	Israel	87.9	107.3	108.2	107.5	109.1	113.9
日　本	Japan	100.4	105.0	105.5	105.5	105.2	107.8
韩　国	Korea, Rep.	86.2	114.7	115.2	115.8	118.7	124.7
老　挝	Laos	78.5	131.5	135.9	142.8	148.2	182.2
马来西亚	Malaysia	87.8	120.7	121.5	120.1	123.1	127.2
蒙　古	Mongolia	57.3	182.4	195.8	203.2	218.1	251.2
缅　甸	Burma	44.5	154.5	168.2			
巴基斯坦	Pakistan	55.8	164.9	182.3	200.1	219.1	262.6
菲律宾	Philippines	78.7	126.6	129.6	132.7	137.9	146.0
新加坡	Singapore	88.0	113.8	114.4	114.2	116.8	124.0
斯里兰卡	Sri Lanka	58.3	150.2	155.5	165.1	176.7	264.5
泰　国	Thailand	86.6	112.5	113.3	112.3	113.7	120.6
越　南	Viet Nam	59.9	159.1	163.5	168.8	171.9	177.3
埃　及	Egypt	57.8	264.4	288.6	303.1	318.9	363.3
尼日利亚	Nigeria	61.4	240.1	267.5	302.9	354.3	421.1
南　非	South Africa	74.3	152.6	158.9	164.0	171.6	183.7
加拿大	Canada	91.9	114.5	116.8	117.6	121.6	129.9
墨西哥	Mexico	80.5	136.6	141.5	146.4	154.7	166.9
美　国	United States	89.6	115.2	117.2	118.7	124.3	134.2
巴　西	Brazil	79.5	161.4	167.4	172.8	187.1	204.5
捷　克	Czech Rep.	87.0	113.3	116.5	120.2	124.8	143.6
法　国	France	92.8	108.8	110.0	110.6	112.4	118.3
德　国	Germany	92.5	111.2	112.9	113.0	116.5	124.5
意大利	Italy	91.0	110.0	110.6	110.5	112.5	121.8
荷　兰	Netherlands	92.7	112.9	115.9	117.4	120.5	132.6
波　兰	Poland	86.9	111.6	114.1	118.0	123.9	141.8
俄罗斯	Russia	61.4	173.0	180.8	186.9	199.4	
西班牙	Spain	89.0	110.2	111.0	110.6	114.0	123.6
土耳其	Turkey	65.9	203.5	234.4	263.2	314.8	542.4
乌克兰	Ukraine	51.2	261.1	281.7	289.4	316.4	380.3
英　国	United Kingdom	88.1	117.6	119.6	120.8	123.8	133.7
澳大利亚	Australia	86.3	117.9	119.8	120.8	124.3	132.5
新西兰	New Zealand	87.0	112.4	114.2	116.2	120.8	129.4

资料来源：国际货币基金组织IFS数据库。
Source:IMF IFS Database.
注：中国数据未包括香港特别行政区、澳门特别行政区和中国台湾省。
Note:All data of China do not cover Hong Kong SAR，Macao SAR and Taiwan province.

附录二、主要统计指标解释

EXPLANATORY NOTES ON MAIN STATISTICAL INDICATORS

主要统计指标解释

劳动力 指年满 16 周岁，有劳动能力，参加或要求参加社会经济活动的人员。包括就业人员和失业人员。

非劳动力 指年满 16 周岁，既不属于就业人员也不属于失业人员的人员。

就业人员 指年满 16 周岁，为取得报酬或经营利润，在调查周内从事了 1 小时（含 1 小时）以上劳动的人员；或由于在职学习、休假等原因在调查周内暂时未工作的人员；或由于停工、单位不景气等原因临时未工作的人员。

失业人员 指年满 16 周岁，具有劳动能力并同时符合以下各项条件的人员：

（1）在调查周内未从事为取得劳动报酬或经营利润的劳动，也没有处于就业定义中的暂时未工作状态；

（2）在某一特定期间内采取了某种方式寻找工作；

（3）当前如有工作机会可以在一个特定期间内应聘就业或从事自营职业。

城镇调查失业率 指城镇失业人口占城镇就业人口与失业人口之和的百分比，根据劳动力调查数据计算。

单位就业人员 指报告期末最后一日在本单位工作，并取得工资或其他形式劳动报酬的人员数。该指标为时点指标，不包括最后一日当天及以前已经与单位解除劳动合同关系的人员，是在岗职工、劳务派遣人员及其他就业人员之和。就业人员不包括：

(1)离开本单位仍保留劳动关系，并定期领取生活费的人员；

(2)在本单位实习的各类在校学生；

(3)本单位因劳务外包而使用的人员，如：建筑业整建制使用的人员。

在岗职工 指在本单位工作且与本单位签订劳动合同，并由单位支付各项工资和社会保险、住房公积金的人员，以及上述人员中由于学习、病伤、产假等原因暂未工作仍由单位支付工资的人员。在岗职工还包括：

(1)应订立劳动合同而未订立劳动合同人员；

(2)处于试用期人员；

(3)编制外招用的人员，如临时人员；

(4)派往外单位工作，但工资仍由本单位发放的人员(如挂职锻炼、外派工作等情况)。

本书中“在岗职工”相关数据包含“劳务派遣人员”数据。

劳务派遣人员 根据《中华人民共和国劳动合同法》规定，指与劳务派遣单位签订劳动合同，并被劳务派遣单位派遣到实际用工单位工作，且劳务派遣单位与实际用工单位签订《劳务派遣协议》的人员。

年末人数 指年末最后一天的实有人数。

国有单位 指资产归国家所有的经济组织。包括按《中华人民共和国企业法人登记管理条例》规定登记注册的非公司制的经济组织，以及中央、地方各级国家机关、事业单位和社会团体。

集体单位 指生产资料归集体所有，并按《中华人民共和国企业法人登记管理条例》规定登记注册的经济组织。

其他单位 包括股份合作单位、联营单位、有限责任公司、股份有限公司、港澳台商投资单位以及外商投资单位等其他登记注册类型单位。

第一产业 指农业（包括林、牧、渔业等）。

第二产业 指采矿业、制造业、电力、热力、燃气及水生产和供应业、建筑业。

第三产业　指上述第一、第二产业以外的其他行业。

工资总额　指本单位在报告期内（季度或年度）直接支付给本单位全部从业人员的劳动报酬总额。包括计时工资、计件工资、奖金、津贴和补贴、加班加点工资、特殊情况下支付的工资，是在岗职工工资总额、劳务派遣人员工资总额和其他从业人员工资总额之和。不论是计入成本的还是不计入成本的，不论是以货币形式支付的还是以实物形式支付的，均应列入工资总额的计算范围。

工资总额是税前工资，包括单位从个人工资中直接为其代扣或代缴的个人所得税、社会保险基金和住房公积金等个人缴纳部分，以及房费、水电费等。

平均工资　指单位就业人员在一定时期内平均每人所得的工资额。

计算公式为：

$$平均工资=\frac{报告期实际支付的全部就业人员工资总额}{报告期全部就业人员平均人数}$$

平均实际工资　指扣除物价变动因素后的就业人员平均工资。计算公式为：

$$平均实际工资=\frac{报告期就业人员平均工资}{报告期城市居民消费价格指数}$$

城镇登记失业人员　劳动年龄（年满 16 周岁（含）至依法享受基本养老保险待遇）内，有劳动能力，有就业要求，处于无业状态，并在公共就业和人才服务机构进行失业登记的城镇常住人员。

城镇登记失业率　指报告期末，登记失业人员期末实有人数占期末从业人员总数与登记失业人员期末实有人数之和的比重。

城镇职工基本养老保险

1. 参保职工人数　指报告期末按照国家法律、法规和有关政策规定参加城镇职工基本养老保险并在社保经办机构已建立缴费记录档案的职工人数，包括中断缴费但未终止养老保险关系的职工人数，不包括只登记未建立缴费记录档案的人数。

2. 离退休人员人数　指报告期末参加城镇职工基本养老保险的离休、退休和退职人员的人数。

3. 基金收入　指根据国家有关规定，由纳入职工基本养老保险范围的缴费单位和个人按国家规定的缴费基数和缴费比例缴纳的养老保险费，以及通过其他方式取得的形成基金来源的收入。包括单位和职工个人缴纳的基本养老保险费、基本养老保险基金利息收入、委托投资收益、上级补助收入、下级上解收入、转移收入、财政补贴和其他收入。

4. 基金支出　指按照国家政策规定的开支范围和开支标准从职工基本养老保险基金中支付给参加职工基本养老保险的个人养老保险待遇支出，以及由于保险关系转移、上下级之间补助、上解等原因而发生的支出。其他支出包括基本养老金、医疗补助金、丧葬补助金和抚恤金、病残津贴、补助下级支出、上解上级支出、转移支出和其他支出等。

5. 基金累计结余　指职工基本养老保险基金收支相抵后的期末累计余额。

城乡居民基本养老保险

1. 参保人数　指报告期末，参加城乡居民养老保险（在经办机构参保登记并已建立缴费记录以及制度实施当年已经年满 60 周岁并在经办机构参保登记）的人数（不包括已经办理注销登记手续的人数）。

2. 基金收入　指根据国家有关规定，由参加城乡居民基本养老保险的个人按规定缴费的城乡居民基本养老保险费，以及通过集体补助、财政补助等其他方式取得的形成基金来源的收入。包括个人缴费收入、集体补助收入、财政补贴收入、利息收入、委托投资收益、转移收入、上级补助收入、下级上解收入和其他收入。

3. 基金支出　指按照国家政策规定的开支范围和开支标准从城乡居民基本养老保险基金中支付给参加城乡居民基本养老保险的个人养老保险待遇支出，以及由于参保人员跨统筹地区或跨制度流动而发生的支出等。包括养老保险待遇支出、转移支出、补助下级支出、上解上级支出和其他支出。

4. 基金累计结余 指城乡居民基本养老保险基金收支相抵后的期末累计余额。

基本医疗保险

1. 参保人数 指报告期末按国家有关规定参加职工基本医疗保险和城乡居民基本医疗保险人员的合计。

2. 基金收入（含生育保险） 指由用人单位和个人按照国家规定的缴费基数、缴费比例或缴费标准缴纳的基本医疗保险费（含生育保险），财政补贴资金以及通过其他方式取得的形成基金来源的款项，包括：单位缴纳收入、个人缴纳收入、财政补贴收入、利息收入、上级补助收入、下级上解收入和其他收入。

3. 基金支出（含生育保险） 指按照国家政策规定的开支范围和开支标准，从基本医疗保险基金（含生育保险）中支付给参保人员的医疗保险待遇支出，生育保险待遇支出以及其他支出。包括住院费用支出、门诊费用支出、大病保险支出、生育待遇支出、补助下级支出、上解上级支出和其他支出。

4. 基金累计结余（含生育保险） 指基本医疗保险基金（含生育保险）收支相抵后的期末累计结余金额。

失业保险

1. 参保人数 指报告期末按照国家法律、法规和有关政策规定参加了失业保险的城镇企业、事业单位的职工及地方政府规定参加失业保险的其他人员的人数。

2. 基金收入 指报告期内筹集的失业保险基金的总额，包括失业保险费收入、利息收入、财政补贴收入、其他收入、转移收入。

3. 基金支出 指报告期内为保障失业人员基本生活、预防失业、促进再就业等支出的基金总额，包括失业保险金支出、医疗补助金支出、丧葬补助金和抚恤金支出、职业培训和职业介绍补贴支出、其他费用支出、技能提升补贴支出、稳定岗位补贴支出、其他支出、转移支出。

4. 基金累计结余 指截止报告期末失业保险基金收支相抵后的累计余额。

工伤保险

1. 参保人数 指报告期末依据国家有关规定参加工伤保险的职工人数和有雇工的个体工商户的雇工数。

2. 享受工伤保险待遇人数 指年报告期内因工伤或职业病而享受工伤保险待遇的职工人数。为享受工伤医疗待遇中未评定等级的人数、享受伤残待遇人数以及享受因工死亡待遇人数之和。

3. 基金收入 指根据国家有关规定，由参加工伤保险的单位按国家规定的缴费基数和缴费比例缴纳及难以直接按照工资总额计算缴纳工伤保险费的部分行业企业按规定方式缴纳的工伤保险费，以及依法通过其他形式取得的形成基金来源的款项。包括：工伤保险费收入、利息收入、上级补助收入、下级上解收入、其他收入。

4. 基金支出 指按照国家政策规定的开支范围和开支标准从工伤保险基金中支付给参加工伤保险的人员及供养直系亲属工伤保险待遇支出及其他支出。包括工伤医疗待遇支出、伤残待遇支出、工亡待遇支出、劳动能力鉴定支出、工伤预防费用支出、补助下级支出、上解上级支出和其他支出。

5. 基金累计结余 指工伤保险基金收支相抵后的期末累计结余金额。

Explanatory Notes on Main Statistical Indicators

Labour Force refers to the population aged 16 and over who are capable of working, are participating in or willing to participate in economic activities, including employed persons and unemployed persons.

Outside the Labour Force refers to the population aged 16 and over who are neither employed persons nor unemployed persons.

Employed Persons refer to persons, aged 16 and over, who performed some work for compensation or business gains for one hour or more during the reference period; or persons who do not work for the reasons of study or on holiday; or persons who are temporarily absent from a job for disorganization or suspension of work, recession, etc.

Unemployed Persons refer to persons, aged 16 and over, be able to work who

(1) neither perform some work for compensation or business gains during the reference period, nor are temporarily absent from a job in the employment definition.

(2) have looked for a job within a specific period of time.

(3) are available for work within a specific period of time.

Surveyed Unemployment Rate in Urban Areas refers to the ratio of the number of the unemployed persons in urban areas to the sum of the number of the employed persons and the unemployed persons in urban areas, calculated on the basis of the Labour Force Survey.

Persons Employed in Various Units refer to the total number of employees who work at his unit on the last day and obtain wages or other forms of payment at the end of the reporting period. This indicator is a kind of time point index and it equals to the sum of the number of employed staff and workers, labor dispatch personnel and other employed persons, excluding those who have terminated labor contracts with working unit on or before the last day of the reporting period. Employed persons do not include:

1)persons who have left their working units while keeping their labour contract (employment relation) unchanged and receiving regular alimony;

2)all kinds of enrolled students who do internship in various units;

3)persons employed due to labor outsourcing, for example, persons employed in the organizational system of construction industry.

Employed Staff and Workers refer to persons who signed labor contracts with working units and working units would pay wages, social insurance and housing funds for them. Persons who have their work posts but are temporarily absent from work for reasons of study or on sick, injury or maternal leave and still receive wages from their working units are also included. Employed staff and workers also include:

1)Persons who should have signed the labor contracts but not;

2)Employees on probation;

3)Employees beyond the staffing quota, for example, temporary employees;

4)Employees who are sent to other working units but still obtain wages from their original units (situations like on-the-job placement, expatriated assignment, etc.)

Year-end Number refers to those who are employed on the last day of the year.

State-owned Units refers to various enterprises, institutions, and government administrative organizations at various levels, social organizations, etc., with state ownership of production means.

Collective-owned Units refers to various enterprises and institution with collective ownership of production means, including various rural economic organizations engaging in agriculture, forestry, animal husbandry and fishery, enterprises and institutions run by townships and villages; collective enterprises and institutions run by cities, counties, towns, and neighborhood committees.

Other Ownership Units involve joint ownership, share holding stock ownership, limited liability corporations, foreign and Hong Kong, Macao, and Taiwan Chinese fund or other ownership.

Primary Industry refers to farming, forestry, animal husbandry and fishery.

Secondary Industry refers to mining manufacturing, electricity, production and supply of electricity, heat, gas and water and construction.

Tertiary Industry refers to the sectors except primary industry and secondary industry.

Total Wage Bill refers to total remuneration payment to all employees in various units in urban area (excluded urban private sectors and individuals) during a certain period of time. The calculation of total wage bill is based on the total remuneration payment. Therefore, wages and salaries and other payments to employees should be included at all and regardless of its resource, category, both in kind or cash.

Average Wage of employees refers to the average wage level in money terms per employee during a certain period of time, it is calculated as follows:

$$\text{Average Wage of Employees} = \frac{\text{Total Wage Bill of employees Average Wage of in Reference Period}}{\text{Average Number Employees in Reference Period}}$$

Average Real Wage of employees refers to the average wage of employees after deducting consumer price index, which is calculated as follows:

$$\text{Average Real Wage of Employees} = \frac{\text{Average Wage of Employees in Reference Period}}{\text{Urban Consumer Price Index in Reference Period}}$$

Registered Unemployed Persons in Urban Areas refer to the persons residing in urban areas at certain working ages (16 years old to the age of enjoying primary endowment insurance benefits according to the law), who are capable of working, unemployed and willing to work, and have been registered at the Public employment and talent service agencies to apply for a job.

Registered Unemployment Rate in Urban Areas refers to the ratio of the actual number of registered unemployed persons at the end of the period to the sum of the total number of employees at the end of the period and the actual number of registered unemployed persons at the end of the period.

Basic Endowment Insurance for Urban Workers

1. Number of workers covered refers to staff and workers participating in the basic endowment insurance for urban workers according to national laws, regulations and related policies at the end of the reference period, who have already had payment records in social security management agencies, including those who have interrupt payment without terminating the insurance programme. Those who have registered in the programme but with no payment records are not included.

2. Number of retirees covered refers to the number of retirees participating in the basic endowment insurance for urban workers by the end of the reference period.

3. Revenue refers to payments made by employers and employees participating in the basic endowment insurance for urban workers in accordance with the basis and proportion stipulated in state regulations, and income from other sources that become the source of endowment insurance fund, including the premium paid by employers and staff and workers, interest income, entrusted investment income, subsidies from higher level agencies, income as transfer from subordinate agencies, transferred income, government financial subsidies and other income.

4. Expenses refer to personal endowment insurance payment made to those covered in the basic endowment insurance for urban workers according to related national policies on scope and standard of expenditure, as well as expenditure which arises due to shift of the insurance relationship or adjustment of funds among agencies, transfer to agencies at higher level. Other expenditure includes: basic endowment insurance, medical fees, funeral subsidies, compensation payments, disability allowance, expenses on subsidies to lower subordinates, expenses as transfer to agencies at higher level, transferred expenditure and other expenditure.

5. Balance refers to the balance of the basic endowment insurance funds for urban workers at the end of the reference period after deducting expenses from revenue.

Basic Endowment Insurance for Urban and Rural Residents

1. Participants refers to people participating in the basic endowment insurance for urban and rural residents who registered with the participation and established payment records, and who were 60 years old or above when the system was established and registered with the participation. Those who cancelled their registration are not included.

2. Revenue refers to the revenue from the payments made, in accordance with related regulations of the government, by individuals participating in the basic endowment insurance for urban and rural residents and from the subsidies contributed by collectives, public finance and other sources. It includes the payment by individual participants, collective subsidies, financial subsidies, interest income, entrusted investment income, transferred income, subsidies from higher levels, contributions from lower levels, and income from other sources.

3. Expenses refers to payment made to those covered in the basic endowment insurance for urban and rural residents according to related national policies on scope and standard of expenditure. Also included are expenditures which arise due to movement of participants among different locations or system. It includes the payment to the individual participants, transferred expenditures, expenses on subsidies to lower subordinates, expenses as transfer to agencies at higher level, and other expenditures.

4. Balance refers to the balance of basic endowment insurance funds for urban and rural residents at the end of the reference period after deducting expenses from revenue.

Basic Medical Insurance

1. Participants refers to the total number of people who participate in the basic medical insurance for workers and basic medical insurance for urban and rural residents according to national relevant regulations at the end of the reference period.

2. Revenue (birth insurance included) refers to the basic medical insurance premium (birth insurance included) paid by employing units and individuals according to the payment base, payment proportion or payment standard stipulated by the state, financial subsidy funds and funds obtained by other means, including: revenue from employer payment and individual payment, from financial subsidy, from interest, from subsidies from higher level and payment from lower level and other revenue.

3. Expenses (birth insurance included) refers to the medical insurance benefits, birth insurance benefits and other expenditures paid to contributors from the basic medical insurance fund (birth insurance included) according to the scope and standard of expenditure stipulated by national policies. It includes hospitalization expenses, outpatient expenses, serious illness insurance expenses, childbearing treatment expenses, expenses for subsidizing subordinates, expenses for transfer to superiors and other expenditures.

4. Balance (birth insurance included) refers to the balance of revenue after deducting expenses at the end of the reference period.

Unemployment Insurance

1. Participants refers to staff and workers in urban enterprises or institutions who have participated in the unemployment insurance according to relevant policies and regulations, and other people who have participated according to local government regulations at the end of the reference period.

2. Revenue refers to the total unemployment insurance funds raised in the reference period, including unemployment insurance premium, interest income, financial subsidies, other revenue, and transferred revenue.

3. Expenses refers to total expenses during the reference period to guarantee the basic livelihood of unemployed people, prevention of unemployment, and to encourage their re-employment. Included are unemployment relief, medical fees, funeral subsidies, compensation payments, training expenses, job placement expenses, other expenses, skills upgrading subsidy, job stabilization subsidy, other expenditures, transferred expenditure.

4. Balance refers to the balance of revenue after deducting expenses at the end of the reference period.

Work-related Injury Insurance

1.Participants refers to staff and workers who have participated in the work-related injury insurance and employees who work as self-employed and have participated in the work-related injury insurance according to relevant national regulations at the end of the reference period.

2. Number of beneficiaries refers to number of employee benefited from work-related injury insurance, as a result of work injury or occupational disease. It is the sum of beneficiaries of medical treatment of unrated work injuries, disability benefits for work injuries and compensation for deaths at work places.

3. Revenue refers to payments made by employers participating in the work-related injury insurance programme in accordance with the basis and proportion stipulated in state regulations, and payment by enterprises of some industries where it is difficult to estimate the injury insurance premium directly according to the total wage bill in accordance with stipulated way, and revenue from other sources according to law that become source of work-related injury insurance fund, including revenue of injury insurance, interest income, subsidies from higher level agencies, revenue as transfer from subordinate agencies, and other revenues.

4. Expenses refers to payments made from work-related injury insurance funds to those who participated in the work-related injury insurance and their direct dependents within the scope and standards of expenditure according to related national policies, and other expenditure, including medical fees for work injury, injury and disability subsidies, death subsidies, labour capacity appraisal, injury prevention fees, expenses on subsidies to lower subordinates, expenses as transfer to agencies at higher level, and other expenditure.

5. Balance refers to the balance of the work-related injury funds at the end of the reference period.

